不動産売買の
紛争類型と
事案分析の手法

岡本正治・宇仁美咲／著

大成出版社

は し が き

　本書は、弁護士が不動産売買に関する案件を取り扱うに当たり、必要不可欠な事案分析の手法について、相談を受ける段階から訴訟の遂行段階までを意識して執筆した。

　不動産売買に関する相談や紛争案件は、事情聴取で把握した取引の経緯を法的な観点から分析し、予想される争点や主張立証の方法を踏まえて、法律構成を検討し、依頼者の言い分を実体法と訴訟法の両面から適切に手堅く組み立てる必要がある。このような事案の分析は、不動産売買取引の流れや取引実務を十分に理解した上で行うことが重要である。

　事案の分析力は、あくまでも具体的な案件に取り組む中で自ら身に付け、研ぎ澄ましていくべきものであるが、不動産売買に関する案件を取り扱う際に本書がいささかでも役立つことがあればこれほど嬉しいことはない。

　また、民法（債権法）改正に伴い、不動産売買の分野では、瑕疵担保責任についての規律がどのように変わるかを理解しておく必要があるため、民法改正とこれに伴う商法・宅地建物取引業法の改正にも触れた。

　本書のうち、特に第1章は、訴訟の段階を視野に入れた相談や方針決定について訴訟代理人の立場から記述した。これが"裁判所の眼"から見たときに当を得ているのかについては、長年にわたり民事訴訟実務に携わってこられた奥田隆文先生（森・濱田松本法律事務所客員弁護士、前横浜地裁所長、元東京高裁部総括判事）から、実務経験と深い学識に基づいた有益なご教示をいただいた。本書に血が通ったのは奥田先生のご指摘によるところが大きい。心から感謝申し上げる次第である。

　最後に、本書は、大成出版社編集第2事業部長御子柴直人氏という編集者を得たことによって成った。同氏には、これまで「詳解不動産仲介契約」、「逐条解説宅地建物取引業法」、「マンション管理適正化法の解説」を世に送り出す度に多大なるご尽力を賜ってきた。また、同社会長の松林久行氏は、著者の仕事ぶりを長年にわたり見守って下さった。筆の遅さを赦し、励ましして下さった年月は、そのまま著者の仕事の足跡として本書の企画に結実した。本書は数年前に企画されたものの執筆が遅々として進まなかったが、松林会長と御子柴部長お二人の辛抱強い見守りに助けられようやく刊行の運びに至り、ほっとして

いる。きめ細かい心配りと丹念な作業にご尽力いただいたことを心から感謝する次第である。

平成29年（2017年）10月

弁護士　岡　本　正　治

弁護士　宇　仁　美　咲

〔凡　例〕
1　法令名略語
　　宅建業法・法
　　　　　　　宅地建物取引業法（昭和27年6月10日法律第176号、最終改正平成28年6月3日法律第56号）
　　施 行 令　宅地建物取引業法施行令（昭和39年12月28日政令第383号、最終改正平成28年8月29日政令第288号）
　　施行規則　宅地建物取引業法施行規則（昭和32年7月22日建設省令第12号、最終改正平成29年3月28日国土交通省令第13号）
　　報酬告示　宅地建物取引業者が宅地又は建物の売買等に関して受けることができる報酬の額（昭和45年10月23日建設省告示第1552号、最終改正平成26年2月28日国土交通省告示第172号）
　　解釈・運用の考え方（いわゆるガイドライン）
　　　　　　　宅地建物取引業法の解釈・運用の考え方（平成13年1月6日国土交通省総動発第3号、最終改正平成29年3月31日国土動発第134号）
　　専任約款　標準専任媒介契約約款（平成2年1月30日建設省告示第115号、最終改正平成29年3月28日国土交通省告示第246号）
　　専属約款　標準専属専任媒介契約約款（同上）
　　一般約款　標準一般媒介契約約款（同上）
　　民 訴 法　民事訴訟法
2　用語略語
　　宅建業者　宅地建物取引業者
　　取引主任者　旧宅地建物取引主任者
3　判例等の引用略語
　　大　　判　大審院判決　　　　　　　　　民　　録　大審院民事判決録
　　最　　判　最高裁判所判決　　　　　　　民　　集　最高裁判所民事判例集
　　裁判集民　最高裁判所裁判集民事　　　　最　　決　最高裁判所決定
　　刑　　集　最高裁判所刑事判例集　　　　下 民 集　下級裁判所民事裁判例集
　　高刑特報　高等裁判所刑事裁判特報　　　判　　タ　判例タイムズ
　　判　　時　判例時報　　　　　　　　　　金　　法　金融法務事情
　　金　　判　金融・商事判例　　　　　　　W　　L　日本法総合オンライン
　　ジュリ　　ジュリスト　　　　　　　　　　　　　　サービスによる判例文献
4　文献略語
　　明石三郎ほか「詳解宅地建物取引業法」は「詳解宅建業法」と表記し、岡本正治＝宇仁美咲「逐条解説宅地建物取引業法」、「詳解不動産仲介契約」は「逐条解説宅建業法」、「詳解不動産仲介契約」と書名のみ表記。

目　次

はしがき
凡例

第1章　不動産売買の紛争案件と事案分析 …………………… 1
1　事案分析の重要性(1)
2　紛争類型(3)
3　訴訟実務能力(4)
4　事実関係の把握(5)
5　聴取内容の検討(17)
6　事案の分析(22)
7　文献調査等(25)
8　対応方針の検討(27)
9　訴え提起に際しての留意事項(37)

第2章　不動産売買の取引の流れ ……………………………… 53
1　不動産売買の当事者(53)
2　不動産売買の取引対象(56)
3　不動産売買の取引の流れ(57)
4　不動産売買の取引書類(67)

第3章　不動産売買と宅地建物取引業法 ……………………… 75
1　宅地建物取引業法の仕組みと規制対象(75)
2　宅地建物取引業者と宅地建物取引士(82)
3　業務規制の概要(89)
4　監督(98)

第4章　不動産売買契約書の読み方 …………………………… 103
1　宅地建物取引業法による業務規制(103)
2　不動産売買契約書の検討(105)

i

目　次

　　3　不動産売買契約書の解説(110)

第5章　不動産売買契約の成立時期 ··· 161
　　1　紛争類型(162)
　　2　不動産売買契約の成立(163)
　　3　買付証明書・売渡承諾書と不動産売買契約の成否(164)
　　4　不動産売買契約の成否に関する裁判例(172)
　　5　仲介業者の報酬請求の可否(183)
　　6　違法な処分禁止仮処分と損害賠償(193)

第6章　契約交渉の不当破棄 ··· 197
　　1　紛争類型(198)
　　2　契約準備段階における責任(198)
　　3　信義則上の義務違反の成否(200)
　　4　契約締結拒否の正当性(219)
　　5　損害(226)

第7章　手付解除と履行の着手 ··· 230
　　1　手付と手付解除(231)
　　2　手付解除の方法(232)
　　3　相手方が契約の「履行に着手」したか(240)
　　4　手付解除の期限に関する特約(258)
　　5　手付解除の可否の判断に関するリスク(262)

第8章　ローン解約 ··· 265
　　1　ローン特約(266)
　　2　住宅ローンの融資手続(267)
　　3　ローン解約の要件(268)
　　4　買主の融資成立への努力義務(283)
　　5　ローン解約と仲介業務(288)
　　6　解決方針の検討(294)

7　売主による債務不履行解除の可否(295)

第9章　売主の瑕疵担保責任と民法・商法・宅地建物取引業法　……298
　1　当事者の属性と特約(298)
　2　民法の瑕疵担保責任(300)
　3　商人間の売買と瑕疵担保責任(302)
　4　瑕疵担保責任に関する特約と宅地建物取引業法による制限(306)
　5　消費者契約法・住宅品質確保法(310)
　6　民法改正と商法526条・宅地建物取引業法40条(312)

第10章　売主の瑕疵担保責任（地中埋設物）　……317
　1　法律構成(318)
　2　瑕疵の判定(319)
　3　契約解除と損害賠償請求権(332)
　4　瑕疵担保責任期間と免責特約(338)
　5　売主の説明義務(345)

第11章　売主の瑕疵担保責任（心理的瑕疵）　……348
　1　心理的瑕疵(349)
　2　契約解除と損害賠償請求権(358)
　3　免責特約(366)
　4　売主の説明義務(368)

第12章　不動産仲介契約の成否　……373
　1　不動産仲介契約(374)
　2　仲介契約の成立時期(379)
　3　仲介契約の成否の認定手法(382)
　4　仲介契約の成否を巡る紛争類型(384)
　5　当事者の一方との仲介契約の成否(385)
　6　取引の相手方との仲介契約の成否(389)

目　次

 7　相当報酬の算定(395)

第13章　仲介報酬 …………………………………………398
 1　仲介報酬請求権の発生要件(399)
 2　宅地建物取引業法による業務規制(403)
 3　売買契約の解除と報酬請求権(405)
 4　仲介行為の瑕疵と報酬請求権(416)
 5　非委託者に対する報酬請求の可否(421)

第14章　直接取引と報酬請求権 ……………………………423
 1　紛争類型(424)
 2　直接取引における報酬請求の可否(424)
 3　報酬額の算定(435)
 4　相手方に対する損害賠償請求の可否(437)

第15章　仲介業者の説明義務 ………………………………440
 1　仲介業者の業務上の注意義務(441)
 2　宅地建物取引業法による業務規制(443)
 3　重要事項説明義務違反と私法上の効果(447)
 4　説明義務の類型(449)
 5　損害賠償請求の相手方(472)
 6　損害(476)

第16章　仲介業者の誠実義務 ………………………………481
 1　宅建業者の誠実義務(482)
 2　転売差益の不正取得(485)
 3　紛争類型(487)

第17章　営業保証金・弁済業務保証金の還付請求 …………495
 1　営業保証金と弁済業務保証金(495)
 2　営業保証金・弁済業務保証金の還付請求(499)

3　弁済対象債権の要件該当性の検討(503)
　4　認証請求訴訟(514)

あとがき
　専門分野を目指す若手弁護士へ･････････････････････････････････517
判例索引･･532
事項索引･･543

第1章　不動産売買の紛争案件と事案分析

> 不動産売買を巡る紛争案件はどのような点に留意しながら事案分析し対応方針を立てるか。

1　事案分析の重要性

　不動産売買を巡る紛争について相談を受けたり訴訟案件を取り扱うに当たっては、取引経過を整理し、紛争当事者が誰であるかを踏まえて法的な観点から分析すると同時に、予想される争点、主張立証の方法を考えながら法律構成し、対応方針を決める。
　この過程においては、次のような分析作業が必要となる。

ⅰ）事実関係の分析

　どのような案件にも共通していえることであるが、事実関係を正確に把握しないで的確な事案分析はできないし、依頼者に適切な助言や対応方針を示すこともできない。不動産売買を巡る紛争案件を取り扱うには、不動産売買についての知識を持ち取引の流れや取引実務を十分知っておくことが、取引経過と紛争の全体像を把握し、的確な事案分析のために必要不可欠である。

ⅱ）紛争当事者の分析

　不動産売買の紛争は売主と買主との間のものだけでなく、売主・買主と仲介業者などとの紛争もある。宅建業者に対する損害賠償請求訴訟は専門家責任訴訟の一つと位置づけられ、仲介業者は契約当事者とともに

第1章　不動産売買の紛争案件と事案分析

被告になる可能性が高く、仲介業者に対する訴訟告知、仲介業者による訴訟参加もあり得るため、紛争当事者を売主と買主だけに限定して事案を捉えないようにする必要がある。

加えて、当事者が消費者か、商人・事業者か、宅建業者かといった属性は重要な要素である。不動産売買では当事者の属性によって民法だけではなく商法、宅建業法、消費者契約法などの法律が適用されることがある。

法的観点　ⅲ）法的観点からの分析

依頼者の言い分、事情聴取から得た事実や証拠書類などを踏まえて、要件に該当する事実があるか、主張を基礎づける間接事実まで細かく拾い上げながら主張立証できるかを検討する。

紛争事案では、お互いの言い分が対立していることから、当事者や取引関係者から事情聴取をしながら、訴訟での審理を見据えて、"争いのない事実"と"争いのある事実"を仕分けする。事情聴取の時点で、言い分の対立が顕在化していなくても、近い将来"争いの予想される事実"については"容易に立証ができる事実"と"立証が難しい事実"をある程度仕分けしておく。依頼者や取引関係者から丁寧に事情聴取しても言い分が対立することや"不確実な事実"が残ることは避け難く、全体の取引の流れや相手方の主張などを想定し、"争いのある事実"に絞って主張立証できるかどうかを整理、検討する。

これと並行して法律構成の可否を検討する。いくつかの法律構成が可能であれば、それぞれの要件と効果を比較検討する。加えて、誰を相手方とするか、誰から訴えられるかという紛争当事者との関係をも想定する。例えば仲介業者に対する損害賠償請求を検討する場合、仲介業者との契約関係の有無によって法律構成（債務不履行責任、不法行為責任）や主張立証方法が異なる。

対応方針　ⅳ）対応方針の分析

相談を受けた段階では、いまだ訴訟が提起されていなくとも、取引対象である不動産は当事者にとっては生活や企業活動の基盤であり、紛争により被った損害が高額に上ることから、訴訟の可能性をも視野に入れて、主張立証の難易、法律構成の可否、勝敗の見通しを整理しておくこ

とは重要である。これらを踏まえて、訴訟提起するか、応訴するか、和解交渉などの紛争解決手段の適否を検討する。さらに法的解決の実効性、相手方の資力、債権回収可能性などの事情をも加味して戦略的に対応方針を決める。"甘い見通し"や期待を込めた見通しのもとに対応方針を立てることは禁物である。

2 紛争類型

　不動産売買に関する紛争案件を取り扱うに当たって注意すべきことは、取引段階によって争点と検討すべき事項が異なることである。

　不動産売買は契約成立と同時に履行が完了するものは少なく、契約締結時に買主が手付金を売主に交付し数か月後の期日を代金の支払と引渡し・所有権移転の履行期とする約定が多い。"青田売り"の新築分譲マンションでは契約締結後1年以上先に引渡し期日を定めることもある。

　不動産売買を巡る紛争は次のような時間軸で分けることができる。

ⅰ）契約交渉の過程における紛争（契約交渉の不当破棄など）
ⅱ）契約成立後で履行期前の紛争（手付解除、ローン解約など）
ⅲ）履行期後の紛争（債務不履行解除、瑕疵担保責任など）

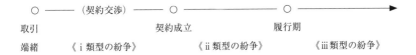

　特にⅱ）類型の紛争は、相談を受けた時点で代金支払や引渡しの履行期が間近に迫っており早急かつ的確な判断が求められる。時には相手方から届いた通知書（内容証明郵便）に対し期限内に回答せざるを得ないこともある。訴訟案件はいわば"過去の取引"を巡る紛争であるが、ⅱ）類型の紛争は、現在進行中の"生きた取引"である。時間的に切迫した状況で、依頼者から提供を受ける資料も限られ、相手方がどのような証拠を有しているかも予測し難い中で依頼者から事情聴取した内容をもとに早急に法的な判断を示さなければならない。さらに対応方針として、①契約関係を維持して履行すべきか（相手方に履行を請求できるか）、②契約関係から離脱すべきか（契約を解除できるか）の二者択一

第1章　不動産売買の紛争案件と事案分析

の決断を迫られることが多い。正反対の方針であることから、いずれかの方針を決めていったん進みだすと、途中で引き返すことができない。弁護士にとってはきわめて難しい局面での判断が求められる。

訴訟実務能力

3　訴訟実務能力

　ある民訴法学者が、弁護士活動をテーマとする座談会で「昔から、法廷ばかり出ている弁護士は一流ではないというような話を、よく聞きます」と発言したことがあった。また、中堅弁護士が若手弁護士に向け弁護士業務の在り方について、「もはや重い記録をかかえ裁判所を往復している弁護士の時代は去った」と語った。

　弁護士が活躍する分野は訴訟活動（法廷活動）だけに限られるものではないが、果たして訴訟活動をそのように捉えてよいのだろうか。

　個別の訴訟事件についていえば、弁護士は、事件の受任から最終的な判決・和解による解決に至るまでのすべての段階で、法律の専門家として様々な判断を求められる。とりわけ訴訟提起（または応訴）の段階では、不確定・不透明な事情はあるが、もし訴訟がもつれ込んで最終的に判決になった場合、裁判所がどのような結論を下すか、原・被告の主張をどの程度認めるかをできる限り的確に見立て、事件の流れを見通すことが求められる。時には和解による早期解決の方針を立て、そのタイミングを注視しながら訴訟を進める。事件が解決した段階で事件の推移や処理方針の当否を振り返り、当初の"見立て"や"見通し"がズレなかったかなどを検証することを通じて事件を"見立てる力"や"見通す力"を練磨することが重要である。

攻防のシミュレーション

　紛争案件やクレーム案件について相談を受けたとき、弁護士は依頼者からの事情聴取と提供された証拠書類を踏まえ、訴訟になった場合に予想される争点とその主張立証（反論反証）の攻防をシミュレーションしながら事案分析する必要がある。

　具体的には、

①予想される争点は何か

②依頼者の言い分をどのように法律構成し、どのように主張立証するか（できるか）

③依頼者はどのような請求ができるか（するべきか）、相手方からどのような反論反証が予想されるか
④相手方がどのような訴訟（反訴）をするか
などについて整理、検討する。
　加えて、
⑤勝訴の見込みがあるか、いずれに"分"があるか
⑥和解事案か、どのような形で和解を図るべきか
などを踏まえて訴訟案件の対応方針を戦略的に組み立てることが求められる。

　訴訟実務能力は相談案件を処理する際にも必要である。例えば依頼者が不動産売買契約を締結するに先立って、売買契約書・重要事項説明書についてリーガルチェックを依頼したり意見を求めた場合、過去に取り扱った紛争事例や訴訟案件を通じて蓄積した実践的な法律知識と訴訟活動の経験を踏まえて契約条項の表現の適否、盛り込むべき契約条項や想定される契約上のリスクなどについて助言する。

　法律実務家である弁護士は実体法と訴訟法の観点から適切に手堅く分析、検討を加える必要がある。的確な判断や助言は法廷活動を通して培った訴訟実務能力によって支えられる。

　個々の弁護士が訴訟活動にどの程度の比重を置くかはともかく、日頃から訴訟案件を取り扱うことは、弁護士として必要な実務的な"勘所"を磨くことにつながることから、しっかりとした法廷活動ができるスキルを身につけることが重要である。

4　事実関係の把握
(1) 事実認定能力の重要性

事実認定能力

　倉田卓次元東京高裁部総括判事が「普通の民事裁判官の仕事のエネルギーの90パーセントは事実認定に注がれ、法律問題は10パーセントと考えていいでしょう」（「判決とはどういうものか」民事裁判論集602頁）と指摘しているように、民事事件における争いのほとんどは、紛争当事者の言い分や主張を基礎づける事実の存否に関するものである。しかも、事実認定能力は裁判官だけに求められるものではない。対立当事者

第1章　不動産売買の紛争案件と事案分析

の一方の立場に立って訴訟活動する弁護士にとっても必要である。

　不動産売買に関する紛争についていえば、法的な判断をする前に、まず事実関係の把握が重要となる。依頼者の言い分や取引関係者の説明と取引書類をもとに取引経過を整理し、依頼者の言い分に沿った主張立証ができるかどうかを考える。的確な法律構成を組み立てるには、できるだけ細かく事情聴取し、できるだけ多くの取引書類を集め、どの程度証拠価値があるかを吟味しながら手堅く事実関係を把握する。事実関係の把握が"甘い"（ゆるい）と、事案分析が不十分となる。そうすると法的な判断や見通しも"甘く"なる。

　裁判官の事実認定の過程と弁護士との大きな違いは、裁判官は、対立当事者の双方から提出された主張や証拠が出揃った段階で事実認定できる。これに対し、弁護士は、対立当事者の一方の代理人の立場にあり、時間的に切迫した状況で依頼者から提供された資料だけをもとに事情聴取をせざるを得ないことが多い。どのような案件でも、当然、不明瞭もしくは不確実な事実関係がある。相手方がどのような主張や反論をするか、依頼者の主張を崩す証拠を持っているかは予測し難い。そこで、確実な事実と不確実な事実とを選り分け、不確実な事実については、ある程度の幅をもって把握し、"一方当事者からみた事実関係"を組み立て、相手方の主張立証や状況の変化に応じて検証し訴訟方針を柔軟に修正していく必要がある。紛争当事者の一方の側に立つ弁護士は、ややもすると受任時に聴取した依頼者の言い分や方針にとらわれがちになる。このような姿勢では、訴訟提起後に相手方から"思わぬ主張と証拠"が提出されると当初の主張立証が維持できなくなる。このような事態を避けるには、依頼者や取引関係者からの事情聴取と証拠収集を丹念に行いつつ、ある程度幅をもって事実関係を把握し、相手方からの主張にも対応できる柔軟性を失わないことも必要である。

【事実認定に関する文献】
　弁護士が事実関係を把握する力を備えるためには、裁判官がどのような手法で事実認定し証拠評価するかについて関心を持っておくことが大切である。参考文献として、土屋文昭「事実認定再考」（自由と正義　平成9年8月号72頁）、吉川

愼一「事実認定の構造と訴訟運営」(自由と正義　平成11年9月号62頁)、村田渉「推認による事実認定例と問題点」判タ1213号42頁、司法研修所編「民事訴訟における事実認定」(法曹会)、田尾桃二「事実認定の諸問題について」(司法研修所論集92号23頁)、田尾桃二ほか編「民事事実認定」(判例タイムズ社)、加藤新太郎編「民事事実認定と立証活動」第Ⅰ巻、第Ⅱ巻(判例タイムズ社)、加藤新太郎「民事事実認定論」(弘文堂)、土屋文昭「民事裁判過程論」(有斐閣)などがある。いずれも裁判官が民事訴訟の審理を通じて得た経験を踏まえて執筆したものである。奥田隆文=難波孝一編「民事事実認定重要判決50選」(立花書房)は、重要判決を題材に事実認定の手法などについて裁判官・弁護士が執筆したものであり、折に触れて読むべき論稿が収められている。

(2) 不動産売買に関する基本的知識

　事実関係の把握は依頼者からやみくもに話を聞くことではない。依頼者が語ることを聞くだけでは事実関係は見えてこない。相談を受けたときに弁護士が最初に事情を聴くのは依頼者であるが、消費者、企業(事業者)を問わず、不動産取引には疎く、依頼者が経験した取引経過を順序立てて具体的に説明できないことが多い。これに対し、宅建業者(営業担当者を含む)は、不動産取引についての実務経験や知識を有しているものの、弁護士に対し「自らの不手際」や宅建業法違反の事実について口を閉ざすきらいがないとはいえないし、取引実務で行われている取引慣行を強調して自らの業務を正当化することもある。

　不動産売買の取引の流れや取引実務に疎いと、相談を受けた時点で、取引がどの段階に達しているか、今後どのように取引が進むか(進めるべきか)がわからず、どの事実に重点を置いて事情聴取すべきかがわからない。そのため、法律上の問題と対応方針の検討ができない。殊に紛争案件では、何が争点として予想されるか、何が依頼者の主張を基礎(根拠)づける証拠となるか、どのような証拠(取引書類など)を収集すべきかなどが極めて重要である。焦点が定まらないまま事情聴取をしても重要な取引経過や有利・不利な証拠(取引書類など)の存在を見落とし、その結果、事実関係の把握や事案の分析も不十分となる。

　"取引実務を知っておく"とは、どのような手順で取引が進められ、どのような書類がいつの段階でどのような趣旨で授受されるかという取

引のやり方を知っておくということである。取引実務の現状や"取引慣行"を無批判に是認するとの趣旨ではない。むしろ宅建業法などに照らし不動産売買のあるべき適正な取引や取引手順を知っておく必要がある。裁判官も不動産売買の取引手順に詳しいわけではないため、裁判所に対し説得的に主張立証するためには、弁護士自身が不動産売買の知識を有するとともに取引経過に関する分析の深さや広さも欠くべからざる能力として求められる。

　適用される法律として民法・商法・借地借家法・区分所有法はもちろん、不動産登記法、消費者契約法、住宅の品質確保の促進等に関する法律（略称：住宅品質確保法）といった民事特別法などを理解するとともに都市計画法・建築基準法・農地法など不動産に関する行政法規を知っておく。とりわけ、不動産売買においては、宅建業者が売主・買主や仲介業者として関与していることが一般的であることから、宅建業法による業務規制の仕組み、宅建業法と民法との適用関係の理解が求められる。「第3章　不動産売買と宅地建物取引業法」75頁以下。

　　【不動産取引用語・建築用語・不動産登記】
　　　不動産取引では「青田売り」、「元付け」、「両手と片手」、「買付」、「申込証拠金（契約申込金）」、「居抜き」など業界特有の用語がある。これは一般財団法人不動産適正取引推進機構ほか編「不動産取引用語辞典」6訂版（住宅新報社）、遠藤　浩ほか編「明解不動産用語辞典」（第一法規）を参照する。「容積率」、「べた基礎」、「GL」、「小屋組」などの建築用語は、内田祥哉監修「建築の事典」（朝倉書店）、建築慣用語研究会編「建築現場実用辞典」（井上書店）、日本建築学会編「建築学用語辞典」（岩波書店）、妻木靖延「新訂日本建築」（学芸出版社）が図も豊富でわかりやすい。不動産登記については、山野目章夫「不動産登記法入門」（第2版、日本経済新聞社）、「不動産登記法概論」（有斐閣）、「不動産登記法（増補）」（商事法務）が必読図書である。

(3)　**事情聴取の方法**

　事情聴取においては、次の点に留意する。
　　ア　紛争当事者は誰か
　　　不動産売買の契約当事者は売主・買主であり、一方または双方の当

事者が夫婦・親子・共同相続人など複数の場合がある。売主が事業者で買主が消費者という場合ばかりではない。契約当事者の双方が消費者の場合もあれば、売主が消費者で買主が事業者、特に宅地建物取引を専業とする宅建業者の場合もある。消費者から中古住宅を購入しリフォームをした上で消費者に転売する宅建業者もいる。新築分譲マンションの販売では売主（事業主）や販売代理業者は宅建業者である。不動産売買における瑕疵担保責任については、当事者の属性によって民法・商法・宅建業法の適用関係が異なるため、契約当事者の属性を確認しておくことは重要である。「第9章　売主の瑕疵担保責任と民法・商法・宅地建物取引業法」298頁以下。

　事情聴取に際しては、契約当事者のほか取引関係者として誰がどのような形で取引に関与しているか、個人か法人か、宅建業者か、関与している仲介業者は両手仲介か片手仲介か、紛争当事者が誰か、依頼者または相談者がどのような立場かを把握し取引関係者の"関係図"を作る。依頼者以外に事情聴取すべき取引関係者（担当者など）がいるか否かを早急に見極め、取引経過をどの程度知っているか、証人として協力を得られるか、依頼者と利害対立することが予想される取引関係者が誰かも見定めておく。

イ　何を事情聴取するか

　事情聴取では、誰が、いつ（いつ頃からいつ頃まで）、どこで、誰に対し（誰との間で）、何をしたか（どのような交渉、やり取り、約束をしたかなど）、どのような取引目的（動機）、どのような取引条件か（なぜか、どのような理由か）、どのような経過をたどり、どのような結果となったかを各項目を念頭に置きながら聞き漏らしがないように努める。

　なお、事案分析に要件事実的な思考が必要であることは後記22頁以下に触れるが、要件事実は、事情聴取する際に錯綜した取引経過の中から、要件を基礎づける事実について聞き落としていないかを自己点検するツールでもある。

第1章　不動産売買の紛争案件と事案分析

八何の原則

【八何（はっか）の原則】
　刑事捜査の基本として「八何の原則」がある。「八何」とは、①誰が、②誰と、③なぜ（原因・動機・目的）、④いつ、⑤どこで、⑥何をまたは誰に対し、⑦どんな方法で、⑧何をしたか（行為と結果）をいう（大塚清明著『さすらい検事の「捜査いろは唄」』17頁（新風書房））。刑事捜査の豊かな経験を踏まえて元仙台高検検事長が執筆したものであるが、民事事件を取り扱う弁護士にとっても多々示唆に富む。

　ウ　時系列に沿った事実関係
　事実関係は取引経過（時系列）に沿って把握することが基本である。不動産売買では取引経過に並行していろいろな取引書類や金銭が授受される。当事者や取引関係者が、いつ、どこで、誰と誰との間で、どのような形で売買取引に関与したかについて"時間軸"で取引経過を整理し、取引関係書類や金員の授受の時期を特定する。

〔確認すべき事項〕
①取引経過
　・取引のきっかけ（広告・チラシ、紹介、インターネットなど）
　・取引内容（売却、購入、仲介など）
　・現地案内の時期と内容、提供された物件資料、写真の有無
　・売渡承諾書・買付証明書の提出時期と内容
②契約締結
　・重要事項説明書・売買契約書案文の検討と修正経過など
　・重要事項説明書の交付・説明、売買契約書の締結、手付金の授受、領収書、立会者など
③契約後の経過
　・契約締結後、履行までの経過
　・取引物件の引渡し・残代金の支払、立会者
④紛争内容と紛争に至る経過事実、紛争の背景事情、紛争対応者など

　紛争（または訴訟）が予想される事案について相談を受けた場合、依頼者や取引関係者から事情聴取した内容は、関係書類の有無や授受した時期を整理し、不明な箇所や疑問点を付記しながら"事実経過

表"や"経緯書"にまとめる。

エ　誰から聴くか

　売買取引に直接関わった本人または会社担当者、取引関係者とは、弁護士が直接面談して事情聴取することが鉄則である。依頼者本人や会社担当者が忙しいとか遠方にいるなどの理由で、本人以外の者などから事情聴取をしても、本人の事実認識からずれた説明がなされたり、本人の記憶が曖昧な事実について希望的な憶測に基づく説明や断定的な説明がなされることがある。その結果、肝心な経過事実を見落としたり、微妙なやり取りやニュアンスが掴めないままに事実関係を把握し、誤った法律構成や方針を立ててしまうおそれがある。

オ　いかに事実を語らせるか

　最初の面談で取引経過を時系列に沿って一気に聴き取ることは難しい。依頼者や会社担当者は、紛争に巻き込まれて気が動転していたり、自己に関心のある事実や重要と思い込んでいる事柄を、取引経過の前後に関係なく、とりとめなく話しがちである。特に個人の依頼者の語る内容は時として感情の起伏を反映して錯綜する。依頼者特有のこだわりから、さほど重要でない事柄を殊更強調し、肝心な事実経過を語らないことも珍しくない。最初の事情聴取では、依頼者や取引関係者からの話を遮らずに辛抱強く聴く。まわりくどい説明をする依頼者や企業担当者がいるが、弁護士が"先"を急ぐ余り依頼者の言い分を誘導したり、依頼者の言わんとすることを"要約"したり、法律的な言葉で"当てはめ"ることは控えなければならない。たどたどしい言葉であっても依頼者が自ら語った言葉をもって事実関係を把握する。

　依頼者の言い分がひと通り終わった段階で、弁護士が取引経過に沿ってわかりにくい箇所や前後矛盾していると思われる箇所を一つ一つ聞き直していく。弁護士自身が不動産売買の取引の流れや取引手順や授受される取引書類の趣旨を十分に理解していないと、依頼者の言い分を取引経過に沿って整理しながら聞き直すことができない。その結果、重要なポイントとなる経過事実を聞き落とすことにつながる。

　法務スタッフがいる企業からの案件であれば、事前に事実関係や取

第1章　不動産売買の紛争案件と事案分析

引書類が整理されていることが多い。しかし、事実経過が整理され過ぎると、担当者が些細な事柄と判断して"削ぎ落した"事実の中に依頼者の主張を基礎づける重要な間接事実が埋もれてしまうことがある。弁護士は、予断を抱かず丁寧に事情聴取することが基本である。

依頼者や取引関係者の説明に疑問を抱いた事柄は、たとえ些細な事柄であっても率直に聞き直す。依頼者にとって"触れられたくない話"や"立ち入った事柄"であったとしても、聞くことをためらってはならない。"口の重い"依頼者や取引関係者には、経過事実を復元することがいかに重要であるか、有利・不利を問わずありのままに事実を語ってもらうことが大切であることを説明し、事情聴取への協力を求める。

依頼者の中には、弁護士が当然に知っている（わかっている）ものと思い、説明を省いたり、質問された事柄しか答えようとしない人もいる。前後の経過に照らして、当然と思われる事実についても、念のため一つ一つ確認する。例えば手書きで署名されている書類だからといって本人が署名したとは限らない。誰が、いつ、どこで署名をしたか、誰が立会っていたかなど、書類を作成した当時の状況について尋ねる。実際には高齢のため本人が署名しておらず本人の筆跡ではなかったとか、依頼者が話している書類の作成状況が憶測であった事実が判明することがある。"事実を語らせる"ことは難しいが、弁護士にとっては仕事の基本である。これを肝に銘じ、できるだけ数多くの事件を通じて、時には苦い経験もしながら事情聴取のコツを会得する必要がある。

評価と事実　　カ　評価・憶測を交えた説明

依頼者の中には紛争に巻き込まれたことに憤り、相手方への非難に終始したり、悪感情を込め自己の評価や憶測を混じえて事実を語る場合がある。弁護士は、依頼者の立場について心情的に理解するとしても、紛争に至る事実関係はできるだけ客観的かつ正確に把握することが先決である。依頼者が自己の記憶に基づいて"生の事実"を語っているか、自己の評価や憶測を加えたり誇張していないか、不確かなことを確かな事実であるかの如く語ったり、他人の言葉を自己の言葉の

ように述べていないかなど、注意深く選り分けて"生の事実"を拾い出す必要がある。依頼者が評価や憶測を交えた説明をする場合には、なぜ、そのような評価や憶測をしたのかについて尋ねてみると、合理的な根拠や新たな事実が出てくることがある。弁護士や裁判官が社会常識や経験則から物事を眺める姿勢はそれはそれで基本的なことであるが、時には人は矛盾した行動を取ることがある。たとえ依頼者の説明に辻褄が合わず信用し難いものであっても、依頼者が、なぜ、そのような行動を取ったか、その理由を語らせ、裏付ける資料がないかを尋ねることは必要である。

キ　不利な事実、都合の悪い事実

依頼者や取引関係者があからさまに嘘をつくことは少ない。ただ、依頼者は自分の"不手際"や"落ち度"を自覚していることもあって不利な事実や不都合な事実を弁護士に告げず、時には弁護士が気付くまで黙っていることもある。依頼者が肝心な点に触れず、都合の悪いことは口を濁すこともある。依頼者の説明に疑問を抱き、いろいろな角度から繰り返し尋ねているうちに、依頼者がようやく"都合の悪い事実"を語り出すこともある。

依頼者や取引関係者の言い分を額面どおり受け取って、"強気"の主張をしたところ、相手方から思わぬ反証をされ、そこではじめて、依頼者が"都合の悪い事実"を語っていなかったことに気付かされる。これは弁護士が一度ならず経験することである。このような事態に遭遇したときに依頼者を叱責してみても、依頼者からは、"先生が尋ねなかったので言わなかった"とか"裁判は初めてで大事なこととは思いませんでした"と言われたりする。しかし、弁護士が依頼者や取引関係者を疑ってかかって事情聴取すると、依頼者との信頼関係は損なわれ、逆に依頼者は事実を語らなくなる。

民事紛争は相手方に"非"があったとしても、依頼者にもなんらかの"不手際"や"落ち度"があり、相手方にはそれなりの反論の余地が残されているものである。だからこそ訴訟にまでもつれ込んで紛糾しているともいえる。弁護士が依頼者に"不利な事実"や"都合の悪い事実"を尋ねることの大切さ、必要性を説明して理解を求めるとと

不都合な事実

13

第1章　不動産売買の紛争案件と事案分析

もに、なぜそのような経過に至ったのか、当時の取引状況や依頼者の言い分について聞き出すことが大切である。

(4) **証拠書類の収集と点検**

　ア　取引書類の重要性

　　民事訴訟実務では「民事の立証は文書による書証が基本」（倉田卓次「事実認定と裁判官の心証」「民事裁判論集」86頁）といわれる。特に不動産売買では物件概要書、全部事項証明書、現況測量図・地積測量図、売渡承諾書・買付証明書、媒介契約書、重要事項説明書、売買契約書、物件状況等報告書、領収書など数多くの取引書類が授受される。中でも重要事項説明書と売買契約書はもっとも重要な書類である。

　イ　点検の仕方

　　紛争の渦中にある依頼者は、自分の言い分を根拠づけるには何が重要な書類か、証拠価値の軽重にも気付きにくい。自分の判断で重要と考える書類だけを持参し相談に来る依頼者も少なくない。弁護士が不動産売買の取引の流れや取引手順に疎いと、当事者がどのような書類を所持しているか、いつの段階でどのような書類が授受されるかがわからない。依頼者の持参した書類だけに目を奪われ、争点に係わる重要な関係書類の存在を見落すおそれがある。これを避けるには、依頼者が自己判断で書類を取捨選択せずに手許にある書類を・一・切・合・切・持参するよう求めることが一番適切なやり方である。どの書類を真っ先に検討すべきか、重要事項説明書や売買契約書のどの条項を見るべきか、どのような記載事項が依頼者の主張を根拠づける重要な証拠となるか、逆に依頼者にとって、どのような書類や個所が有利・不利な事実になるかを分析する力をつける必要がある。そのためにも取引書類の意味と授受の時期を理解しておかねばならない。

　　依頼者や取引関係者が持参した書類を時系列に沿って整理したうえで、取引経過に沿って事情聴取しながら、取引書類の作成（受領）時期や作成経緯、趣旨などを尋ね、依頼者の言い分と証拠を照らし合わせながら、依頼者の言い分はどの書類によって基礎（根拠）づけることができるか、争点との関わりにおいてどの程度の証拠価値があるか

を検討する。

【取引書類の点検】
　売渡承諾書・受領書、重要事項説明書などの書類に署名や年月日が記載されていても、実際に署名した者が他の者であったり、何らかの事情で年月日を遡らせて記載されていることもある。①誰が、いつ、どのような趣旨・目的で作成したか、②書類作成の経緯、場所、同席者、③署名したのは本人か、誰が代筆したか、印影は本人の印章によるものか、なぜ本人が署名しなかったのか、④書類への手書きによる書き込みは、いつ、誰の筆跡か、⑤書類に記載された内容や表現の趣旨、⑥書類がその後変更されたことがあるか（例えば売買契約書の一部変更など）、どのような理由で変更されたか、⑦他の取引書類の記載内容と矛盾することはないかなどを確認する。相手方が訴訟で提出した書類も依頼者に有利な証拠書類として使えることがあるため隅々まで丹念に点検する。

【原本の確認】
　依頼者が持参した書類がコピーであれば必ず原本と照合する。依頼者が書類や図面を縮小コピーしたり、依頼者が大事だと思った箇所だけを抜粋して持参したり、重要事項説明書本文と付属書類が一体として交付されているにもかかわらず、これを外して持参することもある。書類は、欠落部分がないか、綴じ目の状態や契印の有無について確認する。相手方が訴訟で提出した書証についても同様に確認する。原本に手書きで書き込まれた箇所があれば、誰が、いつ、どのような趣旨で書き込んだかについて確認する。

【メール送受信文、ファクシミリ】
　最近の不動産売買では、仲介業者が当事者や取引関係者にメールで連絡したり契約書案文・資料などを添付ファイルで送付することが日常的となっている。依頼者や取引関係者にはメールを利用したかどうかを尋ね、メールで連絡・報告等をしている場合、一連のメール送受信文（添付ファイルを含めて）の提出を求める。相手方がメール送受信文を書証として提出した場合も、その前後も含めて欠落部分がないかを添付ファイルの有無も含めて確認する。メールと取引書類を時系列に沿って整理すれば、いつ頃、誰と誰との間でどのような打合せをしたか、どのような書類を誰が誰から受け取ったかなど、取引経過、日時や前後の事実関係を正確に把握できる。もっともメールの送受信文は関係者だけがわかる言葉で書かれ、前後の経過事情を知らない者にとってはわかり難い文脈や舌足らずな表現も少なくない。メールの表現や送受信当時の事情は関係者から丁寧に聴取する。ファクシミリによる受信書類の端には受信日時が印字されており、依頼者が

第1章　不動産売買の紛争案件と事案分析

　いつ相手方や関係者から書類を受信したかが争点となると、印字部分（年月日と時刻、ファクシミリ番号）が書類の作成時期を根拠づける補助事実になるため受信日時の印字の有無は必ず点検する。

ウ　重要事項説明書・不動産売買契約書を"読み解く"
　重要事項説明書は、争点に係る事項が記載されているか、どのような表現で記載されているか、買主は、いつ、誰からどのような説明を受けたか（宅建業者または担当者は、いつ、誰に、どのように説明したか）、どのような付属資料（補足資料）が添付され、どのような説明がなされているか、記載事項が正確か、当事者や取引関係者の認識と一致しているかを精査する。
　売買契約書が取引実務で使用されている標準的なものか、取引に関与した宅建業者が複数の場合、いずれの宅建業者が作成した契約書か、当該売買契約に特有の特約条項はあるか、依頼者（または相手方）にとって有利・不利な契約条項がないか、契約条項が依頼者・相手方の言い分に沿ったものか、矛盾していないか、契約条項が宅建業法や消費者契約法に違反していないか、売買契約書と重要事項説明書の記載内容が矛盾していないかなど、細部にわたって検討する。「第2章　不動産売買の取引の流れ」67～74頁、「第4章　不動産売買契約書の読み方」103頁以下。

エ　現場確認
　不動産売買の取引紛争では、取引物件の形状や周辺状況が依頼者の主張を基礎づける重要な間接事実になるケースが少なくない。依頼者が撮影した写真は該当箇所だけに焦点を合わせて撮影し周辺状況や全体像がつかめないことが多い。現場に臨んで依頼者から説明を受けると、写真では把握できなかった状況や依頼者が強調する言い分がより明確に理解できる。依頼者が気付かなかった有利な事実を発見することもある。弁護士は手間を惜しまず自ら現場に赴き実査することが重要である。写真は、書証として提出することを念頭に撮影の角度を変えながら数多く撮影しておく。弁護士が現場を見て自分の眼で確認しておくと、相手方との交渉や裁判官への説明、尋問に役立つ。

【空中写真】
　十数年前の土地の地形・状況、利用状況（田畑か宅地か、形状の変化、建物の配置など）を立証するには、一般財団法人日本地図センターが数年ごとに撮影している空中写真が役立つ。同センターに直接問い合わせ、該当物件の住居表示、位置とその周辺地図を送り、撮影年月日・倍率・カラーの有無、費用などを確かめる（10倍まで拡大した写真を希望できる場合もある）。

オ　契約の成否、契約条項の趣旨・解釈に関する争い
　不動産売買に関する訴訟では、売買契約などの合意の成否、契約条項や特約の趣旨、解釈が争点となる事案が多い。裁判所は、「契約の解釈や黙示の意思表示の有無・解釈を導く基礎となる事実を認定することが必要となる」（加藤新太郎「民事事実認定論」3頁）。契約の成否、契約条項・特約の趣旨について争われることが予想される場合、依頼者や取引関係者から、①契約当事者の属性、取引経験の有無、取引の背景事情、取引経過、②売買契約書作成の過程（誰が売買契約書案を作成し、どのように検討されたか、契約条項がどのような過程を経て加筆・削除されたか）、その間に加除修正した案文、メール送受信文・添付ファイルの有無、③契約条項の表現、④取引後の経過について事情聴取するとともに契約条項の趣旨に関する双方の言い分とこれを根拠づける事情や理由を検討する。
　契約条項の趣旨が争点となった場合、依頼者の主張する契約条項の解釈を基礎づける間接事実を丹念に拾い出す力が求められる。これは弁護士が苦手とする作業である。特に熾烈な訴訟案件になると、弁護士の力量の差が如実に現われる。同種事案の裁判例を分析し、裁判官がどのような間接事実を積み重ねて合意の成否や契約条項の趣旨、契約目的を認定したかを参考にしながら、自らが取り扱っている案件ではどのような間接事実を主張立証すべきかを検討する。

5　聴取内容の検討
(1)　経過事実の整理
　不動産売買の取引経過については、取引のきっかけ、現地案内、物件

第1章　不動産売買の紛争案件と事案分析

　資料の提供、取引書類の授受、重要事項説明書の交付、売買契約書の締結、手付の支払など、取引の節目を事情聴取する一方で、取引経過の流れを全体から眺め取引実務に照らし不自然な個所がないかを検討する。この作業を繰り返しながら、当事者間で"争いのない（であろう）事実"や"動かし難い事実"を"点"として押さえる。不動産売買の取引紛争では、他の紛争案件と異なり、授受される取引書類が多い。年月日や時期、関与した当事者などは書類の日付やメール・携帯電話の履歴を整理すると、時間軸に沿って取引の経過を比較的正確に確認できる。依頼者や取引関係者の記憶と照合しながら"点"と"点"をつなげ、一連の経過事実を復元する。例えば現地見分や測量図などの資料提供の時期、重要事項説明書の交付・説明を受けた時期（日時）が判然としないが、現地見分や資料提供を受けたこと自体に争いがなく、時期を詳細に主張・立証する必要のない事案がある一方、瑕疵担保責任に基づく損害賠償請求事件や仲介業者に対する説明義務違反に基づく損害賠償請求事件において、売主や仲介業者が瑕疵の存在を認識していたことを基礎づける事実として現地見分や資料提供、重要事項説明書の交付・説明の時期が重要な意味を持つ事案もある。そのため、経過事実を確認・復元する作業では争点との兼ね合いで時期（日時）をどの程度特定して明確に主張立証する必要があるかを見極める。時には依頼者の記憶と取引書類の年月日とが一致しない場合もあるが、他の関係書類や取引関係者の事情聴取とも照らしながら、手堅く主張立証できる事実がどこまでか、どの部分が明確でないかを選り分ける。

〔検討すべき事項〕
①依頼者や取引関係者の説明が不動産売買の取引の流れや取引実務に照らし不自然なところがないか
②依頼者や取引関係者の説明内容が取引書類や"動かし難い事実"に照らし矛盾していないか
③依頼者の言い分と相手方の言い分とを比べて、どの部分がどの程度相違するか、なぜ相違するか、取引書類と矛盾しないか
④依頼者の言い分を裏付ける客観的な資料や証拠があるか
⑤依頼者にとって不確かな経過について取引関係者の供述や取引書

> 類で復元できるか

(2) "相手方の眼"と"裁判官の眼"による吟味

　弁護士は、紛争当事者の一方だけから言い分を聴取し、相手方の言い分を直接聴取できる機会はほとんどない。注意すべきことは、弁護士が依頼者から事情聴取しているうちに、依頼者にとって都合のいい情報だけを信じてしまう傾向に陥ることである。弁護士は、依頼者（紛争当事者の一方）のために訴訟活動すべき立場であり依頼者に共感することは大切である。しかし、依頼者の言い分や提供された情報に何の疑問も抱かず無批判に受け入れることは弁護士のあるべき姿ではない。裁判所から見て、"当事者化した弁護士"や"依頼者をグリップしていない（できない）弁護士"が増えているとの指摘がある。"依頼者に寄り添う"ことの意味を取り違えてはいけない。依頼者のために誠実な事件処理をすることと依頼者から独立して法律の専門家として判断することとは矛盾するものではなく、それこそが弁護士に求められる仕事であることを忘れてはならない。弁護士は、依頼者の言い分を鵜呑みにせず、常に冷静な眼を持って事情聴取することが基本である。依頼者の言い分については、"相手方の眼"に置き換えて批判的に検討し、相手方からどのような反論・反証が予想されるか、依頼者がどのように再反論・再反証できるかを検討する。加えて、依頼者の説明や言い分が果たして裁判官にとって理解できるものか、裁判官を説得できるのかという"裁判官の眼"をもって事実と証拠を吟味することが必要である。

(3) 相手方の主張に対する反論

　依頼者から事情聴取をしたうえで、相手方の言い分についても検討し、依頼者の言い分や反論を聞く。相手方からの通知書や訴状（以下「通知書等」という。）には相手方の言い分が記述されているため、通知書等の記述内容に沿って事情聴取する方が手っ取り早いように思いがちである。しかし、相手方が作成した通知書等には、相手方の言い分だけが強く記述され、依頼者にとって有利な事実（つまり相手方にとって不利な事実）に触れていない。依頼者から十分事情聴取してお

第1章　不動産売買の紛争案件と事案分析

　らず紛争事案の概要も把握できていない段階で、通知書等に記述された経過や相手方の主張に沿って事情聴取し始めると、依頼者は、弁護士が自分の言い分に耳を傾けてくれないとか相手方の主張だけを取り上げるといった不満を抱く。時には依頼者が、相手方の言い分や主張が「嘘だ」、「間違いだ」と過剰反応し感情的な非難に終始し、肝心の経過事実や依頼者の言い分を事情聴取できなくなる。依頼者が冷静さを失うと、依頼者にとって有利な事実を聞き落とすおそれがある。弁護士は、事情聴取に先立って相手方から届いた通知書等を一読して相手方の言い分や争いになりそうな部分を念頭に置きつつ、まず依頼者の言い分を丁寧に聴取する。その上で相手方の通知書等に記述された事実や主張内容に触れながら依頼者の言い分や反論をじっくり聞き直す。そうすると、依頼者の言い分をさらに補強できる事実を聞き出したり、相手方の主張に反論できる証拠を見つけることができる。

　民事紛争において依頼者の言い分と相手方の言い分とが真っ向から対立する原因の多くは、前提事実に争いがあることによる。まず依頼者の言い分の前提となる事実と相手方の言い分の前提となる事実について、どの部分に、どの程度"開き"があるかを判別し、次に依頼者と相手方の主張する事実関係と取引書類などを照らし合わせ、当事者双方のそれぞれの言い分にどの程度裏付けがあるかを点検する。さらに当事者双方の言い分自体が不動産売買の取引の流れや取引手順に沿っているか、取引実務などに照して不自然さはないかなどを検討する。対立する事実関係を際立たせ、依頼者の言い分を根拠づける証拠は何か、どのような論理と証拠で相手方の言い分に反論すべきかについて依頼者と一緒になって議論する。これは、依頼者に、何が争いとなるか、自己の言い分をどのように主張立証すべきかを意識させ、自らの反論・反証を考えさせる方法となる。

〔確認すべき事項〕
①相手方が主張する事実関係と依頼者が主張する事実関係について争いのない事実と争いのある事実はどの部分か
②お互いの言い分に食い違いがあるのはなぜか、経過事実がなぜ異

> なるのか、評価が異なるのか
> ③依頼者の言い分（または反論）を根拠づける事実や根拠（証拠）があるか
> ④相手方が触れていない事実や伏せられている事実はあるか

(4) 弁護士と依頼者との協働作業

　依頼者の言い分を踏まえて"一応の事実関係"を把握した段階で"一応の主張立証の方法と法律構成"を組み立ててみる。主張の検討と証拠の吟味（評価）をしながら、事実関係と証拠の整合性を検証する。主張立証を補強するためにさらに依頼者や取引関係者から事情聴取し証拠を収集する。この作業を繰り返しながら主張立証の方法と法律構成を詰めていく。

　事実関係を把握しながら、
・予想される争点が何か
・どのように主張立証をするか
・どのような法律構成ができるか
・相手方から予想される反論は何か、どのような方法で再反論するか
・現段階で不確実な事実や不明瞭な事実は何か
・依頼者（または相手方）にとって有利・不利な事実は何か
・依頼者において法律的または訴訟的に強いところと弱いところは何か
などを整理した上で、どのような解決方針を立てるか（できるか）について、依頼者にわかりやすく解説する。

　依頼者の"素人"ながらの率直な意見や疑問点、懸念する点などを聞くことは有益である。弁護士は法律の専門家であるが故に、どうしても視点が限定されたり、判例や裁判例に引っ張られがちになる。過去に取り扱った実務経験を活かす必要がある反面、依頼者の素朴な意見や疑問、言い分を法律構成の仕方や主張立証に反映できないかなど、従前の発想から離れて柔軟に検討することはきわめて大事なことである。

　依頼者は、弁護士との"協働作業"を通じて自分の言い分が法律的に整理され主張書面などに反映されていく過程を見て、紛争に対し前向きに取り組む意欲が生まれる。自己の言い分を根拠づける事実の大切さを

第1章　不動産売買の紛争案件と事案分析

一層認識し、不利な点についても客観的に語れるようになる。そして、依頼者自ら相手方の主張に対する反論を根拠づける関係書類や取引関係者を探し、相手方からの書面を億劫がらずに読み、積極的に意見を述べ相手方の矛盾点を指摘できるようになる。そのために、弁護士は依頼者に丁寧に説明することをいとわず、依頼者が気軽に弁護士に不明な点や疑問を尋ね、方針について意見を述べられる状況を作るよう努める。

6　事案の分析

要件事実的な思考

(1)　要件事実的な思考による事案分析

司法研修所の民事裁判科目では長年にわたって要件事実教育が行われて来た。かつて要件事実は"骸骨の裸踊り"と揶揄され、弁護士志望の司法修習生や弁護士会からは、要件事実教育が裁判官向けの科目で紛争事案の背景事情をなおざりにしているといった根強い批判があった。いまだに「弁護士には要件事実は不要である」と公言する弁護士もいる。しかし、要件事実的な思考は裁判官だけでなく民事事件を取り扱う弁護士にも求められる。弁護士が取引経過や依頼者の言い分を踏まえて事案分析し、様々な法律構成、訴訟における攻撃防御や要証事実を検討し、訴訟方針を立てるには要件事実はきわめて有用なツールである。錯綜した取引経過があっても要件事実的な視点で検討すると、主張立証の"筋道"を整理できる。要件事実的な思考力が弱いと事案分析する力や主張立証を組み立てる力が弱くなる。民事訴訟は、当事者主義の下に当事者の訴訟代理人である弁護士が主体となって主張・立証する責任を負い、裁判所は職権進行主義の下に審理の充実、適正・迅速な手続運営をする責任を負う。加えて、現行民事訴訟法では、かつての"五月雨式"の弁論・証拠調べではなく弁論準備手続において主張整理がなされ争点が絞り込まれた上で証拠調べを集中的に実施する制度設計がなされている。裁判官は、要件事実的な思考の下に、訴状・答弁書・準備書面を読んだ上で弁論準備手続に臨む。当事者双方の代理人と裁判所が"口頭議論"を通じて主張整理・争点の絞り込みがなされ立証計画が検討される。そのため、弁護士が要件事実を理解する力が弱いと、裁判官が何を語っているのか"言葉"の意味が理解できない。裁判官が何を争点とし、どの

ような要証事実に関心を抱いているか、どのような訴訟方針で審理を進めようとしているのかを察知することができない。

　まさに要件事実は弁護士が裁判官と交信する"共通言語"である。

　若手弁護士は、法科大学院で「民事訴訟実務の基礎」の科目で要件事実や事実認定の基礎的な事柄を必修履修している。弁護士として実務に就いた後は、要件事実的な視点と思考を相談案件や紛争案件を取り扱う場面に応用し、事案分析、主張立証を検討できる力を鍛える必要がある。

【要件事実に関する文献】
　要件事実に関してわかりやすく記述したものとして、升田　純「要件事実の基礎と実践」（金融財政事情研究会）、大島眞一「民事裁判実務の基礎」上巻第2版（民事法研究会）がある。基礎理論のほか紛争類型に即して参照すべきものとして、伊藤滋夫編「民事要件事実講座」1～5巻（青林書院）がある。第1巻に掲載された原田和徳「要件事実の機能―裁判官の視点から」、永石一郎「当事者からみた要件事実－当事者代理人に必要な要件事実の基礎知識」は熟読すべきものである。条文に即して要件事実を再確認する際に倉田卓次監修「要件事実の証明責任」（債権総論、契約法上巻、下巻、西神田編集室）、大江忠「要件事実民法」（第一法規）、司法研修所編「増補民事訴訟における要件事実第1巻」（法曹会）、伊藤滋夫「要件事実の基礎」（有斐閣）などがある。旧様式の判決は、新様式の判決と異なり、請求原因・抗弁・再抗弁などの主張整理が厳密になされているため、請求の趣旨・請求原因・抗弁などを起案する参考になる。

(2)　争点整理メモ　　　　　　　　　　　　　　　　　　　　　　　　争点整理

　最近、裁判所から、訴状の記載内容が十分ではないものが増えてきたとか、訴訟物が明記されていないなどの問題が指摘されている。事情聴取を踏まえ事案の概要を一応把握しても、頭の中で漠然と法律構成しているだけでは不十分である。相談を受けた段階では、相手方がどのような主張立証をするかは"読めない"（予想できない）ものの、不動産売買についていえば、紛争類型に即して、訴訟物は何か、争点や双方の主張立証すべき事実や相手方からの抗弁はある程度想定することができる。時系列に沿った経過事実を把握した段階で、訴訟物、主張の骨子、争いのない（であろう）事実、動かし難い事実、予想される争点（双方

の言い分の対比）や相手方の主張と反論を想定し、これらを簡潔に整理した"争点整理メモ"を作ってみることも一つの方法である。そうすると、主張立証・法律構成の手堅いところと弱い（難しい）ところ、事情聴取や証拠関係で見落としているところに気付く。主張や立証すべき事実を検討し直し、さらに事情聴取して事実関係を補強する。時には相手方の立場から事案を眺め、相手方がどのような主張立証をするか（できるか）を要件事実に即して起案してみると、相手方の主張立証の弱いところと強いところや矛盾点が見える。何をもって反論・反証すべきか、攻撃防御の方法がより一層明確になる。

争点整理メモを依頼者に示し、現段階での事案分析を説明し依頼者が置かれている立場（主張立証・法律構成の可否や難易など）を理解してもらうとともに、どのような主張や立証活動に力を注ぐべきかについて認識を共有しておく。

〔争点整理メモの項目〕
Ⅰ 紛争類型と訴訟物
　紛争当事者が誰か、どのような紛争が予想されるか
　訴訟物は何か
Ⅱ 請求
　ⅰ）誰が誰に対しどのような請求ができるか（履行請求をするか、契約関係から離脱するか、損害賠償請求をするかなど）
　ⅱ）依頼者は相手方に対しどのような請求（反訴請求、相殺主張など）をすべきか、相手方から依頼者に対しどのような請求が予想されるか
Ⅲ 事実
　ⅰ）取引経過の中で「争いのない事実」（と予想される事実）、「相手方が認める事実」（と予想される事実）は何か、将来争いとなることが予想される事実があるか
　ⅱ）「動かし難い事実」（と予想される事実）は何か
　ⅲ）「争いのある事実」の分析・検討
Ⅳ 争点
　予想される争点は何か、事実認定の問題か法律問題か

> Ⅴ 主張
>   ⅰ）依頼者の言い分をもとにどのように主張するか（できるか）
>   ⅱ）相手方の言い分からどのような主張が予想されるか（できるか）
>   ⅲ）相手方の主張に対しどのように反論をするか（できるか）
> Ⅵ 立証
>   ⅰ）依頼者はどのような方法で立証すべきか（できるか）
>   取引経過事実や取引書類をもって依頼者の主張を基礎づけられるか、誰の、どのような証言・供述で立証すべきか（できるか）、重要な取引関係書類は何か、立証の難易度
>   ⅱ）相手方からどのような立証が予想されるか（できるか）
>   ⅲ）相手方の立証に対しどのように反証するか（できるか）
> Ⅶ 法的措置
>   訴訟提起（または応訴）の要否の検討、反訴、訴訟告知、訴訟参加の可能性とその対応
> Ⅷ 解決方針
>   どのような解決内容が見込まれるか、訴訟の進行、勝敗の見通し、和解の見込みと和解内容など

7 文献調査等

(1) 文献調査

　依頼者の言い分や証拠書類を吟味し事案分析する作業と並行して、参考となる文献（体系書、注釈書など）や判例・裁判例を調査する。例えばローン解約に関する案件について相談を受けた場合、過去の裁判例を調べ、ローン解約の要件・効果、事情聴取すべきポイント、予想される争点、力点を置いて主張立証すべき事実は何かを検討する。判例時報・判例タイムズなどの裁判例の解説欄には過去の裁判例や関係文献が掲載されているから、これをもとに"芋づる式"に文献調査する。大学研究者が執筆した体系書や判例批評は自説に重きを置いて記述するものが少なくないため複数の体系書や注釈書を読み比べる。裁判官が執筆した判例解説や論説はニュートラルな記述のものが多く判例分析に関するコメ

ントがヒントになる。最高裁判例の調査官解説は必ず参照する（最新のものは法曹時報かジュリスト「最高裁　時の判例」に掲載されている。）。高裁・地裁の裁判例は事例判決であり不動産売買の事案は個別性が強く直ちに個別事案に妥当するわけではない。しかし、同種の紛争類型の裁判例を参照することによって、どのように法律構成をすべきか、どのような間接事実をもって主張立証、反論反証をすべきかについて示唆を受けることがある。

　判例時報、判例タイムズなどを購読し日頃から判例・裁判例の動きを知っておくことは不可欠である。判例検索システム（ウエストロージャパン、判例秘書、TKC、D１-Law．comなど）を利用する場合、キーワードの入力の仕方によっては最適な判例や裁判例を見つけることができないことがあるため注意を要する。不動産取引に関する裁判例については不動産適正取引推進機構（略称「RETIO」）のホームページや刊行物「RETIO」に紹介されている。文献調査後の資料のファイリングは本書519頁以下。

【裁判例の引用の仕方】
　　内容証明書や準備書面において裁判例を引用するには、事案、争点、法律構成、認定事実などを慎重に検討する。事案が似て非なるものを安易に引用しても相手方から反論され、却って逆効果となりかねない。特に法改正以前の裁判例を引用する際には注意を要する。相手方が引用した裁判例については必ず原典に当たり、事案や認定事実との差異を検討し、相手方が都合よく要約していないかを点検する。

(2)　専門家との連携

　不動産売買の紛争では、登記手続、境界、建物の構造、地盤、不動産評価、税務などが争点に絡み、専門訴訟の様相を呈することは珍しくない。これらに関係する基本的な知識や専門用語を理解していないと、依頼者に有利な（もしくは不利な）事実を見落としたり、法律上意味のない点を素人判断で、あたかも重要な事実のように思い込んで争点からはずれた主張にエネルギーを注ぎ込むこととなる。日頃から気軽に意見を聞くことができる司法書士、土地家屋調査士、建築士、不動産鑑定士、

税理士など異業種の専門家とネットワークを築いておく。例えば登記手続請求訴訟を提起する場合、訴状「請求の趣旨」をどのように表現するかは司法書士に事前相談することは必須である。

(3) 意見書の作成依頼

　不動産売買の建物や地盤沈下の瑕疵を巡る紛争では、建築士・技術士などによる意見書・調査報告書などが提出されることが多い。相手方が提出した意見書等の内容が適正か、不正確な個所や触れられていない事項はないか、誤った記述部分をどのように反論できるかなどについては、建築士などの専門家の協力を得て客観的な意見を求める必要がある。裁判所に提出する意見書は、内容が適正であるだけでなく技術的な内容や専門用語について裁判官にわかりやすく記述できる能力を備えた建築士などに依頼する。反対尋問を受けることを想定し、法廷で証言できるような意見書の作成を依頼する。建築士といっても建物の構造計算、在来工法、マンション建築設計など、専門分野が細かく分かれているため、どの分野の専門的知見を備えているか、どの程度の実務経験があるかについて事前に確認する。一級建築士の肩書を付して構造計算に関する意見書を裁判所に提出したところ、反対尋問や裁判官からの補充尋問で、建築士が構造に関する専門的知見を有していないことが露見し意見書が採用されなかった実例がある。

8　対応方針の検討

　依頼者や取引関係者から事情聴取し事案の概要を把握した段階で、対応方針や解決方針を検討する。個々の事案によって異なるが、概ね次のように整理することができる。

(1) 紛争事案

　紛争事案には"攻めの事件"と"受けの事件"とがある。

　"攻めの事件"は、契約を履行しない相手方に対し代金請求や損害賠償などを請求したり、売買契約を解除したが相手方が手付金返還や違約金の支払に応じないため手付金返還請求や違約金請求をする事件である。相手方が任意に履行しないため、依頼者から積極的に法的措置を講じる行動を起さないと解決しない紛争である。

これに対し、"受けの事件"は、相手方が依頼者に対し手付金返還請求や損害賠償請求をし、依頼者が防御的に対応する事件である。相手方が依頼者を被告として訴訟提起し、依頼者がこれに対し応訴する紛争である。

(2) "攻めの事件"

"攻めの事件"では、相手方に対し、どのような請求ができるか（契約の履行請求、損害賠償請求など）、請求権の発生要件・効果、債務不履行・不法行為の事実、損害及び根拠、これを実現する方法としての法的措置を検討する。相手方からどのような主張や反論が出るか、どのような証拠が提出されるかなどを想定し、これに対する反論のシミュレーションを試み、訴訟において相手方の主張・反論に十分耐えうるだけの主張立証ができるかも検討しておく。そのためには、これらを踏まえた上で、依頼者・相手方のいずれに、どの程度の"分"があるかという勝敗の見通しをつける。できるだけ正確な事実関係の把握と適確な事案分析及び法律構成が求められるのはいうまでもない。

いつの段階で、どのような主張に基づく請求を、どのような方法で行うか、裁判外での協議・話し合いによる解決を進めるか、民事訴訟を提起するか、民事調停を申し立てるかなどの方針について、依頼者を交えて率直に意見を交換する。

"攻めの事件"は、消滅時効や除斥期間が迫っているような時間的余裕がない場合は別として、事実関係の把握や主張立証の検討、証拠収集などに十分時間をかけ、相手方に対する通知書の発送や訴訟提起の準備をじっくり検討できる"有利さ"がある。訴訟提起の時期も依頼者のもっともよいタイミングを勘案して選択できる。

ところで、依頼者は、弁護士の名前で通知書（内容証明郵便）を出せば、相手方が依頼者の請求や要求に応じると安易に考え、「ひとまず弁護士の名前で内容証明を出して相手の出方を見たい」と依頼することがある。しかし、依頼者からの事情聴取が不十分な段階や、依頼者の言い分が証拠で裏付けられるかを十分吟味しないまま、依頼者の言い分をもとに"とりあえず"弁護士の名前で内容証明郵便（通知書・回答書など）を発送することは避けるべきである。折角、通知書の発送や訴え提

起の時期を選択できるという有利な立場にあるにもかかわらず、事実関係も十分把握しないままに通知書（内容証明郵便）を発送したところ、相手方から思わぬ反論があり、弁護士が重要な事実関係（特に依頼者にとって都合の悪い事実）を聴取していなかったことに気づき、依頼者から事情聴取をやり直したりしていると、"攻めの事件"の優勢さが失せ、その途端に守勢に回り、時には相手方から追い込まれかねない。

(3) "受けの事件"

相手方との紛争になりかけた早い段階で相談を受けると、弁護士も時間的な余裕をもって事情聴取することができるし、前もって、相手方から予想される訴訟（法律構成、主張立証など）を検討し"応訴"に備えて反論・反証、さらに反訴請求をも視野に入れて準備を始めることができる。しかし、個人・企業を問わず、紛争の兆しがあっても、「話せば解決できる」、「訴訟に発展することはない」という意識が強く、危機感を抱くことなく話し合いを続け、突然、相手方から通知書や訴状を受け取った段階で慌てて弁護士に相談することが少なくない。"受けの事件"では、ある日突然、相手方から通知書や訴状が届くことが多く、"攻めの事件"と違って、弁護士が依頼者とじっくり時間をかけて準備する余裕がない。このような状態で、依頼者や取引関係者から事情聴取し、反論できる法律構成や反証する方法を早急に検討せざるを得ない。

"受けの事件"では、事実関係の把握や法律上の問題点などの検討に充てる十分な時間的余裕がないという意味で不利な立場に置かれる。しかし、時間的に切迫した状況下にあっても、弁護士は、急遽、時間を割いて依頼者や取引関係者から集中的かつ丁寧に事情聴取し、事案の全容を把握し法律構成や主張立証方法を検討し対応方針を立てることが必要である。依頼者は、弁護士から、訴訟での争点や訴訟の見通しを聞かされることによって応訴に伴う精神的な不安や負担が軽減され、訴訟を正面から受けて立つ心構えができる。訴訟の見通しを立てるためにも事実経過を早急に把握することが何より大切である。たとえ時間的に制約された状況下にあっても集中的な事情聴取と基本的な反論の組み立てをきちんと行いさえすれば、態勢を立て直し十分対応できるものである。いたずらに時間のないことを嘆いて依頼者を不安に陥れ、"やる気"を削

第1章 不動産売買の紛争案件と事案分析

ぐことだけは避けるべきである。

　なお、依頼者から訴状を見せられた際には、まず全体を一読し、訴状の「よって」書きに訴訟物が特定されているか、請求原因事実と"繋がっている"かを検討し、もし不明確であれば訴訟物を特定するよう求めることは、争点を整理し適切な攻撃防御を検討するためにも重要である。慌てずに原告の法律構成を見極める姿勢は、依頼者が精神的に落ち着くことにもつながる。

(4) 相手方の言い分の検討

相手方の言い分

　相談を受けた案件が"攻めの事件"であったとしても、直ちに訴訟を提起するのではなく、依頼者の主張を記載した通知書を送付し、相手方からの反応（言い分など）を見極めることが望ましい。通知書を送付しても相手方から何らの反応もないとか、通知書の受領を拒まれるなど、相手方の不誠実な対応があれば、訴訟に踏み切る判断材料の一つとなる。相手方（または代理人弁護士）から回答（反論）があったり、電話を架けて来たり、面談を求められた場合、できるだけ相手方の言い分を聞いてみる。そうすると、相手方が紛争を解決する意思があるか、どのような方向で紛争解決を考えているか、双方の言い分や事実認識にどの程度の開きがあるか、どのような根拠に基づく言い分かを把握できる。将来訴訟になった場合に相手方がどの程度事実関係を認めるか（争うか）、どのような根拠や証拠に基づいて主張立証するかをある程度予想できる。相手方の言い分や主張を踏まえて、依頼者に事実関係を再度確認し、どのような反論ができるかを再検討する。話し合いによる解決が可能かの見通しも付けることができる。時には依頼者が誤解していたり、忘れていた事実や思い違い、依頼者が弁護士に告げていなかった"不都合な事実"が判明したり"不利な事実"を根拠づける書類の存在が明るみに出ることがある。そのような場合は、依頼者にその真偽を確かめ、どのように反論ができるかを聞き、結果いかんでは当初の法律構成や対応方針の見直しも必要となる。

　相手方の債務不履行を理由に契約解除の通知書（内容証明郵便）を送る場合、解除通知書は契約解除の意思表示をして法律関係を変動させるきわめて重要な法律文書である。訴訟になれば通知書・回答書は書証と

して提出される。解除要件を具備しているかどうかは重要なポイントであるため、紛争に至る経過、どのような事実が債務不履行に該当するか、どのような理由で解除するかなど、依頼者・取引関係者の説明や証拠書類と照らし合わせ、念には念を入れて検討する。たとえ時間的に切迫した状況下にあっても、事実関係の把握と法律的な問題を検討し、ある程度法律構成を組み立てることができると見定めて内容証明郵便を発送する。

　相手方に通知書・回答書を発送する前には必ず依頼者の面前で読み聞かせるかメールなどで送付するなどして、事実関係に間違いがないかどうかを確認する。通知書・回答書を発送する段階では、訴状・請求原因事実や答弁書を起案する場合と同様に、要件事実に即して法律構成や主張の骨子を起案できるだけの事実関係と証拠関係を把握しておく。

【通知書・回答書などの表現】
　依頼者が相手方を「詐欺」とか「嘘である」などと強く非難したとしても、弁護士は、通知書・回答書の中でこのような表現を使うべきではない。相手方への非難中傷は紛争を感情的に激化させるだけである。名誉毀損などを理由に損害賠償請求の問題に発展することにもなりかねず、紛争解決を遠のかせる。のみならず、相手方から懲戒申立をされ、弁護士会から処分を受けた例もある。通知書などは書証として裁判所に提出されるのが通例であり、弁護士として品位に欠ける表現や信用を貶める表現は慎む。

〔検討すべき事項〕
　Ⅰ　話し合いによる解決の見込み
　　ⅰ）訴訟提起前に依頼者（または代理人である弁護士）が相手方に対し契約の履行請求、契約解除、原状回復請求や損害賠償請求を書面にて申し入れ、相手方が任意に応じるかどうかを確かめる。
　　ⅱ）相手方がこれを無視または拒絶したり、双方の主張が真っ向から対立し話し合いによる解決が見込めないとなれば、訴訟提起などの法的措置を講じる。
　　ⅲ）相手方と話し合い交渉を試みたものの、和解内容に大きく開

> きがあり和解の見込みがなければ、話し合いによる解決を断念し、訴訟提起などの法的措置を講じる。
> Ⅱ 民事調停・民事訴訟の選択
> 民事調停・民事訴訟のいずれを選択すべきかは紛争案件によって異なる。下記の点を勘案して、方針については、依頼者と意見を交わし決定する。
> ⅰ）どのような法律構成ができるか、その主張立証の難易度
> ⅱ）事実関係の把握、特に争点となることが予想される事実関係や依頼者の主張を基礎づける事実がどの程度確実に立証できるか
> ⅲ）和解になじむ事案かどうか
> ⅳ）民事訴訟による解決に要する時間・コスト、当事者の属性との関係など

(5) 和解による解決の検討

　和解（話し合い）による解決は、訴訟による時間とコストの負担を回避し感情的なしこりも残さず、当事者にとって望ましいことはいうまでもない。取引紛争は個別性が強く、和解による解決が可能か、和解事案とすれば、いつ、どのようなタイミングで、どのような内容で和解をするか（すべきか）は、相談を受けた段階から多角的かつ柔軟に検討する必要がある。

> 〔検討すべき事項〕
> ①事実関係について、どのような争いがあるか
> ②依頼者の言い分について、どのような法律構成ができるか
> ③和解が調わず民事訴訟の場で争われた場合、どの程度主張立証できるか
> ④訴訟での勝敗の見込み
> ⑤訴訟による解決までの時間とコスト
> ⑥和解による紛争解決のメリットなど

　和解による紛争解決の方針を選択するとしても、相手方と和解交渉に入る前に紛争に至る経過事実の把握や依頼者の言い分の当否の検討は必要である。依頼者の中には、法律的に有利・不利を考慮せず、感情的に

8 対応方針の検討

相手方を非難し、自己の言い分に強く固執する者も存する。弁護士は、依頼者の心情を理解しつつも、どのような条件での和解が合理的か、依頼者が自己の要求にこだわり相手方との和解に応じないことにより生じるリスク（訴訟になる可能性と訴訟による解決の見込みなど）を説明し、検討材料を提供したうえで、最終的な判断は依頼者に委ねることとなる。

当事者間において事実関係に争いがないとか、法律上の責任の有無・程度についてほぼ共通認識を有している事案では、何らかの折り合いをつけて解決できる可能性は高くなる。ところが、事実関係の根幹的な部分に争いがあったり、法律上の責任や損害額について"開き"が大きければ、和解交渉を重ねても当事者双方がそれぞれの言い分を繰り返すだけで歩み寄りを期待することは難しい。もっとも、訴訟提起が避けられないと思われるような事案であっても、当事者双方が早期解決を強く望む場合もあり、民事調停を利用するなどして解決する方策がある。

和解交渉に入るタイミングは結構難しい。いつ、どのような方法でどのような和解の可能性を打診するかは紛争に至る経緯や当事者の感情、さらには当事者を取り巻く経済的な環境や当事者以外の者との人的関係等により様々である。客観的には和解による解決が望ましい事案であっても争いに至った原因などから当事者が感情的なわだかまりをもっている場合、和解を検討することすら難しいのが現実である。ところが、感情的な対立が激しい紛糾事案であっても裁判所による和解勧告をきっかけに話し合いの機運が生まれ解決に至ることもある。弁護士は"和解の機運"が生まれたときには柔軟に対応できるよう常に広い視野をもって事案を見定めておく必要がある。

和解交渉に臨むに当たり、相手方がどのような"出方"をするかは予想し難いものの、紛争類型に即して相手方の主張立証を想定し下記事項を検討しながら和解の進め方をシミュレーションし、相手方の出方や状況に柔軟に対応できるようにしておく。

〔検討すべき事項〕
　①依頼者と相手方の属性（年齢、職業経験、企業の業種など）、支

払能力の有無・程度
> ②依頼者にとって和解による解決の必要性の程度と相手方が和解に応じる可能性・必要性の程度
> ③どのような和解条件を提示するか、依頼者がどの程度譲歩できるか（和解方針と提示案の検討）
> ④相手方が和解案に応じないときに、依頼者がさらに譲歩するのか（依頼者において再譲歩案の検討の余地があるか）
> ⑤どのような状況に立ち至ったときに相手方との和解交渉を打ち切るか（和解を打ち切る条件やタイミングの検討）
> ⑥和解を打ち切った後、どのような法的措置を講じるか

　依頼者が和解による解決に焦り前のめりの状態になると、相手方に足元を見られて相手方がなかなか譲歩せず、不当な和解条件を応諾せざるを得なくなることもある。和解交渉を進めたところ相手方の強硬な姿勢により交渉が難航すると、依頼者が有利な立場にあるにもかかわらず、動揺して当初の和解方針を維持する意欲をなくすこともある。相手方との交渉に当たる弁護士にとっては依頼者の方針が揺れ動くと和解交渉が難渋する。和解交渉に当たっては、いろいろなケースを想定して交渉内容や交渉の進め方について依頼者と緊密に協議し依頼者の意向や方針を確認しておく。和解交渉に入った後も、依頼者に交渉内容を逐一報告し交渉内容について"情報共有"しつつ相手方の出方を見ながら柔軟に対応を協議していく。

【和解契約書の起案】
　和解が成立する運びとなり和解契約書や示談書が締結される場合、自ら案文を作成することをいとわず、依頼者と綿密に文案を検討する。案文の作成を相手方代理人に任せっきりにすると、依頼者にとって盛り込んでおくべき条項を見落としたり、肝心の条項が曖昧な表現となるおそれがある。

(6) 意見を述べる際の注意点

ア　前提事実の把握

　依頼者や相談者の中には弁護士が事案の概要や事実関係を十分把握

できていない段階で、法律的に有利か不利か、いつ頃解決できるか、訴訟に勝つか負けるかなど事件の見通しについて性急に弁護士に意見を求めることがある。事実関係が錯綜し、"不確かな事実"、"不都合な事実"がある事案ほど、依頼者にその傾向が強く見受けられる。察するに、依頼者が紛争に巻き込まれたことによる不安によるものと思われる。弁護士は、紛争当事者の一方である依頼者から限られた時間で事情聴取し、依頼者から提出された証拠資料だけを前提に事実関係を把握せざるをえない。不透明な事実や不確実な部分があり、安易に予想を立てたり楽観的な意見を述べることはできないし、してはならない。弁護士は、このことを依頼者に率直に述べ理解を求める必要がある。時には依頼者が不利な事実や資料を示さないまま弁護士に判断を求めることもある。そのため、弁護士が意見を述べる時点で、どのような事実を前提に見解を述べるかを明確に示すことが必要である。同時に、曖昧な個所や不確かな事実があることを指摘し、将来、相手方から有力な反論や反証がなされたり、前提事実の一部が崩れると、法律構成や争点も変わり、弁護士の意見内容も動く可能性があることを必ず言い添えておく。

〔説明すべき事項〕
① 法律的にどのような問題があるか
② どのような事実が明確か不明確か、不確定な要素はどのような法的評価を受けるか
③ どのような主張立証ができるか（すべきか）、その難易度、事実関係の不明確さが主張立証にどのように影響を与えるか
④ 相手方との紛争において、何が争点として予想されるか
⑤ 依頼者はどのように対応すべきか（訴訟などの法的措置をとるべきか、相手方がどのような法的措置をとることが予想されるか）
⑥ どのような解決方法が考えられるのか
⑦ 訴訟となった場合のリスクと時間とコストなど

イ　わかりやすい説明
　依頼者や相談者にはできるだけ平易な言葉を使って明確に説明する

必要がある。紛争に巻き込まれたり、訴訟の経験がない依頼者（特に個人）は、今後の推移や見通しについて強い不安を抱いている。専門用語や訴訟手続、訴訟の進め方について、できるだけわかりやすく丁寧に説明し、事案によっては参考文献のコピーなどを提供する。時折見受けられるのは、依頼者が事前にインターネットで検索して得た法律知識を自己に都合よく解釈したり、知人から聞いた誤った法律知識をもって法律相談することである。弁護士は、どの点が不正確か、誤りかについて明確に説明する必要がある。

(7) **事件受任を断る際の注意点**

相談者の言い分が法律的に"通りにくい"とか、相談者が期待するような形での解決が得られないため、相談者の希望するような訴訟対応ができない場合がある。弁護士が説明や意見を述べても、相談者が自分の言い分にこだわり弁護士の説明や意見に納得しないこともある。このような相談者からの事件受任は慎重に対応すべきであろう。事件受任を断る場合は、法律構成や主張立証の難しさ、解決方針の考えの相違など、事件受任できない理由を説明する。相談者が持参した関係書類を一時的にも預かることは、弁護士が事件受任したものとみなされ後日トラブルが生じるおそれがあるため、事件受任をしないときは、その場で関係書類を返却する。"事件の見立て"は弁護士によって異なるため、たとえ受任しないとしても、他の弁護士に相談をし"セカンド・オピニオン"を求めるよう勧めることが望ましい。

(8) **報告と協議**

紛争を解決するには弁護士と依頼者との協働作業が必要である。特に状況認識と情報共有は重要である。具体的には、弁護士は、事件受任に際し、依頼者に対し紛争解決の方針や進め方などについて十分説明し、依頼者の意思を確認する。進捗状況はできるだけ丁寧に電話、書面、メールなどで報告する。

受任事件の処理経過について、弁護士は、依頼者に対し速やかに報告し、適宜、協議し、依頼者本人の意思を確認しながら事件処理を進めることが基本である。複雑な案件の和解の進め方や和解条件の諾否については必ず本人と面談して協議し、最終的に依頼者が意思決定するよう慎

重に進めることが大切である。依頼者の中には、紛争による煩わしさから逃れたいとの心理からか、厄介な案件ほど「先生にお任せします」と言いがちである。紛争は「お任せ」で処理できるものではない。特に個人が依頼者となる複雑な案件は、依頼者には紛争解決の難しさを理解してもらうとともに真正面から紛争解決に取り組むことが殊のほか大事であることも話しておく。

9　訴え提起に際しての留意事項
(1)　専門知識・情報の提供
　不動産売買訴訟は一般の通常訴訟に位置づけられている。しかし、例えば瑕疵担保責任に基づく損害賠償請求事件において、建築の構造耐力上の瑕疵や地盤沈下、土壌汚染・産業廃棄物の存否などが争点となり、専門的技術的な知見を必要とし、専門訴訟の様相を呈することがある。瑕疵の存在と損害額を立証するために建築士・技術士など専門家による意見書、建築業者・廃棄物処理業者などによる報告書など双方の当事者から提出される書証は、大概、その分野特有の専門用語で記述され、専門的な知識がない裁判官や代理人弁護士が一読して容易に理解できるものではない。この種の専門知識はないのでわかりやすく主張立証してほしいと率直に述べる裁判官はそれほど多くない。裁判官だから"記録を読めばわかるだろう"といった意識で訴訟活動を行うことは禁物である。

　このような専門訴訟においては、実は弁護士も"素人"である。弁護士が容易に理解できない事項は、傍らに説明してくれる専門家や依頼者がいない裁判官にとってさらに理解困難であることを十分に認識し、争点を判断する前提として専門知識が必要な事案については、速やかに依頼者などと相談して、意見書の作成や文献の提出など、裁判所に対し専門的な知識や情報を提供する努力を惜しまない。

　意見書を依頼する際には、正確な内容を維持しつつ"素人"にも理解しやすい表現とか図・写真などで視覚的にわかるように、ひと工夫して作成することを求める。定評ある文献や専門用語辞典の抜粋を付ける。意見書の添付資料にまで頁が振られているかも確認する。また、不動産

第1章　不動産売買の紛争案件と事案分析

売買で交付される重要事項説明書には都市計画法・建築基準法などの法令が記載されるが、裁判官が正しく理解できるよう当該法令に関する解説書を書証として提出する。

弁護士は当事者の一方の代理人として訴訟活動するが、この種の専門訴訟においては、協働的訴訟運営の観点からの裁判所・裁判官を適正にリードする役割が求められる。

<small>被告の選択</small>

(2) **訴え提起段階（原告側）**

不動産売買は契約当事者以外に仲介業者も関与しているため、訴え提起に際しては、誰を被告にするか、誰の協力を仰ぐかを紛争の経緯や当事者間のやり取り、事案の性質に照らして検討する必要がある。

例えば中古住宅の売買において建物内での自殺が判明し、ⅰ）売主に対して瑕疵担保責任または説明義務違反に基づいて損害賠償請求をするか、ⅱ）売主とともに仲介業者をも共同被告にし、債務不履行または不法行為（瑕疵の存在の調査・説明義務違反）を理由に損害賠償請求するか、ⅲ）仲介業者だけを被告にするかを検討する。ⅳ）仲介業者を被告とするとしても、売主側と買主側の双方に別の仲介業者が関与している片手仲介の場合には、売主側の仲介業者のみを被告にするのか、買主側の仲介業者をも併せて被告にするかも検討する。片手仲介では、買主は、買主側の仲介業者から訴訟外での協力を得ることを期待して、売主と売主側の仲介業者だけを被告にし買主側の仲介業者を被告にしないことがある。しかし、買主の思惑や意図がどうであれ、買主が売主と売主側の仲介業者を共同被告として訴訟を提起すると、売主もしくは売主側

<small>訴訟告知</small>

の仲介業者から買主側の仲介業者に対して訴訟告知（民訴法53条1項）がなされ、買主側の仲介業者が売主か買主のいずれかに補助参加せざるを得なくなる可能性があることは念頭に置いておく必要がある。

<small>補助参加</small>

買主が売主を被告とする訴え提起に際して、買主側の仲介業者からも事情聴取をした際に、訴訟外での協力ではなく、買主側に補助参加の申出（同法43条1項）をすることを求めることも一つの方法である。しかし、売主・買主間の不動産売買を巡る紛争において、当事者以外の第三者である仲介業者が訴訟告知を受けていないのに積極的に訴訟に参加することは少ないし、補助参加の申出に対しては、当事者から異議が出さ

れる可能性もある（同法44条1項）。そこで、買主が売主に対する訴え提起後、買主側の仲介業者に訴訟告知をし、買主側に補助参加の申出をしてもらう方法がある。売主が補助参加の申出に対する異議を述べることもあるが、後記(3)のように、裁判実務では、補助参加の利益が緩やかに解されており、裁判所が補助参加を認めない旨の決定をすること（同条1項）は少ないことから、比較的スムーズに自らの側に補助参加をしてもらうことができる。

　訴え提起の段階では、買主は、自らが委託した仲介業者からどのような説明を受けたかについては認識し、メールのやり取りといった証拠となる資料も有していることから、買主と仲介業者間の取引経過を把握できるとしても、現実に、仲介業者がどこまで認識していたかが判然としない場合も多く、売主と併せて仲介業者も被告にするか、訴訟告知するかは、事情聴取やメールのやり取り等を慎重に検討したうえで決定することになる。

(3)　訴訟係属後（被告側）

　原告と異なり、被告は訴訟の当事者を自ら選ぶことはできないから、複数の者が同時に被告として訴えを提起された場合には、それらの被告ら相互間で、一方で利害対立関係を抱えながら、他方で協力関係に立ちながら、訴訟を追行せざるを得ないことになる。

　上記の設例において、売主が自殺の事実を告知しなかったとして、仲介業者とともに訴えられた売主（被告）の立場は次のように様々であり、必ずしも仲介業者と利害が一致するものではない。

ⅰ）瑕疵担保責任につき免責特約が付されており、売主が自殺の事実を認識していながら仲介業者や買主に黙っていたケースでは、売主が自殺の事実を告げなかったこと（売主の故意過失）を主張立証する点においては仲介業者と買主の利害は一致する。逆にいえば、仲介業者と売主の利害は対立する。

ⅱ）売主は自殺の事実を買主に告げなかったが、仲介業者は隣人などから売買目的物である建物内での自殺の事実を聞き、これを認識していたにもかかわらず買主に黙っていたケースでは、仲介業者と買主の利害は対立する。ただし、仲介業者と買主の立場が対立するからといっ

て、直ちに仲介業者と売主との利害が一致するとまではいえず、売主も仲介業者もそれぞれの認識や行為に照らして、相被告との間でどのように訴訟に関与するかは将来、相被告から損害賠償請求がなされる可能性も含めて検討が必要になってくる。

　売主と買主双方がそれぞれ別の仲介業者に仲介を委託しているような片手仲介のケースでは、他方の仲介業者との関係でも利害対立の有無程度について検討しておく必要がある。売主側の仲介業者が自殺の事実を隣人から聞いたとしても、これを買主側の仲介業者に告知したか否か、買主側の仲介業者は、売主側の仲介業者から告知を受けたとしてもこれを買主に説明したかはそれぞれの認識や説明内容に濃淡が出てくることから、誰との間でどのような利害が対立するかは一概にはいえず、詳細に事情聴取をしたうえで事案に応じて対応していかざるを得ない。

ⅲ）売主が仲介業者に対し自殺の事実を告知したが、仲介業者が買主または買主側の仲介業者にその事実を告げなかったケースでは、仲介業者は、売主とも買主とも利害が対立する。

ⅳ）瑕疵担保に関する免責特約が付され、売主が所有する以前の建物居住者の自殺の事実について売主は知らず、仲介業者も知らなかったが、仲介業者が前所有者に遡って自殺物件かどうかについて調査しなかったことが調査・説明義務違反に当たるかが争われるケースにおいては、仲介業者は、売主、買主いずれの立場とどのように利害が対立し、一致するかが案件によって微妙に異なる。

　ⅰ）からⅳ）のいずれの場合も、売主は、自らが自殺の事実について仲介業者に告知したか否か、告知した場合の説明の仕方や説明内容については認識している。ⅲ）のケースのように、売買契約に先立って、売主（被告）が仲介業者に対し自殺の事実を告げていたのであれば、仲介業者が買主（原告）にその事実を告げたか否か、告げたとしてもどのように説明したのかによって、売主と仲介業者との利害対立の局面や程度が異なってくることから、相被告の主張を念頭に置きながら慎重に訴訟を進めることになる。

　売主のみが被告として訴えられている場合に、仲介業者の協力を仰ぐ

か否か、仲介業者の協力を得る場合にも訴訟外での協力を求めるか、それとも訴訟において共同して争うか、訴訟告知をするかは、ⅱ）やⅳ）の場合、取引経過を依頼者から十分に事情聴取したうえで、訴訟方針を決定していくことになる。

(4) 訴訟係属後（被告知者側）

ア　売主・買主間の不動産売買を巡る訴訟において、通常、訴訟告知を受ける立場にあるのは仲介業者である。訴訟告知を受けた仲介業者から相談を受けた弁護士は、早急に係属事件の一件記録を謄写し原・被告双方の主張を検討するとともに喫緊の作業として、仲介業者から売買仲介の取引経過を丁寧に事情聴取し、係属事件の法律構成、双方の主張、訴訟告知書を検討した上、　　　　　　　　　　　　　検討事項

　　ⅰ）訴訟参加するか
　　ⅱ）どのような訴訟参加をするか（参加の形態）
　　ⅲ）どちらの側に参加するのか（補助参加）
　　ⅳ）さらに別の第三者に訴訟告知をするか（民訴法53条2項）
といった対応方針を依頼者と協議し決定する。

イ　訴訟告知の実情

訴訟告知は、その理由及び訴訟の程度を記載した書面を裁判所に提出して行わなければならない（同法53条3項）。これは、「告知者の側に補助参加するか否かの判断を被告知者にさせるためである。告知の理由とは、現にどのような内容の訴訟が係属し、訴訟の結果として告知者と被告知者との間にどのような法律上の紛争が生じるおそれがあるかを意味する。どのような内容の訴訟が係属するかは、その当事者の請求の趣旨および原因を記載して明示し、またそれだけでは、被告知者が訴訟の結果につき利害関係を有するか否かが不明であるときは、利害関係の生じる告知者またはその相手方の攻撃防御方法までをも明らかにしなければならない場合もある」（秋山幹男ほか「コンメンタール民事訴訟法Ⅰ」第2版追補版515頁）。

ところで、「実体法上の訴訟告知と参加的効力の制度は、必ずしも整合的ではない」。「参加的効力が生ずる範囲は、訴訟告知をなしうる範囲よりも狭いと考えなければならない（新堂819頁）。そもそも、

『一片』の訴訟告知書に、後訴での参加的効力という強い効果を一般的に認めてよいかがすでに一個の問題である」（高橋宏志「重点講義民事訴訟法〔下〕」第２版473頁）とされ、「現在の多くの学説は、訴訟告知によって参加的効力が生ずるのは、告知者と被告知者との間に告知者敗訴を直接の原因として求償または賠償関係が成立する実体関係がある場合に限るとしている」（高橋・前掲書473頁）とする。

しかし、現実の訴訟においては、原・被告双方または一方の主張立証が手詰まりになった際に、「助太刀を求めて」訴訟告知の理由について厳密な検討がなされないままに仲介業者などに対し訴訟告知の申出がなされたり、「助太刀を求めて」ではなく、協力関係にある訴訟の相手方と仲介業者を離反させたり、揺さ振りをかけ、訴訟に参加させて和解時にしかるべき解決金の負担（いわば応分の負担）を求めて訴訟告知がなされるケースもある。高橋・前掲書485頁がいみじくも指摘するように「雑多な目的で訴訟告知はなされ」、しかも「実務上、訴訟告知の申出があった場合には、裁判所は参加の利益・訴訟告知の適法性につき深く検討することなく、訴訟告知をさせているようである。その結果、被告知者の方が、補助参加の利益があるか否かを考えなければならず、参加的効力が及ぶか否かについても自己の危険で判断しなければならない。裁判所でややルーズに訴訟告知が認められる結果、これらの負担が被告知者に課されるのである。告知の理由が曖昧なこともあり、被告知者から相談をされる弁護士も判断に迷うことがあるという」（高橋・前掲書485頁）との記述は、訴訟実務を踏まえた鋭い指摘である。

不動産売買に関する訴訟においては、告知者である売主または買主が敗訴すれば仲介業者に対し債務不履行または不法行為（調査・説明義務違反）に基づき損害賠償請求をするとの理由で、契約当事者である原・被告の一方から仲介業者に訴訟告知がなされることがほとんどである。仲介業者の調査・説明義務違反の事実があるときは、告知者（売主・買主）が敗訴すれば損害賠償請求するとの意図である。

仲介業者は、契約の端緒から契約締結に至るまでの交渉過程にはじまり契約締結後の経過から契約の履行としての決済・引渡しまで一貫

して契約に関与することから、契約当事者よりもはるかに当該取引経過を熟知している。したがって、仲介業者はいずれの当事者からも自己の側に補助参加をして訴訟追行に協力を求められる立場にあるとともに、いずれの当事者からも調査・説明義務違反を理由に損害賠償請求される立場にもあるといえる。そのため、仲介業者から相談を受けた弁護士は、当該取引の経過や当事者の属性、交渉経緯などについて仲介業者から詳細に事情聴取したうえで方針を定め、告知者との将来の後訴を想定しながら係属事件に参加し積極的に主張・立証を尽くすことが、後訴提起を防止することにつながる現実的な選択であると考えられる。

ウ 参加の可否の検討

a）訴訟告知の効果

訴訟告知を受けた者（被告知者）には告知を受けて遅滞なく参加することができた時に参加したと同様の参加的効力が生じる（民訴法53条4項）。

参加的効力（同法46条）とは、「判決の主文に包含された訴訟物たる権利関係の存否についての判断だけではなく、その前提として判決の理由中でされた事実の認定や先決的権利関係の存否についての判断などにも及ぶものである」（旧民訴法70条所定の参加的効力につき最判昭45・10・22民集24巻11号1583頁）。「この判決の理由中でされた事実の認定や先決的権利関係の存否についての判断とは、判決の主文を導き出すために必要な主要事実に係る認定及び法律判断などをいうものであって、これに当たらない事実又は論点について示された認定や法律判断を含むものではないと解される」（最判平14・1・22判時1776号67頁）。したがって、参加に当たっては、被参加人が敗訴した場合にどのような後訴が提起されるか、その際に、現在係属している訴訟においてどのような事実認定や法律判断がなされる可能性があるかについて検討をしたうえで、いずれの当事者の側に参加するかを決定する。

b）参加の利益

補助参加するには参加の利益が必要である（民訴法42条）。参加の　　参加の利益

利益とは、「専ら訴訟の結果につき法律上の利害関係を有する場合に限られ、単に事実上の利害関係を有するにとどまる場合は補助参加は許されない」（最判昭39・1・23裁判集民71号271頁）ところ、「法律上の利害関係を有する場合とは、当該訴訟の判決が参加人の私法上又は公法上の法的地位又は法的利益に影響を及ぼすおそれがある場合をいうものと解される」（最決平13・1・30民集55巻1号30頁）とされ、「法律上の利害関係であることを要するものの、必ずしも判決が直接に参加人の実体権に影響を及ぼすべき場合に限られないという点については、判例・学説上ほぼ一致し」、「法律上の利害関係があれば、必ずしも判決が直接に補助参加人の権利義務に影響を及ぼすべき場合に限らず、判決の効力（既判力や執行力）が直接参加人に及ぶ必要はない。判決の効力が及ぶ場合は、共同訴訟的補助参加になる。訴訟の結果を前提にして補助参加人の権利義務その他法的地位の決定に参考となるおそれ、すなわち事実上の影響があればよいとされ（略）第1の訴訟における判断が第2の訴訟で事実上影響力を及ぼすことで足り（略）①被参加人が敗訴すれば、参加申出人が求償・損害賠償その他一定の訴えを提起される関係にある場合、②第1の訴訟が第2の訴訟の先決関係にある場合、③当事者の一方と同様の地位・境遇にある者が補助参加を申し出る場合等に認められるとされる」（髙部眞規子・最高裁判所判例解説民事編平成14年度上65〜66頁）。

c）参加するかどうかの選択

訴訟告知を受けた被告知者が参加の利益があるか、原・被告のいずれの側に補助参加するかは、当該事案の事実経過を検討したうえで対応方針を決めることとなる。例えば中古住宅の売買における建物内での自殺について、買主が仲介業者の調査・説明義務違反を理由に仲介業者に対し訴訟告知した事案を例にとると、

・仲介業者が事前に売主から自殺の事実を告げられていたか
・仲介業者が買主または買主側の仲介業者に対して自殺の事実を説明したか、どのような説明をしたか、重要事項説明書などに記載されているか、瑕疵の存在が取引価格の減価要因になったのか
・仲介業者は売主からの告知の有無にかかわらず、自殺の有無につい

て調査・説明義務を負うか
・売主も仲介業者も自殺の事実を知らず、免責特約が付された売買であったか

といった売買の取引全体の流れにおける当事者の言動や仲介業者の自らの言動、契約条項などをもとに仲介業者の債務不履行または不法行為（説明義務違反）に該当するかどうかについて検討していくことになる。

　もし売主から自殺の事実を一切告げられておらず、仲介業者もこれを調査しようがなく、買主への説明に過誤がない場合には、買主に補助参加することになる。買主が敗訴するのは、売主が売買契約締結に先立って自殺の事実を仲介業者や買主に何らかの告知や説明を行っていたとされる場合であるから、売主から自殺の事実を一切告げられていないとする仲介業者にとっては、買主の敗訴は、参加人の私法上の法的地位または法的利益に影響を及ぼすからである。ただし、現実の取引事案は、売主が自殺の事実を一切告げず、仲介業者の調査・説明に全く過誤がないといったケース、いずれの当事者にも少しずつ不十分な点があるケースなど様々である。したがって、詳細な事実経過の聞き取りをもとに依頼者との間で忌憚のない意見交換をし、慎重な検討を経たうえでいずれの側に参加をするかを決定すべきである。

　このとき、上記(3) i)（本書39頁）のように、仲介業者が売主とは利害対立するが、買主とは利害が一致するというような場合は、いずれに補助参加するかということは比較的明確である。しかし、ii)のように、仲介業者と買主の利害は対立することは明らかであるが、直ちに仲介業者と売主との利害が一致するとまではいえない場合は、買主に補助参加しないことは明らかであるとしても、その後、仲介業者としてどのような立場で訴訟に関与するかは検討を要する。iii)のように、仲介業者が売主とも買主とも利害が対立する場合はもちろん、iv)のように、仲介業者は、売主、買主いずれの立場とどのように利害が対立し、一致するかが案件によって微妙に異なる場合においても、訴訟への関与の仕方についての判断は難しい。補助参加における参加的効力は、自らが参加した被参加者が敗訴した場合に、当該被参

第1章　不動産売買の紛争案件と事案分析

加者との間の後訴において、前訴の判決の理由中でなされた事実の認定や先決的権利関係の存否についての判断にも及ぶことから、補助参加という形で訴訟に参加するのであれば、敗訴する場合に予想される判決の理由中の判断を想定しながら後訴との関係でいずれかの当事者を選択せざるを得ない。

　ⅳ）のような場合には、補助参加ではなく、いずれかに対しては債務が存在しない旨を主張して片面的独立当事者参加で当事者として参加するのも一つの方法である（本書50頁以下参照）。

d）補助参加とともに行う訴訟告知

　売主側と買主側の双方にそれぞれ別の仲介業者が関与している片手仲介の事案において、買主が売主側の仲介業者に対してのみ訴訟告知をすることがある。これは買主側の仲介業者から訴訟外で協力を得ることを期待してのものである。しかし、買主の思惑にかかわらず、仲介業者は、売主・買主のいずれから仲介を受託しているかに関係なく買主に対し重要事項説明義務を負う（法35条1項、本書445頁）ことから、訴訟告知を受けた売主側の仲介業者がさらに、買主側の仲介業者に対して、自己が参加する側の当事者が敗訴した場合には、買主側の仲介業者が買主に対し説明することを怠ったこと（説明義務違反）を理由に損害賠償請求をするとして訴訟告知を行うことは可能であり、訴訟実務では時折見受けられる（民訴法53条2項）。

e）参加の利益が不明もしくは曖昧なとき

　仲介業者が自ら積極的に補助参加する場合には、参加の利益（民訴法42条）を検討するだけでよいが、訴訟告知（同法53条）を受けて参加の可否を検討する場合には、参加の利益があるのかどうか判然とせず、判断に迷うこともある。これは、訴訟告知の申出に対し、裁判所は、告知の理由の有無について検討することはほとんどなく、具体的な告知の理由が記載されていない極めて曖昧な内容の訴訟告知書であっても被告知者に送達することに原因がある。このような場合に被告知者がとるべき方策は参加するかしないかの二つである。

　一つは、参加の有無を検討した結果、「法律上の利害関係」を有しないと判断すると訴訟に参加しないというものである。訴訟告知を受

けた被告知者に対しても参加的効力が生じるのは、「訴訟告知を受けた者が［旧］同法64条にいう訴訟の結果につき法律上の利害関係を有する場合に限られるところ、ここにいう法律上の利害関係を有する場合とは、当該訴訟の判決が参加人の私法上又は公法上の法的地位又は法的利益に影響を及ぼすおそれがある場合をいうものと解される」（前掲最判平14・1・22）ことから、「法律上の利害関係」を有しない場合には参加的効力が生じないからである。

ｆ）不参加によるデメリット

しかし、被告知者の選択として、訴訟に参加しないという方策は訴訟リスクが大きく、あまり望ましくはない。なぜなら、被告知者（実際には相談を受けた弁護士）が、「訴訟の結果につき法律上の利害関係を有する場合」に当たらず参加的効力を受けないと判断し訴訟に参加しなかったところ、後日、告知者が前訴で敗訴したため被告知者に対して後訴を提起した場合、被告知者は、①後訴において告知者の請求に理由がない旨を主張・立証するだけではなく、②前訴においては法律上の利害関係がなく、参加的効力が発生しないことまで主張立証しなければならず、参加的効力の有無の判断は、最終的には後訴の裁判所に委ねざるを得ないという訴訟リスクは残ったままである。

加えて、被告知者が後訴において、前訴の認定事実を争う場合、前訴の認定事実を覆すに足る新たな、有力な証拠を提出することは現実問題としてきわめて困難である。後訴が提起されると、前訴の訴訟資料は、その内容が有利になるどちらかの当事者から必ず提出される。事案の基礎がほぼ共通することから、後訴の裁判所は前訴の訴訟資料に強い関心を持つ。このことは、後訴の裁判所への事実上の波及効果ともいえるもので、後訴の裁判所は独立して判断する立場にあるとはいえ、その影響は無視できない。被告知者は訴訟告知を受けた段階で、前訴の訴訟資料が否応なく後訴の訴訟資料となる事態を想定しておく必要がある。例えば、告知者が前訴の証人調書を書証として提出した場合、被告知者が後訴において同じ証人について再度人証申請してもその採否は後訴の裁判所が判断し、採用されるかどうかは不確かである。また、後訴が提起された段階で被告知者が高齢や病気とか営

業担当者が退職していたなどの事情により訴訟対応に支障が出ることもありうる。何より前訴に参加しなかったとしても、前訴において、被告知者（営業担当者をも含めて）について、いずれかの当事者から人証申請がなされ、これを裁判所が採用した場合には証人として尋問されるにもかかわらず、その主尋問は当事者のいずれかに委ねられ、また被告知者自らは他の証人に反対尋問できず、自己に有利な証言を引き出す機会はないという立場に置かれ、前訴に能動的に関与することができない。特に不動産売買における仲介業者は、売買取引の経過、当事者双方の言動を把握しており、他方、売主と買主は、仲介業者とのやり取りは認識していても、取引の相手方とのやり取りはもっぱら仲介業者を介した、いわば伝聞でしか認識していないため取引経過の全体を把握しないまま主張立証している面は否めない。売主と買主間の不動産売買の取引において、いわば"要"に位置し取引経過を知る仲介業者が売主と買主間の訴訟に参加することは、前訴の訴訟経過を把握し、その後の展開を予測することもできる。訴訟に参加すると、自らの目で両当事者の主張、立証の弱点や問題性、訴訟追行の姿勢、裁判所の心証、裁判官が専門的な知見を有しているかなどを知ることができる。

　確かに被告知者にとって他人の係争事件に参加する（引きずり込まれる）ことは余計な時間とコストを負担せざる得ないともいえる。しかし、前訴に訴訟参加しなかった結果がもたらす後訴における被告知者の不利益状況を考えると、前訴への「不参加によるデメリット」はあれども「参加のデメリット」は考えられない。そうすると、訴訟告知をまさに「降りかかった火の粉」と割り切り、他人の訴訟に参加して積極的に「火の粉」を払うことは、訴訟リスクを回避できる実際的かつ合理的な選択といえる。また、前訴に参加することによって結果的に三者間の紛争が一挙に解決され、告知者が被告知者に対し後訴を提起しないこともありうる。

　g）独自の訴訟追行

　現実の訴訟においては、告知の理由が曖昧な内容の訴訟告知書であっても訴訟告知がなされてしまう。このとき、被告知者が補助参加

の申出（民訴法43条）をすると、訴訟告知がなされているためか、相手方から異議（同法44条1項）が述べられることは比較的少ないし、裁判実務では補助参加の利益は緩やかに解されている（本書42頁）。ただし、補助参加人の訴訟行為は被参加人の訴訟行為と抵触するときはその効力を有しない（同法45条2項）ことから、補助参加の利益に疑問があるような案件の場合には、被参加者の訴訟行為と共同歩調をとることが難しい場面も生じうる。

　殊に原・被告のいずれにも補助参加することに躊躇する事案においてはなおさらである。例えば瑕疵担保の免責特約が付された中古住宅の売買において、買主がリフォームしようとしたら、構造耐力上主要な部分の瑕疵が判明したことを理由に売主に対し瑕疵担保責任に基づく損害賠償請求をしているような案件において、買主から訴訟告知を受けた仲介業者は、瑕疵担保責任に基づく損害賠償請求でいずれかの当事者が敗訴したからといって直ちに訴訟の結果に法律上の利害関係を有するとはいえない。構造耐力上主要な部分の瑕疵は通常の注意をもってしても発見できない種類の問題であり、仲介業者としても調査すべき範囲外の事項である。免責特約を理由に買主が敗訴した場合は、売主が構造耐力上主要な部分の瑕疵があることについて善意であると認定されたとしても、このことから、仲介業者が瑕疵の存在を説明しなかったということには結びつかない。売主が敗訴するときは免責特約を主張することができない場面であるから、売主が構造耐力上主要な部分の瑕疵があることについて悪意であった場合であるが、訴訟告知を受けた段階では売主の善悪について裁判所がどのような認定をするかは不明であり、内心の意思に係わることから、売主の側に補助参加することに踏み切りにくい。むしろ、仲介業者としては自らが売主から受けた説明をもとに、買主に対して十分な調査・説明を尽くしたことを主張・立証して売主とは独自の訴訟追行を行いたいという立場にある。

　さらに、前記(3)ⅳ（本書40頁）のように、仲介業者は、売主、買主いずれの立場とどのように利害が対立し、一致するかが案件によって微妙に異なるが、事案の性質上、どちらか一方に対しては、責任を

第1章　不動産売買の紛争案件と事案分析

負わないことを積極的に主張して独自の立場で訴訟を展開したい場合や、ⅲ）（本書40頁）のように、当事者双方との間で利害が対立する場合にも、少なくとも一方に対しては責任を負わないことを主張して独自の立場で訴訟を展開したいということもある。

独立当事者参加　　自ら独自性をもって自由に訴訟追行する参加方法としては独立当事者参加（民訴法47条）がある。独立当事者参加をなしうる者は、①訴訟の結果によって権利が害されることを主張する第三者（詐害防止参加）、または②訴訟の目的の全部若しくは一部が自己の権利であることを主張する第三者（権利主張参加）のいずれかである。買主の売主に対する瑕疵担保責任または債務不履行に基づく損害賠償請求訴訟において買主または売主から訴訟告知された仲介業者は形式的には①にも②にも該当しない。しかし、仲介業者の買主または売主に対する債務不存在確認は権利主張参加の裏返しであり、しかも手続的には上記の案件で、仲介業者に訴訟告知をした買主または売主に対し、仲介業者が調査・説明義務を尽くしたとして債務不存在確認を求めて独立当事者参加の申立をした場合、独立当事者参加には補助参加に対する異議（同法44条）は準用されないことから、両当事者は独立当事者参加の要件を欠いているとして異議申立てはできない。その結果、参加者を排除することはできず、独立当事者参加の可否は判決の段階で判断されることになり、訴訟に参加して独自の訴訟活動を行って自己の権利を主張するという現実的な目的は達することができる。現実の訴訟においては、訴訟告知をされた仲介業者が当事者の一方に対して債務不存在確認を求めて独立当事者参加をした場合、参加の要件を欠いていると裁判所から指摘されることは稀である。むしろ、裁判所にとっても、紛争対象である不動産売買の取引経過を詳細に認識している仲介業者が訴訟に参加することによって事案の背景も含めて明確になり、争点を絞ることができることから、仲介業者が参加することについて、被参加者も含めて当事者から事実上にせよ異議が述べられることもなく、最終的に判決において却下せずに判断がなされていることが多い。

9 訴え提起に際しての留意事項

〔訴訟告知を受けた段階で確認すべき事項〕

1 参加するか否か
  (1) 訴訟告知の要件（民訴法53条）「参加することができる第三者」
      ⇒ 補助参加、共同訴訟参加、独立当事者参加
  (2) 補助参加の要件（同法42条）「訴訟の結果について利害関係を有する第三者」 ⇒ 前掲最判14・1・22
  (3) 訴訟告知の効果（同法53条4項）
      参加することができた時に参加したものとして、民訴法46条に規定する場合を除き、参加的効力が及ぶ ⇒ 判決理由中の判断にも及ぶ。
      ただし、独立当事者参加をした場合には、参加的効力は及ばない。
        ☆ 訴訟告知の要件の方が訴訟告知の効果よりも広いため、訴訟告知を受けたすべての場合に訴訟告知の効果が生じるとはいえない。

2 参加しないという選択
   参加的効力の客観的範囲（前掲最判平14・1・22）
     ⇒ 問題は、訴訟に関与できないのに証人申請される可能性があることと、後訴で、補助参加の要件を満たしていないことを主張立証しなければならないことである。

3 参加しないが別訴提起＋併合申立　という選択
     ⇒ 併合するか否かは裁判所の専権

4 参加するという選択
   ① 補助参加
     ⇒ 問題は、被参加人の訴訟行為と抵触する訴訟行為ができないこと。
   ② どちらに参加するかの検討
     ・主張立証の合理性（直ちに一見記録を謄写し、調査検討する必要あり）
     ・求償関係の存否
     ・いずれからも求償・損害賠償請求などの訴え提起がなされる

訴訟告知と確認事項

可能性があるのであれば、勝訴の見込みのある側
③ いずれにも参加したくないとき、補助参加の要件を満たしているとは言いにくいが、かといって、何らかの形で訴訟に関与しておく必要があるとき
　⇒ 独立当事者参加または片面的独立当事者参加
　　独立当事者参加は、補助参加についての異議（民訴法44条）が準用されていない（同法47条4項）。

第2章　不動産売買の取引の流れ

1　不動産売買の当事者
(1)　紛争当事者
　不動産売買の紛争に登場する契約当事者は共同売主（例えば親の不動産を共同相続した相続人）や共同買主（例えば夫婦や親子）のように複数の場合がある。不動産売買には仲介業者（媒介業者）が関与するのが一般的である。仲介業者の仲介形態は本書55頁、375頁以下。

(2)　契約当事者の属性
　不動産売買では売主と買主の双方が消費者、一方または双方が事業者（株式会社など）、一方または双方が宅建業者など様々な組み合わせがある。当事者の属性によって、民法だけでなく商法、宅建業法、消費者契約法などの適用関係が異なる。例えば、ⅰ）買主である宅建業者Xが売主である宅建業者Aから中古住宅を購入し、ⅱ）Xがリフォームした上で消費者Yに転売する場合、AX間の売買もXY間の売買も、いずれも「宅建業者自ら売主となる」宅地建物の売買である。このうちXY間の売買は、Yが非宅建業者であるため、他人物の売買の制限（法33条の2）、クーリング・オフ（法37条の2）、損害賠償額の予定・違約金の制限（法38条）、手付の額の制限等（法39条）、瑕疵担保責任についての特約の制限（法40条）、手付金等の保全（法41条、41条の2）などの規定が適用される。AX間の売買は"宅建業者相互間の取引"に当たるため前記規定は適用除外となるが（法78条2項、本書98頁）、商人間の売買であるため商事売買の規定が適用される。瑕疵担保責任に関する特約に

当事者の属性

第2章　不動産売買の取引の流れ

ついていえば、売主と買主が宅建業者、商人（事業者）、消費者のいずれに当たるかによって宅建業法40条、商法526条、消費者契約法の適用関係を検討しなければならない。このように不動産売買において契約当事者の属性は重要な要素である。不動産売買の相談案件や紛争案件を取り扱うに当たって民法の規定だけを念頭に置いて法律構成や主張を検討していると思わぬ失敗をする。瑕疵担保責任と当事者の属性は「第9章　売主の瑕疵担保責任と民法・商法・宅地建物取引業法」298頁以下。

取引態様　　　(3)　宅建業者と取引の態様
　　　　　　　　ア　宅建業者
　　　　　　　　　　宅地建物取引業とは、①宅地建物の売買・交換、②売買・交換・貸借の代理・媒介をすることを業とするもの（法2条3号）をいう。宅地建物取引業を営む者は、国土交通大臣または都道府県知事から免許を受けなければならない（法3条1項）。宅建業者とは、宅建業法3条1項の宅地建物取引業の免許を受けた者をいう（法2条3号）。宅地建物取引業、免許は「第3章　不動産売買と宅地建物取引業法」82頁以下。

不動産業者　　　【不動産業、不動産業者、仲介業者】
　　　　　　　　　不動産業は不動産開発・分譲業、流通業、管理業、賃貸業に分類され、これらを営む者を不動産業者と呼称することが多い。不動産仲介業を営む宅建業者を仲介業者または媒介業者と呼ぶ。「不動産業者」は不動産賃貸業者も含めて呼称されることもあるため、訴状・準備書面などの法律文書を起案するに当たっては、宅建業法が適用される宅地建物取引業であるか、宅建業者であるかを確認し厳密に表現することが望ましい。

　　　　　　　　イ　売主業者、代理業者、仲介業者
　　　　　　　　　　宅建業者は宅地建物取引に関与する態様から次のように分類される。
売買　　　　　　ⅰ）売買
　　　　　　　　　　分譲マンション・戸建て住宅・宅地の販売においては、売主を事業主、分譲業者、デベロッパー（略称「デベ」）と呼び、戸建て住宅の
売主業者　　　　販売を業とする者を建売業者と呼ぶ。売主である宅建業者を売主業者

と呼称することもある。これらは宅地建物の売買を業として営む行為に当たるため宅地建物取引業の免許を受けなければならない（法2条2号、3条1項）。

ⅱ）代理

事業主から分譲マンション・宅地などの販売代理の委託を受ける宅建業者を販売代理業者（略称「代理業者」）と呼ぶ。宅地建物の売買の代理を業として営む行為に当たるため宅地建物取引業の免許を受けなければならない（法2条2号、3条1項）。代理業者が事業主（委託者）から販売代理を受託する場合、販売業務委託契約を締結する（法34条の3）。代理業者は、業務委託契約に基づいて、事業主に対し、業務委託の本旨に従って善管注意義務を負う（民法656条、644条）。販売代理は詳解不動産仲介契約98頁参照。

ⅲ）仲介（媒介）

中古住宅などの売買において、売主・買主の双方または一方から売買の仲介（媒介）の委託を受けた宅建業者を仲介業者、媒介業者と呼ぶ。仲介とは、契約当事者（売主と買主）の間に立って売買契約の成立（「成約」と呼ばれる。）に向けてあっせん尽力することをいう。宅地建物の売買仲介を業として営む行為に当たるため宅地建物取引業の免許を受けなければならない（法2条2号、3条1項）。仲介取引の形態には、仲介業者が売主または買主の一方だけから仲介を受託する"片手仲介"、"片手"と、当事者双方から同時に仲介を受託する"両手仲介"（双方仲介）、"両手"がある。

仲介業者が委託者との間で宅地建物の売買の仲介契約を締結したときは、遅滞なく、所定事項を記載した書面を委託者に交付することが義務づけられている（法34条の2）。取引実務では、仲介業者は、法34条の2に規定する書面の交付に代えて、国土交通省が策定した標準媒介契約書を委託者との間で締結している。仲介業者は、仲介契約に基づいて、委託者に対し、仲介委託の本旨に従って善管注意義務を負う（民法656条、644条）。不動産仲介契約は「第12章　不動産仲介契約の成否」374頁以下、仲介報酬は「第13章　仲介報酬」399頁以下、仲介業者の善管注意義務は「第15章　仲介業者の説明義務」441頁以

＊代理

＊代理業者

＊仲介・媒介

＊片手仲介・両手仲介

下。

(4) 不動産売買の関連業種

司法書士は不動産登記の権利関係の調査、所有権移転・抵当権設定などの登記申請手続、土地家屋調査士は不動産の所在などの不動産登記表題部の調査、隣地所有者との境界立会・確認作業、測量、測量図面の作成、表示登記・分筆登記手続などに関与する。不動産鑑定士は不動産の鑑定評価、建築士は建築確認申請手続などに関与し、解体工事、リフォーム工事は建設業者、地質調査、土地環境調査、土地利用履歴調査、土壌調査は調査会社などの専門業者が行う。

2 不動産売買の取引対象

不動産売買の目的物の性状により宅建業法による業務規制が異なる。

完成物件と未完成物件

(1) 完成物件と未完成物件

宅地造成が完了した土地（完成宅地）や竣工後の建物、中古住宅などの既存建物の売買は"完成物件の売買"と呼ばれる。これに対し、造成工事中の宅地の分譲販売、建設工事中のマンション・戸建て住宅の分譲販売は"未完成物件の売買"、"青田売り"と呼ばれる。未完成物件の売買は、販売広告時や契約締結時に目的物が完成していないため、宅建業法は、広告の開始時期の制限（法33条）、重要事項説明義務（法35条1項5号）、契約締結等の時期の制限（法36条）、手付金等の保全（法41条）の規定を設けて未完成物件の売買に関して業務規制している。本書63頁、89頁。

青田売り

(2) 新築物件と中古物件と既存建物

新築住宅

新築物件、中古物件という呼称に統一した定義はない。不動産広告では、新築住宅は「建物の構造及び設備ともに独立した新築の一棟の住宅」をいい、中古住宅は「建築後1年以上経過し、又は居住の用に供されたことがある一戸建て住宅」をいう（不動産の表示に関する公正競争規約施行規則3条「物件の種別」）。住宅の品質確保の促進等に関する法律（略称「住宅品質確保法」）にいう「新築住宅」は「新たに建設された住宅で、まだ人の居住の用に供したことのないもの（建設工事の完了の日から起算して1年を経過したものを除く。）」をいう（2条）。一戸

建て住宅はもちろん分譲マンションの区分所有建物も含まれる。新築住宅の売買と住宅品質確保法は本書311頁。

　中古住宅の経年変化の状態を把握し瑕疵担保を巡る紛争を防ぎ不動産流通を促進するため、平成28年の宅建業法改正により、既存建物状況調査（いわゆるインスペクション）が導入された（平成30年４月１日施行。法34条の２第１項４号、35条１項６号の２、37条１項２号の２）。インスペクションは本書58頁、93頁。

(3) その他

　売買の目的物の用途または購入後の利用目的に応じて、居住用物件（新築物件、中古物件）、事業用物件・開発物件（マンション建設用地、分譲宅地、商業施設、賃貸ビルなど）、収益物件（賃貸マンションなど）と呼ばれる。目的物の用途は、契約の目的に関わるものとして、売主の瑕疵担保責任の要件である「瑕疵」や仲介業者への仲介委託の趣旨を基礎づける重要な間接事実となる。本書321頁、351頁。

3　不動産売買の取引の流れ

　不動産売買の紛争形態は取引段階に応じて異なり、検討すべき法律上の問題、解決方針も異なる。不動産売買の取引の流れを踏まえて、相手方との契約締結前で交渉中か、契約成立後か、契約の履行期前か、履行期後かといったどの取引段階で生じた紛争かを把握した上で検討する。

　中古住宅の売買と新築マンションの分譲販売を例に不動産売買の取引の流れを解説しておく。

(1)　**中古住宅の売買**

〔売却する場合〕

① 建物所有者（以下「売主」という。）が中古住宅を売却しようとする場合、仲介業者に売却相談をすることから始まる。仲介業者は、取引物件の現況確認、物件調査、周辺の取引事例などを参考に取引価格を査定する（法34条の２第２項）。最近は、売主がインターネットの検索サイトで「不動産」、「売買」などのキー・ワードを入力すると、仲介業者のホームページが表示され、不動産の所在などを入力すると無料で価格査定のサービスを利用することができるシステムが普及して

中古住宅の売却

第2章 不動産売買の取引の流れ

いる。売主は、営業担当者と言葉を交わしたり営業勧誘を受ける煩わしさもなく、自宅に居ながらにして複数の仲介業者のホームページにアクセスし、おおよその流通価格または相場観を知った上で仲介業者に売却仲介を委託することも可能となる。価格査定報告書は本書71頁。

媒介価額
売買すべき価額

②仲介業者は、売却仲介の委託を受けるに当たって、売主との間で売却希望価格（標準媒介契約書にいう「媒介価額」、法34条の2第1項2号にいう「売買すべき価額」）、売却時期、売却方法を打ち合わせ、媒介契約の型（専任媒介契約・専属専任媒介契約・一般媒介契約）、報酬などを説明し媒介契約書を締結する（法34条の2）。媒介価額、成約価額は本書380頁。

　仲介業者は、ⅰ）取引物件の現況確認、占有・使用状況、境界、境界標の設置状況、越境の有無などに関する物件調査、ⅱ）取引物件の所有権・抵当権・賃借権等の権利関係に関する権利調査、ⅲ）法令上の制限に関する法令調査をする。中古住宅などの既存建物を売却仲介する場合は、売主に対し、インスペクションをするかどうかを確認し、売主が希望すれば建物調査業者をあっせんする（法34条の2第1項4号、平成30年4月1日施行）。

【インスペクション】
　中古住宅などの建物状況調査をいう。中古住宅を売買する際、建築士などが建物の屋根・外壁・内部・小屋裏・床下などの経年変化の事象について目視・計測などを中心に行う現況検査をいい、住宅診断とも呼ばれる。米国では中古住宅の売買においてインスペクションが普及し中古住宅の流通の活発化に寄与している。わが国では、買主は、経年変化の事象や原因を把握し売買価格に反映させたい動機があるものの、購入するかどうかが不確定な段階で現況調査費用の負担を渋る傾向がある一方、売主は、劣化事象の指摘が減価要因につながるため消極的であり、仲介業者は、現況調査により仲介業務が一時的に止まったり買主の購入意欲をそぐのではないかといった懸念を抱くなど三者三様の思惑がある。平成28年6月に宅建業法が改正され平成30年4月1日から施行される。インスペクションは「第3章　不動産売買と宅地建物取引業法」93頁参照。

③仲介業者は、売主に「物件状況等報告書・設備表」（または「付帯設

3 不動産売買の取引の流れ

備及び物件状況等告知書」）の用紙を渡し、売主が取引物件の雨漏り・シロアリなどの有無、付属設備の有無・故障などを記入する。「物件状況等報告書・設備表」は本書73頁、124～127頁。
④仲介業者は、委託を受けた取引物件（略称「受託物件」）を広告（チラシ、ホームページなど）に掲載したり、同業者へ物件情報として提供する（"流す"）とともに指定流通機構（"レインズ"）へ物件登録するなどして買主を探索し、販売活動に着手する。中古住宅が空き家の場合は"オープンハウス"という販売方法をとる。

【指定流通機構・レインズ】
　不動産流通市場の整備の一環として、宅建業者が売主から売却仲介を受託した取引物件に関する情報を指定流通機構のコンピューター・ネットワーク・システムに登録し、会員である他の宅建業者がアクセスできるようにすることによって登録物件情報を共有し迅速に成約させることができるシステムをいう。専任媒介契約と専属専任媒介契約で売却仲介を受託した宅建業者は、指定流通機構に物件情報を登録することが義務づけられている（法34条の２第５項、本書69頁）。登録すると登録証明書が発行さる（法50条の６、施行規則19条の６）。指定流通機構は"レインズ"（不動産流通標準情報システム、Real Estate Information Network System）と呼ばれ、東日本指定流通機構（東日本レインズ）、中部圏指定流通機構（中部レインズ）、近畿圏指定流通機構（近畿レインズ）、西日本指定流通機構（西日本レインズ）がある。

【オープンハウス】
　売主が売却物件を"空き家"状態にして買受希望者に建物内部や付属設備などの現状（経年劣化、クラック・傷み具合など）またはリフォーム後の状態を見せて販売する方法をいう。"隠れた"瑕疵の存否が争点となる紛争では、買主が現地案内を受けた当時の建物内部の状況が重要となる。オープンハウスの販売方法を取ったか、売主が居住し家財道具等が置かれた状態であったかなど、建物内部の状態、いつ頃、どの程度の時間をかけて建物内部を見たか、現地での仲介業者・売主からの説明内容は、買主において瑕疵の存在を知っていたか否かを基礎づける重要な間接事実の一つになる。

⑤仲介業者は、広告を見た買受希望者（以下「買主」という。）や買主が委託した仲介業者から問い合わせ（引き合い）があれば物件資料を

第2章　不動産売買の取引の流れ

提供し現地を案内する。買主が、いつ、誰からどのような物件資料を提供され、どのような説明を受けたか、どのように現地案内を受けたか（その回数・時間・説明内容など）は重要な取引経過となる。

<small>買付証明書
売渡承諾書</small>

⑥買主（または買主側の仲介業者）が売主側の仲介業者に対し購入希望条件を示すと、売買価格などの取引条件について契約交渉に入る。仲介業者は、買主が"冷やかし客"でないことを確かめるために買付証明書（買付申込書、不動産購入申込書）の交付を求めることが多い。買付証明書には買付価格など購入希望条件を記載する。主要な取引条件が合意に至ると、その時点で改めて売渡承諾書（売渡証明書）と買付証明書を交換することがある。売渡承諾書・買付証明書は本書164頁以下。

⑦売渡承諾書・買付証明書の交付後も、仲介業者を通じて引き続き交渉が進められる。例えば公簿売買か実測売買か、境界確認、瑕疵担保責任、更地引渡し、違約金の額、契約締結時期と引渡し時期などの取引条件が協議され、これらの事項についてほぼ合意に達すると、仲介業者が重要事項説明書・売買契約書の案文を作成して当事者双方に提示し契約条項の表現などについて検討し契約締結日と場所の設営、決済期日などの日程調整を行う。

<small>重要事項説明書</small>

⑧仲介業者は、売買契約が成立するまでの間に、宅地建物取引士（旧名称：宅地建物取引主任者）をして、買主に対し重要事項説明書を交付・説明することが義務づけられている（法35条1項）。最近の取引実務では、買主だけでなく売主に対しても重要事項説明書を交付・説明することがほぼ定着している。売買契約締結に当たって、宅地建物取引士は、買主に対し宅地建物取引士証（旧名称：宅地建物取引主任者証）を提示し（4項）、重要事項説明書を説明する。重要事項説明書には取引に関与した仲介業者が記名押印するほか、宅地建物取引士も記名押印する（5項）。仲介業者は、重要事項説明書を交付・説明したことを証するために重要事項説明書控えに買主・売主双方から受領確認の署名（記名）押印を受ける。重要事項説明書は本書71頁、92頁。

重要事項説明書は、契約締結日の数日前に買主・売主においてその

内容を検討できる時間的余裕を設けて交付、説明することが望ましい。しかし、現実には契約締結の当日に交付、説明されることも多く、買主が重要事項説明書の内容を十分理解しないまま売買契約書を締結し、後日、説明が不十分であったことが紛争の一因になる。したがって、宅地建物取引士が買主に対し、いつ頃、どのような手順で重要事項説明書・売買契約書についてどのように説明をしたかは重要な取引経過である。

　中古住宅の売買では、売主が記入した「物件状況等報告書・設備表」を契約締結時に買主に提出することが普及している。「物件状況等報告書・設備表」は本書73頁、124～127頁。 ［物件状況等報告書］

⑨宅建業者は、売主と買主が売買契約を締結する（"成約"と呼ぶ）と、所定の事項を記載した書面（いわゆる"37条書面"）を遅滞なく交付することが義務づけられている（法37条1項）。取引実務では"37条書面"に代えて、仲介業者が用意した売買契約書を締結する。仲介業者が契約内容を売主・買主に説明し、契約締結の意思を確認のうえ、売主・買主が売買契約書に署名捺印（記名押印）し、「媒介業者」欄に仲介業者が記名押印し宅地建物取引士が記名押印する（法37条3項）。買主が契約締結時に売買代金全額を一括決済することは少なく、契約締結時に手付金を支払い、決済・引渡しの日に金融機関から融資を受けて残代金を支払う方法が多い。手付と手付解除は「第4章　不動産売買契約書の読み方」112頁、131頁、「第7章　手付解除と履行の着手」231頁以下。 ［成約］ ［37条書面］

⑩残代金の決済期日に先立って、仲介業者は、売主・買主双方に対し決済期日に持参すべき書類、費用などを書面で連絡する。司法書士は、売主と面談し運転免許証・健康保険証などによって本人確認をし、買主に対する所有権移転登記申請手続をする意思を確認するとともに申請手続に必要な登記委任状、登記申請手続に必要な書類（印鑑証明書、登記済証または登記識別情報など）を点検する。決済期日に売主、買主、仲介業者、司法書士が取引場所（例えば買主が購入資金の融資を受ける金融機関）に集まり、必要書類が整っていることを確認した上で、買主から売主に対する残代金の支払、売主から買主に対す

第2章　不動産売買の取引の流れ

る所有権移転登記手続書類の交付、取引物件の鍵などの引渡しを行うほか、取引物件の固定資産税などの清算を行う。買主が金融機関から融資を受ける場合、売主から買主への所有権移転登記手続と同時に金融機関（または保証会社）が取引物件に抵当権を設定する手続をする。

⑪仲介報酬請求権は仲介業者の仲介により売買契約が成立したときに発生する。取引実務では、契約締結時に報酬の半額、決済時に残額を受領するとの行政指導が定着し、仲介業者はこれに沿って報酬を受領している。ただし、決済時に全額受領すると約定する場合もある。仲介報酬は「第13章　仲介報酬」399頁以下。

中古住宅の購入

〔購入する場合〕

①買主が購入物件の希望条件（所在地、規模、購入価格など）を仲介業者に伝え、時には資金計画の相談もする。仲介業者はレインズなどから取引物件を探し、買主に複数の取引物件を紹介して現地案内し物件資料を提供する。買主がインターネットを使って、希望する不動産や種類（新築物件、中古物件、マンション、戸建て住宅など）、所在地、価格などを入力して取引物件を検索し、買主が気に入った取引物件を見つけて当該物件を扱う仲介業者へ連絡する取引方法が増えている。

　売主が仲介業者に売却仲介を委託する場合と異なり、買主が仲介業者に購入仲介を委託する時点では、購入物件が具体的に決まっていない（特定されてない）のが通常である。しかし、「宅地建物取引業法の解釈・運用の考え方」（いわゆるガイドライン）では、「購入に係る売買契約において依頼者が取得を希望する物件が具体的に決まっていない場合には、物件の種類、価額、広さ、間取り、所在地、その他の希望条件を記載することとして差し支えない」（第34条の2関係）とする。仲介業者は、購入希望価格（媒介価額）などを買主と協議し媒介契約書を締結する。仲介契約の成立時期は「第12章　不動産仲介契約の成否」379頁以下。

②買主は、購入を希望する物件が決まれば、希望条件を記載した買付証明書を交付し、仲介業者が売主（または売主側の仲介業者）との間で価格などの条件交渉に入る。買付証明書は「第5章　不動産売買契約

の成立時期」164頁以下。
③買主と売主間で売買代金、手付の額など、基本的な取引条件が合意に達すると、売主から売渡承諾書が交付され、以後の流れは〔売却する場合〕の⑦以下の流れとなる。
④買主が取引物件の購入資金について金融機関から融資（住宅ローン）を受ける場合、金融機関に事前に融資相談をし、契約締結後速やかに売買契約書などを提出して融資の申込みをする。融資の承認が得られない場合には、買主は、ローン特約に基づいて売買契約を解除し（ローン解約）、売主から既払いの手付金などの返還を受ける。ローン解約は「第8章　ローン解約」265頁以下。
⑤融資承認が得られた場合、以後の手続は〔売却する場合〕の⑩参照。

(2) **分譲マンションの売買**

①新築分譲マンションの販売では、分譲業者（事業主）が開発許可、建築確認を受けた後、建設予定地の近くに販売事務所・モデルルームを設置し、マンション建設と並行しながら販売活動を開始する。このような販売方法を"未完成物件の売買"、"青田売り"と呼ぶ。買主は、パンフレット・図面集などの資料提供を受け、完成後の販売住戸を模したモデルルームにおいて販売住戸の仕様、付帯設備などを検討して購入する。未完成物件の売買に対する宅建業法による業務規制は本書56頁、89頁。　　　　　　　　　　　　　　　　　　　　　　　未完成物件の売買

②買主が希望する住戸があれば、申込証拠金（または契約申込金）と呼ばれる金員（5～10万円程度）を分譲業者へ預け入れて当該住戸を"押さえる"。申込証拠金は、買受希望者が購入希望住戸について優先交渉権を獲得する趣旨で分譲業者に預託する金員である。買主が住戸を購入すれば契約締結時の手付金の一部に充当されるが、成立しなければ買主に返還される。買主は、金融機関から融資を受けられるかなどについて資金計画を検討する。申込証拠金の性質は本書112頁。　　　　　　　　　　　　　　　　　　　　　　　申込証拠金

③買主が住戸を購入することになれば、分譲業者または販売代理業者が買主に重要事項説明書、管理規約集、売買契約書などを事前に交付し、宅地建物取引士がこれらを説明した上で売買契約を締結し、買主は手付金を支払う。買主が購入住戸内の間取り・仕様などの一部変更

を希望する場合は、分譲業者などとの間で別途交渉の上、オプション契約をする。
④買主は売買契約締結後に金融機関に所定の書類を添えて融資を申し込む。融資手続は本書267頁。
⑤マンションが完成し引渡し期日が近づくと、分譲業者は"内覧会"を開催し、買主が購入した住戸内の設備・内装などの出来具合を点検する機会を設ける。もし不具合があれば、分譲業者は引渡し期日までに手直し工事をする。
⑥買主は、残代金の支払と引き換えに分譲業者から所有権移転登記手続を受けるとともに購入住戸の鍵などを受領し引渡しを受ける。金融機関が買主に融資実行をする場合、買主に代わって分譲業者が融資金を代理受領して残代金に充当し、金融機関(または保証会社)は買主の購入住戸に抵当権を設定する。

建売販売・宅地分譲

建売業者

(3) 建売販売・分譲宅地の売買

建売住宅の売買は、売主である宅建業者が自社で企画・設計した建物を建築し土地と建物を合わせて販売する方法である。建売業者は、宅地建物取引業の免許と建設業の許可を受けている。宅建業者が設計した複数の建物プランを提示し、買主がいずれかを選択するとともに間取りなどを一部変更する契約形態が一般的である。宅地分譲は、売主である宅建業者が宅地造成し区画割して販売する方法である。宅地分譲には売主業者またはその指定する建設業者に建物建築工事を請け負わせることを条件に宅地を販売する形態があり"建築条件付土地売買"と呼ばれる。

建築条件付土地売買

【建築条件付土地売買を巡る紛争】

宅建業者が建売住宅の建設未着工または建設工事中の時点で売買契約を締結する場合、目的物が未完成であることから生ずる紛争を防止するため宅建業法は業務規制をしている。宅建業者(売主業者、代理業者、仲介業者)は、広告開始及び契約締結に先立って建築確認などの処分を受けなければならない(法33条、36条)ほか、重要事項説明義務、手付金等の保全措置の規定が適用される(法35条1項5号、41条)。建物建築工事請負には宅建業法が適用されないことから(本書81頁)、宅建業者が宅建業法による業務規制を回避するため、建築条件付土地売買契約と称して建物建築請負契約書の体裁だけを整える取引形態が少なくな

い。このような取引が紛争になると実質的に建売住宅の売買かどうかという契約の性質が争点となる。売買と請負とは別の契約形態であるが、契約書の名称だけで契約の性質が決定されるものではなく、販売広告の表示の仕方（請負の表示の不存在）、両契約締結の時期や方法、建物の請負工事の注文行為の有無、建築設計図書の作成経緯、建築確認申請の名義人、土地売買契約と建物建築請負工事契約を分けた理由、契約当事者の属性などを総合的に検討して判断すべきである。後掲①、②は、建築条件付土地売買取引が実質的に土地付建売住宅の売買であると認定した裁判例である。建築条件付土地売買契約の締結後、売主業者と買主（消費者）との間で設計などの協議が十分なされないまま建物建築請負契約が締結され、請負工事の内容を詰めていくに従って買主が希望する設計ができないとか請負代金額が増加したため請負契約を解除しようとすると多額な違約金の支払を強いられる紛争が少なくない。そこで、国土交通省はガイドラインで建築条件土地売買契約について追記した（平成29年4月1日施行）。

① 【大阪高判平10・3・24：詳解不動産仲介契約42頁】
　買主Xは、仲介業者Y1の仲介により宅建業者Y2との間で土地売買契約と建物建築請負契約を同時に締結した。広告には「自由設計」と表示していたが、間取りなどはY1が提示した図面をもとに打ち合わせ、Xは、自由に建物の構造・間取り・仕様などを指図することができなかった。一戸建て住宅として販売広告に表示しながら、Y2の役員名義で共同住宅として建築確認申請し、この事実をXに伏せていた。Xは、Y2に対し重要事項説明義務違反を理由に両契約を解除して手付金等返還請求をし、Y1に対し説明義務違反を理由に損害賠償請求をした。
　裁判所は、本件土地売買契約と本件建物建築請負契約は格別の契約書が作成される等、両者は別個の形態をとる。しかし、Y1が本件土地及び本件建物販売用に作成した新聞折り込みチラシは、本件土地及び建物の売買が土地付建売住宅の売買であると理解される内容であり、本件建物は、本件土地売買契約とは別に本件請負契約を締結して建築する旨の表示はないこと、本件請負契約締結の場にはY2の担当者は立ち会わず、契約締結後も契約内容が話し合われたことはなく、本件建物の構造や間取りもY1らが提示した構造、間取りをXの希望に沿ってごく一部手直しする程度であったこと、本件請負契約が締結されたのであれば、本件建物の設計図が作成され注文者に交付されるはずであるが、かかる図面は作成されていないこと、本件建物の建築確認申請はX名義でないうえ、Xの希望していた一戸建てではなく長屋住宅として申請されたが、Xはかかる事情について全く説明を受けていないこと等の事実が認められる。右認定の事実によると、XとY2とは、土地の売買契約と地上建物の建築請負契約の2個の契約を締結したのではなく、1個の本件住宅売買契約（1個の建売住宅の売買契約）を締結したも

第2章　不動産売買の取引の流れ

のというべきであるとし、Xの請求を全部認容した。

②【東京地判平25・7・30WL】
　　買主Xらは、宅建業者Yと土地売買契約と建物建築工事請負契約を締結した。Xらは、Yに対し、説明義務違反などを理由に損害賠償請求した。Xらは、本件契約は土地付建売住宅の売買契約であると主張し、Yは、土地の売買契約と建物に係る制作物供給契約であると主張し、本件契約の性質が争点となった。
　　裁判所は、「本件契約締結前においては、本件土地を含むA街区、B街区、C街区の全てについて建売住宅として販売する旨の新聞折込チラシを配布していたこと、（略）本件建物に係る建築確認申請及び本件契約締結後に行われた2回の建築計画変更確認申請はいずれもYを建築主とするものであること、本件建物は、Yの提供する建築プランの中から選択されたものであることに加え、その外構、外壁の材質、色調等がYが分譲する近隣の建物と調和のとれたものとするという意図の下に建築されていることを総合して勘案すれば、間取りや内装等について一定程度、Xらの意向が反映されているとしても、本件建物は、いわゆる注文住宅というよりは、Xらの主張するとおり、本件契約は土地付建売住宅の売買契約であると認めるのが相当である」とした。

【第35条第1項第8号関係】（解釈・運用の考え方（ガイドライン））
建築条件付土地売買契約について
　宅地建物取引業者が、いわゆる建築条件付土地売買契約を締結しようとする場合は、建物の工事請負契約の成立が土地の売買契約の成立又は解除条件である旨を説明するとともに、工事請負契約が締結された後に土地売買契約を解除する際は、買主は手付金を放棄することになる旨を説明することとする。なお、買主と建設業者等の間で予算、設計内容、期間等の協議が十分行われていないまま、建築条件付土地売買契約の締結と工事請負契約の締結が同日又は短期間のうちに行われることは、買主の希望等特段の事由がある場合を除き、適当でない。

買換え

(4)　買換えと下取り

　買換えとは、買主Aが売主Bから新築物件を購入するに当たって、Aの所有不動産（手持ち物件）をCに売却し、その売却代金をもってBに対する代金の一部に充てる取引方法をいう。Aの手持ち物件が売れなかったとか、Cとの売買契約がCの手付解除によって売却代金を得られず、Bに対する新築物件の購入代金を支払うことができなくなると、B

からAの債務不履行を理由に契約解除され違約金請求される事態になるおそれがある。買換えの取引のリスクを避けるためには手持ち物件の売買が解除された場合には、新築物件の売買を無条件に解除できる条項を設けることが望ましい。Aが手持ち物件を売却できないときは、仲介業者またはその紹介する宅建業者がこれを下取りする契約を締結し、新築物件の購入資金の調達を確実にする方法があるが、下取り価格は低くなるのが一般的である。買換えに関する仲介業者の助言義務について「第15章　仲介業者の説明義務」470頁。

4　不動産売買の取引書類

(1)　取引段階と取引書類

　不動産売買では、他の取引に比べて数多くの書類が授受される。どのような取引段階でどのような書類が取り交わされるか、取引書類の意味を理解しておく。

ⅰ）契約締結に至るまでの過程

　広告チラシ、販売パンフレット、物件概要書や物件資料（全部事項証明書、住宅地図、法務局に備え置きの地図、地積測量図、現況測量図、筆界確認書など）、価格査定書、売渡承諾書・買付証明書、預かり証・領収書、建物状況調査報告書、土壌調査報告書、地盤調査報告書、媒介契約書など。売渡承諾書・買付証明書の法的性質は「第5章　不動産売買契約の成立時期」164頁。

ⅱ）契約締結時

　重要事項説明書と付属資料、「物件状況等報告書・設備表」、売買契約書、領収書など

ⅲ）履行期まで

　変更契約書、登記識別情報（または旧登記済証）、登記委任状、鍵の受領書など

ⅳ）その他

　リフォーム工事などの工事請負契約書、住宅ローンに関する資金契約書、借入申込書など。融資手続に必要な書類は「第8章　ローン解約」268頁。

第2章　不動産売買の取引の流れ

標準媒介契約書

(2) **媒介契約書**

　宅建業者は、売主・買主から宅地建物の売買・交換の媒介の委託を受け媒介契約（仲介契約）を締結すると、媒介契約内容を書面にしたものを委託者（依頼者）に交付することが義務づけられている（法34条の2）。取引実務では、国土交通省が策定した標準媒介契約書（専任媒介契約書、専属専任媒介契約書、一般媒介契約書）を締結する。宅地建物の賃貸借の媒介（仲介）には媒介契約書の締結に関する規制はない。媒介契約書の不交付と仲介契約の成否は「第12章　不動産仲介契約の成否」379頁。

　媒介契約の型は次のとおりである。標準媒介契約書の概要は逐条解説宅建業法351頁以下。

媒介契約の型

〔媒介契約の型〕
　　Ⅰ　専任媒介契約
　　　　ⅰ）専任媒介契約（自己発見取引　可）
　　　　ⅱ）専属専任媒介契約（自己発見取引　不可）

　　Ⅱ　一般媒介契約
　　　　ⅰ）非明示型
　　　　ⅱ）明示型

専任媒介契約

ⅰ）専任媒介契約

　委託者Ｘが宅建業者Ｙ１に取引物件の売買媒介（仲介）を委託すると、他の宅建業者Ｙ２に重ねて媒介または代理を委託することを禁止する媒介契約である（法34条の２第３項）。専任媒介契約は、委託者が自ら取引の相手方を探して売買契約を締結したり宅建業者でない知人を通

自己発見取引

じて取引の相手方を探すこと（これを"自己発見取引"という。）まで禁止するものではない。

専属専任媒介契約

ⅱ）専属専任媒介契約

　専任媒介契約のうち委託者の自己発見取引を禁止する特約を付した媒介契約である。委託者Ｘは、宅建業者Ｙ１に取引物件の売買媒介を委託した場合、他の宅建業者Ｙ２に重ねて媒介または代理を委託することが

4　不動産売買の取引書類

できないだけでなく、自らもしくは知人など（宅建業者以外の者）を通じて取引の相手方を探したり、紹介を受けて売買契約を締結することも禁止される（自己発見取引の禁止、施行規則15条の7第1項2号。平成30年4月1日から15条の9第1項2号）。

自己発見取引の禁止

ⅲ）専任媒介契約・専属専任媒介契約に対する業務規制

　専任媒介契約及び専属専任媒介契約は、一般媒介契約と異なり、委託者に対する拘束が強いため、次のような規定を特に設けている。

①媒介契約の有効期間

　有効期間は3ヶ月を超えることができず、これを超える期間を定めたときは、その定めは効力がなく3ヶ月とされる（法34条の2第3項）。有効期間は、委託者の申出により更新することができるが、更新の時から3ヶ月を超えることはできない（4項）。有効期間が満了したとき、当然に更新する旨の特約は無効となる（10項）。

②成約努力義務と登録義務

成約努力義務

　専任媒介契約ではその締結した日から7日以内（休業日を除く。）に、専属専任媒介契約ではその締結した日から5日以内（休業日を除く。）に、仲介業者は、受託した取引物件を指定流通機構に登録する義務を負う（法34条の2第5項、施行規則15条の8。平成30年4月1日から15条の10）。指定流通機構は本書59頁。

③業務処理報告

業務処理報告

　仲介業者は、専任媒介契約では2週間に1回以上、専属専任媒介契約では1週間に1回以上、業務処理を報告しなければならない（法34条の2第9項）。宅建業者の報告義務を免除したり、業務処理状況の報告を1ヶ月に1回とする旨の特約は法34条の2第9項に違反し無効となる（10項）。

ⅳ）一般媒介契約

一般媒介契約

　委託者Ｘは、宅建業者Ｙ1に取引物件の売買媒介を委託した場合、他の宅建業者Ｙ2に重ねて媒介または代理を委託することができる。委託者が委託している宅建業者の商号または名称を明示する明示型の一般媒介契約と、委託している宅建業者の商号または名称を明示しない非明示型の一般媒介契約がある。

69

第2章　不動産売買の取引の流れ

媒介契約の型

媒介契約の型と契約当事者の義務

		一般媒介契約（非明示型）	一般媒介契約（明示型）	専任媒介契約	専属専任媒介契約
委託者の権利	他の宅建業者への媒介・代理の委託の可否	できる。明示義務なし	できる。明示義務あり（約款2条2項、4条1項）	禁止（法34条の2第3項、約款2条2項）	禁止（法34条の2第3項、約款2条2項）
	他の宅建業者の媒介・代理委託により成約した場合	通知義務（約款14条1項）	費用償還請求権（約款13条、14条）	違約金請求権（約款11条）	違約金請求権（約款11条1項）
	自己発見取引の可否	できる。通知義務（約款14条1項）	できる。通知義務（約款14条1項）	できる。通知義務（約款12条）	できない（約款2条2項）
	自己発見取引を行った場合	通知義務違反による費用償還請求権（約款14条2項）	通知義務違反による費用償還請求権（約款14条2項）	費用償還請求権（約款13条）	違約金請求権（約款11条2項）
媒介業者の義務	成約に向けての義務	積極的努力義務（約款5条1項1号）	積極的努力義務（約款5条1項1号）	積極的努力義務（約款4条1項1号）	積極的努力義務（約款4条1項1号）
	業務処理状況の報告義務	委託者の請求があるとき（民法645条）。口頭でも可。	委託者の請求があるとき（民法645条）。口頭でも可。	2週間に1回以上（法34条の2第9項）、書面・電子メールによる報告（約款4条1項2号）	1週間に1回以上（法34条の2第9項）、書面・電子メールによる報告（約款4条1項2号）
	売買等の申込みに関する報告義務	遅滞なく報告（法34条の2第8項、一般約款5条1項2号、専任約款4条1項3号、専属約款4条1項3号）			
	指定流通機構への登録義務	なし。ただし約款8条	なし。ただし約款8条	契約締結の日の翌日から7日以内に登録（約款4条1項4号）	契約締結の日の翌日から5日以内（約款4条1項4号）
媒介契約の有効期間		規制なし。約款7条では3ヶ月以内	規制なし。約款7条では3ヶ月以内	3ヶ月以内（法34条の2第3項、約款6条）	3ヶ月以内（法34条の2第3項、約款6条）

4　不動産売買の取引書類

(3)　価格査定報告書

　仲介業者が不動産の売買価格を査定した書面をいう（法34条の2第2項）。仲介業者が取引物件の位置、取引物件の所在する地域の価格水準、周辺の取引事例との比較などを調べて算出した取引物件の査定価格を示し売買価格を提案するものである。不動産鑑定士が不動産鑑定評価基準に従って評価した不動産鑑定評価書とは異なる。媒介価額、成約価額は本書380頁。

(4)　売渡承諾書・買付証明書

　契約交渉段階で売買代金などの基本的な取引条件が合意に達すると、取引実務では契約当事者が取引の相手方（時には仲介業者）宛てに売渡承諾書、買付証明書を交付することが多い。これには売買代金、手付金のほか実測売買・公簿売買など、取引条件、有効期間などの取引条件が記載される。売渡承諾書・買付証明書は「第5章　不動産売買契約の成立時期」164頁。

(5)　建物状況調査報告書、土壌調査報告書、地質調査報告書など

　建物状況調査報告書は、中古住宅など既存建物の雨漏りの有無などの状況を調査する報告書である。建物状況調査は、一定の講習を修了した建築士が目視などで建物内部の雨漏り・建物の傾斜とか建物の基礎・外壁などのひび割れの現況状況を調査するものである。建物の不具合の原因などの詳細な調査をする場合は「既存住宅診断」と呼ばれる。土壌調査報告書は、工場用地などの事業用土地について土壌汚染状態を調査報告するものである。過去の土地使用履歴等を調査して土壌汚染調査の要否を検討・判断し（土地履歴等調査、フェーズ1）、次いで土壌汚染の有無、汚染の面的な広がりを調査する（表層調査、フェーズ2）。土壌汚染の内容によっては、さらに汚染されている深さの調査などがなされる（深度調査、フェーズ3）。調査によって判明した汚染状況によって土壌汚染対策と費用などが検討される。地質調査報告書は、建物建築を予定している土地についてスウェーデン式サウンディングなどの方法により地層や地盤の支持力を調査した結果を報告するものである。

(6)　重要事項説明書

　宅建業者（売主業者、代理業者、仲介業者）は、売買契約が成立する

第2章 不動産売買の取引の流れ

までの間に、宅地建物取引士（旧名称：宅地建物取引主任者）をして、買主に対し、取引物件・取引条件などに関する重要事項について書面（重要事項説明書。略称「重説」）を交付して説明をさせなければならない（法35条1項）。宅地建物取引士は買主に宅地建物取引士証を提示した上で重要事項説明書を交付して説明し（4項）、重要事項説明書には宅建業者及び宅地建物取引士が記名押印して買主に交付する（5項）。宅建業者は、買主・売主に交付する重要事項説明書各1部のほかに取引に関与した宅建業者の数に応じた控え用の重要事項説明書を作成し、売主・買主に重要事項説明書の交付と説明を受けたことを確認する署名捺印（記名押印）を求め、これを各宅建業者が保管する。

複数の宅建業者が売買に関与した場合の重要事項説明義務は本書96頁、474頁、逐条解説宅建業法408頁以下。

重要事項説明書の様式は国土交通省が定めているが、取引実務では、宅建業者が所属する不動産業界団体が作成した重要事項説明書を使用したり、国土交通省が定めた様式をもとに自社で作成したものを使用している。説明すべき事項は宅建業法35条1項1号から14号に掲げられているが、これらは例示列挙であって限定列挙でない。本書92頁、「第15章 仲介業者の説明義務」444頁。

例えば中古住宅の売買では、重要事項説明書に次の事項が記載される。

重要事項説明書の記載事項

〔中古住宅の売買の重要事項説明書〕
Ⅰ　冒頭部分
　1　宅建業者の商号、名称
　2　宅地建物取引士の氏名、記名押印（法35条5項）
　3　取引態様（法34条）
Ⅱ　物件の表示
Ⅲ　取引物件に関する事項
　1　登記された権利の種類・内容等（所有権に関する事項、所有権以外の権利に関する事項）（法35条1項1号）
　2　都市計画法・建築基準法その他の法令に基づく制限（2号）
　3　私道に関する負担に関する事項（3号）

4　飲用水・電気・ガスの供給施設及び排水施設の整備状況（4号）
　　　5　未完成物件の工事完了時における形状・構造等（5号）
　　　6　区分所有建物の敷地に関する権利等（6号）
　　　7　既存建物の建物状況調査の実施の有無、実施している場合には調査結果の概要、建物の維持保全の状況（6号の2）（施行期日平成30年4月1日）
　　　8　宅建業者の相手方等の利益の保護の必要性及び契約内容の別を勘案して国土交通省令・内閣府令で定める事項（14号）
　Ⅳ　契約条件に関する事項
　　　1　代金、交換差金、借賃以外に授受される金銭の額等（7号）
　　　2　契約の解除に関する事項（8号）
　　　3　損害賠償額の予定または違約金に関する事項（9号）
　　　4　宅建業者の相手方等の利益の保護の必要性及び契約内容の別を勘案して国土交通省令・内閣府令で定める事項（14号）
　Ⅴ　宅建業者が講ずべき措置
　　　1　手付金等の保全措置の概要（10号）
　　　2　支払金または預り金の保全措置の概要（11号）
　　　3　代金または交換差金に関する金銭の貸借のあっせんの内容等（12号）
　　　4　瑕疵担保責任の履行に関する保証保険契約の締結等の措置の概要（13号）
　Ⅵ　供託書等に関する説明（法35条の2）
　Ⅶ　特記事項

(7)　**物件状況等報告書・設備表**　　　　　　　　　　　　　　　　物件状況等報告書・設備表

　中古住宅の売買では、売主が「物件状況等報告書・設備表」に雨漏りなどの有無や「付帯設備」の有無などの状況を記載し署名した上で買主に交付する。「第4章　不動産売買契約書の読み方」124〜127頁。

(8)　**不動産売買契約書**　　　　　　　　　　　　　　　　　　　　不動産売買契約書

　不動産売買契約書は当事者の合意内容を基礎づける重要な取引書類で

第2章　不動産売買の取引の流れ

ある。民法555条によれば売買は諾成・不要式の契約であるが、宅建業法は、宅建業者が自ら当事者（売主・買主）として取引の相手方と売買契約を締結したり、仲介業者の仲介により当事者間で売買契約が成立したときは、遅滞なく宅建業法37条1項1号以下に掲げる事項を記載した書面（いわゆる"37条書面"）を交付しなければならないと定める。取引実務では、"37条書面"に代えて、宅建業者（売主業者、代理業者、仲介業者）が売買契約書を用意し当事者双方がこれを締結する。「第4章　不動産売買契約書の読み方」103頁以下。

不動産売買で授受される金員

(9)　**不動産売買で授受される金員**

　不動産売買で授受される金銭として売買代金のほか申込証拠金、手付（金）、内金（中間金）がある。不動産賃貸借では賃料のほか敷金、保証金、権利金、礼金などがある。手付金、内金、申込証拠金は本書112～114頁。不動産売買に必要な費用として売買契約書に貼付する印紙、登記費用（所有権移転登記手続費用、登録免許税、司法書士への報酬など）、不動産取得税、固定資産税、区分所有建物の管理費などの精算金、ローン諸費用（保証会社に支払うローン保証料など）、火災保険料、仲介業者への仲介報酬などがある。登記費用は本書123頁、貼付印紙・公租公課は本書129～130頁。

第3章 不動産売買と宅地建物取引業法

1 宅地建物取引業法の仕組みと規制対象

> Q1 宅地建物取引業法は不動産売買にどのように適用されるか。

　不動産売買に関する相談案件や紛争案件は、通常の民事事件の一つとして民法の知識さえあれば解決処理できると思われがちである。しかし、代表的な不動産取引である中古住宅・事業用物件の売買や仲介、分譲マンション販売・建売住宅・宅地分譲などの売買には宅建業者が何らかの立場で関与し宅建業法が適用される。不動産売買に関する相談案件や紛争案件を取り扱うには、宅地建物取引業の業務規制である宅建業法を理解しておくことが必要である。

(1) 宅建業法の仕組み

　宅建業法第1章には全体に通ずる総則的規定（目的規定と定義規定）が設けられている。同法は、免許制度の実施と事業規制という手段によって、①業務の適正な運営と宅地建物取引の公正の確保、②宅地建物取引業の健全な発達の促進を直接目的とし、③"購入者等の利益の保護"と宅地建物の流通の円滑化を究極目的とする（法1条）。

【宅建業法の構造】
　Ⅰ　総則（第1章）
　Ⅱ　免許制度（第2章）

第3章　不動産売買と宅地建物取引業法

> Ⅲ　宅地建物取引士制度（第3章）
> Ⅳ　営業保証金制度（第4章）
> Ⅴ　業務（第5章）
> Ⅵ　宅地建物取引業保証協会（第5章の2）
> Ⅶ　監督（第6章）
> Ⅷ　雑則（第7章）
> Ⅸ　罰則（第8章）

　宅建業法は、当初、直罰型の取締法規として制定されたが、その後、営業保証金制度、宅地建物取引主任者制度を設け、宅地建物取引業の免許に関する規定を整備し、第5章には、宅地建物取引の公正を確保するために、宅建業者の業務に関する詳細な規制を設けており、現行宅建業法は業務規制法と位置づけることができる。業務処理の原則のほか、①広告などの取引の端緒から契約締結に至るまで、②売主業者との売買契約に関する契約内容、③契約の履行、④契約からの離脱という取引過程について業務規制をする。

業務規制

> 〔業務規制の仕方〕
> Ⅰ　業務処理の原則
> 　ⅰ）誠実義務
> 　ⅱ）秘密を守る義務
> Ⅱ　契約締結に至る適正な判断の確保
> 　ⅰ）不当な取引勧誘の禁止（誇大広告等の禁止、事実不告知・不実告知の禁止、手付貸与による誘引行為の禁止、断定的判断の提供等の禁止）
> 　ⅱ）正確な情報の提供（重要事項説明義務、取引態様の明示）
> Ⅲ　適正な契約内容の確保
> 　ⅰ）契約内容の明確化（書面の交付、媒介契約の規制）
> 　ⅱ）売主業者との売買における不当条項の規制（損害賠償額の予定・違約金の制限、手付額の制限、瑕疵担保責任の特約の制限）
> 　ⅲ）媒介・代理報酬の制限、不当に高額な報酬の要求禁止
> Ⅳ　契約の履行の確保

ⅰ）取引紛争を誘発する取引規制（他人物の売買の原則的禁止、未完成物件の売買等の広告の開始時期の制限、契約締結等の時期の制限）
　　ⅱ）損害補填の措置（手付金等の保全、供託所等の説明）
　Ⅴ　契約からの離脱の確保
　　ⅰ）契約の申込みの撤回、解除の妨げ禁止（事実不告知・不実告知の禁止、威迫行為の禁止等）
　　ⅱ）相手方等の利益の保護に欠ける行為の禁止（手付解除の不当拒否等の禁止）

(2)　不動産売買と宅建業法

　宅建業法は、宅地建物の取引の公正を確保するため宅地建物取引業を規制する個別行政法であって宅建業者と取引の相手方（買主など）との契約関係を直接規律する民事法ではない。しかし、宅建業法は、他の業務規制法と異なり、宅建業者と取引の相手方との契約関係についても規制し、同法違反の特約を無効とする強行規定を置いている。例えば宅建業者が自ら売主となる売買契約において、①自己の所有に属しない宅地建物の売買契約締結の制限（法33条の２）、②損害賠償額の予定等の制限（法38条）、③手付の額の制限等（法39条）、④瑕疵担保責任についての特約の制限（法40条）、⑤手付金等の保全（法41条、41条の２）、⑥割賦販売の契約の解除等の制限（法42条）が設けられているが、②、③、④、⑥の制限規定に反する特約や、媒介契約の規制（法34条の２）、クーリング・オフ（法37条の２）に関する規定に反する特約を無効とする強行規定を置く。仲介報酬の額は国土交通大臣の定め（いわゆる報酬告示）によるとし、報酬告示を超えて報酬を「受けてはならない」との禁止規定を設け（法46条１項、２項）、同法46条１項及び２項は強行法規で報酬告示所定の最高額を超える部分は無効である（最判昭45・２・26民集24巻２号104頁）。　　　　　　　　　　　　　　　　　　　　　強行規定

　宅建業法31条１項（業務処理の原則）、35条（重要事項の説明）、47条１号（事実不告知・不実告知の禁止）は、宅地建物取引業に対する規制であるが、宅建業者（売主業者、仲介業者など）の債務不履行または不法行為（説明義務違反など）の成否が争点となる損害賠償請求事件にお　　宅建業法違反と契約責任

いては、宅建業者の業務上の注意義務の根拠として引用されることが多い（例えば東京地裁八王子支判昭54・7・26判時947号74頁、東京高判昭57・4・28判タ476号98頁、大阪高判昭58・7・19本書474頁、東京高判平2・1・25金判845号19頁、東京地判平21・4・13本書448頁など。詳解不動産仲介契約249頁以下）。平井宜雄教授は、いわゆる業法が規定する説明義務は「民法上または私法上の説明義務に基礎をもち、かつ、それを行政的規制の目的のために規定の上で要件を具体化したもの」（債権各論Ⅰ上契約総論133頁）とする。重要事項説明義務違反と私法上の効果は本書447頁。

不動産売買を巡る紛争については、売主、買主、宅建業者のいずれから相談を受けるに際しても、民法だけでなく宅建業法による業務規制との関係をも併せて検討する必要がある。仲介業者の説明義務は「第15章　仲介業者の説明義務等」440頁以下。

消費者保護

(3) **宅建業法と消費者保護**

宅建業者は買主などに対し取引物件や取引条件に関する重要事項を説明する義務がある（法35条1項）。この義務は消費者保護の要請に基づくものであるとか、情報格差のある取引主体の間での事業者側に一定の補助義務として消費者への情報提供義務という原理が認められたもの（大村敦志・消費者法第4版）と説明されることがある。しかし、重要事項説明書の交付・説明義務（法35条1項）や37条書面の交付義務（法37条）の規定は、消費者だけでなく事業者（株式会社、宅建業者など）を買主とする宅地建物取引にも適用される。宅建業法は、宅地建物取引の特質に照らし、契約締結の判断や意思決定に影響を及ぼす事項について事前に説明を受けた買主が契約内容を理解した上で売買契約を締結することによって、業務の適正な運営と公正な取引を確保しようとするものであって、結果として消費者の利益を図ろうとする（関口　洋ほか「改正宅地建物取引業法の解説」27頁、逐条解説宅建業法46頁、詳解不動産仲介契約298頁以下）。割賦販売法や特定商取引法のように「購入者等の利益を保護する」ことを直接目的とするものではない。平成28年の宅建業法改正では、宅建業者が買主となる売買契約においては、宅地建物取引士による説明までは義務づけなかった（法35条6項）が、買主に

1 宅地建物取引業法の仕組みと規制対象

対する重要事項説明書の交付義務はある。なお、知事の宅建業者に対する規制権限不行使の違法性が争われた最判平元・11・24民集43巻10号1169頁では宅建業法の目的を消費者保護とする反対意見が付されている。

【宅建業法を調べる方法】
　宅建業法はハンディーな六法には掲載されていないため、三省堂刊「模範六法」のような大型の六法かインターネットで検索するほかない。宅建業法の重要な規定は政省令（宅建業法施行令、施行規則）への委任事項が多く、政省令をみないと宅建業法の適用関係が判断できない。仲介報酬額は国土交通大臣告示で定められ、行政実務は「宅地建物取引業法の解釈・運用の考え方」（いわゆるガイドライン。平成13年1月6日国土交通省総動発第3号）を参照する必要がある。宅建業法と政省令、報酬告示、ガイドラインを掲載した「最新・宅地建物取引業法　法令集」（一般財団法人不動産適正取引推進機構発行）は、毎年改訂され廉価で頒布されている必携図書である。「宅地建物取引業法関係法令集」（東京都都市整備局住宅政策推進部不動産業課監修、週刊住宅新聞社）は旧通達・行政実例を掲載している。立法担当者の解説書をベースに改訂したものとして宅地建物取引業法令研究会編著「宅地建物取引業法の解説」5訂版（住宅新報社）がある。拙著「逐条解説宅地建物取引業法」（大成出版社）は宅建業法と民事法との関係に言及し裁判例を掲載する。弁護士は個別行政法や業務規制法に対する苦手意識が強いが、宅建業法の用語、立法事実、改正経過、条文の構造と仕組みを理解することが必要である。

(4)　規制対象

> Q2　宅建業法における業務規制の対象は何か。
> Q3　所有者Aは亡父から300坪の土地（地目は山林、現況は雑種地）を相続した。Aは土地を売却するため仲介業者Bに相談したところ、Bから「現況地盤（地面）を少し平坦に宅地造成して30～40坪に分けて2～3年間にわたって売った方が高く売れる、任せてほしい」と勧められた。Aは、Bに売却仲介を一任する予定であるが、宅建業法上何か問題があるか。

　法律の名称が不動産取引業法ではなく宅地建物取引業法とされているように、宅建業法の規制対象は不動産取引業全般ではなく宅地建物取引

第3章　不動産売買と宅地建物取引業法

業である。宅建業法が適用されるか否か、つまり業務規制の対象か否かは、宅建業法2条に規定する宅地、宅地建物取引業、宅地建物取引業者に該当するか否かに関わることから、宅建業法2条の定義規定を理解する必要がある。

宅地

ア　宅地

　宅地とは、①「建物の敷地に供せられる土地」をいう。建物が現に建っている宅地のほか、全部事項証明書（旧土地登記簿謄本）の地目や現況が山林であっても将来宅地として区画割して販売する目的で売買する場合は宅地予定地として宅地に当たる（東京高判昭46・12・15判タ276号269頁など）。②　①以外の用途地域内の土地で、道路、公園、河川その他政令で定める公共の用に供せられているもの以外のものは宅地に当たる（法2条1号）。②は、法2条1号にいう「建物の敷地に供せられる土地」に該当しなくとも、用途地域内の土地は、近い将来宅地化されるものとして予定されていることから、道路・公園・河川などの公共施設を除いて、①と同じ規制対象としている。宅地の認定は本書505頁、逐条解説宅建業法50頁以下。

宅地予定地

宅地建物取引業

イ　宅地建物取引業

　宅地建物取引業とは、

宅地または建物の　　①売買または交換
　　　　　　　　　　②売買、交換または賃貸の代理　　を業として行う
　　　　　　　　　　③売買、交換または賃貸の媒介

ことをいう（法2条2号）。

　宅地建物取引業の意義は宅地建物取引業法令研究会編著「宅地建物取引業法の解説（5訂版）」、逐条解説宅建業法59頁以下。売買の代理は本書506頁。

　「業として行う」とは、不特定多数の者を相手として反復継続して行う意思のもとに法2条2号所定の行為を行うことをいう（東京高判昭29・11・29高刑特報1巻12号572頁など）。宅地建物取引業を営むとは、営利目的で反復継続して行う意思のもとで法2条2号所定の行為をなすことをいう（最決昭49・12・16刑集28巻10号833頁）。宅地建物取引業に該当するかどうかの判断基準はガイドライン「第2条第1

号、第2号関係」参照。
　ウ　媒介

　媒介とは、当事者（売主・買主、賃貸人・賃借人など）の間に立って売買・賃貸借などの契約の成立（成約）に向けてあっせん尽力することをいう。仲介と同義と解してよい。宅建業者が委託者から媒介（仲介）を委託され、これを引き受ける契約を媒介契約（仲介契約）という。物件情報や買い手に関する情報を提供することは情報提供行為（指示仲立）であり媒介（仲介）ではない。ただし、情報を提供するだけでなく、当事者の一方から頼まれてその意向を他方に伝達したり、他方からの問い合わせに応じたりするなどして両当事者間の条件調整に関与することは媒介に該当する。不動産仲介契約は「第12章　不動産仲介契約の成否」374頁以下。

　エ　賃貸業・管理業・建設業

　不動産賃貸業や管理業は、宅建業法2条2号にいう宅地建物取引業に該当しないため業務規制の対象ではない。貸借の代理と賃貸管理について本書506頁。

　宅地建物の貸借の代理・媒介を業とすることは宅建業法の適用を受けるが、宅地建物を賃貸する行為は宅地建物取引業に該当しないから、宅建業者が自ら貸主として賃貸することには同法の適用はない。賃貸住宅の管理業については、平成23年12月に国土交通省告示による賃貸住宅管理業者登録制度が施行されたが、登録が義務づけられていないこともあって、登録業者は、平成27年8月末現在3689社と賃貸管理業者全体の1割強にとどまる。分譲マンションの管理業は、マンションの管理の適正化の推進に関する法律（平成12年12月8日法律第149号）が業務規制法として制定され、マンション管理業を営もうとする者は国土交通省に登録しなければならない。岡本正治＝宇仁美咲「マンション管理適正化法の解説」参照。

　建物建築工事請負など建設業は宅地建物取引業に該当しないため、宅建業法の規制対象外である。建築条件付宅地売買は、宅建業者が自ら宅地を売買することは宅建業法の業務規制の対象となるが、建物建築工事請負は規制対象外となる。建築条件付土地売買は本書64頁。

［媒介］

［情報提供行為］

［賃貸業　管理業］

第3章　不動産売買と宅地建物取引業法

　Q3は、全部事項証明書の地目が山林である土地を住宅用地に向けて造成、区画割して販売するとき、その土地は"宅地予定地"に当たり、宅建業法2条1号にいう宅地に該当する。Aがこれを2区画以上に分割して売却することは、営利を目的として不特定多数の者を相手に反復継続して宅地を売買することとなり、同条2号にいう「宅地建物取引業を営む」ことに該当する。たとえAが宅建業者であるBに売却仲介または売却代理を委託したとしても、Aが売主として不特定多数の者を相手に反復継続して宅地を売却する行為に該当することには変わりないから、Aが宅地建物取引業の免許を受けないで数区画に分けて宅地として売買する行為は無免許事業の禁止規定に違反する（法12条）。

2　宅地建物取引業者と宅地建物取引士
(1)　宅地建物取引業者

> Q4　大臣免許の宅建業者と知事免許の宅建業者とはどのような違いがあるか。

免許の区分

　ア　免許の区分

　宅地建物取引業を営もうとする者は免許を受けなければならない（法3条1項）。免許の法的性質は講学上の「許可」である。免許は

知事免許・大臣免許

都道府県知事の免許（略称：知事免許）と国土交通大臣の免許（略称：大臣免許）の2つに区分されている（法3条1項）。

①宅建業者が1つの都道府県にのみ事務所を設置する場合　⇒　知事免許

②2つ以上の都道府県に事務所を設置する場合　⇒　大臣免許

　例えば東京都内に複数の事務所を設置している宅建業者は、知事免許である。宅建業者として宅地建物取引の営業活動ができる地域的範囲は知事免許業者も大臣免許業者も同じである。東京都知事の免許業者が神奈川県内で宅地建物取引業を営むことはできる（なお、法50条参照）。ただし、神奈川県内に新たに事務所を設置すれば「2つ以上の都道府県に事務所を設置する」ことに当たるため、知事免許から大

臣免許に免許換えをしなければならない（法7条1項）。

知事免許・大臣免許を問わず、免許の有効期間は5年間である。期間満了後も引き続き宅地建物取引業を営もうとする宅建業者は、免許の更新を受けなければならない（法3条2項、3項）。免許の更新に際しては、従前の免許の有効期間が満了する日の90日前から30日前までの間に更新に関する免許申請書を提出する（施行規則3条）。免許の更新手続では、免許基準に適合しているかどうかについて、新規免許とほぼ同一の厳格な審査がなされる。 有効期間

大臣免許と知事免許の区分は、宅地建物取引業の免許を付与する者（免許権者）が異なるだけで、免許の地域的効力と時間的効力は同じである（逐条解説宅建業法95頁）。宅地建物取引士制度及び営業保証金制度・弁済業務保証金制度は大臣免許業者・知事免許業者に関係なく等しく適用される。

平成29年3月31日現在、宅建業者は123,416であり大臣免許業者2,431（法人2,430、個人1）、知事免許業者120,985（法人104,064、個人16,921）である（不動産適正取引推進機構「RETIO」106号17頁「平成28年度末宅建業者と宅地建物取引士の統計」）。

イ　事務所の意義

宅建業法にいう「事務所」は、①本店または支店（商人以外の者にあっては、主たる事務所または従たる事務所）、②継続的に業務を行うことができる施設を有する場所で、宅地建物取引業に係る契約を締結する権限を有する使用人（これを「政令使用人」と呼ぶ。）を置くものである（施行令1条の2）。 事務所
政令使用人

宅建業法では「事務所」が重要なキーワードとなる。例えば知事免許から大臣免許への免許換え（法7条）、宅地建物取引業者名簿の変更の届出（法9条）、専任の宅地建物取引士の設置場所（法31条の3第1項）、供託すべき営業保証金の額（法25条1項、2項、施行令2条の4）、納付すべき弁済業務保証金分担金の額（法64条の9、施行令7条）、クーリング・オフの適用除外場所（法37条の2第1項）などの適用に関わる。「案内所」（法31条の3第1項、50条、施行規則15条の5の2、19条）との相違も含めて理解しておく。

第3章　不動産売買と宅地建物取引業法

宅地建物取引業者名簿の閲覧から得られる事実

【宅地建物取引業者名簿と閲覧】

　免許を付与した大臣または知事は「宅地建物取引業者名簿」を備え付けており、閲覧できる（法10条）。知事免許業者であれば、都道府県のホームページに掲載されている「行政文書の開示を求める方法」の「行政文書公開請求書」の様式をダウンロードして「宅地建物取引業免許申請書」と添付書類、「宅地建物取引業者名簿」、宅建業法9条の変更届出書の写しを交付請求できる。「宅地建物取引業免許申請書」の記載から、免許の取得年月日、代表者・専任の宅地建物取引士・宅地建物取引士・従業者、経歴書、事業実績などを知ることができる。「宅地建物取引業者名簿」の記載から、宅建業者の指示または業務停止の処分歴（処分の種類、処分状況、根拠条項、処分年月日、処分期間（施行規則5条1号）、加入する不動産業界団体、営業保証金を供託している宅建業者か（法25条）、宅地建物取引業保証協会加入している宅建業者か（法35条の2、64条の7）がわかる。

(2)　免許の基準

> Q5　宅建業者（法人）Aの代表取締役Bが、道路交通法違反で逮捕、起訴され〇〇地方裁判所で審理が始まった。Aの顧問弁護士Cが弁護人として尽力し求刑は禁錮2年であった。判決は執行猶予3年程度が見込まれる。宅建業法上注意しておくべきことがあるか。

欠格要件（欠格事由）

　免許申請書または添付書類の重要な事項について虚偽の記載があり、または重要な事実の記載が欠けている場合や免許の欠格要件（欠格事由）に該当する場合、国土交通大臣または都道府県知事は免許の付与を拒否しなければならない（法5条1項）。免許の欠格要件には次のものがある。

ⅰ）成年被後見人、被保佐人または破産者で復権を得ないもの（1号）

ⅱ）不正に免許を取得したり、法65条2項各号に定める業務停止事由に該当し情状が特に重く免許を取り消され、その取消の日から5年を経過しない者（2号）

ⅲ）禁錮以上の刑に処せられ、その刑の執行を終わり、または執行を受けることがなくなった日から5年を経過しない者（3号）

ⅳ）宅建業法もしくは「暴力団員による不当な行為の防止等に関する法律」の規定に違反したことにより、または刑法204条などの罪もしく

は、暴力行為等処罰に関する法律の罪を犯したことにより、罰金の刑に処せられ、その刑の執行を終わり、または執行を受けることがなくなった日から5年を経過しない者（3号の2）

ⅴ）「暴力団員による不当な行為の防止等に関する法律」2条6号に規定する暴力団員または同号に規定する暴力団員でなくなった日から5年を経過しない者（「暴力団員等」という。）（3号の3）

ⅵ）暴力団員等がその事業活動を支配する者（8号の2。平成26年6月改正宅建業法）など

　宅建業者が免許を受けても法5条1項1号、3号から3号の3まで、または8号の2に該当すると免許を取り消される（法66条1項1号）。「禁錮以上の刑に処せられ（る）」とは、禁錮以上の刑の有罪判決の言渡しを受け確定したことをいう。Q5では、Bは、宅建業者Aの代表取締役であるから法人の役員に当たり、執行猶予付であるとはいえ禁錮2年の刑を言渡され確定すると「禁錮以上の刑に処せられる」に該当するため、免許の取消事由となる（法66条1項3号）。Bが起訴された段階でAの役員を辞任する措置を講じることが必要となろう。

(3) 無免許業者の仲介報酬請求の可否

無免許業者と報酬請求

> Q6　Aは宅地建物取引業の免許を有しない不動産ブローカーBに土地の売却仲介を頼んで売買契約が成立した。AとBとの仲介契約は有効か。BはAに対し仲介報酬を請求することができるか。

　免許を受けずに宅地建物取引業を営む者は無免許事業等の禁止規定に違反し3年以下の懲役などに処せられる（法12条1項、79条2号）。宅建業者が他の者に免許の名義を貸して宅地建物取引業を営ませることは名義貸しとして禁止されている（法13条1項、79条3号）。Bが免許を有しないままに宅地建物の売買仲介などを反復継続しているのであれば、無免許事業等の禁止規定に違反する。もっとも、宅建業法は業務規制法であることから、Bが宅建業法12条1項の規定に違反したことをもってAB間の仲介契約が直ちに無効になるわけではない。しかし、BがAに対し仲介報酬を請求したところAが任意に支払わないため、Aを被告として報酬請求訴訟を提起したとしても報酬請求は認められない

第3章　不動産売買と宅地建物取引業法

（東京地判昭47・9・12判時694号72頁など）。宅建業法が免許制度を実施し厳格な免許基準を定めて免許を付与し、重い刑罰をもって厳しく無免許事業を禁止していることに照らせば、Aが報酬を支払わなかったとしても無免許業者であるBのAに対する報酬請求権の行使を裁判上認めることは、無免許業者が法12条1項の規定の違反による利益を確保することに裁判所が加担することとなって宅建業法の目的と矛盾し許されないことによる。Aが裁判外で任意にBに支払った報酬はBが給付保持力を有するため不当利得に当たらず返還請求することはできない（横浜地判昭50・3・25判タ326号253頁など、詳解不動産仲介契約1050頁以下）。

宅地建物取引士

(4) 宅地建物取引士、専任の宅地建物取引士、政令使用人

> Q7　宅地建物取引士、専任の宅地建物取引士、政令で定める使用人はどのような関係か。宅地建物取引主任者から宅地建物取引士への名称変更によって宅建業法にどのような規定が追加されたか。

ア　宅地建物取引士

　宅地建物取引業の免許は個人だけでなく法人にも付与されることもあって、宅建業法は、宅建業者の宅地建物取引の知識や資格試験の合格を免許付与の要件としていない。そこで、業務の適正化を図るため、昭和32年5月に宅地建物取引主任者制度を設け、平成26年6月に名称を宅地建物取引士に変更した（平成27年4月1日施行）。

　宅地建物取引士とは、①都道府県知事が行う宅地建物取引士資格試験に合格し、②知事の宅地建物取引士登録を受け、③知事から宅地建物取引士証の交付を受けた者をいう（法2条4号）。宅地建物取引士資格試験は宅地建物取引業に関する実用的な知識を有するかどうかを判定する（施行規則7条、8条）。宅地建物取引士資格試験合格者は試験を行った都道府県知事の登録を受けるが、登録には一定期間の実務経験などを要件とする（法18条1項、施行規則13条の15など）とともに欠格要件が定められている。平成26年の宅建業法改正で欠格要件に「暴力団員等」であることが追加された（法18条1項5号の3）。

宅地建物取引士の事務

　宅地建物取引士は次の事務を行う。
①重要事項説明書の説明（法35条1項本文）

②重要事項説明書への記名押印（同条5項）
③交付すべき書面（取引実務では不動産売買契約書）への記名押印（法37条3項）。

　宅建業法は、宅地建物取引士をⅰ）重要事項説明書の説明、ⅱ）売買契約書（37条書面）の交付という重要な取引段階に関与させることによって宅地建物の取引の公正を確保し紛争の防止を図る。

　宅地建物取引士は、宅建業者に雇用された従業員（パートも含めて）として宅地建物取引業に従事するのが一般的である。

イ　専任の宅地建物取引士

　宅建業者は、その事務所その他国土交通省令で定める場所（事務所等という。）ごとに専任の宅地建物取引士を設置しなければならない（法31条の3第1項）。①宅建業者の事務所には業務に従事する者5名に1人以上、②案内所等には少なくとも1人の成年者である専任の宅地建物取引士を設置することを義務づける（施行規則15条の5の3）。「専任」とは、宅地建物取引業を営む事務所等に常時勤務し（常勤性）、もっぱら業務に従事する状態（専任性）をいう。宅建業者Ｘの主たる事務所（本店）に勤務する宅地建物取引士Ａが他の事務所（支店、営業所）の従業者を兼務したり、他の宅建業者Ｙに勤務することは専任性を欠く。パート勤務の宅地建物取引士は常勤性を欠くことから専任の宅地建物取引士になることはできないが、前記①から③の事務に従事することはできる。

　平成29年3月31日現在、従事者数は551,521人、従事者数5人未満の宅建業者は104,182（84.4％）である。宅地建物取引士資格登録者数は1,004,662人、宅地建物取引士の交付数は500,642人（うち従事者306,253人）、専任の宅地建物取引士は206,622人、1業者当たりの平均専任宅地建物取引士数は1.7人となっている（不動産適正取引推進機構「RETIO」106号17頁「平成28年度末宅建業者と宅地建物取引士の統計」）。

ウ　宅地建物取引士の使命と役割

　宅地建物取引主任者から宅地建物取引士へ名称変更したことに伴い、使命と役割を高めるため、次の規定が新設された。

> 専任の宅地建物取引士

第3章　不動産売買と宅地建物取引業法

ⅰ）業務処理の原則

　宅地建物取引士は、宅地建物取引業の業務に従事するときは、宅地建物の取引の専門家として購入者等の利益の保護及び円滑な宅地建物の流通に資するよう、公正かつ誠実にこの法律に定める事務を行うとともに、宅地建物取引業に関連する業務に従事する者との連携に努めなければならない（法15条）。

ⅱ）信用失墜行為の禁止

　宅地建物取引士は、宅地建物取引の専門家として業務に従事し社会的に信用を受けることから、宅地建物取引士の信用または品位を害する行為をしてはならない（法15条の2）。

ⅲ）知識及び能力の維持向上

　宅地建物取引士は、宅地建物の取引に係る事務に必要な知識及び能力の維持向上に努めなければならない（法15条の3）。宅地建物取引業の業務に従事するに当たって「宅地建物の取引の専門家」として購入者等の利益保護に資するよう、公正かつ誠実に宅地建物取引士の事務を行うことを義務づける規定が設けられ、宅地建物取引士としての職務の専門性が強くなった。宅地建物取引士は、宅建業者の被用者として、宅建業者の指揮監督の下に前記事務に従事する立場にある。仲介業者の従業員である宅地建物取引士の誤った重要事項説明（説明義務違反）により買主に損害を与えた場合、宅建業者は、買主に対し使用者としての損害賠償責任を負う（使用者責任、民法715条）ほか、仲介契約上の債務不履行責任を負う。仲介業者の説明義務は「第15章　仲介業者の説明義務」440頁以下。

政令使用人　　エ　政令で定める使用人（略称「政令使用人」）

　政令使用人とは、宅建業者の使用人で宅地建物取引業に関し施行令1条の2に規定する事務所の代表者をいう（施行令2条の2）。当該事務所で営む宅地建物取引業に関し対外的な責任者として表示され、内部的に事務所を統括する立場にある者をいう。例えば所長、店長などの名称を付され、当該事務所において売買・仲介などの契約を締結する権限を付与された者である。宅建業者に代わって重要事項説明書や売買契約書（37条書面）に記名押印をする。政令使用人は、当該事

務所の代表者として重要な役割を担うため、宅建業法は、法人の役員と同様に欠格要件を定め（法5条1項7号、8号）、政令使用人が免許の欠格要件に該当すると宅建業者の免許が取り消される（法66条1項3号、4号）。政令使用人は、当該事務所の専任の宅地建物取引士の一人が就くことが多いが、政令使用人が専任の宅地建物取引士であるとは限らない。

3　業務規制の概要

(1)　業務処理の原則

　宅建業者は、取引の関係者に対し信義誠実に業務を行わなければならない（法31条1項）。誠実義務は「第16章　仲介業者の誠実義務」482頁以下。

(2)　報告義務

　平成28年の改正により、媒介契約を締結した宅建業者は、当該媒介契約の目的物である宅地建物の売買または交換の申込みがあったときは、遅滞なく報告することが義務づけられた（法34条の2第8項）。報告義務は本書70頁、「第16章　仲介業者の誠実義務」483頁以下。

(3)　未完成物件の売買に対する規制

> Q8　売主業者Aは建設工事中の分譲マンションを3000万円で買主Bに売却する契約を締結し、Bは手付金500万円を支払って購入することとなった。宅建業法ではどのような業務規制があるか。

未完成物件の売買

　宅地造成中の宅地分譲とか建設工事中のマンション販売は"未完成物件の売買"と呼ばれ、宅建業法は、次のような業務規制をする。

　　ア　広告開始時期の制限（法33条）、契約締結等の時期の制限（法36条）

広告開始時期・契約締結等の時期の制限

　　　宅建業者が自ら売主として「宅地の造成又は建物の建築に関する工事の完了前」の宅地建物の売買をしたり、仲介業者・代理業者として売買などの代理・仲介をする場合、宅地の工事に関して必要とされる開発許可（都市計画法29条）、建物の建築確認（建築基準法6条1項）等法令に基づく許可等の処分で政令で定めるもの（施行令2条の5）があった後でなければ、売買や売買仲介の広告をしたり、売買や売買

仲介の契約を締結してはならない。広告の中で建築確認申請中である旨の表示をしたり、宅地造成許可を受けることを条件に売買契約の効力が発生する旨の特約を設けても宅建業法に違反する。

　イ　未完成物件の売買に関する重要事項説明（法35条1項5号）
　宅建業者は、
ⅰ）宅地造成未了の土地の売買においては宅地造成工事の完了時における宅地の形状、道路の構造・幅員
ⅱ）建設工事中の建物の売買においては建築工事の完了時における建物の形状、構造、主要構造部、内装、外装の構造または仕上げ、設備の設置・構造について、図面を交付するなどして説明しなければならない（施行規則16条、ガイドライン「法35条1項5号関係」参照）。

手付金等の保全

　ウ　手付金等の保全（法41条、施行令3条の3）
　宅建業者が自ら売主として未完成物件を売買する場合、宅建業者が受領する手付金等が売買代金の5％を超えるか、1000万円を超える額を受領するときは、手付金等の保全措置を講じなければならない。保全措置を講ずべき「手付金等」とは、「代金の全部又は一部として授受される金銭及び手付金その他の名義をもって授受される金銭で代金に充当されるものであって、契約の締結の日以後当該宅地又は建物の引渡し前に支払われるもの」をいう。手付金のほか内金などである。Ｑ8の事例では売買代金が3000万円、手付金が300万円であり手付金の額が売買代金額の5％を超えるため、Ａは手付金等の保全措置を講じなければならない。

報酬

(4) 媒介報酬に対する規制

> Ｑ9　建物賃貸借の仲介を委託した仲介業者が、仲介報酬のほか広告料、企画料として1か月分の賃料に相当する金員を請求することは宅建業法上問題があるか。

報酬告示

　宅建業者（仲介業者）が宅地建物の売買・賃貸の仲介（媒介）で委託者から受けることのできる報酬の額は、国土交通大臣が定めた報酬告示所定の額を超えた報酬を受けてはならない（法46条1項、2項）。宅建業者が委託者に対し不当に高額の報酬を要求する行為は罰則をもって禁

止されている（法47条2号、80条）。宅建業法46条1項、2項の規定は強行法規であり、報酬告示所定の最高額を超える報酬支払の合意をしても報酬告示を超える部分は無効となる（最判昭45・2・26民集24巻2号104頁）。

報酬告示第七にいう「依頼者の依頼によって行う広告」とは、大手新聞への広告掲載料など報酬の範囲でまかなうことが相当でない多額の費用を要する特別の広告を意味する。売買の仲介に当たって通常行う広告宣伝費用（チラシ、ホームページなど）は営業費用として報酬の範囲に含まれており広告料名目で費用を請求することはできない（東京高判昭57・9・28判時1058号70頁）。居住用建物の賃貸仲介において、仲介業者が依頼者の賃貸人または賃借人から受けることのできる報酬の限度額は、原則として借賃の0.5か月分にその消費税等相当額を加算した額である（報酬告示第四）。仲介業者が報酬告示所定の報酬のほかに、賃貸人から広告料、広告企画料、登録料の名目で賃料1か月分に相当する金員を受領したり、コンサルティングの実体や成果物もなくコンサルティング名目で金員を受領することは宅建業法46条1項、2項の規定に違反する。

賃借人が賃貸人に礼金を支払う旨の合意（①）がなされ、賃貸人に支払われた礼金を仲介業者が広告料名目で取得する旨の合意（②）がなされた事案において、賃借人から礼金として賃料1か月分または2か月分相当額の金員を出捐させることを前提として、仲介業者が広告料名目によりこれを取得する旨の合意は宅建業法に反し無効であり、①の合意は「強行規定を潜脱する目的で、仲介業者が広告料名目の金員を取得するために定めたものであるから、賃借人と賃貸人との間の礼金支払合意も、②と同様に、宅建業法の規定に反し、無効である」とした裁判例がある（東京地判平25・6・26WL）。

Q9の事例は、報酬告示が認めていない金員を請求するものであって、たとえ賃貸人の同意があっても宅建業法46条1項、2項の規定に違反する。逐条解説宅建業法638頁、648頁。仲介報酬は「第13章　仲介報酬」399頁以下。

(5) 重要事項説明義務と重要な事実の不告知等の禁止

> Q10　宅建業法35条（重要事項の説明等）と47条1号（重要な事実の不告知等の禁止）はどう違うのか。

ア　重要事項説明義務

　重要事項説明義務は、売買・賃貸借などの契約が成立するまでの間に、宅建業者が宅地建物取引士をして、買主などに対し、取引物件や取引条件に関する所定の重要な事項を記載した書面を交付して説明する義務をいう（法35条）。売買や賃貸借などの契約を締結するかどうかの判断や意思決定に大きな影響を及ぼす事項（これを「重要事項」と呼ぶ。）を買主などに事前に説明し、十分理解させた上で契約締結し取引の公正を確保しようとするものである。

　説明すべき事項は、宅建業法35条1項1号から14号に掲げられているが、「少なくとも次に掲げる事項について」説明をさせなければならないとの規定の文言及び規制の趣旨に照らし同項各号に掲げる事項は例示列挙であると解されている。したがって、宅建業者は、これ以外の事項であっても、買主などが当該契約を締結するか否かの判断や意思決定に大きな影響を及ぼす事項について説明すべき義務を負う（本書444頁、逐条解説宅建業法411頁）。

イ　事実不告知・不実告知の禁止

　宅建業法は、宅建業者が重要な事項について故意に重要な事実を告げず（事実不告知）、不実のことを告げる（不実告知）行為を禁止する（法47条1号イからニ）。契約成立までの事実不告知等に限らず、契約成立後決済・引渡しといった履行期限までの事実不告知等をも禁止する。事実不告知・不実告知の対象は、宅建業法47条1号イからハに掲げるもののほか、「宅地若しくは建物の所在、規模、形質、現在若しくは将来の利用の制限、環境、交通等の利便、代金、借賃等の対価の額若しくは支払方法その他の取引条件又は当該宅地建物取引業者若しくは取引の関係者の資力若しくは信用に関する事項であって、宅地建物取引業者の相手方等の判断に重要な影響を及ぼすこととなるもの」と定め、宅建業法35条1項各号に掲げられる事項に限らない。

3 業務規制の概要

ウ　説明・告知の対象など

　重要事項の説明を受ける対象は買主・借主などであるが、取引実務では売主に対しても重要事項説明書を交付し説明している。事実不告知・不実告知の対象は「宅地建物取引業者の相手方等」（法47条1号、法35条1項参照）であり、売主・貸主も含まれる。

　重要事項説明義務は過失による説明義務違反であっても行政処分の対象となる（法65条）。他方、事実不告知・不実告知は故意よるものに限られ、これに違反すると業務停止処分の対象となる（法65条2項2号）ほか罰則を受ける（法79条の2）。重要事項説明義務と事実不告知等の禁止は「第15章　仲介業者の説明義務」446頁以下。

(6)　インスペクション　　　　　　　　　　　　　　　　　　　インスペクション

> Q11　既存建物に対するインスペクションの概要

ア　改正経過と規制対象

　平成28年の宅建業法改正では、既存建物の売買仲介にインスペクションが導入された。対象となる建物は、「中古住宅」として取引される既存住宅である。既存住宅の売買は、売主と買主の双方が消費者であることが多く、契約締結に先立って建物の内覧をしても、買主は「見るべき個所」や「聞くべき事項」が分からず、建物の状況を的確に確認できないまま契約締結に至り、目的物の引渡し後、「隠れた瑕疵」をめぐって紛争に発展しがちである。そこで、建物の品質に関する正確な情報を事前に提供することによって、既存住宅の流通を促進することを目指して宅建業法にインスペクションが導入された（平成30年4月1日施行。以下、「改正法」といい、改正施行規則は「改正規則」という。）。改正法においては、売買契約締結前の建物の調査は「建物状況調査」という用語を用いて規定された（改正法34条の2第1項4号。以下「建物状況調査」という。）。建物状況調査は、国土交通大臣が定める一定の講習を修了した建築士が実施する、目視を中心とし一般的に普及している機器を使用した計測や触診・打診などによる確認、作動確認などの非破壊の方法により行う検査を指す（改正規則15条の8）。調査の対象は、「建物の構造耐力上主要な部分」と「雨

（欄外：既存住宅／建物状況調査）

第3章　不動産売買と宅地建物取引業法

水の浸入を防止する部分」（改正法34条の2第1項4号。改正規則15条の7。以下「建物の構造耐力上主要な部分等」という。）である。

イ　宅建業者の関与の場面

建物状況調査は、既存建物の売買における重要な3つの場面であるⅰ）媒介契約締結時、ⅱ）重要事項説明時、ⅲ）売買契約締結時に宅建業者に関与させる形で導入されている。

売買契約締結時　改正法では、既存建物の売買の媒介が依頼され媒介契約が締結されたときには遅滞なく作成して依頼者に交付すること（法34条の2）が義務づけられている。媒介契約書に記載すべき事項に建物状況調査を実施する者のあっせんに関する事項を記載することを義務づけた（改正法34条の2第1項4号）。具体的には、建物状況調査を実施する者をあっせんする場合には媒介契約書に「有」、あっせんしない場合には「無」を記載する。あっせんの有無を記載するためには、媒介契約締結に際して、宅建業者（仲介業者）が依頼者に対し、建物状況調査を実施するか否か、実施する場合に国土交通省の定める研修を受けた建築士のあっせんを求めるか否かを確認する必要が生じ、その中で建物状況調査の内容や利点を説明し、調査の実施を促すことが期待されている。

重要事項説明時　宅建業者（売主業者、代理業者、仲介業者）は、買主に対し、重要事項説明時に建物状況調査の実施の有無、調査の実施から1年を経過していない建物状況調査がある場合にはその結果の概要を説明しなければならない（改正法35条1項6号の2イ、改正規則16条の2の2）。建物状況調査の実施の有無及びその結果の概要が明記されたことは、建物状況調査を周知させる点で大きな意味があるとともに、専門家による建物状況調査の結果の概要が重要事項説明の内容となることで、買主がその建物について売買契約を締結するか否か、締結する場合に価格、取引条件などを判断するために必要な情報が事前に開示され、ひいては「隠れた」瑕疵に関する紛争を防止することにつながる。

37条書面の記載事項　宅建業者（売主業者、代理業者、仲介業者）は、既存建物の売買契約を締結した場合には遅滞なく一定の事項を記載した書面を買主に交付すること（法37条）を義務づけられ、取引実務においては宅建業法

37条に規定した事項を記載した売買契約書が交付されている。改正法では、既存建物の構造耐力上主要な部分等の状況について当事者の双方が確認した事項（改正法37条1項2号の2）を記載しなければならない。典型的には、建物状況調査が実施され、その結果の概要について重要事項説明がなされた場合を指す。建物状況調査が実施されていない場合でも、建物の構造耐力上主要な部分等の状況について、契約内容を構成しているといえるほどに成熟した意思をもって確認された事項については、改正法37条1項2号の2の記載事項となる。例えば建物の内覧がなされ、当事者双方が立ち会ったうえで建物の構造耐力上主要な部分等の状況の確認がなされ、その内容を踏まえて売買代金額が定められたり、瑕疵担保責任の内容が定められたようなときには、契約内容を構成しているといえるほどに成熟した意思をもって確認された事項といえる。

ウ　宅建業者の注意義務

　宅建業者が建物状況調査の結果について売主・買主から質問がされた場合に、建物の経年変化等についての専門家でもない宅地建物取引士が憶測や評価を交えながら説明をすることは、誤った事実や判断を伝える危険があり、説明義務違反になるおそれがある。買主の不安を払拭し、安心して既存住宅の取引ができるようにするために、宅建業者は、売主・買主からの質問について調査を担当した建築士に照会し、その説明を求めることが望ましい。売主・買主が建物状況調査の結果を十分に検討するだけの時間を確保する必要があるから、調査の結果はできる限り速やかに開示されるべきである。改正法では建物の建築及び維持保全の状況に関する書類の保存状況について重要事項説明事項としているが（改正法35条第1項6号の2ロ）、このような書類の存否に関する情報は建物状況調査の報告書とともに提示されて初めてその真価を発揮する。建物状況調査の結果が記載された重要事項説明をできる限り早期に実施すると、これを踏まえて購入の当否、購入価格などを検討する材料とすることができることになるから、引渡し後の紛争の発生を防止することができる。なお、重要事項の説明は売買契約の当事者双方に対してなされるのが最近の取引実務であるから、重

要事項説明の段階では、売主に対しても「建物状況調査の実施の有無、結果の概要」を説明することが望ましい。宇仁美咲「既存住宅におけるインスペクションの導入」ジュリスト1504号78頁以下。

(7) 複数の宅建業者が関与した重要事項説明書と記名押印

複数の宅建業者と重要事項説明書

> **Q12** 売主が宅建業者で、売主と買主が、それぞれ別の宅建業者に仲介を依頼している場合、売買契約締結に先立つ重要事項説明書の交付と説明はいずれの宅建業者がなすべきか。

宅建業法35条1項は、取引に関与した宅建業者（売主業者・代理業者・仲介業者）に重要事項説明書の交付・説明を義務づけている。複数の宅建業者が一つの宅地建物の売買や仲介に関与した場合、いずれの宅建業者も重要事項説明書を買主に交付し説明する義務がある。取引実務では、重要事項説明書には重要事項説明に関与した宅建業者と宅地建物取引士が記名押印するが、いずれかの宅建業者が契約締結に先立って、重要事項説明書を読み上げながら説明する。重要事項説明書の交付に当たっては、すべての宅建業者の宅地建物取引士は、当該書面に記名押印しなければならない（法35条5項）ことから、重要事項説明書の記名押印は、その書面を交付して説明した宅地建物取引士のみならず、すべての宅建業者の宅地建物取引士が行うべきである（本書160頁）。宅建業者及び宅地建物取引士が記名押印するのは、交付した重要事項説明書の内容が適正なものであること、同説明書を交付し説明したことを証するためである。売主と買主は宅地建物取引士から重要事項説明書の交付と説明を受けたことを確認するため重要事項説明書に署名（または記名押印）する。複数の宅建業者が関与した取引においては、たとえ他の宅建業者が作成した重要事項説明書であっても、これを事前に点検して精査すべき義務を負う。もし他の宅建業者が作成した重要事項説明書や宅地建物取引士による説明内容に誤りがあれば、取引に関与した宅建業者は、いずれも宅建業法35条の規定に違反し行政処分の対象となる（法65条1項、2項）。買主に損害を与えた場合は、宅建業者のすべてが連帯して買主に対し賠償責任を負う（民法709条。不真正連帯債務）。複数の宅建業者に対する損害賠償請求について本書474頁、逐条解説宅建業法

408頁以下、詳解不動産仲介契約301頁。

(8) 宅建業者が自ら売主となる売買に対する規制　　　　　　　　　　売主業者の売買

> Q13　宅建業者である売主Ａが買主Ｂに宅地建物を売却する場合、Ｂの同意があれば、Ａは売買代金の３割とする違約金条項や手付の額を自由に決めることはできるか。

　契約自由の原則に照らせば、売買契約の内容や契約条件は売主と買主との間で自由に合意することができる。しかし、宅建業者である売主（売主業者）が買主（非宅建業者）と売買契約を締結する場合、売主業者が買主の取引知識や経験が不足していることに乗じて不当な契約条項を押し付けるなどして、買主が不測の損害を被るおそれがある。宅建業法は、宅地建物取引の公正と契約内容の適正化を図るため、宅建業者が自ら売主となる売買契約においては、①損害賠償額の予定・違約金の制限（法38条）、②手付の額の制限等（法39条）、③瑕疵担保責任についての特約の制限（法40条）などの規定を設けている。これらの規制の実効性を確保するため、宅建業法は、たとえ買主の同意があっても前記規定に違反した特約の効力を無効とする。買主には、一般の消費者だけでなく宅建業者ではない事業主（株式会社など）も含まれる。ただし、買主が宅建業者である場合、宅建業法38条から40条などの規定は適用されない（法78条２項、本書98頁）。

(9) 手付貸与の禁止

> Q14　手付貸与による信用の供与とは何か。

　宅建業者は、その業務に関して、宅建業者の相手方等に対し、「手付けについて貸付けその他信用の供与をすることにより契約の締結を誘引する行為」をしてはならない（法47条３号）。「貸付けその他信用の供　　信用の供与
与」とは、宅建業者が買主に対し手付を貸し付けたり、手付の現実の交付を後日まで猶予することをいう。手付として約束手形を受領したり、手付を数回に分割して受領することは「信用の供与」に当たる。手付分割と手付解除は「第７章　手付解除と履行の着手」237頁以下、逐条解説宅建業法673頁。

第3章 不動産売買と宅地建物取引業法

宅建業者相互間の取引

(10) 宅建業者相互間の取引

> **Q15** 宅建業者相互間の宅地建物の売買は宅建業法の適用が除外されるか。

　買主が宅建業者である場合、宅地建物取引の専門的知識と取引経験を有するため、下記規定については、適用されない（法78条2項）。
①自己の所有に属しない宅地建物の売買契約締結の制限（法33条の2）
②事務所等以外の場所において買受けの申込みの撤回等（クーリング・オフ、法37条の2）
③損害賠償額の予定等の制限（法38条）
④手付の額の制限等（法39条）
⑤瑕疵担保責任についての特約の制限（法40条）
⑥手付金等の保全（法41条、41条の2）
⑦宅地建物の割賦販売の契約の解除等の制限（法42条）
⑧所有権留保等の禁止（法43条）

　宅建業法78条2項に掲げられている規定は限定列挙である。これら以外の規定、例えば媒介契約の規制（法34条の2）、重要事項説明書の交付（法35条）、契約締結等の時期の制限（法36条）、書面の交付（法37条）、報酬額の制限（法46条）などの規定は宅建業者相互間の取引にも適用される。平成28年の宅建業法改正により、法35条1項に規定する重要事項説明義務については、買主が宅建業者である場合、重要事項説明書を「交付」するだけで足り、「説明」を省くことができるとされた（法35条6項、平成29年4月1日施行）。

監督

4　監督

> **Q16** 宅建業法は、宅建業者や宅地建物取引士に対する監督としてどのような規定を設けているか。

　宅建業法は、宅地建物取引業について詳細な業務規制を行い、その実効性を担保するため、宅建業者及び宅地建物取引士・宅地建物取引士登録者に対する監督に関する規定のほか、罰則の規定を置く。

4 監督

(1) 宅建業者に対する監督処分の流れ

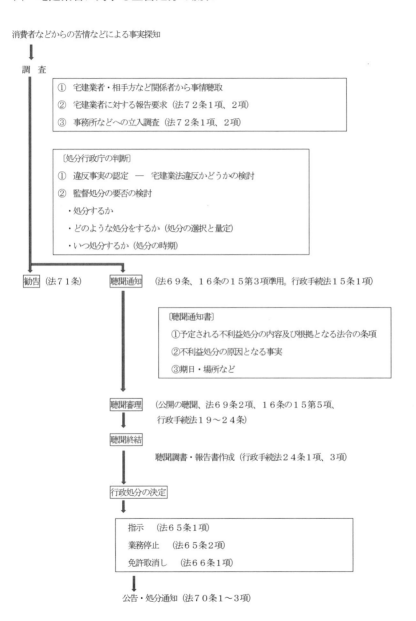

第3章　不動産売買と宅地建物取引業法

報告・立入

ア　報告・立入などによる調査

　国土交通大臣または都道府県知事（以下「処分行政庁」という。）は、宅建業法違反の事実を消費者からの苦情などにより探知すると、宅建業者や取引関係者から事情を聴取する。宅建業者に対し、その業務について必要な報告を求め、事務所などへの立入り、帳簿などの検査をすることができる（法72条1項）。報告の要求は、行政処分（命令）であり、宅建業者がこれに応じなかったり、虚偽の事実を報告したり、正当な理由なく報告の要求、立入検査を拒めば、罰金に処せられる（法83条1項5号、6号）。正当な理由なく報告要求に応じなかった場合、業務停止処分を受ける（法65条2項4号）。

イ　処分

　処分行政庁は、宅建業法の違反事実を認定し、違反内容の重大性などを勘案して処分をすべきかどうか、いつ、どのような処分をすべきかなどを検討する。行政処分の量定は監督処分基準に準拠する。

指示
業務停止
免許の取消し

　宅建業者に対する監督処分には、①指示、②業務停止、③免許の取消しがある（法65条、66条）。指示は、宅建業者が取引の関係者に損害を与えたり、取引の公正を害したり、業務に関し他の法令に違反して宅建業者として不適当であると認められるときなどが処分対象となる（法65条1項）。処分行政庁は、宅建業者に対し、今後このような行為のないように命じるとか、今後宅建業法違反の再発防止ため必要な措置を講ずることなどの作為または不作為を命じることができる。業務停止は、宅建業者が専任の宅地建物取引士の設置義務、誇大広告等の禁止、重要事項説明義務、書面の交付義務など、宅建業法の規定に違反した場合のほか、宅地建物取引業に関し不正または著しく不当な行為、指示処分や報告要求に違反した行為が処分対象となる（法65条2項）。処分行政庁は、1年以内の期間を定めて、その業務の全部または一部の停止を命ずることができる。免許の取消しは、個人である宅建業者や法人である宅建業者の役員・政令使用人が禁錮以上の刑に処せられたとか、宅建業者が不正の手段により免許を受けたとき（法66条1項1～8号）のほか、業務停止事由に該当し情状が特に重いとき（法66条1項9号）などが処分対象となる。

ウ　裁量

　免許の取消しについては、宅建業法66条1項各号に定める処分要件に該当すれば、処分行政庁（免許権者）は免許の取消しを「しなければならない」と規定する。処分行政庁は、免許の取消しをするか否かの裁量的判断の余地はない。

　指示及び業務停止については、宅建業法65条に定める処分要件に該当すれば、指示または業務停止をすることが「できる」と規定する。処分の選択、その権限行使の時期などは、処分行政庁の専門的判断に基づく合理的裁量に委ねられている。業務の停止事由に該当し「情状が特に重いとき」を免許の取消事由として定める（法66条1条9号）が、処分要件の認定に裁量の余地がある（最判平元・11・24民集43巻10号1169頁）。

　事案にかんがみて、口頭注意または文書勧告（法71条）にとどめる場合もあるが、処分をする場合には免許の取消しだけでなく指示・業務停止についても聴聞手続をする（行政手続法13条1項の特例。法69条1項）。聴聞をする場合、公報に登載し被処分予定者に対し聴聞通知をする（法69条2項、16条の15第3～5項準用）。聴聞通知書には、①予定される不利益処分の内容及び根拠となる法令の条項、②不利益処分の原因となる事実、③期日、場所などが記載される。聴聞審理は、行政手続法の規定に従って行われ、聴聞が終結されると、行政処分が決定され、処分通知書が送付される。

(2) **宅地建物取引士などに対する監督処分**

　宅地建物取引士・同登録者に対する監督処分として、①指示、②事務禁止、③登録の消除がある（法68条1項、68条の2）。宅地建物取引士が事務所に常時勤務していないのに専任の宅地建物取引士として従事することを許諾したり、他人に宅地建物取引士としての名義使用を許諾したり（名義貸し）、宅地建物取引士として行う事務に関し不正または著しく不当な行為をしたときなどは指示または事務禁止の対象となり、登録の欠格要件（欠格事由）に該当すると登録の消除処分を受ける。

(3) **監督処分基準など**　　　　　　　　　　　　　　　　　　　監督処分基準

　現在、国土交通省及び都道府県は監督処分基準をホームページで公表

第3章　不動産売買と宅地建物取引業法

し、行政処分を受けた宅建業者の名称、処分内容をネガティヴ情報としてホームページに掲載している。

《参考文献》
・明石三郎ほか「詳解宅地建物取引業法」（改訂版　大成出版社）
・宅地建物取引業法令研究会編著「宅地建物取引業法の解説」（5訂版　住宅新報社）
・周藤利一＝河井睦朗「わかりやすい宅地建物取引業法」（大成出版社）
・岡本正治＝宇仁美咲「逐条解説宅地建物取引業法」（改訂版　大成出版社）

第4章　不動産売買契約書の読み方

不動産売買契約書をどのように読み解くか。

1　宅地建物取引業法による業務規制

　売買は諾成・不要式の契約（民法555条）であるが、不動産売買の取引実務では、仲介業者が契約当事者の間に立って取引条件を協議・調整し、最終的に当事者が不動産売買契約書を締結する。売買契約書は、売主と買主間で売買に関して確定的な意思表示が合致したことを表す合意文書である。書面をもって合意することによって当事者双方の権利義務や履行内容を相互に確認し紛争を防止する。万一紛争が発生した時には売買契約書は重要な証拠となる。契約交渉過程において買付証明書・売渡承諾書が交付されたり協定書が締結されることがあるが、これらは売買契約や売買の成立予約に該当しない。「第5章　不動産売買契約の成立時期」161頁以下。

　宅建業法は、宅建業者が、①売主または買主として売買契約を締結したときはその相手方（買主または売主）に対し、②仲介業者として媒介（仲介）により当事者間に売買契約が締結されたときは当事者双方に対し、遅滞なく、同法37条1項各号に掲げられた事項を記載した書面を交付すべきことを義務づけている。これは"37条書面"と呼ばれる。書面の交付義務違反は業務停止処分の対象となり（法65条2項2号）、50万円以下の罰金が科せられる（法83条1項2号）。宅建業法は、売買契約

37条書面

第4章 不動産売買契約書の読み方

が締結されたときに、遅滞なく、"37条書面"の交付を義務づけたものであって宅地建物の売買を要式契約としたものではない（明石三郎ほか「詳解宅建業法」360頁）。

"37条書面"の体裁は問われないが、法37条1項各号に掲げる事項が記載された売買契約書であれば"37条書面"とすることができる（ガイドライン「第37条関係　書面の交付について」）。取引実務では、"37条書面"に代えて、宅建業者が作成した売買契約書を当事者双方が締結する。37条書面を交付したことを証するために宅地建物取引士が記名押印する（法37条3項）。

必要的記載事項

〔37条書面に記載すべき事項〕

　1から6は必要的記載事項、7～13は特に定めがあるときに記載する事項である。
1　当事者の氏名（法人にあっては、その名称）及び住所（1号）
2　宅地の所在、地番その他宅地を特定するために必要な表示又は建物の所在、種類、構造その他建物を特定するために必要な表示（2号）
3　既存建物の構造耐力上主要な部分等の状況について当事者双方が確認した事項（2号の2。平成30年4月1日施行）
4　代金又は交換差金の額並びにその支払の時期及び方法（3号）
5　宅地又は建物の引渡しの時期（4号）
6　移転登記の申請の時期（5号）
7　代金及び交換差金以外の金銭の授受に関する定めがあるときは、その額並びに金銭の授受の時期及び目的（6号）
8　契約の解除に関する定めがあるときは、その内容（7号）
9　損害賠償額の予定又は違約金に関する定めがあるときは、その内容（8号）
10　代金又は交換差金についての金銭の貸借のあっせんに関する定めがある場合においては、あっせんに係る金銭の貸借が成立しないときの措置（9号）
11　天災その他不可抗力による損害の負担に関する定めがあるときは、その内容（10号）

> 12　宅地若しくは建物の瑕疵を担保すべき責任又は責任の履行に関して講ずべき保証保険契約の締結その他の措置についての定めがあるときは、その内容（11号）
> 13　宅地又は建物に係る租税その他の公課の負担に関する定めがあるときは、その内容（12号）

　不動産売買は契約自由の原則が妥当する。しかし、宅建業法は、宅地建物の取引の公正を確保するため、他人物の売買の制限（法33条の2）、契約締結等の時期の制限（法36条）、クーリング・オフ（法37条の2）、売主業者の売買契約に関する制限（法38条、39条、40条、41条、41条の2）を設けている。特に宅建業者が自ら売主となる売買契約に関する制限規定に違反して買主に不利となる特約を無効とする強行規定を設けていることから、宅建業者が売主となる売買契約書を検討する際には、宅建業法の強行規定に違反していないかどうか注意を要する。

　重要事項説明書と売買契約書との関係に付言すると、重要事項説明書は、契約当事者が売買契約を締結するに当たり、売買の目的物に関する権利関係・法令上の制限、契約条件など、買主が契約を締結するかどうかの判断や意思決定に影響を与える重要事項を記載した書面である。宅建業法は、買主に対する説明を義務づけているが、取引実務では、売主・買主双方に対し交付・説明されている。これに対し不動産売買契約書は、当該売買に関して意思表示が確定的に合致したことを契約当事者が表した合意文書である。"37条書面"に記載すべき事項は重要事項説明書の記載事項とは異なるが、これは作成目的の違いによる。説明すべき重要事項は「第2章　不動産売買の取引の流れ」71頁、「第15章　仲介業者の説明義務等」440頁以下、詳解不動産仲介契約303頁。

2　不動産売買契約書の検討
(1)　不動産売買契約書の仕組み

売買契約書の仕組み

　取引実務で使用されている不動産売買契約書の条項の配列・文言などは個々の契約書式によって少しずつ異なる。一般に売買に関する代金・手付の額、所有権移転時期などの基本事項のほか、付随的な事項や特約

第4章　不動産売買契約書の読み方

を定める。契約内容に関する事項としては、契約の履行に関する条項だけでなく契約関係から離脱する条項や契約違反に関する措置を定める。売買の目的物の種別（新築物件・中古物件、区分所有建物、借地権付建物、事業用物件・収益物件、借地権付建物など）に応じ特有の事項が設けられる。

　中古住宅の売買では、仲介業者が当事者双方に売買契約書案を提示するのが一般的である。仲介業者は、その所属する業界団体（例えば宅地建物取引業協会、全日本不動産協会、不動産流通経営協会（FRK）など）が作成した契約書式をダウンロードしたり、自社独自の契約書を使用している。宅建業者である売主が中古住宅を売買する場合は宅建業法が適用されるため、同法の規定に違反しない条項が設けられている。売主・買主がいずれも消費者である売買契約書では、売主の瑕疵担保責任を制限するなど、売主にとって有利な特約が設けられていることが少なくない。事業用物件の売買では、土壌汚染調査など事業用物件特有の取引条件が設けられる。新築分譲マンションの売買では、分譲業者または代理業者が分譲対象の1棟または数棟の販売住戸に共通した区分所有建物売買契約書を作成、使用する。売主が宅建業者であり、売買の目的物が建設中の建物（未完成物件）で新築住宅として買主に引き渡されるため、宅建業法による売主業者の売買に関する規制や住宅品質確保法95条の適用があり、これらの規定に違反しない条項を設けている。区分所有建物特有の定めのほか周辺環境・日照阻害などに関して買主が苦情を申し述べないといった容認条項を定めているものが多い。

　中古住宅の売買契約書では、おおむね下記のような条項（項目）を定めている。

不動産売買契約書の仕組み

〔不動産売買契約書の仕組み〕
　Ⅰ　売買の成立要件など
　　1　当事者
　　2　目的物の特定
　　3　売買代金の額の確定
　　4　手付契約

2　不動産売買契約書の検討

Ⅱ　契約内容と履行
1　目的物　→　所有権移転、境界の明示、付帯設備
2　売買代金　→　代金支払、清算の要否（公簿売買・実測売買）
3　履行期日
4　担保責任など　→　目的物の制限負担の除去、瑕疵担保責任、危険負担
5　その他　→　固定資産税などの分担、賃料などの収益・管理費などの負担の清算、登記費用、貼付印紙代の負担

Ⅲ　契約関係からの離脱
1　約定解除　→　手付解除、ローン特約とローン解除
2　目的不達成による解除　→　瑕疵担保責任、危険負担
3　債務不履行解除　→　契約解除と損害賠償額の予定・違約金

Ⅳ　その他
1　容認事項など
2　合意管轄

Ⅴ　締結年月日

Ⅵ　当事者の署名押印（記名押印）と仲介業者の記名押印

Ⅶ　目的物の表示

(2)　不動産売買契約書の検討

売買契約書は不動産売買においてもっとも重要な書類であり、相談を受けた場合に真っ先に確認すべきものである。様々な契約書式があるため、売買契約書を一読して、どのような契約書であるかを"読み解く力"を備えておく必要がある。そのためには標準的な不動産売買契約書を理解し、契約当事者にとってどのような条項が公正か、どのような文言が好ましくないかについて日頃から関心を持っておく。

〔確認すべき事項〕
・取引実務で一般に使用されている契約書式か
・当事者の権利義務関係を加重・軽減する条項、依頼者にとって有利・不利な条項があるか、取引特有の事項に関する定め（特約）はあるか、重要な契約条項が欠落していないか

第4章　不動産売買契約書の読み方

> ・契約条件が明確か、不明瞭な文言や条項相互間の矛盾はないか
> ・宅建業法・消費者契約法・住宅品質確保法の規定に違反する条項はないか
> ・重要事項説明書の内容と矛盾していないか、売渡承諾書・買付証明書の取引条件と売買契約書との比較検討

　業界で使用されている不動産売買契約書の条項には、不正確、曖昧であるだけでなく二義的に解されるものも少なからず見受けられ、不動産売買を巡る紛争では契約条項の趣旨や解釈が争われることは珍しくない。特に瑕疵担保などの免責特約に関する紛争が多い（本書338頁）。その原因は、①条項に使用された文言が曖昧なことが挙げられる。例えば「現状有姿にて引渡す」、「スケルトンにて引渡す」、「白紙解約」の表現は、その意味について当事者間の認識に齟齬が生じるおそれがある。②幾つかの意味に読むことができる条項や他の条項と矛盾抵触する事項もある。例えば「手付による解除は、相手方が本契約の履行に着手したとき、または平成○○年○月○日を経過したとき以降はできないものとする」とのローン解約の期限は、いずれか早い時期かを指すのか、それとも履行に着手したときに解除できなくなるのは当然であるから履行に着手して期日を経過したときを指すのかが一義的に理解できない。詳しくは「第7章　手付解除と履行の着手」230頁以下。

　契約条項の趣旨や解釈が争点となると、裁判所は、条項の文言、趣旨、契約締結に至る取引経過などに照らし当該条項の意味を解釈して判断する。そのため、当事者双方は、契約条項の解釈に関する主張立証に相当な時間とエネルギーを割くこととなる。このような訴訟を経験すれば、売買契約書を事前に検討することがいかに重要であるかを痛感する。しかし、企業や依頼者が契約締結に当たって十分な時間をもって弁護士に一から売買契約書の作成を依頼することは稀である。他の不動産売買で使用されたとおぼしき契約書の中から、都合のよい契約条項を寄せ集めして案文を作り、弁護士に"一度見て欲しい"と契約締結の直前に依頼することが少なくない。　契約条項の趣旨や解釈に係る紛争を防ぐにはできる限り一義的な文言を使用し、曖昧な表現を排すること、多

義的な文言は時には定義規定を置くことが一つの方法である。条項の構文は主語・述語・目的語などの関係をわかりやすく記述し、誤解されるおそれのある条項がないか、条項相互に矛盾がないかを検討する。

　契約書を作成・点検するには、正確な法的知識と法律文書の表現に関するスキルが必要不可欠であり、あわせて取引実務や取引紛争例を知っておくことが求められる。用語や構文は立法技術や和解条項の起案方法などの参考文献を見ながら表現する。

【参考文献】
　田島信成「最新　法令用語の基礎知識」（3訂版　ぎょうせい）、長谷川彰一「改訂　法令解釈の基礎」（ぎょうせい）、山本庸幸「実務立法技術」（商事法務）、田中　豊「法律文書作成の基本」（日本評論社）、内閣法制局法令用語研究会編「法律用語辞典」（有斐閣）、吉国一郎ほか編「法令用語辞典」（第10次改訂版　学陽書房）、「似たもの法律用語のちがい」（法曹会）、広瀬菊雄「公用文　用字用語の要点」（改訂版　新日本法規）、裁判所書記官研修所実務研究報告書「書記官事務を中心とする和解条項に関する実証的研究」（法曹会）など。

　中古住宅の売買では比較的定型的なものをベースに個々の取引事情を勘案して加筆修正することができる。しかし、事業用物件の売買は、事業者の属性、契約目的や購入や売却の動機、対象物件の性状、取引事情など多種多様である。依頼者がどのような目的でどのような物件を購入もしくは売却しようとするのか、どのような取引上のリスクを懸念しているのか、取引の背景事情を含めて丁寧に事情聴取する必要がある。依頼者との打ち合わせを通じて、将来の不確実な事情や取引上のリスクなどを踏まえ、様々な取引の局面を想定しながら依頼者にとって有利・不利な条項、リスクヘッジ（危険回避）となりうる条項を検討する。

〔確認すべき事項〕
・当事者双方の属性、売主・買主・仲介業者のいずれの立場に立って案文を検討するのか
・どのような契約目的・動機で売買取引するのか、売買契約に至る経過、売買の目的物とその現況、範囲など
・契約締結に当たって懸念する事項は何か、契約履行に関し、特に

第4章　不動産売買契約書の読み方

> 不確定な事情があるか、最優先すべき取引条件は何か
> ・曖昧、不明確な条項の表現の見直し
> ・契約書案に掲げられていない条項がないか

3　不動産売買契約書の解説

　不動産売買契約書の書式はあるが、取引紛争などを踏まえた解説が少ないため、取引実務で比較的よく使用されている文例をもとに解説する。宅建業法の規定が適用される条項に関しては適宜言及する。

　本書では、売買契約書の条項を解説するに当たっては、現在、取引実務で宅建業者や不動産業界が慣用的に使用している契約書例をもとに解説している。これらは、表現や構文が法令・公用文の表記と異なり適切とは言い難いものもある。例えば、「売渡し」と「買受けた」を動詞として記載する場合、本来は「売り渡し」「買い受けた」と表記すべきである（天沼　寧ほか監修「日本語表記大辞典」など）。そこで一般に使用されている標準的な契約書に修正を加えたうえで文例として示すことも一つの方法ではある。しかし、現実に弁護士が紛争案件で扱う契約書の多くは業界で一般に使用されている文例であることから、本書では取引実務でよく使用されている文例を取り上げて解説し、中には批判的なコメントを付する方が実際的ではないかと考えた。したがって、売買契約書を起案または加筆修正する際には、基本に立ち返って、できる限り法令・公用文の表記に従って、読み手（当事者など）にとって間違いなく理解されるように、主語・述語・目的語を特定し、わかりやすく正確に表現することが望まれる。

表題・頭書　(1)　**表題と頭書**

> 不動産売買契約書
> 　売主〇〇〇〇株式会社（以下「売主」という。）と買主□□□□（以下「買主」という。）は、末尾記載の土地（以下「土地」という。）及び建物（以下「建物」といい、土地及び建物を併せて「本物件」という。）について、本日、以下のとおり売買契約（以下「本契約」という。）を締結する。

表題には「不動産売買契約書」、「土地建物売買契約書」、「土地売買契約書」などと記載し、売主と買主間における不動産売買に関する合意文書であることを表示する。頭書として、①契約当事者、すなわち本契約における権利義務の主体、②売買の目的物である不動産を特定し、③合意が成立した年月日を示し、④本契約書が契約当事者間で合意した内容を証する書面であることを確認する。「当事者の氏名（法人にあっては、その名称）及び住所」は必要的記載事項である（法37条1項1号）。当事者とは売主と買主であり、当事者が複数である場合は全員の氏名を列挙する。

(2) **売買の目的物及び売買代金**

> 〔文例1〕
> 第○条　売主は、買主に対し、本物件を売買代金○○○○万円（消費税・地方消費税を含む。）で売渡し、買主は、これを買受けた。
> 　　　　内訳　土地　○○○○万円
> 　　　　　　　建物　○○○○万円と消費税・地方消費税
> 〔文例2〕
> 第○条　売主は、その所有する本物件を現状のまま表記売買代金で買主に売渡し、買主は、これを買受けた。

売買の目的物・売買代金

目的物の表示、未完成物件の売買における目的物の特定は後記(27)157頁。

売買は、当事者の一方（売主）が相手方（買主）に財産権を移転することを約し、買主が売主に代金を支払うことを約する契約である（民法555条）。売買契約書において売買の目的物を特定し売買代金額を定めると、売主の売却の意思表示と買主の購入の意思表示が確定的に合致する。〔文例1～2〕は、売買の目的物と売買代金に関し合意したことを定める。売買の目的物は売買契約の本質的要素として特定することが必要である（司法研修所編「増補民事訴訟における要件事実第1巻」138頁、140頁）。

売買の目的物が土地と建物である場合、売買代金は総額とともに土地と建物の価格の内訳を記載し、建物に課税される消費税・地方消費税を

第4章　不動産売買契約書の読み方

記載する。公簿売買と実測売買は後記(7)120頁。契約締結後に売買代金の額を変更する場合は、当初の売買契約（「原契約」と呼ばれる。）を変更する旨の契約書を締結しておく。借地権付き建物の売買では、建物と借地権が目的物となる。中古住宅の売買契約書には、〔文例2〕のように「現状のまま売渡す」との現状有姿の特約を付すことが多い。これは中古住宅は経年劣化・自然損耗による損傷が存在することから、契約締結時または引渡し時の現状のまま目的物（建物）を売り渡す（引き渡す）ことを意味する。売主の瑕疵担保責任を免除する趣旨まで含まないことは「第10章　売主の瑕疵担保責任（地中埋設物）」339頁以下。

手付金

(3) **手付金**

〔文例〕
第○条　買主は、売主に対し、本契約の締結と同時に手付金として○○○万円を支払う。
2　売主と買主は、第○条記載の売買代金を支払うときに手付金を売買代金の一部に充当する。
3　手付金には利息を付さない。

手付に関して定める。手付とは、売買契約締結時に当事者の一方から相手方に対して交付される金銭をいう。「代金及び交換差金以外の金銭の授受に関する定めがあるときは、その額並びに当該金銭の授受の時期及び目的」を記載しなければならない（法37条1項6号）。手付は「代金及び交換差金以外の金銭」に当る。取引実務では、買主が売主に対して売買代金の数％から10％前後の手付を交付する。買主が売主に手付を交付する合意は売買契約に付随する別個の契約で手付契約と呼ばれ、要物契約とされている。手付と売買代金とは異なるが、取引実務では、手付は代金支払期日に売買代金の一部に弁済充当することが定められている。なお、内金は売買代金の一部前払いである。

手付契約

内金

申込証拠金

【申込証拠金】
　申込証拠金（契約申込金）は、分譲マンションにおいて購入希望者がある特定の住戸を購入することを積極的に検討するときや購入申込みの段階で分譲業者（売主業者、事業主）に対し5万円から10万円を差し入れる金銭をいう。分譲業

者は、"冷やかし客"を排除し購入意思を有する者からの申込みを受け、購入希望者が購入の諾否を決めるまで他の顧客と売却交渉をしないという制約を受ける。法的性質は、購入意思の確認または優先順位の確保のために預ける金員にすぎず法的拘束力が付与されるものではない（明石三郎ほか「詳解宅建業法」402頁、幾代 通ほか「不動産売買の法律相談」第6版217頁［平口 洋］、内田 貴「民法Ⅱ」第2版117頁、逐条解説宅建業法400頁、578頁、本書63頁）。購入希望者が購入意欲を失って売買契約を締結しなかった場合、申込証拠金は速やかに購入希望者に返還されるべきものである。宅建業者が返還を拒否した場合、宅建業法47条の2第3項、施行規則16条の12第2号の規定に違反し行政処分の対象となる（法65条2項2号、逐条解説宅建業法686頁）。

　手付は、その性質によって、①契約成立の証拠として交付される証約手付、②両当事者が解除権を留保し、買主は売主に交付した手付を放棄することによって、売主は買主から受領した手付の倍額を償還することによって、一方的に相手方との契約を解除できる解約手付、③買主の債務不履行のときには違約罰として売主が手付を没収し、売主の債務不履行のときには買主が手付倍額の償還を受ける違約手付、④債務不履行における損害賠償額の予定として交付される手付がある。手付が交付された場合は、売買契約書において解約手付とする記載がなくても、特段の意思表示がない限り、解約手付の趣旨を有する（民法557条、最判昭29・1・21民集8巻1号64頁）。手付の性質は、当該売買契約書における手付解除や違約金に関する条項などを勘案して解釈する必要がある。売買契約書には、手付解除及び違約金に関する条項が設けられているのが一般的である。手付解除は後記⒄131頁、契約違反による解除は後記⒆135頁、手付解除と履行の着手は「第7章　手付解除と履行の着手」230頁以下。 **手付の性質**

　宅建業法は、手付に関して様々な業務規制をしている。 **業務規制**
①手付の額
　宅建業者は、自ら売主である宅地建物の売買契約の締結に際して手付を受領する場合は、代金の額の20％を超える額の手付を受領することができない（法39条1項）。宅建業法39条1項の規定に反する特約で買主に不利なものは無効となる（3項）。宅建業法が定める額を超えた部分

は手付として扱えず、売主において受領する法律の根拠はなく買主に返還すべきものである。宅建業者が手付金の額を20％とする約定は消費者契約法10条には違反しない（消費者契約法11条2項、福岡高判平20・3・28判時2024号32頁）。

②解約手付性の付与

宅建業者が自ら売主である宅地建物の売買契約について手付を受領する場合は、いかなる性質の手付であっても解約手付としての効力を有する（法39条2項）。「買主は手付解除ができない」との特約は宅建業法39条2項の規定に反し買主に不利なものに当たり無効となる（3項）。

③手付金等の保全措置

宅建業者が自ら売主となる売買において、ⅰ）目的物が未完成物件である場合、手付金等の額が売買代金の5％または1000万円を超えるときには、手付金等の保全措置を講じなければならない（法41条1項ただし書、施行令3条の3）。手付金等とは、「代金の全部又は一部として授受される金銭及び手付金その他の名義をもって授受される金銭で代金に充当されるものであって、契約の締結の日以後当該宅地又は建物の引渡し前に支払われるもの」をいう。ⅱ）目的物が完成物件である場合、手付金等の額が売買代金の10％または1000万円を超えるときには、手付金等の保全措置を講じなければならない（法41条の2第1項ただし書、施行令3条の3）。宅建業者が手付金等の保全措置を講じないときは、買主は手付金等を支払わないことができる（法41条4項、41条の2第5項）。

①から③は、買主が一般の消費者に限らず商人（株式会社など。商法4条、会社法5条）、事業者を問わず適用されるが、買主が宅建業者の場合は適用除外となる（法78条2項）。

④重要事項説明義務

重要事項説明書に「代金、交換差金及び借賃以外に授受される金銭の額及び当該金銭の授受の目的」及び手付金等の保全措置の概要について記載し、買主にこれを説明しなければならない（法35条1項7号、10号）。

⑤手付貸与の禁止

宅建業者（売主業者、代理業者、仲介業者）が、その業務に関して、

3 不動産売買契約書の解説

宅建業者の相手方等に対し、「手付について貸付けその他信用の供与をすることにより契約の締結を誘引する行為」を禁止する（法47条3号）。「第3章　不動産売買と宅地建物取引業法」97頁参照。

(4) 境界の明示　　　　　　　　　　　　　　　　　　　　　　　境界の明示

〔文例1〕
第○条　売主は、買主に対し、残代金支払期日までに現地において隣地との境界を明示する。

〔文例2〕
第○条　売主は、買主に対し、残代金支払期日までに現地において隣地所有者の立会いの下に隣地との境界を明示する。

〔文例3〕
第○条　売主は、買主に対し、残代金支払期日までに現地において隣地所有者の立会いの下に隣地との境界を明示し、境界標がないときは、売主の責任と負担において境界標を設置して境界を明示する。

〔文例4〕
第○条　売主は、その責任と負担において、隣地所有者の立会いの下に測量士または土地家屋調査士に土地について測量させ、現況測量図を本物件引渡しのときまでに買主に交付する。ただし、道路明示並びに本物件と道路との境界明示は省くものとする。
2　売主は、買主に本物件引渡しのときまでに、前項の現況測量図に基づく隣地との境界を現地において明示する。

〔文例5〕
第○条　売主は、その責任と負担において、隣地所有者の立会いの下に測量士または土地家屋調査士に土地について確定測量させ、隣地所有者との筆界確認書、確定測量図を本物件の引渡し期日までに買主に交付する。
2　売主は、買主に対し、本物件の引渡し期日までに前項の確定測量図に基づく隣地との境界を現地において明示する。
3　平成○○年○月○日までに隣地所有者の同意が得られないなどの理由で確定測量をすることができない場合、売主は、買主に対し、書面による通知をもって本契約を解除することができる。この場

第4章　不動産売買契約書の読み方

> 合、売主は、買主に対し、すみやかに受領済みの金員を無利息で返還するものとし、買主は、売主に対し損害賠償請求することはできない。

所有権界と筆界

境界の明示に関して定める。売主は、買主に対し、売買の目的物の所有権移転義務・引渡し義務を負い、契約締結後引渡し期日までに目的物である土地の範囲と境界を明示（または指示）しなければならない。取引実務では、境界確認、境界指示、境界立会という文言が使われることが多いが、これは、私法上の境界（所有権界）、すなわち売買の目的物（民有地）の所有権の及ぶ範囲を指示するものであり、公法上の境界（筆界、不動産登記法123条）とは異なる。私法上の境界は当事者間で自由にその所有権の範囲を確認・決定することができるが、公法上の境界は私人が自由に決めたり変更することはできない。境界を明示するには下記の方法がある。当事者がいずれの方法を選択するかは、契約目的や費用負担などに係わってくるため個々の売買取引によって異なる。境界の明示・確認義務と債務不履行解除の可否は本書138頁。

ⅰ）売主による境界明示

〔文例1〕のように、隣地（民有地）所有者の立会いもなく、売主が買主に対しブロック塀・境界標などの位置をもとに隣地との境界を明示する方法である。過去に測量した確定測量図・現況測量図が存在していれば、これに従って売主が買主に境界を指示すれば足りる。測量図は存在しないが、現地に境界標・境界プレートやコンクリート擁壁・ブロック塀が目的物の所有権の範囲を示すものが存在し、隣地所有者間で境界に関する争いがなければ、これで足りる。ただし、隣地所有者の立会による境界確認がなく売主の一方的な認識にすぎないこともありうるため、擁壁などが隣地に越境していると隣地所有者との境界紛争が生じるおそれがある。

ⅱ）隣地所有者の立会いによる境界明示

〔文例2〕は、隣地所有者の立会の下に現地で境界を明示する方法である。境界標や測量図が存在しない場合、隣地所有者と売主が認識していた境界が不正確なこともあり、後日、隣地所有者の変更が生じた際に

境界に関する認識が異なって紛争が生じるおそれがある。

ⅲ）現況測量図を交付する方法

〔文例3～4〕は、隣地所有者の立会の下に境界を確認し（いわゆる民民明示）、現地に境界標が存在しないときは売主の費用負担でこれを設置する方法である。〔文例4〕は現況測量の要否を明確にしていないが、境界標を設置するには土地家屋測量士に現況測量を依頼し隣地所有者の立会いの下に測量する必要があり、売主・買主のいずれが費用を負担するかを協議することとなる。

ⅳ）境界明示の範囲の明確化

〔文例1～3〕では「隣地」、「隣地所有者」が公道を含むのか、「境界を明示する」との意味が道路明示を含むのかがわかりにくい。〔文例3～4〕は、売主において官民境界確定（道路明示）をすることは必要としない趣旨とされるものの、売主が認識する公道と売買目的物である土地の所有権界を指示説明させる趣旨かどうかについて判然としない。売買の目的物である土地と隣地（民有地）との境界（民々境界）は指示説明するが公道との道路明示をするものではないこと、売買の目的物である土地の範囲を示すだけであるとの趣旨であれば、明示を要するのが民有地との境界（所有権界）に限り公道との道路明示を要しないことを明確に定めることが望ましい。〔文例4〕は道路明示を行わないこと、境界標の設置を省略することを定めるが、売主が売買の目的物である土地と接する公道までの所有権が及ぶ範囲を明示する必要があるか否かが明確に定められていない。境界を明示する方法として、売買の目的物である土地と隣接地（民有地、道路等）との境界を確認する確定測量を実施することが望ましいが、道路明示は市などに官民明示を申請することから現況測量に比べると費用と日数がかかるため、〔文例4〕のように、引渡し日までに現況測量を実施し現況測量図を買主に交付する方法をとることを定めるものが多い。

ⅳ）確定測量図を交付する方法　　　　　　　　　　　　　　　　　　　確定測量

マンション・商業施設の建設用地などの事業用物件の売買は、通常、確定測量が取引条件とされる。売主が所有地を分筆して一部を売買するとか、買主が土地購入後に数区画に分割して建売住宅を販売する場合、

第4章 不動産売買契約書の読み方

売買の目的物の地積更正登記（不動産登記法38条）、土地の分筆・合筆手続には確定測量が必要であるため、隣地（民有地）との境界を測量するだけでなく、公道・水路などの官民明示、道路明示を受け確定測量が必要となる。この場合は、〔文例5〕のように売主の責任において確定測量を実施することを定める。

公図混乱地域　**【目的物の地番と公図との照合】**
　　　売買の目的物の位置関係は、登記所が備えている公図、隣接地の地番などによって確認する。土地の形状、隣接地の地番・位置関係が公図の形状・地番と一致しない公図混乱地域に所在する土地は、将来、土地の境界や所有権の帰属、越境を巡って紛争が生じるおそれがある。売買の目的物の所在、範囲、形状は買主にとって売買契約を締結するか否かの判断に影響を与える重要な事項に当たるため、売主業者または仲介業者は、重要事項説明書及び不動産売買契約書でその旨記載し契約締結時の公図などの資料を添付する。購入後のリスクを買主に対し説明することが望ましい。

地積更正登記　(5)　**地積更正登記**

> 〔文例1〕
> 第○条　第○条の実測の結果、実測面積と末尾記載の面積との間に差異が生じたとしても、売主は、地積更正登記をすることを要しない。
>
> 〔文例2〕
> 第○条　第○条の実測の結果、実測面積と末尾記載の面積との間に差異が生じたときは、売主は、売買代金支払日までにその責任と負担において地積更正登記をする。

　地積更正登記とは、実測面積と全部事項証明書記載の地積（公簿面積）とが異なる場合に実測面積に更正する登記をいう（不動産登記法37条）。売主が売買の目的物の一部を分筆して売却するとか、買主が事業用物件として購入する売買では確定測量を実施することが必須の取引条件となり、売主は測量結果に基づいて地積を更正する義務を負うことが定められている。確定測量・地積更正登記の要否は当事者間で協議する。確定測量は前記(4)参照。

3　不動産売買契約書の解説

(6)　売買代金の支払時期・方法

売買代金の支払方法

〔文例１〕
　第○条　買主は、売主に対し、売買代金として○○○○万円を平成○○年○月○日までに支払う。

〔文例２〕
　第○条　買主は、売主に対し、売買代金として○○○○万円を平成○○年○月○日までに現金または預金小切手で支払う。

「代金の額並びにその支払の時期及び方法」は必要的記載事項である（法37条１項３号）。買主は、売買契約に基づき、売主に対し、約定した履行期日に代金支払義務を負う。履行期日は「平成○○年○月○日」と明確に記載する。買主の代金支払義務と売主の所有権移転義務とは同時履行が原則である（民法533条）。後記(10)122頁。契約締結後、履行期日を変更する場合、書面による変更契約（または合意）書を締結することが望ましい。

【不適切な表現】
　閏年でないのに「平成○○年２月29日」と記載すると、代金支払義務の履行期日が２月28日か３月１日かといった疑義が生じる。「平成○○年12月末日」と記載すると、12月31日から翌年１月３日までは金融機関の休日に当たり、国の機関（登記所など）は12月29日から翌年１月３日まで休日であるため代金の出入金手続や登記申請手続ができない。履行期日を決めるに当たっては祝祭日や休日に当たらないかを確認する。

　売買代金の支払方法は現金によるのが原則である。しかし、不動産の取引価格は高額であるから多額の現金の持ち運びに危険を伴うため、取引実務では、預金小切手または売主の指定する銀行口座への振込み（電信扱いまたは文書扱い）による。預金小切手とは、金融機関が発行した小切手である。預金小切手は売主が取引先銀行などを通じて現金化するには日数を要するため、事前に売主の同意を得ておく。銀行振込みによる送金方法を利用する場合、送金先の金融機関（取扱支店）と送金元の金融機関（取扱支店）を事前に確認し打ち合わせをしておく。

第4章　不動産売買契約書の読み方

　中古住宅の売買では契約締結を仲介業者の事務所で行い、残代金の支払場所（決済、引渡し場所）として買主が融資を受ける金融機関を指定することが多い。契約締結時に履行場所を取り決めず、履行直前に仲介業者を通じて調整するのが一般的である。契約締結後に当事者間で紛争が生じて当事者の一方が履行に応じない旨表明した場合、他方当事者が履行を提供すべき場所が問題となる。代金支払義務の不履行による解除及び違約金請求は後記(19)135頁。

売買代金の清算

(7)　売買代金の清算

> 〔文例1〕
> 第○条　本物件の末尾記載の面積が実測面積と異なったとしても売買代金については清算しない。
> 〔文例2〕
> 第○条　土地については、末尾記載の面積と実測図との面積とが異なる場合、その異なる面積に1㎡当たり単価○○万円を乗じた額を残代金支払時に清算する。
> 2　建物については、実測による売買代金の清算を行わない。

公簿売買・実測売買

　土地売買では、通例、〔文例1〕の公簿売買（公簿取引）か〔文例2〕の実測売買（実測取引）のいずれかを定める。公簿売買は、全部事項証明書（旧土地登記簿謄本）に表示されている地積（いわゆる公簿面積）を売買対象面積とし、これを前提に売買代金額を合意する。後日、実測面積と比べて過不足が判明したとしても売買代金額の増減清算（変更）をしない。実測売買は、契約締結時に全部事項証明書の地積を記載し売買代金額を決めるが、1㎡または1坪（3.305785㎡）当たりの単価を約定し、引渡しの日までに測量し実測面積をもとに代金決済時に売買代金額を変更する。石垣・擁壁などによる法面（斜面）が大きい宅地の売買では、法面を除いて建物建築など有効に使用できる土地部分（いわゆる有効宅地）の面積を把握するため現況測量を実施する場合がある。

数量指示売買

【数量指示売買】

　土地売買契約書では土地の表示として全部事項証明書記載の所在・地番・地

目・地積を転記するのが一般的である（後記⑵157頁参照）。実測した結果、全部事項証明書に表示された地積が足りない場合、買主が数量指示売買（民法565条、563条）に当たるとして、不足部分の割合に応じて代金減額請求ができるか。判例は、土地登記簿の地積は必ずしも実測の地積と一致するものではないから、土地登記簿の地積を表示したとしても、これをもって直ちに売主がその地積のあることを表示したものというべきでない（最判昭43・8・20民集22巻8号1692頁）とし、買主からの減額請求を認めなかった。民法565条の規定は、売主の担保責任を定めた規定にすぎないから、数量が超過する場合に、売主が買主に対し同条の類推適用を根拠として代金増額を請求することはできない（最判平13・11・27民集55巻6号1380頁）。改正民法では、目的物の数量不足は種類・品質の契約不適合と同様に改正民法562条が適用される（本書312頁以下）。同条は数量超過に適用はない（野澤正充「契約法」第2版166頁）。

(8) 所有権移転の時期

所有権移転

〔文例〕
第○条　本物件の所有権は、買主が売主に売買代金の全額を支払ったときに、売主から買主に移転する。

売買の目的物の所有権移転時期に関して定める。売買の目的物の所有権は、特段の定めがない限り、当事者の意思表示によって移転すると定めるが（民法176条）、当事者の合理的な意思にそぐわない。取引実務では、〔文例〕のように、買主が売主に代金全額を支払ったときに売主から買主に所有権が移転する旨定める。売主の所有権移転義務と買主の代金支払義務とは、特段の定めがない限り、同時履行の関係にある（民法533条）。

【所有権移転時期に関する判例】
　判例は、売主が所有する土地建物の売買契約において、「特にその所有権の移転が将来になされるべき約旨に出たものでないかぎり、買主に対し直ちに所有権移転の効力を生ずる」（大判大2・10・25民録19輯857頁、最判昭33・6・20民集12巻10号1585頁）とし、特約などにより「代金の完済、所有権移転登記手続の完了までは、なおその所有権を買主に移転しない趣旨」であれば、「売買契約締結と同時に売買物件の所有権が買主に移転するものと解さなければならないものではない」（最判昭38・5・31民集17巻4号588頁）とし、所有権移転時期について

第4章　不動産売買契約書の読み方

特約があるときは、その時に所有権が移転するとする。

引渡し

(9) 引渡し

〔文例〕
第○条　売主は、買主から売買代金全額を受領するのと引き換えに、買主に対し本物件を引き渡す。

「宅地又は建物の引渡しの時期」は必要的記載事項である（法37条1項4号）。売主の引渡義務は、買主の代金支払義務とは同時履行の関係にある（民法533条）ことから、売買契約書では、売買の目的物を引渡すべき時期について、売主が買主から売買代金全額を受領したときと定める。建物であれば鍵を手渡すことによって引渡しとする。

引渡し時期は、公租公課（固定資産税等）を分担清算する基準日（後記(16)130頁）や瑕疵担保責任期間の起算日（「引渡しの日から○ヶ月」とか「引渡しの日から○年」。後記(22)148頁）となるため、引渡しを受けた年月日の特定が重要になる。取引実務では、買主が売主から鍵などを受領し目的物の引渡しを受けたことを確認した旨の書面（例えば「売買物件引渡完了確認書」）を締結し、目的物を引き渡した年月日を明確にしておく。

所有権移転登記

(10) 所有権移転登記など

〔文例1〕
第○条　売主は、買主からの売買代金全額の受領と引き換えに、買主に対し本物件の所有権移転登記申請手続をしなければならない。
〔文例2〕
第○条　売主は、買主からの売買代金全額の受領と引き換えに、本物件の所有権移転登記手続に必要な書類を買主に交付する。

「移転登記の申請の時期」は必要的記載事項である（法37条1項5号）。売主は、売買契約に基づき買主に対し所有権移転義務を負い、当然に対抗要件である登記を具備させる義務を負う。改正民法は売主の義務として明記した（改正民法560条）。〔文例1～2〕は、所有権移転登

記申請手続と売買代金の支払が同時履行の関係にあること（民法533条）を定め、具体的には売主が買主に対し売買代金の支払と引き換えに所有権移転登記申請手続に必要な書類を交付する。所有権移転登記申請手続は、登記権利者である買主と登記義務者である売主が共同申請して行う（共同申請主義、不動産登記法60条）。1人の司法書士が売主・買主双方から代理を受けて登記申請をすることが多い。登記申請行為は公法上の行為であって法律行為ではなく、すでに効力が発生した権利変動につき法定の公示申請をする行為であって民法108条本文並びにその法意に違反するものではない（最判昭43・3・8民集22巻3号540頁参照）。

【中間省略登記】　　　　　　　　　　　　　　　　　　　　　　　　　中間省略登記
　旧不動産登記法の下では、所有者AからBが不動産を買受け、これをCに転売する場合、AからB、BからCへ順次所有権移転登記をするところ、Bが登録免許税・不動産取得税の課税を回避するため、売買契約書に、「売主は、買主またはその指定する者に対し本物件の所有権移転登記申請手続をしなければならない」と定め、Aから直接Cに所有権移転登記する中間省略登記がなされることがあった。不動産登記法が改正され、所有権移転登記申請手続には登記原因を証する具体的な情報を提供する「登記原因証明情報」が必要となり（不動産登記法61条）、AC間で売買契約が締結されていないため従来の中間省略登記が事実上困難になった。そこで、AB間の売買契約における「買主(B)の地位の譲渡」によって、AからCに直接所有権移転登記をする方法、AB間において「第三者(C)のためにする契約」という取引形態をとって、AからCに直接所有権移転登記をする方法がとられることがある。山野目章夫「不動産登記法概論」76頁以下、「不動産登記法」301頁以下参照。

(11)　**登記費用**　　　　　　　　　　　　　　　　　　　　　　　　　登記費用

〔文例1〕
第○条　所有権移転登記申請手続に要する費用は、買主の負担とする。ただし、本物件に関する所有権登記名義人の住所または氏名について変更登記を要する費用は、売主の負担とする。
〔文例2〕
第○条　所有権移転登記に要する登録免許税及び買受けに要する登記手続費用は買主の負担とし、売渡しに要する登記手続費用は売主の

> 負担とする。

所有権移転登記費用に関して定める。登記費用には、ⅰ）売主が負担する登記費用として、①登記原因証明情報作成費用（ただし、これを買主負担とする地域がある。）、②所有者の全部事項証明書の住所・氏名の変更登記申請、③所有者が設定している抵当権などの抹消登記申請に関する司法書士報酬、登録免許税などがある。ⅱ）買主が負担する登記費用として、①所有権移転登記申請、②抵当権設定登記に関する司法書士報酬、登録免許税などがある。〔文例1～2〕は、取引実務で一般的に使用されている条項であるが、具体性に欠け契約当事者にとってはわかりづらい。登記費用の内訳を具体的に記載し事前に売主・買主双方に説明することが望ましい。

民法は、売買契約に関する費用は当事者双方が等しい割合で負担すると規定する（558条）一方、弁済の費用について別段の意思表示がないときは、その費用は、債務者の負担とする（485条）。判例は、買戻しの事案で所有権移転登記のための登録税が「売買契約に関する費用」に当たるとしたが（大判大7・11・1民録24輯2103頁）、多数説は、登記費用は売主の履行すべき債務の弁済に必要な費用であるとする（我妻 榮「債権各論〔中巻一〕」266頁）。売主は買主に対し第三者対抗要件である登記を具備させる義務を負うことから、買主への所有権移転登記申請手続費用は売主の履行すべき弁済に必要な費用であると解することによる。取引実務では、〔文例1～2〕のように、「登記によって利益を受ける者」、すなわち買主が負担する旨の特約が多くみられるが、合理性において疑問がある。

物件状況等の告知

(12) **物件状況等の告知**

> 〔文例〕
> 第〇条　売主は、本物件の状況について別添「物件状況等報告書・設備表」にて買主に告知する。

中古住宅の売買では、売主が「物件状況等報告書・設備表」を作成し契約締結時に買主に交付することが一般的に行われる。これは、売買の

3　不動産売買契約書の解説

目的物の状況について、売主の認識を買主に対し告知する書面であって、仲介業者が取引物件の状況を調査し報告する書面ではない。宅建業法改正により既存建物についてインスペクションが導入され、「既存建物の構造耐力上主要な部分等の状況について当事者の双方が確認した事項」が必要的記載事項となる（法37条1項2号の2。平成30年4月1日施行）。「第2章　不動産売買の取引の流れ」53頁、「第3章　不動産売買と宅地建物取引業法」93頁参照。

【物件状況等報告書・設備表と問題点】

　「物件の状況」欄には、①雨漏り、②シロアリの害、③建物構造上の主要な部位の腐食、④給排水設備の故障など、⑤建物の傾き、⑥増改築、⑦石綿使用調査結果の記録の有無、⑧耐震診断の有無、⑨火災などの被害、⑩境界・越境、⑪配管の状況、⑫敷地内残存物など、⑬地盤の沈下・軟弱など、⑭土壌汚染などに関する情報、⑮浸水などの被害、⑯近隣の建築計画、⑰騒音・振動・臭気など、⑱電波障害、⑲周辺環境に影響を及ぼすと思われる施設など、⑳近隣との申合せ事項など、㉑その他の項目がある。「その他」の項目には売買物件や近隣での自殺、殺傷事件など、心理的影響があると思われる事実、近隣とのトラブルのうち買主に説明すべき事項を記す。「売買物件に関する資料など」欄としては、①新築時の設計図書などの資料、②増改築・修繕の履歴に関する資料、③住宅性能評価などに関する資料、④前所有者から引き継いだ資料、⑤売買物件取得の時に関わった不動産流通業者などである。「設備表」欄には、主要設備として、給湯関係（給湯器、湯沸器など）、水廻り関係（厨房設備、浴室設備、洗面設備、トイレ設備など）、空調関係（冷暖房機、床暖房設備、換気扇など）、その他（インターホンなど）。その他の設備として照明関係（屋内照明器具など）、収納関係（食器棚、床下収納、下駄箱など）、建具関係（納戸、雨戸、ふすま、障子など）、その他（テレビアンテナ、カーテンレール、カーポート、物置、庭木、庭石、門、塀、フェンスなど）の項目があり、主要設備について、故障・不具合の有無、個所、具体的内容などが記載される。

　物件状況等報告書・設備表は、売主（またはその家族）の認識（記憶）が記載されているにすぎない。建築士などの専門家が建物を見分して雨漏り・シロアリ・床の傾斜などの有無や状況を調査したものではなく正確性が担保されているわけではない。回答の仕方が「雨漏り」の存否を確認するものではなく「（売主が雨漏りを）発見している・発見していない」と回答するにとどまる。実際に「雨漏り」が存在するにもかかわらず、売主が認識していなかったときに「発見していない」と回答すると、買主が「雨漏り」が存在しないかの如く誤認し、後

物件状況等報告書・設備表

第4章 不動産売買契約書の読み方

日、瑕疵を巡る紛争になるおそれがある。

ガイドライン

> 5 不動産の売主等による告知書の提出について（解釈・運用の考え方）
> 　宅地又は建物の過去の履歴や隠れた瑕疵など、取引物件の売主や所有者しか分からない事項について、売主等の協力が得られるときは、売主等に告知書を提出してもらい、これを買主等に渡すことにより将来の紛争の防止に役立てることが望ましい。
> 　告知書の記載事項としては、例えば売買であれば、
> ① 土地関係：境界確定の状況、土壌汚染調査等の状況、土壌汚染等の瑕疵の存否又は可能性の有無、過去の所有者と利用状況、周辺の土地の過去及び現在の利用状況
> ② 建物関係：新築時の設計図書等、増改築及び修繕の履歴、石綿の使用の有無の調査の存否、耐震診断の有無、住宅性能評価等の状況、建物の瑕疵の存否又は可能性の有無、過去の所有者と利用状況
> ③ その他 ：消費生活用製品安全法（昭和48年法律第31号）第2条第4項に規定する特定保守製品の有無、従前の所有者から引き継いだ資料、新築・増改築等に関わった建設業者、不動産取得時に関わった不動産流通業者等
> などが考えられ、売主等が知り得る範囲でこれらを記載してもらうこととなる。なお、売主等の告知書を買主等に渡す際には、当該告知書が売主等の責任の下に作成されたものであることを明らかにすること。

付帯設備

(13) 付带設備の引渡し

> 〔文例1〕
> 第○条　売主は、別添「付帯設備一覧表）」のうち「有」と記したものを、本物件引渡しと同時に買主に引き渡す。
> 2　売主は、前項の付帯設備については、瑕疵担保責任を負わないものとする。
> 〔文例2〕
> 第○条　売主は、引渡し時に買主が本物件内に残置した付帯設備について、その所有権を放棄する。

　売買の目的物である土地建物の付帯設備の範囲に関して定める。土地に庭石、建物内に畳・建具・エアコンなどが付設されている場合、主物である宅地建物が処分されると、原則として従物である庭石などはその

処分に従う（民法87条2項）。中古住宅の売買では「現状有姿のまま引渡す」との条項を設けることが多いが、文言自体が曖昧であるため、現地案内時に存在した付帯設備（空調設備、照明器具など）の一部が引渡し時までに売主によって撤去されたり、逆に買主が必要としない付帯設備が残置され廃棄処分費用を要することとなる等付帯設備の取扱いを巡る紛争が少なくない。付帯設備は売主が使用し自然損耗・経年劣化が生じているのが通常であるが、年月の経過による老朽化や機能低下は瑕疵とはいえない。買主が引渡しを受けた後、付帯設備が故障して使用できなくなり、これが契約締結時に存在した瑕疵に当たるかが争いとなることもある。このような紛争を防ぐため、取引実務では、引渡し時の付帯設備を「付帯設備一覧表」で特定し故障の有無などを記載し〔文例1〕のように売主の免責特約を定める。ただし、売主が瑕疵の存在を認識している場合、免責特約の効力を主張できない（民法572条）。売主が宅建業者の場合には免責特約を定めることができない（法40条）。新築分譲マンションでは、仕様・グレードなども記載した付帯設備も販売対象とし、買主に付帯設備表を交付し売買契約書を締結する。

【設備表「給湯器　故障・不具合」欄の誤りに関する裁判例】
　売主Y（宅建業者）が買主Xに中古マンション（築後約32年）を売却しYからXに交付された設備表には「給湯器　故障・不具合　無・有」と記載されていたが、引渡し後間もなく給湯器の湯が出ない不具合があった。Xは、Yに対し瑕疵担保責任に基づき給湯器（新品）への交換工事費用約31万円を損害賠償請求した。裁判所は、「本件給湯器は中古品であるから、本件瑕疵と相当因果関係が認められるのは、中古品の給湯器への交換費用相当額に限られる」とし、交換工事費用のうち製品費の見積金額の中間値の額を認定した裁判例がある（東京地判平26・12・9WL）。

消費者契約法の一部を改正する法律（平成28年法律第61号）が平成28年5月25日に成立し、平成29年6月3日に施行された。これによって、消費者契約のうち、売主が消費者、買主が事業者である場合には、瑕疵担保責任について免責特約を定めても有効であるが、売主が事業者で買主が消費者である場合には、売主である事業者の瑕疵担保責任について

第4章　不動産売買契約書の読み方

免責特約を付することはその内容によっては無効となることから注意が必要である。

> **消費者契約法（消費者の解除権を放棄させる条項の無効）**
> 第8条の2　次に掲げる消費者契約の条項は、無効とする。
> 　一　事業者の債務不履行により生じた消費者の解除権を放棄させる条項
> 　二　消費者契約が有償契約である場合において、当該消費者契約の目的物に隠れた瑕疵があること（当該消費者契約が請負契約である場合には、当該消費者契約の仕事の目的物に瑕疵があること）により生じた消費者の解除権を放棄させる条項

抵当権等の抹消

⒁　抵当権等の抹消

> 〔文例〕
> 第○条　売主は、本物件の所有権移転の時までに、その責任と負担において本物件に設定された抵当権などの担保権及び地上権などの用益権その他買主の完全な所有権の行使を阻害する一切の負担を抹消除去する。

　売主は、特段の定めがない限り、買主が自由に使用収益処分できる完全な所有権を移転する義務を負う。売買の目的物に抵当権・地上権などが設定されていたり賃借権が存在するなど買主の所有権が制限されると、買主は売主に対し担保責任を追及できる（民法566条、567条）。取引実務では、売主が買主に対し第三者による制限や負担のない完全な所有権を移転する義務を負う旨定める。宅建業者（売主業者、代理業者、仲介業者）は、契約締結に先立って、売買の目的物について権利調査や現況調査を行い、全部事項証明書などから抵当権などの担保物権や地上権などの用益物権の存否、占有状況から賃借権などの存否を調査し、重要事項説明書に記載して買主に交付して説明すべき義務を負う（法35条1項1号など）。宅建業者が調査・説明義務違反によって買主に損害を与えた場合、買主に対し損害賠償責任を負う。「第15章　仲介業者の説明義務」441頁以下。

同時決済　　抵当権抹消は所有権移転の時期までに行うと定められていることから、履行期日に抵当権者（金融機関など）が同席し、売主が買主から支

3　不動産売買契約書の解説

払われた売買代金をもって借入れ残債務を返済すると同時に抵当権者から抵当権抹消登記手続書類の交付を受け、売買代金の支払と所有権移転登記手続と同時に抵当権抹消登記手続をする、いわゆる同時決済（同時処理）の方法がとられる。売買の目的物に抵当権が設定されている場合、売主または仲介業者が事前に抵当権者から残債務額を確認し、抵当権の同時抹消が可能か、残債務額が売買代金額を超える"債務超過"物件である場合にどのような条件で抵当権を抹消できるかなどについて打ち合わせる。売主が売買の目的物から賃借人を退去させておく場合には、その旨記載する。賃貸収益マンションの売買のように、賃借人が存在することを前提に引き渡す場合には賃貸借契約の内容を記載した賃貸借目録を作成・交付し、「賃貸借目録記載の賃借権は除く。」と付記する。改正民法では、買主に移転した権利が契約の内容に適合しない場合、契約不適合責任に関する新562～564条が準用される（改正民法565条。本書312頁以下）。

【仮差押登記】
　債務者Aの所有土地に対し、明治〇〇年〇月〇日、X区裁判所の嘱託書による仮差押登記（債権者甲）がなされ、その後、抹消されないまま土地がB、C、D、E、Fへ順次売買され所有権移転登記が経由し、他方甲についても乙、丙、丁、戊へ相続が繰り返され、現在の所有者Fが土地を売却する時点でようやく仮差押登記が残存していることに気付く事案がある。特定承継人は、前主に対する自己の請求権を保全するため、前主に属していた代位権を代位行使することができる（最判昭39・4・17民集18巻4号529頁）ことから、Fは、代位に代位を重ねて、甲の現在の承継人である戊に対し仮差押決定の取消しを求め、Fが仮差押について起訴命令の申立て及び本案訴訟不提起による保全命令の取消しを代位行使する。X区裁判所が発令した仮差押命令にかかる手続は同裁判所の所在地を管轄するY地方裁判所の手続とみなされ（裁判所法施行法2条1項、裁判所法施行令3条1項、19条4号）、旧民事訴訟法746条によって判断される。

(15)　印紙代の負担　　　　　　　　　　　　　　　　　　　　　印紙代

> 第〇条　本契約書に貼付する印紙の費用は、売主と買主がそれぞれ等しい割合で負担する。

第4章　不動産売買契約書の読み方

貼付印紙の負担に関して定める。民法558条は、売買契約に関する費用は当事者双方が等しい割合で負担すると規定し、売買契約に関する費用とは、売買契約の締結に必要な費用であると定義され（我妻　榮「債権各論〔中巻一〕」266頁）、契約書に貼付する印紙はこれに当る。不動産売買契約書は印紙税法にいう「不動産の譲渡に関する契約書」（第1号文書）に該当するため、売買代金額に応じて契約書に印紙を貼付しなければならない（印紙税法3条1項、2項、別表第1、8条）。印紙を貼ることは売買契約の成立の要件ではなく、これを怠ったとしても契約の効力に影響を及ぼさないが、納付しなかった場合には過怠税を徴収される（同法20条）。

公租公課

(16)　**公租公課などの分担**

〔文例1〕
第○条　本物件に対して賦課される公租公課は、引渡しの前日までの分を売主が、引渡し日以降の分を買主が、それぞれ負担する。
2　公租公課納付分担の起算日は、1月1日〔4月1日〕とする。
3　前項の清算は第○条に定める売買代金の支払い時に行う。
〔文例2〕
第○条　本物件から生ずる収益の帰属及び各種負担金の分担については、引渡しの前日までの分を売主が、引渡し日以降の分を買主が、それぞれ収取・負担する。
2　前項の清算は第○条に定める売買代金の支払い時に行う。

「当該宅地又は建物に係る租税その他の公課の負担に関する定めがあるときは、その内容」を記載しなければならない（法37条1項12号）。公租とは固定資産税・都市計画税（以下「固定資産税等」という。）などの租税、公課は租税以外の金銭負担を指す。固定資産税等は毎年1月1日現在に所在する固定資産に対してその所在地の市町村（東京都23区は都）が1月1日付の固定資産課税台帳に登録された名義人に対し課税し（地方税法342条1項、734条1項）、4月以降に納付通知書が名義人に送付される。固定資産税等は1年を単位として賦課されるが、売買の目的物の所有権移転時期（通常は引渡時期も同じ。）が年度途中になる

ため、固定資産税等について売主負担分と買主負担分を365日（閏年は366日）の日割計算によって清算する旨定める。ただし、清算すべき公租公課の額を算定する起算日は1月1日とする方法（関東）と4月1日とする方法（関西）がある。売買の目的物について生じる収益として賃料がある。各種負担金としては区分所有建物の管理費・修繕積立金などの管理経費、上下水道・ガス・電気などがある。引渡しの前日まで売主が収益を取得して負担金を支払い、引渡しの日以降は買主が収益を取得して負担金を支払う。区分所有建物の売買契約では、管理費・修繕積立金を滞納している売主と買主とが滞納管理費などの負担割合を取り決めても売買当事者間の取り決めにすぎず、売主が管理組合に対し滞納管理費等を完済しなければ、専有部分の特定承継人である買主が管理組合に対し支払義務を負う（区分所有法7条、8条）。取引実務では、仲介業者が売主から固定資産税納付通知書などを入手して公租公課などの清算書を作成して契約当事者に交付し、代金支払時に清算する。

⑴ **手付解除** 手付解除

〔文例1〕
第○条　売主または買主は、その相手方が本契約の履行に着手するまでは、互いに書面により通知して本契約を解除することができる。
2　売主は、前項によって本契約を解除するときは、売主は買主に対し手付金など受領済みの金員を無利息にて返還し、かつ手付金と同額の金員を支払い、買主が前項によって本契約を解除するときは、買主は売主に支払った手付金を放棄する。

〔文例2〕
第○条　売主は、買主に受領済みの手付金の倍額を支払い、また買主は、売主に支払済みの手付金を放棄して、それぞれ本契約を解除することができる。
2　前項による解除は、相手方が本契約の履行に着手したとき、または標記の期日（平成○○年○○月○○日）を経過したとき以降は、できない。

手付解除に関して定める。「契約の解除に関する定めがあるときは、

その内容」を記載しなければならない（法37条1項7号）。民法577条1項の規定によれば、買主が売主に手付を交付した場合、買主は、手付を放棄することによって（"手付流し"）、売主は、買主から受領した手付の倍額を現実に提供することによって（"手付倍返し"）、相手方との契約を一方的に解除することができる。手付解除には何らの理由を必要としない。手付解除は、「当事者の一方が契約の履行に着手するまで」行わなければならないが、当事者の一方が自ら履行に着手しても、相手方が履行の着手をするまでは手付解除ができる（最判昭40・11・24民集19巻8号2019頁）。取引実務では〔文例1～2〕のように、相手方が契約の履行に着手した後は手付解除できないとの条項を定めるのが一般的である。相手方が契約の「履行に着手した」ことに当たるかどうかは、「第7章　手付解除と履行の着手」241頁以下。

　民法557条の規定は任意規定であり、これと異なる約定を妨げるものではない。例えば「買主は売買契約を手付解除できない」と定めると、解除権を留保しない旨の合意として解約手付性を排除することができる。ただし、宅建業法は、「宅建業者は、みずから売主となる宅地又は建物の売買契約の締結に際して手付を受領したときは、その手付がいかなる性質のものであっても、当事者の一方が契約の履行に着手するまでは、買主はその手付を放棄して、当該宅建業者はその倍額を償還して、契約の解除をすることができる」と規定し（法39条2項）、「前項の規定に反する特約で、買主に不利なものは、無効とする」（3項）。例えば「買主は売買契約を手付解除できない」との特約は買主に不利なものとして無効となる。宅建業法39条は、買主が一般の消費者である場合に限らず、商人・事業者を問わず適用されるが、買主が宅建業者の場合には適用が除外される（法78条2項）。手付に関して前記(3)112頁。

　解約手付は解除権を留保することから、相手方が履行に着手するまでは、契約関係が不安定であることは否めない。中古住宅の売買では契約関係を早期に確定させるために、〔文例2〕のように手付解除の期限を定めることがある。この文言については、ⅰ）相手方が契約の履行に着手すれば、期限到来前でも手付解除ができない（つまり、手付解除の期限と相手方の履行の着手のいずれか早い時点までは解除できる）との趣

3　不動産売買契約書の解説

旨か、ⅱ）相手方が契約の履行に着手した後も手付解除の期限までは手付解除できるとの趣旨か（つまり、手付解除の期限と相手方の履行の着手のいずれか遅い時点までは解除できる）が争われることがある。加えて、ⅲ）宅建業者が自ら売主となる売買契約では解約手付性を排除することはできないことから（法39条2項、3項）、ⅰ）のような解釈は買主に不利な特約となり無効となる。手付解除の期限に関する特約は「第7章　手付解除と履行の着手」258頁以下。

(18)　**引渡し前の滅失・毀損**

〔文例1〕
第○条　本物件の引渡し前に、天災地変、火災などの不可抗力その他売主及び買主のいずれの責めにも帰すことができない事由によって本物件が滅失または毀損したときは、その損失は売主の負担とする。
2　前項の場合において、買主が契約の目的を達成することができなくなったときは、買主は本契約を解除することができる。この場合、売主は、受領済みの金員を無利息ですみやかに買主に返還する。
3　本物件の毀損が修復可能なときは、売主の負担においてその毀損を修復し、買主に引き渡す。

〔文例2〕
第○条　本物件の引渡し前に、天災地変その他売主及び買主のいずれの責めにも帰すことができない事由によって本物件が毀損したときは、売主は、本物件を修復して買主に引き渡す。この場合に、修復に必要な相当の期間引渡しが標記期日を遅延しても、買主は、売主に対し、その引渡しの遅延について異議を述べることはできない。
2　売主は、本物件の修復が著しく困難なとき、または修復に過大な費用を要するときは本契約を解除することができる。
3　前項によって、本契約が解除された場合、売主は、受領済みの金員を無利息で遅滞なく買主に返還しなければならない。

「天災その他不可抗力による損害の負担に関する定めがあるときは、その内容」を記載しなければならない（法37条1項10号）。例えば建物

第4章　不動産売買契約書の読み方

危険負担　売買契約締結後、建物が引渡し前に地震により全壊したり、隣家からの失火により類焼で焼失した場合、目的物の引渡し債務は履行不能となり、売主はその債務を免れるが、買主の代金支払債務は消滅しない（民法534条、危険負担の債権者主義）。しかし、売主から買主に目的物の支配や権利が移転していない段階で危険を買主に移転することは不公平・不合理であることから、取引実務では、〔文例1～2〕のように、特約を設けている。改正民法は旧534条を削除し、売主・買主双方の責めに帰することができない事由によって売主（債務者）が目的物の引渡し債務を履行することができなくなったときは、買主（債権者）は代金支払債務の履行を拒むことができる（改正民法536条1項）。

【売買の目的物である土地の滅失】
　〔文例2〕は土地売買契約書の文例であるが、「宅地の滅失は地震による海没の場合等、極めて例外的なケースしか考えられず」「滅失について定めることはあまり現実的でない」とし〔文例1〕と異なり、土地の毀損だけを対象とする（後掲参考文献「標準売買契約書の解説」51～52頁）。しかし、東日本大震災の被災状況からもわかるように、大規模な津波による土地の流失による滅失はあり得る。危険負担に関する条項は、非日常的な事案に対処するものであることから土地の滅失を外すことは望ましくない。

滅失・毀損　滅失とは物理的な損壊だけでなく社会的・経済的効用の喪失をいい、毀損とは一部の損壊をいう。修復は滅失にまでは至っていないことを前提とし、修復の内容及び程度は契約締結当時の目的物と質的に同程度のものに復することを指し、単なる修繕ではない。滅失・毀損には地震・風水害などの天災地変のほか、隣家からの失火や延焼による焼失・焼損も含まれる。本物件が滅失または毀損して「本契約の履行が不可能となったとき」とは、本物件が天災地変などで物理的不能だけでなく、社会経済的不能、すなわち物理的には可能であっても履行には過大な費用や時間がかかる場合などをいう。既存の塀・擁壁が崩れた程度であれば原則として修復が可能であるが、液状化により建物が傾きジャッキアップなどの修復工事費用に過大な費用を要するとなれば社会経済的不能となる。危険負担の条項は、民法534条1項を排除するための特約であり、

ただし書も厳格に解釈すべきであろう。「売主は、買主に対し、その負担において毀損を修復して引き渡す」との文言はよく用いられる。しかし、売主は自ら修復する技術や能力を有しない場合がほとんどであるから、修復に先立って建築士などの専門家による調査、施工の内容や施工精度などについて売主・買主間で新たな紛争が生じるおそれもある。〔文例2〕の第1項本文の修復条項の趣旨、修繕義務の有無が争点となった事案として後掲裁判例参照。

【東京地判平25・1・16判時2192号63頁】
　買主Xは、売主Yから千葉県浦安市所在の不動産を買い受けたところ、引渡し前に東日本大震災が発生し液状化により本件建物に傾きが生じた。Xは、Yに対し、〔文例2〕の修復条項に基づいて修復に代えて損害賠償請求をした。裁判所は、「本件修復条項は、当事者に帰責事由がなく上記毀損が生じた場合に毀損を修復することによって売買の対価的な均衡を維持することを目的とするもの」とし、「同条項の趣旨に照らせば、本件物件の引渡し前の天災地変等により本件物件が毀損したときは、売主が修復義務を果たすことなく本件物件を引き渡した場合にも、修復義務を負う」。「もっとも、（略）売主が修復義務を履行するために必要な協力を買主がする義務を負うことが当然想定されている」とし、「毀損の具体的内容及び程度、修復に要する費用等を総合的に考慮して、修復の内容及び方法は毀損を修復するのに必要かつ相当なものに限られる」、「引渡し時までに本件物件の毀損が修復されず、かつ、引渡し後も毀損が修復されない場合には、修復しないことについて売主に帰責事由があれば、買主は修復義務の不履行について損害賠償請求することができる」。XがYの修復義務の履行に協力しないため、本件修復条項に基づく修復工事を決定することができないから、Yは修復義務の不履行について帰責事由はないとし、Xの請求を棄却した。

(19) 契約違反による解除　　　　　　　　　　　　　　　　　契約解除

〔文例1〕
第○条　売主または買主の一方が本契約の条項に違反した場合、相手方は相当期間を定めた催告のうえ、本契約を解除することができる。
2　前項の場合において、売主が違反したときは、売主は、買主に対し手付金を返還すると同時に手付金と同額を違約金として支払わな

第4章　不動産売買契約書の読み方

> ければならない。買主が違反したときは、売主が手付金を没収する。
>
> 〔文例2〕
> 第○条　売主または買主が本契約に定める債務を履行しないとき、その相手方は、自己の債務の履行を提供し、かつ、相当の期間を定めて催告したうえ、本契約を解除することができる。
> 2　前項の契約解除に伴う損害賠償は、標記の違約金による。
> 3　違約金の支払いは、次のとおり、遅滞なくこれを行う。
> ①売主の債務不履行により買主が解除したときは、売主は、受領済の金員に違約金を付加して買主に支払う。
> ②買主の債務不履行により売主が解除したときは、売主は、受領済の金員から違約金を控除した残額を無利息で買主に返還する。この場合において、違約金の額が支払済の金員を上回るときは、買主は、売主にその差額を支払う。
>
> 〔文例3〕
> 第○条　売主または買主が本契約に違反した場合、相手方は、相当の期間を定めて催告し、その催告に応じないときは、相手方は本契約を解除し、代金の○○％に相当する違約金を請求することができる。
> 2　上記の場合において、売主の債務不履行により契約が解除されたときは、売主は、代金の○○％の違約金を支払う。ただし、売主は、受領済みの手付金、代金等の金員を無利息で遅滞なく買主に返還する。
> 3　上記の場合において、買主の債務不履行により契約が解除されたときは、買主は、代金の○○％の違約金を支払う。ただし、売主は、受領済みの手付金、代金等の金員と買主が負担すべき違約金とを相殺し、なお残金があるときは無利息で遅滞なく買主に返還する。

債務不履行解除

ア　債務不履行解除と違約金

　債務不履行による解除と違約金に関して定める。「契約の解除に関する定めがあるときは、その内容」、「損害賠償額の予定又は違約金に

3 不動産売買契約書の解説

関する定めがあるときは、その内容」を記載しなければならない（法37条1項7号、8号）。違約金は、債務不履行の場合に債務者が債権者に支払うべきことを約した金銭をいう（奥田昌道「債権総論」増補版214～216頁、中田裕康「債権総論」第3版186頁以下）。債務不履行を理由とする解除の場合、債権者は債務者に対し損害賠償請求ができるが（民法545条3項、改正民法545条4項）、損害の発生とその額が争いとなるため、債権者が債務不履行の事実を証明すれば損害の発生及びその額を証明しないで予定賠償額を請求できるよう合意しておくことができる（民法420条1項前段）。改正民法では、裁判所が予定賠償額を増減できないとの同項後段を削除した。

違約金

損害賠償額の予定

　取引実務で使用されている売買契約書は、通常、解除、損害賠償額の予定、違約金について定める。違約金請求をするには、〔文例1～3〕のように、債務不履行に基づき売買契約を解除することを前提とする約定を設けているものが多い。そのため違約金請求をする際には解除要件を検討する必要がある。

　違約金は損害賠償額の予定であると推定される（民法420条3項）。「当事者の一方が本契約に違反した場合、その相手方は手付のほかに損害賠償請求できる」と定めると、債務不履行の場合に手付の没収または倍額償還のほかに損害賠償を請求することができる。このような性質を有する手付は違約手付であり違約罰と呼ばれる。解除権留保と併せて違約の場合の損害賠償額の予定をなし、その額を手付の額によるものと定めることは差支えない（最判昭24・10・4民集3巻10号437頁）。

違約手付

　イ　宅建業法による業務規制

業務規制

　違約金に関する定めは、取引実務では、〔文例1〕のように手付金相当額を違約金とするもの、〔文例2〕のように手付金が少額手付とか5％程度であるが、これとは別に売買代金額の10％や20％相当額を違約金とするものがある。宅建業法は、宅建業者が自ら売主となる売買契約において、当事者の債務不履行解除による損害賠償額の予定または違約金を定めるときは、これらを合算した額が売買代金の額の20％を超える特約をしてはならないと規定し、これに反する特約は売

第4章　不動産売買契約書の読み方

買代金の額の20％を超える部分について無効とする（法38条、本書97頁）。法38条1項にいう「代金の額」には売買に課されるべき消費税相当額が含まれるものとして取り扱うものとされている（ガイドライン「その他の留意すべき事項　2　消費税等相当額の取扱いについて」参照）。

【損害賠償額の予定に関する裁判例】
　　宅建業者が自ら売主となる売買契約において、①売買代金額の20％相当額を定めるほか、②「契約解除に要する一切の費用を違約者が負担する」旨定めた場合、②は、契約解除に伴う費用の損害賠償を定めていることから①と②とを合わせると約定違約金が売買代金額の20％を超えるため、20％を超える特約部分は効力を有しない（東京地判平26・5・14WL）。

ウ　解除要件
　債務不履行解除の要件は、①債務不履行の事実、②債務不履行が違法であること、③相当の期間を定めて履行催告し、その期間が経過したこと、④契約解除の意思表示があること（民法541条）である。

債務の不履行　　ⅰ）債務を履行しないとき
　「債務を履行しない」とは、履行期日に債務者がその債務を履行しないことである。売買契約書には、売主・買主の本来的な債務のほかに境界の指示・確認、固定資産税等の公租公課の支払など様々な債務（義務）が約定されている。売買契約書に定めた債務が履行されなくても当然に契約を解除できるものではない。債務不履行解除は、その債務が付随的義務（付的債務）ではなく「契約の要素たる債務」でなければならない（大判昭13・9・30民集17巻1775頁、最判昭36・11・21民集15巻10号2507頁、通説）。買主（債務者）の残代金支払義務や売主（債務者）の所有権移転義務は売買契約における給付義務そのものであるから履行しなければ、債務不履行を理由に契約を解除できる。また、給付義務そのものでなくても境界の明示・確認義務、固定資産税等の納付義務など、その不履行が契約の目的達成に重大な影響を与えるものは「契約の要素たる債務」に当たり、履行されない場

合には債務不履行による解除ができる（最判昭43・2・23民集22巻2号281頁。平野裕之「民法総合5契約法」181頁など）。契約締結の目的達成に重大な影響を与えるか（解除事由に当たるか）否かは、契約条項の文言、契約締結に至る経過、契約の目的など、個々具体的な事情を斟酌し判断される（松本重信・最高裁判所判例解説民事編昭和43年上52頁）。改正民法では、ⅰ）不履行がその契約及び取引上の社会通念に照らして軽微であるときは解除できない。ⅱ）不履行が軽微でないときは催告解除を原則とし（改正民法541条）、ⅲ）債務の全部の履行不能や一部の履行不能でかつ残存する部分のみでは契約目的を達成できない場合には無催告解除ができる（改正民法542条）。

〔売主の確定実測図の交付義務と買主の代金支払義務との関係〕
【東京地判平25・6・18判時2206号91頁】
　売主と買主は、平成23年7月7日、本件売買契約を締結し、8月31日を残代金の支払期限とした。売主は買主に対し所有権移転日（8月31日）までに隣接民有地との境界確認書、確定測量図を交付し測量費用は売主が負担する旨の約定があった。買主は、7月25日、その指定した設計事務所による土地の測量を行い、売主も立ち会ったが、東日本大震災の影響により道路確定作業が停止状態になり官民境界を確定することができず、売主は、買主に確定測量図等を交付できなかった。買主が支払期限までに売買代金を支払わなかったため、売主は本件売買契約を解除し違約金を請求したところ、買主は、確定実測図等の交付を受けるまで売買代金の支払を拒むことができる（同時履行の抗弁権）と主張し本件売買契約の解除の効力を争った。
　裁判所は、「本件売買契約は、交渉開始当初から、登記簿上の面積を基準とし、現状有姿で引き渡すことが売買の内容とされていたので、当初は、測量を行うことは予定されておらず、本件確定実測図等の交付義務は、本件売買契約書が作成される段階で、買主の要望を受けて初めて追加された条項であって、しかも、本件確定測量図等の交付に要する測量費用等は、売主の負担とされるのが通常であるにもかかわらず、買主の負担とする旨が定められている。本件売買契約書上も、本件不動産の所有権の移転時期については、本件売買代金の受領と同時に行われるべきことが明示されているのに対し、本件確定実測図等の交付については、本件売買代金の受領と同時に行われるべきことが明示されていない。以上の本件売買契約の締結に至る経緯及び本件売買契約書の文言からすれば、本件確定実測図等の交付義務は、代金支払義務と対価的な関係に立つ債務であると評価することはできない」とし、確定実測図等の交付義務と売買代金の支払義務が同時

第4章　不動産売買契約書の読み方

履行の関係にあるということはできないとし、売主の請求を認めた。これは事例判決であり、確定実測図の交付が当該売買契約の「要素たる債務」に当たるかどうかは、個別の事案に即して検討する必要がある。

履行期日　　ⅱ）履行期日

　当初の売買契約（「原契約」と呼ばれる。）で定めた履行期日がその後変更されることがあるため、原契約で定めた履行期日の変更の有無、変更契約書の有無を確認する。契約締結後、履行期日までに当事者間で紛争が生じ、当事者双方がともに履行期日に契約の履行をしないまま履行期日を経過すると、期限の定めのない債務となるため、契約を解除するには相当期間を定めた催告をし、催告期間内に履行がなされなかったことを要する。

履行の提供　　ⅲ）履行の提供

　売買契約では、売主の所有権移転義務（所有権移転登記手続・引渡し）と買主の代金支払義務とが同時履行の関係に立ち、契約当事者の一方は他方がその債務の履行を提供するまでは自己の債務の履行を拒むことができる（民法533条）。自己の債務の履行の提供をしないまま契約を解除の意思表示をして違約金を請求しようとしても、相手方からは同時履行の抗弁権により解除が無効であると主張される。

　不動産売買における売主の履行の提供は、売主が買主に対し所有権移転登記手続に必要な書類及び鍵などを準備し買主が所有権移転登記手続をし、かつ引渡しを受けすることができる状態に置くことである。履行の提供前に紛争になった場合、不動産売買では仲介業者が関与していることがほとんどであるため、売主は、履行の提供をするに当たって、仲介業者に対し、①履行期日に売主としての債務を履行する旨連絡し、所有権移転登記手続に必要な書類と費用等の明細を問い合わせるとともに、②売主が履行期日に所有権移転登記手続を履行するので、買主が残代金のほか所有権移転登記手続を受けるために必要な書面・費用等を用意して当日の出席を求める書面（例えば「取引の案内」など）を、仲介業者から買主に送付するよう依頼する。③買主が代金を支払うことを拒否している場合には、売主が買主に対し、約

定期日に所有権移転登記手続を履行する旨の内容証明郵便による通知をしておく。④登記手続書類は司法書士と打ち合わせて準備し、当日、司法書士に立ち会いを依頼する。

買主の履行の提供は、買主が売主に対し支払う売買代金を用意することである。買主は、仲介業者に対し、①履行期日に買主としての債務を履行する旨連絡し、所有権移転登記手続に必要な書類と費用等の明細を問い合わせるとともに、②買主が履行期日に売買代金支払義務を履行するので、売主が必要な書面・費用等を用意して当日の出席を求める書面を仲介業者から買主に送付するよう依頼する。③売主が引渡しを拒否している場合には、買主が売主に対し、残代金を履行期日に支払う準備をしている旨の内容証明郵便による通知をしておく。④登記手続書類については司法書士と打ち合わせて準備し、当日、司法書士に立ち会いを依頼する。

iv）相当期間を定めた催告

履行催告

「相当の期間」かどうかは、義務の内容、取引経過など個別の契約に応じて勘案せざるを得ない。後日、相当期間か否かが争点となることを避けるため、例えば不動産売買の代金支払義務の履行催告であれば少なくとも10日前後から2週間程度の余裕を設けて催告をすることが望ましい。催告は必ずしも書面によることを要しないが、契約書の中には「書面による催告」を要件とするものもある。契約書で「書面による催告」が要件とされていなくても、後日に備え、催告の事実を証するために書面で催告しておく。買主が催告期間内に履行しない場合には、改めて契約解除の意思表示をすることになるが、「本書面到達後10日以内に残代金を支払うよう催告するとともに、当該期日までに支払のないときは同期日の経過をもって売買契約を解除する旨本書面をもってあらかじめ意思表示する」とすることも一つの方法である。買主が売主からの通知書を受領することを拒絶した場合、執行官送達を申し立てる方法がある。当事者が複数の場合は後記㉔151頁参照。

エ　裁判例

履行不能による解除の場合に違約金請求ができるか、違約金請求に

履行不能による解除

第4章　不動産売買契約書の読み方

解除が必要かについて争われた事案があるほか、債務不履行の場合の手付金の不返還または倍額支払の定めとともに特別の損害を被った当事者は損害賠償請求できる旨を定めた約定の趣旨が争点となった判例がある。

【履行不能による無催告解除と違約金請求】
　〔文例1～3〕は、債務不履行を理由に催告解除がなされた場合の違約金の発生について定めるが、履行不能を理由に無催告解除がなされた場合に、〔文例1～3〕に基づいて違約金請求ができるか。買主が手付解除を主張して契約解除に基づく既払い金の原状回復請求の本訴を提起し、売主は履行の着手があったとして買主の手付解除が無効であり、買主の解除の意思表示により履行不能に帰したとして〔文例1～3〕に基づいて違約金請求の反訴を提起した事案において、売主の履行の着手を認定したうえで、買主が一方的に売買契約の効力を否定し、残代金の支払を拒絶する旨を表明したものと認められるから、これにより残代金支払債務は履行不能に帰したものといえる。〔文例1～3〕は、債務不履行を理由に催告がなされた場合の違約金の発生について定めるが、履行不能を理由に無催告解除がなされた場合において特に違約金の発生を否定すべき実質的根拠は存しないから、この場合も〔文例〕の条項が適用されるとする裁判例がある（東京地判平21・11・12　本書245頁）。

【違約金請求と契約解除の要否】
　〔文例1～3〕と異なり、売買契約書の中には、次のような条項を設けていることもある。
①「売主において契約不履行の場合には手付金の倍返しを、買主において契約不履行の場合には手付金流しとして双方異議なく、本契約はその時限り解除するものとす（る）」（最判昭54・9・6判時944号49頁の事案）
②「当事者の一方がこの契約の条項に違反したときは、相手方は、この契約を解除することができる。この場合、違約損害金として、買主の違約によるときは、売買代金額の1割に相当する金額を違約金として支払うこととし、支払済みの手付金をこれに充当できる。売主の違約によるときは、売主は買主に対し売買代金額の1割に相当する金額を違約金として支払うとともに受領済みの手付金を即時買主に返還しなければならない」（東京地判昭63・6・30判時1306号51頁の事案は本書281頁）

　当事者の一方に債務不履行があれば、他方は、契約解除の意思表示な

くして直ちに損害賠償の予定額を請求できるか。前記①は、売主が代金支払の履行期日を徒過した買主に対し債務不履行を理由に手付金流しとして処理する旨の意思表示をした事案において、「違約手付金の約定が契約関係を清算する趣旨でされた場合においては、手付金受領者は、相手方に違約があったときは、あらかじめ契約解除の手続を経ることなくいわゆる手付金流しとしてこれを確定的に自己に帰属せしめることができるとともに（最判昭和38年9月5日第一小法廷判決・民集17巻8号932頁参照）、特段の事情のない限り、相手方に対し右の旨を告知したときは、これによって右契約関係も当然に終了する」とし、特段の事情がない限り、手付金流しとして処理する旨の意思表示により本件売買契約も終了するに至ったものとする。前記②は、前掲最判を踏襲して、「契約書の中で右規定が置かれている位置及びその文言からすると、この違約金は、契約関係の一切を清算するための損害賠償の予定の趣旨であると認めるのが相当である。そして一般に、このような損害賠償の予定がなされている場合には、相手方に違約があったときは、特段の事情がない限り、予め契約解除の手続をとることなく、違約金を請求し又は差し入れられている手付金を違約金として自己に帰属させることができ、かつその旨を相手方に告知したときは、契約関係も当然に終了するものと解される。本件の場合、右の条項によると、違約金を請求するには、契約を解除することを要するように読めるが、違約金の趣旨が右のとおりのものであることに照らすならば、この解除を民法541条所定の催告・解除の趣旨に解する必要はなく（相手方違約の場合に同条による解除ができることは、いわば当然の事理であって、あらためて規定する必要はない。）、違約金の請求をすることによって契約関係を終了・清算させる旨の表示がなされていれば足りる」とする。

【最判平9・2・25判時1599号66頁】
　買主Xは、売主Yとの間で本件土地売買契約（代金1630万円）を締結し、手付金150万円を交付した。Yは、本件土地をAに売却しA名義の所有権移転登記手続をしたため、YのXに対する売買契約に基づく所有権移転登記義務はYの責めに帰すべき事由により履行不能となった。本件契約には、買主の義務不履行を理

第4章　不動産売買契約書の読み方

由として売主が契約を解除したときは、買主は違約損害金として手付金の返還を請求できない旨の約定（9条2項）、売主の義務不履行を理由として買主が契約を解除したときは、売主は手付金の倍額を支払わなければならない旨の約定（同条3項）及び「上記以外に特別の損害を被った当事者の一方は、相手方に違約金又は損害賠償の支払を求めることができる」旨の約定（同条4項）が記載されていた。売買契約書は兵庫県宅地建物取引業協会の定型書式を使用してこれに必要事項を記載したものであり、当該条項は定型書式であり、契約締結時に上記各条項の意味内容について当事者間で特段の話し合いはもたれなかった。Xは、Yに対し、9条3項に基づき手付金の倍額の支払とともに同条4項に基づき本件土地の履行不能時の時価と売買代金との差額2240万円の支払を求めた。原審は、9条2項及び3項は債務不履行によって通常生ずべき損害については、現実に生じた損害の額いかんにかかわらず、手付けの額をもって損害額とする旨を定めたものであり、同条4項は、特別の事情によって生じた損害については民法416条2項の規定に従って、その賠償を請求することができる旨を定めた約定と解すべきであるとした上で、本件において特別の事情によって生じた損害は認められないとし、手付金の倍額の限度でXの請求を認容した。

　最高裁は、「9条2項ないし4項の文言を全体としてみれば、右各条項は、相手方の債務不履行の場合に、特段の事情がない限り、債権者は、現実に生じた損害の証明を要せずに、手付けの額と同額の損害賠償を求めることができる旨を規定するとともに、現実に生じた損害の証明をして、手付けの額を超える損害の賠償を求めることもできる旨を規定することにより、相手方の債務不履行により損害を被った債権者に対し、現実に生じた損害全額の賠償を得させる趣旨を定めた規定と解するのが、社会通念に照らして合理的であり、当事者の通常の意思にも沿うものというべきである。すなわち、特段の事情がない限り、9条4項は、債務不履行により手付けの額を超える損害を被った債権者は、通常生ずべき損害であると特別の事情によって生じた損害であるとを問わず、右損害全額の賠償を請求することができる旨を定めたものと解するのが相当である」とし、原判決中Xの敗訴部分を破棄し原審に差戻した。

反社会的勢力の排除

⑳　反社会的勢力の排除

〔文例〕
第○条　売主及び買主は、それぞれ相手方に対し、次の各号の事項を確約する。
①自らが、暴力団、暴力団関係企業、総会屋もしくはこれらに準ずる者またはその構成員（以下総称して「反社会的勢力」という。）

ではないこと。
② 自らの役員（業務を執行する社員、取締役、執行役またはこれらに準ずる者をいう。）が反社会的勢力ではないこと。
③ 反社会的勢力に自己の名義を利用させ、本契約を締結するものではないこと。
④ 本物件の引渡し及び売買代金の全額の支払いのいずれもが終了するまでの間に、自らまたは第三者を利用して、本契約に関して次の行為をしないこと。
　ア　相手方に対する脅迫的な言動または暴力を用いる行為
　イ　偽計または威力を用いて相手方の業務を妨害し、または信用を毀損する行為
2　売主または買主の一方について、次のいずれかに該当した場合には、その相手方は、何らの催告を要せずして本契約を解除することができる。
　ア　前項①または②の確約に反する申告をしたことが判明した場合
　イ　前項③の確約に反し契約をしたことが判明した場合
　ウ　前項④の確約に反した行為をした場合
3　買主は、売主に対し、自らまたは第三者をして本物件を反社会的勢力の事務所その他の活動の拠点に供しないことを確約する。
4　売主は、買主が前項に反した行為をした場合には、何らの催告を要せずして本契約を解除できる。
5　第2項または前項の規定により本契約が解除された場合には、解除された者は、その相手方に対し、違約金（損害賠償額の予定）として金〇〇〇〇円（売買代金の20％相当額）を支払うものとする。
6　第2項または第4項の規定により本契約が解除された場合には、解除された者は、解除により生じる損害について、その相手方に対し、一切の請求を行わない。
7　買主が第3項の規定に違反し、本物件を反社会的勢力の事務所その他の活動の拠点に供したと認められる場合において、売主が第4項の規定により本契約を解除するときは、買主は、売主に対し、第5項の違約金に加え、金〇〇〇〇円（売買代金の80％相当額）の違約罰を制裁金として支払う。ただし、宅地建物取引業者が自ら売主と

第4章　不動産売買契約書の読み方

> なり、かつ宅地建物取引業者でない者が買主となる場合は、この限りではない。

　暴力団等反社会的勢力排除条項と呼ばれる。不動産取引から暴力団等の反社会的勢力を排除するため、不動産業界では平成23年秋頃から不動産売買契約書・媒介契約書・賃貸住宅契約書などにこのような条項を設けている。

ローン特約

(21)　ローン特約

> 〔文例1〕
> 第○条　本契約は平成○○年○○月○○日までに融資承認が得られないときはその効力を失う。
> 〔文例2〕
> 第○条　買主は、売買代金の一部について金融機関の融資を利用する場合には、本契約締結後すみやかに、表記融資のために必要な書類を揃え、金融機関に融資の申込み手続をしなければならない。
> 2　表記融資承認取得期日〔平成○○年○○月○○日〕までに、前項の融資の全部または一部の金額について買主の責めに帰すことができない事由によって金融機関の承認が得られないとき、買主は、売主に対し、表記契約解除期日までは、本契約を解除することができる。
> 3　前項により本契約が解除されたとき、売主は、買主に対し、受領済みの金員を無利息にてすみやかに返還しなければならない。
> 〔文例3〕
> 第○条　買主は、売買代金に関して、○○○○銀行○○支店に対し金○○○○万円の融資を利用するとき、本契約締結後すみやかに、その融資の申込み手続をする。
> 2　平成○○年○○月○○日までに、前項の融資の全部または一部の金額につき金融機関の承認が得られないとき、買主は、売主に対し、平成○○年○○月○○日までであれば、本契約を解除することができる。

　ローン解約（ローン特約条項に基づく解除）に関して定める。「契約

の解除に関する定めがあるときは、その内容」、「代金についての金銭の貸借のあっせんに関する定めがある場合においては、当該あっせんに係る金銭の貸借が成立しないときの措置」を記載しなければならない（法37条1項7号、9号）。中古住宅や新築分譲マンションの売買では、買主が売買代金の支払のために金融機関から融資を受けるケースが多く、ローン特約に関する条項が設けられている。ローン特約には、①解除条件型と②解除権留保型がある。①は、〔文例1〕のように、融資が受けられないという条件が成就すれば、売買契約が当然に効力を失う（民法127条2項）。②は、〔文例2～3〕のように、融資を受けられなかった場合、買主は売買契約を解除できる。買主には契約解除権が留保されているだけであるから、買主が売主に対しローン解約の意思表示をしない限り、売買契約は存続し買主は代金支払義務を負う。買主が代金支払義務を履行しなかった場合には、売主は債務不履行を理由に契約を解除して違約金請求することになる。ローン解約がなされると、売主は受領済みの手付金・内金などを直ちに返還しなければならない。「解除するものとする」とか「白紙解約とする」といった文言が解除条件型か解除権留保型かが判然とせず争いになることもあるため明確に定めておく。ローン解約がなされると、仲介業者は、委託者から受領した報酬を委託者に返還しなければならない（専任約款8条2項、専属約款8条2項、一般約款10条2項）。「第8章 ローン解約」265頁以下。

ローン特約の型

「あっせんの内容」とは、融資取扱金融機関、融資額、融資期間、利率、返済方法、保証料、ローン事務手数料等の融資条件を指す。「あっせんに係る金銭の貸借が成立しないときの措置」とは残代金などの支払方法、契約解除の可否、すでに支払った手付金・内金の取扱いなどを指す。買主が宅建業者から融資の「あっせん」を受けず、買主自ら金融機関に直接融資を申し込んでローン特約を設ける場合、宅建業者は、ローン解約の要件と効果について「契約の解除に関する事項」として融資取扱機関、融資額等を記載するなど、ローン解約の要件を明確にして重要事項説明書、売買契約書に記載し説明しなければならない。不動産適正取引推進機構編「望ましい重要事項説明のポイント」122頁以下、逐条解説宅建業法490頁以下、498頁以下。

第4章　不動産売買契約書の読み方

ガイドライン

> 【第35条第1項第12号関係】（解釈・運用の考え方（ガイドライン））
> 2　ローン不成立等の場合について
> 　金融機関との金銭消費貸借に関する保証委託契約が成立しないとき又は金融機関の融資が認められないときは売主又は買主は売買契約を解除することができる旨、及び解除権の行使が認められる期限を設定する場合にはその旨を説明する。また、売買契約を解除したときは、売主は手付又は代金の一部として受領した金銭を無利息で買主に返還することとする。

　金融機関が融資を承認しなかったにもかかわらず、買主が速やかにローン解約をせず、いつまでも買主によるローン解約が許されるとすれば、売主は、その間、他に売却する機会を逸し長期間不安定な立場に置かれ、しかも手付金返還請求を求められるという不利益を負わされることとなる（福岡高判平4・12・21本書269頁など）。そこで、〔文例2～3〕のように、ローン解約の期限を定めるものが多い。ローン解約の期限が延長される場合、当事者間の変更合意書を締結することが望ましい。ローン特約を設けた趣旨に照らせば、買主は、売主との売買契約締結後、速やかに金融機関に融資の申込み手続を行い、融資契約成立に向けて誠実に努力すべき信義則上の義務（誠実努力義務）を負う（不動産適正取引推進機構「不動産取引紛争事例集」98頁、東京地判平9・9・18判時1647号122頁）。〔文例2～3〕は、契約締結後に買主が正当な理由もなく融資の申込み手続をせずローン解約すること（いわゆる"ローン壊し"）を防ぐための確認的な規定である。このような条項が定められているか否かにかかわらず、買主は誠実努力義務を負い、義務違反がある場合や融資を受けることができない理由が買主の帰責事由による場合には、買主はローン解約ができない。「第8章　ローン解約」283頁以下。

買主の誠実努力義務

瑕疵担保責任

⑵　瑕疵担保責任

> 〔文例1〕
> 第○条　本物件に隠れた瑕疵があり、買主が本契約を締結した目的を達成することができない場合は、買主は、本契約の解除を、その他の場合は損害賠償の請求を、売主に対してすることができる。
> 2　本契約を解除した場合においても、買主に損害がある場合には、

買主は売主に対し、損害賠償請求をすることができる。
 3　建物については、付帯設備を除き、買主は売主に対して、本条第1項の損害賠償に代え、またはこれとともに修補の請求をすることができる。
 4　本条による解除または請求は、本物件の引渡し後、○ヶ月の期間を経過したときはできない。
〔文例2〕
第○条　売主は、買主に対し、本物件に隠れた瑕疵が発見された場合であっても、瑕疵担保責任を一切負わない。
〔文例3〕
第○条　売主は、本物件を引渡した日から3ヶ月以内に発見された隠れた瑕疵について、買主に対し瑕疵担保責任を負う。ただし、宅地建物取引業者が自ら売主となる場合、瑕疵担保責任期間は本物件を引き渡した後2年間とする。
〔文例4〕
第○条　売主は瑕疵担保責任について修補請求に限り、契約解除または損害賠償を請求することはできない。

業務規制

「当該宅地若しくは建物の瑕疵を担保すべき責任についての定めがあるときは、その内容」を記載しなければならない（法37条1項11号前段）。瑕疵担保責任に関する民法570条、商法526条は任意規定であるため、取引実務では、民法・商法が規定する要件・効果の全部または一部を排除する特約を設けることが多い。ただし、宅建業者が自ら売主となる売買契約において瑕疵担保責任について特約を設ける場合、瑕疵担保責任期間について目的物の「引渡しの日から2年以上」となる特約は許容されるが、民法566条に規定するものより買主に不利な特約は無効とする（法40条）。新築住宅の売買には住宅品質確保法が適用され、民法の要件・効果と異なる定めがあるため注意を要する。売主の瑕疵担保責任、民法改正の契約不適合責任は「第9章　売主の瑕疵担保責任と民法・商法・宅地建物取引業法」298頁以下。

瑕疵

瑕疵とは、売買の目的物が、その種類のものとして取引通念上通常有すべき性状を欠いていることをいう。売主が特別の品質や性能を具備す

ることを保証したときにはその品質・性能を標準に判断される。売買契約の当事者間において目的物がどのような品質・性能を有することが予定されていたかについては売買契約締結当時の取引観念を斟酌して判断すべきものとされている（最判平22・6・1民集64巻4号953頁）。物質的な瑕疵には建物の雨漏り、地盤の不等沈下、地中埋設物などがある。例えば築後20年の中古住宅として売買契約を締結したのであれば、当該年数を経過した中古住宅が通常有すべき品質・性能を欠いている状態にある場合に限り、瑕疵担保責任を負う（大阪高判平16・9・16判例集未登載：詳解不動産仲介契約556頁）。法律的な瑕疵には都市計画道路区域内による建築制限（最判昭41・4・14民集20巻4号649頁）、接道義務違反の建物などがある。地中埋設物は「第10章　売主の瑕疵担保責任（地中埋設物）」317頁以下、心理的瑕疵は「第11章　売主の瑕疵担保責任（心理的瑕疵）」348頁以下。瑕疵は契約締結時に存在していることを要する。「隠れた」とは、通常の人がその買主となった場合に容易に発見することができない、買主が知らないことに過失がないこと（司法研修所編「増補民事訴訟における要件事実第1巻」214頁）をいう。

　民法によれば、瑕疵担保責任に基づく契約解除または損害賠償請求は、買主が瑕疵の存在を知った時から1年以内にしなければならない（570条、566条）。中古住宅の売買では、〔文例1～2〕のように、目的物を引渡した後の一定の期間内に限る特約を設けるものが多い。新築分譲マンションの売買では、売主が宅建業者であるから宅建業法40条1項の規定が適用され、「本物件の引渡し後、2年間とする」との特約が付されている。ただし、瑕疵担保責任に関する免責特約は売主が瑕疵の存在を知っていたがこれを買主に告げていないときは、その効力を生じない（民法572条）。瑕疵担保責任に基づく損害賠償請求権は、買主が売買の目的物の引渡しを受けた時から消滅時効が進行する（民法167条1項、最判平13・11・27民集55巻6号1311頁。改正民法は本書306頁）。

アフターサービス	【アフターサービス】 　瑕疵担保責任とは異なり、新築マンションの販売業者が、その費用負担で共用部分について、アフターサービス規準掲載の工事項目（コンクリート工事、防水

工事など)、箇所(基礎、屋上など)、部位(躯体部分など)、状態(雨漏り、亀裂など)、サービス期間(1年、2年、5年、10年)にしたがって修補工事を行うことをいう。

(23) 諸規約の承継

〔文例〕
第○条　売主は、買主に対し、環境の維持または管理の必要上定められた規約等に基づく売主の権利義務を承継させ、買主はこれを承継する。

売買の目的物について売主が第三者との間で合意書を取り交わしていることがある。例えば売主と隣地所有者との間で売買の目的物である建物の庇が隣地へ越境していることについて将来建替えをする際に撤去するとか、売買の目的物である土地に隣地の上下水道管が敷設されていることを容認するとの覚書がある。これは覚書を交わした当事者間だけを拘束する債権契約であることから、売買の目的物の所有権が移転されても、その合意書に基づく権利義務や地位が当然買主に承継されるものではない。後日、このような合意書の存在を知らなかった買主と隣地所有者との間で紛争が生じるおそれがあるため、あらかじめ第三者との合意の存在を開示し、これを承継することを確認しておく。

(24) 共同売主、共同買主

〔文例1〕
第○条　買主が本物件を共同して購入する場合、買主は、本契約に定める債権を共同して行使し、債務についてはその共有持分にかかわらず連帯してこれを履行する。
2　売主の買主に対する本物件の債権債務等に関する通知は、共同購入者のうちの一人に対して行えば足りる。

〔文例2〕
第○条　売主・買主の一方または双方が数人いる場合、本契約に関する債務は連帯債務とする。
2　売主・買主の一方または双方が数人いる場合、本契約に関する通

第4章　不動産売買契約書の読み方

> 知は、そのうちの一人に対し行えば足りる。

　契約当事者の一方または双方が複数の場合の定めである。共同買主の売主に対する目的物の引渡請求権は性質上不可分であり、各共同買主は、すべての共同買主のために売主に対し履行請求することができる（民法428条。改正民法432条）。また、複数の買主が共同購入した代金債務は、判例によれば、契約により連帯債務を負担したものとなすには当事者が連帯債務を負担するという意思を明示もしくは黙示の方法で表示することを要し、その表示がない場合に連帯債務の推定をなすべきではないとする（大判大4・9・21民録21輯1486頁）。これに対し、複数の債務者の資力が総合的に考慮されて債務が発生したと解すべき場合には連帯して債務を負担する旨の黙示の特約があるとする有力説もある（我妻　榮「改訂債権総論」392〜393頁、平井宜雄「債権総論」第2版332頁など）。契約当事者の一方または双方が複数の場合の債務の履行については考え方が分かれていることから、紛争になった場合には、売主が誰に対し目的物の引渡しを履行すべきかの判断に窮することがある。

　〔文例1〕は、本物件に関する所有権移転・引渡しの請求は買主全員が共同して行い代金支払債務は連帯債務とする旨の特約を付したものである。民法544条の規定によれば、買主が複数の場合、売主は買主全員に対し契約解除の意思表示をしなければならない（解除権の不可分性）。売主が買主全員に対し履行の催告や解除の意思表示を行ったときに、その一部の者が受領しないこともあり得ることから、売主は共同買主の一人に対し履行催告をすれば足りるとする条項を設けることがある。

合意管轄

⑵5 **合意管轄**

> 〔文例1〕
> 第○条　本契約に関する訴訟の管轄裁判所を売主の住所地の管轄裁判所と定める。
> 〔文例2〕
> 第○条　本契約に関する紛争の専属的管轄裁判所を○○地方裁判所または○○簡易裁判所と定める。
> 〔文例3〕

> 第○条　本契約について当事者間に紛争が生じたときは、本物件の所在地を管轄する地方裁判所または簡易裁判所を第1審手続及び民事調停の管轄裁判所とする。

　売買契約に関する紛争が生じた場合の管轄裁判所を定める（合意管轄、民訴法11条）。契約当事者間において紛争が生じた場合、被告の応訴・防御上の利益を保護する趣旨から、被告の住所または主たる事務所の所在地を管轄する裁判所が普通裁判籍である（同法4条）。売買契約に基づく代金・所有権移転登記・損害賠償などを求める訴えは財産権上の訴えとして義務履行地が管轄裁判所となる（同法5条1号）。不動産に関する訴えは不動産の所在地を管轄する裁判所に提起することができるが（12号）、不動産に関する権利を目的とするものであるから、売買契約に基づく引渡しや契約解除に基づく不動産明渡しの訴えは含まれるが売買代金請求の訴えは含まれない。

　管轄合意には、①更に管轄裁判所を付加する合意と、②法定管轄の有無を問わず特定の裁判所だけに管轄権を認めその他の裁判所の管轄を排除する専属的合意がある。分譲マンションの売買では買主が多数であることから画一的処理を図るため、売主（事業主）の本店住所地または当該分譲マンションの所在地を専属的管轄裁判所とするのが一般的である。〔文例2〕は「専属的管轄裁判所」と明確に定められているが、〔文例1〕のように「専属的」との文言がないと、いずれの合意に当たるかが争われた場合、当事者の合理的意思の解釈によることとなる。「専属的」との文言を用いてなくとも、契約書上であえて管轄合意の条項を設け、特定の裁判所を管轄裁判所と定めた場合には、他に法定管轄裁判所がある場合であっても、当事者としては合意した管轄裁判所以外で訴訟を行うことは想定していないのが通常であり、そのように解釈することが当事者の合理的意思に合致するというべきである。ちなみに、当事者は、特定の裁判所を管轄裁判所として定めている限りは、それが法定管轄裁判所であろうとなかろうと、他の法定管轄裁判所での訴訟を排除する趣旨であるのが普通であろうから専属的合意管轄とみるべきであるとする（竹下守夫「続民事訴訟法判例百選〔3〕」12頁参照。なお、土木

［傍注］専属的合意管轄

第4章 不動産売買契約書の読み方

建築工事の請負契約に関する管轄合意について専属的合意と認めた大阪高決昭45・8・26判時613号62頁参照）。合意管轄の趣旨に疑義が生じないように〔文例2〕のように専属的管轄裁判所と定めることが望ましい。〔文例1〕のように「本契約に関する訴訟の管轄裁判所を…」と定めると、合意管轄が訴訟に限定され、調停申立ての管轄には適用されないため〔文例2～3〕がある。

【移送の申立て】

売買契約に関する紛争について訴訟提起または応訴に当たっては、当該売買契約書に記載された管轄合意に関する条項と管轄裁判所を確認する。ⅰ）専属的管轄合意があるにもかかわらず、当事者の一方が他の法定管轄裁判所に訴えを提起した場合、他方（相手方）は、管轄違いに基づく移送の申立てをすることができる（民訴法16条）。ただし、現行民訴法では17条、20条1項かっこ書の趣旨に照らし、専属的合意管轄裁判所において「訴訟の著しい遅滞を避け、又は当事者間の衡平を図るために必要があると認められるとき」は同法16条1項に基づいて専属的合意管轄裁判所に移送することなく、受訴裁判所が自ら審理及び裁判をすることができる（自庁処理、東京高決平22・7・27金法1924号103頁、名古屋高決平28・8・2判タ1431号105頁）。名古屋高決の事案では、再抗告人が専属的管轄合意に一定の重みが認められるべきであると専属的合意管轄裁判所への移送を主張したが、「法が、専属的合意管轄がある場合には法定管轄裁判所で審理する特別の必要性を要求するとの立法政策をとっていない以上、上記主張は取り得ない。したがって、専属的合意管轄があることが、法17条にいう『その他の事情』として考慮されることはあるとしても、これも考慮した上で、『訴訟の著しい遅滞を避け、又は当事者間の衡平を図るため必要がある』と認められた場合には、専属的合意管轄裁判所に移送せずに、法定管轄裁判所において審理することが許される」とし再抗告人の主張を排斥した。ⅱ）当事者の一方が専属的合意管轄裁判所に訴えを提起した場合、申立てまたは職権で同法17条に基づいて法定管轄裁判所に移送することができる。専属的合意管轄裁判所から法定管轄裁判所への移送の可否は「訴訟の著しい遅滞を避け、又は当事者間の衡平を図るために必要があると認められるとき」に該当するかどうかによって判断される。「訴訟の著しい遅滞を避け、又は当事者間の衡平を図るため必要がある」との考慮事情は具体的に規定されていない。受訴裁判所で審理・裁判すると、他の管轄裁判所で審理・裁判する場合に比べて、訴訟完結まで著しく時間がかかるとか、訴訟当事者の労力・出費などの点で当事者間の衡平を害するかどうかによって決まるとされている（法務省民事局参事官室編「一問一答新民事訴訟法」42頁）。現行の民事訴訟手続は、電話会議による弁論準備手続（民訴法170条3項）において争点整

3　不動産売買契約書の解説

理を行うことができるため当事者（訴訟代理人）の出頭の負担を軽減できる。また、集中証拠調べにより短期間（通常、1日）で人証調べを完了させることが可能である。そうすると、基本事件の主要な争点が何か、争点に即してどの程度の審理、取調べに必要な予定証人、当事者の属性（事業者と消費者、事業者と事業者の争いか）などを考慮し、訴訟の著しい遅滞が生じるか、当事者間の衡平が害されるかを検討することとなる。

【不動産売買と合意管轄】
　　旧民事訴訟法での事案であるが、次のような裁判例がある。

①【東京高判昭59・12・26判時1140号86頁】
　　買主Y（居住地：神奈川県鎌倉市）は売主業者X（本店所在地：愛知県名古屋市）から京都市内に所在する分譲マンションを購入し、売買契約書には「この契約について争いを生じたときには、本物件所在地の裁判所をもって管轄裁判所とすることをあらかじめ合意する」との定めがあった。Yは、Xに対し、漏水などの瑕疵を理由として90万円の損害賠償を求める訴え（基本事件、本案事件）を鎌倉簡易裁判所に提起した。Yからの管轄違いの移送申し立てにより、同裁判所は、本件合意管轄を専属的合意管轄の趣旨と解し基本事件を京都簡易裁判所に移送したところ、Xが即時抗告を申し立て、原審は、本件合意管轄を付加的合意管轄の趣旨を解し原決定を取消した。Xからの再抗告申立てについて、東京高裁は、「本件物件のような住宅の売買においては物件の性状等をめぐって紛争ないし抗弁が生じやすいから、一般的にみて物件所在地の裁判所での審理・裁判することは訴訟経済に適するし、一方買主も当該住宅又は居所を定めているのが通常であり、または少なくとも管理行為はするわけであるから、その売買契約について生じた紛争を物件所在地の裁判所を管轄裁判所として審理・裁判することは一般的にみて当事者の便宜にも適し、特に一般買主の特別の不利益において売主の有利を来すものとはいえない」。「本件のような物件の売買において特に前示のような約定をすることは、通常契約当事者双方にとって合理的であるから、当事者の意思を合理的に解釈すれば、本件物件の売買契約から生ずる紛争は、もっぱら本件物件所在地の裁判所を管轄裁判所とすることを約定したものと解すべきである。そうすると、本件の合意管轄の約定は、専属的合意管轄の約定したものと解すべきである」とし、原決定を取消しXの即時抗告を棄却した。

②【東京高判平6・3・24判タ876号265頁】
　　買主Y（居住地：東京都）は、売主業者X（本店所在地：沖縄県）に対し、Xとの不動産売買に関して主位的に不法行為に基づく損害賠償を求める訴え（基本事件）を東京地方裁判所に提起した。XY間の売買契約書には「売主及び買主は、本件契約について紛争が生じた場合は、那覇地方（簡易）裁判所を第1審の

155

第4章　不動産売買契約書の読み方

管轄裁判所とすることをあらかじめ合意する」と定めていた。Ｘは、専属的合意管轄があることを理由に那覇地方裁判所への移送を申し立てたところ、東京地方裁判所は、専属的合意管轄であることは認めたものの、基本事件が不法行為を理由としていることから合意管轄の適用を否定し、Ｘの移送の申立てを却下した。東京高等裁判所は、Ｙからの即時抗告申立てについて、「本件契約について紛争が生じた場合」とは、「本件契約にまつわる紛争につき、専属的合意管轄を定めた契約当事者の通常の意思解釈からすれば、それは、本件契約締結に至る事情、契約成立の要件、契約の効力及びその発生要件、契約の消滅及び消滅後の精算、すなわち契約成立の準備段階から契約消滅後の精算段階までの事柄について紛争が生じた場合をいう」。「具体的には、これらの事柄を基礎づける事実について紛争が生じた場合」をいうとし、基本事件では、契約締結時に授受された金員が手付金か、ＸがＹから詐取した金員かについて争いがあり、「当事者間に本件契約について紛争が生じたもの」であり、「本件契約についての争い」であるとして、原判決を取消し那覇地方裁判所へ移送した。高橋　徹・判夕臨時増刊913号214頁（平成7年度主要民事判例解説）参照。

(26)　協議事項

〔文例〕
第○○条　本契約に定めがない事項または本契約の条項について解釈上疑義が生じた事項に関しては、売主及び買主が、民法その他関係法規及び不動産取引の慣行に従い、誠意をもって協議し、定める。

誠実協議条項　　誠実協議条項または別途協議条項と呼ばれる。契約は、契約交渉の過程において取引条件を協議・調整するなどして当事者間における最終的に確定した合意内容である。わが国の契約書式には、不動産賃貸借契約・建築工事請負契約・商取引契約などを問わず、本条のような協議条項を設けている。ちなみに、国際売買契約書では、当事者間の合意事項がすべて契約書に盛り込まれ、完全かつ最終的な合意を表示するものであることを明示する完全合意条項が設けられている。

　本条は、本契約に定めがない事項または条項の解釈に当たって誠意をもって協議することを定めるにとどまり、契約締結時に当事者が基礎とした事情に変更が生じた場合に当事者の一方が他方に対し契約改訂のための再交渉ができること（他方にとって再交渉の応諾義務）を定めるも

のではない。

(27) **不動産の表示**　　　　　　　　　　　　　　　　　　　　　不動産の表示

```
〔文例〕
不動産の表示
(1) 土地   所　在      ○○市○○町○丁目
            地　番      ○○番
            地　目      宅地
            地　積      ○○．○○㎡
(2) 建物   所 在 地    ○○市○○町○丁目○○番地
            家屋番号    ○○番
            種　類      居宅
            床 面 積    1階　○○．○○㎡
                        2階　○○．○○㎡
```

　売買の目的物を特定する。「当該宅地の所在、地番その他当該宅地を特定するために必要な表示又は当該建物の所在、種類、構造その他当該建物を特定するために必要な表示」は必要的記載事項である（法37条1項2号）。前記(2)111頁参照。〔文例〕のように、全部事項証明書の表題部に従って特定し、土地の範囲・位置は現況測量図、土地区画整理事業の換地図、確定測量図、筆界確認書、官民明示指令書添付図面などで特定する場合もある。売買の目的物が土地の一部で契約締結時に確定測量や分筆登記手続が未了であれば地積測量図などによって目的物の範囲を明示し、買主が売主に対し当該目的物の所有権移転・引渡しを請求することができるように特定する。建物が未登記であるとか増築部分が未登記のため全部事項証明書の表示と現況とが異なることは珍しくない。建物は、その所在、家屋番号、種類、構造、床面積などで特定する。建築確認通知書や工事請負契約書の添付図面（平面図、立面図、断面図など）、施工図面、竣工図面、増築図面などと現況と一致するかを所有者に問い合わせる。固定資産評価証明書・増築図面・建築確認通知書などと照らし併せて表示し、全部事項証明書の記載と現況が一致していない場合には、その旨を注記する。新築分譲マンション・建売住宅の売買の

第4章 不動産売買契約書の読み方

ように契約締結時に目的物が未完成物件である場合、「宅地建物を特定するために必要な表示について書面で交付する際、工事完了前の建物については、重要事項の説明の時に使用した図書を交付することにより行うものとする」(ガイドライン「第37条第1項第2号関係」)。

【マンションの専有部分の床面積】

　　分譲マンションの専有部分の床面積は、売買契約書では壁芯面積(建築基準法施行令2条1項3号による算定方法)により表示されるが、竣工後の登記面積は内法面積(壁その他の区画の内側線で囲まれた部分の水平投影面積、不動産登記規則115条による算定方法)により表示され相違がある。

署名　⑱　**署名**

〔文例〕
　　下記売主・買主は、本物件の売買契約を締結し、本契約を証するため契約書正本2通を作成し、売主及び買主が署名押印のうえ各自その1通を保有する。
平成○○年○月○日
　(売主)　住所
　　　　　氏名　　　　　　　　　　印
　(買主)　住所
　　　　　氏名　　　　　　　　　　印
　媒介業者　免許証番号　○○県知事(○)第○○○○号
　　　　　　事務所所在地
　　　　　　商号(名称)
　　　　　　代表者氏名　　　　　　印
　　　　　　宅地建物取引士　登録番号　○○県知事第○○○○号
　　　　　　氏名　　　　　　　　　　印
　媒介業者　免許証番号　○○県知事(○)第○○○○号
　　　　　　事務所所在地
　　　　　　商号(名称)
　　　　　　代表者氏名　　　　　　印
　　　　　　宅地建物取引士　登録番号　○○県知事第○○○○号

|　　　　氏名　　　　　　　印　　　　　　　　　|

　契約当事者である売主と買主は、売買契約書記載の内容について合意したことを確認する証として署名欄に署名する。当事者が個人の場合には自らの氏名を記し（自署）捺印をすることが本人の意思を確認する意味で重要である。印章（はんこ）は、必ずしも実印（市町村長にあらかじめ届け出て印影を証明する印鑑証明書の交付を受けることができる印章）に限らず、認印（いわゆる三文判）でも契約書の効力には変わりがない。ただ、本人の印章が押されたかどうかが争われた場合、実印であれば印鑑証明書によって印影を照合して本人の印が押印されていること（民訴法228条4項）を立証し、売買契約書が本人の意思に基づいて作成されたことの立証が容易になる。売主または買主が法人のときは履歴事項証明書で法人の名称、所在地、代表者などを確認する。新築分譲マンションの売買では、売買契約書を1通作成し正本は買主が所持し写しを売主（事業主）が所持することが多い。

【本人以外の署名】
　当事者本人に代わって代理人が署名する場合、「○○○○代理人□□□□㊞」のように本人の名前を表示し代理人が署名捺印し、本人が自筆し実印を押した委任状を添付する。わが国では本人以外の者が本人の氏名を書いて捺印すること（いわゆる署名代理）が珍しくない。売主が高齢者で認知症のため判断能力を欠く状況にあり、後見開始の審判（民法7条）を受けないまま家族が本人の署名をしても、本人に意思能力がなければ契約締結行為は無効となる。売買仲介に関与する宅建業者は、代理人の代理権限の有無・内容を調査すべき義務を負うことから、本人以外の者が契約書に署名する場合、本人の意思能力の有無、本人の許諾の下に行われた署名か、代理権限の授与があるか、本人と署名者との間柄、本人に代わって署名した理由、当事者の属性などを確認する必要がある。

【契印】
　契約書を一枚の書面にすることは難しく数頁にわたる。後日、契約書の一部が差し替えられることを防ぐため、袋綴じをして表紙・裏表紙の綴じ代を当事者が押印するか、各頁の繋ぎ目に押印する。

【持回り契約】

第4章　不動産売買契約書の読み方

契約締結の年月日は当事者間において売買契約が成立した日を特定するために記載する。契約当事者が対面して署名した日を記載すべきであるが、時には、契約当事者の一方または双方が複数であるとか、遠隔地に居住していて実際に一堂に会して契約書を締結できないため、仲介業者が契約書を順次持ち回って署名を求めることがある。各人の署名した日が異なる場合は契約当事者のうち最後に署名した日が契約締結行為の完結した日として契約締結日となる。契約当事者が縁起を担いで大安吉日としたり、実際の取引日とは異なる日付に遡らせる場合もある。特段の事情がない限り、当事者の意思は契約締結日として記載された日が契約の効力発生日とする趣旨であろうが、契約締結日が起算点となり権利関係に影響を及ぼす場合に疑義が生じないようにすべきである。

【仲介業者の記名押印】

仲介業者は、売買契約書の「仲介業者（または媒介業者）」欄に記名押印する。当事者双方が当該売買契約に関して合意が成立したこと、仲介業者が当該売買契約を仲介したことを証する趣旨である。宅地建物取引士は、売買契約書に記名押印することが義務づけられている（法37条3項）。契約当事者の双方または一方が宅建業者の場合や複数の仲介業者が売買取引に関与した場合、当該免許証番号などを記載して記名押印し、それぞれの宅地建物取引士の記名押印をする。

【立会人】

不動産売買契約書に「立会人」欄を設け、売主・買主以外の第三者（弁護士など）が立会人として記名押印することがある。契約の立会とは、売主・買主が売買に関して合意した事実を見届けることをいう。仲介業者が記名押印する場合、売買契約が成立したことを確認するとともに仲介業者が売買仲介したことを示す趣旨でもある（詳解不動産仲介契約105頁以下）。仲介業者が契約当事者から仲介委託を受けたかどうかは、現実に仲介業務をしたかなど実質的な取引事情を考慮すべきであって、立会人欄に記名捺印したことだけで契約当事者の一方または双方から仲介委託を受けたことを基礎づけることはできない。

《参考文献》
・飯原一乗「争いを避けるための契約書」（不動産適正取引推進機構）
・不動産適正取引推進機構「標準売買契約書の解説―媒介用―」
・不動産売買契約研究委員会・不動産適正取引推進機構「不動産売買契約の標準契約書式のあり方に関する報告と提言」

第5章　不動産売買契約の成立時期

紛争事例

　Xは、戸建て住宅を購入するため仲介業者Y2の事務所を訪れたところ、Y1所有の中古住宅の紹介を受けた。Xは、Y2と減額交渉を重ね、Y2がY1との間で価格調整した結果、Y1の売却希望価格から10％減額した額を売買価格とすることで合意した。数日後、XはY2が用意したY1宛の平成〇〇年2月20日付買付証明書（取引条件は売買代金4500万円、手付金400万円、売買契約締結予定日平成〇〇年3月31日など）に署名し、Y1も同じ取引条件を記載したX宛の売渡承諾書に署名し交換した。Y1は、3月10日になって、突然、売却を取り止める旨、Y2を介してXに連絡して来た。
　XはY1に対し売買契約または売買予約に基づいて所有権移転登記手続請求ができるか。Y2はXとY1に対し仲介報酬を請求できるか。

事案分析のポイント

≪紛争≫
・買主の売主に対する売買契約・売買予約に基づく所有権移転登記手続請求、売買契約の債務不履行による損害賠償請求
・仲介業者の売主・買主に対する売買契約の成立を理由とする仲介報酬請求

第5章　不動産売買契約の成立時期

≪争点≫
　買付証明書・売渡承諾書の性質、売買契約・売買予約の成否、債務不履行による損害賠償請求の可否、仲介業者の報酬請求の可否

理解しておくべき事項

1　紛争類型
　不動産売買では取引交渉が進むと、買受希望者が売主（所有者）に買付証明書を、売主が買受希望者に売渡承諾書を交付するのが一般的である。買付証明書・売渡承諾書（以下「買付証明書等」という。）が交付された後、仲介業者を介して取引条件について協議を重ねたが折り合わず、当事者の一方が他方との契約交渉を打ち切ったところ、契約交渉を打ち切られた側が買付証明書等の授受をもって売買契約が成立したと主張し下記訴訟を提起すると売買契約の成否が争点となる。
ⅰ）買受希望者が売買契約に基づく所有権移転登記請求権を被保全権利として売主の所有不動産について処分禁止仮処分の申立てをして仮処分決定が出されると、売主は保全異議を申し立て、本案の訴えの提起を求める（民事保全法26条、37条。東京地判昭59・12・12本書193頁、奈良地裁葛城支判昭60・12・26本書194頁）。
ⅱ）売買契約に基づく所有権移転登記請求（前掲奈良地裁葛城支判昭60・12・26、福岡高判平5・6・30本書218頁）
ⅲ）売買契約または売買予約の債務不履行（所有権移転登記義務違反・売買代金支払義務違反）に基づく損害賠償請求・違約金請求（東京地判昭63・2・29本書168頁）
ⅳ）主位的にⅲ）の請求、予備的に契約交渉の不当破棄を理由として信義則上の義務違反（契約締結上の過失）に基づく損害賠償請求（東京地判平10・10・26本書175頁など）
ⅴ）契約交渉の不当破棄を理由として信義則上の義務違反に基づく損害賠償請求
　なお、ⅳ）とⅴ）の信義則上の義務違反は「第6章　契約交渉の不当破棄」197頁以下。
　仲介業者が契約締結を拒否した当事者に対し、売買契約の成立を理由

に報酬請求することもあり、この場合、売買契約の成否、割合的報酬請求の可否が争点となる。

2　不動産売買契約の成立

(1) 売買契約の成立

売買契約は、売主が買主に対し目的物の所有権移転を約し、買主が売主に対し代金の支払を約する合意である（民法555条）。諾成・不要式の契約であり書面を要しない。売買契約が成立したといえるには、「当事者双方が売買契約の成立目的としてなした確定的な意思表示が合致することが必要である」（東京地判昭63・2・29本書168頁、東京地判昭57・2・17本書173頁）。中田裕康教授は、不動産売買契約における確定性について、①給付内容の確定性と②合意の終局性を挙げる（中田・後掲参考文献1頁、「契約法」99頁、東京地判平22・1・15本書191頁）。改正民法は、契約は、契約の内容を示してその締結を申し入れる意思表示に対して相手方が承諾をしたときに成立する（改正民法522条）との規定を設けた。

> 売買契約の成立

(2) 不動産売買取引の特徴と流れ

不動産売買は、他の財産取引と異なり、取引価格が高額で、不動産特有の権利義務や法令上の制限が複雑であり、時間をかけて多くの取引条件を協議・調整しながら合意に至る。中古住宅の売買であれば、仲介業者が取引物件・売却価格などを広告や物件概要書に記載して買受希望者を募り、買受希望者を現地案内し物件資料を提供し、購入意思や購入希望価格などを打診する。買受希望者に購入意思があれば、購入希望価格などの取引条件を記載した買付証明書の交付を求め、売主と取引条件を調整し、売買代金額など主な取引条件が調整できなければ契約交渉は打ち切られる。主な取引条件について合意に達すれば、売主から売渡承諾書を交付したり、改めて買付証明書と売渡承諾書を交換したりして、引き続き他の取引条件に関して協議する。売渡承諾書と買付証明書を交換しても他の取引条件について協議が調わず契約締結に至らないこともある。契約成立（いわゆる成約）の見込みがつけば、仲介業者は、重要事項説明書・売買契約書の案文を当事者双方に提示し契約条項の検討を求

> 不動産売買取引の特徴

第5章　不動産売買契約の成立時期

めるとともに契約締結予定の日時を調整する。仲介業者は、売買契約締結に先立って売主・買主双方に対し宅地建物取引士（旧名称：宅地建物取引主任者）をして重要事項説明書を交付・説明し（法35条1項）、"法37条書面"（取引実務では不動産売買契約書）を交付し（法37条）、いずれも宅建業者と宅地建物取引士が記名押印する（法35条5項、37条3項）。当事者は売買契約書に署名捺印（記名押印）し、買主は、売主に手付を交付する。売買対象が事業用物件であれば、売買契約締結までに開発許可・建築確認などの許認可手続、地歴調査・土壌汚染調査・地質調査、確定測量などの作業が進められることがある。不動産売買取引の流れは「第2章　不動産売買の取引の流れ」57頁以下。

買付証明書
売渡承諾書

3　買付証明書・売渡承諾書と不動産売買契約の成否

(1)　買付証明書・売渡承諾書の様式

様式は様々であるが、中古住宅の売買では、次のような事項が記載されている。事業用物件の売買では取引条件がさらに詳しく記載される（後記④参照）。

```
                                          平成○○年○月○日
　○○○○　殿
                                      □□市□□町□丁目□番□号
                                              □□□□　㊞

                     買　付　証　明　書
　今般、下記物件を以下の条件にて購入致したく本書を差し入れます。
　1．取引物件　　△△市△△町△丁目△△△番所在宅地
　　　　　　地積　△△△㎡
　2．買受希望価格　△△△△万円
　　　　　　手付　　△△△万円
　3．契約及び引渡し　平成○○年○月上旬契約予定
　　　　　　同年○月下旬引渡し
　4．更地引渡し、公簿売買
　　　　　その他は別途協議
　5．本書の有効期限　平成○○年○月○日
                                                以上
```

164

3 買付証明書・売渡承諾書と不動産売買契約の成否

①表題

買付証明書（不動産購入申込書、不動産買付申込書、不動産買受意向表明書）、売渡承諾書（売渡証明書）

②頭書

買付証明書では「私は下記表示の不動産を下記条件で購入することを申し入れます」、「本件不動産を代金〇〇〇〇万円で〇〇年〇月〇日までに買い上げることを証明致します」（大阪高判平2・4・26本書169頁）、売渡承諾書では「私は下記表示の不動産を売り渡すことを承諾します」などと記載される。

③署名欄

作成者（買受希望者、売却希望者）の住所・氏名と署名捺印（記名押印）

④取引条件（購入条件、売買条件）欄

目的物件の表示、購入希望価格（買受価格、買付価格）または売却希望価格、手付の額、融資利用、契約締結・引渡し予定の年月日、公簿売買・実測売買、引渡し方法（現況引渡し、建物解体・更地引渡しなど）のほか、買付証明書等の有効期限、「その他の条件は、別途協議とする」、「契約内容については別途協議して定める」、「契約予定　協議の上決定」が記載される。事業用物件の売買では、購入条件として確定測量の要否、瑕疵担保責任に関する特約、土壌汚染調査などが記載される。当事者が取締役会設置会社の場合、「売買契約締結は取締役会での承認が得られること」が付記される。

⑤名宛人

取引の相手方宛のものが一般的であるが、時には仲介業者宛のものもある。

(2) 法的性質の検討

法的性質

売渡承諾書や買付証明書には売買契約の本質的要素である売買の目的物と売買代金が記載され「購入を申し込む」とか「売渡しを承諾する」といった表現が用いられるため、買付証明書と売渡承諾書が交換されると売買契約（または売買予約）が成立したと主張されることが多い。しかし、売渡承諾書や買付証明書の位置づけや法的評価は、当事者の属

性、取引物件の種類、交付時期、交付に至る経過、記載内容、交付後の協議経過などを検討して判断する必要がある。
　ア　交付時期
　　売渡承諾書や買付証明書は、概ね、次のような場合に交付される。
ⅰ）当事者の一方からの交付
　　買受希望者が売却物件について売買価格の減額を打診したり契約交渉に入ろうとすると、買受希望者が"冷やかし客"でないことを示すために買付証明書を交付するよう仲介業者から求められることが多い。この場合、買付証明書は、買受希望者が一定の購入希望条件を示して売主との契約交渉を申し入れる書面としての意味を有する。もっとも買受希望者が所有者に対し買受申込書と売渡承諾書の用紙を一方的に交付し、所有者が特に意見を述べることなく受け取ったとしても買付証明書記載の取引条件で売却することや売却交渉に応じることを了解したことには当たらない（東京地判平19・10・19本書203頁）。売渡承諾書は、売却希望者が売却希望条件を示して売却交渉に応じることを表明する書面である。
ⅱ）買付証明書と売渡承諾書の交換
　　当事者間の交渉の結果、売買代金額など基本的な取引条件について合意に達すると、取引条件の内容を相互に確認するために買付証明書と売渡承諾書を交換することがある。契約交渉段階において当事者間で協議・調整した取引条件を確認するとともに、いったん確認した取引条件について、以後の契約交渉の中で蒸し返さないようにすることを申し合わせる意味を併せ持つ。
　イ　性質
　　　①売渡承諾書や買付証明書には売買代金・手付の額など主な取引条件が記載されているが、それとともに「契約内容については別途協議して定める」、「契約予定　協議の上決定」との文言が付記され、当事者間において引き続き売買代金の支払時期、所有権移転登記・引渡し時期、公簿売買・実測売買の別、瑕疵担保責任、違約金などの取引条件を協議し、最終的に売買契約書を締結することを予定としている。特に事業用物件の売買では、通常、確定測量による

3　買付証明書・売渡承諾書と不動産売買契約の成否

実測面積の把握、土壌汚染・地中埋設物の調査など売買価格に影響を与える作業が契約交渉と並行して行われ、調査結果や土壌改良工事費用の額いかんによっては契約締結を断念したり、売買価格の減額など取引条件が見直されることもある。②不動産の売買価格は高額であり売買契約書を取り交わし契約締結時に手付金を授受することが一般的な取引方法であるところ、裁判例は、相当高額の土地の売買に当たり、所有権移転と代金の支払の合意のほか過怠約款を定め売買契約書を作成し手付金・内金を授受するのは相当定着した慣行であることは「顕著な事実」である（東京高判昭50・6・30本書188頁）としたり、売買契約書が作成され手付金が授受されてはじめて売買契約が成立し当事者が拘束されるとの慣行があることは「公知の事実」である（名古屋地判平4・10・28本書185頁）とする。売買価格が1億円を超える取引について「口頭で売買契約を締結することは、社会通念上、一般的にあり得ない」（東京地判平19・10・19本書203頁）とまで言い切るものもある。③不動産の売買契約締結時に手付を授受することが通常である（京都地判平元・1・26判時1320号125頁）ところ、買付証明書には、通例、買主が売買契約締結時に売主に対し一定額の手付金を交付する旨記載されているが、買付証明書の交付時に売主に手付金を交付していないことは、当事者間でいまだ売買契約が成立していないことを意味する。④取引実務では、売買契約の成立が見込まれる状況になると、仲介業者は、当事者双方に対し重要事項説明書・売買契約書の案文を提示し、売買契約成立までに重要事項説明書を交付・説明し（法35条1項）、売買契約が成立したときに、売買の目的物の特定、代金の額とその支払時期、引渡し・所有権移転の時期、手付などを記載した"37条書面"（通常は不動産売買契約書）を交付することが義務づけられている（法37条1項）。売渡承諾書や買付証明書の交換時には、いまだ重要事項説明書の交付・説明がなく売買契約書が締結されていない段階であるから仲介業者も売買契約が成立したとの認識を有していない。

つまり売渡承諾書や買付証明書の交付や交換は、契約交渉の過程

において基本的な取引条件を書面で確認するものであるが、交渉当事者が将来売却または買受けの希望や意向のあることを表明するものにすぎず、確定的に売却または買受けの申込みや承諾の意思を表明するものではない（東京地判昭59・12・12本書193頁、奈良地裁葛城支判昭60・12・26本書194頁、大阪高判平2・4・26本書169頁、東京地判平2・12・26本書170頁、東京地判平12・12・4本書205頁）。当事者は、正式な不動産売買契約書を締結するまでは購入・売却に関する確定的な意思表示を留保しているのであり売買契約が成立したとはいえない（東京地判昭63・2・29本書168頁）。

これは、もともと売渡承諾書や買付証明書は、大規模かつ高額な事業用物件の売買で開発業者や仲介業者が使用していたものが、その後、中古住宅の流通業界でも一般に使われるようになったことに由来する。「売渡承諾書」や「買付証明書」といった表題はその法的意味を正しく示すものではないが、不動産売買の取引知識や経験の乏しい一般の消費者は、買付証明書等への署名捺印と交換をもって売買契約が成立したかのような誤解をしがちである。そのため売渡承諾書や買付証明書を交わした後に契約を打ち切ろうとしても仲介業者や相手方からすでに売買契約が成立していると強弁されると反論できず、不当に契約締結を強いられるという紛争の要因ともなっている。

(3) **裁判例**

売渡承諾書や買付証明書の交付をもって売買契約の成立を認めた裁判例はないようである。当事者が売買に関して確定的な意思表示の合致を留保していることを基礎づける事実としては、当事者の属性（宅建業者など）、取引物件（事業用物件など）、売渡承諾書や買付証明書の交付時期、交付に至る経過、記載内容、交付後の取引条件の協議・調整の経過事実などが挙げられる。何をもって確定的な意思表示の合致を留保していたと認定しているのかに着目しながら裁判例を参照する。

①【東京地判昭63・2・29判タ675号174頁】
　買受希望者Yは、所有者Xに対し買付証明書（売買代金16億21万円、代金の支

3 買付証明書・売渡承諾書と不動産売買契約の成否

払時期などはＸＹ間において別途協議するなど）を発行し、翌日、Ｘは、同じ内容の売渡承諾書を発行し、２週間後に正式な売買契約書を取り交わすことを合意した。その後、ＸＹ間で条件交渉を続け売買契約書案を作成したが、Ｙは、資金調達の見通しを立てられず、契約予定日に売買契約書は締結されなかった。Ｘは、買付証明書・売渡承諾書の発行をもって売買契約が成立したとしてＹの債務不履行解除を理由に違約金請求した。

裁判所は、「売買契約が成立するためには、当事者双方が売買契約の成立目的としてなした確定的な意思表示が合致することが必要であるが、（略）不動産売買、とりわけ本件のように高額な不動産売買の交渉過程においては、当事者間で多数回の交渉が積み重ねられ、その間に代金額等の基本条件を中心に細目にわたる様々な条件が次第に煮詰められ、売買条件の概略について合意に達した段階で、確認のために当事者双方がそれぞれ買付証明書と売渡承諾書を作成して取り交わしたうえ、更に交渉を重ね、細目にわたる具体的な条件総てについて合意に達したところで最終的に正式な売買契約書の作成に至るのが通例である」。「不動産売買の交渉過程において、当事者双方が売買の目的物及び代金等の基本条件の概略について合意に達した段階で当事者双方がその内容を買付証明書及び売渡承諾書として書面化し、それらを取り交わしたとしても、なお未調整の条件についての交渉を継続し、その後に正式な売買契約書を作成することが予定されている限り、通常、右売買契約書の作成に至るまでは、今なお当事者双方の確定的な意思表示が留保されており、売買契約は成立するに至っていない」。本件について、①ＸとＹが本件土地建物の売買の本格的な交渉を始め、代金総額、取引形態、支払方法、所有権移転時期、引渡時期、質権設定、違約金等に関する事項の概略について合意に達し、その内容を明らかにすべく買付証明書・売渡承諾書を作成したこと、②この時点では、内金の支払時期、所有権移転時期及び質権設定時がいずれも「売買契約締結時」と合意され「契約内容については別途協議して定める」と明確に記載され、その余の売買条件の細目はいまだ合意に達しておらず、正式な売買契約書の作成に至るまでＸＹ間で未調整の事項について更に交渉を継続していくことが予定されていること、③その後、現実にＸＹ間において交渉が継続され、売買契約締結時を同年３月10日とし右同日正式な売買契約書を作成することが現実に合意されながら売買契約書の作成に至っていないことから、ＸＹ間で「本件土地建物の売買契約に不可欠な確定的な意思表示がなされたものとは認められ（ない）」とし、Ｘの請求を棄却した。

2 【大阪高判平２・４・26判タ725号162頁】
　Ｙは、宅建業者Ｘ宛に「本件不動産を、代金６億4051万円で、昭和62年11月末までに、買い上げることを証明致します」旨記載した買付証明書を発行し、Ｘは、Ｙに対し買付証明書の条件により本件不動産をＹに売却することを承諾する

旨の売渡承諾書を送付した。Xは、Yが売買代金を支払わないため他の第三者に5億円で売却した。Xは、Yに対し、①主位的に売買契約の債務不履行に基づき差額1億4051万円、②予備的に買受ける意思がないのに買付証明書を発行したことが不法行為に当たるとして損害賠償請求をした。Yは、XがAから本件不動産を買い受けるための銀行融資を受ける便宜を与えるために発行したものであるから売買契約は成立しないと主張した。

　裁判所は、①について、「(1)いわゆる買付証明書は、不動産の買主と売主とが全く合わず、不動産売買について何らの交渉もしないで発行されることもあること、(2)したがって、一般に、不動産を一定の条件で買い受ける旨を記載した買付証明書は、これにより、当該不動産を右買付証明書に記載の条件で確定的に買い受ける旨の申込みの意思表示をしたものではなく、単に、当該不動産を将来買い受ける希望がある旨を表示するものにすぎないこと、(3)そして、買付証明書が発行されている場合でも、現実には、その後、買付証明書を発行した者と不動産の売主とが具体的に売買の交渉をし、売買についての合意が成立して、はじめて売買契約が成立するものであって、不動産の売主が買付証明書を発行した者に対して、不動産売渡の承諾を一方的にすることによって、直ちに売買契約が成立するものではないこと、(4)このことは、不動産取引業界では、一般的に知られ、かつ、了解されていること、以上の事実が認められ（る）」。本件では、Yにおいて、真実本件不動産のうちの土地を買受ける意思がなかったのに、仲介業者から、Xが銀行融資を受ける資料にするための必要があるといわれて発行したもので、その内容が虚偽のものであり、Xにおいても、Yが真実本件不動産のうち土地を買い受ける意思のないのに買付証明書を発行したものであることを知りながら、これを手に入れたものであるから、XがY宛に売渡承諾書を送付したとしても、これにより、XY間に有効に売買契約が成立するものではない。②について、Yが本件買付証明書を発行したことについてXに対する不法行為が成立するものとは認められないとし、Xの請求を棄却した。なお、判決には「買付証明書に対し、売渡承諾書を出すようなことは、不動産取引業界は、全く前例がない」とあるが、取引実務では買付証明書と売渡承諾書を交換することは一般的に行われており「決して異例のものではない」（栗田哲男・判タ736号28頁）。

3 【東京地判平2・12・26金判888号22頁】

　所有者Xは、仲介業者を介して、買受希望者Yと本件土地の売却交渉を重ね、Yは、「国土法指導価格により本件不動産を買い付けることを証明する」との買付証明書を提出し、Xは、「売買価格を国土法の許可によるものとして（土地3.3㎡当たり650万円、建物3.3㎡当たり30万円）、本件不動産をYに売却することを証明する」との売却証明書を交付した。XとYは、墨田区長に国土法の届出をして不勧告通知を受けたが、Yが依頼した本件不動産の鑑定評価額は前記届出価格

3　買付証明書・売渡承諾書と不動産売買契約の成否

よりも２億円余り低い19億1270万円であった。Yは、Xに対し、前記届出価格よりも２億円低い額で買受けたい旨を申し入れたが、Xがこれに応じず、Yは購入を断念した。Xは、Yとの売買契約を解除し他へ売却し、Yに対し、①主位的に売買契約の債務不履行を理由に損害賠償請求し、②予備的に信義則上の義務違反または不法行為による損害賠償請求をした。

　裁判所は、「XとYは、買付証明書及び売却証明書を授受した昭和63年８月25日頃までに、本件不動産の主要な売買条件について概ね合意に達してはいたものの、細目についてはなお協議の余地を残し、これについては国土法24条１項又は３項の規定に基づく墨田区長の勧告又は不勧告の通知を受けた後に協議を尽くして、後日これに基づいて売買契約書を作成することを当初から予定していたものであること、もともと、買付証明書又は売却（売渡）証明（承諾）書が、不動産取引業者が不動産取引に介在する場合において、仲介の受託者たる不動産取引業者の交渉を円滑に進めるため、委託者又は相手方が買付若しくは売渡しの意向を有することを明らかにする趣旨で作成されるのが通例であって、一般的にはそれが売買の申込又は承諾の確定的な意思表示であるとは考えられていないこと、Xが作成してYに交付した前記の売却証明書には『本証の有効期限は昭和63年10月31日までとする。』との記載があること（略）、さらに、本件土地は、国土法27条の２の規定にいわゆる監視区域に所在し、その売買等については同法23条１項の規定に基づく墨田区長に対する届出を必要とするものであって、右の届出をしないで本件土地の売買契約を締結し又はその予約をした者に対しては同法47条１号の定める罰則の適用があるものであることなどに照らすと、本件不動産売買条件等を巡るＸＹ間の口頭によるやりとりや前記の買付証明書及び売却証明書の授受は、当時におけるX又はYの当該条件による売渡し又は買付の単なる意向の表明であるか、その時点の当事者間における交渉の一応の結果を確認的に書面化したに過ぎないもの」であって、本件不動産の売買契約の確定的な申込又は承諾の意思表示であるとすることはできないとし、Xの主位的請求を棄却した。②についても「本件不動産の売買契約の締結交渉の一連の過程におけるYの所為は、契約締結の交渉過程における諾否の意思決定の場面における対応として取引通念上許容される範囲を逸脱するものとはいえず、そこに信義則に違反してXの期待的利益を不当に侵害したとか、他の取引希望者との交渉、契約締結の可能性を不当に制約したものと目すべき点を見出すことはできず、それが不法行為を構成するものというべき余地もない」とし、Xの予備的請求を棄却した。

〔確認すべき事項〕
・当事者の属性（事業者、宅建業者、企業の規模など）
・取引の端緒とその後の経過（仲介業者を通じて、いつ頃からどの

第5章　不動産売買契約の成立時期

> ような取引交渉が進められたか、授受された書類、契約交渉中のメールなど）
> ・取引物件（居住用建物か事業用物件か）、どのような事業用物件か、売却目的・購入目的は何か
> ・売主の売却意思または買受希望者の購入意思がいつ頃、どのような方法で仲介業者または取引の相手方に伝えられたか
> ・買付証明書等が提出された時期、提出した理由と経過、記載内容、名宛人は誰か、有効期限の有無、社内稟議や取締役会の承認が必要であるとの記載の有無
> ・買付証明書等を交付した段階で、取引条件はどの程度協議・調整されていたか、予定された契約締結・引渡しの年月日はいつか
> ・買付証明書等を交付した後、どのような取引条件が協議・調整されたか、重要な取引条件は何か、契約交渉を続けるには障害があったのか
> ・買付証明書等の有効期限経過後に契約交渉が打ち切られたのか、有効期限経過後にどの程度契約交渉が続けられたのか、その理由と交渉内容

4　不動産売買契約の成否に関する裁判例

　協定書、覚書などの書面を取り交わした後に当事者の一方が売買契約の締結を拒否した事案においても売買契約の成否が争点となる。東京高判平6・2・23本書181頁は覚書の合意によって売買契約の成立を認めたが、この裁判例以外は売買契約の成立を認めたものはない。

不動産取纏め依頼書

(1)　不動産取纏め依頼書

　買受希望者が仲介業者宛に提出した不動産取纏め依頼書に「売主の承諾が得られ次第、売買契約の締結を致します」と契約予定日などが記載されていた事案について、「不動産の購入を希望する意向を示したものにすぎない」として売買契約の成立を認めなかった（東京地判平26・12・18本書225頁）。

仮契約書

(2)　仮契約書

　不動産売買では、時折、仮契約書なるものを締結することがあり、売

買契約の成否が争われることがある。改めて正式な売買契約書を締結することから、仮契約書は売買に関する最終的かつ確定的な意思表示の合致とはいえない。

【東京地判昭57・2・17判時1049号55頁】
　建設業者Y1は、A所有の土地を取得するに当たって、Aから代替地の探索を依頼され、買受予定者Y2に対し土地の探索と買収を依頼した。Y1は、X1とX2が所有する本件土地の買受け交渉を進め、Y2は不動産売買仮契約書を作成した。仮契約の前文には、XらとY1とY2が「不動産売買に関する基本事項について仮契約を締結し、正式契約を円滑かつ支障なく締結するための証として当該仮契約書各1通を保有する」、第2条に「さらに具体的細部事項を定めて正式契約を締結するもの」と規定していた。昭和46年6月15日、XらとYらの担当者が集まり、XらとY2は仮契約書に記名押印したが、Y1の担当者は、記名押印の予定はなく印を所持していない旨述べた。今後の正式契約締結までのスケジュールが話し合われたが手付金の授受はなかった。その後も協議が続いたが正式な売買契約は締結されなかった。Xらは、Yらに対し、昭和46年6月15日にYらとの間で本件売買契約が成立したと主張し売買契約・仮契約の債務不履行に基づく損害賠償請求した。
　裁判所は、「売買契約は、当事者双方が売買を成立させようとする最終的かつ確定的な意思表示をし、これが合致することによって成立するものであり、代金額がいかに高額なものであったとしても、右意思表示について方式等の制限は何ら存しないものである反面、交渉の過程において、双方がそれまでに合致した事項を書面に記載して調印したとしても、さらに交渉の継続が予定され、最終的な意思表示が留保されている場合には、いまだに売買契約は成立していない」。「本件仮契約は、不動産売買仮契約書と題するものであり、その前文では、本件仮契約書が正式契約でないことを示す趣旨があり、第2条では更に具体的細部事項を定めて正式契約を締結するものと明確に規定して、右仮契約書の記載上も、後日正式契約書を締結すること及びその締結に向けて、正式契約に盛り込むべき具体的細部事項について交渉を継続することを予定しており、実際にも、右規定の趣旨に基づいて、具体的細部事項についての交渉を継続して同年6月28日に正式契約を締結し、その際、買主側から手付金として5200万円を支払うという今後のスケジュールが予定されていたのであるから、本件仮契約書の第2条にいう正式契約の締結が既になされた売買契約の確認というような単なる形式的なものであるとは認め難く、かえって、本件仮契約書は、後日正式契約を締結し、正式契約書を作成することにより売買契約を成立させるという当事者の意思を明確に示したもの」とし、XらとYらとの間において本件売買契約が成立したものと認めるこ

第5章 不動産売買契約の成立時期

とはできないとし、Xらの請求を棄却した。Xらは、Y2の契約締結義務、誠実交渉義務違反を理由に損害賠償請求したが、いずれも排斥された。

協定書

(3) 協定書締結と売買契約の成否

不動産売買契約の成否や契約準備段階における信義則上の注意義務違反が争点となった裁判例には、契約予定当事者の一方が協定書締結後に売買契約締結を拒否した事案が多い。バブル経済期には地価高騰に対処するため、国土利用計画法（略称：国土法）は監視区域内の土地取引を行う際、譲渡人と譲受人に都道府県知事等への事前届出を義務づけ（旧23条）、知事等の不勧告通知前に売買契約を締結することを禁止し、名称を問わず届出前に法的拘束力のある契約（売買予約を含む。）の締結や手付金の授受を禁じた。不勧告通知を受けた後に地価が届出価格よりもさらに高騰する状況にあったため、売主が届出価格による売買契約の締結を拒否し、買受希望者が売主（所有者）と締結した協定書が売買契約・売買予約であるとして損害賠償を求める紛争が生じた。ところが、バブル経済が崩壊して地価が著しく下落し始めると、買受希望者が不動産市況や事業採算を理由に契約締結を拒否し、売主が協定書をもって売買契約が成立したと主張し買受希望者に対する損害賠償請求訴訟が増え始めた。その後、地価下落により監視区域の指定はほとんど廃止されたが、分譲マンション・商業施設などの事業用建物の建設用地の売買では、契約締結に至るまでの交渉に相当期間を要し、多岐にわたる事項を協議する必要があるため、所有者と買受希望者との間で契約交渉が一定の段階に達したときに、買付証明書等の交換にとどまらず協定書（基本協定書、基本合意書など）と題した書面を締結することが多い。協定書においては、①基本的な取引条件を確認するほか、②契約締結までに実施すべき確定測量作業、土壌汚染調査、地質調査などの確認、③開発行為・建築確認手続などの許認可申請手続、予定建築物の設計などに関する協議、④売買契約締結予定の時期などを取り決める。

協定書の文言に照らせば、当事者間で取引物件を売買によって譲渡する旨を約定しているが、近い将来正式な売買契約書を締結する時期を定めており、協定書締結前後の事情や経緯をみると、引き続き契約交渉を

続けることを予定していることからも、協定書は当事者において最終的な意思表示の合致が留保されている。協定書の締結をもって売買契約が成立したとはいえないし、売買予約に当たるとはいえない（京都地判昭61・2・20本書207頁、東京地判平5・1・26本書207頁、東京地判平6・1・24本書208頁、東京地判平8・12・26本書221頁、後掲東京地判平10・10・26）。ちなみに、宅建業者は、未完成物件（宅地造成・建物建築に関する工事の完了前の物件）について開発許可・建築確認等を受けた後でなければ、自ら当事者として売買等の契約を締結してはならない（法36条、契約締結等の時期の制限）。協定書を締結する当事者の一方または双方が宅建業者である場合、協定書締結をもって売買契約成立を主張することは、宅建業法36条の違反事実を主張することにもなる。

買付証明書等は作成者から名宛人へ一方的に交付する書面であるのに対し、協定書は契約交渉段階において当事者双方が合意に達した基本的な事項や締結予定の売買契約に関する事項をあらかじめ確認した合意文書である。両者は、様式が異なるだけでなく、内容をみると、一般的に協定書には売買契約書で取り決める事項が相当詳細に盛り込まれている。協定書は、当事者間で「売買契約を締結するまでの準備段階においてなされた合意」と解され、当事者双方は、売買契約書を締結することを約していることから相手方に対し契約締結に向けて誠実に交渉すべき義務を負う（京都地判昭61・2・20本書207頁、東京地判平8・12・26本書221頁、後掲東京地判平10・10・26、東京地判平12・5・19本書210頁）。そのため、当事者の一方が正当な理由なく、協定書に定めた債務を履行しなかったり、契約交渉を打ち切って契約締結を拒否し、相手方が損害を被った場合、信義則上の義務違反による損害賠償責任を負う。協定書締結後の契約締結拒否と信義則上の義務違反よる損害賠償請求の可否は「第6章 契約交渉の不当破棄」206頁以下。

【東京地判平10・10・26判時1680号93頁】
　所有者Xと買受希望者Y（宅建業者）は、平成5年3月15日、本件土地に分譲マンションを建築する目的で基本協定を締結した。Yは、12月上旬を経過しても基本協定を履行せず、マンション市場の冷え込みを理由として売買契約の締結を

拒否した。Xらは、Yに対し、①主位的に協定書を売買契約・売買予約または類似の無名契約とし債務不履行に基づく損害賠償請求、②予備的に契約締結上の過失に基づく損害賠償請求した。

　裁判所は、①について、本件協定書の性質及び効力は、「本件協定書の文言についてみるに、同協定書は、XらがYに本件土地等を譲渡することに双方が同意する旨（第1条）及び代金額が1億8000万円である旨（第2条）を定めており、売買契約の要素である目的物と代金額の特定性に欠けるものではないが、売買契約の時期は平成5年12月上旬を目途とする旨（第3条）を明確に定めていることからして、それ自体が本件土地等の売買契約ではないことが窺える。また、本件協定書中には、一方当事者のみの意思表示によって売買の効力又は相手方の承諾義務が生じることを示唆する文言は何ら存在しないから、これが売買の予約であるとも解し難い。また、協力金の支払約束については、本件協定書第5条の文言上、右支払が本件土地等の売買契約の成立することを前提としていることが明らかである。次に、前記認定の本件協定書締結の経緯をみると、Xらは、Yが本件土地等について売買契約の締結を求めたにもかかわらず、これを拒絶し、代わりに本件協定書を締結したものであって、Xらが、本件協定書締結の時点において、本件土地等をYに売り渡すことを拒絶する自由を留保する意思を有していたことが認められる。これらの事実によれば、本件協定書は、売買契約又は一方当事者のみの意思表示により売買契約の効力又は相手方の承諾義務を発生させる趣旨の合意（予約）であるとは認めがたいといわねばならない。また、前記説示のとおり、本件協定書のとおり、本件協定書における協力金の支払約束は本件土地等の売買契約が成立することを前提とするものと解されるから、右売買契約成立前において協力金支払約束が法的拘束力を有するものとはいい難い」。②については、「契約交渉の開始から契約締結までの間に相当の期間を要し、その間に、両当事者が契約の締結に向けて順次何らかの事実上及び法律上の行為を行っていく場合において、契約交渉がある段階に達し、相手方に契約の成立に対する強い信頼を与え、その結果、相手方が費用の支出、義務の負担等をした場合には、契約交渉を一方的に打ち切ることによって相手方の信頼を裏切った当事者は、信義則上、相手方が契約が締結されることを信頼したことにより被った損害を賠償する義務を負う」。「XらとYは、平成元年3月頃、本件土地等の売買についての交渉を開始し、その後Xらが取得する代替地が特定され、平成3年7月頃には、Yの開発行為について横須賀市の許可を得るため、Xらが、Yの求めに応じて、Yの開発行為に対する同意書を提出し、その結果、本件土地における建築制限を伴う開発行為の許可がされたものであるから、遅くとも右同意書提出の時点において、Yは、Xらとの間で本件土地等の売買契約の成立に向けて誠実に交渉する信義則上の義務を負うに至った」。「Yは、本件協定書に定める契約締結時期である平成5年12月を1年6か月以上過ぎた平成7年6月になっても、マンション市場

の冷え込みというYが負担すべき経済上の危険を理由として、本件協定書の履行ができないと述べているのであるから、本件協定書に定める契約の締結を拒絶したものというべきであり、そうすると、Xらが右契約が締結されるものと信頼したことにより被った損害を賠償する責任がある」とした。ただし損害の立証がないとしてXの請求を棄却した。

> 〔確認すべき事項〕
> ・協定書が締結された時期、理由と経過、記載内容、社内稟議や取締役会の承認の有無、協定書締結時点で取引条件はどの程度協議・調整されたか、予定された契約締結・引渡しの年月日はいつか
> ・協定書締結後、どのような取引条件が協議・調整されたか、特に重要な取引条件は何か、協定書締結後、どのような理由で契約交渉が打ち切られたのか
> ・重要事項説明書・不動産売買契約書の案文は誰がいつ頃作成し、どのような方法で検討したか、修正箇所はあったか、どのような個所か、修正した理由は何か
> ・契約交渉期間、協議事項
> ・不動産売買契約締結に至らなかった時期、理由は何か、損害の有無、損害立証の可否
> ・売買契約が成立していないことを前提とした言動があったか

(4) 売買契約書案の作成と売買契約の成否

売買契約書案の作成

　契約交渉過程で取引条件が協議・調整されるのと並行して、仲介業者などが売買契約書案を当事者双方に示し細部の条項の検討に入る。売買契約書案を検討することは、契約締結に向けての具体的な準備であり、売買契約を締結するとの当事者の確定的な意思を根拠づけるものである。しかし、売買契約書の案文を交付した段階ではいまだ売買契約が成立したとはいえない。売買契約の成立を認めなかった裁判例として、東京地判昭63・2・29本書168頁、大阪地判昭58・7・14本書190頁、後掲東京地判平20・11・10。売買契約書案の作成後の契約締結拒否と信義則上の義務違反による損害賠償請求の可否は「第6章　契約交渉の不当破

第5章　不動産売買契約の成立時期

棄」217頁以下。

【東京地判平20・11・10判時2055号79頁】
　　X（宅建業者）は、平成19年4月23日、本件土地建物をY（宅建業者）に売却することとし、Yは、同月27日、買付証明書を交付した。その後、XとYは契約交渉を進め合計7通の契約書案を取り交わした。Xは、排水管移設、駐車場契約の解約などをしたが、8月20日、Yは、不動産市況の悪化を理由に売買契約を中止する旨通告した。Xは、Yに対し、①主位的に売買契約解除による違約金請求をし、②予備的に信義則上の義務違反を理由に債務不履行または不法行為に基づき損害賠償請求をした。
　　裁判所は、①について、「高額な不動産の売買契約においては、その交渉過程で、契約書案の交換などを通じて、具体的な条件を検討して細部にわたり合意すべき内容を確定する作業を積み重ね、最終的に売買契約書を正式に作成して確定的な合意内容を確認して、売買契約が成立するのが通常である」。本件において、「最終的に正式に売買契約書を作成することを目標に7通もの契約書案を交換して条件を検討しているのであって、これらの契約書案は、あくまで最終的に作成されるべき契約書の案文として相手方に交付されたものと解される。また、5月17日案は、交渉過程で主に問題とされた本件排水管及び売買代金の支払時期等の問題について、同日時点におけるYの意向が反映され、これをXも了承したものであるが、その直後の同年5月21日、本件排水管の問題についてYが新たな問題を指摘したところ、Xは、売買契約が成立済みであるとの異議を述べることなく、その問題解決のために遮断工事の実施を提案するなど、X及びYは、再度交渉を重ねて、新たな契約書案を交換している。以上のような事情によれば、Xは、5月17日案がYの確定的な契約申込みの意思表示（Xが承諾の意思表示をすれば契約が成立に至るもの）であったとの認識を有していなかった」。Xが5月17日案を了承したことをもって、本件売買契約が成立したとは認められないとし、Xの主張を排斥し違約金請求を棄却した。ただし、信義則上の義務違反による損害賠償請求を一部認容したことは本書216頁。

金員の授受　(5)　契約交渉過程における金員の授受と売買契約の成否
　契約交渉過程において売買契約書を取り交わさないまま買受希望者から売却希望者（所有者）に対し金員が交付されたが、売買契約書の締結に至らず、買受希望者が売却希望者に交付した金員の返還を求めたところ、当該金員が手付金か否かが争点となった。売買代金額が確定しないまま交付された金員を手付金であると認定した後掲①がある一方、手付

金ではなく預託金であるとして返還を認めた後掲②がある。いずれの事案も領収証ただし書に手付金として受領する旨の記載があったが結論は異なった。当事者の属性、金員の額が売買希望価格において占める割合、金員交付に至った取引経過、売買契約書を締結しないまま買受希望者が金員を交付した理由、金員の交付について契約書などの作成の有無、領収書ただし書の表現、契約締結の意思などが、当該金員の趣旨や売買契約の成否を決める重要な事実となる。

① 【東京地判平5・12・24判タ855号217頁】
　買受希望者X（宅建業者）は、Aから紹介を受けたY（医師）所有の本件不動産の買受けを検討し、Aを通じて価格調整した。Yの売却希望価格は3億円以上であるのに対し、Xの買受希望価格は2億6000万円で開きがあり、それ以上の進展が見られなかったが、Y、Aとの三者会談の場でXからYに対し2000万円が交付され、Yは、本件不動産の売買代金3億1000万円の手付金として受領した旨の領収書をXに交付した。その後の最終的な調整は奏功せず、XはYに対し貸金返還請求訴訟を提起し、Yは手付金であると主張した。
　裁判所は、「XとY及びAが平成2年11月14日に会談した結果、かねて金額面では2億6000万円とするXの希望と3億円以上とするYの希望との間に開きはあったが、両者が売買契約を締結すること自体には異論がなかったため、売買代金の調整については棚上げにしたまま、XとYは、この場で売買契約を成立させることについて合意した。その際、売買代金額の調整、残代金の支払方法、契約書の作成等は、Aが両者間に入るなどして更に調整することとし、売買契約の手付金として、AがあらかじめXに用意させていた2000万円の小切手をYに交付した。その際、YはXに対し、Yの相当と考える売買代金額を記載した領収書を提出したが、Xは、Yとの間の売買の話を取り持ったAへの遠慮もあって、特段の異論を述べることなく、この領収書をそのまま受け取った。このように認定すると、XとYの間の本件物件の売買契約については、売買代金の額につき確定的な両者の意思の合致がないまま売買契約が締結され、手付金の授受がなされたことになる。売買代金の額がいくらになるかが売買契約の重要な要素であることを考えると、このことは、一見奇異に見えるが、右認定のように、売買代金の額に関する売主と買主の意見の相違は後日調整することとし、それを前提に売買契約を締結し、手付金を授受すること自体は、両当事者の間に売買契約を確定的に締結する意思がある以上、認められる」とし、Xの請求を棄却した。

② 【東京地判平19・10・11WL】

第5章　不動産売買契約の成立時期

　賃貸業者Xは、Yとの間で本件不動産の購入交渉を始め、Yは、Xに対し、売却価格2億1000万円を提示し、その後、別の業者が代金2億4000万円で購入したい旨の申し入れをしてきており、その業者に売られたくないと考えるなら少なくとも1000万円を振り込むように要請され、1000万円を追加して振り込むよう要請された。Xは、売買契約が締結された場合に代金に充当する趣旨で2000万円を2回に分けてYの銀行口座に振り込み預託した。Yから交付された領収証には、手付金として受領した旨の記載がされていた。Xは、金融機関から融資を受けることはできなかったため、Yに対し預託金返還請求をしたところ、Yは手付金であると主張した。

　裁判所は、「X代表者は、本件不動産に係る売買代金を金融機関からの融資によって調達することを予定しており、同融資を受けることが確認できた時点で具体的に売買契約を締結する意思表示をする予定であったこと、そのことはY代表者としても十分認識していたことが優に認められることに加え、本件不動産のような高額の不動産に係る売買契約を締結するには、目的物の引渡時期、売買代金の支払時期、危険負担、違約金の額等の各事項につき慎重に協議をした上、合意に至った内容を書面化した売買契約書を作成するのが通常であり、特に売買当事者であるXとYとがそれまでに何らの取引等もない状況の下では、売買契約書作成の必要性が極めて高いということはいうまでもないことに照らせば、上記各事項につき合意の成立が認められない本件においては（Yにおいても、本件不動産に設定されている抵当権等を抹消するために必要な手続等につき、権利者と何ら折衝することも行っておらず、本件不動産に係る所有権移転及び代金授受のおおよその日時についてすら検討がされていなかった。）、XY間において、確定的に売買契約締結の意思表示がされたと認めることはできない。YからXに交付された本件振込金の領収証には、手付金として受領した旨の記載がされているが、同記載のみをもって上記判断を覆すには至らない」。「本件振込金が送金された時点において、XY間で本件不動産に係る売買契約が締結されるに至っておらず、本件振込金は、手付金の趣旨ではなく、当該売買契約が締結された場合に売買代金に充当することを目的としてXからYに預託されたもの」と認め、Xが金融機関から融資を受けることができなかったため、遅くとも本件訴訟の提起時点において確定的に不成立となったとしてXの請求を全部認容した。

契約当日の締結拒否

(6)　**売買契約予定当日の契約締結の拒否**

　売主Yと買受希望者Xとの間で土地売買に関する取引条件についてほぼ合意が成立し、公正証書による売買契約書の締結と契約締結日を定めたが、当日、Yが現れず契約書締結に至らなかった事案（東京高判昭54・11・7本書217頁）、契約締結の当日に当事者が出席したが売買契約

書の締結ができず、その数日後、当事者の一方が契約締結を拒否した事案（福岡高判平5・6・30本書218頁）がある。いずれも売買契約の成立を認めていないが信義則違反を理由に損害賠償請求を認めている。売買契約締結拒否と信義則上の義務違反による損害賠償請求の可否は「第6章　契約交渉の不当破棄」217頁以下。

(7)　覚書の締結　　　　　　　　　　　　　　　　　　　　　　　　覚書の締結

　売買契約の要素は、目的物と代金額が確定していることであり（司法研修所編「問題研究　要件事実」11頁）、これを充足すれば売買契約の成立は認められる。不動産売買契約の成否が争点となった裁判例のほとんどは、売買が諾成・不要式の契約であることを認めつつ、不動産売買の特性や取引慣行などに鑑み、最終的に売買契約書を締結したことをもって確定的な意思表示の合致とする。このような裁判例の趨勢にあって、後掲東京高判平6・2・23は、不動産売買取引の特性や契約書の位置づけ、取引慣行などに言及せず、目的物と代金額の確定のみをもって売買契約の成立を認定しており、きわめて異例といって過言ではない。事案をみると、売主Xの購入予定者Yに対する契約準備段階における信義則違反を理由に損害賠償請求するのが一般的な法律構成であるが、XらはYに対する債務不履行解除による損害賠償のみを請求しており、遺産分割の調停中にXが売買目的物を相続することを条件として目的物と代金額算定のための単価を取り決めた合意に至る経緯に照らして確定的な意思表示の合致があると認定したものと思われる。

【東京高判平6・2・23判時1492号92頁】
　Aの相続人Xらは、遺産分割調停中に、遺産である本件土地をYに対し売却する交渉をして覚書を締結した。覚書には、本件土地がXらの所有になったときはYに売渡すこと、坪当たり55万5000円の単価を定め（ただし、国土法の規定に従う）、その他の条件はXらとYが協議の上定めるとした。ところが、Yは、国土法所定の事前届出をせず銀行融資が難しい状況にあるとして契約の実行の延期を求めた。XらとYは、坪当たり単価の額を確認し、契約締結期限を約4か月後の平成3年3月末日を目途とした。Yは、その後、解約を表明し、Xらは、Yに対し債務不履行に基づく損害賠償請求をした。
　裁判所は、覚書による合意の法的性質について「売買は、売主がある財産権を

第5章 不動産売買契約の成立時期

買主に移転することを約し、買主がこれにその代金を支払うことを約するによってその効力を生ずる」。「覚書においては、売買の対象は本件土地であり、その代金は坪当たり55万5000円であることが合意されているのであるから、これによって売買契約が成立したものということができる。覚書には『その他の条件については、Y及びXらが協議の上定める』旨の条項があり、売買の対象と代金以外の事項については後日さらに協議して合意することが予定されているが、Xら及びYがこれらの事項をも売買の要素とする意思であったことを認めるに足りる証拠はない（略）。不動産の売買契約については通常契約書が作成されるが、当事者が契約書の作成によって契約を成立させるものとする意思であった場合は格別、常に契約書作成の時点で契約が成立するというものではない」。「本件においても、契約書の作成が予定されていたものと推認されるが、Xら及びYが契約書の作成によって初めて契約を成立させるという意思を有していたことを認めるに足りる証拠はない」。Yの債務不履行について、「当事者双方は、協定書によって、平成3年3月末日までには覚書には定められていない事項について協議の上合意を成立させる義務を負っていたものであるところ、右認定事実によれば、Yは、Xらの催告にもかかわらず、このような義務を履行しなかったのであるから、Xらが同年12月17日にした売買契約の解除は有効である」とし、「買主の債務不履行によって売買契約が履行されない間に売買の目的物の時価が下落した場合には、売主は、約定の代金額と契約解除当時における目的物の時価との差額」を債務不履行による損害として認め、Xの請求を一部認容した。

売買予約の成否

(8) 売買予約の成否

ⅰ）売渡承諾書の交付（東京地判昭59・12・12本書193頁）、買付証明書・売渡承諾書の交換（仲介報酬に関して東京地判平22・1・15本書191頁）、ⅱ）協定書締結（京都地判昭61・2・20本書207頁、東京地判平元・7・28本書186頁、東京地判平6・1・24本書208頁）をもって売買予約の成立を主張する事案があるが、いずれも主張が排斥されている。

予約とは、ⅰ）本契約締結義務を負担させる債権契約である「本来の契約」と、ⅱ）当事者の一方が一方的意思表示により特定した内容の本契約を成立させることができる予約完結権を有する契約である「予約完結型の予約」とがある（今西康人「予約と本契約の準備段階」椿　寿夫編「予約法の総合的研究」183頁）。"売買予約"を主張する際には、当該契約においてどのような"予約"の取り決めがなされているかを確認

する。買付証明書と売渡承諾書の交換があっても、当事者は、引き続き売買契約（本契約）に向けて取引条件を交渉することを予定し、売買契約書を締結するまでは確定的な意思表示の合致が留保されている。とりわけ事業用物件の売買において開発許可・建築確認を受ける手続が未了で、代金支払方法・時期等が定まっていない場合などは、当事者の一方または双方に売買契約の予約完結権を付与する条項がないのが一般的である。裁判例をみると、売買予約の成立を主張しながら、訴訟において予約完結権の行使を主張立証してないものがある（東京地判平22・1・15本書191頁など）。

協定書などの合意文書は、「契約準備段階においてなされた合意」が成立したとして、以後、当事者双方は相手方に対し契約締結に向けて誠実に交渉すべき義務を負い、この義務違反により相手方に損害を与えた場合には損害賠償責任を認める裁判例が多い。本書175頁参照。

5　仲介業者の報酬請求の可否

(1)　報酬請求権の発生要件

不動産売買の仲介は、仲介業者が委託者の希望にみあった取引物件または取引の相手方を探し、両当事者の間に立って取引条件を交渉するなどして売買契約の成立（"成約"といわれる。）に向けてあっせん尽力する行為である。報酬請求権は、仲介業者の仲介による売買契約の成立を停止条件として発生し、仲介契約の性質は成果完成型の準委任である（成功報酬主義。最判昭45・10・22民集24巻11号1599頁など。明石三郎「不動産仲介契約の研究」増補版5頁など）。

報酬請求権が発生するには、①仲介業者が当事者から売買仲介の委託を受け（仲介契約の成立）、②仲介業者が当事者の間に立って成約に向けてあっせん尽力し（仲介行為の存在）、③当事者間で売買契約が成立し（売買契約の成立。"成約"と呼ばれる。）、④仲介業者の仲介により売買契約が成立したこと（②と③の相当因果関係）が必要である。成約とは売買契約（本契約）の成立を指し売買予約の成立ではない。

冒頭の紛争事例では、Y2がY1からの受託物件をXに紹介しており、Y1とY2間では売却仲介契約が成立しているが、Y2を通じて売

報酬請求権の
発生要件

成功報酬

第5章　不動産売買契約の成立時期

主Y1との減額交渉をしたXとY2との間で購入の仲介契約が成立するかどうかは争点の一つになる可能性がある。「第12章　不動産仲介契約の成否」373頁以下、「第13章　仲介報酬」398頁以下。

売買契約の成否

(2) 売買契約の成否と仲介報酬

不動産売買契約が成立したといえるためには、売主・買主間において売買に関する確定的な意思表示の合致が必要であり、一般的には不動産売買契約書が締結されたことをもって確定的な意思表示の合致があったと判断される。仲介報酬の成立要件に売買契約の成立を要するのは商法550条1項の類推適用を根拠とする（明石・前掲書40頁）。標準媒介契約約款では、宅建業者の媒介によって目的物件の売買契約が成立したときは、宅建業者は、委託者に対して、報酬を請求することができること（専任約款7条1項、専属約款7条1項、一般約款9条1項）、宅建業者は、宅建業法37条に定める書面（"37条書面"と呼ばれる。）を作成しこれを契約当事者に交付した後でなければ仲介報酬を受領することはできないこと（専任約款8条1項、専属約款8条1項、一般約款10条1項）を定める。仲介業者が時間と労力をかけて成約に向けてあっせん尽力し、委託者の希望条件に適う取引物件または取引の相手方を探索し紹介しても、最終的に売買契約を締結するかどうかは委託者の自由であり（契約締結の自由）、委託者は売買契約を締結すべき義務を負わない（東京地判昭50・2・20本書189頁、大阪地判昭58・7・14本書190頁、名古屋地判平4・10・28本書185頁）。仲介業者による仲介が成約に至らず途中で終わった場合は、報酬請求権は発生せず、仲介活動の"出来高"に応じた割合的報酬を請求することはできない。標準媒介契約約款は割合的報酬請求権を認めていない。割合的報酬請求の可否は本書187頁。

(3) 裁判例

明石三郎教授は、報酬請求権の要件である「売買契約の成立」について特に緩やかに解すべきいわれはない（明石・後掲参考文献196頁）とする。仲介報酬請求事件において売渡承諾書・買付証明書の交換が売買契約の成立に当たるか否かが争点となったものとして後掲①、東京地判平22・1・15本書191頁があるが、いずれも前記3と同様に解している。

売買予約の成否と仲介報酬請求の可否が争点となった事案は後掲②参照。後掲③は、覚書の締結をもって売買契約の成立を認めているが、覚書締結後に売主が他へより高額に売却するなどの特別な事情がなければ売買契約の成立を認定しなかったであろう。

① 【名古屋地判平4・10・28金判918号35頁】

　　仲介業者Xは、買受希望者Y（宅建業者）がA所有地を購入するに当たって、Yから買受け仲介を受けた。当時、国土法に基づく事前届出を要し知事から不勧告通知を受けるまでは売買契約締結が禁止されていたため、AとYは売渡承諾書と買受申込書を交換した。買受申込書には、売買代金の坪単価を記載し、国土法の勧告によることとし実測売買、地積更正登記、手付金の額、「契約予定　協議の上決定」と記載されていた。不勧告通知を受け確定測量が終わり地積更正登記申請ができる状態となったため、A側の仲介業者BがYに対し売買契約の締結を促したが、Yは、内部事情を理由に契約書作成の延期を求めた後、契約交渉を打ち切り、YはAに売渡承諾書を返却した。Xは、不勧告通知を停止条件とする売買契約が成立し不勧告通知により条件成就したことを理由にYに対し報酬請求した。

　　裁判所は、「不動産の売買、特に本件のように、住宅産業関連の業者が市街地のマンション用地として取得しようとするような場合では、代金額が高額に及ぶ上、権利の確保に万全を期する必要があることから、慎重に条件が煮詰められ、少なくとも、代金の支払時期と方法、引渡しと移転登記の時期と方法、不履行になった場合の処置等について合意されるのが通常であり、売買対象の不動産が特定され、代金額について合意ができたとしても、これによって売買の合意がなされたとはいえない」。買受申込書には「手付金の支払時期さえ合意されておらず、残代金の支払いが（略）地積更正登記ができる時期との兼ね合いからその段階では明確にできなかった事情にあるから、売買の条件が定まったとはいえず、その段階で契約が成立したとは到底いえない。そもそも、本件不動産の売買には国土法による届出が必要で、勧告の結果があるまでは、売買契約（予約を含む）を締結することが禁じられ、違反に対しては罰則が課せられることになっており、このことは契約者であるYとAも、不動産取引業者であるB、Xも、当然に知っており、そのためにこそ、不勧告通知後に正式に売買契約を締結することを当然の前提として合意された事項を基本事項として契約締結に向けて努力することを誓約する意味で売渡承諾書、買受申込書を交換し合うことにされたもの」であり、売渡承諾書と買受申込書によって売買契約が成立したとはいえない。「売却条件について合意ができたとしても、本件のように、その後において契約書を作成することが予定されているような場合には、契約書が作成されて初めて契約が成立

第 5 章　不動産売買契約の成立時期

したというべきであ（る）」。「売買契約が成立し、以後契約当事者がこれによって拘束される状態になったか否かについては、契約の締結に関する一般的取引慣行に基づいてこれを判断する必要があるところ、不動産の売買については、売買の条件について合意ができたからといって、契約が成立しその履行が強制できるとするような考えで行われてはおらず、特別に契約締結の日を定めて、売買条件を明記した契約書が作成され、かつ、手付金が授受されて初めて契約が成立し、それ以後、当事者はこれに拘束されるものとするとの慣行があることは公知の事実である。要するに、契約書の作成前であれば、締結するかどうかは、挙げてその自由な選択に委ねられており、契約をしないことにすることも許されるのである。契約をしないことにすることさえ可能であるから、それまでに売買の条件としてどのような合意があったとしても、その変更を申し出ることもまた許されるものであることはいうまでもない。このような意味において、契約書が作成されるまでにおいて『確定』された条件というものはありえず、すべて浮動的なものである」とし、売買契約の成立を認めず、Xの請求を棄却した。判例批評として明石三郎「判例不動産仲介契約論」13頁参照。

② 【東京地判平元・7・28判時1354号111頁】

　仲介業者Xは、売主Aと買受希望者Y双方から本件土地の売買仲介を委託され、折衝により売買予定価格は合意に達し、AとYは、売買価格、有効期限のほか国土法所定の手続が完了したときに改めて売買契約を締結する旨の約定書を締結した。Xは別途契約書を用意し、YはAに預託するためにY名義でB銀行に3000万円を預金し預金証書をXが預かった。不勧告通知を受けた後、YはAとの売買契約締結を拒否した。Xは、Yに対し、①AY間に停止条件付売買契約が成立したか、②売買予約が成立した旨主張しYに対し報酬請求した。

　裁判所は、①について、「本件約定書上、約定当事者間において、国土法所定の手続が完了したときには、改めて本件土地の売買契約を締結するものと定められており、現に仲介者であるXは、手続完了後に作成すべき契約書の原案を別途用意していた」とし売買契約の成立を認めなかった。②について、本件約定書には「売買代金の支払時期及び方法並びに所有権移転登記や土地の引渡の期限等に関する定めがないばかりか、国土法の手続完了後に行使をし、または行使される予約完結権に関する定めは全く存在せず、単にその手続完了後に売買契約をするとしか定められていない」として、「本件約定書は、右手続完了後に改めて当事者間で本件約定書に定めた事項を前提に本件土地の売買契約を締結することを予定したうえ、その契約締結の履行期限を明確に限定したにすぎないものではないかと考えられ、X代表者が、有効期限とされた昭和63年4月30日に売買契約書を用意していた事実はこの点を裏付け（略）、Xは、本件土地の売買に当たっては国土法の適用があるため、同法所定の県知事に対する届出の手続に着手する以前

には、その売買契約はもとより売買予約を締結することもできないことを充分承知していた」。「本件約定書が交わされるに至った経緯に鑑みると、Xのみならず、約定の当事者であるA及びYも同様の理解であったものと推認するのが相当である。そうしてみると、国土法に定める手続の完了前に交わされた本件約定書は、同法の禁ずる本件土地の売買またはその予約といった合意を含まないものというほかなく、売買代金や手付金についても、手続完了後に改めて当事者間で締結する売買契約の内容の見込みについて合意したというほどのものでしかないのである。以上のとおり、本件約定書はその内容それ自体からも、またその作成の経緯からみても、そこに定められた合意内容での売買契約を完成させる予約完結権を当事者が保有し、あるいはそのような予約完結義務を当事者が負担するといった拘束力のある合意を包含するものではない」とし、Xの請求を棄却した。

③【仙台地判昭62・6・30判タ651号128頁】
　仲介業者Xが所有者（売主、医療法人）Yから本件土地の売却仲介の委託を受け、買主Aとの売買契約締結に先立って覚書を取り交わしたが、その直後にYは、他の第三者へ売却した。Xは、Yに対し覚書の作成により売買契約が成立したなどと主張して仲介報酬を請求した。
　裁判所は、「覚書作成の事実に依拠して考察するに、YとAとの間には、右の時点で本物件の所有権をYからAに移転すること及び後者が前者に代金20億円を支払うことについての合意が成立し、残されているのは登記手続、引渡し及び代金支払の各債務の履行だけであり、覚書の第3条に『売買契約の締結を昭和60年4月30日までに執り行う』とある文言は同日までに双方各債務の履行をすることを約した趣旨に理解するのが相当である。すなわち、覚書作成の際の合意は単なる下話とか予約ではなくて、民法555条に該当する双方意思の合致であると見るのである。けだし、民法上売買は方式自由の諾成契約であり、対象となる財産権と代金額が定まり、売ろう買おうの約諾がなされた以上、それは予約に止まらず売買そのものであるといいうる」とし、Xの請求を一部認容した。

(4) 割合的報酬請求の可否　　　　　　　　　　　　　　　　　　　割合的報酬
　不動産売買の仲介において、委託者が最終的に売買契約を締結するか否かは自由であり、締結を拒否することもでき、その場合は報酬請求権は発生しない。しかし、裁判例の中には、委託者が仲介業者のそれまでの仲介を徒労せしめるなど仲介業者に対する信義則違反の事実をもって、民法648条3項の類推適用に基づき仲介業者の割合的報酬請求を認めるものがある。認容した裁判例をみると、①仲介業者が売買契約の成

第5章　不動産売買契約の成立時期

立に向けて相当労力をかけ売買代金などの取引条件に関しほぼ合意に達し売買契約書案が検討され、契約締結を目前に控え売買契約が成立するであろう段階に達していた状態にあった（仲介業者の仲介によって売買契約への成熟度が高まっていた）ところ、②委託者が正当な理由もなく契約交渉を一方的に打ち切り、仲介業者の仲介による成約が得られなかった（不当に契約締結を拒否したこと）というものである。ただ、後記①の認容例は、売主（委託者）が他の第三者へ売却した事案であり、売主が他の買主へ売却するに際して、仲介業者があっせん尽力した結果（売買価格、売買契約書案など）を利用したこと（仲介業者の成果を利用して他の買主との売買契約を成立させたこと）が認定されている点に事案の特殊性がある。なお、民法改正では旧648条3項は削除された。

〔認容例〕

① 【東京高判昭50・6・30判時790号63頁】

　仲介業者Xの仲介により、売主（委託者）Yと買受希望者Aとの間で事実上売買の合意が成立した後にYが第三者Bへ取引物件を売却した。Xは、Yに対し、①主位的に民法130条に基づく報酬請求、②予備的にYの行為が信義則違反に当たるとして民法648条3項の類推適用に基づき割合報酬を請求した。

　裁判所は、①について、「売買の成立要件として、財産権の移転及び代金の支払に関する双方の意思表示の主観的及び客観的合致が必要である」が、「土地所有権の移転と代金の支払についての合意はあるのであるが、売買契約書を作成し、これと同時に内金30％を授受することとしたのにかかわらず、作成されないままになっている。（略）相当高額の土地の売買にあっては、前示要素〔所有権移転と代金支払の合意〕のほか、いわゆる過怠約款を定めた上、売買契約書を作成し、手付金もしくは内金を授受するのは、相当定着した慣行であることは顕著な事実である」。本件では、「慣行のように売買契約書を作成し、この時点で内金を授受することに合意していたのであるから、売買契約書を作成し、内金が授受されない以上売買は不成立というべきである」。②について、委託者は、仲介の受領義務を負わず、「仲介業者から格好の給付を提供されてもその受領を拒絶する自由があり、特別の事由がなくてもいつでも仲介委託契約を解除できるのであるから、仲介業者が提供した格好の給付の受領を単に拒絶したからといってそれだけで違法性を帯びるものではない」とし、民法130条の適用ないし類推適用がないとした。③について、「仲介業者が売買成立のため相当な労力を払い通常の成行ならば売買が成立するであろうと客観的に考えられる段階に至って（略）、委託者が別個の第三者と売買契約をした場合、（略）原則として仲介業者の報酬

5 仲介業者の報酬請求の可否

請求権は発生しないが、かような結果が信義則に反すると考えられるような特別の事情がある場合には民法641条、651条2項、648条3項の類推適用がある」。YがBに本件土地を売却したことが信義則に反する特別事情に当たるか否かについて、「Yは、Xに売付を委託した土地につきXの仲介に基づきAとの間に売買の事実上の合意が成立し、契約書作成の手筈まで取り決めたにかかわらず、その後、Xの同意を得ないのはもちろん、何らの連絡もしないで、より以上高額の対価を得る目的でBに売却し、所有権移転仮登記を経由したことにより履行の半途において終了したものというべく、右終了につき受任者であるXの責に帰すべき事由はないのみならず、Yの右行為は信義則に違背するもの」とし、民法648条3項に基づき約定報酬の8割相当額を認容した。

〔排斥例〕

②【東京地判昭50・2・20下民集26巻1～4号183頁】
　仲介業者Xは、所有者Aと買受希望者Yの双方から本件不動産の売買仲介を受け約4か月間にわたり交渉を行い3500万円で折り合いがつく見込みになった。Yは、Xに対し、同額による仲介を委託する依頼書を提出し仲介報酬額も同意した。Xは、売買契約書案をYに交付したところ、Yの予期に反して、金融機関からYが希望する額の融資を受けられなかったため、Yは、3500万円から150万円の値引きを要求した。Aがこれに応じず、Yは融資を受けられないため成約に至らなかった。XがYに対し、①主位的にYの債務不履行（契約締結義務違反）を理由に損害賠償請求または仲介契約に基づく報酬請求、②予備的に民法130条、③民法648条3項に基づく割合的報酬請求をした。
　裁判所は、①について、「宅建業者に対し、不動産売買の媒介を依頼した者は、業者が目的物件の紹介をした場合でも、これにつき媒介される契約を締結すべき義務を負担するものではなく、契約を締結するか否かの自由を有する」。「他にYがXに対し、X主張の売買契約を締結すべき債務を負担したと認めるに足りる特段の証拠はない」とし、Xの損害賠償請求は失当であるとした。②について、「民法130条の法理を援用しうるためには、仲介の目的となった物件について依頼者と相手方との間で売買契約が成立した事実を必要とし」、Xは、売買契約が成立しなかったことを前提として民法130条の法理の適用を求めるから、その理由はない。③について、仲介契約は一種の準委任契約であるとし、「仲介委託契約は、通常の準委任契約が継続的な事務の処理を内容とする継続的債権関係であるのと異なり、媒介による売買等の契約の成立を終局の目的とする、いわば一時的な債権関係であって、右の意味における一回的な給付を目的とするものであるから、委任がその半途において終了した場合における割合的報酬請求権を定めた民法648条3項の規定は、その性質上適用をみない」。「仲介委託契約に基づき仲介業者が売買契約成立につき努力したが、結局売買契約が不成立に終わり、仲介

第5章　不動産売買契約の成立時期

も徒労に帰した場合には、たとえ仲介の不成功が仲介業者の責に帰すべからざる事由に基づくものであったとしても、業者は、他に特約ないし商慣習のないかぎり、当然には、仲介による努力の割合に応じた報酬を請求することはできない」とし、Xの請求を失当であるとした。

③【大阪地判昭58・7・14判タ509号185頁】
　学校法人Yは、仲介業者Xに対し学校用地の探索を依頼し、XはYにA所有地（本件土地）を紹介した。Aは、本件土地を12億円で譲渡する旨記載した証明書を交付した。Yは、契約条件等の詳細は別途検討するものの、本件土地を同額で買受けることを了解し、契約締結日を国土法の不勧告通知後1週間以内とする買付証明書を交付した。Yは、理事会において、Xに対し本件土地買受けの仲介を依頼し報酬告示による報酬を支払う旨決議し、Xにその旨約した。知事から不勧告通知を受け、YとAは、土地売買契約書案を交換したが、Y作成の契約書案には「昭和56年12月31日までに本件土地の運動施設として開発するための関係官公庁の許認可が得られ、かつ造成工事に着手できること」との条件が付されていた。YがXから提供を受けた資料が不動産登記簿謄本・地積図・グランド用地調査報告書だけであったため、Yは、Xに対し再三にわたって開発許可・地元住民との調整・水利問題などの説明と資料を求めたが、Xからは格別問題はないとして、それ以上の説明・資料が得られなかった。Yの次長がAを訪れ担当者と面接したところ、諸問題はYにおいて解決処理することになっているとの説明を受け、XのYに対するそれまでの説明と食い違いがあることが判明した。Yが依頼した建設会社による調査の結果、本件土地を造成しても平坦地としての使用可能面積が2分の1以下で造成工事に約10億円の費用を要し、造成工事に相当長期間を要する旨の報告を受け、Yは、学校用地に適切でないと判断して本件土地の買収計画を白紙撤回した。Xは、Yに対し、①AY間に売買契約が成立したこと、②Yが信義則に反し故意にYの媒介による売買契約の成立を妨げたこと、③商法512条に基づき報酬請求した。
　裁判所は、①について、売買契約が成立したとの主張を排斥し、②について、「不動産仲介契約においては、仲介人が適当と思われる物件や取引の相手方を紹介しても、委託者はこれと取引するか否かの自由をもち、取引に応ずる義務を負うものではないから、委託者が紹介された相手方との取引を拒絶したために仲介人が報酬請求権の発生を妨げられたとしても、それは不動産仲介契約の特性に由来するものであり、委託者が仲介人に対する報酬の支払を免れる目的で仲介を排除してその後相手方と直接交渉して取引を成立させたなどの特段の事情がない限り、信義則に反するものということはできない」とし、民法130条は適用されないとした。③について、「商法512条は、商人の行為は営利を目的とするのが通常であることから商人がその営業の範囲内で他人のためにある行為を行ったときは

報酬を支払う約定がない場合でも相当の報酬を請求しうることを規定したものであるところ、宅地建物の仲介を業とする者は民事仲介人であるが、商人である（商法502条11号、4条1項）から、商事仲立に関する商法550条1項、546条が類推適用され、宅建業者が商法512条により不動産取引の仲介による報酬を請求しうるためには仲介業者の媒介によって当事者間に契約が成立したことが必要であって、所期の契約が成立しない場合には、仲介業者がいかに仲介の労をとり尽くしても商法546条所定の手続が終ったということはできないから、仲介業者は商法512条による報酬を請求することはできない」。Xの媒介によってYA間に本件土地売買契約が成立したことは認められないから商法512条に基づく請求は理由がないとし、Xの請求を棄却した。

4 【東京地判平22・1・15WL】
　所有者Y1とその代表者Y2は、それぞれの所有地（本件土地）の売却仲介を仲介業者Xに委託し専属専任媒介契約を締結した。同契約書には本件土地の売却が事業用地の買換えを条件とすることなどの特約が記載されていた。買受希望者AはYらに買付証明書を交付し、YらはAに売渡承諾書を交付した。A側の仲介業者Bが作成した売買契約書案1は土壌汚染調査費用・処理費用をAの負担としていたが、その後、BがXの面前でYらに渡した売買契約書案2はYらの負担とされていた。Yらがこれを指摘したが、Xはその相違を認識しておらず、Bのワープロの打ち間違えであると説明した。Yらは、土壌汚染関係の費用負担について売買契約書案2が売買契約書案1よりもYらに不利に変更されていることなどを理由に本件売買契約書の締結を拒否した。Xは、Yらに対し、①主位的に本件売渡承諾書の交付をもって売買契約・売買予約が成立したとして報酬請求し、②予備的にYらの契約締結の拒否が信義則に反するとし民法648条3項の類推適用に基づく約定報酬請求、③民法651条に基づく損害賠償請求をした。
　裁判所は、①について、「売買契約が成立したといえるためには、契約の中心部分の給付内容を確定できるだけの内容的確定性と、即時に効果を発生させ、その法的拘束力を引き受けるという意思を伴う合意の終局性を要する」。「YらとAは、買付証明書・本件承諾書の交付の後、本件土地の売買について契約書を作成することを予定していたものである。そして、本件承諾書交付の時点では売買目的物と代金額がおおむね確定されていたものの、本件土地の引渡方法、移転登記の時期などの不動産売買の一般的に主たる要素といえる点について確定していたことは認められないし、本件承諾書とその後の土地売買契約書案とでは、売買代金額の支払方法も異なっている（厳密にいえば代金額も異なっている）」。さらに「理設物処理の費用及び土壌汚染関係費用の負担に係る条項も本件承諾書には記載されていない」こと、Yの代替地の取得は重要性を有するものであるところ、「取得不能時の売買契約関係の処理も本件承諾書交付の時点で確定していなかっ

第5章　不動産売買契約の成立時期

たこと」などから、「本件承諾書に『下記条件で…売渡すことを約します。』との文言の下、代金額とその支払方法が記載されていたことを考慮しても、売買契約の成立を認めるに足りる、給付内容の確定性、合意の終局性は認められない。売買予約の成否について、Ｘが主張する売買の予約には、「成立する売買契約の給付内容が確定していること、契約の一方当事者による予約完結権の行使により売買契約の拘束力を発生させることを是認するだけの意思」を契約当事者が有していたとは認められず、本件予約契約の成立も認められないし、Ｙら、Ｘのいずれも予約完結権を行使した様子がない。②について、「本件媒介契約においては、Ｘの報酬請求は、Ｘの媒介によって本件土地の売買契約が成立したときに可能になり（専属約款８条１項）、Ｘが契約の媒介に当たって支出した費用の償還請求は原則的にできず、報酬から回収することが予定されていると解される（同約款13条参照）。これらからすると、本件媒介契約におけるＸの報酬は、成功報酬の性質を有するものといえる。また、本件媒介契約は、Ｙらに対し、Ｘの関与の下で本件土地を売買することこそ義務付けるが、Ｙらの契約相手の選択権を特に拘束していないから、本来的に、Ｘが媒介契約上の義務を尽くしても、Ｙらの選択によって契約が成立しないことがあり、その場合には報酬及び費用すら請求できない可能性があることを予定している。上記の本件媒介契約の内容からすれば、Ｘの活動によって本件土地に係る売買契約が成立する蓋然性が相当程度に高まったとしても、売買契約が締結されず、報酬を取得できない場合があるという、報酬支払の不確実性に係るＸのリスクは本件媒介契約において本来的に予定されているものといえる。(略)　Ｙらが、契約成立の蓋然性が高まった上記売買の契約締結を拒否したことのみをもって、本件媒介契約当事者間の信義則に反するとはいえない。また、成功報酬を前提としない委任、準委任について、これが終了した場合の割合報酬を定める民法648条３項を類推適用する基礎があるともいい難い」。③については、「Ｙらは、Ｘに対し、代替地を確保することを本件土地売却の前提条件として、本件土地の売却の媒介を委託したもので、代替地の目途が立たない状態で本件土地の売買契約を締結する意向はなかったところ、Ｘは、本件土地の状況やＹ１の資金繰りなどに照らして、代替地の目途をつけた上で本件土地を売却することはほぼ不可能との認識の下、Ｙらの納得を十分に得ることなく、代替地の具体的目途がつかなくとも本件土地の売買契約を締結する方針でＡとの交渉を進行させ、Ｙら側がこれに難色を示していても、なお、その方針を維持し、ＡとＹら側の面談の際にも、Ｙら側が代替地の確保の目途が立っていないことを理由として本件土地の売買契約の締結に難色を示しているのに対して、その意向に沿った交渉態度をとらなかったものといえ、委託者であるＹらの基本的な意図に十分に沿わない任務遂行態度をとっていたものと評価できる。また、契約書１、２の相違は、契約の可否を左右しうる程度の重要事項に関するもので、ワープロの打ち間違えによるものとも直ちに認め難いものであるから、仲介業者

であるXが、A側に特に確認することなく契約書1と同内容と考えて、内容確認をしないまま契約書2をA側から直接委託者であるYらに交付させ、Yらから指摘されるまで上記の内容の相違に気付いていなかったことは、YらのXに対する信頼を多分に傷つけ得るものといえる。［これからすれば］Yらの本件媒介契約の解除については、仮に無催告での債務不履行解除が認められず、これを任意解除と評価し得るとしても、Xにおいて、委任契約（準委任契約）の基礎となる契約当事者間の信頼関係を損なう事由があり、委任関係を解消することについて『やむを得ない事由』（民法651条2項ただし書）があったといえる」とし、Xの主張を排斥し、Xの請求を棄却した。

6　違法な処分禁止仮処分と損害賠償

契約締結を拒否された買受希望者が、買付証明書等の交付をもって不動産売買契約が成立したと主張し、売買契約に基づく所有権移転登記請求権を被保全権利とし売買の目的物について処分禁止仮処分申請をする事案がある。後掲①は買受希望者Xが申立てた仮処分決定について所有者が仮処分異議を申立て、裁判所がこれを取り消した事案である。後掲②は所有者Y（被申請人）が買受希望者X（申請人）に対し仮処分異議訴訟を提起し仮処分決定が取消された後、違法な仮処分を理由に損害賠償請求し一部認容された事案である。

① 【東京地判昭59・12・12判タ548号159頁】
　買受希望者Xは、仲介業者を介して所有者Yと本件土地建物について売買交渉を重ね、Xは、Yに買付証明書（買受希望価格2億9500万円、支払条件は別途協議、有効期限は同月末日）を交付した。YがXに交付した売渡承諾書には、買受希望価格と同額の売買代金、契約締結時に手付金と内金を支払い所有権移転登記手続をし引渡時に残金を支払うこと、契約締結時期は1階店舗の借家人より立退き念書を徴求した後とするなどが記載されていた。その後、XY間の交渉において代金の支払時期や借家人の立退問題などについて条件が折り合わず決裂した。Yは買付証明書をXに返還し、Xは売渡承諾書の返還を約束し、その後取引交渉はなかった。Xは、売渡承諾書の交付時点で売買契約が成立したと主張し本件土地建物について処分禁止仮処分決定を得て執行し、Yは仮処分異議を申立てた。
　裁判所は、「契約締結時期については、前記認定の交渉の経緯に鑑み、Yにおいて、もし借家人らから立退き念書を取ることができたならば、その時に契約を締結するとの意味に解するのが素直であること」、売渡承諾書は、「売買契約の交渉段階において、交渉を円滑にするため、その過程でまとまった取引条件の内容

を文書化し明確にしたもの」である。特にYには、「借家人らの立退問題を未解決のまま、売渡承諾書の交付をもって直ちに売買契約あるいは売買予約を成立させようとする意思が存在していたとは認められない」などと認定した上で、「前記認定の交渉の経緯等の諸事情を考慮すると、本件における売渡承諾書は交渉を円滑にするため既に合意に達した取引条件を明確にしたにすぎないもの」であり、借家人らの立退問題が解決されず、契約締結時期について対立したままXとYとの取引交渉は中止され、XY間において本件売買契約または売買予約が成立したことを認めることはできないとして仮処分決定を取消した。

② 【奈良地裁葛城支判昭60・12・26判タ599号35頁】
　買受希望者X（宅建業者）は、所有者Y（宅建業者）に本件係争地の買受けを申し入れる旨の買付証明書を提出し、Xが資金調達と工事完成保証人を探すため、Yが本件土地を売却する意思のあることを示す売渡承諾書の発行を要望した。売渡承諾書には物件名（本件土地など76筆）、価格（国土法価格、ただし5億5000万円を超えないもの）、代金は一括現金払い、有効期限、「その他の事項については別途協議する」などが記載されていた。Xが確約した期限までに工事保証人を確定できなかったため、Yは、Xとの売買交渉を打ち切り売渡承諾書を回収した。その後、Aが本件土地の買受けを申し入れてきたため、YがAとの売買交渉に入ったところ、これを聞き知ったX代表者らは、Yを訪問し本件土地の売買交渉の再開を申し込んだり、Aの親会社に対し、XY間で売買の話し合い中である旨通知をした。Xは、売渡承諾書の発行時点で売買契約が成立したと主張し本件係争地のうち本件土地につき処分禁止仮処分決定を受け執行されたため、Yは仮処分異議訴訟を提起し同決定が取り消された。XはYに対し所有権移転登記手続請求（本訴）し、YはXに対し処分禁止仮処分が違法であることを理由に損害賠償請求（反訴）をした。
　裁判所は、「本件売渡承諾書はいまだ売買代金額が確定していないうえ、有効期限が付してあって、YがXに対し、右有効期限内に右条件について合意が成立すれば、本件土地等の売買契約を締結する意思のあることを示す、道義的な拘束力をもつ文書にすぎず、本件売渡承諾書の交付により、XY間に本件土地を含む本件係争地につきいまだ売買契約が成立するに至らなかった」として、Xの請求を棄却し、Yの反訴請求を一部認容した。

　買付証明書・売渡承諾書の交換後に契約締結を拒否された買受希望者は、所有者が売買の目的物を他に売却することを処分禁止仮処分で阻止しようとする意図がうかがえる。しかし、被保全権利は売買契約に基づく所有権移転登記請求権であるところ、手付金・売買代金の支払もなさ

れていない状態で買付証明書等の交付をもって売買契約が成立したとの主張は到底認め難い法律構成である。前掲②では、裁判所は、「一般に、仮処分決定が異議訴訟等において取消され、その判決が確定した場合には、他に特段の事情がない限り、申請人において過失があったものと推定するのが相当である」とし、「売買契約の成立を前提とする本件仮処分申請及び執行は当初から被保全権利の存在しない違法なものであった」とした上で「Xは少なくとも昭和55年10月21日［Xが本件土地の買受予定者Aの親会社に通知を送った日］当時、Yとの間で本件係争地に関する売買契約がいまだ成立していないことを知っていたものであ（る）」として、Xの過失を認定し違法な仮処分申請・執行によってYが被った損害（弁護士費用）について一部認容した。

不動産処分禁止仮処分申請事件は無審尋であり疎明で足りるが、処分禁止仮処分決定がなされると、被申請人（所有者）が保全異議を申立てるだけでなく、本案訴訟の提起を求め訴訟手続に進むことは必至である。申請人（買受希望者）に対し起訴命令が出されると、申請人は、本案訴訟において売買契約に基づく所有権移転登記請求権の存在を主張立証する必要がある。当然、売買契約の成否が争点となり、これを立証できないと本案訴訟で敗訴し、仮処分決定は取り消され、違法な仮処分であることを理由に申請者（時には代理人弁護士）に対する損害賠償請求が認容される可能性がある。買付証明書等の授受や協定書締結を根拠に不動産売買契約が成立したとはいえないとの裁判例が集積されている状況の下で、上記被保全権利に基づき処分禁止仮処分の申立てをするのは適切ではないし、弁護過誤になりかねない。

《参考文献》
・明石三郎「不動産売買契約の成立時期について」谷口知平先生追悼論文集第2巻（信山社）382頁
・福田晧一＝真鍋秀永「売買契約の成立時期」澤野順彦編「現代裁判法大系2」（新日本法規）16頁
・中田裕康「契約締結の交渉から成立まで」鎌田　薫ほか編著「民事法Ⅲ」（第2版　日本評論社）1頁
・青山邦夫「売買契約の認定について」判タ503号35頁

第5章　不動産売買契約の成立時期

- 河上正二「『契約の成立』をめぐって㈠㈡」判タ655号11頁、657号14頁
- 有賀恵美子「契約の成立」能見善久＝加藤新太郎編「論点体系　判例民法5　契約Ⅰ」(第一法規) 11頁
- 一宮なほみ「売買契約の成否」塩崎　勤編「裁判実務大系11　不動産訴訟法」(青林書院) 357頁
- 難波孝一「売買契約の成否」奥田隆文・難波孝一編「民事事実認定重要判決50選」(立花書房) 178頁
- 鎌田　薫「不動産売買契約の成否」判タ484頁17頁（東京地判昭57・2・17評釈）、「売渡承諾書の交付と売買契約の成否」ジュリ857号114頁（東京地判昭59・12・12評釈）
- 栗田哲男「不動産売買おける買付証明書・売渡承諾書の効力」判タ736号20頁（大阪高判平3・4・26評釈）、「現代民法研究(2)」(信山社) 111頁
- 良永和隆「不動産売買契約の成立時期」塩崎　勤ほか編「不動産関係訴訟」(民事法研究会) 2頁

1 紛争類型

第6章　契約交渉の不当破棄

> 紛争事例

　建売住宅の分譲業者Y（上場会社）の用地部長甲が次年度に事業化する建売住宅用地を探していたところ、宅建業者XがA所有の土地を甲に紹介し、土地売買のスキームとして、XがいったんAから取得してYに1億円で転売する方法を提案した。甲は、ぜひ取得したい、社内稟議をかける、土地を"押さえてほしい"と言った。Xは、甲に対し買付証明書を求めたため、Yは買付証明書（購入代金1億円）をXに提出した。その数日後、Xは、Aと売買契約を締結し手付金1000万円を交付した。甲は、取締役会に用地買収と事業化について諮ったところ、不動産市場の不況と採算が合わないことを理由に事業化は見送ることとなったため、甲は、Xに対し購入できない旨通告した。
　Xは、Aとの売買契約を手付解除し手付相当額の損害を被った。Yに対し損害賠償請求できるか。

> 事案分析のポイント

≪紛争≫
・売主の買主に対する契約締結拒否を理由とする損害賠償請求
≪争点≫
　売買契約・売買予約の成否、買付証明書・売渡承諾書の性質、契約締

第6章　契約交渉の不当破棄

結交渉の不当破棄の責任の有無、損害とその額

> 理解しておくべき事項

1　紛争類型

　不動産売買の契約交渉過程において、当事者（売却予定者、買受予定者）が買付証明書・売渡承諾書（以下「買付証明書等」という。）を提出した後に取引条件について協議・調整を重ねていたところ、当事者の一方が相手方との契約交渉を打ち切ったり、契約締結を拒否すると、これをきっかけに紛争が生じることがある。

　契約締結を拒否された相手方は、次のような訴訟を提起することが予想される。

契約締結上の過失

ⅰ）主位的に売買契約が成立したとして債務不履行による損害賠償請求、予備的に契約締結上の過失（信義則上の義務違反）を理由とする損害賠償請求（東京高判昭54・11・7本書217頁、東京地判平5・1・26本書207頁、東京地判平15・6・4本書214頁、東京地判平19・9・14本書204頁、東京地判平19・10・19本書203頁、東京地判平26・12・18本書225頁）

ⅱ）契約締結上の過失を理由とする損害賠償請求（東京地判平8・12・26本書221頁、東京地判平18・8・31本書224頁）

　ⅰ）の事案では売買契約が成立したと認定される裁判例はなく（「第5章　不動産売買契約の成立時期」161頁）、契約締結上の過失を理由とする損害賠償請求の可否が争点となる。

契約準備段階における責任

2　契約準備段階における責任

(1)　契約締結の自由と契約締結拒否の自由

　契約当事者が、いつ、誰と、どのような取引条件で売買契約を締結するかは自由である（契約締結の自由、相手方選択の自由、契約内容決定の自由）。契約交渉に入った当事者は、契約締結に向けて協議・交渉するが、当事者の一方が途中で契約交渉を打ち切ったり、相手方から契約締結を強く求められたとしても拒否する自由がある。「自由」とは「他者に対する法律上何らの責任も負担しない」ことを意味する（河上正二

「民法学入門」第2版増補版84頁)。しかし、契約交渉を始め売買価格など取引条件について協議・調整を重ねるうちに、当事者の一方が相手方に対し契約が確実に成立するであろうとの信頼を与えるに至った場合、その当事者は相手方の信頼を裏切らないよう誠実に契約の成立に努めるべき信義則上の注意義務を負う。もし当事者の一方の責めに帰すべき事由によって契約締結に至らず相手方に損害を与えた場合、賠償責任を負う(東京高判昭54・11・7本書217頁など)。これは「契約締結上の過失」と呼ばれる類型の一つであるが、以下「契約準備段階における責任」と呼ぶ。

(2) 要件

ア　契約準備段階における責任の性質は債務不履行責任か不法行為責任かの争いがあるが、信義則上の注意義務違反(民法1条2項)を根拠とする不法行為責任と解する(民法709条、東京高判昭54・11・7本書217頁、東京地判平5・1・26本書207頁、福岡高判平5・6・30本書218頁、福岡高判平7・6・29本書213頁、東京地判平8・3・18本書209頁、東京地判平8・12・26本書221頁、東京地判平12・5・19本書210頁、東京地判平20・11・10本書216頁など)。

　不法行為責任

契約準備段階における不法行為に基づく損害賠償請求の要件は、①契約締結に向けた協議・交渉がなされ、②当事者の一方から相手方に対し確実に売買契約が成立する(売買契約が成立するであろう)との信頼を与える行為が存在し、③相手方が契約が成立するとの信頼を抱いたこと(信頼することが合理的であるとかやむを得ないこと)、④当事者の一方が正当な理由なく契約締結を拒否し、⑤その結果、相手方に対し損害を与えたことである。

イ　特に②と③が争点となる。そこで、ⅰ)契約締結を拒否された側は、相手方に信義則上の義務違反があることを基礎づける事実(評価根拠事実)を主張立証する必要がある。これに対し、ⅱ)契約締結を拒否した側は、契約締結の拒否が信義則違反に該当しないことを基礎づける事実(評価障害事実)を主張立証する必要がある。

信義則上の義務違反に該当するかどうかは規範的要件であり評価的な要素が強い。契約締結を拒否した側、拒否された側のいずれの

第6章　契約交渉の不当破棄

立場であっても、取引経過、取引条件、交渉内容などについて事情聴取し、評価根拠事実または評価障害事実に該当する事実を拾い上げて丁寧に主張立証（反論反証）する必要がある。集積された過去の裁判例を検討し、どのような事案で、どのような事実を認定した上で不当破棄を認容したかについて分析しておく。

> 〔確認すべき事項〕
> ①契約予定当事者の属性（特に事業者、宅建業者、事業規模）
> ②取引物件の概要、売却目的・購入目的、当事者が契約目的を認識していたか
> ③取引の端緒（物件の持ち込みか）から契約締結が打ち切られるに至るまでの経過
> ④いつころ、どのような物件資料が提供されたか
> ⑤交渉内容、当事者双方が、いつころ、どのような取引条件を提示し、どのように検討、協議されたか、特に取引条件についての合意形成の状況
> ⑥買付証明書等の交付時期、記載内容、有効期限の有無
> ⑦協定書締結の有無・内容、協定書締結後の契約交渉の経過
> ⑧当事者間で取引条件について開きがあったか、まとまらなかった取引条件と理由
> ⑨重要事項説明書・売買契約書の案文の検討
> ⑩契約締結を打ち切った時期と理由、どの程度取引条件が煮詰まっていたか
> ⑪売買契約締結の予定日を決めたか
> ⑫売買契約締結日に出席しなかった理由
> ⑬当事者間において売買契約が成立すると考えていた事情や言動があったか

3　信義則上の義務違反の成否

契約締結交渉の成熟度

(1) 契約締結交渉の成熟度

契約締結上の過失の要件として、①契約締結交渉の成熟度が高いこと、②信義則違反と評価とされる帰責性があることが挙げられる（高橋

眞「契約締結上の過失論の現段階」ジュリ1094号139頁、加藤・後掲参考文献6頁)。

　契約の成熟度については、鎌田薫教授が「契約関係はそもそもその端緒から完全な履行の終了に至るまで段階的に成熟していくものであって、これをある時点を境に、無から有に転ずると考えることは全く観念的であるとの考え方もありえてとよいように思われる」(判タ484号21頁)とされる。ただ、「成熟度が高い」とか「成熟していく」とは比喩的な表現である。契約交渉を重ねるにつれて契約関係が未成熟のものから「段階的に成熟していく」とは限らない。契約準備段階における責任が争点となる事案の多くは、事業用物件の売買であり、売却予定者(所有者)と買受予定者(開発業者・分譲業者など)が重視する取引条件は個々の売買によってかなり異なる。売買代金額を合意したとしても決済時期、支払方法などで相当隔たりがある事案(東京地判平18・8・31本書224頁)では、交渉を重ねていることは必ずしも契約内容が煮詰まっていくことを意味しない。マンション建設用地などのように事業化に向けた土地売買の事案では、買受予定者にとって境界確定測量・筆界確認書の取得、周辺住民の建設同意の取得、開発行為・建築確認等の許認可などの取得、引渡し時期が販売時期に間に合うことが必須条件であり、これが買受予定者にとって契約締結のためのもっとも重要な取引条件もしくは前提条件となる。また、境界確定のための測量は、買受予定者だけの関心事ではなく、売却予定者が売却交渉の中でどの範囲の土地を売却するかを決めるために測量することもある。土壌汚染調査費用や土壌改良費用の額や改良工事期間の長短が売買代金額の算定に相当大きな影響を与え、この費用が過大になれば契約の締結を検討し直さなければならなくなる事案もある。たとえ契約予定当事者が長期間にわたって協議を重ね大方の取引条件が合意できたとしても、当事者の一方にとって当該契約を締結するに当たっての前提条件が確保できないとか、契約締結の意思決定を左右する重要な取引条件について調整できなければ最終的に売買契約を締結できない。したがって、契約交渉段階において、当事者がどのような内容の契約により、どのような契約目的(売却目的、購入目的)を実現しようとしていたか、当事者が特に重視していた取引条

第6章　契約交渉の不当破棄

件は何か、契約交渉過程において当事者の一方が相手方に対し重要な取引条件についてどの程度告知していたかという質的な観点から検討すべきである。契約交渉が長期間・多数回にわたって重ねられたという時間軸や交渉頻度、諸々の取引条件についてどれだけ調整できたかといった量的な観点だけで捉えるべきではない。また、取引段階を3つに分けて、第1段階では信義則上の義務は負わないが、第2段階では相互に相手方の財産等を侵害しない信義則上の注意義務を負い、第3段階では誠実に契約の成立に努めるべき信義則上の注意義務を負うとする考え方もある（松本恒雄・判例評論317号188頁）。しかし、後掲裁判例に照らせば、不動産売買の契約交渉は、事業用物件ほど個別性が強く、第2段階と第3段階を分けることは容易ではない。

そこで、契約交渉の端緒、売渡承諾書・買付証明書の交付、協定書締結、売買契約書案の検討など、契約締結に向けての具体的な交渉過程を個別に分析することが必要である。

契約交渉の開始

(2) 契約交渉の開始

契約交渉に「入った」とか「開始した」というには、当事者の一方が相手方に対し、契約締結に向けて売却意思・購入意思の有無を打診し契約交渉に向けて協議するとか、売買代金等の取引条件について提示する行為があり、相手方がこの検討を始めた事実が存することが必要である。仲介業者に現地を案内されたり物件資料の提供を受けただけでは、物件情報の提供もしくは取引勧誘を受けるにとどまり相手方との契約交渉が始まったとはいえない。

不動産売買では当事者の一方が取引条件を打診、提示する方法として仲介業者を介して買付証明書・売渡承諾書を相手方に交付することが一般的である。買付証明書等の交付を機に、仲介業者は相手方に取引条件の協議を働きかけ、相手方がこれに応じて売買代金・手付の額などの協議を始めると、契約交渉が開始されたといえる。したがって、買付証明書等の交付は当該売買契約の交渉が始まったことを根拠づける一つの要素となる。もっとも所有者がいまだ売却するかどうかを決めていない段階で、買受予定者（特に宅建業者）が買付証明書を一方的に持参し所有者に交付することがある。買受予定者が強い購入意欲を有していても、

所有者が契約交渉に応じるかどうかは自由である。所有者が特に意見を述べることなくこれを受け取ったからといって契約交渉に応じる意思を表明したことには当たらないし、所有者が契約交渉に応じる義務を負うものではない（後掲東京地判平19・10・19）。また当事者の一方が売渡承諾書または買付証明書を交付したとしても相手方に対し独占的または優先的な契約交渉権限を付与するものではない。

【東京地判平19・10・19WL】
　　X（宅建業者）は、Y（個人）の所有土地を購入しマンション建設用地として転売することを考え、Yに買受申込書と売渡承諾書用紙を交付したが、Yは売渡承諾書に署名捺印しなかった。Xは、①主位的に売買契約が成立したとして債務不履行による損害賠償請求、②予備的に契約締結上の過失を理由に損害賠償請求を求めた。
　　裁判所は、①について、「不動産売買で価格が1億円を超える取引について、口頭で売買契約を締結することは、社会通念上、一般的にあり得ない」。「（Xから）Yに交付された売渡承諾書は、単に売渡承諾のための用紙に過ぎず、売主であるYがこの用紙に必要事項を記載し、押印をして売渡承諾書を完成させ、その後、これを買主であるXに交付することにより、初めて、両当事者が誠実に売買契約の締結に向けて共同作業をすることになるのである。売主であるYの印鑑により押捺された売渡承諾書が、Xに交付された事実すらない本件においては、Yが本件売買契約を締結する意思を表示したということはできない」として売買契約の成立を認めなかった。②について、「ＸＹ間の売買契約に関しては、買受申込書とYが調印した売渡承諾書との交換すら行われていないのであるから、Yがほぼ確定的に売り渡す約束をしておきながら、これを反故にしたという状況、あるいは、これに近いような状況があったとは、認められない。（略）XはYとの売買契約の締結に向けて努力をしたが、Yをして本物件の売却を決断させるに至らなかったということであり、所有物件を売る売らないは、原則として所有者の意思次第であって、本件経緯に照らしても、YがXに過大な期待を抱かせることをした事実も認められない」とし、Yの信義則違反を認めず、Xの請求を棄却した。

(3)　買付証明書・売渡承諾書の交付

契約予定当事者の一方が相手方に対し買付証明書または売渡承諾書を交付したり、これを相互に交換したとしても売買契約が成立するものではない。購入意思・売却意思を表明し契約交渉を申し入れても、契約が

買付証明書等の交付

成立するかどうかは以後の交渉内容に係っており、買付証明書等の交付は相手方に対し確実に契約成立を約束するものではない。買付証明書等の交付は相手方に対し契約成立の期待や信頼を与えるものではないし、契約交渉を重ねたが途中で交渉を打ち切ったり契約締結を拒否したとしても直ちに相手方の期待を裏切るものではない（後掲①）。また、買受予定者Ｙと売却予定者Ｘが買付証明書と売却承諾書を取り交し国土法に基づく不勧告通知を受けた後、買受予定者が不動産鑑定評価額を踏まえて届出価格よりも低い額による買受けを申し入れたが売却予定者が応じなかったため売買契約の締結を断念した事案について、買付証明書等の授受は、当時のＸまたはＹの買付証明書等記載の条件による「売渡し又は買付の単なる意向の表明」か「当事者間における交渉の一応の結果を確認的に書面化したものにすぎない」とし売買契約が成立せず、Ｙの行為は「契約締結の交渉過程における対応として取引通念上許容される範囲を逸脱するものとはいえず」信義則違反に当たらず不法行為を構成しないとし、Ｙからの損害賠償請求を棄却した前掲東京地判平２・12・26本書170頁がある。しかし、売却予定者が、分譲マンションの建築確認を受け購入予定者が建築できる状態で本件土地を売り渡すことを合意し売渡承諾書と買付証明書を交換した後、売却予定者が委託した建築事務所との打ち合わせを重ね建築確認を受けたところ、買受予定者が土地売買契約締結に応じなかった事案について、売却予定者の信義則上の義務違反を認めたものもある（後掲②）。買付証明書等について「第5章 不動産売買契約の成立時期」165頁以下。

① 【東京地判平19・9・14WL】

　Ｘは、Ｙが所有する土地について、Ａ、Ｂを共同事業者として墓地造成計画を立て、Ｙと買受け交渉をした。Ｙは、Ｘに対し売渡承諾書を交付した。同書面には、売買代金の支払方法として「墓地経営許可取得付造成完了時一括払い」、「その他必要事項については双方協議の上取り決める」と記載されていた。その後、Ｙは、本件土地を宗教法人に売却した。Ｘは、Ｙに対し、①主位的に売買契約が成立したとして債務不履行（履行不能）に基づく損害賠償請求、②予備的に契約締結上の過失に基づく損害賠償請求を求めた。

　裁判所は、売渡承諾書の発行をもって売買契約が成立したとは認められない、

とした上で、「Xは、本件売渡承諾書の作成時に、Yと一度面会しただけで、それ以降は会っていない（争いのない事実）。また、その後、Yは、Xから墓地造成等の進捗状況については聞いておらず、Cが墓地を販売することなど知らないこと、そもそも本件契約は、その取得要件たる墓地造成許可すらとれていない段階における具体的な交渉でないこと等に照らすと、Yに対し、Xのいう損害を賠償する義務を要求することはできない」として、Xの請求を棄却した。

② 【東京地判平12・12・4 WL】
売却予定者Xと買受予定者Yは、Xにおいて、Yが建築分譲するマンション（本件建物）の建築確認を受け、Yが建築できる状態で本件土地を引き渡すことを売買契約の内容とすることに合意し、XとYは買付証明書と売渡証明書を交換した。Yは、Xが本件建物の設計契約を締結した設計会社Aとの間で打ち合わせ、Aは本件建物の建築確認通知を受けたが、Yは、売買代金が高く採算が合わないことなどを理由に本件土地の購入に消極的な態度を示すようになった。Yは、Xに対し売買契約を締結しないと言明したため、Xは、Yに対し契約締結上の過失に基づく損害賠償請求をした。

裁判所は、「（平成9年11月7日）本件買付証明書及び売渡承諾書が授受された時点では、XとY間で本件土地の売買価格、支払方法等の基本的事項の処理についておおよその方向性が定まるとともに、Yは、Yのマンション計画に沿った内容に変更することを希望し、その後能動的にAとの間で本件建物の設計及び建築確認申請手続について多数回にわたり打ち合わせを行い、11月20日に建築確認申請が行われ、12月8日には建築確認が下り、本件土地について売買契約を締結するについての前提条件がほぼ整うとともに、少なくとも本件建物の建築プランが定め、建築確認が下りる相応の蓋然性が見込まれる状態でその申請がされた以降にあっては、Xは、Yとの間で本件土地の売買契約が締結されるであろうものと信頼したものと認められる」。買付証明書・売渡承諾書の授受がされる趣旨は、「爾後契約の成立に向けて誠実に協議し、合理的理由や特段の事情の変化のない限り売買契約を締結する意向があることを表明したものと解され（略）、本件にあっては、本件買付証明書には具体的な売買の条件が記載された相当に詳細なものであると認められることを勘案すると、これが右のような意思を表明したものではないとも解されない」。Yの責任について、「契約交渉を進めている当事者間において、その準備が進捗し、一方当事者において契約が成立に至ることが確実であると期待するに至った場合には、他方当事者は、相手方の右期待を侵害しないよう誠実に契約の成立に努めるべき信義則上の義務があるというべきであり、この義務に違反して相手方との契約締結を不可能にした場合には、相手方に対する違法行為として、相手方の被った損害を賠償する義務があると解される。本件にあっては、Xは、本件土地の売買契約が確実に成立するものと期待を抱くに

第6章　契約交渉の不当破棄

至ったものと認められ、かつ、その間の交渉経緯にかんがみ、右期待を抱いたことにもやむを得ないものがあったと認められるから、以後、Yとしては、右契約の締結に向けて誠実に努力すべき信義則上の義務を負うに至り、契約締結の中止を正当視すべき特段の事情のない限り、これを一方的に無条件で注意することは右義務に違反するというべきある」。「Yが本件土地の買受けを取りやめたのは、建築費用からみて事業採算性に問題が生じたことなどによるものと認められるけれども、それまでの間、この点を留保し、最終的な売買契約前に本件土地の取得費用と建築費用との再検討が必要であることが明示又は黙示に前提とされていたことを認めるべき的確な証拠も見出されない」とし、建築確認許可が下りた後にYが本件土地の買受を取りやめたことが正当な理由に基づくものであるとは認められず、Yは、Xに対し契約締結上の過失に基づく責任として、Xの被った損害を賠償する義務があるとし、Xの請求を一部認容した。損害は後記226頁、228頁。

協定書締結　(4)　協定書締結と売買契約締結の拒否
　　　　　　ア　協定書の締結

事業用物件の売買では、契約交渉を重ねた後に売却予定者と買受予定者とが協定書を締結することがある。協定書は、売買契約締結に向けて開発許可等の種々の手続や準備が必要であり、これらを履践するには相当期間を要するため、ある時点で当事者間の協議交渉の結果を踏まえて取引条件などを整理・確認し、売買契約締結の予定時期などを定める合意書面であるが、売買契約書（本契約）ではない。協定書の性質は、「第5章　不動産売買契約の成立時期」174頁。協定書には、マンション建設のための開発行為の事前協議、建築確認などの許可を受け、協定書が定める期限が到来すると売買契約書を締結するとの定めをしていることから、協定書の締結は、買付証明書・売渡承諾書の授受とは異なり、当事者双方が、以後、協定書に定めれられた事項を履践し確実に売買契約が締結するであろうとの信頼を相手方に与えるものであり、これによって相互に売買契約（本契約）締結に向けて誠実に努めるべき信義則上の注意義務を負う。協定書締結後、相手方が協定書に従って開発許可・建築設計などの作業を進めたにもかかわらず、当事者の一方が正当な理由なく契約締結を拒否する行為は、相手方に対する信頼を裏切るものであり、これによって相手方が損害

3 信義則上の義務違反の成否

を被った場合、損害賠償義務を負う。本書199頁参照。

① 【京都地判昭61・2・20金判742号25頁】
　買受予定者Yは、結婚式場建設用地として売却予定者Xらの所有するA市内にある本件土地を取得するため、Xらとの間で不動産売買協定を締結した。売買協定では、売買価格、国土法による不勧告通知を条件とするほか、A市の開発行為等に関する指導要領に基づきYが事前協議書を提出し、特殊建築物（結婚式場）の建築可能の見通しを条件とすること、XらとYは互いに協力を約し円滑に売買契約を締結し所有権移転が完了するまで誠意をもって努力することを誓約する旨記載されていた。Yが事前協議申出書を提出したところ、A市が発した事前協議通知書には「東側農地を含め土地利用計画を検討願います。なお、工業地域でもあるため緑化契約を提出願います」と記載されていた。Yは、A市の行政指導を満たすことはできないことを理由に売買協定を破棄する旨、Xらに通告した。Xらは、売買予約の債務不履行（履行不能）に基づく損害賠償請求を求めた。
　裁判所は、「本件売買協定は、XらとYとの間で本件土地の売買契約を締結するまでの準備段階においてなされた合意であって、本件売買協定書に定めた事項が満たされた後に本件土地の売買契約が締結することが予定され、右締結を終局目的とするものであるから、XらとYは本件売買協定において、本件土地上に結婚式場を建設することができるための諸条件を成就させるように努力し、かつ本件土地の売買契約を締結することができるよう互いに誠実に交渉をなすべき義務を負うことを合意したもの」であり、売買予約とは認められない。本件売買協定は、「本件土地の売買契約を締結するまでの前記条件成就の努力義務、誠実交渉義務を定めたものであるが、右売買契約の締結を妨げる問題が生じ、それが当事者の責に帰すべき事由によらないものである場合には、当事者の一方は本件売買協定を破棄することが許される。しかし、そのような事由がないのに当事者が一方的に本件売買協定を破棄した場合には、前記判示した条件成就の努力義務、誠実交渉義務違反による債務不履行の責を免れない」。裁判所は、Xらの主張には、誠実交渉義務違反による債務不履行を含むものと解し、YがXらに対し一方的に本件売買協定を破棄した行為に正当事由があることは認められないとし、Yの売買協定の債務不履行に当たるとしてXの損害賠償請求を一部認容した（債務不履行責任）。損害は本書227頁。

② 【東京地判平5・1・26判時1478号142頁】
　売却予定者Xは、平成2年8月7日、Xがワンルームマンションを建築しYに"1棟売り"（専有卸）する売却交渉し協定書を締結した。協定書には、売買代金（専有坪単価）、建築確認申請時に申込金を支払い、建築確認下付後、国土法の

不勧告通知後10日以内に本契約を締結できるよう努めることなどを定めた。Xは、A建築事務所と建築設計の業務委託契約を締結し、11月2日付で建築確認を受け、同月11日、建設業者に建築工事を内示発注した。同月7日、Yは、不動産融資に対する金利の引き締め、ワンルームマンションの販売状況の悪化などを理由に売買契約を締結できない旨申し入れ、12月12日、本件協定書を解除した。Xは、Yに対し、①主位的に売買契約の債務不履行、②予備的に信義則違反（不法行為）に基づく損害賠償を求めた。

裁判所は、①について売買契約の成立を認めず、②について「一般に、契約締結の交渉過程において、契約当事者が、右契約の締結に向けて緊密な関係に立ちに至ったと認められる場合には、契約当事者は、相手の財産等に損害を与えないように配慮すべき信義則上の注意義務を負い、右注意義務に違反して損害を与えた場合には、不法行為を構成し、その損害を賠償する義務が生じる」。「本件協定が成立した段階では、国土利用計画法の手続が未了のため、不確定要素は残っているものの、本件不動産の売買価格、支払方法は合意に達している上、右協定成立後直ちにXが本件建物の建築確認申請手続を行うことが定められていたのであるから、本件協定の成立により、X及びYは、本件協定に沿った本件不動産の売買契約の締結に向けて緊密な関係に立つに至った」とし、「Yは、Xに損害を与えないように配慮すべき信義則上の注意義務を負い、右注意義務に違反して損害を与えた場合には、不法行為を構成し、その損害を賠償する義務がある」。「Yは、不動産への融資に対する金利の引き締め等の規制が行われ始め、税制の改正の関連の中でワンルームマンションに対する批判が高まる等、ワンルームマンションを売る状況が悪化し始めたことを理由として、本件不動産の売買契約の締結を拒否したことが認められる。しかしながら、右のような状況になったとしても、ワンルームマンションの販売が不可能になったわけではなく、またこのような状況につきXに全く責任がない。そうすると、Xが本件協定の内容に沿って、本件建物建築の準備の一環として、既に建築事務所に依頼して建築確認申請手続をした後の段階で、Yが、このようなことを理由に一方的に売買契約の締結を拒否することは信義則上の注意義務に違反する」とし、Xの請求を一部認容した（不法行為責任）。損害は本書226頁。彦坂孝孔・判夕臨時増刊882号97頁（平成6年主要判例解説）、渡辺博之「我が国における『契約交渉の際の過失責任』の総合的分析(4)」判例評論490号9頁。

3 【東京地判平6・1・24判時1517号66頁】

売却予定者X（宅建業者）は、本件土地上に分譲リゾートマンションを建設し買受予定者Y（宅建業者）が買受けることとし、平成2年3月29日、XY間で売買協定を締結した。売買協定によると、Xが8月15日までに建築確認を取得し、建築確認通知書が下付され工事着工後2週間以内に売買契約を締結する（ただ

3 信義則上の義務違反の成否

し、国土法の不勧告通知後に売買契約を締結する）などを定めたが、近隣同意が難航し、12月1日に近隣同意を取り付け、建築確認は平成3年1月になされ、Xは、7月31日、売買契約の締結を求めた。Yは、マンション市況の悪化、建築確認の遅延を理由に売買契約の締結を拒否した。Xは、Yに対し、本件協定が売買予約であるとし契約締結の拒否を理由に損害賠償請求した。

裁判所は、「本件協定は、建築確認の取得や国土法の不勧告通知を受けた後に、売買契約を締結することを目的として、売買契約締結の準備段階においてなされた合意であって、これにより、当事者としては、売買契約の成立に向けて誠実に努力、交渉すべき信義則上の義務を負うに至ったというべきである。したがって、一方の当事者が、正当な事由もないのに売買契約の締結を拒否した場合には、右信義則上の義務違反を理由として相手方の被った損害につき賠償すべき責任を負う」とし、本件協定が売買予約であるとの主張は認めなかった。「Yが売買契約の締結を拒否したのは、主としていわゆるバブル景気が崩壊したことによるマンション市況の悪化が理由であると認められる。そして、Yは大手のマンション販売業者であるから、本件協定を締結するに当たっては当然景気の動向等諸般の事情を総合的に検討したはずであり、それにもかかわらず本件協定後わずか1年で市況の悪化を理由に売買契約の締結を拒否するのは、正当な理由であるとは認め難い」とし、Yは、契約準備段階における信義則上の義務に違反したことによりXが被った損害を賠償すべき責任があるとした。Xの建築確認の取得が遅れた過失を2割と算定しXの請求を一部認容した。契約締結拒否について正当な理由があるかどうかは219頁、損害は本書226頁、228頁。

4【東京地判平8・3・18判時1582号60頁】

売却予定者Xは、平成2年9月18日、本件土地に分譲マンションを建設し買受予定者Yに売り渡す協定書を締結した。基本協定では、Yの仕様によるマンションを建設しYに売却すること、建築確認が下付され国土法の届出から6週間経過後または不勧告通知受理後速やかに売買契約を締結すること、Yは設計変更・仕様変更ができるが、Xが中高層建築物等指導基準に定める標識を設置した後は建物の外観形状の変更などの近隣説明に影響する設計変更は行わないものとするなどが取り決められた。Xは、平成3年1月中旬、実施設計（意匠設計、構造設計、設備設計）を完成したが、Yの要望で大幅な手直しをし、4月25日、XY間で再度の設計変更のないことが合意され、5月10日、建築確認申請がなされ、6月20日に建築確認を受けた。Yは、5月30日、不動産業界の不況を理由に設計変更と単価変更を要求した。Yの要請に応じると実施設計を再び大幅にやり直す必要があるなどの理由から、Xは、7月11日、Yに対し基本協定に従った履行を要求したが、Yは、同月17日、基本協定を破棄する旨通知した。Xは、Yに対し基本協定の破棄が信義則上の義務違反に当たると主張して損害賠償請求した。

第6章　契約交渉の不当破棄

　　裁判所は、「一般に、後日正式の契約（以下「本契約」という。）を締結することを目的としてその間にそれぞれのなすべき義務を定め、これを履行することを合意した場合、当事者間においてその合意で前提としていた事情の変更があり、本契約締結の前提が欠けた場合とか、本契約を締結することが著しく不合理な結果となるなどの正当な理由がある場合、又は本契約の締結を強制することが、一方を他方と比較して極めて酷な状態に陥らせ、契約における公平の原則にもとることになるなどの特段の事情のない限り、当事者は、本契約の締結実現に向けてその準備段階に入ったことによる信義則上の義務として、右合意に定められた義務を誠実に履行すべきであり、かつ、本契約締結の条件が整い次第本契約を締結すべき義務があるというべきである。そして、このことは、一方が右合意で定められた義務をほぼ履行し終わった段階においては、他方は、より強く自身の義務の履行を要請されるものというべきである。[本件基本協定締結の経緯によれば]本件基本協定は、国土法の手続終了後に売買契約（本契約）を締結することを目的として、その準備段階においてされた合意である。本件取引は、「本件土地上の建物についてＹの要望に従って建築されることになり、Ｘは、約8か月間にわたってＹと数多くの打合せを行ってＹの要望に従った設計作業を行い、特に一度設計作業がほぼ完了したにもかかわらず、Ｙの意向に沿うよう大幅に設計作業をやり直し、これを完成させており、これらに伴い、Ｘはかなりの額の出費をしている。また、右設計変更後に再度の設計変更がないことを当事者間で確認しており、その間、Ｘは、近隣住民に対する説明、大宮市に対する建築事業計画の適合通知申請、開発行為の許可申請、建築確認申請などを行っているものである。これらの事実によれば、当事者双方は、本件土地、マンションの売買契約の締結に向けて誠実に努力する義務を負っており、Ｘは、そのために自己がなすべき義務をほぼＹの要請に沿った形で履行してきているのであるから、Ｙは、前記正当な理由ないし特段の事情（以下「正当な理由等」という。）のない限り、本件土地、マンションの売買契約に応ずべき信義則上の義務があり、正当な理由等もないのに、本件基本協定を破棄し、売買契約の締結を拒否することは、信義則上の義務に違反し、Ｘに対する不法行為として、Ｙは、Ｘの被った損害について賠償する責任を負う」。Ｙに正当な理由等があるか否かについては、「平成3年5月の段階で、建物の階数を減らすなどの設計変更や単価変更をＹが要請したことは、正当な理由があるものとはいえず、他にＹが本件基本協定を破棄したことについて正当な理由等があるとは認められない」とし、Ｙは、信義則上の義務に違反し、本件基本協定を破棄したことは違法であり、Ｘに対する不法行為に当たるとして、Ｘの請求を一部認容した。損害は本書226頁。

⑤【東京地判平12・5・19WL】
　　売却予定者Ｘ1・Ｘ2（宅建業者）は、建物を建築して土地建物を一括して買

3 信義則上の義務違反の成否

受予定者Y（宅建業者）に売却する基本協定を締結した。基本協定は、土地建物等の単価などが暫定的に定められていたが建物の構造・規模・使用などは未定で総合設計制度の許可、建築確認を受ける必要があり、国土法の届出の結果、予定した売買代金の見直しが必要となる不確定要素があり、後日、予約契約及び本契約を予定していることなどを定めた。Yは、国土法の届出に協力しなかったため、Xらは、信義則上の義務違反を理由に損害賠償請求した。

裁判所は、「本件基本協定において本件土地建物の所有権移転時期などが相当詳細に定められ、X側及びYら側がその内容につき口頭の合意をしていた本件基本協定補足書においては本件土地建物の単価等が暫定的に定められていたとはいえ、本件基本協定締結の段階では、本件建物の構造、規模、仕様等は未定であって、総合計画制度の許可及び建築確認を取る必要があり、さらに、国土法届出の結果によっては予定した売買代金の見直しが必要となる等不確定な要素があり、本件基本協定自体、後の予約契約及び本契約を予定していたのであるから」、売買契約・売買の予約ということはできない。Xら、A設計、B、Yとの間で、「本件プロジェクトについて、建築確認や国土法届出に対する不勧告通知を受けた後に本契約を締結することを目的として、売買契約締結の準備段階においてなされた合意」とし、Yに本件土地建物の売買契約・売買の予約を締結する義務が生じたとはいえない。しかし、「本件基本協定の前記詳細な内容に加え、Yは、本件協定締結の半年以上前からXらと本件プロジェクトについて交渉しており、既に前年にBが本件プロジェクト実現のために本件土地1の所有権を取得していることを前提に、X2が更に右土地をBから取得することを内容とする本件基本協定を締結していること、また、Yは、本件基本協定書作成の段階では、既に確実な転売先としてCを予定し、その買付申込書を得ていたこと等を考え合わせると、本件基本協定は、単に交渉を円滑にするために今後の協議や手順の概要を確認するだけの事実上の効果を有するにとどまらず、その締結によりXらとYには本契約の締結に向けた緊密な関係が生じたというべきであって、その後は、お互いに、特段の事情がない限り、本契約が成立するとの合理的な期待を抱かせるに至ったものというべきである。したがって、この合理的な期待を裏切り、特に正当視すべき理由もないのに、契約の締結に向けた行為に出ることを一方的に拒絶することは、契約準備段階にある当事者として信義則上の義務違反となり、その者は、相手方に対して不法行為に基づく損害賠償責任を負う」とし、Yが契約締結を拒絶する正当な事由に関する主張を排斥しXの請求を一部認容した。正当な事由があるかどうかは本書219頁、損害は本書227頁、228頁。

イ 仮契約書の締結

仮契約書は文字通り正式な売買契約書ではないが、当事者は、仮契

仮契約書

第6章　契約交渉の不当破棄

約書に基づき売買契約を締結する義務を負い、正当な理由なく契約締結を拒否することは債務不履行に当たる。後掲東京地判昭57・2・17は正当な理由を認めた事案である。

【東京地判昭57・2・17判時1049号55頁】
　　事案は本書173頁。裁判所は、Ｙ１は、本件仮契約書の当事者ではないとした上で、「本件仮契約は、正式な売買契約を締結することを目的とするものであるから、その性質上、ＸらとＹ２とは、互いに、売買契約が締結できるように努力すべくその売買契約に盛り込むべき具体的細部事項について誠実に交渉をなすべき義務を負うに至ったものというべきであり、正式契約を締結させることが公平の見地からみて不合理である事情が判明するなどの正当な事由が存在しないのに、当事者が正式契約の締結を拒否すれば、右誠実交渉義務違反による債務不履行の責を免れない」。本件について、Ｙ２が売買契約締結を拒否した理由が転売先が買収を中止したことがあったが、本件土地の地役権が設定され「本件仮契約が締結された当時、地役権による負担の及ぶ範囲も未確定であって、正式契約までになお調査、検討することとされていたのであるから、本件地役権の存在が買主の将来における本件土地の利用上相当な障害となり、それが当初から判明していたならば売買契約の締結を差し控える程度のものである場合には、買主は、これを理由に売買契約の締結を拒否することができるものと解するのが相当である」。「本件土地の買主が本件土地に建物を建てようとする場合、本件地役権ないし高圧線の存在が相当の障害となることは明らかであり、かかる事実関係を売主が当初から説明し、又は買主においてこれが判明していたならば、買主としては、その使用目的いかんによっては売買契約の締結を差し控える程度のものであるということができ、してみるとＹ２の売買契約の締結拒否には正当の事由があったものというべきである」とし、Ｘの請求を棄却した。信義則違反の有無は本書219頁。

売買契約書案　(5)　**不動産売買契約書案の送付**

　契約交渉の協議・調整が進むと、仲介業者が重要事項説明書や売買契約書の案文を作成して契約予定当事者に交付し細部にわたる検討が始まる。案文の検討は、売買契約締結に向けた最終的な準備作業の段階に当たり、契約書の案文が固まると売買契約書の締結を残すだけとなる。売買契約書の案文を交付、検討することをもって売買契約が成立したとはいえないが、案文の検討に入った段階で、相手方に対し確実に契約が成

3 信義則上の義務違反の成否

立する期待を与えることとなり、相手方の期待を侵害しないよう誠実に契約の成立に努めるべき信義則上の義務を負う。

後掲②は、契約交渉が重ねられ大詰めを迎えた段階で買受予定者Ｙが社内稟議を諮るのと並行して売主業者Ｘに対し売買契約書案を送付したことが「契約締結が確実である旨の信頼を与えた」としＸの損害賠償請求をして一部認容した。買受予定者は、当時東証二部上場の分譲業者（宅建業者）で、担当用地部長が土地購入には社内稟議が必要であることを売主業者に告げ、契約書案を送付・検討している段階では売買代金額についていまだ双方合意が整っていなかった。Ｙは、Ｘが提示した売買代金額を社内稟議にかけるとともに同額を記載した売買契約書案を売主業者に送付している。これは、社内稟議が下りれば契約締結ができるよう備えているものであるが、不動産売買では一般的に見受けられる取引手順である。取引価格が６億円を超えるきわめて高額な事業用物件であることから、最終的に取締役会に諮って契約締結の承認が必要であることは当然のことであり、売却予定者は宅建業者であることから事業の採算性が検討され社内稟議が下りなければ売買契約が締結できないことも十分理解しうることなどに照らすと、裁判所が、売買契約書案を送付したことをもって相手方との間で「売買契約が締結されることは確実であるという信頼を与えたもの」として信義則違反に該当すると判断するのは、事業用物件に関する売買の取引事情の評価が乏しくいささか疑問がある。

① 【福岡高判平７・６・29判時1558号35頁】

買受予定者Ｙ（宅建業者）九州支店は、平成２年５月23日、本件土地を分譲マンション用地として「専有面積買い」するため、売却予定者Ｘ（宅建業者）に対し、11月13日、Ｘにおいて開発許可の取得、宅地造成工事の完成後、Ｙが本件土地を坪当たり55万円で買受ける旨の買付証明書をＸに交付した。同書面には有効期限を３か月としＹ本社の稟議決裁が下りることを条件とする旨記載されていたが、担当者甲は、前向きに進めるよう精一杯努力する旨Ｘに伝えていた。Ｙは、坪単価の減額を申し入れたため、Ｘは、坪単価50万円とする売渡承諾書を交付した。Ｙは、マンション購入者が住宅金融公庫から融資を受けられるようにするため事業承認を受け、Ｙ名義で建築確認を受け、電柱などの設置工事をさせ、本件

第6章　契約交渉の不当破棄

売買契約を締結する旨の協定書案を自ら作成して5月15日にファクシミリでXに送信し各書面に署名押印を受け、同月30日に売買契約書などの作成、代金決済を行い地鎮祭の日取りを確認し同月23日に売買契約書案をファクシミリで送信したが、その後、Yは売買契約の締結を拒否した。Xは、売買契約・売買予約に基づく違約金請求をしたところ、原審はXの請求を棄却し、控訴審では予備的に契約締結上の過失に基づく損害賠償請求した。

裁判所は、Xの売買契約・売買予約が成立したとの主張を排斥したが、「以上の認定した一連の事実経過に鑑みると、本件売買契約の締結に向けて、むしろYの方が主導的に手続きを進めていたことが明らかである。確かに、前記買付証明書にはY本社の稟議決裁を条件とする旨が記載されており、Xとしてもこの点は認識していたものではあるが、甲は契約締結に向けて精一杯努力することを約束しており、右時点以降、Yが本件土地の購入を断念する旨の通知をするまでの間に右条件が改めて確認された形跡を窺うことはできない上、本件売買契約締結に向けられたY九州支店のその後の行動、交渉経緯等に鑑みると、Xにおいて右交渉の結果に沿った本件売買契約が成立することを期待し、そのための準備を進めたのも無理からぬものがあったと言うべきである。そして、契約締結の準備がこのような段階にまで至った場合には、YとしてもXの右期待を侵害しないよう誠実に契約の成立に努めるべき信義則上の注意義務があるのが相当であって、Yが正当な理由もないのにXとの契約締結を拒んだ場合にはXに対する不法行為が成立する」。Yが本件売買契約の締結をしなかったことにつき正当な理由があることを認めるに足りないから過失による不法行為を構成するとし、Xの請求を一部認容した。損害は本書227頁。

2【東京地判平15・6・4 WL】

買受予定者X（宅建業者）は、Aから本件土地を購入しマンション建設として転売するため宅建業者Yの東関東支店と協議したが、同支店は購入を断念した。その後、Xは、建築確認を取得し建築確認付マンション用地として売却することをY本店に持ち掛けた。Xは、平成13年10月2日、Y本店の用地部長甲に対し、売買価格6億2400万円を提示し、甲は、本件土地の購入には社内稟議が必要であるが前向きに検討したいとの趣旨を伝えた。甲は、同月25日、Xに6億円を申し入れ、同額は担当役員レベルにまで打診したうえで稟議が通る確実に見込まれる価格であった。Xは、同月26日、Y本店に売買代金額として6億1400万円を記載した売買契約書案をファックスで送った。甲は、同額で稟議を上げ、同月30日、Xに対し同額を記載した「契約書案」をファックスで送付した。約1週間後、Y本店は、本件土地の購入を見合わせるとの結論を出し、甲は、Xに対し、その旨伝えた。Xは、①主位的に売買契約の債務不履行に基づく違約金請求、②予備的に信義則上の義務違反または不法行為を理由に損害賠償（地価下落による損害、

3 信義則上の義務違反の成否

土地購入代金の利息相当額、固定資産税など、設計費用、マンション建築準備費用）を求めた。

裁判所は、①について、「平成13年10月2日にはXが本件土地の売買代金額を6億2400万円としたい旨申し入れたのに対し、同月25日にはYが本件土地の売買代金額を6億円としてほしいと申し入れたにとどまり、いずれの段階においてもXY間に本件土地の売買代金額について合意が成立したとは認められない。（略）Yが本件土地につき売買契約を締結するためには、社内の稟議を経る必要があり、Yが同月30日にXに送付したY契約書案がいまだ稟議を経ていない段階のものであることは、Xにおいても十分認識していたと認められるから、Yが契約書案を送付したことをもって、本件土地についての売買契約が成立したとは認められない」。②について、「本来、契約自由の原則の下においては、契約交渉を行う当事者は、互いに自己の条件を主張し合い、その調整がつかないときには交渉を打ち切る自由を有しているといえるから、その間必要となる費用については、結果的に無駄な支出となる可能性を考慮した上でこれを自ら負担すべきであって、相手方が契約交渉を打ち切ったことのみをもって、直ちに、相手方に対しそれまでに支出した費用等損害の賠償を請求できるものではない。しかしながら、契約交渉の開始から、契約締結までの間に相当の期間を要し、その間、当事者双方において、契約の締結に向けた様々な準備行為を必要とする場合において、契約交渉が具体的に進展し、当事者の一方が相手方に契約締結が確実である旨信頼を与えたときは、その当事者は、信義則上、契約交渉を正当な理由なく一方的に打ち切ってはならない義務が生じ、これに違反した場合には、相手方において契約締結が確実である旨信頼したことによって被った損害を賠償すべき義務を負うというべきである」。XとY本店との交渉過程において、ⅰ）XとY本店との交渉過程においては、本件土地の代金をいくらにするかがもっぱら問題となり、他には契約締結の障害となる大きな問題点はなかったこと、ⅱ）Xは売買代金として6億2400万円を示し、これに対しYは6億円を申し入れ、Xが6億1400万円を提案し、双方の希望する売買代金額がその差1400万円にまで至り、XY間の交渉はかなり合意に近づいていたこと、ⅲ）この段階において、Yは、Xに対し売買代金額を6億1400万円とする売買契約書案を送付したこと、ⅳ）これがYにおける稟議を経たものでないことはXも十分承知していたと認められるが、「Yが売買代金6億円でなければ本件土地を購入する余地がないというのであれば、このような契約書案を送付する必要はないのであり、しかも、Y契約書案の内容は、第1条から第28条にわたるきわめて詳細なものであり、その体裁も、双方の署名押印欄が設けられ、物件目録も添付されるなど、合意に至ればそのまま契約書として使えるだけの体裁が整っていたこと」を認定し、「この時点で、Yは、Xに対し、売買代金額がXの希望どおり6億1400万円になるかどうかはともかくとして、Yとの間で売買契約が締結されることは確実である（少なくとも正当な理由なく一

第6章　契約交渉の不当破棄

方的に契約交渉を打ち切られることはない）という信頼を与えたものであり、信義則上、契約交渉を正当な理由なく一方的に打ち切ってはならない義務を負うに至った」とした。ただし、Xが主張した損害は、YがXに対し契約締結が確実である旨の信頼を与えたことによる損害とは認められないとしXの請求を棄却した。

③【東京地判平20・11・10判時2055号79頁】
　事案は本書178頁参照。裁判所は、売却予定者X（宅建業者）と買受予定者Y（宅建業者）が契約交渉過程で合計7通の契約書案を取り交わしたことについて、売買契約の成立を認めなかった。信義則上の義務違反の成否について、「YはXに取り纏め依頼書及び買付証明書を交付し、その後、約3か月の間に7通の契約書案を交換して売買契約の成立に向けて交渉を進め、主たる問題であった本件排水管の処理と本件土地及び隣地の明渡時期に関連して売買代金額や支払時期等についても、YがXに7月31日案を交付するころまでには、前者につき、Xが遮断工事を平成19年9月末日までに完了すること、後者につき、本件土地は時間貸駐車場の立ち退きが同年5月25日に完了し、隣地の明渡時期が当初の予定より遅れる分売買代金を減額し4000万円の支払を留保することで、それぞれ解決し、7月31日案をもって最終的に合意すべき条件がほぼ確定していたことが認められる。（略）Xは、交渉経緯の中でYの求めに応じ、あるいはYの了承を得て、契約成立の準備行為として、平成19年5月9日から同月21日までの間に対象物件所有者から本件排水管の移設又は付け替えについての同意書を取り付け、同月16日にはAとの間で時間貸駐車場の賃貸借契約を解除することを合意し、同月24日までに本件土地から立ち退かせ、同年7月9日から遮断工事を実施しており、Yも、これらのXの準備行為を認識して、交渉を継続していたことが認められる。以上の事実関係に照らすと、Xが、Yとの間で、本件売買契約が確実に締結されると期待したことには合理的な理由があり、遅くとも同月31日の時点で、Yには、契約準備段階における信義則上の注意義務として、Xのかかる期待を侵害しないよう誠実に契約の成立に努める義務があった」とし、Yの売買契約中止の通告が契約準備段階における信義則上の注意義務違反に当たり、不法行為に基づき損害賠償責任を負うとし、Xの請求を一部認容した。損害は本書227頁、契約締結を拒否したことについて正当な理由の有無は本書219頁。

④【東京地判平21・2・19WL】
　買受予定者Yは、平成19年10月15日、売却予定者Xに対し、買付申込書（坪単価220万円、買付金額9億6918万8000円）を提出し、翌日、買付価格9億5500万円の買付申込書を提出し直し、Xは、同額での売却を承諾した。同月19日、Yは

Xに売買契約書案を送付し、Xは、社内で案文の内容で契約を締結することを決定した。XとYは、同月26日に正式に売買契約を成立させる予定であったが、Xは、代表者印を外部に持ち出すことができないことから、Yに対し、事前に契約書にY側の記名押印をして交付するよう要請した。Yの担当者は、同月23日、売買契約書の買主欄にYの記名押印をし、印紙を貼って消印しXの担当者に交付し、同一内容の契約書に印紙を貼付せずXの担当者に交付した（いずれも日付は未記入）。契約書は手付金を1500万円とし、「手付金は、本日買主より売主に交付し、売主はこれを受領した」と定めているが、Yは、Xに手付金を交付していない。その後、Yは、売買契約締結の延期を申し入れ、11月5日、A作成のY宛の買付証明書（8億5900万円）をXに交付した。Xは、平成19年11月5日に売買契約が成立したがYが一方的に契約を破棄したと主張し、①主位的に本件手付解除の特約に基づき手付金相当額1500万円を請求し、②予備的に債務不履行に基づく損害賠償請求をした。

裁判所は、①について、「①本件契約証書には手付金に関して、［手付金、契約違反による解除などの］条項が記載され、いずれも売買契約成立時に手付金1500万円が買主であるYから売主に交付されていることを前提としての約定となっているにもかかわらず、YからXに対して手付金の交付はなされていないこと、②Xが記名押印をした契約書面がYに対して交付されていないこと、③本件ではX、Yのいずれからも、契約を解除する旨の意思表示がなされたとは窺えないこと等の事実に加えて、［前記］経緯からすると、Xの主張のように本件売買契約が平成19年10月26日あるいは同年11月5日に成立したとは到底認めがた（い）」。「本件手付特約も、買主であるYは既に交付した手付金を放棄して契約を解除することができると規定しているに過ぎないので、Yが手付金を交付していない本件において、Xが同特約に基づいて1500万円の支払いを請求することができると解するのも困難である」。②について、本件売買契約の成立が認められないため、XのYに対する本件売買契約の債務不履行に基づく損害賠償請求には理由がない」とし、Xの請求を棄却した。

(6) **契約締結予定当日の契約締結の拒否**

後掲①は、売買代金額が合意された上で契約書案が作成されたが契約書は未調印に終わった事案である。

① 【東京高判昭54・11・7判時951号50頁、上告審：最判昭58・4・19判時1082号47頁】
売主Yと買受予定者X（建売業者）は、土地売却交渉の結果、売買代金のほか約定すべき事項について了解し、公正証書による売買契約書を締結する日を取り

第6章　契約交渉の不当破棄

決め、Xは信用金庫から本件土地の購入資金の融資を受けた。契約当日になって、Yは、契約締結の延期を申し入れ、その後、建物取壊し費用の負担をXに求める申し入れがあり、Xはこれに応じ、改めて契約締結日を取り決めた。Xは、売買契約書用紙に代金額などを書き込み、買主名欄にXの記名用ゴム印を、Yが売主名欄にYの記名用ゴム印を、それぞれ押捺し、Y自ら建物解体などに関する事項を記載した書面をXに交付した。Xは、金融機関から購入資金の融資を受け、契約締結当日に手付金を持参して公証役場に出向いたところ、Y側関係者は姿を見せなかった。Yは、本件土地を東京都墨田区に売却していた。Xは、Yに対し、①主位的に売買契約が成立したとして違約金請求または損害賠償請求、②予備的に契約締結上の過失に基づく損害賠償請求を求めた。

　裁判所は、①について、売買契約の成立は認めなかったが、②について、Yは、「右交渉の結果に沿った契約の成立を期待し、そのための準備を進めることは当然であり、契約の準備がこのような段階にまでいたった場合には、Yとしても Xの期待を侵害しないよう誠実に契約の成立に努めるべき信義則上の義務がある」。「Yがその責に帰すべき事由によってXとの契約の締結を不可能ならしめた場合には、特段の事情のない限り、Xに対する違法行為が成立する」とし、融資に伴う利息等の損害を認めた（不法行為責任）。判評：石田喜久夫・民商法雑誌89巻2号133頁。損害は本書227頁。

② 【福岡高判平5・6・30判時1483号52頁】

　買受予定者Xは、スポーツセンター建設用地として、売却予定者Yら3名共有の本件各土地の買受け交渉し、Xが「不動産売渡に対する請書」、Yらが「不動産買受け申込みに対する請書」を提出し、国土法23条の事前届出、不勧告通知後に平成元年10月20日に所有権移転登記と代金支払を一括決済する売買契約を締結することになった。決済日前日になって本件各土地の登記済証がないことがわかり、協議の結果、Y側の仲介業者の要請で保証書による所有権移転登記とXによる担保権設定による代金先払いをすることで、Yら側の仲介業者は了承した。決済日に、Xは、売買代金額に相当する銀行振出小切手を持参したが、Yらのうち1人が担保提供することが保証人となる可能性があるとの理由で担保権設定に難色を示した。その数日後、保証書による所有権移転登記申請をし、法務局から売主に送付される確認申出書と代金支払とを引き換えに一括決済することとし、右決済日を確認申出書がYらに到達する日の翌日と決め、登記委任状にYらの署名押印を得て、保証書による所有権移転登記申請をし、本件各土地上の建物滅失登記手続について話し合い、第2回の決済期日午前中に滅失登記のための書類もXに届けられたが、Yらは、当日になって保証書による所有権移転登記手続を拒否した。Xは、Yらに対し、原審で、①主位的に売買契約に基づく所有権移転登記手続・引渡し請求、控訴審で、②予備的に信義則上の義務違反による損害賠償請

求をした。

　裁判所は、①について、XとYらは、「本件各土地についての売買契約を締結するべく、その仲介業者らを介して準備を整え、売買物件、売買代金等売買契約のための重要な事項についての合意が成立していたと言うことができるが、結局は、売買物件である本件各土地の所有権移転登記と代金の支払いとを平成元年10月20日に一括決済することとしたのであるから、この段階では、右の一括決済時に売買契約が成立し、同時に履行もなされる予定であったと解される。（略）本件は、あくまでも、所有権移転登記手続と代金支払いとの一括決済によって売買契約を成立させ履行も終了させる合意の形成過程にあったというべきである」とし、Yらの拒否により売買契約の成立には至らなかったとした。②について、「Xとしては、右交渉の結果に沿った契約の成立を期待し、そのための準備を進めることは当然であり、契約締結の準備がこのような段階にまで至った場合には、YらとしてもXの期待を侵害しないよう誠実に契約の成立に努めるべき信義則上の注意義務があると解するのが相当である。Yらが、正当な理由がなくXとの契約締結を拒否した場合には、Xに対する不法行為が成立する」とし、Xが金融機関から融資を受け負担した取扱手数料、利息などを損害として認めた。損害は本書227頁。

4　契約締結拒否の正当性

　契約交渉を始めても、最終的な段階に至るまで当事者は契約を締結するかどうかを意思決定する自由がある。当事者の一方による契約交渉の打ち切りや契約締結の拒否が相手方の信頼を裏切るかどうかは著しく信義則に違反するだけの事情が認められるか否かにある。契約交渉を打ち切ったり、契約締結を拒否することに正当な理由がある場合、信義則上の義務違反には当たらない。契約締結を拒否した時期、拒否した理由、契約締結を拒否する者の免責事由の有無などを勘案して判断する。

(1)　信義則違反を認定した裁判例

　事業用物件の売買では、協議交渉が長期間にわたるため、協定書締結後、特に買受予定者が協定書締結当時の経済情勢が悪化したことを理由に契約締結を拒否することが多い。事案の多くは、売却予定者が他から土地を仕入れて自らマンション建設した上で転売するか、または開発許可等の許認可を取得して土地とともに他の宅建業者（分譲業者）に"1棟売り"する取引形態である。このような取引は、売却予定者が素地

第6章　契約交渉の不当破棄

（造成前の土地）そのものを売却しても利益がないため、売却予定者において開発許可、建築確認等の許認可手続を取得し地上建物を建築して付加価値を高め売却するという事業スキームである。バブル経済による地価が高騰したが、平成元年12月に土地の投機的取引の規制等を基本理念とする土地基本法が制定され平成2年4月に金融機関の不動産関連融資について総量規制が実施され、これを契機に同年秋以降地価の沈静化し始め、大都市圏では地価が大幅に下落し、平成3年10月頃から景気後退に入りバブル経済が崩壊した。裁判例をみれば、協定書締結がバブル経済の崩壊期またはその後に当たり、買受予定者も売却予定者も宅建業者であるが、バブル期の地価高騰の勢いを背景に分譲マンション物件の取得に奔走し、その後の急激な地価暴落は予測していなかったことがうかがわれる。当時、地価暴落は容易に予測できるものではなかったが、この種の事業用物件は素地の取得から分譲販売まで約2、3年の期間を要し、その間の経済情勢や不動産市況の変化は、当事者がそれぞれリスクを負担して事業遂行するものであり、単純に不動産市況の悪化を理由に契約締結の拒否を正当化することはできない。

　前掲東京地判平5・1・26本書207頁は、買受予定者がワンルームマンションの販売状況が悪化したことを理由に挙げて契約締結を拒否した事案について、「右のような状況になったとしても、ワンルームマンションの販売が不可能になったわけではなく、またこのような状況になったことにつきX［売却予定者］には全く責任がない」とする。前掲東京地判平6・1・24本書208頁は、買受予定者がバブル景気の崩壊によるマンション市況の悪化を理由に契約締結を拒否した事案について、買受予定者は「大手のマンション販売業者であるから、本件協定を締結するに当たっては当然景気の動向等諸般の事情を総合的に検討したはずであり、それにもかかわらず本件協定締結後わずか1年で市況の悪化を理由に売買契約の締結を拒否するのは、正当な理由であるとは認め難い」とする。前掲東京地判平8・3・18本書209頁では、買受予定者が不動産不況を理由に設計変更、単価変更を求め、売却予定者がこれに応じなかったため契約締結を拒否した事案について、正当な理由に当たらないとする。後掲東京地判平8・12・26は、買受予定者がマンション市

況の悪化を理由による契約締結を拒否したことに正当な理由がないことを詳細に判示する。同旨：東京地判平10・10・26本書175頁。前掲東京地判平20・11・10本書216頁は、「不動産市況の悪化それ自体は外部的事情であるが、その悪化によるリスクは、基本的には契約当事者双方がそれぞれの立場において負担処理すべき内部事情であって、誠実に契約の成立に努める義務を免除するような正当な事由とはいえない」とする。また、売却予定者が建築分譲マンションの建築確認を受けて売渡すことを合意し建築確認を受けた後に買受予定者が建築費用からみて事業採算性に問題が生じたことなどを理由に契約締結を拒否することは正当な理由があるとは認められないとした前掲東京地判平12・12・4本書205頁がある。

　もっとも、事業用物件の売買において用地取得費用と建築工事費用などの事業採算性を前提に契約交渉がなされ、売買価額が算定された交渉過程が明確であるとか、売買契約締結の前提となる条件が買付証明書、協定書などに明確に盛り込まれ、これに照らすと、交渉経過後、当事者の責めに帰すべからざる事情により事業採算性が著しく合わない場合には事情が変更したとして契約締結を拒否する合理的な理由が認められる余地はありうる。

① 【東京地判平8・12・26判時1617号99頁】
　売却予定者Xと買受予定者Y（宅建業者）は、本件土地上にYの承認した設計・仕様に基づく分譲リゾートマンションを建築し、YがXから買取り分譲する旨の基本協定を締結した。Xは、開発行為の許可、建築確認を受け、Yに対し土地建物の売買について国土法に基づく届出の協力を求めたところ、Yはこれに応じず、Xに対し事情変更を理由に売買契約の締結を拒否した。Xは、信義則上の義務違反を理由とする債務不履行または不法行為に基づく損害賠償を求めた。
　裁判所は、「右認定及び本件基本協定の前記内容を考慮すれば、本件基本協定は、開発許可及び建築確認を取得し、国土法23条に基づく届出手続をした後、不勧告通知が出ることを前提に、改めて土地建物に関する売買契約を締結することを目的として、売買契約締結の準備段階においてされた合意というべきである。本件基本協定中には、売買予定対価及びその支払方法、土地所有権の移転及び所有権移転登記の時期等の定めがあるほか、本件建物はYが希望し承認した設計・仕様に基づくものとし、その建築費は法延床面積1坪当たり90万円を限度として

第6章　契約交渉の不当破棄

Xが負担するが、これを超過する部分はすべてYの負担とし、施工業者との間の建築請負契約上の債務についてもYが免責的に引き受け、開発行為及び建築確認の取得もYの同意の下に行うことが定められ、他方、Xの義務として、開発許可及び建築確認の前提となる本件土地と隣地との境界線及び境界点の確認と実測図の引渡、有限会社A所有の建物の収去による土地の更地化、借地部分についてXによる所有権の取得などが具体的かつ詳細に約定されている。国土法24条の勧告がされた場合には売買予定対価の見直しが必要となるなど不確定な要素もあり、売買の予約ということができないことは、Xも自認するところであるが、本件基本協定の成立によりXとYとの間には本件契約の締結に向けた緊密な関係を生じ、その後、開発許可及び建築確認の段階にまで進んでいる以上、特段の事情がない限り、本契約が成立するとの合理的な期待を抱かせるに至ったものというべきである。したがって、この合理的な期待を裏切り、特に正当視すべき理由もないのに、契約の締結に向けた行為に出ることを一方的に拒否することは、契約準備段階にある当事者として信義則上の義務違反に当たるから、その者は、相手方に対して不法行為による損害賠償責任を負うものといわなければならない（最高裁昭和59年9月18日判決・裁判集民事142号311頁、同平成2年7月5日判決・裁判集民事160号187頁参照）」。「Yが売買契約の締結に向けた国土法23条に基づく届出手続の協力を拒否したのは、主としていわゆるバブル経済の崩壊によるリゾートマンション市況の悪化が理由であると認められるが、Yは、前示のとおり、土地の造成分譲及び建売等を目的とする資本金4億円の会社であり、本件事業に先立ち、XがBに設計・販売計画を委託した分譲リゾートマンション32戸を昭和63年8月から9月にかけて完売した実績も有している。地価高騰を防ぐねらいで、金融機関の不動産業向け融資残高を規制するいわゆる総量規制が平成2年4月から実施されていたことは公知の事実であるから、同年11月30日に至り、YがXとの間で、その第2次事業としてのリゾートマンション169戸の分譲を目的とする本件基本協定を締結するに当たっては、景気の動向やリゾートマンション市況の現状及び今後の見通し等の諸般の事情を総合的に検討したはずである。また、本件基本協定には、Xの責によらざる事由により開発許可及び建築確認が当初の予定により遅延した場合は、X及びYが改めて期限の延長をすることができる旨の約定も存在している。それにもかかわらず、X側の事情で開発許可及び建築許可が遅延した事情があるからといって、本件基本協定の締結から約2年3か月後に、本契約の締結に向けた行為に出ることを一方的に拒否することは、本契約が成立するとのXの合理的な期待を裏切るものであり、特に正当視すべき理由もない」とし、Yには信義則上の義務違反行為があり、Xに対する不法行為による損害賠償責任を負うとし、Xの請求を一部認容した。損害は本書227頁。

2 【東京地判平12・5・19WL】

4 契約締結拒否の正当性

事案は本書210頁。買受予定者Yは、売却予定者Xとの間で"売建方式による土地建物売買契約"に関する基本協定書を締結したが、バブル経済の崩壊による不動産不況の悪化により本件プロジェクトを見直し国土法の届出に協力しなかった。

裁判所は、「Yは、不動産の売買、その仲介及び鑑定等を目的とする株式会社であり、平成2年3月の大蔵省銀行局長通知により地価高騰を抑える目的で、金融機関の土地関連融資残高を規制するいわゆる総量規制が実施されていたことは前記で認定したとおりであるから、Yは、本件基本協定後、少なくとも本件変更基本協定の締結の段階においては、本件プロジェクトを行うに当たって、景気の動向や不動産市況の現状及び今後の見通し等諸般の事情を総合的に検討し得たはずである。以上の諸点を総合すると、平成3年12月26日に締結された本件変更基本協定により国土法の届出期限を定めた後、わずか5か月余りで、著しい不動産価格の下落を理由として本件国土法届出に協力せず、本件基本協定から約1年9か月が経過した段階で、本契約の締結に向けた行為に出ることを一方的に拒絶することについては、正当な事由があるということはできず、本契約が成立するとのXらの合理的な期待を裏切ってはならないとの信義則上の義務に基づく損害賠償責任を負う」とした。

(2) **信義則違反に当たらないとされた裁判例**

買付証明書等が交付された時点で、売買代金額について合意に達していても、その後、契約締結時期、引渡し時期などが重要な取引条件として協議され、交渉を重ねても調整できないことがある。特に事業用物件は、たとえ売買代金額が合意に至っても、事業用に供する土地に対する開発行為・建築確認などの許可や取引物件と隣地との境界承諾書を取得できないと、着工時期、引渡し時期が遅れ、結果として当初の事業計画が大幅に遅れ、マンション建設などの事業化を達成できないため、開発行為などの許認可の取得や境界承諾書の取得は買受予定者にとっては契約締結のための重要な前提条件である。個人の居住用物件でも売却予定者が所有地の売却代金で移転先（買換え物件）の確保を予定している場合には、移転先の確保や売買代金の支払時期や支払方法が契約締結のために重要な取引条件となる。信義則違反に当たらないとするには、当事者の一方が相手方に対し、契約締結に当たって不可欠な取引条件や前提条件について契約交渉過程において提示されていること、または取引の

信義則違反に当たらない認定事例

第6章　契約交渉の不当破棄

相手方もこれらの条件の重要性を十分認識できることが必要であろう。当事者間で協議を重ねたものの、最終的な段階に至っても重要な前提条件が調整できないとか解決できなければ、もはや契約締結に向けて交渉を続行すべき義務は負わず、当事者の一方が契約交渉を打ち切ったり契約締結を拒否したとしてもその一事をもって不当とはいえず相手方に対する信義則違反には当たらない。また、売買の目的物について抵当権などが設定されたり、法令上の制限があり、買受予定者にとって負担または制限なき目的物を取得できない場合は、契約締結を拒否することは正当な理由があるといえる（地役権の設定について東京地判昭57・2・17本書173頁、212頁）。

①【東京地判平18・8・31WL】
　買受予定者X（宅建業者）は、売却予定者Yの所有地（本件土地）をマンション用地として取得するため、平成17年8月23日、Yに対し買付証明書（買受価格6億9000万円）を提出し、Yの求めに応じて、9月2日、買受価格7億5300万円とする不動産取り纏め証明書を提出し直したが、Yが買受価格に難色を示したため7億7228万円とする同証明書を提出した。Yは、新規事業の運転資金に必要であったため平成17年12月中旬までに売却完了を望んでいたが、Xは、決済や開発計画との関連から平成18年5月頃の決済を望んでおり、代金の決済時期などについてかなり隔たりがあったが、Xが、9月9日、売渡承諾書（7億7228万円、有効期限を発行日から30日間）を用意し、担当者も決済時期の調整可能であると説明したため、Yの希望が受け入れられるものと考え、Xが用意した売渡承諾書を受領し、翌日、Xに郵送した。Xは、同月15日、Yに対し、売買代金の支払方法として契約時に10％、中間金10％、平成18年2月に残代金を提案したが、数日後、Yは、現段階ではXの提案を拒絶する旨回答し、次いで現段階では契約締結は難しい旨伝えた。Xは、Yと面談し、Yが希望する契約締結後2か月後に残代金を決済することを了解する代わりに本件土地の一部を別決済するとの提案をした。Yは、本件土地全部を売買対象としていたにもかかわらず、今頃になって一部を除外する理由が納得できず、駆け引きをされているなどと感じて不信感が募り、Yは、Xの提案を了解できないとXに回答した。Xは、本件土地の一部の分割決済を取り下げる旨連絡したが、Yは、ころころ条件を付けるのかなどと言って、Xとの売買契約を締結できない旨回答した。Xは、Yの要望をすべて受け入れることを示して再度契約締結を要請したが、Yは、Xの態度に不信を抱かざるを得ないなどとして売買契約を締結しない旨回答した。Yは、売渡承諾書の有効期限の経過後、本件土地をBに7億7850万円、2か月後の決済を条件に売却し

た。Xは、Yに対し、契約締結交渉義務違反を理由に損害賠償請求した。

裁判所は、「Yは、本件不動産の売買について、Xとの間で、売買代金の総額の合意には至っているが、売買代金の決済時期、支払方法、その他の取引条件等など代金総額と並んで重要な事項についていまだ交渉中であったこと、特に代金決済時期については、新規事業の運転資金が必要であったために平成17年12月中旬までには売買代金の支払いを望んでいたYと決済時期、開発行為及び融資先の金利の返済等のために代金決済時期を平成18年5月頃にしたいと望んでいたXとの間で当初から大きな隔たりがあったこと、その後、XとYとの間で、代金の決済方法について協議が重ねられたが、代金の決済時期が折り合わず、その過程で、Xは、本件不動産を当初一体として売却することを予定していたところ、途中から本件不動産の西側部分の土地を別に売買したいなどの提案をし、その履行について、Yに不信感を抱かせたこと、売渡承諾書に記載された30日間の経過後、Xから、Yに対し、Yの提案をすべて受け入れる旨の書面が送付されたこと、Yは、同書面を受け取った時点では、Xとの間で、本件不動産についての売買契約を締結すること自体に相当な不信感を抱かせていたなどに照らすと、XとYとの間で、本件不動産について、売買契約の締結に至らなかったとしても、Yは、Xとの間で、契約締結に向けて交渉を続行する義務があるとは言えない」とし、Xの請求を棄却した。

② 【東京地判平26・12・18WL】

Y（医師）は、仲介業者AからX（宅建業者）が所有する本件不動産（賃貸収益物件）を紹介された。Y夫婦が現地を訪れた際、本件不動産の南側に接する隣地の私道通路部分に長さ1m程度の太い杭が打たれていることに気付き、Yの妻甲は、Aの担当者乙に対し、隣地の通路部分を通行できるか、境界承諾書の取得の有無の確認を依頼した。現地見分の後、Aから、本件不動産の購入交渉や融資を受けるうえで必要な書類であるとの説明を受け、本件不動産を合計2億2500万円で購入する意向である旨のA宛の不動産取纏め依頼書への署名押印と提出を求められたため、Yはこれに署名押印してAに交付した。乙による重要事項説明時に、Yが上記の点を確認したところ、乙は隣地所有者から境界承諾書を取得できていない旨回答した。Yは、本件不動産を第三者に賃貸する予定であるため、将来通行を巡って隣地所有者との紛争をおそれ、Xとの本件売買契約を締結しないことを伝えた。Xは、①主位的に売買契約の債務不履行に基づく損害賠償請求、②予備的に契約上の過失に基づく損害賠償請求を求めた。

裁判所は、①について、「上記依頼書には、『売主の承諾が得られ次第、売買契約の締結を致します』との記載及び契約予定日を平成24年10月17日などとする記載があるものの、Yは本件銀行から融資が受けられることを前提として購入を検討していたにとどまる上、その時点でYが融資申込手続を行っていた形跡もうか

第 6 章　契約交渉の不当破棄

がわれないことに照らし、本件依頼書は本件不動産の購入を希望する意向を示したものにすぎないもの」とし、ＸＹ間の売買契約の成立を認めなかった。②について、「Ｙと甲は、本件不動産の購入に関する交渉の当初から、隣地通路部分の通行の可否及び隣地所有者との紛争のおそれについての懸念を示し、甲を通じてＸに境界の明示及び通行についての承諾書の取得等の対応を求めていたもので、上記の点についてのＹの懸念ないし不安が払拭されなかったことが契約締結に至らなかった最大の理由であったと認められる。上記のようなＹの意向は、甲が本件不動産の内見を行った平成24年9月28日及び重要事項の説明を受けた同年10月11日に、乙に対して隣地との境界承諾書の取得の有無及び隣地通路部分の通行の可否の確認を求めたことなどから、乙においても十分認識していた上、上記乙ないしＹとのやりとりについては逐次、乙からＸに対して報告されていたのであるから、ＸもＹの上記要望等を認識していたと認められるのであって、Ｙに本件売買契約の契約締結に努めるべき信義則上の義務があったと認めることはできない」し、Ｘの請求を棄却した。売買契約の成否は「第 5 章　不動産売買契約の成立時期」161頁以下。

損害

5　損害

(1)　損害

　当事者の一方が契約締結を拒否することによって信義則上の義務違反により相手方が損害を被ったという相当因果関係が必要である。損害は、相手方が売買契約が締結されると信頼して行動したことにより支出した費用相当額である（高橋・前掲書127頁、加藤・後掲参考文献 8 頁、東京地判平12・5・19本書210頁など）。当事者間で協定書を締結するなどの先行行為があり、これによって相手方が契約成立を期待もしくは信頼し、その結果、協定書に従って売買契約成立に向けた準備作業（建築設計など）を進め、相手方が出費した費用が損害の対象となる。

〔売却予定者が被った損害〕

①売却予定者が買受予定者との協定書締結後、建築確認申請手続のために建築事務所へ支払った設計監理報酬（東京地判平 5・1・26本書207頁）、設計費用（東京地判平 6・1・24本書208頁）、建設会社に支払った設計報酬、構造計算費用、開発本申請の印紙費用、電波障害事前調査費（前掲東京地判平 8・3・18本書209頁）、設計報酬相当額・建築確認申請等の手数料（前掲東京地判平12・12・4本書205頁）、マ

ンション開発許可申請費用及び建築確認費用(東京地判平8・12・26本書221頁)
② 利息(福岡高判平7・6・29本書213頁)
③ 売買交渉の過程で買受予定者の了承を得て売却予定者が実施した当該土地の配水管の遮断工事費用、当該土地の駐車場解約に伴う収入減(東京地判平20・11・10本書216頁)
④ 売却予定者が買受予定者に対し"売建方式による土地建物売買"のために本件土地を取得した場合、当該取得売買代金が損害にならないが、売却予定の土地が値下がりした部分、取得のための売買契約の貼付印紙額、仲介手数料、司法書士手数料・登録免許税の一部、不動産取得税、不動産鑑定手数料、借入金に対する利息の一部、設計監理料を損害とした(東京地判平12・5・19本書210頁)。
⑤ 特殊な事案であるが、買受予定者が特殊建築物を建築するには、売買の目的物である土地の一定部分が公道に面していなければならないため、協定書締結後、売却予定者が隣地所有者らと道路接続に関する合意をしたが、買受予定者が契約締結を拒否した結果、道路接続が不要となり、隣地所有者との合意を破棄したところ、隣地所有者が売却予定者に対し道路部分の買収を強硬に迫ったため、時価208万6000円を794万円で買わざるを得なかった事案について時価を超えた585万4000円を損害として認めた(京都地判昭61・2・20本書207頁)。

〔買受予定者が被った損害〕
① 買受予定者が契約締結に備えて金融機関から登記費用等の経費をも含めて融資を受けるに際して支払った利息(東京高判昭54・11・7本書217頁)
② きわめて高額な不動産取引において購入資金を金融機関などから融資を受けて調達することは通常予想されることから、買付予定者が一括決済で支払う売買代金をノンバンク(国内信販)から融資を受け、その際に支払った取扱手数料、収入印紙代、司法書士手数料(福岡高判平5・6・30本書218頁)

(2) **過失相殺**   過失相殺

契約の不当破棄によって相手方が損害を被ったとしても、その損害の

第6章　契約交渉の不当破棄

発生と拡大につき相手方にも過失があるときは、損害賠償責任及びその額についてこれが斟酌される（過失相殺、民法417条、722条3項）。過失相殺を主張するには、損害を受けた相手方（被害者側）の過失を基礎づける具体的な事実について主張立証する必要がある（司法研修所「増補民事裁判における要件事実第1巻」16頁、30頁）。例えば、相手方が宅建業者、事業者であれば、契約締結に向けて協議交渉し最終的に契約締結ができるかどうかの見込みや認識は、一般の消費者よりも、当然に備えているといえるから、契約締結への信頼があったと主張したとしても宅建業者であるとの属性に照らすと、そのような信頼をすることが軽率であったとか落ち度があったとか、当事者の一方が契約締結をした理由が相手方の過失にあるときは過失相殺を主張されることが十分予想される。

　売却予定者が取得すべき開発許可・建築確認が遅れ、これがマンション市況の悪化と相まった事情があり、マンション開発事業の挫折という事態もある程度は予測しえないものではないとし、それに伴うリスクも契約準備段階にある一方当事者として多かれ少なかれ甘受していたと推認されるなどを考慮して6割の過失を認めたもの（東京地判平12・12・4本書205頁）、売却予定者が買受予定者との調整に時日を要し、これが不動産市況の急激な悪化と相まって事業の進行を困難にさせたとの事情を考慮して5割の過失相殺を認めたもの（東京地判平12・5・19本書210頁）がある。東京地判平6・1・24本書208頁は、買受予定者が売買契約締結を拒否し信義則上の義務違反を認めたが、売却予定者の過失を2割とした。

《参考文献》
・今西康人「契約準備段階における責任」「不動産法の課題と展望」上巻（有斐閣）173頁
・池田清治「契約交渉の破棄とその責任」（有斐閣）
・平林慶一「契約締結上の義務」小川英明＝長野益三「現代民事裁判の課題①　不動産取引」（新日本法規）44頁
・有賀恵美子「契約締結上の過失」能見善久＝加藤新太郎編「論点体系　判例民法5　契約Ⅰ」（第一法規）18頁

・野澤正充「契約準備段階における当事者の責任」塩崎　勤ほか編「不動産関係訴訟」（民事法研究会）24頁
・加藤新太郎編「契約締結上の過失」（改訂版　新日本法規）
・升田　純「不動産取引における契約交渉と責任—契約締結上の過失責任の法理と実務」（大成出版社）
・堀部亮一「契約締結上の過失」奥田隆文＝難波孝一編「民事事実認定重要判決50選」（立花書房）154頁
・澤野順彦「契約締結の拒否」同編「現代裁判法大系2〔不動産売買〕」（新日本法規）1頁
・鎌田　薫「不動産売買契約の成否」判タ484頁17頁、「売渡承諾書の交付と売買契約の成否」（東京地判昭59・12・12評釈）ジュリ857号114頁
・島岡大雄「当事者の一方の過失により契約締結に至らなかった場合の損害賠償責任」判タ926号42頁

第7章　手付解除と履行の着手

紛争事例

　売主Ｘは、仲介業者Ｚの仲介により、平成〇〇年９月１日、買主Ｙに中古住宅を売却する契約を締結し手付金300万円を受け取った（代金3000万円、引渡し・代金決済期日は10月31日、違約金600万円）。Ｙは、売買代金の支払に充てるため、９月15日、Ｚの仲介によりＹの所有するマンション（手持ち物件）をＡに売却する契約を締結し手付金200万円を受け取った（代金2000万円、引渡し・代金決済期日は10月31日、違約金400万円）。Ｘは、９月30日になってＹへの売却を断念し、Ｚを通じてＹに「手付解除したい」旨を申し入れた。Ｙは、マンションをＡに売却する契約を締結したことが「履行の着手」に当たると主張し手付解除を拒否し、契約を解除するなら違約金を払うよう要求した。Ｚは、ＸＹ間の売買契約、ＹＡ間の売買契約が成立したことを理由にＸとＹに対し仲介報酬を請求した。

事案分析のポイント

《紛争》

・買主が売主の手付解除の効力を争い、売買契約の存続を前提に、売主に対し所有権移転登記手続の履行を請求し、売主がこれに応じない場合、債務不履行を理由に売買契約を解除して手付金返還請求と違約金

請求
・仲介業者の売主・買主に対する報酬請求
《争点》
　手付解除の可否、「履行の着手」に当たるか、仲介業者の報酬請求の可否、仲介業者の仲介報酬請求権は「第13章　仲介報酬」398頁。買換えに関する仲介業者の助言義務は「第15章　仲介業者の説明義務等」469頁。

理解しておくべき事項

1　手付と手付解除
(1)　意義

　手付とは、売買契約の締結に際して当事者の一方から相手方に交付される金銭をいう。取引実務では、売買契約締結時に買主が売主に手付を交付し、交付された手付は決済期日に売買代金の一部に充当する旨、売買契約書で約定されている。手付を交付する合意は手付契約と呼ばれ、売買契約に付随する別個の契約である（高久・後掲参考文献258頁など）。　　　　　　　　　　　　　　　　　　　　手付契約

　手付にはその性質によって、証約手付、解約手付、違約手付、損害賠償額の予定がある。手付の性質は「第4章　不動産売買契約書の読み方」112頁。

　解約手付とは売買契約の解除権を留保する効力を付与したものをいい、契約締結に際して手付が交付されると、別段の定めがない限り、解約手付と解される（民法557条）。手付の授受がなされた場合、買主は、売主に交付した手付を放棄することによって（"手付流し"）、売主は、買主から受領した手付の倍額を現実に提供することによって（"手付倍返し"）、一方的に契約を解除できる。ただし、相手方が契約の履行に着手した後は、解約手付による解除はできない（民法557条1項）。手付解除をしようとする者が自ら契約の「履行に着手して」いたとしても、相手方が履行に着手していない限り、手付解除をすることができる（最判昭40・11・24本書248頁）。改正民法では判例法理を条文化する。　　　　　　解約手付

第7章　手付解除と履行の着手

現行民法	改正民法
（手付） 第557条　買主が売主に手付を交付したときは、当事者の一方が契約の履行に着手するまでは、買主はその手付を放棄し、売主はその倍額を償還して、契約の解除をすることができる。 2（略）	（手付） 第557条　買主が売主に手付を交付したときは、買主はその手付を放棄し、売主はその倍額を現実に提供して、契約の解除をすることができる。ただし、その相手方が契約の履行に着手した後は、この限りでない。 2（略）

業務規制　(2)　**宅建業法による業務規制**

　手付に関する民法557条は任意規定であり、当事者間でこれと異なる合意をすることができる。ただし、宅建業法は、宅建業者が自ら売主（以下「売主業者」という。）となる宅地建物の売買契約における手付に関する特約について強行規定を設けており、注意を要する。①売主業者は、代金額の2割を超える額の手付を受領することはできない（法39条1項）とし、手付の額を制限する。②売主業者が手付を受領したときは、「その手付がいかなる性質のものであっても、当事者の一方が契約の履行に着手するまでは、買主はその手付を放棄して、売主業者はその倍額を償還して、契約の解除をすることができる」（2項）とし、買主が売主業者に交付した手付は常に解約手付としての性質を有することを定める。宅建業法39条2項の趣旨は、売主業者が買主からの手付解除を封じる特約を設けることを制限することにある。その実効性を確保するため、「前項の規定に反する特約で、買主に不利なものは無効」とする（3項）。例えば「この手付は証約手付とするものとし、買主は手付解除ができない」との特約は無効となる。法39条1項または2項に違反した場合、指示処分の対象となる（法65条1項、3項）。「第4章　不動産売買契約書の読み方」111頁参照。

2　手付解除の方法

手付放棄　(1)　**買主による手付解除**

　買主が手付解除をする場合は、買主は、すでに売主に手付を交付しているため、売主に対し手付を放棄して契約を解除する旨の意思表示をす

れば足りる。売主が買主に対し売買契約に基づいて代金請求した場合、買主は手付解除の抗弁として、①売買契約の締結に際し、買主が売主に手付を交付したこと、②買主が売主に対し契約解除のためにすることを示して手付を放棄する旨の意思表示をしたこと、③買主が売主に対し売買契約を解除する旨の意思表示をしたことを主張立証すべきこととなる（司法研修所編「増補民事訴訟における要件事実第1巻」148～149頁、岡久・後掲参考文献268頁、三輪・後掲参考文献359頁、加藤・後掲参考文献45頁、齋藤・後掲参考文献45頁など）。ただし、通説は、契約解除の意思表示だけで足り、別個に手付を放棄する意思表示を必要としないとする（我妻 榮「債権各論〔中巻一〕」264頁、新版注釈民法(14)179頁など）。しかし、手付に言及することなく何らの理由も付さないで契約解除の意思表示をした場合に、手付返還請求権放棄の効果が生ずるとするのは妥当でないから、②の事実を必要と解すべきであろう（司法研修所編・前掲書149頁、同「紛争類型別の要件事実」15頁）。

　上記の要件のうち、①は当事者間で争いにはならないが、買主が売主に対し手付解除の意思表示を内容証明郵便によってする場合、②と③を明確に意思表示しておかないと、解約手付による解除の意思表示がなされたかどうかが争われることがある（後掲①、②）。取引実務では、買主が仲介業者を通じて、売主に対し買主の手付解除の意思を伝達することが少なくない。しかし、仲介業者は、買主の代理人でも売主の代理人でもないため、仲介業者を通じて売主に対し手付解除の意思を伝達したことが買主による手付解除の意思表示に当たるか、前記②と③の意思表示がなされたといえるかが争われるおそれがあるため、買主が手付解除をする場合は、前記①②③の要件を踏まえた内容の通知書（配達記録付内容証明郵便）で直接売主に対し手付解除の意思表示を行うことが望ましい。特に手付解除の期限が特約で定められ、その期限が迫っているとか、売主が通知書の受領を拒否するおそれがある場合には、仲介業者立会の下に売主宛の手付解除の意思表示を明記した書面を売主に直接手渡すとか、売主への配達記録付内容証明郵便の発送とともに売主に対してファックスもしくはメールを送信するなどして、手付解除の期限までに手付解除の意思表示が売主に到達した事実を明確に立証できるようにし

第7章　手付解除と履行の着手

ておく。

① 【東京地判平5・3・29判タ873号189頁】

　買主Yらは、売主Xとの不動産売買契約について残代金の支払期日（平成4年3月31日）の2日前にXに到達した内容証明郵便で詐欺を理由に取消した。Xは、Yに対し債務不履行（残代金不払）を理由に契約解除し違約金請求し、Yらは既払い手付の返還請求（反訴）、予備的に内容証明郵便の主眼は解約手付による解除の意思表示を含むと主張した。Xは、手付解除の要件事実として「手付返還請求権放棄の意思表示」が必要であり前記内容証明郵便には手付放棄の意思が表示されていないとし、Yらの解約手付による解除を争った。

　裁判所は、Yらの詐欺取消しの主張を認めなかったが、解約手付による契約解除について、「民法557条1項が『買主はその手付を放棄し』と規定するのは、買主が解除をすれば当然に手付の返還請求権を失うという意味、言い換えれば当然に返還請求権放棄の効果を生ずるという意味であるに過ぎないのであって、契約解除の意思表示と別個に手付放棄の意思表示を要するという趣旨ではない。（略）Yらの平成4年3月27日付内容証明郵便は、その文面上、明示的には詐欺を理由とする売買契約の取消しに言及しているものであるが、その内容上、Yらにおいて、Xとの間の本件契約を破棄し、もはやXに対して本来的な売買債務の履行を求めない意思であることは、明らかである。そうであれば、右内容証明郵便においては、本件契約解除の意思表示が黙示的になされているものと解するのが相当」とし、Yによる手付解除を認めつつ、Xの本訴請求、Yらの反訴請求のいずれも棄却した。

② 【東京地判平25・4・19ＷＬ】

　売主業者Xと買主Yは、平成23年7月30日、本件売買契約を締結し手付金100万円を交付し、8月4日に内金220万円を支払い、代金支払期日は9月15日であった。Yの妻甲は、売主Xとの間で売買交渉などを行っていたところ、甲は、同月1日、Xの従業員乙らに対し「契約の白紙解除を申し入れます。手付金を含め320万円全額のご返金願います」との電子メールを送った。Xは、Yから手付解除の意思表示を受けていないと主張した。

　裁判所は、「本件手付解除条項において、『売主及び買主は、本件売買契約締結時から契約の履行に着手するまで互いに通知の上、本件売買契約を解除することができる』と定められていることから、『履行に着手するまで』に『解除』の意思を通知すれば足り、「手付解除」である旨明示することまでは必要としない」。「Yは、平成23年9月1日、X従業員乙らに対し、本件売買契約を『白紙解約』する旨記載した電子メールを送信していることから、同メールに手付金の返還を

求める旨の記載があるとしても、本件手付解除条項のいう解除の通知はあったと認めることができる」とした。履行の着手に当たるかどうかは本書240頁。

(2) 売主による手付解除　　　　　　　　　　　　　　　　　　手付倍返し

　売主が手付解除をする場合は、買主に対し手付の倍額を現実に提供して契約を解除する旨の意思表示が必要である。手付の倍額を買主に受領させることまでは必要ないが、売主が買主に対し、口頭により手付の倍額を提供する旨告げたり、その準備をしたことを催告したり、その受領を求めるだけでは足りない（最判平6・3・22民集48巻3号859頁）。補足意見は、「相手方の態度いかんにかかわらず、常に現実の提供を要する」とし、手付の倍額を「相手方の支配領域に置いたと同視できる状態にしなければならない」とする。調査官解説は、現実の提供とは、「買主が手付けの倍額の受領をあらかじめ明確に拒絶していても、売主としては単に口頭により買主に対してその受領を促すのみでは足りず、これを相手方（買主）の支配下に実際に置く必要があり（ただし、相手方の支配領域内に置かれたかどうかは、結局、具体的な事案ごとに決するほかないであろう。）、そうでなければ、解除は許されないというべきである」（西　謙二・最高裁判所判例解説民事編平成6年度274頁）とする。具体的には、売主が買主の住所または事務所に手付倍額に相当する現金（手付が高額な場合は銀行保証小切手）を交付するなどして受領を求める必要がある。

　買主が売主に対し売買契約に基づいて所有権移転登記請求をした場合、売主は、手付解除の抗弁として、①契約の締結に際して、買主が売主に手付を交付したこと、②売主が買主に対し契約解除のためにすることを示して手付の倍額を現実に提供したこと、③売主が買主に対し売買契約を解除する旨の意思表示をしたことを主張立証すべきこととなる（高久・後掲参考文献268頁、司法研修所編・前掲書148〜149頁、三輪・前掲書359頁、加藤・後掲参考文献48頁等）。

　手付解除の可否を巡る紛争では、①は当事者間で争われないが、②売主が買主に対する手付の倍額の現実の提供と③売主の買主に対する契約解除の意思表示をしたかどうかが争点となることが想定される。売主が

第7章　手付解除と履行の着手

手付の倍額を提供して手付解除をしようとしても、買主が受領を拒み、面談の機会を設けることを拒否したり、買主に手付金を振り込み送金するために振込み口座を聞こうとしても返答がないなど手付の倍額を現実に提供することが困難な場合がある。このような場合に売主が買主に対し手付の倍額の提供ができないままに手をこまねいていると、その間に買主が売買契約の「履行に着手」したり、手付解除の期限の特約の期限を徒過し売主が手付解除をする機会を逸することになる。前記最判平6・3・22は、売主の"手付倍返し"について「その実際の交付や供託までは要することなく、これを提供することで足りることを前提にしながらも、（略）買主に現実に提供することを要する旨明らかにした」（西・前掲書270頁）。売主は、手付の倍額を買主の支配領域内に置いて現実の提供を行う必要があり、かつ、後日、これを主張立証できるように、持参した銀行保証小切手の写し、立会者の陳述記録書を調え、買主がその受領を拒んだ場合には念のために供託を行い、通知書（内容証明郵便）をもって買主に対し手付の倍額を提供した事実を記載して契約解除の意思表示をしておく。谷水・後掲参考文献320頁の30参照。

供託　　【供託】

買主が手付の倍額の受領を拒否した場合、売主（弁済者）は、買主の住所地を管轄する供託所（法務局）に供託する方法が考えられる。供託は、買主（債権者）が手付の倍額を受領することを拒んだことが要件となる（民法494条。改正民法494条1項1号）。売主が現実に手付の倍額を提供していないにもかかわらず、「売主が手付の倍額を現実に提供し、売買契約を解除する旨通知したが、その受領を拒否された」と供託書に記載しても、供託原因に該当する事実がなければ供託自体が無効となる（山本　豊・NBL571号61頁、谷水・後掲参考文献320頁の30参照）。買主が売主による手付解除の申し入れを拒否するおそれがある場合、供託所に供託原因事実の記載の仕方について事前相談し現実の提供の手順を検討する。供託書の記載例として「供託者（売主）は、平成〇〇年9月1日、被供託者（買主）との間で下記不動産について売買契約を締結し、手付を300万円とし、被供託者は、同日、300万円を供託者に支払ったところ、供託者は、上記売買契約を解除するため、前記手付300万円の倍額である600万円を10月1日、債務履行地たる被供託者の住所において、被供託者に対しこれを現実に提供し、前記売買契約を解除する旨意思表示したが、その受領を拒絶されたので供託する。」

（立花宣男監修、野海芳久著「雑供託の実例　雛形集」152頁以下の文例を参考に著者が起案したもの。法務省民事局第四課職員編・供託書式新訂第5版）。山本　豊・NBL571号61頁参照。

(3)　手付分割と手付解除

手付分割

　買主が売買契約締結時に売主に支払う手付を数回に分割して支払う合意を"手付分割"と呼ぶ。例えば売主Xと買主Yが平成〇〇年9月1日に売買契約を締結し、手付300万円としたが、契約当日Yが手付300万円を用意できず100万円だけを交付して残額200万円は同月30日に支払うことを合意し、領収書ただし書には「手付300万円の内金として」と記載した。Yが同月15日に手付放棄して契約を解除するには、現実に交付した100万円を放棄すればよいのか、手付の残額である200万円を追加して支払う必要があるか。これは手付の要物性をどの程度重視するかという問題に関わり考え方が分かれている。

　手付契約が金銭の交付により成立する要物契約であること（我妻　榮「債権各論〔中巻一〕」260頁）から、現実に交付された手付の限度で手付契約が成立していると解し、YがXに現実に交付した手付が100万円であることから100万円の限度で手付解約が成立しているにすぎないとする考え方がある。これによれば、①Yが手付解除するには、既払い手付100万円を放棄して手付解除の意思表示をすれば足り、②Xが手付解除するには、Yから現実に交付を受けた100万円の倍額200万円を現実に提供して手付解除の意思表示をすれば足りることになる。これとは別に300万円の交付で手付契約が成立すると解し、Yが残額200万円を追加交付するまではYだけでなくXも手付解除できないとする考え方がある（半田正夫「不動産取引の研究」110頁）。さらに、解約手付契約を損失填補を条件とする解除権の留保契約と解する考え方がある（平野裕之「民法総合5契約法」284頁）。これによればYが手付解除するには既払いの手付100万円に残額200万円を追加交付し、Xが手付解除するには600万円を現実に提供して手付解除する。売買契約書が定める「手付300万円」は文字通り手付の総額を指していると解するのが素直な読み方であり、契約締結時に当たり手付を分割して支払う旨約定したとしても、

第7章 手付解除と履行の着手

特段の事情がない限り契約書に記載されている手付の額が解除権留保の対価としての意味を有する。売主は約定手付全額の倍額を提供することによって、買主は約定手付全額を放棄することによって手付解除ができると考えるのが当事者の合理的な意思に適うと解される。ちなみに、後掲①は、手付を数回に分割して交付すべき旨の合意を手付金の弁済期を分割したにすぎないとし、後掲②は、手付の要物性から交付された手付の限度で手付契約が成立し、未交付は手付の予約とし、後掲③は、手付契約の要物性から手付の一部が交付されても手付総額について手付契約は成立しないとする。裁判例は相当以前のものであり、解釈として定まっていないのが実情である。

①【名古屋地判昭35・7・29判時249号28頁：不動産取引判例百選増補版34頁】
　買主Xは売主Y1に対し売買契約締結時に手付金48万円のうち16万円を支払い、約2週間後に残額32万円を支払う旨約定し、XがY1に約定期日に手付残額を提供した。ところがY1が受領を拒み、その翌日に受領済み手付16万円の倍額である32万円を提供して手付解除をした。Xは手付残額を供託したところ、Y1は手付の内金の倍額32万円を供託し第三者に取引物件を売却した。Xは、Y1と売却先の第三者Y2に対し本件土地所有権確認請求、Y1からY2への所有権移転登記抹消登記手続請求、Y1に対し売買予約の仮登記に基づく所有権移転登記手続請求をした。
　裁判所は、「前記48万円はYら所説の如く単なる手付の予約にして内金16万円が手付であるものと認むべき証拠なく、（略）手付金の弁済期が2回に分割せられておるにとどまり、その額は金48万円と明定せられていることが明らかである。よって、Y1がXに対し、前記手付金の内金16万円の倍額である32万円を供託して当事者間における前記売買契約を解除する旨の意思表示をなしたことは当事者間に争いはないけれども、右金員の供託をもって手付の倍戻しとなし難いので、右解除の意思表示は無効というほかない」とし、Xの請求を認容した。

②【大阪地判昭44・3・28判夕238号238頁】
　買主Yは、売主Xとの売買契約締結時に手付金500万円を交付した。Xからの希望で追加手付金1100万円を支払う旨約定したが、Yは、約定期日に追加手付金を交付しなかった。Yは、手付金500万円を放棄して契約解除をした。Xは、追加手付金と、これの支払いがないときは損害賠償予定額の支払いを求めた。
　裁判所は、本件売買契約において手付と擬されるものは右法条に定める解約手

付を指向したものと解するほかはない。本件売買契約が締結された時点においては、右認定の契約締結にいたる当事者の意思に加えてその要物契約たる本質に鑑み、右解約手付は同日授受のあった500万円の限度でその成立を見たものと解すべく、後日授受されることになった1100万円については単にかかる手付の予約が成立しているにすぎないものと解すべきである。本件売買契約はYがした解約手付金500万円を放棄して右契約を解除する旨の意思表示により解消しているからこれと従たる関係にある右予約もまた完結をみずして解消したことになる、としてXの請求を棄却した。

③【大阪高判昭58・11・30判タ516号121頁】
　買主Yは、売主Xとの売買契約において手付500万円のうち100万円を支払ったが残額400万円を支払わなかったため、Xが手付残額の不払いを理由に契約解除し残額400万円を請求したところ、第1審においてXの請求が棄却され、Xが控訴した。
　裁判所は、解約手付であると認定した上で、「手付総額500万円を、本件売買契約における解除権留保の対価とすることの合意がなされたと認められ、これが当事者の意思に合致するものというべきであるが、手付契約が金銭等の交付により成立する要物契約であることを考慮すると、(略)本件売買契約が締結され、これに従たる総額500万円とする手付に関する合意がなされ、買主から金額100万円の小切手が売主に交付されているけれども、右総額500万円についての手付契約としてはいまだ成立するに至らず」、むしろ手付残額の支払約定日までに「全額を交付する旨の手付の予約がなされたにとどまる」とし、売主の買主に対する残金400万円の請求については、「手付総額500万円につき手付契約がそもそも成立していないのであるから、その前提を欠くというべきであり、交付のない手付金の没収ないし支払請求をする根拠がないことに帰着する」とし、Xの控訴を棄却した。

　前掲①〜③は売主が宅建業者ではない事案である。宅建業法47条3号は、宅建業者が買主に手付を貸し付けるなどして信用を供与し契約締結を誘引する行為を禁止し、手付を数回に分けて受領する手付分割は信用の供与に該当する（関口　洋ほか「改正宅地建物取引業法の解説」136頁、明石三郎ほか「詳解宅建業法」467頁、逐条解説宅建業法670頁、本書97頁）。売主業者が手付分割に応じた場合には行政処分の対象となり（法65条2項2号）、6月以下の懲役もしくは100万円以下の罰金に処せられ、または併科される（法81条2号）。

売主業者と手付分割

第7章　手付解除と履行の着手

　売主業者が買主との間で手付分割の合意をした場合、買主が手付解除するには現実に交付した手付を放棄することで足りる。買主が手付の総額を交付しなければ手付解除できないと解することは、宅建業法が禁止する手付分割により買主を契約締結へ誘引した宅建業者は、宅建業法47条3号の規定に違反しても民事法上は何ら不利益を被らないという結果をもたらし、きわめて不合理である。他方、売主業者が手付解除をするときに受領した手付の倍額を交付すれば手付解除ができるとすることは、手付貸与が禁止されていることを認識している宅建業者に約定よりも少額の金額の交付で手付解除を認めることになり、売主業者は、容易に宅建業法の禁止規定を潜脱できる結果となる。手付分割の禁止規定に違反した売主業者が手付解除する場合は、受領している手付金の額が約定よりも少額であったとしても約定手付の総額の倍返しが必要であろう（不動産適正取引推進機構編「不動産取引紛争事例集第3集」17頁は、売主業者の「禁反言的効果」をもって結論づける。）。

　このように手付分割の場合における手付解除は、当事者の属性（宅建業者、事業者、消費者など）、手付を分割交付した経過や取引事情、当事者の合理的意思の解釈に照らして個別に判断することとなる。売主・買主のいずれから相談を受けた場合でも、考え方が分かれていることを説明するとともに、訴訟にもつれ込むと手付解除の可否が法律上の争点となり、加えて手付解除の効力を争う側から違約金請求がなされることは必至であり、裁判所の判断が予測し難いため慎重に方針を決める必要がある。

履行の着手　**3　相手方が契約の「履行に着手」したか**

　当事者の一方が手付解除をしようとしても、相手方が契約の履行に着手したときは手付解除ができない。手付解除を巡る紛争では、相手方が契約の履行に着手したか否かがもっとも大きな争点となり、後掲の裁判例を見ても微妙な事案が少なくない。太田・後掲参考文献23頁によると、従来の裁判例は、売主からの手付解除に対し買主が履行の着手を主張し、買主の履行の着手の有無が争われることが多かったが、最近の裁判例では、売主の履行の着手の有無を巡る紛争事例が比較的多く見受け

られるとの指摘がある。後掲⑨東京地判平21・7・10本書250頁のように、代金5330万円の不動産売買契約において手付50万円で締結し、買主が手付解除しようとしたところ、売主の履行の着手があったとして手付解除が認められず売主業者から違約金として代金の20％を請求され、後掲③東京地判平21・11・12本書245頁のように、代金2380万円の売買契約において手付10万円で締結し、買主が手付解除しようとしたところ、売主の履行の着手があったとして手付解除が認められず売主業者から代金の20％相当の違約金を請求され、いずれも売主の請求が認容された事案である。売買代金額に比してきわめて少額の手付で売買契約を締結し、買主が購入するかどうかを十分検討しないままに買い急ぎしていることがうかがわれる。買主にとっては"履行の着手"の対象となる債務は売買代金支払債務であるが、売主にとって"履行の着手"となる債務は、所有権移転・目的物の引渡しにとどまらず、抵当権設定登記・賃借権等の除去、分筆・境界確定など様々な債務があり、個別具体的な売買について「履行の着手」を画一的に判断することは難しく、契約当事者間の「履行の着手」に関する認識と評価にずれがあることは否めない。それだけに買主が手付解除する場合は、売主の履行の着手の有無を当該売買契約の債務内容などに照らして慎重に検討する必要がある。

(1) **相手方が契約の履行に着手したこと**

　「履行の着手」とは、「債務の内容たる給付の実行に着手すること、すなわち、客観的に外部から認識し得るような形で履行行為の一部をなし又は履行の提供をするために欠くことのできない前提行為をした場合を指すものと解すべきである」（最判昭40・11・24本書248頁、最判昭41・1・21民集20巻1号65頁）。履行行為そのものを行う必要はないが、相手方に対し履行を催告するにすぎないとか、単なる履行の準備行為だけでは足りない。

　「履行の着手」に当たるかどうかは、「当該行為の態様、債務の内容、履行期が定められた趣旨・目的等諸般の事情を総合勘案して判断して決すべきである」とされている。前掲最判昭41・1・21は、「債務に履行期の約定がある場合であっても、…ただちに、右履行期前には、民法557条1項にいう履行の着手は生じ得ないと解すべきものではない」が、

履行の着手の判断

第7章　手付解除と履行の着手

「履行の着手の有無を判定する際には、履行期が定められた趣旨・目的及びこれとの関連で債務者が履行期前に行った行為の時期等もまた、右事情の重要な要素として考慮されるべきである」（最判平5・3・16民集47巻4号3005頁。事案と判決理由は本書256頁）。

「履行の着手」は、評価的な要素を含んだ要件であることから、相手方が契約の「履行に着手したこと」に該当する具体的な事実を主張立証すべきこととなる（井上・後掲参考文献194頁）。例えば①買主が契約締結時に手付を交付した後、売買代金の一部である内金を支払った行為、②売主が買主への所有権移転登記請求権を保全するための仮登記をした行為、③買主に所有権移転登記手続をするため売買の目的物に即して土地分筆登記手続をした行為（後掲⑨）は、「履行の着手」に当たる。④中古住宅の敷地の売買契約において、売主が履行期までに自らの費用で敷地上にある中古住宅を解体して更地を引き渡す旨の特約をし、売主が解体作業に着手する行為は「履行に着手したこと」に当たる。

売主の履行の着手

(2) 売主が履行に着手したかどうかが争われた事案

売買契約において売主が買主に対しどのような債務を負う旨約定したか、売主が債務を履行したかが重要である。

ア　所有権移転登記手続・抵当権等抹消登記手続関係

売主は、買主に対し売買の目的物の所有権移転義務を負うため、売主が所有権移転登記手続を行うことは履行そのものである（不動産適正取引推進機構編「不動産取引紛争事例集」170頁）。売主が残代金の履行期日に所有権移転登記手続に必要な書類を持参して決済場所に臨み、根抵当権者（金融機関）の担当者に根抵当権抹消登記手続書類等を持参させ立ち会わせた行為（後掲①）は、売主がなすべき所有権移転・根抵当権抹消の各登記手続・引渡し義務の「履行の提供」に当たり「客観的に外部から認識」できる。取引実務では、売買代金の支払と同時に所有権移転登記と抵当権抹消登記手続を同時に処理する方法がとられる。「第4章　不動産売買契約書の読み方」3⒁128頁参照。

売主業者と買主との新築住宅の売買契約締結時に、買主名義で建物表題登記を行った後に所有権保存登記を行う旨合意し、買主名義で建物表題登記をすること（後掲②）や売買契約書において売主が代金支

3　相手方が契約の「履行に着手」したか

払期日までに抵当権などを抹消し完全な所有権を買主に移転する義務を負う旨約定し、売主が履行期の16日前に金融機関に借入金を返済した行為（後掲③）、売主が売買契約の約定に基づき売買目的物を占有する賃借人との賃貸借契約を解除し「賃借権を消滅させること」（後掲④）は、売買契約に定められた売主の債務の「履行の提供をするために欠くことのできない前提行為」に当たる。しかし、売主が司法書士宛の所有権移転登記手続の登記委任状を作成することや固定資産評価証明書の取得などは履行の提供のための準備行為にすぎない（後掲⑤）。

① 【東京地判平25・9・4WL】
　売主業者Xは、買主Yとの売買契約書において、「本件土地の所有権移転時期までに、売主の責任と負担において、抵当権等の買主の完全な所有権の行使を阻害する一切の負担を除去抹消する」旨約定した。Xは、履行期日にYへの所有権移転登記手続を行う準備をし、根抵当権抹消登記手続のために金融機関の担当者、司法書士とともに決済場所に臨んだところ、Yがその場で手付放棄を申し入れた。Xがこれに応じず、Yに対し債務不履行解除を理由に違約金請求をした。
　裁判所は、「Yは、Xから本件売買契約の決済日を前倒しする旨の申入れを受け、本件売買契約の残代金の支払、所有権移転及び根抵当権抹消各登記手続、並びに本件土地の引渡しを行う決済日を平成24年3月27日とすることに同意したことから、Xは、前記各手続を行うための準備をして、同日、本件土地の登記簿謄本、印鑑証明書、所有権移転登記手続等のための委任状、測量図面、国税の精算書、資格証明書、領収書等を準備して本件決済場所に赴いたこと、同日、Xから依頼を受けた本件土地の根抵当権抹消登記手続に必要な書類等を持参した根抵当権者であるA銀行の担当者並びにXが本件土地の所有権移転及び根抵当権抹消各登記手続を委任した司法書士も本件決済場所に赴いた」ことを認定した上で、「これらは、客観的に外部から認識し得る本件売買契約の所有権移転及び根抵当権抹消各登記手続、並びに本件土地の引渡義務の履行の提供と認めることができる。Yは、Xが前記履行の提供をした状態において、Xに本件売買契約を解除したい旨を伝えたというのであるから、Xは、Yが手付解除の意思表示をする前に、履行の着手をした」として、Xの請求を全部認容した。

② 【東京地判平25・4・18WL】
　売主業者Xは、平成24年2月ころ、本件土地上に本件建物を建築し、4月29日、買主Yらと本件土地建物売買契約を締結し、YらはXに手付を交付した。売

第7章　手付解除と履行の着手

買契約書には「物件の引渡し及び所有権の移転登記申請手続は、所有権の移転と同時にX、Yらが協力して行う」旨定め、本物件の引渡日は同年5月31日予定とした。本件建物登記手続について、Yら名義で建物表題登記をした上で代金決済日にYら名義の所有権保存登記を行うことをもって所有権移転登記に代えるため、Xは、契約締結時に、Yらに対し、建物所有権保存登記に係る委任状・建物用の登記原因証明情報などを交付し、仲介業者は、5月12日、Yらから、委任状、印鑑登録証明書・住民票等の交付を受け、Xは、これらを土地家屋調査士Bに交付し、Bは、同月17日にYらの代理人として建物表題登記申請を東京法務局練馬出張所にし、同月18日に本件建物に係るYらを所有者とする建物表題登記がされ、本件建物の建物表題登記に係る登記完了証がBからYらに交付された。Yらは、履行期日を5月29日午後1時にA銀行練馬支店で行う旨、仲介業者を通じて伝えたが、同月29日到達の書面でXに対し手付放棄による解除をした。Xは、同月31日、A銀行練馬支店で履行の準備をしていたが、Yらは現れず残代金を支払わなかった。Xは、Yらとの本件売買契約を債務不履行解除し違約金請求した。Xが契約の履行に着手したかどうかが争点となった。

　　裁判所は、「新築建物を分譲して販売する不動産業者は、建物新築後未登記のままにし、買主が決定後に買主名義で売主が建物表題登記をし、代金決済日に買主名義の所有権保存登記をすることにより、売主（建築主）名義の建物表題登記及び所有権保存登記をした上で買主に所有権移転登記をする登記手続に代える慣習があること、同慣習に基づく登記手続においては、金融機関が住宅ローンの査定や担保権設定登記の準備のため建物表題登記のみを融資実行日よりも前に備えていることを求めることがあり、建物表題登記と所有権保存登記を同時に行うことができないため、売主は建物表題登記のみを代金決済日（融資実行日）よりも前にするのが通常であることは顕著な事実である」。「Xが、本件売買契約に係る本件建物の所有権移転登記手続について、上記慣習による登記手続を行うため、代金決済日より前に本件建物の建物表題登記を行う必要があるという認識を有し、Yらに対し、Yら名義による建物表題登記及び所有権保存登記手続に係る必要書類を予め提出するよう求め、Yらも、本件建物に係る登記手続について認識した上で、Xに対して必要書類等を交付したことが認められるのであるから、本件売買契約においては、XとYらとの間で、本件建物に係る登記手続につき、上記慣習と同様、XがYら名義で本件建物の建物表題登記を行い、その後にYらの所有権保存登記を行うとの合意があったと認められ、そうすると、上記のとおり、Xが、Yら名義で本件建物についての建物表題登記を行ったことは、正に上記合意に基づき、本件建物に係るYら名義の建物表題登記を行ったことが認められるのであるから、遅くとも本件建物に係る建物表題登記がなされた平成24年5月18日には、Xが本件売買契約において定められた履行の一部ないしその前提行為を行った」とし、YらのXに対する手付解除は効力を有しないとしてXの請求

を全部認容した。

③【東京地判平21・11・12WL】
　買主Xは、売主Y（宅建業者）から平成20年9月8日、本件不動産を代金2380万円で購入する契約を締結し手付10万円を支払った（代金支払い・引渡し時期同年10月31日）。売買契約書は、「売主又は買主は、相手方が契約の履行に着手するまでは、買主は手付金を放棄し、売主は倍額を償還して、契約を解除することができる」（3条3項）、「売主は、本件不動産に抵当権などその他完全な所有権の行使を阻害する権利または負担があるときは、所有権移転登記申請時までに売主の費用と負担をもって除去し、完全な所有権を引き渡す」（10条）旨約した。Xは、9月12日、中間金20万円をYに支払い、同月24日、購入代金に充てるため、その所有する本件自宅をAに売却する契約を締結した。Xは、10月13日頃、引越しの見積書を受けた後、Yに対し、Aからの売買代金の入金確認前に本件自宅を明け渡さなければならないかもしれないので、本件不動産に先行入居させてほしいと申し出、Yはこれを承諾した。Yは、同月15日、本件不動産の抵当権者（B信用金庫）に借入金全額を返済した（抵当権抹消登記は11月13日付）。Xは、10月20日頃、本件売買契約の支払時期の延期を申し入れ中間金100万円を支払い、履行期日が11月28日まで延期されたが、Aの民事再生手続開始の申し立てがなされたため、Xは、11月6日、Yとの売買契約を手付解除し既払金の原状回復請求をし（本訴）、Yは、手付解除が無効であることを理由にXに対し債務不履行解除し違約金請求（反訴）をした。本書142頁参照。
　裁判所は、「本件売買契約3条3項は、民法557条1項と同趣旨を定めたものと認められるから、同契約条項にいう『相手方が契約の履行に着手する』とは、債務者が客観的に外部から認識し得るような形で履行行為の一部を行い、又は履行の提供をするために欠くことのできない前提行為をすることをいい、履行期前にした行為がこれに当たるか否かについては、当該行為の態様、債務の内容、履行期が定められた趣旨・目的等諸般の事情を総合考慮して決すべきである」。「Yが平成20年10月15日にB信用金庫に対して本件借入金1900万円を全額返済した行為は、これにより本件不動産に設定した抵当権を消滅させるものであり、Yが本件売買契約10条に基づきXに対して所有権移転登記申請時期とされた同月31日までに本件不動産上の抵当権を消滅させて完全な所有権を移転させる義務を負っていたことからすると、その履行のために必要不可欠な行為であった」。「1900万円もの多額の債務を一括返済することは、いずれ返済しなければならないものであるにせよ、一企業にとって少なからぬ負担を伴うものである。そして、本件借入金の返済は、本件不動産の引渡し及び所有権移転登記の申請をすべき履行期である平成20年10月31日以前に行われたものであるところ、確かに、同履行期が定められたのは、Xが本件自宅を他に売却して本件不動産に転居したい旨、本件自宅の

第7章　手付解除と履行の着手

売却代金を本件不動産の購入資金に充てたい旨が動機として示されたことによるものである。しかし、他方で、Xは、本件売買契約の締結前において、ローン特約条項を不要とした上、わずか2か月弱の後に売買代金を支払うことを申し出るなど、本件自宅を他に売却する話が具体的に進んでおり、現金決済が可能である旨を表明しているのであって、その成否自体が不確実であることを何ら示していない。本件売買契約上、Xが本件自宅の売買代金を支払われることが条件とされたり、支払われない場合に契約を解除することができるともされていない。以上の事実に加え、本件手付金がわずか10万円であって売買代金に比べて著しく低額であることを考慮すると、上記履行期が定められた趣旨・目的が、履行期前にした行為の『履行の着手』該当性を否定することによって手付解除による契約見直しの機会を広く保障する趣旨であるとは認め難い。本件借入金の返済は、上記履行期のわずか16日前に行われたものであり、この点からみても、履行期前にした行為であることを理由に『履行の着手』該当性を否定するのは困難である」とし、Xが手付解除の意思表示をした当時、Yはすでに本件売買契約の「履行に着手」しておりXの解除の意思表示は無効であるとし、Xの請求を棄却し、Yの反訴請求を一部認容した。

④【東京地判平21・10・16判夕1350号199頁】
　売主Xは、平成19年11月16日、本件物件を買主Aに売却する契約を締結し、Aは手付金を支払った（残代金支払・所有権移転・引渡し期日は平成20年4月30日）。売買契約書の中で、「売主は、本件物件の所有権が買主に移転するまでに、本件物件について抵当権等の担保権及び賃借権等の用益権その他買主の完全な所有権の行使を阻害する一切の負担を消除する」旨合意した。本件物件には賃借人Cが賃借していたため、Xは、平成19年12月20日、Cとの間で平成20年1月末までに建物を退去し立退料を支払う旨を合意し（本件合意）、2月29日、建物内の残置動産等をXが買い取り3月7日までに支払う旨合意した。買主の地位は、同月28日、AからBに譲渡され、5月16日、BからYに譲渡され、残代金の支払時期は同月30日に変更され、Xは、これに異議なく承諾した。Yは、同月30日、手付解除した。Xは、Yの債務不履行（代金支払義務違反）を理由に売買契約を解除し違約金を請求したところ、Yは、手付解除を主張し中間金の返還を求めた。
　裁判所は、「Xは、本件売買契約における合意に基づき、本件物件に対する抵当権等の担保権及び賃借権等の用益権その他Yの完全なる所有権の行使を阻害する一切の負担を消除する義務を負担していたところ、売買契約の売主による『契約の履行』（民法557条1項）とは、目的物の引渡しや登記の移転という点に限られず、契約によって負担した債務の履行をいうと解すべきであるから、本件賃貸借契約を解除して本件物件に関するCの賃借権を消滅させることも、Xによる本件売買契約の『履行』といえると解される。そうすると、Xは、上記のとおり、

3　相手方が契約の「履行に着手」したか

平成19年12月20日、Cとの間で、本件建物の具体的な明渡時期及び立退料の金額について合意しているのであるから、この時点において、Xによって、客観的に外部から認識し得るような形で本件売買契約の履行行為の一部がなされたか、または、少なくとも履行の提供をするために欠くことのできない前提行為がなされたと認められる」。「［具体的な明渡時期等は］本件売買契約が成立した後になされた［本件］合意によって初めて決められたのであるから、［本件］合意も本件建物に関する賃借権を消滅させる履行行為の一部（または履行の提供に欠くことのできない前提行為）というべきであ（る）」。「Xは、残置動産等買取合意によって、Cが残置した動産の処理方法についても手当てしているが、Cの所有する動産が残置された状態では同社の本件建物に対する占有権が消滅したとはいい難い場合も想定できるのであるから、XがCとの間で残置動産等買取合意を結んだことについても、Xによる本件売買契約の履行行為の一部がなされたか、または、少なくとも履行の提供をするために欠くことのできない前提行為がなされたと評することができる」とし、Xの請求を全部認容しYの反訴請求を棄却した。

⑤【東京地判平17・1・27WL】
　買主が売買契約の履行期日の2日前に手付解除したところ、売主は、履行期日の3日前に司法書士に登記手続を委任し固定資産評価証明書を取得し、領収証作成について仲介業者と打ち合わせた等の行為をしたことが、売主の債務の履行の着手に当たると主張し、手付解除の効力を争い、債務不履行解除を理由に買主に対し違約金請求した。
　裁判所は、「これらの行為［司法書士へ登記委任、固定資産評価証明書の取得、領収証の作成］は、履行行為の一部でもなければ、履行の提供に不可欠の前提行為にも当たらず、契約の履行の準備行為に該当するにすぎないものであって、履行の着手があったものとみることはできない」。その理由は、「解約手付の交付があった場合には、特別の特約がない限り、当事者双方は、履行のあるまでは自由に契約を解除する権利を有しているものと解すべきである。しかるに、当事者の一方が既に履行に着手したときは、その当事者は、履行の着手に必要な費用を支出しただけでなく、契約の履行に大きな期待を寄せていたわけであるから、このような段階において相手方から解除されたならば、履行に着手した当事者は不測の損害を被ることとなる。したがって、このような履行に着手した当事者が不測の損害を被ることを防止するため、民法557条1項の手付解除の規定が設けられたものと解される。(略)司法書士への登記委任、固定資産評価証明書の取得、領収証の作成は、履行行為の一部に当たらないことは、明らかである。また、これらの行為は、履行の提供をするために欠くことのできない前提行為ということもできない。(略)これらの行為は、単なる本件売買契約の履行の提供のための準備行為に過ぎず、『前提行為』には該当しないものというべきである。登記手続は

司法書士に委任しないとできないものではないから、履行に不可欠なものとはいい難く、固定資産評価証明書の取得や領収証の作成は、単なる準備行為そのものにすぎない」とし、Xの請求を棄却した。

⑥【最判昭40・11・24民集19巻8号2019頁】
　買主Xが売主YからA所有の本件不動産を買受ける契約を締結し、XはYに手付金を交付した事案について、裁判所は、「Yが本件土地の所有者Aに代金を支払い、これをXに譲渡する前提として、Y名義にその所有権移転登記を経たというのであるから、右は、特定の売買の目的物件の調達行為にあたり、単なる履行の準備行為にとどまらず、履行の着手があったものと解する」とした。

イ　引渡し関係
　売主が売買の目的物を買主に引き渡すことは履行行為に該当する。売主が売買契約締結後、買主が完成した「建物の鍵の交付を受け、その後、自由に建物に出入りできる状態」にした場合（後掲⑦）、第一審は、鍵の引渡しは、売主の買主に対する「売買契約に基づく債務の履行の一部」とし、控訴審は、外部からも認識できる「売買契約に基づくXの引渡義務の履行の準備行為の一つ」とし、買主からの要望により追加した外構工事及び追加工事が「売買契約を履行するために不可欠の前提行為」とした。しかし、売主（宅建業者）が売買契約締結当日に買主（宅建業者）の販売活動の便宜をはかるために買主に鍵を交付した行為は、売主が契約の履行に着手したとはいえない（後掲⑧）。

⑦【さいたま地判平20・3・19判例地方自治321号85頁】
　売主X（宅建業者）が買主Aに対し本件不動産を売却したが、その後、Aから手付解除の申し入れがあり、Xは、すでに契約の履行に着手したことを理由にこれを拒否し、債務不履行解除を理由に違約金を請求した。Y県知事は、Xが宅建業法47条の2第3項、施行規則16条の12第3号違反行為に該当したことを理由に指示処分をした。Xは、Aが手付放棄による解除権を有せず、Xの違約金請求が正当な理由を有すると主張し、Y県に対し、指示処分取消請求訴訟を提起した。Xが契約の履行に着手したかどうかが争点となった。
　裁判所は、「不動産の売主は、不動産の移転登記債務と引渡債務とを負うところ、上記認定のとおり、Aは、遅くとも平成17年末の時点で、Xから本件建物の鍵の交付を受けており、その後自由に本件建物に出入りできる状態であった。そ

うであるとすれば、業者立ち会いによる本件建物の最終的な確認は平成18年1月12日に予定されており、本件不動産の引渡にあたって行われるべき手続がすべて済んだとは言えないものの、上記時点以降、本件不動産はAの管理支配下に置かれていたということができ、上記時点において、本件不動産につき、正式な引渡に向けての一部履行があったものと評価できる。なお、売主が鍵を交付した趣旨・態様によっては、鍵の交付を建物の引渡と同視できない場合もないとはいえないが、上記認定のとおり、Aは鍵を継続的に保管しており、返還する合意があったという事情もうかがえないこと、鍵の交付があった時点において、本件建物は既に完成していたこと、代金決済予定日まで1ヶ月もなかったこと、Aの希望による外構工事の変更や自宅の売却の相談がなされ、契約の履行を前提とした行動がとられていたことからすれば、鍵の引渡は本件売買契約に基づく債務の履行の一部としてなされたものと優に認められる。よって、Xは不動産の売主として負う債務の履行行為の一部をなしたといえ、Aが解除の意思表示をする以前に履行の着手があったというべきである」とした。

控訴審である東京高判平20・9・25：逐条解説宅建業法689頁は、「Xが買主に本件キーボックスの暗証番号を教えて本件建物の鍵の使用を許し、これを受けて買主がXの立会いなく自由に本件建物の出入りをしたことは、本件売買契約に基づくXの引渡義務の履行の準備行為の一つということができ、しかも内部的な行為にとどまらず、外部からも認識することができる行為」であり、「Xが行った外構工事及び追加工事は、その規模は小さいとしても、本件売買契約には当初含まれておらず買主からの要望によって追加されたものであるから、これを完成させることは本件売買契約を履行するために不可欠の前提行為と言わざるを得ない」とし、「本件建物の表示登記の申請は…本件売買契約上のXの義務と認めることができ、この表示登記を経由することにより、保存登記は買主名義でその単独ですることができることとなる。したがって、Xは本件建物の登記についてその履行義務を履行したということができる」とした。

⑧【東京地判平20・6・20WL】

売主X（宅建業者）は、買主Y（宅建業者）に対し、売買契約の債務不履行（代金支払義務違反）を理由に解除し違約金請求をしたところ、Yは、手付解除を主張した。Xは、契約締結の当日、Yに鍵を引き渡したことが履行の着手に当たると主張した。

裁判所は、「第1に、鍵の引渡しに際して、YからXに『お預り証』が交付されているのであり、Yが転売を目的として本件各売買契約を締結していることからすると、販売活動に際して顧客を案内するために鍵の交付を受けたものであって、履行期以前に本件各不動産の引渡しを受ける趣旨で鍵の交付を受けたものでないことは明らかであるから、これを目して債務の履行行為の一部であるとか履

行をするために欠くことができない前提行為であるとかいうことはできない。第2に、上記鍵の交付は本件各売買契約締結の当日にされており、これが『履行の着手』にあたるとすれば、Yは、手付を放棄して契約を解除することはそもそもできないこととなるが、本件各売買契約は、手付金のほかに、違約金の定めがあるのであり、本件各売買契約で授受された『手付金』が解約手付の趣旨でないのであれば格別、解約手付の趣旨であると解するべき以上、売買契約締結当日に交付された鍵の引渡しを『履行の着手』であると主張するのは背理である。したがって、XがYに鍵を引き渡したことを目して履行の着手があったということはできない。第3に、本件各売買契約が転売目的の売買であること、履行期が4か月先であることを考慮しても、鍵の引渡しをもって『履行の着手』と解することはできない。転売目的の売買であるからといって、債務の履行について通常とは異なる方法が予定されているとは認められないし、4か月間の販売期間内に販売が不可能を考えれば手付を放棄して契約を解除するという行動はむしろ経済合理性があるといわなければならない」として、Yの主張を認め、Xの請求を棄却した。

　ウ　分筆・境界確定作業

　売主が売買契約の対象土地について分筆登記手続をした行為は「本件売買契約の履行に着手していた」ことに当たる（後掲9）。売主が売買の目的物を買主に引き渡すまでに隣接地との境界を確定した上、買主に境界を明示し、土地家屋調査士が作成した実測図、隣地所有者・道路管理者の署名捺印のある境界確認書、越境覚書等の原本を交付するとの約定に基づいて、「道路を含む隣接土地の境界確定作業」をし、仲介業者に実測図などを交付した場合、「本件売買契約に定められた債務の履行行為の一部」に当たる（後掲10）。ただ、売主が売買の目的物である土地の地積測量、道路を含む隣接土地の境界を確定する作業をしたが、土地の範囲を確定するために必要なものであって測量自体は履行行為の一部とはいえないとした裁判例がある（後掲11）。

9　【東京地判平21・7・10WL】

　売主Xと買主Yらは、平成20年4月4日、本件土地売買契約を締結し（代金5330万円、残代金支払時期6月30日）、YはXに手付金50万円を交付した。Yらは、6月30日、Xの契約違反を理由に契約を解除し、7月4日到達の書面で仮定的に手付解除の意思表示をした。Xは、5月13日、本件土地について分筆登記手

3 相手方が契約の「履行に着手」したか

続を済ませ、Yらから残代金の支払があれば、いつでも本件土地の引渡しと所有権移転登記手続ができる状態にあった。Xは、7月29日到達の書面で債務不履行解除し、違約金を請求した。

裁判所は、Xの契約違反を理由とする解除に関するYらの主張を排斥した上で、「Xは、同年5月13日、本件売買契約に基づいて本件土地をYらに引き渡すため、本件土地を含む東京都世田谷区（略）所在の土地から本件土地を分筆したことが認められるから、Xは、Yらが本件売買契約を手付解除する前に、本件売買契約の履行に着手していた」とし、Yらの手付解除の主張を排斥しXの請求を認容した。

⑩【東京地判平21・9・25WL】

売主Xらと買主Yは、平成20年3月26日、本件売買契約を締結し、Xは手付金を交付した（残代金支払期日同年6月30日）。売買契約書において、「売主は、その責任において本件土地と隣接地（道路を含む。）との境界を、本件土地建物の引渡しまでに確定した上、買主に明示し、また土地家屋調査士が作成した実測図、隣地所有者・道路管理者の署名捺印のある境界確認書、越境覚書等の原本を交付する」と約定した。Xらは、この約定に基づき、6月10日及び12日、道路を含む隣接土地の境界を確定する作業をし、仲介業者は、同月27日、実測図及び境界確認書などを受領した。Xらは、同月18日、転居先の事務所3階部分を居住用にリフォームする請負契約を締結し、同月21日ころには3階部分はスケルトン状態となっていた。Yは、Xらに対し同月21日到達の書面で手付解除をした。これに対し、Xらは、Yの債務不履行（代金支払義務違反）を理由に契約解除し違約金を請求したところ、買主が手付解除を主張した。

裁判所は、「Xらは、Yが手付解除をする前である平成20年6月10日及び同月12日、道路を含む隣接土地の境界を確定する作業をしたものであり、客観的に認識し得るような形で本件売買契約に定められた債務の履行行為の一部をしたものということができる（上記確定に要する費用をYが負担したからといって、Xらが上記作業をしたことが否定されるわけではない。）。また、Xらは、本件不動産を明け渡すため、上記手付解除がされる前に、転居先である事務所の3階のリフォーム工事に着手したものであり、履行の提供をするために欠くことのできない前提行為をした」とし、Xらの請求を認容した。

⑪【東京地判平25・4・19WL】

売主業者Xと買主Yは、平成23年7月30日、本件土地売買契約を締結し、Yは手付金を交付し、8月4日に内金を、9月15日に残代金を支払う旨約定した。XとYは、本件土地について引渡しまでにXが分筆登記手続をする旨合意した。

第7章 手付解除と履行の着手

「売主は、残代金支払日までに買主に対して境界を指示する実測図又は地形図を交付する」、「買主は、売買代金の一部に契約書記載の融資金を利用する場合、本件売買契約締結後速やかに契約書記載の金融機関に売主の斡旋によりその融資の申込手続をしなければならない。融資利用特約期日（平成23年9月30日）までに金融機関により融資の承諾を得られなかった場合、売主及び買主は、本件売買契約を解除することができる」と約定した。Xは、Yらに対し、測量は住宅ローンの内定後に解体した後に行うと説明していたが、Xの依頼を受けた土地家屋調査士は、8月22日に測量を実施し、9月8日付地積測量図を作成し、Xは、分筆登記手続を申請し、同月12日、同登記手続が完了した。Yは、同月1日、Xに対し手付解除の意思表示をした。Xは契約の履行に着手したと主張し、Yに対し債務不履行解除を理由に違約金を請求し（本訴）、Yは、Xに対し手付を控除した既払代金返還請求をした（反訴）。買主による手付解除は本書232頁。

裁判所は、「本件売買契約において、分筆登記手続及び境界を指示する実測図又は地形図となり得る地積測量図の交付が売主であるXの債務になっていることを前提としても、測量自体は、本来、売買契約の対象となる土地の範囲を確定するために必要なものであるから、本件売買契約の債務の履行行為の一部とはいえないし、ただちに履行の提供をするために欠くことのできない前提行為に該当するともいえない。そして、上記認定事実のとおり、本件売買契約において、Yが金融機関から融資の承諾を得られなかったときは、売主及び買主に解除権が留保されていたこと、本件売買契約の残代金2900万円の支払及び引渡しの時期は、Yが金融機関から融資を受けるのに必要な期間の見込みから平成23年9月30日と変更されたこと、本件売買契約締結時には、建築条件は付さない合意があったにもかかわらず、XがYに対し、Xとの建物建築請負契約の締結を強引に進めたことに起因して、同年8月8日ころから同月30日ころまで、融資申込み手続が中断した状態にあったことが認められ、このような売主であるXの行為に起因して、本件売買契約の履行の前提となる金融機関からの融資手続が中断していたという事実関係の下においては、Xが依頼した土地家屋調査士が測量したことをもって、Xが履行の提供をするために欠くことのできない前提行為をしたとして、手付解除を制限すべき『履行に着手』したと認めることはできない」とし、Xの請求を棄却し、Yの反訴請求の一部を認容した。

履行期後の残代金提供

(3) 買主が履行に着手したかどうかが争われた事案

ア 履行期後の残代金の用意と履行請求

買主は、売買代金支払債務を負い、履行期の到来後、買主が、いつでも残代金の支払ができる状態の下に売主に対し目的物の引渡しを求めた行為は、履行の着手に当たる（後掲①、②）。後掲④は、売主が

3　相手方が契約の「履行に着手」したか

履行すれば、買主がいつでも代金を支払えるよう残代金の支払の準備をしていた場合は、現実に残代金を提供しなくても履行に着手したものとする。

① 【最判昭26・11・15民集5巻12号735頁】
　売主Yと買主Aは建物売買契約を締結し、Aは、即日、手付金を支払い、40日以内に建物明渡し・所有権移転登記と同時に残代金を支払う旨約定した。Yが約定期限を経過しても建物の明渡しを履行しなかったため、Aは、Yに対し明渡しを求めたが、Yは、猶予を求めるなどして応じなかった。Aは、契約締結から約1年後、売買契約上の権利をXに譲渡し、Yに対し、その旨通知した後、5日以内に残代金を支払うこと、建物の所有権移転登記の履行を催告し、催告期間内に残代金を現実に提供したが、Yがこれを拒絶したため残代金を供託した。XはYに対し建物の所有権確認及び所有権移転登記請求を求めたところ、Yは、手付倍返しを理由に売買契約を解除した旨主張した。
　裁判所は、「Aは約定の明渡期限後、しばしばYに対し本件家屋の明渡しを求めたけれど、Yにおいて、猶予を求め、あるいは不得要領の答弁をして日時を遷延し遂にこれに応じなかったこと、AにおいてはYが家屋の明渡しをすればいつにても約定に従い残代金の支払をなし得べき状態にあったこと」が認められるときは、現実に代金の供託をしなくても、買主として履行に着手したものであるとした。

② 【最判昭33・6・5民集12巻9号1359頁】
　売主Yと買主X間で農地の売買契約を締結し、Xは、即日、手付金を支払った。Xは、Yが6か月以内に宅地とした上所有権移転登記と引き換えに残代金を支払う旨約定した。Xは、契約直後から残代金支払の準備をしていたが、Yが約定期限後も履行しないため、Yに対し現実に残代金を提供したが、Yが受領を拒絶したため供託し、Yに対し所有権移転登記請求をした。Yは、手付倍返しによる契約解除を主張した。
　控訴審は、Yは履行期を過ぎても契約の履行をせず、Xは、しばしばYや代理人Aにその履行を求めたが、Yらは単に猶予を求めるばかりでいたずらに日時を遷延し応じないため、Bに依頼してYらに履行の請求をさせたところ、Yは、手付倍戻しによる契約解除の意思表示をなすに至ったこと、XはYが本件土地の所有権移転登記手続をすればいつでも支払えるよう残代金の準備をしていたことを認定し、「Xは買主としての契約の履行に着手したものというべく、Yの手付倍戻しによる解除の意思表示は、Xがすでに契約の履行に着手した後になされたものであることが明らかであるから、Yの右解除の意思表示はその効力を生ずるに

第 7 章　手付解除と履行の着手

由なく」とし、Yの抗弁を排斥した。最高裁は、「原判決認定のような事実関係の下において、Xに履行の着手が既にあったものと認めた原判決の判断は正当である」とした。

③【最判昭51・12・20判時843号46頁】
　売主Yと買主Xは、本件建物の売買契約を締結し、Xは手付を交付した。契約書には「登記前に家屋の明渡しを行い明渡完了後10日間の期間を置き登記と引換えに残額支払いとする」こと、Yが借家人Aを立ち退かせて明け渡す旨の特約が付された。Yは、契約締結後、Aに立ち退きを要求しただけで、その後放置し、Xは、しばしば仲介人Bに対しAを立ち退かせ本件土地建物を引き渡すようYに催告するよう依頼していた。Xは、Yに対し建物の引渡し及び所有権移転登記手続請求訴訟を提起し、提起した日に残代金を携えてY方に赴き代金を受領するよう求めた。Yは、手付倍返しによる契約解除の意思表示をした。第1審はXの請求を認め、控訴審はYからの控訴を棄却した。Yは、借家人を立ち退かせて明け渡す先履行義務を負っている以上、その履行がなされない間は当事者双方の履行期は到来しておらず、Xの残代金の提供は「履行の着手」に当たらないと主張した。
　裁判所は、「本件売買契約においては、売主たるYが本件建物に居住する二所帯の借家人らを立ち退かせたうえで本件土地、建物を買主たるXに引き渡す約束であったところ、Yは、売買契約成立直後ごろ一、二度借家人に立ち退かせる何らの努力もすることなく放置していたものであり、他方、Xは、その間、しばしば右売買契約の仲介人Bに対し借家人を立ち退かせて本件土地、建物を引き渡すようYに催促されたい旨を依頼していたが、一向にらちが明かないところから、昭和45年10月30日、本件土地、建物の引渡し及び所有権移転登記手続を求める本訴を提起するとともに、同日、本件売買残代金215万円を携えてY方に赴き、Yに対し右代金を受け取るよう求めたというのであって、かかる事実関係にある本件において、買主たるXに売買契約履行の着手があったものと解した原審の判断は、正当として是認することができる」とし上告を棄却した。

④【最判昭57・6・17判時1058号57頁】
　売主Yと買主Xは、Aの仲介により農地の売買契約を締結し、Xは、即日、手付として小切手300万円を交付した。Xは、同日、その農地をAに売り渡したところ、Yは、Xとの売買契約を合意解除することをBに依頼した。Bは、Aの妻に対し「契約をしばらく猶予するよう」Aへの伝言を依頼して前記小切手を手渡したが明確に合意解除することを言わなかった。Xは、Yに対し、本件農地について農地法所定の許可申請手続及び所有権移転の本登記手続請求訴訟を提起し、

3 相手方が契約の「履行に着手」したか

Xの請求が認容された。Yは、控訴審口頭弁論期日において、Xに対し手付倍返しの残部300万円を提供し手付解除をした。Xは、残代金支払の準備を整え、再三Yに対し履行を催告したから履行に着手した旨主張した。控訴審は、売買代金全額を現実に提供するなどの特別の事情がなければ、Xが履行に着手したとはいえないが、そのような特別の事情は認められないとしてYの手付倍返しによる解除を認めた。

裁判所は、「土地の買手が約定の履行期後売主に対してしばしば履行を求め、かつ、売主が履行すればいつでも支払えるよう残代金の準備をしていたときは、現実に残代金を提供しなくても、民法557条1項にいわゆる『契約の履行に着手』したものと認めるのが相当であることは、当裁判所の判例とするところであり（昭和33年6月5日第1小法廷判決・民集12巻9号1359頁）、この理は、農地の売買においても異なるところはない」。「Xは当時その所有農地の売買によって取得した代金を含めて多額の預貯金を有し本件売買代金の支払に窮することはなかったというのであるから、更に審理をすれば、Xが前記催告の間常に残代金の支払の準備をしており、農地法3条所定の許可がされて所有権移転登記手続をする運びになればいつでもその支払をすることのできる状態にあったと認定される可能性があったものといわなければならない。そして、右のように認定されれば、XはYの契約解除前すでに履行に着手したものと解すべきものである」とし、原判決を破棄し原審に差し戻した。

イ　履行期前の買主の測量と代金の準備等と履行の着手

売買契約における債務の履行は、履行期に履行すれば足り、後掲最判の事案のように、履行期よりも1年以上前の催告は、履行の着手といえる催告としての意味を持たない。もし、これを認めると、売買契約をした直後に代金を提供して履行の催告をすれば、売主の手付解除権を容易に奪うことができることとなり、手付制度が根底から覆されることになる（飯原・後掲参考文献320頁の19）。また、土地測量は代金確定のためであり売買契約の補充行為ともいうべきものであって（飯原・前掲書）、本件売買契約に定めた売主の負担ではない。後掲最判平5・3・16では買主の履行の提供が、口頭の提供であって現金または預金小切手によるものではないため「客観性に欠ける」として履行の着手に当たらないとした。

履行期前であっても履行期に近い時期や現実の提供をする場合に「履行の着手」に当たるかどうかは「行為の態様、債務内容、履行前

履行期前の測量

の決定の趣旨・目的、それとの関連での行為の時期等諸般の事情を総合勘案して決める」こととなる。

【最判平5・3・16民集47巻4号3005頁】
　売主Yが住宅買替えの目的で、昭和61年3月18日、買主Xとの間で本件土地建物売買契約を締結し、売買代金8500万円、手付金100万円、履行期昭和62年12月25日、Xの負担で土地の測量を行い最終残代金を決め、Yの買替え物件が決まった時はXは内金700万円を支払い、代金完済後、昭和62年12月25日を限度として5か月間は引渡しを猶予できると約した。Xは、昭和61年3月8日、土地測量をし、その結果、売買代金が確定した。Yは買替え物件を探したが地価の高騰により買換えが至難となったため、10月29日、仲介業者を通じてXに手付倍返しによる解除を申し入れたところ、Xは、契約の履行を催告し、Yは、11月14日、手付倍額の口頭の提供をしたうえ本件売買契約を解除する旨の意思表示をした。Xは、Yに対し本件土地建物の引渡しと所有権移転登記手続請求をし、Yは、手付解除を主張した。土地測量と履行催告が履行の着手に当たるかどうかが争点となった。
　最高裁は、原判決を破棄し、第1審判決を取消しYの請求を棄却した（破棄自判）。「解約手付が交付された場合において、債務者が履行期前に債務の履行のためにした行為が、民法557条1項にいう『履行の着手』に当たるか否かについては、当該行為の態様、債務の内容、履行期が定められた趣旨・目的等諸般の事情を総合勘案して決すべきである。そして、『債務に履行期の約定がある場合であっても、…ただちに、右履行期前には、民法557条1項にいう履行の着手は生じ得ないと解すべきものではない』こと判例（最高裁昭和41年1月21日民集20巻1号65頁）であるが、履行の着手の有無を判定する際には、履行期が定められた趣旨・目的及びこれとの関連で債務者が履行期前に行った行為の時期等もまた、右事情の重要な要素として考慮されるべきである」。本件において履行期が定められた趣旨・目的について見るのに、「売主Yによる本件土地建物の売却の動機が、その長男であるY1らと同居するための新住宅兼店舗地購入代金の調達にあり、希望物件が見付かれば（その時期はもとより未確定である）、売主Yは本件売却代金をXより受領して希望物件の購入代金に充てる費用を生じ、他面、本件売却代金の受領と同時に本件土地建物をXに明け渡すことは困難であるので、そのための猶予期間を置き、ただし、買主たるXの立場をも考慮して、買主の代金支払及び売主の本件土地建物の明渡しの約定期限たる昭和62年12月25日をもって最終履行期とする合意が成立し」、「要するに、最終履行期を昭和62年12月25日とする約定は、移転先を物色中の売主Yにとっては死活的重要性を持つことが明らかであり、同61年3月1日契約締結、最終履行期翌62年12月25日という異例の取決めの中に、本件売買契約の特異性が集約されているということができ、Xの主

3 相手方が契約の「履行に着手」したか

張する『履行の着手』の時期が、㈠契約直後の同61年3月8日の土地測量及び㈡同年10月30日到達の書面による口頭の提供が、最終履行期に先立つこと1年9か月余ないし1年2か月弱の時期になされたものであることに、特段の留意を要する」。各行為の態様について見ると、その㈠は契約直後の土地測量であり、「実測の結果、地積が3.44㎡増となったが、実測の結果、公簿面積より地積が減少する場合も予測されていたことは、契約書7条2項の文面よりして明らかであるのみならず、この実測及びその費用（記録によれば13万8000円）の買主負担は、本件売買契約の内容を確定するために必要であるとはいえ、買主Xの売主Yにする確定した契約上の債務の履行に当たらない」。その㈡は、「買主たるXが、昭和61年10月30日到達の書面をもって『残代金をいつでも支払える状態にして売主たるYに本契約の履行を催告したこと』である。右は、もとより、売買残代金の現実の提供又はこれと同視すべき預金小切手等の類ではなく、単なる口頭の提供にすぎない。およそ金銭の支払債務の履行につき、その『着手』ありといい得るためには、常に金銭の現実の提供又はこれに準ずる行為を必要とするものではなく、すでに履行期の到来した事案において、買主（債務者）が代金支払の用意をした上、売主（債権者）に対し反対債務の履行を提供したことをもって、買主の金銭支払債務につき『履行の着手』ありといい得る場合のあることは否定できないとしても、他面、約定の履行期前において、他に特段の事情がないにもかかわらず、単に支払の用意ありとして口頭の提供をし相手方の反対債務の履行の催告をするのみで、金銭支払債務の『履行の着手』ありとするのは、履行行為としての客観性に欠ける」。

(4) 売主・買主双方による履行の着手

賃借人が居住する建物の売買で、買主が残代金を用意して売主に対し建物の明渡しを請求し、売主と買主が賃借人に建物の明渡しを求めた事案（後掲①）、農地の売買において売主・買主が連名で農地法5条の許可申請書を知事に提出した事案（後掲②）について、売主と買主双方に履行の着手があったとした判例がある。

売主・買主双方による履行の着手

① 【最判昭30・12・26民集9巻14号2140頁】

売主Yと買主Xは、賃借人Aが居住する建物売買契約を締結し、Xは即日手付金を交付した。建物明渡期限を契約の日から3、4か月以内とし、Yが期限内にAに明渡しをさせXに所有権移転登記手続をする旨約した。Yは、右期間が経過した後も、Aが建物明渡しをしないことを理由に履行をしなかったため、Xは、Yに対し、残代金の支払と引き換えに所有権移転登記手続を請求した。Yは、契

第7章　手付解除と履行の着手

約締結後1年6か月後、手付の倍額償還を提供し契約解除の意思表示をした。Xは、Yの手付解除の効力を争った。

　裁判所は、「Xは、売買契約後（Yによる手付）解除前までの間に、しばしばYに対し、賃借人Aに明渡しをなさしめて、これが引渡しをなすべきことを督促し、その間、常に残代金を用意し、右明渡しがあればいつでもその支払いをなし得べき状態にあったものであり、他方、Yは、契約後まもなく、XとともにA方に赴き、同人に売買の事情を告げて本件建物の明渡しを求めたものであるというのであって、かかる場合、買主X及び売主Yの双方に履行の着手があったものと解した原判決の判断は正当として首肯しうる」とした。

② 【最判昭43・6・21民集22巻6号1311頁】
　売主Yと買主X間で宅地転用のための農地売買契約を締結し、ＸＹが農地法5条の許可申請書に連署の上県知事に提出した事案について、売主と買主は、農地売買契約上、県知事に対する農地転用申請協力義務を負い解約手付が交付された場合、売主と買主が許可申請書を連署の上知事宛に提出することは前記義務の履行にほかならないと解し、特約その他特別の事情のない限り、売主及び買主は、それぞれ契約の履行に着手したとした。

手付解除に関する特約

4　手付解除の期限に関する特約

　民法557条は任意規定であることから、中古住宅の売買では、手付解除の期限を特約で設けることが多い。このような特約があれば当該期限を経過すれば、買主は手付解除ができなくなるため、手付解除の期限を経過したことを解除権消滅の再抗弁として主張することとなる（岡久・後掲参考文献272頁）。ただし、売主が宅建業者である売買には宅建業法39条が適用される。売主業者が契約の履行に着手していないにもかかわらず、手付解除の期限の経過をもって当然に買主（非宅建業者）が手付解除できなくなるとすると、買主が契約関係から離脱する権利を奪うことになり、これは宅建業法39条2項に反する特約で買主に不利なものに該当し無効となる（3項）。買主は、手付解除の期限が経過しても、売主業者が契約の履行に着手していない限り手付解除ができることとなる。

　手付解除の期限の特約として、「手付による解除は、相手方が本契約の履行に着手したとき、または標記の期限［平成〇〇年〇〇月〇〇日］

を経過したときは、できないものとする」とするものがある。この特約は、「履行に着手したとき」と「手付解除の期限である年月日〔平成○○年○月○○日〕」とが「または」という選択的な接続詞で結ばれており、①相手方が契約の履行に着手したときは、手付解除の期限が到来していなくとも、もはや手付解除ができないとの趣旨か、②相手方が契約の履行に着手していても、手付解除の期限が経過しない限り手付解除ができるとの趣旨かが一読してわかり難く、③宅建業者が自ら売主となる売買では宅建業法39条2項、3項の規定の適用関係についてどのように解釈すべきかを検討しなければならない。後掲①は、消費者間の売買において、「なお」として、手付解除の期限前に当事者の一方が履行に着手しても解約手付による解除ができると付言したが、特約の趣旨が争点となったものではなかった。後掲②は、契約締結の2日後に売主が農業委員会の農地転用手続をしており、従来の判例などによれば、売主の「履行の着手」があったと判断される事案であったが、裁判所は、売主が宅建業者であることに着目して、たとえ売主が契約の履行に着手した後であっても、買主は、手付解除の期間が経過するまでは手付解除ができる特約であると判示した。売主業者と消費者間の売買であり宅建業法39条の規定が適用される事案であることから、後掲②が示した解釈を、消費者と消費者間の売買や事業者と事業者間の売買に一般化するには慎重さを要する。特約の文言、特約を設けた趣旨、当事者の属性（売主業者・非宅建業者）などを考慮して解釈すべきであろう。この種の相談を受けた場合には、このような裁判例があることにも留意しながら対応する必要がある。

① 【東京地判平5・3・29判タ873号189頁】
　売主Xと買主Yらとの売買契約において平成4年3月31日までの期間が解約手付による解除期日と合意されていた事案において、Yらは、同月29日到達の内容証明郵便による手付解除を主張し、裁判所は、Yらの主張を認めたが、「万一、Xにおいて、前記内容証明郵便の到達前に本件契約上の債務の履行に着手したという事情が存在したとしても、前記のとおり、本件契約上平成4年3月31日までの期間が解約手付による契約解除期日として合意されている以上、右期間内に到達した前記内容証明郵便により本件契約解除の効果が発生したものというべきで

第7章　手付解除と履行の着手

ある。すなわち、当事者間において売買契約上一定の期日までは双方解約手付による解除ができると定めた場合には、右期日までは双方当事者とも解約手付による契約解除をなし得る権利を留保する趣旨というべきであって、右期日前に契約当事者の一方が契約の履行に着手したとしても他方は解約手付により契約解除する権利を失わないと解すべきだからである。なんとなれば、売買契約上記のような合意を行う趣旨は、すくなくとも約定の期日までの間はいかなる状況になっても解約手付による解除をする権利を失わないことを合意することにより、契約の拘束力を制限して右期間内における当事者の契約解除の自由を確保することにあるものというべきであるから、右約定の期間内においては当然民法557条2項の適用は排除されるというべきである（仮に右合意が存在するにもかかわらず当事者の一方が契約の履行に着手したときには他方はもはや解約手付による解除権を失うというのであれば、民法557条2項の規定と同旨であって、契約上解約手付による解除期間を定める趣旨は存しないことになるものであるから、そのように解することは不合理である。）」とした。

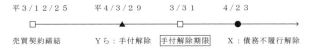

②【名古屋高判平13・3・29判時1767号48頁】

買主Yは、平成12年5月9日、宅建業者Xから本件土地を買受ける契約を締結し手付金を支払った（判決文からは履行期不明）。売買契約書には「売主及び買主は、相手方が契約の履行に着手するまで又は平成12年5月26日（以下「5月26日」）までは、この契約を解除することができる」旨定めた。Xは、同月11日に本件売買契約に基づき農業委員会に農地転用届出書を提出したところ、Yが同月16日到達の書面で手付放棄による解除の意思表示をした。Xは、履行の着手を理由に手付解除を認めず同月31日到達の書面で債務不履行解除し違約金を請求した。原審はXの請求を認めたが、控訴審は原判決を取消しXの請求を棄却した。前記特約の解釈が争点となった。野口恵三・NBL733号89頁参照。

裁判所は、「『『履行の着手まで』『又は』『5月26日』』のいずれか早い時期まであれば手付解除は可能であるとする解釈（甲解釈）と『履行の着手まで』『又は』『5月26日』のいずれかの［遅い］時期まで手付解除は可能であるとする解釈（乙解釈）とが一応考えられる」とし、以下のとおり判示した。①本件のように履行の着手後に5月26日が到来する場合、甲解釈によると履行の着手後は手付解除ができないのに対し、乙解釈によると履行の着手後も5月26日まで手付解除ができることになり、一方、履行の着手前に5月26日が到来する場合、甲解釈によると5月26日経過後は手付解除ができないのに対して、乙解釈によると5月26日経過後も履行の着手まで手付解除ができることとなる。②そうすると、甲解釈に

4 手付解除の期限に関する特約

よると、履行の着手後に5月26日が到来する場合には民法557条1項と同様であり、本件手付解除条項で『5月26日』を付加したことに何ら特別の意義はなく、履行の着手前に5月26日が到来する場合に、履行の着手前でも手付解除ができなくなるという意味で同条項の適用を排除する特約としての意義を有することとなる。他方、乙解釈によると、甲解釈とは逆に履行の着手後に5月26日が到来する場合に同条項の適用を排除する特約としての意義を有することとなる。③ところで、Xは、宅建業者であり、宅建業者自らが売主である場合、売主の履行の着手前でも買主の手付解除を制限する、つまり民法557条1項の適用を排除するような特約は、その限度で無効である（法39条2項、3項参照）から、甲解釈によると、履行の着手前に5月26日が到来する場合に同条項の適用を排除する特約としての意義を有する本件手付解除条項は、売主であるXからの手付解除を制限する特約としては有効であるが、買主であるYからの手付解除を制限する特約としては無効であるということとなり、特約としての効力が制限される結果を招き、民法557条1項とは別にわざわざ『5月26日』を付加した意味は半減することとなる。④本件手付解除条項の解釈に当たっては、当事者の真意にかかわらず、解約手付に関する民法及び宅建業法の趣旨を前提に当事者の合理的意思解釈としてなるべく有効・可能なように解釈すべきであるところ、甲解釈は、当事者が手付解除が可能な期間として『5月26日』を付加した意義を一部無にすることとなる一方、乙解釈は、その意義を理由あらしめるとともに宅建業法39条3項の趣旨である消費者の保護に資するものである。⑤また、一般に、履行の着手の意義について特別の知識を持たない通常人にとって、『履行の着手まで』『又は』『5月26日まで』手付解除ができるという本件手付解除条項を、履行の着手の前後にかかわらず『5月26日まで』は手付解除ができると理解することは至極当然であって、看護婦をしているYが、本件手付解除条項をこのように理解して本件手付解除に及んだことも肯けるところである。⑥乙解釈によると、履行の着手後の手付解除により相手方に一定の損害を蒙らせる結果となることは否定できず、手付解除の行使の期間には自ずから制限があるものではあるが、本件において手付解除が可能な期間である『5月26日』は本件売買契約締結日から20日余りの期間であり、履行の終了するまで手付解除ができるというがごとき無制限な手付解除を認める特約ではなく、本件手付解除によりXが損害を蒙ることがあったとしても、自ら前記のような手付解除の期間について『5月26日まで』と付加した以上、不測の損害とはいいがたい。以上の検討によると、本件手付解除条項の解釈については、民法557条1項の場合に加えて履行の着手後も手付解除ができる特約としての意義を有するとする乙解釈をもって相当とすべきである」。

売買契約締結　X：農地転用届書提出　Y：手付解除　手付解除期限　X：債務不履行解除

第7章　手付解除と履行の着手

〔確認すべき事項〕
(1) 不動産売買契約書・重要事項説明書の点検
　　手付解除に関して相談を受けた場合、「履行に着手した」か否かが争点となる可能性が高いため、次の点を確認する。
　・当事者の属性—売主・買主が宅建業者かどうか、宅建業者が売主の場合は宅建業法39条の適用があるが、宅建業者間の取引では同条は適用除外となる。
　・手付、手付解除、債務不履行解除、違約金に関しどのような定めがあるか
　・手付の交付の有無、支払方法、手付分割の有無、領収書の日付、金額、ただし書の記載
　・手付以外に内金（中間金）の支払いの有無
　・手付解除に関する特約の有無、手付解除期限までの時間的な余裕の有無
(2) 取引経過
　・当事者の一方または双方が代金支払・引渡しの履行期までに先履行義務を負うことを契約条項や特約で義務づけられていないか
　・当事者の一方が売買契約の履行期日までに履行に向けて何らかの行為の全部または一部を行ったか、当事者の一方の行為が履行のために不可欠な前提行為といえるのか、他方の当事者、仲介業者はこれらの行為を認識しているか（できるか）
　・売主が履行の提供をする場合、司法書士に所有権移転登記手続・抵当権抹消登記手続に必要な書類一式を確認し、登記委任状などを準備して決済場所に赴き、抵当権者、司法書士に同席を求め、買主に対しこれらの書類が調っていることを確認させる。このような行為の全部または一部がなされているか否かを確認する。

手付解除のリスク

5　手付解除の可否の判断に関するリスク

「履行に着手した」といえるかどうかは、最判昭40・11・24本書241

頁が判断基準を示しているものの、個別事案では、当該売買契約の債務の内容などを総合的に検討した上でなされる法的評価にかかることによる。手付解除に関する相談を受けた場合には、相手方が「履行に着手した」と主張して手付解除の効力を争うことが予想され、しかも「履行に着手した」かどうかが微妙な案件が少なくないため慎重に検討する。

　加えて、手付解除の可否が争われた場合の訴訟リスクも十分認識しておく。売主が手付解除し買主からの履行請求を拒否した場合、買主は、売主との売買契約が存続していることを前提として、①売主に対し所有権移転登記手続義務の履行を求め、売主がこれに応じないと売主の債務不履行を理由に売買契約を解除して、②既払いの手付金返還請求と違約金条項に基づく違約金請求訴訟を提起することが想定される。他方、買主が手付解除し売主からの履行請求を拒否した場合、売主は、買主との売買契約が存続していることを前提として、①買主に対し残代金支払義務の履行請求をし、買主がこれに応じないと買主の債務不履行を理由に売買契約を解除して、②受領済みの手付を違約金に充当し、不足額の違約金請求訴訟を提起することが予想される。裁判所が、手付解除を有効であると判断すれば、手付解除を主張して相手方からの履行請求を拒否していた当事者の債務不履行の問題に発展することはない。しかし、手付解除が無効であると判断されると、手付解除を主張して相手方からの履行請求を拒否していた行為は債務不履行となり、債務不履行を理由に契約が解除され相手方からの違約金請求が認められるという深刻な事態に陥る（東京地判平25・4・18本書243頁、東京地判平25・9・4本書243頁、東京地判平21・10・16本書246頁など）。そこで、弁護士は、依頼者に対して、手付解除の可否に関する見通し、手付解除の主張が認められなかったときのリスクを説明しておく必要がある。

《参考文献》
・井上直哉「履行の着手」奥田隆文＝難波孝一編「民事事実認定重要判決50選」（立花書房）189頁以下
・齋藤聡「民法557条（手付）」村田渉編著「事実認定体系　契約各論編1」（第一法規）43頁以下

第7章　手付解除と履行の着手

- 岡久幸治「手付」倉田卓次監修「要件事実の証明責任　契約法上巻」（西神田編集室）258頁
- 三輪拓也「売買」伊藤滋夫編「民事要件事実講座第3巻」（青林書院）359頁
- 不動産適正取引推進機構編「不動産取引紛争事例集」167～189頁、「不動産取引紛争事例集第3集」11～18頁
- 太田秀也「手付解除と『履行の着手』についての一考察」RETIO79号21頁（不動産適正取引推進機構）
- 飯原一乗「手付」不動産取引事例研究会編「判例不動産取引事例解説集」第1巻（新日本法規）298頁～320頁の20の1
- 谷水　央「手付」同上320頁の20の2～320頁の40
- 加藤新太郎ほか編「要件事実の考え方と実務」（第3版　民事法研究会）
- 松田典浩「手付」加藤新太郎編「裁判官が説く民事裁判実務の重要論点［契約編］」（第一法規）131頁

第8章　ローン解約

> **紛争事例**
>
> 　買主Xは、仲介業者Y2の仲介により売主Y1所有の中古住宅を購入する契約を締結し、Y1に手付金を、Y2に仲介報酬の半額を支払った。不動産売買契約書には「ローンの取り付けができなかったときは白紙解約できる」との特約が付されていた。Xは、契約締結後、A銀行に住宅ローンの相談に行ったところ、Xの所得では希望する返済条件では融資してもらえないことがわかった。Xは、Y2に「ローン解約をしたい、手付金と仲介報酬を返還して欲しい」と連絡すると、Y2は、他の金融機関に融資を申し込むようXに求めた。Y2が紹介する他の金融機関では借入れ金利が高くなりXの給与では毎月の返済額を払えないので、Xはこれを断った。Y1は手付金の返還に応じようとしないし、Y2は仲介報酬の返還をしない。

> **事案分析のポイント**

≪紛争≫
・買主の売主に対するローン解約に基づく手付金返還請求、仲介業者に対する既払い仲介報酬の返還請求
・売主がローン解約の効力を争い、買主に対し債務不履行（残代金支払義務違反）に基づく契約解除と違約金請求

第8章　ローン解約

・仲介業者がローン解約の効力を争い、買主に対する仲介報酬の残額請求

≪争点≫

ローン特約の趣旨、買主によるローン解約の可否、売主による債務不履行解除と違約金請求の可否、ローン解約と仲介報酬請求の可否

理解しておくべき事項

ローン特約　　**1　ローン特約**

(1) **意義**

　ローン特約（または融資利用の特約）とは、不動産売買契約を締結する際、買主が金融機関から融資を受けることができない場合に無条件（無賠償）で契約を解除し（または契約が当然に失効し）売主に支払った手付金の返還を求めることができる旨の合意をいう。ローン条項、ローン解約条項とも呼ぶ。ローン特約に基づいて売買契約を解除することをローン解約という。

ローン解約

解除条件型と解除権留保型

　ローン特約には、①解除条件型と②解除権留保型とがある。解除条件型は「売買契約は（当然に）効力を失う」と定め、融資を受けられなかったことによって売買契約の効力がなくなる（民法127条2項）。買主がローン解約の意思表示をする必要はない。解除権留保型は「買主は売買契約を解除できる」と定め、買主は、融資を受けられなかったことを理由に売買契約を解除する旨の意思表示をする必要がある（民法540条1項）。ローン解約の結果、売買契約は効力を失い、売主は、すでに受領している手付金・内金などを買主に返還する義務を負う。

　新築分譲マンションや中古住宅の売買における重要事項説明書には通常、「契約の解除に関する事項」（法35条1項8号）、「代金に関する金銭の貸借のあっせんの内容及び当該あっせんに係る金銭の貸借が成立しないときの措置」（12号）が、不動産売買契約書には「契約の解除に関する定めがあるときは、その内容」（法37条1項7号）、「代金についての金銭の貸借のあっせんに関する定めがある場合においては、当該あっせんに係る金銭の貸借が成立しないときの措置」（9号）が不動文字で印刷され、ローン特約、融資利用の有無、融資申込み先、融資金額などを

記載する様式となっている。ローン特約に関する宅建業法による業務規制は「第4章　不動産売買契約書の読み方」146頁。

(2) ローン特約の趣旨

新築分譲マンションや中古住宅の買主は、金融機関から融資（住宅ローンなど）を受けて売買代金の一部に充てることが多い。契約締結後に金融機関に売買契約書などの必要書類を提出して融資を申込み、融資審査（本審査）がなされる。返済能力がないとか売買目的物の担保価値が不足するとして融資が受けられない場合に買主が無条件で売買契約から離脱することが認められなければ、買主は手付解除するか売主に合意解除を求めるほかなく、売主が合意解除に応じなければ残代金を支払えないため債務不履行解除とともに違約金請求される事態に陥ることになる。売主も仲介業者も、買主が融資を受けて売買代金を調達することを了解した上で売買契約を締結している。そこで、「買主の責めに帰すべからざる事由によってローン融資を受けることができなかった場合にまで手付金の没収や損害賠償を負わせると買主に酷である」（東京地判平16・8・12本書285頁）ことから、買主の利益を保護するために無条件で売買契約を解除できる旨のローン特約が設けられている。ローン特約の趣旨に言及した水戸地判平7・3・14本書289頁、東京地判平9・9・18本書286頁、福岡高裁那覇支判平11・8・31本書278頁、東京地判平16・7・30本書287頁。

2　住宅ローンの融資手続

融資には、①宅建業者（売主業者、代理業者、仲介業者）が金融機関と提携し買主に融資をあっせんする提携住宅ローン、②買主が直接金融機関に融資を申し込む非提携住宅ローン（自主ローン）がある。買主が宅建業者または金融機関に資金計画を相談すると、買主の年齢・勤務先・年収、自己資金の額等を踏まえて、融資機関、融資希望条件（借入れ融資額、期間、金利、返済方法など）、借入れ可能額と毎月の返済額を試算して資金計画を立てる。購入物件が特定され売渡証明書・買付証明書などで売買価格がほぼ決まった段階で、買主が金融機関に借入申込書（借入金額、借入期間、取得価格、自己資金など）を提出し、売買契

第8章　ローン解約

約が締結されると、買主が金融機関に正式に融資を申込み本審査を受ける。

【融資の申込みに必要な書類】
①所定の住宅ローン借入申込書、個人情報の取扱いに関する同意書、団体信用生命保険申込書兼告知書など
②所得証明関係書類（買主が給与所得者の場合、源泉徴収票、住民税決定通知書など、個人事業者の場合は確定申告書、納税通知書）
③本人確認書類（印鑑証明書、住民票、運転免許証またはパスポート、健康保険証など）
④金融機関等取引状況（他の借入れなどの利用がある場合）
⑤職歴書（勤務先、業種、勤務先の所在地、勤務期間、転職理由など）
⑥取引関係書類（不動産売買契約書、重要事項説明書、全部事項証明書（不動産登記簿謄本）、パンフレット・チラシ（間取図など）、案内図・住宅地図、固定資産税評価証明書、地積測量図、公図、建築確認済証（配置図、平面図付）、新築マンションの場合は価格表・建築概要など、建物建築の場合は建築工事請負契約書など

融資が承認されると、買主は、金融機関と金銭消費貸借契約を締結し、保証会社などと抵当権設定契約を締結し、残代金の支払期日に金融機関が融資実行をすると同時に買主の購入物件に抵当権が設定される。

ローン解約の要件事実

3　ローン解約の要件

(1)　要件事実

買主が売買契約をローン解約し売主に手付金・内金などの返還を求める場合、解除条件型では、①売買契約の成立と手付などの交付、②解除条件型ローン特約の存在、③買主が金融機関から融資を受けることができなかったことを主張立証する。解除権留保型では、①売買契約の成立と手付などの交付、②解除権留保型ローン特約の存在、③買主が金融機関から融資を受けることができなかったこと、④買主が売主に対しローン特約に基づき売買契約を解除する旨の意思表示をしたことを主張立証する。ただし、買主が融資成立への努力義務を怠ったり、買主の帰責事由によって融資が成立しなかったとか、ローン解約できる期限を過ぎた

場合、売主がローン解約を争うことが想定される。

〔確認すべき事項〕
・ローン解約の理由と経緯
・他の金融機関に融資を申込む義務を負うか
・ローン解約権の濫用、信義則違反を基礎づける事実があるか
・ローン解約期限の有無、解約期限までに時間的余裕があるか

(2) ローン特約の存否

ローン特約は売主と買主間の売買契約の解除に関する合意である。ローン解約の紛争事案では、売買契約書や重要事項説明書に融資予定額、融資機関などの融資内容が具体的に記載されていないとか、ローン特約の要件が明確に表現されていなかったり、重要事項説明書と売買契約書に記載されたローン特約の文言が一致していないことなど、ローン解約の要件が判然とせず、ローン特約の趣旨や解釈を巡って争点となる事案が少なくない。ローン特約の文言が明確でないときはローン特約を設けた趣旨を踏まえつつ、「契約に際し当事者間で前提としていた諸事情に照らして、契約当事者間の通常の合理的意思を考究することにより解釈する」（報酬請求事件について水戸地判平7・3・14本書289頁）。

後掲福岡高判平4・12・21は、宅建業者である買主が売買契約書に不動文字で印刷されていた「融資利用の特約」の条項を抹消しなかったことを理由に融資利用の特約が存在したとしてローン解約を主張し、これに対し売主は、ローン特約の存在を争い債務不履行解除を理由に違約金を請求した事案である。第1審は買主の主張を認めたが、売主が控訴し、控訴審はローン特約の成立を認めなかった。

【福岡高判平4・12・21判タ826号234頁】
　売主Xら（個人）と買主Y（宅建業者）は、平成2年6月29日、Yが所属する業界団体（略称：宅建協会）の定型書式である不動産売買契約書を使用し本件土地売買契約を締結し、Xらは、平成3年4月30日までに本件土地上にある旧建物（Xらの自宅）を撤去しYに更地で引き渡す旨約し、第13条［融資利用の特約］には、買主が売買代金の一部に表記の融資金を利用する場合、契約締結後速やかに融資の申込手続をし、融資が否認された場合、買主は表記期日内であれば本

契約を解除できるとの文言が印刷されていたが、売買契約書第1面の「融資の利用（有・無）、融資申込先、（融資利用の特約に基づく解除の）期日、融資金額」欄は空白であった。Xらは、平成3年3月に建物を竣工・転居し、4月5日から1週間かけて旧建物を解体し本件土地を更地にした。Yが同月30日までに残代金を支払わなかったため、Xらが5月10日到達の書面でYとの売買契約を債務不履行解除し違約金請求した。Yは、同月8日到達の書面で金融機関の融資否認を理由に第13条に基づき売買契約を解除した。融資利用の特約の有無が争点となった。

第1審は、Yが融資利用の特約を付けない場合、融資申込先等の該当欄を抹消する扱いであるが本件では抹消されていないこと、融資利用の特約を付けるか否かはもっぱら売主側の要望によっており売主側から融資利用の特約を外してほしい旨の申し出があった場合に限って前記該当欄を抹消すること、宅建協会の契約書定型様式においては融資利用の特約を付けないときは該当欄を抹消のことと記載されていることなどを認定した上で、融資否認を理由とする契約解除の時期を定めていない場合には売買代金の支払時期までに解除できる趣旨であるのが自然であるとし、Yによる融資利用の特約に基づく契約解除を認めXの請求を棄却した（福岡地判平4・2・12）。ところが、控訴審は、融資利用の特約の成立を否定した。融資利用の特約の意味について、「不動産売買において、一旦、代金額とその支払期限が合意されたにもかかわらず、買主が何らかの事情によってその代金を手当てできないときには、買主は債務不履行責任を負うのが原則であるところ、この融資利用の特約は、代金の手当を銀行等の融資に仰ぐときには、この旨を明示し、さらに融資申込先、融資を求める金額をも明示したならば、明示したとおりの融資が得られず、従って代金の手当がつかないために通常ならば買主が債務不履行に陥るところを、一定の期間内において、この融資が得られないことを理由に買主が無条件で当該売買契約を解除することができ、契約上の一切の債務から解放される、というものである」。「融資利用の特約は、買主の売買契約上の責任を軽減する効果をもたらすもので、買主にとってまず有用なものと解されるところ、売主にとっては、（略）何の代償もなくまさに右の代金調達不能という買主側の責に帰すべき事由をもって買主から売買契約を解除されることを甘受しなければならないことを意味し、売主にとって有用なものとは認めがたいものといわざるを得ない。そして、右の解除権行使が許される期間が長ければ長い程、売主の法的地位は不安定となる筋合いである。このように考えると、本件契約書第13条所定の融資利用の特約の適用を受けようとするならば、まず買主がこの旨を明示すべきである（本件契約書表面に『融資の利用（有・無）』欄があるのは、まさにこのことをいっているものと理解される。）。そして、この特約の適用を受けることによって被る売主の法的地位の不安定を緩和するために、少なくとも解除権が行使できる期間を明らかにしなければならない」、「第13条に対応す

る『融資の利用（有・無）』欄に何も記載しなかったばかりか、『第13条第2項の期日』欄の記載、すなわち特約に基づく買主の解除権行使のできる期間について協議された形跡はない。(略)本件売買契約が締結された席上においては、関係者一同がXらの本件土地を売却する目的やこれに伴う右認定のXらの諸事情、要望等について理解しており、この理解のもとに本件売買契約が締結されたのであるが、なかでもXらが本件土地の約定の期限までにYに引渡すためには、まずもって建替工事を先行させねばならないから、この工事着手後に本件売買契約が解除されるとなると(略)、この理由が、もしも融資利用の特約に基づくものであるときには、何の代償もないから、Xらにとって打撃が一層深刻であることも、また容易に察しがつくことである。そうであるから、仮に融資利用の特約を締結するということであれば、この解除権行使の許容期間をどのように設定するかはXらにとって重大な利害をもつべきことがらである。ところが、この期間について協議された形跡のな(く)(略)、本件契約書表面の『第13条第2項の期日』欄に何も記入されることがなかった」とし、融資利用の特約の成立を認めず原判決を取消し、Xらの違約金請求を認めた。

　本事案では、①融資利用の特約が業界団体の定型様式の売買契約書に不動文字で印刷されていたが契約締結時に抹消されず、②融資利用の特約の具体的な内容を記入する欄が空白のままであったことは「争いのない事実」であったが、これをどのように評価するかについて判断が分かれた。第1審は、融資利用の特約が抹消されなかった事実と買主・仲介業者の供述を重視し融資利用の特約の存在を認定したが、控訴審は、①融資利用の特約の趣旨に立ち返って買主にとって有用な特約であるとし、②そうすると、買主が融資利用の特約の内容を明確に示すべきであること、③Xの売却目的が他所での建替えにあり、確実にYとの売買が実行されることが必要であること、④引渡し期限を新築建物完成後とし本件土地を更地引渡しとする取引条件(いわゆる買換え)に照らせば、融資利用の特約に基づく解約期限を売買代金の支払時期(引渡し期日)までとした第1審の判断が不合理であるとし、融資利用の特約(合意)の成立の主張を排斥した。宅建業者が使用する定型様式の売買契約書に不動文字で記載された融資利用の特約は、融資条件欄に買主の希望に添った融資金額等を具体的に記入してはじめて合意内容が完成する。加えて、ローン特約の趣旨を踏まえると、融資条件欄が空白であるとの事実は、当事者間において融資利用の特約に関する具体的な内容が合意されていなかったことを根拠づける。なお、①買主が契約締結後、速やかに融資の申込みをしたかどうか、②重要事項説明書の「契約解除に関する事項」欄に融資利用の特約が記載されていたかどうかは、融資利用の特約の存在を基礎づける重要な間接事実の一つとなるが、判決文を読む限り、Yがこの点を主張立証した形跡はない。

第 8 章　ローン解約

融資の申込み　(3)　融資の申込み

　　買主が金融機関に融資を申し込んだ事実がなければ（後掲東京地判平16・7・29）、ローン解約の要件を満たさない。買主が融資の申込みをした事実は、買主が金融機関に融資申込書を提出したことをもって主張立証する。なお、売買契約書は、買主において金融機関に融資を申し込む義務があることを明文で定めているものが普及している。「第 4 章　不動産売買契約書の読み方」146頁参照。

　　ローン特約に融資申込先「都市銀行他」と記載され、買主は、都市銀行などに融資を打診したが、承認を得られず、売主がノンバンクからの借入れを提案され、いったん融資の申込みのための必要書類を提出したが金利が高いため、提出書類の返還を受けたことからローン解約の可否が争われた東京地判平16・7・30本書287頁参照。

資金計画書　【資金計画書】

　　取引実務では、買主が取引物件を購入するに当たって宅建業者（売主業者、代理業者、仲介業者）に資金計画や融資について相談すると、宅建業者が資金計画書を作成する。資金計画書には、買主がどのような資金計画（融資額、融資機関、返済額、期間、金利等）を立てていたかが示されており、ローン特約の内容やどのような融資を申し込むことになっていたかを主張立証するための重要な資料の一つとなる。

【東京地判平16・7・29ＷＬ】
　　買主Ｘ1、Ｘ2は、売主業者Ｙとの間で土地売買契約及び建物建築工事請負契約を締結しローン特約（ローン申込金融機関：都市銀行、ローン申込額3200万円など。「ローン借入不可能の場合には買主は契約解除できる」）が付された。Ｘらは、契約締結の翌日、仲介業者Ａの担当者から、要融資額3200万円の半額についても借入れ不可能である旨告げられたため、金融機関に融資の申込みをせず、ローン解約に基づき手付金返還を請求した。
　　裁判所は、「ローン条項中の『借入不可能』たる条件事実は、その存在が証明されることが必要かつ十分であって、その証拠方法は都市銀行によるローン拒絶に限られない」。「しかしながら、住宅ローンは、買主が金融機関に借入れを申し込み、金融機関がローンの可否を審査することによって成立するものであるから、ローン条項にいうローン借入不可能かどうかの判断は、ローンを実行する金融機関が行うべきものということができる」。「仲介業者であるＡの担当者がＸら

の主張するような発言をした事実があったか否かはともかく、仮に、そのような事実があったとしても、Aは買主であるXらの仲介業者にすぎず、ローンの申込みを受けてその可否を審査する立場にないから、手付金の返還を求める買主側の仲介業者によるローン借入不可能の判断のみでは、事後的に検証して上記条件事実の証明があったとは到底いうことができない。そして、Xらが金融機関に住宅ローンの借入れを申し込んだ事実がなく、金融機関によるXらに対するローン可否の判断がなされていない以上、Xらについてローン借入不可能であることの証明があったとは認められない」。「ローン条項の趣旨からすれば、買主であるXらとしても、買主保護のために設けられたローン条項による保護を受けるためには、金融機関の審査に必要な書類を揃えてその審査を受けるといった住宅購入資金の調達に向けた努力をする必要があるところ、Xらは、自己の仲介業者の発言のみで購入意欲を失った結果、資金調達に向けた努力を怠り、ローン条項期日までに金融機関に住宅ローンの申込みをしなかったものと認められるから、ローン条項による保護に値せず、手付金を没収されてもやむを得ない」として、Xの請求を棄却した。

(4) 融資を受けることができなかったこと

融資不承認

買主が金融機関から融資を受けることができなかったことが必要である。融資を受けることができない理由には、ⅰ）買主の返済能力など買主自身に属する事由のほか、ⅱ）売買の目的物が法令制限に違反しているとか、重大な瑕疵があり担保の適格性を欠くことが原因で融資を受けられないことも含まれる（後掲①）。金融機関が融資を否認した旨告知しただけでなく、金融機関がローン解約の期限までに融資を承認しなかった場合も当たるとするものがある（後掲②）。

① 【東京地判平8・8・23判時1604号115頁】
　売主Yと買主Xとは、平成7年7月22日、本件売買契約を締結し代金の支払期日を8月31日とした。「買主は、本件契約締結後、遅滞なくローンの申込み手続をとるものとし、万一融資が否認された場合、あるいは金融機関との金銭消費貸借に関する保証委託契約が成立しないときは、買主は無条件にて本契約を解除することができる」とのローン特約を付した（ローン解約期限8月14日）。融資を申し込んだ甲銀行の提携する保証会社から、売買物件が短期間に何件もの会社及び個人に正当な売買という形態をとらずに所有権移転が行われている不明点があるとの指摘を受け、Xは説明を求められ、これらの経緯を報告したが、結局、保証会社は、融資保証を引き受けることはできないと回答し、甲銀行も融資を拒否

第8章　ローン解約

した。Xは、8月14日、ローン解約した。Yは、本件ローン特約は、返済能力などのX側の属人的要素により否決された場合に買主を本件契約から解放する趣旨の規定であると主張した。

裁判所は、「Xは、甲銀行乙支店から住宅ローンの貸付けを受けることを予定し、その申込みをしたにもかかわらず、保証受託会社から支払保証委託契約の締結を拒まれ、そのため甲銀行乙支店からの住宅ローンの貸付けも拒まれたことが認められ、本件ローン特約により、本件契約を解除することができる」。Yの主張について、「本件契約書の条項にそのような限定はなく、更に、ローンを利用して不動産を購入しようとする者にとっては、ローンを受けられない理由が購入者の属人的要素であるか、目的物の物的事情によるものであるかにかかわらず、ローン貸付けが受けられない以上、代金支払に窮することになり、売買契約を解除する必要性がある」としてYの主張を排斥し、XのYに対する手付金返還請求を認め、Xからの違約金請求を棄却した。

② 【東京地判平19・3・28WL】

売主Yと買主Xが本件売買契約を締結し、「Xは、融資利用の特約の期限（平成16年11月20日）までに全部又は一部が否認された場合、本件売買契約を解除することができる」旨のローン特約を付した。Xは、甲銀行に融資を申し込んだが、期限までに融資承認を得ることできなかったためローン解約した。Yは、ローン特約は金融機関が融資を否認された場合に解除できるという規定であり、融資を検討中であるが否認されていない場合には適用されないと主張した。

裁判所は、「本件融資利用特約は、不動産の購入者が、購入代金について金融機関から融資を受けることを前提に売買契約を締結した場合、融資を認められなかった場合に購入者を保護するために解除権を付与することとした趣旨の規定であることは明らかであり、代金決済日までに融資が受けられなければ代金を支払えないのは当然であるから、金融機関の融資が期限までに認められない場合と積極的に融資が拒絶された場合とで、解除権行使の可否を判断する上で差異はない」とし、Xからの手付金返還請求を認めYの違約金請求を棄却した。ローン解約の通知の到達は本書275頁。

〔確認すべき事項〕
・買主の属性、融資を受けようとした理由、返済能力
・買主が宅建業者（売主業者、代理業者、仲介業者）に対し、いつ、どのような資料（所得関係書類など）をもとに資金計画の打ち合わせをしたか

- 買主がどのような条件で融資を受けようとしていたのか、資金計画書の有無・内容
- 宅建業者のあっせんローンを利用したのか、買主の自主ローンか
- 買主がいつ、どの金融機関にどのような融資条件で融資を申し込んだか、融資申込書類は速やかに提出したか、遅れた理由は何か
- 宅建業者から買主に対する融資に関する説明の有無・内容
- 融資を申し込んだ後、融資担当窓口からの問い合わせ内容、書類や担保の追加の有無
- 金融機関が、いつ、どのような理由で融資を承認しないことが決まった旨もしくは融資承認の見込みがない旨の連絡を受けたのか
- 買主が融資成立への努力義務を怠ったと指摘されるような事実がないか
- 重要事項説明書・売買契約書にローン特約条項が存在するか──解除条件型か解除権留保型か、要件と効果
- ローン解約の要件に該当する事実があるか

(5) ローン解約の意思表示

ア 解除条件型のローン特約

解除条件型の場合、融資を受けることができない事実が生ずると、買主の意思に関わりなく売買契約は当然に効力を失う（民法127条2項）。通常、金融機関は融資をしないと決めた後に融資担当者から買主（時には宅建業者が提携した金融機関の場合は宅建業者）に対し融資をしない旨の連絡をすることから、買主は、その告知を受けた時点で売買契約が失効したと主張することとなる。買主は、金融機関から融資を受けることができない旨の連絡を受けた場合、速やかに売主に対しその旨書面で通知しておく。

イ 解除権留保型のローン特約

解除権留保型の場合、売買契約の解除権が留保されているだけであるから、金融機関から融資を受けることができないことが判明すれば、買主は、速やかに、かつ明確に売主に対しローン解約の意思表示をすることが必要である。買主がローン解約の意思表示をしない限り、売買契約は存続し、買主は残代金の支払義務を負う。後掲東京地

第8章　ローン解約

判平22・3・16は、買主が仲介業者を通じて売主に対し銀行融資を受けられない旨を通知しただけでローン特約に基づく契約解除の意思表示を明確にしなかったためローン解約が認められなかった事案である。

【東京地判平22・3・16WL】
　買主X1（法人）と代表者X2は、平成20年2月18日、売主Yからマンション2室を購入し手付金を支払った（決済日3月6日）。Xらは金融機関に融資を申し込んだが3月4日に融資が受けられないことが決まり、X2は、仲介業者Aにその旨伝え、Aの代表者Bは、同日、Yの担当者CにXらが銀行融資を受けられない旨通知した。Cは、「もう決済の段取りをしている、これが無駄になってしまうことから、何とかならないか」と述べたため、Bは、X2にその旨伝え、X2は、3月6日以降、別の金融機関などに再度融資を申し込み甲銀行から同月26日に融資が実行される見込みとなった。Yは、Xらが決済日に残代金を支払わないことを理由に同月25日到達の書面でXらとの売買契約を解除し違約金請求した。
　裁判所は、「Xらが3月4日にBからCとの上記やり取りの報告を受け、その後に金融機関に再融資の申込みをして融資を受ける手はずを整えたり、後に契約の解除の意思表示をしているのは、本件売買契約が有効に存続していることをYのみならずXらも当然の前提とするものというべきである。したがって、Xらが3月4日にいったんBを介して融資が受けられなくなった旨の通知をしたことをもって、融資特約条項による解除の意思表示をしたということはできない」とし、Xの請求を棄却した。もっとも、裁判所は、YがXに対し残代金の支払を催告した事実を認めるに足りる証拠はないとしてYの債務不履行解除を認めずYの請求も棄却した。

　買主がローン解約を行う際に仲介業者を通じて売主にローン解約を申し入れる場合が少なくない。しかし、仲介業者は仲介人であって代理人ではなくローン解約の意思を仲介業者に伝えても後日、ローン解約の意思表示の不到達を主張されるおそれもあるため（本書233頁、仲介と代理は「第2章　不動産売買の取引の流れ」57頁、「第3章　不動産売買と宅地建物取引業法」81頁）、買主は売主に対し直接ローン解約の意思表示をしておく。ローン解約期限の直前に買主からローン解約する旨の連絡を受けた仲介業者は、直ちにその旨を売主に対し

明確に伝え、買主のローン解約の意思表示が期限内になされたことを証するため、その旨の書面を売主に交付することが望ましい。

【東京地判平19・3・28WL】
　事案は本書274頁。買主Xは、売主Yに対し、融資を受けることができなかったため、ローン特約の期限である平成16年11月20日付ローン特約の解除通知をファクシミリで送付した。Yは、同日が土曜日・休日でYの業務終了時間までに解除通知がYに届いていないと主張しローン解約の効力を争った。
　裁判所は、「本件融資利用特約の期限については、平成16年11月20日までと明記されていたものであって、Yの業務終了時間までとの限定はなかったものであり、本件融資利用特約解除通知は、ファクシミリで送付されたのであるから、同日のうちにYの支配領域内に到達したものといえる。そうすると、Yが本件融資利用特約［による］解除通知のファクシミリを現実に見たのが同月22日であるとしても、Xの本件融資利用特約解除通知による解除の意思表示は、本件解除利用特約の期限内に行われた」とし、Xのローン解約を認めた。

ウ　解除条件型か解除権留保型かが争点となった事例
　「売買契約を解除するものとする」（後掲1）、「本契約を白紙解約するものとします」（後掲2）、「解除されたものとする」（後掲3）という文言で表現したローン特約が見られる。このような文言は売買契約が当然に失効するとの趣旨か、改めて契約解除の意思表示を要する趣旨かが明確ではない。ローン特約の趣旨を踏まえつつローン特約の文言、売買契約書・重要事項説明書の内容のほか、「（当該売買）契約に際して当事者間で前提となっていた諸事情に照らして、当事者の合理的意思を検討することにより解釈する」（後掲1）こととなる。弁護士がローン解約の可否に係る相談を受けた際には、重要な条項であるだけに、ローン特約が解除条件型か解除権留保型かは慎重に検討する。解除権留保型のローン特約は、通常、買主だけにローン解約権を付与しているため、買主がローン解約をしないのに売主がローン解約はできないし、当然に売買契約が失効するものではない（後掲2）。買主（または買主から相談を受けた弁護士）が解除条件型のローン解約と即断して、ローン特約による契約解除の意思表示をせずに手付金返還請求したところ、解除条件型か解除権留保型かが争点となり、裁

第8章　ローン解約

判において解除権留保型のローン特約であると判断されると、ローン解約の主張自体が失当となり、買主の請求が棄却される事態に陥る。ローン特約の文言が解除条件型かどうか判然としない場合には、予備的に売主に対しローン解約の意思表示をしておく。

1【福岡高裁那覇支判平11・8・31判時1723号60頁】
　売主Yと買主X間の平成7年5月22日付売買契約書に「ローン借入れ不可能の場合には、売主は受領した金員を買主に返還して売買契約を解除するものとする」とのローン特約が付され、代金支払期日が7月22日と定められた。仲介業者の宅地建物取引主任者は、重要事項説明でXに対し「金銭貸借不成立の場合、無条件解約の上、受入金を全額返金する」と説明した。Xは融資を受けられないため、当初の支払期日を8月末日、次いで9月末日まで延期し、さらに10月末日まで延長し、Yは複数の金融機関にローンの申込みをしながら、結果的には期限内に融資を受けることができなかった。Yは、11月13日、本件売買契約を解除した（本件第一解除）。これに対し、Xは、Yが履行拒絶の意思を明確に示したとして売買契約を解除した（本件第二解除）。XはYに対し債務不履行を理由に損害賠償を請求し（本訴）、YはXの債務不履行を理由に損害賠償を請求した。第1審はYの債務不履行があったとしてXの本訴請求を認めたため、Yが控訴した。本件ローン解約の解釈が争われた。
　裁判所は、ローン特約の趣旨を示した上で、「本件においては、ローン実行の期限は定められているものの、解約権行使の時期や方法等の定めはなく、ローン特約の文言や重要事項説明の内容等を総合すると、右ローン特約は、Xが遅滞なく必要書類等を提出してローンの申込みをしたにもかかわらず、期限内にローンが実行されない場合には、改めて期限の猶予等の合意がされない限り、右期限の経過をもって当然に本件売買契約が解除となる旨を定めたもの」とし、「Xが遅滞なくローン融資の申込みをしている以上、期限内に融資が得られなかったことにより、当然に本件売買契約は解除されたものというべきであって、売買代金の不払を債務不履行解除の原因とすることはできないから、本件第一解除は、その効力を有しないというべきである。なお、前記認定の本件売買契約締結後の事実関係に照らすと、Xは、当初のローン申込みを遅滞しておらず、その後に期限の猶予を得た後も、具体的事情に応じて適当なローンを得ようと努力していたことが窺えるから、ローンを得るべき債務を怠ったということもできない。他方、Yが、右猶予の期限（平成7年10月末日）の到来前に、本件売買契約の履行を拒絶したことを認めるに足りる証拠はなく、前記認定事実によれば、Yは、Xへのローン融資が実行されなかったことから、それ以後、本件第一解除の意思表示をするなど、本件売買契約の履行を拒絶するようになったものと認められ、前判示

のとおり、その時点では既に本件売買契約は無条件で解除となっている以上、右履行拒絶をもって債務不履行であるということはできない。また、右のとおり本件売買契約が解除になっている以上、本件第一解除をもって民法557条の解除権の行使であるということもできない」とし、Yの本件第一解除、Xの本件第二解除以前に本件売買契約は解除されているとし、Xの本訴請求、Yの反訴請求のいずれも棄却した。

2 【東京地判平17・10・26WL】
　売主Yと買主Xは、平成15年6月7日、本件売買契約を締結し、「買主が、平成15年6月13日までに位置指定道路の許可取得前の融資実行について、金融機関より承認を得られなかった場合は、本契約を白紙解約するものとします」と定めた。Yは、本件物件を他に売却したため、XがYに対し債務不履行を理由に違約金請求した。Yは、本件特約条項によると、6月13日までにXが融資の承認を得られなかったことを解除条件として定めたものであると主張した。
　裁判所は、「ローン特約を設けることは、不動産売買において通常採られているところであり、本件特約条項の文言も『買主が…金融機関より（融資の）承認を得られなかった場合』と規定されており、これを買主保護のためのローン条項類似の規定と見ることも可能である」。「本件物件には、売却に際してYに前面私道についての道路位置指定の許可取得が義務づけられており、許可取得のための申請手続もYが行うものであるところ、平成15年6月13日までにXが融資の承認を得られなかったのは、道路位置指定の認定について金融機関側においてはっきりしていなかったためである」。「一般的に、金融機関としては、道路位置指定の許可取得が必要な物件の融資について、その申請手続すら完了していない段階では、当該物件の担保価値の確認ができないことなどから、融資の承認をすることはないのが通常であることからすると、Xとしては、融資の申込みをした後は、Yが位置指定道路許可取得の手続を進めてくれない以上、融資の承認を得られないのであって、本件のようにX側に融資承認を受けるについて格別の客観的な障害がないのに、Y側の責めに帰すべき事情で融資承認が受けられない場合に、Yからも契約の解除を主張できるとするのはいかにも不合理である。そして、本件売買契約書によれば、平成15年6月30日に売買代金7800万円の支払と引き換えに本件物件の引渡と所有権移転登記手続を行うことが売主と買主の基本的な義務になっているところ、本件物件は、前面私道について、Yに建築基準法上の道路位置指定の許可を取得することが義務づけられていたが、（略）その申請手続すら終了していない段階で、所定の期限内に融資承認が得られないことをもって当然に契約が白紙解約となるということは、当事者の合理的意思とは解されない」とし、本件ローン特約は、平成15年6月13日までにXが金融機関から融資承認を得られないことを本件売買契約の解除条件とするものではなく、金融機関からの融

資承認が得られない場合に、買主であるXのみに契約解除権を与えたものであるとし、XのYに対する違約金請求を認めた。

③【東京地判平24・4・27WL】
　仲介業者Y2の仲介により、売主Y1と買主Xらが締結した売買契約のローン特約では、「万一、融資特約の期日である平成23年5月30日までに融資の承諾が得られない場合は同日に契約は解除されたものとする」と定めていたため、Xは、本件売買契約が当然に解除されたと主張した。
　裁判所は、「本件売買契約においては、本件融資特約として、Xらが売買代金の一部の支払等に充てるために甲銀行ほか都市銀行から9300万円の融資を受けることとし、万一、平成23年5月30日までに融資先から融資の承諾が得られない場合には本件売買契約は解除されること、この場合には売主であるYは受領した金員を全額買主であるXらに返還するものとすることが約定されていたものであって、本件では、本件融資特約における上記の要件が充足されたものと認めることができるから、Y1は、Xらに対し、受領済みの本件売買契約の手付金500万円を返還すべきことになる」とし、XのY1に対する手付金返還請求を認め、Y1の違約金請求、Y2の仲介報酬請求を棄却した。

(6) ローン解約期限の経過

ア　ローン解約の期限の定めがある場合

　解除権留保型のローン特約を付した売買契約において金融機関が融資を承認しなかったにもかかわらず、買主が速やかにローン解約をせず、ローン特約に基づく契約解除がいつまでも許されるとすれば、売主は、他に売却する機会を逸し長期間不安定な立場に置かれ、しかもローン解約がなされると手付金返還請求をされるという一方的な不利益を負わされることとなる（福岡高判平4・12・21本書269頁、東京高判平7・4・25本書282頁）。そこで、売買契約書には「買主は所定の期限（平成〇年〇月〇日）までにローン解約に基づく解除をする」とか、「平成〇年〇月〇日までに融資の全部又は一部について承認を得られないとき又は金融機関の審査中に同期限が経過した場合には買主は売買契約を解除できる」とローン解約期限を定めるものがある。このような定めがある場合、買主は、ローン解約期限までに売主に対しローン解約の意思表示をする必要がある。もし買主が期限内に解約

権を行使しないと、買主はローン解除権を失い、その結果、支払期日までに売買代金を支払わないと債務不履行解除され違約金を請求される事態になる（後掲東京地判昭63・6・30）。

【東京地判昭63・6・30判時1306号51頁】
　売主Ｙ１、Ｙ２と買主Ｘは、仲介業者Ａの仲介により、昭和61年1月28日、本件売買契約を締結し（代金6800万円）、ＸはＹらに対し手付金を交付した。契約書14条には「①　残代金は、買主が金融機関（甲信用組合）より融資を受け支払うため、万一融資不可能となった場合は、本契約を白紙還元とする。その際、売主は受領済みの金員全額を即時買主に返還する。なお、融資可否の決定を昭和61年2月6日までに明確にするものとする。②買主は本特約事項①に基づく融資が確定すると同時に手付金の追加として300万円を売主に支払う」と定めるほか、当事者の一方がこの契約の条項に違反したときは、相手方はこの契約を解除することができる。この場合、相手方に売買代金額の1割相当額を違約金として支払うこと、3月6日までに残代金を支払うことを定めた。Ｘは、約定の2月6日までに借入れ予定先の金融機関から融資の可否について回答が得られず、履行期日に至っても資金手当てが付かなかった。Ｙらは、3月6日、東京法務局杉並出張所脇の乙司法書士事務所に赴き持参した登記及び引渡しに必要な書類をＸに提供したが、Ｘは、残代金の準備ができていなかった。Ｘは、同月18日到達の書面でＹらに対し資金手当てができたとして履行を催告したが、Ｙらは、同月20日到達の書面で違約金を請求し、その後、ＸはＹらに対し5月13日到達の書面で本契約を解除した。Ｘは、2月6日及び3月6日は確定期限を定めたものではなく債務不履行には当たらないと主張し、本契約の債務不履行解除を理由に支払済みの手付及び約定違約金を請求し、Ｙらは、債務不履行を理由に違約金を請求した。
　裁判所は、「当時Ｘは、Ａから金融機関として甲信用組合を紹介され、同組合に対し、1週間位で目途をつけてほしい旨申入れ、同組合からは九分どおり融資できるとの内諾を得ていたこと、そこで、この融資金をもって残代金を支払うことを予定し、もし融資が不可能となったときでも、ペナルティなしで契約を白紙に戻すことができるようにし、ただし白紙に戻すか否かをいつまでも未定の状態にしておくこともできないので、2月6日までにこれを明確にする、との趣旨で、第14条①②の特約条項が置かれた」ことを認定した上で、「右契約書の文言と右認定の事実によれば、Ｘは、Ｙらに対し、融資の可否を遅くとも同年2月6日までに明確にするとともに、同日までなら、当初の手付金の返還を受けて解約することができ、この解約権を行使しない場合には、融資確定と同時に追加手付金300万円を支払うべく、したがって、遅くとも同年3月6日までには手付金合計700万円が支払われることが予定され、3月6日に残代金6100万円の支払いを

することが合意されたもの」とし、Xの主張を排斥しYらの反訴請求を認容した。損害賠償額の予定は本書142頁。

　ローン解約期限が差した迫った段階で買主から相談を受けた場合、売主に対し早急にローン解約の通知をする必要がある。買主の中には、購入物件をすこぶる気に入りローン解約をすることに躊躇し、別の金融機関にさらなる融資の申込みをするかどうか迷ったり、他の金融機関に融資の申込みをしているうちにローン解約期限が経過してしまうことがある。また、ローン解約期限の直前になってローン解約をすることを決め、仲介業者を通じて売主にローン解約を申し入れようにも、売主が面会に応じないとか、ローン解約の通知書が解約期限内に到達しない事態もありうる。相談を受けた弁護士は上記リスクがあることを買主に説明し、ローン解約の期限の延長の可否なども含めて検討し、解約期限の延長が難しいのであればローン解約の期限までに早急に方針決定するよう助言する。

イ　ローン解約の期限の定めがない場合

　ローン解約の期限の定めがない場合であっても、金融機関が融資を承認しなかったときは、買主は速やかにローン解約するか、残代金を支払って履行するかの方針を決めなければならない。これを放置していると相当期間経過後はローン条項による契約解除権は消滅するとの後掲東京高判平7・4・25がある。

【東京高判平7・4・25金法1439号93頁】
　買主Xは、売主Yから農地を転用目的で買い受け（残代金支払期日は農地法5条の転用許可がされた日の後7日内）、平成3年10月25日に許可がなされた。Xは、甲銀行から融資を拒絶され、支払期日を平成4年2月29日まで延期したが、乙銀行からも融資を拒絶されたため、Xは、Yに対し手付金返還請求した。
　裁判所は、「ローン条項の趣旨を踏まえ、金融機関の融資拒否の判断がされたときは、相当期間内に解除権を行使することとし、その期間内限り、買主に無条件で売買契約を解除し、手付金の返還を求めうる権利を与えたものとみるのが相当であり、金融機関から融資を拒絶された買主がいつまでも無条件で契約を解除する権利を留保することを定めたものと解することはできない。」「融資申込先の金融機関からの融資が拒絶された場合には、買主は、すみやかにローン条項を適

用して契約を解除するか、他の方法で資金を調達するかを選択すべきものであり、相当期間経過後はローン条項による契約解除権は消滅し、これによる解除は許されない」。平成3年12月末には資金調達の見込みは全く立たれたのであるから、遅くとも平成4年1月初旬にはローン条項による解除権は消滅し、Xによるローン解約は無効であるとした。

4 買主の融資成立への努力義務

ローン特約の趣旨は、金融機関から売買代金の融資を受けられなかった買主が損害を被ることなく契約関係から離脱できるようにすることにあるから、買主は、契約締結後、融資成立に向けて誠実に努力すべき信義則上の義務を負う（不動産適正取引推進機構編「不動産取引紛争事例集」98頁）。買主の努力義務違反によって融資を受けることができなかったときは、買主はローン特約に基づき売買契約を解除することができない。買主は、契約締結後、速やかに金融機関に所定の融資申込書及び必要書類を提出し、融資審査手続において金融機関からの照会があれば誠実に対応しなければならない。買主が正当な理由もなく融資審査に必要な書類の提出に応じなかったり、金融機関からの問い合わせ（資産状況や他の金融機関等からの借入れの有無など）について応答せず、または事実に反した内容を告げたり、金融機関からの増担保の要求が不当なものでないにもかかわらず、これに応じなかったことは、買主が融資成立に向けて誠実に努力すべき義務を怠ったこととなる。買主が購入意欲を喪失して金融機関に対し融資を承認しないように働きかけて融資不承認の決定をさせローン解約によって契約からの離脱を図る"ローン壊し"の行為は、ローン特約を設けた趣旨に照らし著しく信義に反する。

共同買主のうち一人が融資を受ける際に、他の一人が連帯保証人となることを拒み融資を受けることができなかったこと（後掲1）、買主が金融機関による融資審査手続に協力的でなかったため融資が拒絶されたこと（後掲2）、買主が金融機関から事前に示された融資条件に沿った融資の申込みをしなかったため融資を受けられなかったこと（後掲3）は、融資契約の成立に向けて誠実に努力すべき信義則上の義務違反に該当する。

買主の融資成立努力義務

第8章　ローン解約

　買主がローン解約をする場合、買主が不動産を購入しようとした動機、資金計画、ローン特約の文言、融資条件（融資申込先の特定、融資額、融資金利等）、買主が金融機関に融資を受けるために積極的に努力したこと、購入意欲を喪失した事実がないこと、金融機関が融資を拒絶した理由や融資基準など、買主において融資成立への努力義務違反や帰責事由が存在しないかどうかを検討する。買主が金融機関から融資を受けるために真摯な努力義務を尽くしたとしてローン解約を認めた事案として後掲④、⑤参照。

〔ローン解約が認められなかった裁判例〕
① 【東京地判平10・5・28判タ988号198頁】
　共同買主XとA（妹）は、平成8年12月27日、売主業者Yと本件売買契約を締結し（ローン解約期限平成9年1月24日）、Xが甲銀行に融資を申込んだが、Aは連帯保証人となることを拒み、共同買受人となることまで難色を示した。Xは、団体信用生命保険加入に当たり、当初高血圧で通院している事実を申告していなかったが、平成9年1月14日に自主的に申告し診断書の提出に手間取り、ローン解除期限当日に仲介業者を通じて1週間の延長を申し入れた。同日、協議途中、団体信用生命保険の審査が否決されたとの連絡を受け、Yは、仲介業者を通じて、Xの法定相続人を連帯保証人とする方法の検討を依頼したが、Xの法定相続人はAだけであったがAは連帯保証人となることを拒み、Xはローン解約をした。
　裁判所は、「本件売買契約においては、Xのみならず Aも共同買主となっているのであるから、仮にローン自体の当事者はXのみであってもAもまた本件売買契約に基づき、Xのローン契約が無事に締結できるよう協力すべき信義則上の義務を負っている」。ところが、「Aは、共同買受人という立場にあったにもかかわらず、Xの連帯保証人となることを拒み、さらには共同買受人となることにまで難色を示し、最終的にいわゆる連帯保証型のローンを不奏功に追いやっているのであるから、Aの行為は前記信義則上の義務に反するものといわざるを得ない（なお、買主が複数の場合、金融機関としては、買主の一人に融資を行う場合にも、他の共有者の連帯保証を求めることがよくあるということは公知の事実である。）。そして、これと同じ時期にXが当初申告しないでいた高血圧症を自主的に申告したことによって団体信用生命保険の審査が最終的に否決されていることをもあわせ考えるならば、本件においてローンが実行されなかった原因は、X側の責めに帰すべき事由によるものといわざるを得ず、本件特約に基づくXの解除は許されない」とし、Xの手付金返還請求を棄却した。

4　買主の融資成立への努力義務

②【東京地判平16・8・12WL】
　売主業者Ｙ１は、仲介業者Ｙ２の仲介により、買主Ｘと本件売買契約を締結した。Ａ銀行は、Ｘに対し法定相続人を連帯保証人とすることを要求し、Ｘは、連帯保証人として当初Ｂを申し出たが、その後主婦で無職であるＣを連帯保証人に差し替えた。Ａ銀行は、Ｃの資力に問題があるので融資はできない旨説明し関係書類を返却した。Ｘは、本件売買契約をローン解約したとして、Ｙ１に対し手付金返還請求を、Ｙ２に対し支払済みの仲介報酬返還請求をした。これに対し、Ｙらはローン解約の効力を争い、Ｙ１は違約金請求を、Ｙ２は未払いの仲介報酬を請求する反訴を提起した。
　裁判所は、「本件ローン特約に基づく解除が有効といえるためには、Ａ銀行その他の銀行がＸに対する融資を断ったことについて、Ｘに帰責事由がないことが必要である」。「Ｘは、本件売買契約について、Ａ銀行の融資を申し込んだものの、担当者から連帯保証人を要求され、当初はＢを連帯保証人とする予定であったが、Ｂの資力等について客観的な資料の提出を求められた後、Ｂを連帯保証人とすることができなくなった旨通知し、主婦で無職であるＣを連帯保証人とする意向を表明したこと、その際、Ｃは借入債務こそないものの不動産を所有せず、預貯金は26万9933円であり、確定申告もしていない旨報告したこと、これに対し、Ａ銀行の担当者は、かかるＸの態度に照らして融資は不可能であると判断して関係書類を返還したことの各事情を認めることができる。これに、Ｘが、Ｂの実際の資産等連帯保証人としての資力をＡ銀行に報告せず、Ｃ名義の所有不動産（杉並区所在の宅地の持分）についてもその存在を隠していたことを併せれば、Ａ銀行がＸに対して融資ができない旨伝えて関係書類を返還したことについて、Ｘの帰責事由がないものと認めることは到底できない。また、Ｘは、そもそも本件ローン特約はＡ銀行から連帯保証人なくして融資を受けることが前提となっていたなどとも主張するが、銀行が不動産購入希望者に２億円の融資をするに当たって連帯保証人を要求することがあるのは常識であり、Ｙ１がかかる前提を承諾することなど通常あり得ないというべきであって、にわかに採用し難い」とし、Ｘのローン解約の主張を失当とし、Ｙ１の債務不履行解除を認め、Ｙ１の違約金請求とＹ２の仲介報酬請求を認容した。報酬につき本書288頁。

③【東京地判平26・4・18WL】
　買主Ｘ１らは、アパートローンを利用してアパート（再建築不可物件）を代金2200万円で購入するに当たり、契約締結前に仲介業者Ａを通じて金融機関Ｂから融資条件として、①アパート以外の物件を共同担保に供する場合には融資金額が2000万円となること、②アパートのみを担保提供する場合には代金額の４割が自己資金として必要であること（本件融資条件）を伝え聞いた。売買契約書・重要事項説明書のローン条項欄には融資申込先Ｂ、融資金額2000万円、借入期間20年

第8章　ローン解約

などが記載された。Xらは、契約締結後、アパート以外の共同担保を供することなく2000万円の借入れをBに申し出たところ、Bは、融資条件に沿っていないことを理由にXらへの融資を拒否したため、Xらはローン解約した。

裁判所は、Xが、Bから融資を受けて物件を購入した経験がある上、Xの実父は不動産賃貸業を営みアパート購入についてXに助言を行っており、Xは賃貸物件の取引や購入資金の融資手続等についてかなりの知識を有していること等を認定した上で、Xが本件売買契約締結に当たって本件融資条件を認識しており、「ローン条項は、買主において、金融機関から融資が受けられず、そのために残代金を支払うことができなかった場合でも、手付金の放棄や違約金の負担をすることなく買主が売買契約を白紙解除することができるという、買主を保護するための条項であって、一般にこのような条項が売買契約に付される場合、売買契約の締結に先立ち買主側で金融機関に事前相談を行い、融資の見通しを示された上で売買契約を締結し、この見通しに沿って融資の申込み（本申込み）を行うことが予定されていることからすると、ローン条項が適用される融資の申込みとは金融機関から示された見通しに沿った内容での申込みと解するのが、売主及び買主双方の通常の意思にかなうものである」。「X1はAを通じて本件金融機関に事前相談を行い、本件金融機関から示された本件融資条件の内容を認識した上で本件売買契約を締結しているのであるから、本件ローン条項は、Xらが所定の期間内に本件融資条件に沿った融資申込み（本申込み）をしたにもかかわらず融資の承認が得られなかった場合に適用される」。Xらが本件融資条件に沿った融資の申込みをしたということはできないため、本件ローン条項に基づく売買契約解除の要件を満たしていないとして、Xらによるローン解約を認めず、Yによる債務不履行（残代金支払義務違反）を理由とする解除に基づく違約金請求を認めた。

〔ローン解約が認められた裁判例〕
4【東京地判平9・9・18判時1647号122頁】

買主Xは、平成7年1月28日、売主業者Yと本件売買契約を締結し（ローン解約期限2月17日）、複数の金融機関に融資を申し込んだが受けられなかったため、当初のローン解約期限を3月23日に変更し、その後、同月18日にローン解約をした。Yは、ローン解約を争った。

裁判所は、「一定の期間内に買主が金融機関等から融資を受けて売買代金を調達する予定であったにもかかわらず、債務者である買主の責に帰しない事由により資金調達できなかった場合には、買主保護のために売買契約解除を認めるというのが本件ローン特約の趣旨である」。「①一戸建て建物の購入はXらの長年の希望であり、本件不動産が希望条件をほぼ満足していたことから、Xらは積極的に購入を決断したものであること、②Xは、本件不動産を取得したいという気持ちから、本件ローン特約の特約期限を延長してもらうため、住宅ローンを固定金利

で組みたいという当初の希望を断念してまでも変動金利にする旨を承諾し、本件合意をしたものであること、③Xは、本件合意後、直ちに銀行の各支店等にローンの申込手続を積極的に行ったこと、④Xは、少なくとも甲信用金庫と2銀行（6支店）に対し、住宅ローンの申込を行ったが、いずれも融資基準に満たないとして断られたこと、⑤Xは、仲介業者の助言に基づき、ローン審査が通りやすいようにするため、本件合意後、共済組合からの借入予定事実を殊更伏せる等して融資が受けられるよう努めていること（相当な行為かどうかは別問題）、⑥X側は、各金融機関に対し、ローン審査が通らない理由を銀行の融資基準資料を根拠計算等に基づき、具体的に説明を受けた上、乙銀行の各支店にも融資条件について問い合わせる等、融資の可能性を積極的に探っていること、⑦満75歳までの融資については、収入面、保証人、団体信用生命保険に加入することの可否等の面でXは融資条件を満たさなかったこと等の事実に照らすと、Xが本件合意による本件ローン特約の延長期限である3月23日までに5000万円について融資を受けられなかったとしても、Xは買主として、本件不動産の購入資金の一部に充てる5000万円の融資を受けるべく真摯な努力を尽くしており、買主の責めに帰すべき事由により融資が否認された場合には当たらない」とし、Xの請求を認容した。

⑤【東京地判平16・7・30判時1887号55頁】
　買主Xらは、平成13年4月22日、仲介業者Y2の仲介により売主Y1と本件売買契約（代金6100万円）を締結した。ローン条項（第18条）では、Xらが契約締結後速やかに必要な書類をそろえ融資の申込み手続をしなければならない（1項）とし、「融資申込先　都市銀行他」と記載され（2項）、5月31日までに融資の全部または一部について承認を得られない場合、本件売買契約は自動的に解除となること（3項）、Xらは、4月27日までに金融機関等に対して融資利用に必要な書類を提出し、Yらに対して提出書類の写しを提出しなければならない。Xらが必要な手続をせず提出期限が経過し、Yらが必要な催告をした後に5月31日を経過した場合（略）第2項の規定は適用されないものとする（第4項）」と定めていた。Xらは、4月26日、Y2から勧められたノンバンクAにも融資申込書を提出したが、都市銀行などに比べ金利が高いとの理由で翌日融資申込みを撤回し、東京三菱銀行、富士銀行、三和銀行、芝信用金庫などと融資交渉したが、いずれの金融機関からも5月31日までに上記融資額の承認が得られなかった。Xらは本件ローン条項に基づき手付金の返還を求めた（本訴）ところ、Yらは、XらがノンバンクAに対する融資の申込みを撤回し約定期限までに融資の申込みをしなかったことを理由に債務不履行解除し、半年後、本件不動産を5400万円で売却し差額700万円の損害賠償請求をした（反訴）。Y2は、Xに対し仲介報酬を請求した。
　裁判所は、「『都市銀行他』という文言は、都市銀行及びそれに類する金融機関

第8章　ローン解約

を意味するものと解するのが自然であることを併せ考慮すると、ノンバンクであるAは、本件売買契約18条の『都市銀行他』に含まれない」とし、XらがAからの融資の申込みのための必要書類を提出せず、また、Aに提出した書類の返却を受けたことは本件売買契約18条4項に違反するものではないとし、Xらの請求を認めた。Y2のXに対する反訴請求について、「Y2の媒介した本件売買契約18条3項において、同条2項によって本件売買契約が解除された場合、本件不動産の売買を媒介した宅建業者は、Xら又はYらに対して受領した報酬を返還しなければならないと規定されていることに照らすと、XらとY2との間で、本件売買契約が解除された場合には、仲介手数料の支払請求権は消滅する旨の合意がなされていたものと認めるのが相当である」とし、本件売買契約が有効に解除されたから、Y2のXに対する報酬請求権は消滅したとし、Y2のXに対する反訴請求を棄却した。

5　ローン解約と仲介業務

報酬請求権の喪失

(1)　ローン解約と報酬請求権の喪失

　仲介業者が売主と買主との間に立って売買契約の成立（成約）に向けてあっせん尽力した結果、売買契約が成立すると、委託者に対する報酬請求権が発生する（明石三郎ほか「詳解宅建業法」439頁）。仲介報酬請求権の要件、売買契約解除後の報酬請求の可否は「第13章　仲介報酬」399頁、405頁。ローン解約がなされた場合、売買契約は不成立に至ったものと同視されることから、仲介業者は、委託者に対し報酬請求することができず、契約締結時に受領していた報酬を委託者に返還する義務がある。標準媒介契約約款は、売買契約が融資不成立を解除条件として締結された後、融資不成立が確定した場合、または融資不成立のときは依頼者が契約を解除できるものとして締結された後、融資不成立が確定し、これを理由として依頼者が契約を解除した場合は、宅建業者は、依頼者に、受領した約定報酬の全額を遅滞なく返還しなければならない旨定める（専任約款8条2項、専属約款8条2項、一般約款10条2項）。買主によるローン解約が認められ仲介業者に対する報酬請求が認容された東京地判平16・7・30本書287頁、後掲①などがある。ただし、ローン解約を設けた趣旨に照らし買主が融資成立への努力義務に違反した場合、ローン解約をすることができない。仲介業者は契約締結時に受領した報酬の返還義務を負わないだけでなく、委託者に対し仲介報酬の未払

分を請求することができる。買主によるローン解約を認めず仲介業者の買主に対する報酬請求を認めた後掲②、東京地判平16・8・12本書285頁など。

〔ローン解約が認められた事例〕
①【大阪地判平9・6・30判例集未登載：詳解不動産仲介契約1029頁】
　　仲介業者Ｘ１の仲介により、買主Ｙと売主業者Ｘ２は本件売買契約を締結し、「本契約は買主側において銀行ローン採用を条件として、万一その融資の取付が出できなかった場合は白紙解約とする」とのローン特約を付した。Ｙは、契約締結に当たって、銀行融資（3030万円、毎月の返済額7、8万円、ボーナス時の返済額約25万円）を予定し、Ｘらに伝えていた。契約締結当時には固定金利か変動金利かは決めてはいなかったが、契約締結後、固定金利で融資を受けることに決定し、その旨をＹらにも伝えた。Ａ銀行甲支店において、Ｘ１とＹが立ち会って3000万円を固定金利で借り入れた場合の毎月返済額とボーナス時返済額等の試算を行ったところ、固定金利ではＸの年収により本件売買に必要な資金の融資を受けることが不可能であることが判明した。Ｘ１はＹに対し報酬請求、Ｘ２はＹに対し債務不履行解除による違約金請求（本訴）、Ｙは、ローン解約に基づきＸ１に対し報酬返還請求、Ｘ２に対し手付金等返還請求した（反訴）。
　　裁判所は、「Ｙが本件売買の資金につきローンを組んで銀行から融資を受けることはＹの年収不足という客観的障害により不可能となったものであり、Ｙは、本件特約に基づき、本件契約を解除することができる」。「右の解除により本件契約は不成立に至ったものと同視でき、Ｘ１はＹに対する仲介報酬請求権を喪失し」すでに受領していた報酬の返還義務を負うとし、Ｙの反訴請求を全部認容し、Ｘらの請求を棄却した。

〔ローン解約が認められなかった事例〕
②【水戸地判平7・3・14判タ879号215頁】
　　仲介業者Ｘの仲介により、平成4年4月25日、売主Ａと買主Ｙ間で本件売買契約が締結された。「この契約はローン条項を付けるものとする（融資不成立の場合、手付金を返還し、契約の白紙還元）」との特約が付され、仲介料支払約定書には「住宅ローン条項により解約となったときは、仲介業者も報酬を返還する」と記載されていた。Ｙは、売主側の仲介業者からローンの借入先として甲銀行を紹介されたが、その後、Ｙの娘の刑事事件の示談金の支払いのため退職金の前借りの必要が生じ本件借入れができなくなったとしてローン解約を申し入れた。Ｙは、事故に遭い自宅の土地建物を担保に入れたので借入れができないと説明し、甲銀行担当者からは、「融資の内部稟議は通っている、融資の条件としては、今

住んでいる所を担保として貸すことになっていたが、それが担保にできないということなので融資条件を満たさない」旨説明を受けた。Yは、Aとの間で解決金を支払うとの約定の下に本件売買契約を解除した。XがYに対し仲介報酬請求したところ、Yは、ローン解約を主張した。原審はXの請求を認め、Yは控訴した。

裁判所は、「一般に、売買契約において、代金に充てるべき金員を金融機関等からの融資金によって賄うことが当事者間において予定され、当該融資を受けられなかったときには買主に契約解除権を与える旨のいわゆるローン条項が契約に付随する条項として合意された場合、当該条項によって買主がどのような要件のもとに解除権を行使しうるかは、当事者間の当該合意内容によって定まるというべきであり、右合意内容が文言上明白でないときは、契約に際し当事者間で前提としていた諸事情に照らして、契約当事者間の合理的意思を考究することにより解釈するのが相当である。この見地から考えると、融資を受けるについて客観的障害がないのに買主の随意の判断で融資を受けなかった場合でも、買主が一方的、かつ無条件に契約を解除しうることを売主が了承しているということは、通常想定しにくいことであるから、客観的障害がなくても買主に一方的な契約解除権を付与することを売主において容認していたと認めるに足りる特段の事情のない限り、当該ローン条項は、予定された金融機関等からの融資が実行されないことが買主にとって客観的な障害によるものであったといえる場合に買主に契約解除権を与える趣旨であると解釈するのが相当である」とし、「Yが本件融資を受けるについては客観的障害があったとは認めがたく、本件融資が不成立に終わった原因は、結局、Yが本件土地建物を購入する意思を喪失したことに起因するものといわざるを得ないのであって、客観的障害のゆえに融資が不成立になったとは言えない」とし、Yの主張を排斥して控訴を棄却した。

助言義務　　(2)　ローン特約に関する助言義務

一般に消費者である買主は不動産売買の取引経験は有しておらず、銀行融資の手続、融資が承認されなかった場合に備える措置（ローン特約、ローン解約）に関する知識も持ち合わせていない。買主が金融機関から融資を受ける予定で売買契約を締結したにもかかわらず、ローン特約が設けられていなければ、金融機関が融資を承認しなかった場合、買主は手付解除をするか、売主に合意解除に応じてもらうかしなければ残代金支払義務違反を理由に債務不履行解除され違約金請求されるという深刻な事態に陥る。買主から購入仲介を受託した仲介業者は、仲介委託の本旨に従い、善良な管理者としての注意義務を負い、委託者である買

主が不測の損害を被らないよう、取引に関して適正な助言、指導をすべき義務を負う。仲介業者は、買主が融資を利用することを前提に売買契約を締結しようとしていることを認識し、または認識できる場合、①買主が金融機関の融資を利用するかどうか、②融資を利用するのであればローン特約に関する概要を説明し、ローン特約を設ける方法があることを助言し、買主が売買契約書にローンの特約を設けることを希望するか、どのようなローン特約を設けるかなどローン特約について買主の意思を確認しておく義務を負う。これらに関する事項は、買主が売買契約を締結するかどうかの判断に影響を与える重要な事項である。

【大阪高判平12・5・19WL】
　　Xは、その所有するマンション（Xマンション）を売却し一戸建ての居宅兼事務所の購入を考え、平成6年2月23日、仲介業者Y1との間でXマンションの売却につき専任媒介契約を締結し、他方、Y1の仲介により、Xは、3月3日、売主A（宅建業者）との間で本件土地の売買契約及び建設工事請負契約（両契約を本件契約という。）を締結したが、ローン特約条項は付されていなかった。両契約書はいずれもA側で作成し、土地売買契約書3条には売主の義務として、融資実行日までに明渡及び所有権移転登記手続をすることがうたわれていたが、Y1の担当者甲は、ローン特約条項を付加するようAに申し入れなかった。Xは、Y1の仲介により、同月11日、BにXマンションを売却する契約を締結し、「本契約は売主の買替物件の融資が得られなかった場合白紙解約とする」旨の特約が結ばれた。Xは、同月17日ころ、C銀行に4600万円の融資の申込みをしたが、物件価額が低くローン審査基準に達せず、C銀行は、4月ころ、Xに対し、ローン取り組み不可との回答を伝えた。C銀行が融資を否認したため、Xは残代金を支払えずAに手付金を没収されたため、Xは、Y1に対し、媒介契約の債務不履行に基づき手付金相当額の損害賠償請求をするとともにY1が所属する宅地建物取引業保証協会Y2に対し認証請求をした。本件土地売買の媒介契約においてローン特約を付すとの合意があったか否かが争点となった。原審はXの請求を棄却したが、控訴審はXの請求を一部認容した。
　　裁判所は、以下の1ないし6の事実によれば、「XとY1との間には本件契約につきローン特約を付すとの黙示の合意があったというべきであり、本件契約の締結に際し、Y1がAの作成した土地売買契約書及び建設工事請負契約書にその旨記載させなかったことは、媒介を依頼されたY1に債務不履行があったと判断される。1　Xは、甲［Y1の担当者］に対し、前記認定のとおり、Xマンションの売却及び本件土地等の購入にかかる資金計画を詳細に告げており、これによ

第8章　ローン解約

れば、Xマンションの売却は、本件土地建物の取得を前提とし、その資金の大半を占めるローンの実行が得られなければ、実現不可能であり、買替物件の取得なくして居住物件であるXマンションの売却をすることはおよそ考えられないことである。Xは、前記のとおり、ローンが下りなければ、本件契約が白紙になるとの認識を有しており、Y1においても、Xの資金計画の説明からこのことは十分認識していたといわざるを得ない。2　Xにおいて、ローンの実行が受けられなければ、資金計画は立たず、これに代わるべき資金のあても持っていなかった。3　Xマンションの売却に関しては、Bのローン特約とは別に、X関係のローン特約条項として、前記のとおりXの買替物件の融資が得られなかった場合白紙解約とすることがうたわれている。この期限は媒介契約の有効期間である平成6年5月23日までと認められるところ、右特約の存在は、Xマンションの売却契約を実際に仲介した乙［Y1の担当者］も、ローン融資が得られない場合のXの意図を認識していたことを示している。4　本件契約中、土地売買契約書にも、Xの残代金の支払義務とAの登記、引渡義務の履行期が融資実行日と定められ、Xの残代金調達は融資によることが前提とされていた。なお、この条項が如何なる経緯で定められたかは不明であるが、Aは甲からの説明により本件契約締結までに、Xの融資の必要性を認識していた。5　ローン融資が受けられないことをXから伝えられたY1の甲及び丙支店長は、Aに対し直ちに本件契約の白紙解約の申入れをしているところ、この事実は、同人らが本件契約にローン特約の適用があると認識していたことを窺わせる。6　Y1は、その後新規の買替物件の取得を勧め、内金名下にXから更に金員を受領しているが、これは、Xに買替物件を取得させることによりXマンションの売却契約が白紙解約されるのを阻止し、もってY1に帰属すべき手数料、販売利益等の確保を意図したものと窺われる。（略）以上のとおり、Y1は、Xとの黙示の合意に基づき本件契約の仲介を受任した者として、依頼者たるXが、ローンの実行が受けられない場合、万が一にも不測の損害を蒙ることがないよう、A作成の契約書を点検し、Xのためにローン特約条項を明記するよう申入れるなど、予め措置すべき注意義務があったのに、右注意義務を怠り、右の措置を講じなかった債務不履行がある」とし、XのY1に対する手付金相当額の損害賠償請求、Y2に対する認証請求を認めた。なお、Y2は、Xが重要事項説明書や契約書の読み合わせを受けたからローン特約条項の不存在を知らなかったことに重大な過失があると主張したが、裁判所は、「XはXマンションの取得時以外、不動産の取引経験のない一般の消費者であり、ローン特約ないしローン特約条項という用語や同条項自体を当該契約に入れない場合の法的効果につき知識を有していなかったものと認められ、そうすれば、仮にXが重要事項の説明等を受けたとしても、このようなXに過失があるということはできない。けだし、Xに右過失があるとすることは、Y1が報酬を得て仲介人として介在した意義を失わせ、その責任を理由なく減殺するもので相当でない

からである」としＹ２の主張を排斥した。

(3) ローン解約の助言

ローン解約の助言

買主が仲介業者のあっせんで融資を申し込み、仲介業者が買主に代わって金融機関を融資交渉に当たっていることを引き受けた場合、仲介業務に付随した「住宅ローン利用のために必要な手続の補助」(後掲東京地判平24・11・7)を引き受けたこととなる。その結果、仲介業者は、買主に対し、融資審査の進捗状況を報告し、金融機関から融資を受けることができないことが判明した場合、その旨報告するとともに、ローン特約に基づき売買契約を解除するか、ローン解約するには期限までに解約権を行使する必要があることなど、ローン特約に基づく解除権の行使の機会を失わないよう適切に助言すべき義務を負う。

【東京地判平24・11・7ＷＬ】
買主Ｘ１とＸ２は、平成20年９月７日、仲介業者Ｙ１の仲介により売主Ａから本件不動産を購入し支払期限は11月21日とした。Ｘらは、10月２日までに金融機関Ｙ２から住宅ローンを受けられないときは、同月13日までの間に本件売買契約を解除できる旨約した。Ｘ１の持病のため団体信用生命保険への加入が認められず、同月26日、Ｙ２は、Ｘらに対する貸付けに応じられない旨ＸらとＹ１の担当者連絡した。ＸらとＡは支払期限を12月26日までに延期し、Ｙ１を通じてＹ２その他の金融機関との間で住宅ローンの借入れが可能かどうかの折衝を続けていた。Ａは、Ｘらに対し平成21年６月８日まで残代金の支払を求め、同月９日、債務不履行解除し、Ｘらは、Ａからの違約金請求訴訟で敗訴し違約金を支払った。Ｘは、Ｙ１に対し債務不履行に基づき、Ｙ２に対し不法行為に基づき損害賠償請求をした。
裁判所は、「本件媒介契約に係る契約書には、Ｙ１が行う業務として、売買契約の相手方との間で契約条件の調整等を行い、契約の成立に向けて努力することのほか、登記、決済手続等の目的物件の引渡しに係る事務の補助を行う旨が記載されており、宅建業者に対して不動産の購入の媒介を依頼する顧客としても、住宅ローンを利用して不動産の購入代金を支払う場合には、宅建業者としての専門的知識に基づき、住宅ローン利用のために必要な手続の補助を受けることを期待しているのが通常であって、実際にも、Ｘらは、Ｙ１に借入先となる金融機関の紹介を依頼し、それまでＸらと取引のなかったＹ２の紹介を受け、Ｙ１の担当者は、Ｘらに代わってＹ２の担当者と折衝し、事前審査相談票を提出するなど、住

宅ローンの借入れに関する交渉窓口として行動していたものとみることができる。そして、本件売買契約には平成20年10月13日を買主からの解除権行使の期限とする本件住宅ローン特約が付されていたのであるから、Y1は、本件売買契約の締結後、住宅ローンの借入れができず、売買代金の決済が不可能となった場合に備えて、本件住宅ローン特約上の解除権を行使して、Xらにおける損害の発生・拡大を防止する機会を確保するため、可能な限り借入れの可否についての判断が上記期限までに示されることを目指して、Y2と交渉し、その結果を報告するなどして、借入れに必要な手続をXらに促すなどの助言を与える義務を負っていた。(略) 本件売買契約締結後、Y1において、Y2に必要な手続・提出書類等を確認し、Xらが速やかに借入れの申込みを行うよう助言を与えることは容易であり、それを行っていれば、Y2から借入れができないことが上記期限までに判明し、Xらは本件住宅ローン特約に基づく解除権を行使することが可能であったにもかかわらず、平成20年11月11日頃までの間、Xらは借入れの申込みをしておらず、これはY1がY2との折衝の状況や必要な手続を正確に説明せず、必要な助言等も行っていないことに起因するものと認められることができ、本件媒介契約上の義務を怠った」。「Y1は、Xらが本件住宅ローン特約により本件売買契約を解除する機会を失ったことにより生じた損害について賠償する責めを負う」とし、損害として、XがY1に対し支払った仲介報酬のほか、Aに支払った手付金と解決金を認め、Y2に対する請求を棄却した。

解決方針の検討

6 解決方針の検討

　ローン解約の可否が争点となった裁判例をみると、買主がローン特約に基づき契約解除し売主に手付金返還を求めたところ、売主が買主のローン特約に基づく契約解除の効力を争い、買主に対し残代金支払を請求し、買主がこれに応じないことを理由に債務不履行に基づく解除をし違約金請求をする事案が多い（ローン解約を認めた裁判例：福岡高判平4・12・21本書269頁、東京地判平8・8・23本書273頁、東京地判平16・8・12本書285頁、東京地判平19・3・28本書274頁、東京地判平26・4・18本書285頁）。また、ローン解約の成立を争う仲介業者が買主に対し報酬請求する事案もある（認容例：水戸地判平7・3・14本書289頁、東京地判平16・8・12本書285頁、排斥例：大阪地判平9・6・30本書289頁、東京地判平16・7・30本書287頁）。なかには、第1審と控訴審とが相反する判断をしている事案もあり（福岡高判平4・12・21本書269頁）、ローン解約の可否を巡る判断がいかに微妙なものであるか

をうかがわせる。

　裁判所が、ローン解約を無効とすると、売買契約が有効に存続し、買主は残代金支払義務を負うため、売主による債務不履行解除と違約金請求が認められ、仲介業者の買主に対する仲介報酬請求も認められることとなる。買主は、融資不承認の事実さえあれば手付金が返還されるものと考えがちである。しかし、ローン特約の要件が曖昧であるとか、ローン解約に至る経過に不明瞭な事情、特に買主が弁護士に"語らない経緯"がある事案は、売主がローン解約の可否を争う可能性がある。買主から相談を受けた場合は、ローン解約に該当する事実があるかどうかを特に念入りに事情聴取し、買主の主張が認められない場合に債務不履行解除を理由に違約金請求される訴訟リスクについて十分説明しておく。買主においてローン解約を主張立証することが困難であれば、手付解除による紛争解決を検討することも一つの方法であるが、売主による履行の着手がある場合や手付解除期限の徒過の場合には手付解除ができない。

7　売主による債務不履行解除の可否

(1)　買主によるローン解約に対する対応策の検討

　買主がローン解約を主張し売主に手付金返還を求めた場合、売主は、買主がローン解約できる要件に該当する事実があるかどうかを検討するとともに、下記のような対応策を選択することとなる。

Ⅰ　売主が買主のローン解約の効力を争わない場合、速やかに受領済みの手付金の返還に応じる。

Ⅱ　売主がローン解約の効力を争う場合

ⅰ）売主は、買主に対し残代金支払義務の履行を求め、買主がこれを履行しない場合、債務不履行を理由に売買契約を解除する。

ⅱ）次いで、売主は、買主に対し違約金条項に基づき違約金を請求する。ただし、売主は手付金を受領しているため、これを違約金に充当し、その不足分の違約金を請求するかどうかは、訴訟に伴う時間とコストを勘案することとなるであろう。売主が買主に対し違約金請求訴訟を提起すれば、買主は売主に対しローン解約を主張して手付金返

売主による債
務不履行解除
の検討

還請求訴訟（反訴）を提起することは確実であることを念頭に置いて検討する。買主がローン解約を主張し、売主に対し手付金返還請求訴訟を提起した場合、売主は、買主に対し違約金支払請求（反訴）を提起することとなる。

Ⅲ　買主がローン解約をしたにもかかわらず、売主がローン解約の効力を争い手付金返還に応じない場合、買主は、売主に対しローン解約に基づいて手付金返還請求訴訟を提起せざるを得ず、売主は、前記Ⅱの選択肢に沿って買主に対し違約金請求訴訟（反訴）を提起することとなる。

債務不履行解除の手順

(2)　売主による債務不履行解除の手順

　売主が買主のローン解約の効力を争う場合、買主に対し残代金支払義務の履行を請求し、買主の債務不履行を理由に売買契約を解除したうえで買主に対し違約金請求をすることとなる。売主が債務不履行解除をする場合、売買契約書に定める解除要件を確認し、その要件を履践する。①残代金支払の履行期に売主として所有権移転登記手続について現実の提供をし、②買主が残代金を支払わないことを見定めた上で売主（債権者）が買主（債務者）に対し相当な期間を定めて代金支払義務を履行するよう催告し、③買主が催告で定められた期間内に履行しなかったことを確認して、③売主が買主に対し売買契約を解除する旨の意思表示をする。買主がローン解約に基づいて手付金返還を要求し、履行期日に出席しないとか取引に応じない旨表明するなど、明らかに代金支払義務の履行を拒絶し、売主の所有権移転登記手続・引渡しを受領しないとの意思表示をしている場合、売主が自己の債務について現実の提供をしなくとも、所有権移転登記手続・引渡しの準備をしたことを通知し、これを受領するよう催告すること（口頭の提供、民法493条ただし書）で足りると解する余地もある。しかし、後日、訴訟になったときに、買主（債権者）が受領しないことが確実であったか（受領拒絶の意思が強く翻意の可能性がなかったか）について争点とされるおそれがある。その段階になって、"時計の針"を戻して履行の提供をし直すことはできない。訴訟での無用な争点を増やすことを避けるために、たとえ買主が履行しな

いことが明らかであっても、売主は、履行期日に現実の提供をしておくことが望ましい。債務不履行解除については、「第4章　不動産売買契約書の読み方」136頁以下。

《参考文献》
・飯島　正「ローン特約と買主の努力義務」RETIO39号22頁
・不動産適正取引推進機構編「望ましい重要事項説明のポイント」（住宅新報社）122頁以下、「不動産取引紛争事例集」95〜133頁
・小澤富雄「ローン条項」不動産取引事例研究会編「判例不動産取引事例解説集」第1巻（新日本法規）793頁〜800頁の23

第9章　売主の瑕疵担保責任と民法・商法・宅地建物取引業法

> 売主の瑕疵担保責任について民法と商法と宅地建物取引業法はどのように規律するか。

理解しておくべき事項

瑕疵担保責任と当事者の属性

1　当事者の属性と特約

(1)　民法などの適用関係

　売主の瑕疵担保責任を巡る紛争案件を取扱う場合、民法570条の規定だけを思い浮かべがちである。民法の教科書・体系書も民法の規定に言及するだけで、商法、宅建業法、住宅品質確保法と関連づけて記述するものはほとんどない。しかし、不動産売買の契約当事者（売主・買主）の属性は、消費者、株式会社、宅建業者など多種多様である。注意すべきことは、不動産売買においては当事者の属性に応じて民法570条だけでなく、商法526条（商人間の売買における買主の検査・通知義務）、宅建業法40条（売主業者の瑕疵担保責任についての特約の制限）、住宅品質確保法95条（新築住宅の売主業者の瑕疵担保責任の特例）、消費者契約法8条の2（消費者の解除権を放棄させる条項の無効）、同法10条（消費者の利益を一方的に害する条項の無効）が適用されることである。瑕疵に関する紛争事例は「第10章　売主の瑕疵担保責任（地中埋設物）」317頁以下、「第11章　売主の瑕疵担保責任（心理的瑕疵）」348頁以下。

(2) 任意規定と強行規定

強行規定

　瑕疵担保責任に関する民法570条、566条は任意規定であるため、消費者間の売買では瑕疵担保責任について自由に取り決めることができる。取引実務では、中古住宅の売買において瑕疵担保責任の要件または効果を制限する特約がなされることが多い。「売主は、買主に対し、取引物件の引渡しの日から３ヶ月以内に請求を受けたものに限り瑕疵担保責任を負う」とか、「売主の瑕疵担保責任は、修復に限るものとし、買主は、売主に対し、契約の解除又は損害賠償の請求をすることはできない」といった特約である（「第４章　不動産売買契約書の読み方」148頁）。しかし、宅建業者が自ら売主となる宅地建物の売買については宅建業法が適用され、新築住宅の売買については住宅品質確保法が適用され、これらの法律の規定に違反し「買主に不利となる特約を無効とする」との片面的強行規定が設けられている。事業者と消費者との売買では消費者契約法の適用もある。そこで不動産売買における瑕疵担保責任について検討する場合、契約当事者の属性と民法・商法・宅建業法などの適用関係、瑕疵担保責任に関する特約の効力について確認する必要がある。

〔確認すべき事項〕
- 当事者の双方または一方が消費者か、事業者か、宅建業者か
- 宅建業者であれば重要事項説明書・売買契約書、名刺などに宅建業者の免許番号等の記載があり、インターネットで検索すれば宅地建物取引業の免許を受けているかがわかる。
- 履歴事項証明書（旧商業登記簿謄本）の「目的」欄に不動産売買等が事業として掲載されていたり、商号が「〇〇不動産株式会社」であっても宅地建物取引業の免許を受けているとは限らない。

〔当事者の属性と瑕疵担保責任に関する適用関係〕
　瑕疵担保責任は当事者の属性によって民法以外の規定が適用される。

第9章 売主の瑕疵担保責任と民法・商法・宅地建物取引業法

売主	買主	適用関係
消費者	消費者	民法570条
商人（非宅建業者）	商人（非宅建業者）	民法570条、商法526条
事業者（非宅建業者）	消費者	民法570条、消費者契約法
宅建業者	消費者	民法570条、宅建業法40条、消費者契約法
宅建業者	商人（非宅建業者）	民法570条、商法526条、宅建業法40条
宅建業者	宅建業者	民法570条、商法526条 ※宅建業法40条は適用除外（法78条2項）

瑕疵担保責任　**2　民法の瑕疵担保責任**

(1) 瑕疵の意義

　瑕疵とは、売買の目的物が通常その種類のものとして有すべき品質・性能を欠いていることを指す。これには契約に予定ないしは約定された品質・性能を欠くことも含まれる。判例は、「売買契約の当事者間において目的物がどのような品質・性能をすることが予定されていたかについては、売買契約締結当時の取引観念を斟酌して判断すべき（である）」とする（最判平22・6・1民集64巻4号953頁）。

契約目的不達成　**(2) 契約解除**

　売買の目的物に瑕疵があることを理由に契約を解除するには、①売買契約の締結、②隠れた瑕疵の存在、③瑕疵の存在による契約目的不達成、④契約解除に該当する事実を主張する必要がある（民法570条、566条1項、三輪・後掲参考文献279頁、桃崎・後掲参考文献120頁）。瑕疵の存在によって買主が契約の目的を達成することができないことを基礎づける事実としては、瑕疵が重大であり瑕疵の除去が著しく困難であるとか過大な費用を要するなど、経済的合理性を欠き、瑕疵の存在によって買主が購入目的や取得後の利用目的を果たすことができないことなど

が挙げられる。契約の目的は、売買契約において表示される必要はなく、売主が知っている必要もない（大判大 4・12・21民録21輯2144頁は、買主による契約解除には、「売主においてその目的を知了したることを要せざるは瑕疵担保に準用すべき民法566条 1 項の法文上明白なる所なり」とする。）。しかし、買主の主観において目的とされていただけでは足りず、契約の目的・性質その他の事情から客観的に理解しうることを要し、かつ、それで足りる（我妻　榮「債権各論〔中巻一〕」290頁、柚木　馨＝高木多喜男「新版注釈民法⑭」375頁、國井・後掲参考文献379頁）。

【主張立証責任】
　瑕疵の存在によって買主が契約の目的を達成することができないとは、ⅰ）買主が、請求原因事実として、瑕疵の存在により契約目的を達成することができないことを基礎づける事実を積極的に主張立証すべきとする考え方（國井・後掲参考文献410頁、東京地判平 4・9・16判タ828号252頁、神戸地判平 9・9・8 判タ974号150頁など）と、ⅱ）売主が、抗弁として、瑕疵が存在しても買主の契約目的を達成することができることを基礎づける事実を主張立証すべきとする考え方（司法研修所編「増補民事訴訟における要件事実第 1 巻」216頁、三輪・後掲参考文献280頁、桃崎・後掲参考文献122頁）とがある。買主が契約を解除する場合、契約目的不達成を売主の主張立証責任であると構えずに、買主が契約目的不達成を基礎づける事実を積極的に主張立証していくべきであろう。

(3)　損害賠償請求権

　買主が瑕疵担保責任に基づく損害賠償を請求する場合、①売買契約の締結、②隠れた瑕疵の存在、③瑕疵の存在による損害の発生とその額に該当する事実を主張することが必要である（民法570条、566条 1 項、三輪・後掲参考文献282頁、桃崎・後掲参考文献122頁）。

(4)　瑕疵担保責任期間

　契約の解除または損害賠償の請求は、買主が瑕疵の存在を知った時から 1 年以内にしなければならない（民法570条、566条 3 項）。瑕疵担保責任に基づく損害賠償請求権は民法167条 1 項にいう債権に当たり、消滅時効は、買主が売買の目的物の引渡しを受けた時から進行する（最判

瑕疵担保責任期間

第9章　売主の瑕疵担保責任と民法・商法・宅地建物取引業法

平13・11・27民集55巻6号1311頁）。取引実務では、前記1(2)（299頁）のような特約を付しているものが多い。改正民法は本書312頁以下。

商人間の売買

3　商人間の売買と瑕疵担保責任
(1)　検査・通知義務

商法526条　　株式会社は商人（商法4条1項、会社法5条）であるから、契約の両当事者（売主と買主）が商人である場合は、商法526条が不動産売買にも適用される（鉛による土壌汚染の事案について東京地判平成21・3・6本書307頁）。買主は、売買の目的物を受領したときは、遅滞なく、その物を検査しなければならない（商法526条1項）。「目的物を受領したとき」とは、通常、その目的物の引渡しを受けたときであるが、売主の要望により目的物の一部の引渡しが遅れたため、買主が売買の目的物の全体について地中埋設物の調査ができないときには「買主において現実に土地を検査することが可能となった日」と解される（後掲①）。

検査義務

通知義務　　検査の結果、目的物に瑕疵があることを発見したときは、買主は、売主に対して直ちにその旨の通知を発しなければ、瑕疵を理由とした解除、損害賠償を請求できない。買主は、目的物を受領して6ヶ月以内に瑕疵を発見して直ちにその通知をしなければ瑕疵担保責任に基づく損害賠償等を請求できない（2項）。商法526条は民法の瑕疵担保責任に基づく請求権を保存するための要件に関する規定である（最判昭29・1・22民集8巻1号198頁）。買主が目的物をいつ受領したかがポイントであり訴訟上争点となるため注意を要する。通知すべき内容は、瑕疵の種類及び大体の範囲を明らかにするものであれば足りる（後掲②）。西原寛一「商行為法」153頁、江頭憲治郎「商取引法」第7版31頁。

　　売主が目的物の瑕疵の存在を認識していた場合、商法526条1項は適用されず、通知義務の履行が買主の権利行使の前提条件にはならない（商法526条3項、西原・前掲書152頁、平出慶道「商行為法」224頁）。裁判例として東京地判平4・10・28本書327頁。

①【東京地判平10・11・26判時1682号60頁】
　　買主Xが売買代金を完済し売主Y1、Y2から本件土地建物の所有権移転を受

けたが、Yらの要望でY1が従前賃貸していた建物賃借人Aの営業のため、XがAとの間で本件建物の所有権移転後3ヶ月間だけ一時使用賃貸借契約を締結し、この時点では土地の隅の部分だけの調査にとどまった事案について、裁判所は、買主が「目的物を受領したとき」とは、XA間の一時使用賃貸借契約が終了しXがAから建物を現実に明け渡されたことにより、Xにおいて現実に本件土地を検査することが可能となった日とした。

2 【東京地判平14・9・27裁判所ウェブ】

　　買主X（宅建業者）が分譲マンションの建設目的で売主Yから購入した土地売買契約書には「本件土地に廃棄物、地中障害物又は土壌汚染等の隠れた瑕疵がある場合に、本件土地の引渡し日以後6ヶ月を経過したときは、XはYに対して担保責任の追及ができない」との特約が付されていた。期限直前に地中から建物のコンクリート基礎が発見されたため、Xは、期限前日に地中障害物の全容解明には約1ヶ月かかり瑕疵担保責任の通知期間満了まで時間がなく、障害物の全容が確認でき次第、Xから改めて資料・見積書・写真を添付して説明する旨記載した報告書を仲介業者Aに送付し、AがYに電話でその旨を説明した。期限経過後にコンクリート塊のほかオイルによる土壌汚染が発見されたため、Xがオイルによる土壌汚染除去費用をも含めて損害賠償請求した。Yは、Aからの連絡は「Xより本件土地から地中障害物が発見された旨の連絡があった」という趣旨の事実経過報告にすぎず、瑕疵担保責任の追及を内容とするものではなかったと主張した。

　　裁判所は、前記特約は、商法512条1項前段を踏まえつつ同条項後段をさらに進めて「買主に土地の引渡し後6ヶ月以内に瑕疵の発見及び通知の両方を行う義務を課して、通知期間を短縮するものであり、買主が上記期間内に発見・通知を怠った場合には、買主は売主に対し、もはや瑕疵担保責任を追及することができなくなることを内容とするもの」とした上で、「商法の瑕疵担保責任規定における通知は、売主が発見された瑕疵に対して適切な処置、対応をとることを考慮する機会を与えるために要求されるものであるから、その通知の内容は、瑕疵の種類及び大体の範囲を明らかにするものであれば足りる（大判大11・4・1民集1巻155頁参照）」。「XはYに対し、制限期間経過前に、本件土地に地中障害物が存在したこと、その範囲は現段階では解明できていないが、建物建築の基礎工事に必要な範囲全体に及ぶ可能性もあることを通知しており、Yが瑕疵に対して臨機の処置をとるために必要な程度に、瑕疵の種類及び大体の範囲を明らかにする内容の通知を行ったと認めるのが相当である。（略）コンクリート塊、配管及び汚染土壌は、マンション建築工事の障害となる地中埋設物である点に差異はないから、いずれも地中障害物の存在による瑕疵ととらえられるところ、Xが最初にコンクリート塊を発見して、Yに対し地中埋設物の存在を通知し、その全容解明に

第9章　売主の瑕疵担保責任と民法・商法・宅地建物取引業法

はなお時間がかかる旨を伝達した時点で、その後工事の進行中に発見される可能性のあるマンション建設にとっての地中障害物全体の存在について通知がなされたと認めるのが相当である」。XがAを使者として、本件土地に地中埋設物が存在し、その範囲は現段階では解明できていないが、「建物建築の基礎工事に必要な範囲全体に及ぶ可能性もあることを通知しており、Yが瑕疵に対して臨機の処置をとるために必要な程度に、瑕疵の種類及び大体の範囲を明らかにする内容の通知を行った」とし汚染土壌についての通知を認めた。損害は本書334～335頁。

商法526条の排除

(2) **商法526条を排除する特約**

商法526条は任意規定であることから、契約当事者は個別の合意によって同条の規定の適用を排除するなど、これと異なる合意（特約）をすることができる（西原・前掲書154頁、神崎克郎「商法総則・商行為法通論」新訂版190頁、大江　忠「要件事実商法」第2版216頁、渡辺・後掲参考文献71頁、後掲①、②）。

商人間の売買における「売主は、本物件の引渡しの日から1年間に限り瑕疵担保責任を負う」との特約は商法526条の適用を排除した合意か、買主の検査・通知義務を要件としたうえで瑕疵担保責任期間を延長した合意かが問題となる。特約の趣旨は、売買の目的物、特約の表現、特約を設けた経過などに照らして検討する必要があるが、この特約は、商法526条による買主の検査・通知を瑕疵担保責任行使の条件とする旨の規定ではない。文字通り、売買の目的物の引渡しから1年に限り瑕疵担保責任を負うことを定め、商法526条2項の瑕疵担保責任に基づく損害賠償等の制限と異なる合意をするものであるから、商法526条2項を適用せず、引渡しから1年に限り売主が瑕疵担保責任を負うことを合意したものである（東京地判平25・11・21WL、後掲①）。

①【東京地判平21・4・14WL】
　商人間の土地売買において「本件土地に隠れた瑕疵があり、買主が瑕疵を発見したときは、本物件の引渡しの日から1年間に限り、売主は、民法570条に定める担保責任を負う」との特約の趣旨は、買主が売主に対し「本件土地の引渡しの日から1年以内に請求すれば、売主がその瑕疵担保責任を負うことを合意し」、「売買の目的物の検査通知に関する商法526条を適用しないことを合意していた」ものである。

② 【東京地判平23・1・20判時2111号48頁】
　売主Yと買主Xとの土地売買において引渡し後に土壌汚染が発見された。売買契約書に「本件土地引渡後といえども、廃材等の地中障害や土壌汚染等が発見され、Xが、本件土地上において行う事業に基づく建築請負契約等の範囲を超える損害（30万円以上）及びそれに伴う工事期間の延長等による損害（30万円以上）が生じた場合は、Yの責任と負担において速やかに対処しなければならない」（本件特約1）と「本件土地引渡後といえども、隠れた瑕疵が発見された場合は、民法の規定に基づき、Yの負担において速やかに対処しなければならない」（本件特約2）が付されていた。本件特約1が商法526条の適用を排除する合意かどうかが争われた。
　裁判所は、「商法526条1項2項は、商人間の売買における特則として、買主に目的物受領後の検査通知義務を課し、これを怠った場合には瑕疵等を理由として民法規定の瑕疵担保責任の追及をすることができない旨を定めたものであるが、個別の合意によって検査通知義務を排除することができる」。本件特約1は、①本件土地引渡後に発見された地中障害や土壌汚染についてYに対し責任を追及できること、②Xが本件土地上において行う事業に基づく建築請負契約等の範囲を超える損害（30万円以上）が生じた場合には、Yの責任と負担において速やかに対処する旨を規定し、「②はXが本件土地上に建物を建築することを前提とした規定ぶりにはなっているが、これは、①において、本件土地引渡後に発見された地中障害や土壌汚染についてYに対し責任を追及できることを規定しつつ、②において、Xが本件土地上において行う事業に基づいて被った損害が30万円以下である場合にはその責任を免じる旨を規定して、Xが本件土地上にマンションを建設した際に、土壌汚染等によって30万円以下の損害を被ったにすぎない場合にはYの責任を免責するという点で、Yの責任を限定したものであると解される。しかし、それ以上に、本件特約の適用範囲をX自身がマンション建設に取りかかった場合に限定する趣旨のものと解することはできない。本件特約2において、『本件物件引渡後といえども』Yが瑕疵担保責任を負うことを明らかにしており、それ以上にYの責任の発生根拠を重ねて規定する必要はなかったのであり、この点から考えると、土壌汚染等についてYの責任を規定するだけでなく、むしろ軽微な損害につきYを免責する点に、本件特約1の意義を見出すべきである」。「本件特約1の文言上、本件土地の引渡し後も土壌汚染が発見された場合にはYが責任を負うことを規定しており、他方、引渡し後の責任の存続期間については制限がない」。「本件特約1は、Xが本件土地にマンションを建設することを前提として、その建設に先立ち、改めてXによる土壌調査が実施されることを想定し、その結果、基準値を上回る土壌汚染等が発見され、Xが損害を被った場合のYの責任を想定したものであり商法526条の検査通知義務を前提としないものと解される」。「本件売買契約において、Yによる上記2回の土壌調査に引き続いて

第9章　売主の瑕疵担保責任と民法・商法・宅地建物取引業法

Xが本件土地受領後に『遅滞なく』（商法526条1項）土壌調査を行うことは、そもそもXY間に想定されておらず、同条の適用は本件特約1により排除されていた」としてXの請求を一部認容した。

〔確認すべき事項〕
　商人間の売買では、買主が購入した不動産の検査・通知義務を怠ると売主に対し瑕疵担保責任を追及できなくなるため、買主の検査・通知義務の有無と目的物の受領を受けた具体的な時期、商法526条を排除する合意の有無・内容を確認する。

消滅時効　　(3)　**消滅時効**
　商人間の売買では瑕疵担保責任に基づく損害賠償請求権や契約の解除権に商事消滅時効（商法522条）の適用がある（大判大5・5・10民録22輯936頁参照）。消滅時効は、買主が売買の目的物の引渡しを受けた時から進行する（東京地判平26・3・26判時2243号56頁）。改正民法は、消滅時効について債権者が権利行使できることを知った時から5年とする原則的な規定（改正民法166条1項）を設け商法522条を削除した。

説明義務違反　(4)　**説明義務違反による損害賠償請求の可否**
　「第10章　売主の瑕疵担保責任（地中埋設物）」345頁以下。

4　瑕疵担保責任に関する特約と宅地建物取引業法による制限
　宅建業者である売主が宅地建物の売買において瑕疵担保責任についての特約を設ける場合、宅建業法40条の規定に違反しているか否かで売主の瑕疵担保責任の効果が異なる。

宅建業法40条の構造

〔宅建業法40条の構造〕
Ⅰ　宅建業者が自ら売主となる宅地又は建物の売買契約において、
Ⅱ　瑕疵担保責任についての特約をする場合、
　ⅰ）権利行使期間について「売買の目的物の引渡しの日から2年以上となる特約」をすることはできるが、
　ⅱ）ⅰ）の権利行使期間に関する特約を除き、「民法566条に規定するものより買主に不利となる特約」をしてはならない（1

> 項)。
> Ⅲ 法40条1項の規定に反する特約は無効とする(2項)。
> Ⅳ 売主と買主の双方が宅建業者の場合(宅建業者間の売買)、法40条は適用されない(法78条2項)。

(1) 宅建業法40条の適用の有無

「宅建業者が自ら売主となる宅地又は建物の売買」とは、例えば宅建業者が売主としてマンションや宅地を分譲販売するとか、中古住宅をリフォームして転売する売買である。宅建業法40条は、瑕疵担保責任についての特約をする場合に適用されるため、瑕疵担保責任についての特約をしない売買には適用されない(後掲東京地判平21・3・6)。

【東京地判平21・3・6WL】
　買主X(宅建業者)は、売主Y(宅建業者)から本件土地を買受け、引渡しを受けた日から約7ヶ月後に土壌調査をしたところ基準値を超える鉛による土壌汚染が存在することが判明した。XはYに対し瑕疵担保責任に基づく損害賠償請求をした。Yは、Xが引渡し後6ヶ月以内に瑕疵を通知しなかったから商法526条1項、2項により瑕疵担保責任に基づく損害賠償請求ができないと主張し、Xは、同条は不動産取引に適用されないと主張した。
　裁判所は、「商法526条は、その文言上、土地についての瑕疵を除外していないし、商取引における迅速性の確保という同条項の趣旨は、土地等不動産の取引にも当てはまるものである。Xは、土壌汚染などは、容易に発見できないと主張するが、土壌汚染は、専門的な調査が必要であるが、引渡しを受けた目的物を調査するだけで発見できるものであるから、他の瑕疵に比しても買主に特別に困難を強いるものではなく、Xの主張は採用できない」。「宅建業法40条は、瑕疵担保責任の特約の制限をした場合の規定であり、本件のように、特に瑕疵担保責任を制限する定めがない場合には適用がないものであるし、仮に、適用があったとしても、当該特約がない状態になるだけであり、商人間については、商法526条が適用になることに変わりはない」とし、Xの請求を棄却した。

(2) 宅建業法40条が適用される場合

宅建業法40条は、瑕疵担保責任について「売買の目的物の引渡しの日から2年以上となる特約」を除き、「民法566条に規定するものより買主に不利となる特約」をしてはならない(1項)と定め、これに反した特

約の効力自体を否定する強行規定とした（2項）。

　宅建業者が自ら売主となる宅地建物の売買契約では、通常、「売主は、本物件の引渡しの日から2年間に限り瑕疵担保責任を負う」との特約が設けられている。これ以外の特約、例えば「売主は本物件の引渡しの日から1年間に限り瑕疵担保責任を負う」として瑕疵担保責任期間を2年未満に短縮したり、「瑕疵担保責任は瑕疵修補請求に限るものとし、買主は売主に対し本契約の解除又は損害賠償請求をすることができない」とか、「売主は瑕疵担保責任を一切負わない」として瑕疵担保責任の要件または効果を制限する特約は、「民法566条に規定するものより買主に不利となる特約」に当たり、宅建業法40条1項に反し無効になる。その結果、当該特約を定めなかったこととなるから民法570条、566条の規定が適用される（明石三郎ほか「詳解宅建業法」407頁、明石三郎「不動産仲介契約論」122～123頁、逐条解説宅建業法593頁）。

買主が商人の場合

(3) **買主が株式会社など商人の場合**

　宅建業法40条1項の「買主」には限定がなく、消費者に限らず株式会社などの事業者（ただし宅建業者を除く。）も含まれる。宅建業者は商人であるから、売主業者と株式会社等の商人（非宅建業者）である買主との売買は商人間の売買となる。

　ア　「瑕疵担保責任についての特約」を設けなければ宅建業法40条の適用はない。商法526条の規定が適用され、買主は、売買の目的物を受領した後、6ヶ月以内に瑕疵を通知しなければ瑕疵担保責任に基づく請求ができない（東京地判平21・3・6本書307頁）。

　イ　「瑕疵担保責任についての特約」を設けると、宅建業法40条が適用される。その結果、「民法570条において準用する同法566条3項に規定する期間についてその目的物の引渡しの日から2年以上となる特約」を除き、同条より買主に不利となる特約は無効となる。例えば「売主は、本物件の引渡しの日から1年間に限り瑕疵担保責任を負う」との特約は、買主が目的物を受領してから6ヶ月以内に瑕疵を発見して直ちに通知を要求する商法526条に規定するよりも買主に有利であるが、「民法570条において準用する566条3項に規定する期間についてその目的物の引渡しの日から2年以上」に反する特約に該当す

るため無効となる。この場合、特約が定められなかったことになり、しかも商人間の売買であることから商法526条が適用され、買主が本物件の引渡しの日から6ヶ月以内に瑕疵を発見して直ちに通知をしなければ瑕疵担保責任を追及できなくなる。

　売主業者と株式会社との売買において、「宅建業者が自ら売主となる場合は瑕疵担保責任を負うべき期間は本件物件の引渡し後2年間とする」との特約は、宅建業法40条に反する特約ではないから、この特約は有効である。この場合、当事者双方は商人に該当することから、買主が瑕疵担保責任を追及するには商法526条が定める検査・通知が必要か。宅建業法40条は、「民法566条に規定するものより買主に不利となる特約」をしてはならないと規定し、買主が消費者である場合に限らず、買主が株式会社などの商人である売買においても等しく適用される。そうすると、上記特約は、売主業者が売買の目的物を引渡した日から2年以内に請求すれば、売主が瑕疵担保責任を負うことを合意したものであって商法526条の適用を排除する合意であると解される（後掲大阪地判平26・11・17）。宅建業者が自ら売主となる売買において、商法526条が定める買主の検査・通知義務を瑕疵担保責任行使の要件とする特約を設けることは、瑕疵担保責任を追及するために民法が規定していない検査・通知を義務づけているという意味で「民法566条に規定するものより買主に不利となる」要件を加重することとなる。また、「宅建業者が自ら売主となる場合は瑕疵担保責任を負うべき期間は本件物件の引渡し後2年間とする。ただし、引渡しを受けた日から6か月以内に売買の目的物を検査し瑕疵の内容について売主に通知しなければならない」との特約を設けた場合、ただし書は、宅建業法40条1項の規定が許容する特約よりも買主の売主に対する瑕疵担保責任の行使要件を加重し「民法566条に規定するものより買主に不利となる」特約に当たり、ただし書部分は宅建業法40条1項に違反し無効となる（2項）。

【大阪地判平26・11・17判例集未登載】
　買主X（賃貸業者）は、売主業者Yから賃貸マンションの建設用地として本件

第9章　売主の瑕疵担保責任と民法・商法・宅地建物取引業法

土地を購入した。売買契約書には「売主は本物件の引渡し後2か月以内に発見された隠れたる瑕疵について、買主に対し責めを負います。ただし、業者自ら売主となる場合は、本物件引渡し後、2年間とします」との特約が付された。Xは、引渡しの日から8カ月を経過したころ、建物基礎工事（土地掘削）を始めたところ、地中から多数の素焼瓦の塊、破片及び破片が無数に混じった赤茶けた土（本件素焼瓦等）が発見された。Xは、Yに対し、前記特約に基づいて本件素焼瓦等の廃棄物処理費用及び埋め戻し用の残土購入費相当額を損害として賠償請求した。Yは、引渡しから6か月以内に本件土地の検査をせず地中の素焼瓦等が埋設されている旨の通知していないから商法526条の適用によりYは瑕疵担保責任を負わないと主張した。

裁判所は、「商法526条は任意規定であるところ、本件特約ただし書が、宅建業者が自ら売主となる場合は、瑕疵担保責任を負うべき期間は本件土地引渡し後2年間とする旨定める一方、商法526条のように買主の検査・通知を瑕疵担保責任行使の要件とする旨の規定ではないこと（略）からすれば、本件特約ただし書は商法526条1項及び2項の適用を排除する合意である」とし、Yの主張を排斥しXの請求を全部認容した。

業者間の売買　(4)　**宅建業者相互間の売買**

売主と買主がいずれも宅建業者である売買には宅建業法40条は適用されない（法78条2項、本書98頁）。瑕疵担保責任の全部または一部を免除する特約や商法526条の要件・効果を排除、軽減または加重する特約、例えば「売主は、本物件の引渡しの日から1年間に限り瑕疵担保責任を負う」とか「売主は瑕疵担保責任を負わない」との特約は有効である。瑕疵担保責任について特約を設けなかった場合、売主・買主とも宅建業者であるため商人間の売買として商法526条が適用される。

5　消費者契約法・住宅品質確保法

消費者契約法　(1)　**消費者契約法**

事業者である売主（非宅建業者、例えば株式会社など）と消費者である買主の売買は事業者と消費者との売買として消費者契約（消費者契約法2条）に当たるため消費者契約法が適用される。不動産売買に関する消費者契約において、瑕疵担保責任を検討する際には、損害賠償請求の可否、解除の可否、瑕疵担保責任期間のそれぞれについて特約条項を確

認する必要がある。事業者である売主の瑕疵担保責任の全部を免除する特約は、損害賠償責任に代えて代替物の給付や修補義務を負うとされている場合や事業者が他の事業者との間で、他の事業者が瑕疵担保責任に基づく損害賠償責任の全部または一部を負い、代替物の給付や修補義務を負う契約を締結している場合を除き、無効となる（消費者契約法8条1項5号、2項）。事業者である売主との間で瑕疵担保責任に基づく解除権を放棄させる旨の特約は無効となる（同法8条の2第2号）。瑕疵担保責任期間を制限する特約もその内容によっては消費者契約法10条により消費者の利益を一方的に害する条項として無効とされる可能性がある。例えば瑕疵担保責任の行使期間を売買物件の引渡し後3ヶ月以内とする特約は、消費者契約法10条に違反して無効とする裁判例がある（東京地判平22・6・29ＷＬ）。

(2) **住宅品質確保法**

　住宅品質確保法95条1項は、売主業者が新築住宅を売買する場合における民法570条が定める売主の瑕疵担保責任について特例を定める。民法570条の定める要件と効果が異なることに注意を要する。住宅品質確保法が適用されるのは同法2条2項が規定する「新築住宅」に限られ、これ以外の建物、例えば中古住宅や事業用物件には適用されない。

① 「新築住宅」とは、「新たに建設された住宅で、まだ人の居住の用に供したことのないもの（建設工事の完了の日から起算して1年を経過したものを除く。）」といい、「住宅」とは「人の居住の用に供する家屋又は家屋の部分（人の居住の用以外の用に供する家屋の部分との共用に供する部分を含む。）」をいう（2条）。

② 「瑕疵」とは、「住宅の構造耐力上主要な部分等の隠れた瑕疵」、例えば基礎、柱、梁などに限られる（95条1項）。

③ 新築住宅の構造耐力上主要な部分等の隠れた瑕疵の担保責任期間は、「買主に引き渡した時（当該新築住宅が住宅新築請負契約に基づき請負人から当該売主に引き渡されたものである場合にあっては、その引渡しの時）」から10年間である（95条1項）。

④ 担保責任の内容は、売主に対する損害賠償請求、契約解除のほか、瑕疵修補請求がある（民法570条、566条1項、634条1項、2項、住宅

第9章　売主の瑕疵担保責任と民法・商法・宅地建物取引業法

品質確保法95条1項）。

⑤住宅品質確保法は、瑕疵担保期間を短縮した特約、瑕疵修補請求を制限したり認めない特約など、買主に不利となる特約は無効となる（95条2項、片面的強行規定）。

〔確認すべき事項〕

・民法570条、宅建業法40条、商法526条、住宅品確法95条の規定とは異なる（軽減または加重する）特約があるか
・免責特約の表現の有無とその内容、免責対象は宅地建物に限定しているか、付属設備を除外しているか
・瑕疵担保責任の要件・効果を制限するものか
・瑕疵担保責任行使期間の制限はないか、買主が目的物をいつ受領したか（引渡しを受けたか）、どのような方法で占有の移転を受けたか、引渡しの時期
・免責特約を設けた経緯（免責特約について要望を出したのは誰か、どのような理由か）
・免責特約についていつ誰からどのような説明を受けたか、契約書案文をいつ頃見たのかなど、免責に関する合意に疑義はないか

6　民法改正と商法526条・宅地建物取引業法40条

(1) 契約不適合責任

契約不適合責任

ア　契約不適合

民法（債権法）改正によって、瑕疵担保責任に関する規定は削除され、売主は「引き渡された目的物が種類、品質又は数量に関して契約の内容に適合しないものであるとき」に債務不履行責任を負うとした。その結果、「（買主に）引き渡された目的物が種類、品質又は数量に関して契約の内容に適合しないもの」であるときは、買主は、履行の追完請求をすることができる（改正民法562条1項本文）との規定を新設し、これまでの瑕疵担保責任に基づく損害賠償請求と解除は、債務不履行に一元化され、「隠れた瑕疵」という概念に代わって「種類、品質又は数量に関して契約の内容に適合しない」かどうかが判定

基準となる。買主は、契約内容の不適合を基礎づける事実を具体的に主張立証すべきこととなる。

イ　追完請求権

　売買の目的物に契約不適合がある場合、買主は売主に対し、目的物の修補、代替物の引渡しまたは不足分の引渡しによる履行の追完を請求することができる（改正民法562条1項本文）。不動産売買においては、「代替物の引渡し」や「不足分の引渡し」が観念できる場面は稀であると考えられ、追完請求としては目的物の修補請求をすることになる。買主が相当の期間を定めて履行の追完の催告をし、その期間内に履行の追完がないときや目的物の修補が物理的に不可能であるとか、物理的には可能であっても過大な費用がかかるなどの場合には、買主は、その不適合の程度に応じて代金の減額を請求することができる。そこで、買主が売主の契約不適合責任を追及する際には、売主が買主からの追完請求を履行しなかった場合に、代金減額請求を行うか、解除をするか、損害賠償請求をするかの方策を検討する必要がある。

ウ　代金減額請求権

　買主が相当の期間を定めて履行の追完の催告をし、その期間内に履行の追完がないときは、買主は、その不適合の程度に応じて代金の減額を請求することができる（改正民法563条1項）。「履行の追完が不能であるとき」（2項1号）、「売主が履行の追完を拒絶する意思を明確に表示したとき」（2号）は、直ちに代金減額請求ができる。

エ　損害賠償請求権

　目的物の契約不適合は債務不履行であることから、買主は売主に対し、当該契約に適合した目的物を引き渡さなかったものとして損害賠償請求ができる（改正民法564条、415条）。売主に免責事由がない限り、本来引き渡されるものが引き渡されず、そのことによって損害が発生したということを理由に損害賠償請求ができるのであり、免責事由は、契約その他の債務の発生原因及び取引上の社会通念に照らして判断される。免責事由があることは売主が主張立証するが、買主からの相談であっても、売主に免責事由がないかどうかについて、契約内容や取引経緯などに鑑み、詳細に事情聴取をしておく必要がある。

なお、代金減額請求と追完請求、解除については両立して主張することが認められない。

オ　解除権

目的物の契約不適合は債務不履行であることから、解除には催告が必要であり、催告後相当期間が経過しても履行しない場合に、解除の意思表示をすることになる。ただし、①債務の全部の履行が不能であるとき、②債務の全部の履行を拒絶する意思を明確に表示したとき、③債務の一部の履行不能又は一部の履行拒絶によって、契約の目的不達成となる場合には無催告解除ができる（改正民法541条、542条）。債務の全部の履行が不能であるときを除き、売主が買主からの追完請求を拒否していたとしても、「履行を拒絶している意思を明確に表示した」か否かは評価に関わる問題であり、解除の要件を充足しているかどうかが争点になった場合を念頭に置いて解除の可否を検討しなければいけない。

カ　期間制限

目的物の品質に関する契約不適合責任は、買主がその不適合を知った時から1年以内にその旨を売主に通知しないときは、原則として、責任を追及することができなくなる（改正民法566条本文）。数量に関する契約不適合は改正民法566条から除かれ消滅時効の一般原則に委ねられる（改正民法166条1項）。

商法526条の改正

(2) **民法改正に伴う商法526条の改正**

民法改正に伴い、商法526条は、従来の「瑕疵」概念に代えて「種類、品質又は数量に関して契約の内容に適合しない」かどうかを判定基準とする。

現行商法	改正商法
（買主による目的物の検査及び通知） 第526条　商人間の売買において、買主は、その売買の目的物を受領したときは、遅滞なく、そのものを検査しなければならない。 2　前項に規定する場合において、買主は、同項の規定による検査により	（買主による目的物の検査及び通知） 第526条　商人間の売買において、買主は、その売買の目的物を受領したときは、遅滞なく、そのものを検査しなければならない。 2　前項に規定する場合において、買主は、同項の規定による検査により

売買に瑕疵があること又はその数量に不足があることを発見したときは、直ちに売主に対してその旨の通知を発しなければ、その瑕疵又は数量の不足を理由として契約の解除又は代金減額若しくは損害賠償の請求をすることができない。売買の目的物に直ちに発見することができない瑕疵がある場合において、買主が6箇月以内にその瑕疵を発見したときも、同様とする。 3　前項の規定は、売主がその瑕疵又は数量の不足につき悪意であった場合には、適用しない。	売買の目的物が種類、品質又は数量に関して契約の内容に適合しないことを発見したときは、直ちに売主に対してその旨の通知を発しなければ、その不適合を理由とする履行の追完の請求、代金の減額の請求、損害賠償の請求及び契約の解除をすることができない。売買の目的物が種類又は品質に関して契約の内容に適合しないことを直ちに発見することができない場合において、買主が6箇月以内にその不適合を発見したときも、同様とする。 3　前項の規定は、売買の目的物が種類、品質又は数量に関して契約の内容に適合しないことにつき悪意であった場合には、適用しない。

(3) 民法改正に伴う宅地建物取引業法40条の改正

宅建業法40条は「瑕疵」概念に代えて「種類又は品質に関して契約の内容に適合しない」状態を担保すべき責任とするが、これ以外の要件は従前どおりである。

売主が宅建業者で買主が宅建業者以外の場合、売主は、引渡しの日から2年間、買主に対し契約不適合責任を負うとの特約は、改正宅建業法40条に反しないことから有効である。この場合、買主は特約期間内に「契約の内容に適合しない」旨の通知をすれば買主の権利が保存され、買主は権利を行使できることを知った時（主観的起算点）から5年以内に権利行使をすればよい（改正民法166条1項）。

宅建業法40条の改正

現行宅建業法	改正宅建業法
（瑕疵担保責任についての特約の制限） 第40条　宅地建物取引業者は、自ら売主となる宅地又は建物の売買契約において、その目的物の瑕疵を担保すべき責任に関し、民法（明治29年法律第89号）第570条において準用する同法第566条第3項に規定する期	（担保責任についての特約の制限） 第40条　宅地建物取引業者は、自ら売主となる宅地又は建物の売買契約において、その目的物が種類又は品質に関して契約の内容に適合しない場合におけるその不適合を担保すべき責任に関し、民法（明治29年法律第89号）第566条に規定する期間につ

第9章　売主の瑕疵担保責任と民法・商法・宅地建物取引業法

間についてその目的物の引渡しの日から2年以上となる特約をする場合を除き、同条に規定するものより買主に不利となる特約をしてはならない。 2　（略）	いてその目的物の引渡しの日から2年以上となる特約をする場合を除き、同条に規定するものより買主に不利となる特約をしてはならない。 2　（略）

住宅品質確保法の改正

(4)　民法改正に伴う住宅品質確保法の改正

　住宅品質確保法が適用される場合にも民法566条が適用される。住宅品質確保法の定める10年という期間は除斥期間であり、10年以内に裁判外の権利行使（意思表示）をすれば権利が保全される。つまり、住宅品質確保法上は、10年以内に裁判外の意思表示をすれば、権利は保全されることになる。しかし、改正民法の5年の消滅時効の起算点は、買主（債権者）が契約不適合責任に基づき権利を行使できることを知った時からである。改正住宅品質確保法と改正民法の5年の消滅時効との関係については、①住宅品質確保法の趣旨に照らせば、5年の時効の起算点は制限解釈をして「権利が保全された時」とするか、②住宅の瑕疵は雨染みのように拡大していくものもあることに照らせば、5年の時効の起算点は「知った時」とする二つの考え方がありうる。そこで、相談を受けた際には、瑕疵を知った時がいつかを確認するとともに、改正民法の5年の消滅時効が契約不適合の事実を「知った時」を起算点とする可能性もあることから、できる限り早期に意思表示を行うことが大切である。

《参考文献》

・國井和郎「売主の担保責任」倉田卓次監修「要件事実の証明責任　契約法上巻」（西神田編集室）276頁
・渡辺　晋「不動産取引における瑕疵担保責任と説明義務」(改訂版　大成出版社)
・三輪拓也「瑕疵担保責任」伊藤滋夫編「民事要件事実講座第3巻」(青林書院)
・桃崎　剛「第570条」村田　渉編著「事実認定体系1」（第一法規）
・山野目章夫「新しい債権法を読みとく」（商事法務）
・野澤正充「債権総論」、「契約法」（第2版　日本評論社）
・熊谷則一「改正民法の変更点と対応」（中央経済社）
・中田裕康「契約法」（有斐閣）
・大村敦志＝道垣内弘人「解説　民法（債権法）改正のポイント」（有斐閣）

1　法律構成

第10章　売主の瑕疵担保責任（地中埋設物）

紛争事例

　売主Y1（宅建業者）は、A所有の旧工場と敷地を買受けた後、旧工場を解体し土間コンクリートを残した状態で転売することとした。Y1は、仲介業者Y2の仲介により、賃貸マンションの建設用地を探していた買主X（賃貸業者）と売買契約を締結し土地を引渡した。契約書には、Y1が現状有姿にて売り渡すとの特約を付した。Xから建築工事を受注した建築業者Bが土間コンクリートをはがして基礎掘削工事を始めたところ、土地のほぼ全体にわたって地表から約0.5～3mの深さに廃材やコンクリートがらが埋まっていた。
　Xは、Y1、Y2に対してどのような請求ができるか。

事案分析のポイント

≪紛争≫
・買主の売主に対する瑕疵担保責任に基づく契約解除または損害賠償請求
・買主の仲介業者に対する債務不履行（仲介契約上の調査・説明義務違反）または不法行為に基づく損害賠償請求
≪争点≫
隠れた瑕疵、契約解除の可否、免責特約の効力、瑕疵担保責任期間、

第10章　売主の瑕疵担保責任（地中埋設物）

損害とその額、仲介業者の調査・説明義務違反の有無。仲介業者の説明義務は「第15章　仲介業者の説明義務等」440頁以下。

> 理解しておくべき事項

1　法律構成

買主が建物の基礎掘削工事に着手した段階で売買の目的物である土地に地中埋設物が存在していることが判明した場合、買主は、すでに建築確認申請手続などを終え建築業者と建築工事請負契約を締結し工事着工を始めていることもあって、売主との売買契約を解除して売買代金の返還請求をすることは現実的な解決ではなく、いったん基礎工事を中止し地中埋設物の除去工事を行い、その費用を売主に対し損害賠償請求するのが一般的である。売主との売買契約を解除して売買代金の返還請求をする事案は少ない。

買主の売主に対する瑕疵担保責任に基づく損害賠償請求においては、ⅰ）請求原因事実のうち当該地中埋設物が瑕疵に当たるか、損害とその額が争点となる。ⅱ）売主の抗弁として、免責特約の存否やその趣旨、買主が瑕疵の存在を知っていたかを巡る争いが多い。ⅲ）買主の再抗弁として、売主の悪意・重過失、商法526条を排除する合意の有無が争点となる。

〔訴訟物〕瑕疵担保責任に基づく損害賠償請求権（三輪・後掲参考文献279頁、桃崎・後掲参考文献122頁）

〔請求原因事実〕
1　売買契約の成立
2　隠れた瑕疵の存在
3　損害の発生と額

〔抗弁〕
a）除斥期間の経過（民法570条本文、566条3項）
b）瑕疵担保責任期間の経過
c）瑕疵の存在について買主の悪意（民法570条本文、566条1項）・有過失
d）免責特約の存在
e）消滅時効（民法167条1項）
f）検査・通知義務違反（商法526条）

〔再抗弁〕
a）瑕疵の存在について売主の悪意・重過失（民法572条、商法526条3項）
b）商法526条を排除する合意

2　瑕疵の判定

(1)　瑕疵に当たるかどうかの判断

ア　瑕疵とは、売買の目的物が、その種類のものとして取引通念上通常有すべき性状を欠いていることをいう。宅地の売買においては、地中に土以外の異物が存在したとしても直ちに土地の瑕疵に当たるとはいえない。しかし、「土地上に建物を建築するについて支障となる

第10章　売主の瑕疵担保責任（地中埋設物）

質・量の異物が地中に存在するために、その土地の外見から通常予測され得る地盤の整備、改良の程度を超える特別の異物除去工事等を必要とする場合」には、宅地として通常有すべき性状を備えていないものとして土地の瑕疵に当たる（東京地判平4・10・28本書327頁、東京地判平14・9・27本書303頁、札幌地判平17・4・22判タ1203号189頁、大阪高判平25・7・12本書345頁など）。

地中埋設物　【地中埋設物を瑕疵と認定した事例】
　　本文で掲載したほか、コンクリート塊（東京地判平10・10・5判タ1044号133頁）、コンクリート構造物・塊（前掲札幌地判平17・4・22）、コンクリートガラ・コンクリート基礎・腐食土・塩化ビニール管・木片（東京地判平19・7・5本書353頁）、地下室（東京地判平20・5・29ＷＬ）、井戸（東京地判平21・2・6判タ1312号274頁）がある。買主（事業者）が賃貸マンション建築のために取得した土地に文化財が埋蔵されており、教育委員会から買主の費用負担で発掘調査などが指示され、発掘調査費用が売買代金の約6％相当額を要する事案について、「発掘調査費用の支出を必要とする文化財が埋蔵されていた」ことは隠れた瑕疵に当たるとした（東京地判昭57・1・21判時1061号55頁）。

　イ　地中埋設物の存在が土地の瑕疵に当たるかどうかを判断するには、次の事実が考慮される。
　　ⅰ）買主の契約目的
　　ⅱ）地中埋設物の種類
　　ⅲ）売買の目的物に占める位置・範囲・量
　　ⅳ）地中埋設物の除去の要否
　　ⅴ）除去費用
　　ⅰ）は買主がどのような目的で土地を購入したか、取得後の利用形態、ⅱ）は地中にどのような物が埋まっていたか、ⅲ）はどのような位置・範囲（表層からの深度と広さ）にどの程度の量で埋まっていたか、ⅳ）は地中埋設物の存在により買主が契約目的を達成するのにどのような障害を生じたか（障害の程度）、除去する必要があるか（除去の必要性）、ⅴ）は除去にどの程度の費用を要するかである。
　　地中埋設物の存在が瑕疵に当たるとした後掲①、②の裁判例の認定

手法は瑕疵の存否が争点となったときに参考になる。

① 【東京地判平15・5・16判時1849号59頁】
　買主X（宅建業者）が建売分譲販売の目的で売主Yから本件土地を購入したところ、地盤面から深さ約1mの箇所にコンクリートがら（本件地中埋設物）が約20cmの層として残存していた。
　裁判所は、「本件土地は、宅地であり、Xは、一般木造住宅等の宅地として分譲販売することを目的として、本件土地を購入したものであり、Yはこれを認識していたものであるところ、前記認定の本件地中埋設物の存在状況からすると、本件土地に一般木造住宅を建築し、浄化槽埋設工事を行うに当たっては、本件地中埋設物が存在しなければ本来必要のない地盤調査、地中埋設物の除去及びこれに伴う地盤改良工事等を行う必要があり、かかる調査・除去等を行うために相当額の費用の支出が必要となると認められる」から、本件土地は、「一般木造住宅を建築する土地として通常有すべき性状を備えていないもの」とし、本件地中埋設物の存在が本件土地の瑕疵に当たるとした。買主の悪意・有過失は本書328頁、売主の悪意・重過失は本書343頁、損害は本書335～337頁。

② 【東京地判平20・10・15WL】
　買主Xは、マンション建設用地として売主Yから本件土地を買い受けたところ、地中から相当量のタイル・レンガ等が存在することが判明した。
　裁判所は、「①本件地中障害物の内容は、無数のタイル片、レンガ片及びコンクリート片のほか、コンクリート製又はレンガ製の土間、コンクリート基礎、タイヤその他の産業廃棄物としての処分を要するものであったこと、②本件地中障害物は、合計約720㎥に達する大量のものであったこと、③本件地中障害物の中には、本件土地にマンションを建設するに当たって必要となる基礎杭打設工事の支障となるような大きさのコンクリート基礎や土間等も見られたことなどが認められ、これらに加えて、④本件土地は、マンション建設用地として売買されたものであること、⑤Xは本件地中障害物の処分のために相当多額の費用を支出したこと、⑥本件売買契約において本件不動産の代金が決定された際に、本件地中障害物の存在あるいはその存在の可能性が考慮されたことを窺わせる証拠が見当たらないことなどの事情を考慮すれば」、本件地中障害物の存在が本件土地の瑕疵に当たるとした。損害は本書335頁。

(2) 買主の契約目的

契約目的

　地中埋設物の存在が土地の瑕疵に該当するか否かの判断において、買

第10章　売主の瑕疵担保責任（地中埋設物）

主の契約目的は重要な事実である。売主が買主の契約目的を争った場合、売買の目的物、買主の属性（法人の事業目的、宅建業者・建売業者など）、契約締結に至る取引経過、重要事項説明書・売買契約書の記載内容などから、買主の購入目的または取得後の利用目的を主張立証する。

【東京地判平10・11・26判時1682号60頁】
　買主X（宅建業者）がマンション用地として売主Y１、Y２から本件各土地を購入したところ、地中から杭・地中埋設基礎が見つかり、XがYらに対し瑕疵担保責任に基づく損害賠償請求をした。Yらは、低層建物の建築には問題がないから瑕疵に当たらないと主張した。商人間の売買は本書302頁。
　裁判所は、①Xが分譲マンション建設用地を探していたこと、②金融機関を介してXが本件土地をマンション建設用地として購入することの検討を要請されたこと、③YらとXが県知事宛の国土法に基づく土地売買届出書を提出し、本件土地の「利用目的」欄に分譲共同住宅建設（戸数69戸）予定である旨記載していたこと、④分譲マンションの建設販売のためにXが本件土地の引渡し前に市開発部との事前協議申請手続に入ることへのYらの協力と承諾を取り付け売買契約書にもその旨記載されていることなどの経緯に照らし、本件各売買契約締結に際し、YらにおいてXが本件土地上に中高層マンションを建築する予定であることを知悉していたことを認定し、「Xは、本件各契約締結に先立ち、マンション建設計画に対する影響の有無等を調査するため、甲［Y２の担当者］を通じて、Y１から資料図面等を借用して本件建物の基礎杭の位置等を確認したこと、ところが、本件各契約締結後、実際に本件建物の解体工事を進めるに従って、右図面等には一切記載されていない、多数のPC杭及び二重コンクリートの耐圧盤等の本件地中障害物が発見されたこと、本件各土地上に中高層マンションを建築しようとすれば、基礎工事を行うために本件地中障害物を撤去する必要があるところ、右撤去には通常の中高層マンション建築に要する費用とは別に3000万円以上の費用がかかる」との認定事実に鑑み、本件各土地は、「中高層マンションが建設される予定の土地として通常有すべき性状を備えていないもの」であるから、本件地中障害物の存在は本件土地の瑕疵に当たるとした。損害は本書335頁。

売買契約書に買主の契約目的が中高層建物の建築用地であることが明示されていなかった事案において、売買の目的物である土地周辺の建築状況などに照らして、「取引通念上、中高層建物が建築されることが客観的に十分予想される土地である」と認定した上で、中高層建物を建築

2 瑕疵の判定

するには地中埋設物の存在が瑕疵に当たるとした裁判例がある（後掲1、2）。当事者の属性に加えて、売買の目的物が位置している用途地域（都市計画法8条1項1号）、周辺地域の建築物の規模などは重要な考慮要素となる。

1【東京地判平7・12・8判時1578号83頁】
　買主Xは、売主Yから本件土地を購入したが、地中にレンガなどが埋設されていたため、大学付属病院看護師寮の建設工事のために撤去しなければならなかった。XはYに対し瑕疵担保責任に基づき損害賠償を請求した。
　裁判所は、「本件埋設物は、コールタールを含んだレンガやコンクリート等及びその下部に埋めこまれた相当数の松杭であって、同土地のほぼ全域に存在し、浅いところでは地表から約0.4m、深いところでは地表から約4.5mの深さから存在し、そのレンガやコンクリート等の厚さは、薄いところで0.5m、厚いところで4.4m程に達し、その下部の松杭は長さ約3.5mであったことが認められる。（略）本件土地の南隣は甲マンション（14階建）で、北東隣は株式会社乙の本社ビル（8階建）であって、道路を隔てた北側は丙の支社等の建物（5階建）及び同深川体育館等の建物（8階建）がある等、本件土地周辺には、中高層建物が存在していることが認められ、右事実からすると、本件土地は、高層建物が建築されることも客観的に十分予想される土地である」。「本件埋設物の存在場所及び程度からすれば、本件土地に中高層建物を建築するには、本件埋設物を除去しなければ、基礎工事ができない状態にあると認められ、かつ、本件埋設物の程度からすれば、その除去工事には相当多額の撤去費用を要し、その費用は通常の高層建物を建築するに際して要する基礎工事の費用よりも相当高額になるものと推認される。したがって、そのような地中埋設物が存在する本件土地は、高層建物が建築される可能性のある土地として通常有すべき性状を備えていないものといえるから、本件埋設物は『瑕疵』にあたる」。ただし、Yの免責特約の効力を認めXの請求を棄却した。免責特約につき本書340頁。

2【福岡地裁小倉支判平21・7・14判タ1322号188頁】
　買主Xは、売主Yから本件土地を購入し12階建てマンションを建設しようとしたところ、地中から岩塊などが発見された。当初予定した工法では基礎工事ができないため基礎杭打ち工事、山留め工事の工法を変更しマンションを完成した。Xは、Yに対し瑕疵担保責任及び不法行為に基づき追加工事費用、工事遅延による逸失利益、弁護士費用を損害として賠償請求した。
　裁判所は、「瑕疵とは、売買の目的物が、その種類のものとして取引通念上通常有すべき性状（品質）を欠いていることをいうが、売買の目的物は、（略）売

第10章 売主の瑕疵担保責任(地中埋設物)

買契約において想定されている用途によって瑕疵の有無が異なる。(略)瑕疵の有無は、売買契約において目的物の用途がどのようなものと想定されているかという点と、売買代金額その他の売買契約の内容に目的物の性状(品質)がどのように反映されているかという点とに照らして判断されるべきもの」であり、「中高層建物の建築用地の売買においては、通常一般人が合理的に選択する工法によっては中高層建物を建築できない程の異物が地中に存在する場合には、価格を含めた売買契約の内容がそのような事態を反映したものとなっていないときは、土地の瑕疵が存する」。「本件売買契約上、本件土地の用途については何ら限定されていないが、本件土地は小倉駅北口の東側に位置する平坦な市街地であり、近隣には8階以上の中高層建物が多数建築されていること、本件土地の面積は512.37㎡であること、本件土地の建ぺい率、容積率は400%とされていることなどに照らすと、取引通念上、本件土地は、中高層建物が建築されることが客観的に十分予想される土地であるということができる」。「本件売買契約において、中高層建物を建築するために通常一般人が合理的に選択する工法よりもコストのかかる工法が必要であること又はその可能性があることが売買代金額その他の契約内容に反映されているとは認められない。したがって、中高層建物を建築するために通常一般人が合理的に選択する工法よりもコストのかかる工法が必要であったときは、本件土地には瑕疵が存する」。「Xは、中高層建物の建築用地であると取引通念上認められる本件土地の売買において、中高層建物を建築するために通常一般人が合理的に選択する工法よりもコストのかかる工法が必要であること又はその可能性があることが売買代金額その他の売買契約の内容に反映されていないのに、売買代金額の17%余りに上る費用を増額して別の工法を選択することを余儀なくされた」から本件土地には瑕疵があったとし、Xの請求を一部認容した。損害は本書336〜338頁。

産業廃棄物　(3)　**地中埋設物の状況と処分費用など**

　地中埋設物の多くは産業廃棄物に当たり廃棄物処理法に則って特別の除去・廃棄処分が必要となるため、通常の残土処分のように自由処分ができない。地中埋設物の種類・量は、掘削現場から搬出された年月日と時間、処理施設に運搬した量、収集運搬車両とその台数、処理業者が作成する計量票とマニュフェスト(正式名は「産業廃棄物管理票　建設系産業廃棄物マニュフェスト」)などをもって特定し、これをもとに廃棄処分費用を算定する。これらの資料は、除去作業に従事する建設業者などから提供を受ける。建設廃棄物処理については全国建設業協会編「改訂新版Q&A　建設廃棄物処理とリサイクル」参照。立証方法として

は、地中埋設物が地中に占める位置・範囲と量を視覚的に理解できるように、現場写真、地中埋設物の位置・範囲を示した平図面・断面図、地中埋設物の種類別・量の内訳一覧表などを添付した調査報告書の作成を建設業者などに依頼する。地中埋設物の存在により建築予定建物の基礎工事に障害が生じ、当初の建設工事（掘削工事期間、工事方法、建物基礎埋戻し費用をも含む。）をどのように変更し、どのような追加工事費用と工事期間の延長が必要となったかなどについては建築士などによる意見書をもって主張立証する。

〔確認すべき事項〕
・売買契約が締結されるに至った取引経過
・買主の購入目的、取得後の利用目的
・地中埋設物の内容など
・地中埋設物の存在によって買主の購入目的や取得後の利用目的がどのような阻害を受けるか
・地中埋設物の除去工事の要否、除去工事費用など

(4) 瑕疵の存在時期

瑕疵は売買契約締結時に存在することが要件となる。地中埋設物は地中に存在するものであることから、契約締結時以前に瑕疵が存在していたことは比較的容易に立証できる。当該売買契約の締結時期と引渡し時期、地中埋設物の存在を知った時期を確認する。

(5) 「隠れた」瑕疵と買主の悪意・有過失

売買契約締結当時、買主が瑕疵の存在を通常容易に発見できない状況にあれば、隠れた瑕疵に当たる。①売買の目的物である土地の地表から深さ1ｍ位に土間コンクリートや旧建物基礎が存在していたこと（東京地判平4・10・28本書327頁、東京地判平15・5・16本書321頁）、②地表が土間コンリート、アスファルトなどで覆われたり砂利が敷かれた状態にあったこと（後掲①）は、買主において通常要求される注意を用いても地中埋設物を容易に発見できなかったこと、すなわち瑕疵が「隠れた」ものであることを基礎づける。

第10章　売主の瑕疵担保責任（地中埋設物）

①【名古屋地判平17・8・26判時1928号98頁】

　地中の陶器の破片・クズが隠れた瑕疵に当たるかどうかが争点となり、「本件売買契約当時において本件廃棄物の存在はアスファルト等に隠されて容易にこれを認識できなかった（略）。本件廃棄物の性質はコンクリート塊、陶器片、製陶窯の一部又は本体、煙道と思われる煉瓦造り構造物等であり、これは産業廃棄物に当たるものであること、建物の基礎部分に当たり確認できた範囲においても、平均で深さ1.184m付近まで本件廃棄物が存在したこと、それが地中に占める割合においても３分の１を超えるものであったこと」から隠れた瑕疵に当たるとした。損害は本書335頁。

②【東京地判平19・7・23判時1995号91頁】

　本件土地は、亡Ａが昭和50年頃まで田として耕作し、Ｂに委託して造成し第三者に貸した。造成の際に盛土がなされ東から西に向かって高く傾斜し周囲の土地と比較すると全体が約1.5m高地となっていた。Ｃ株式会社（代表取締役Ｘ１）は、昭和62年３月１日、亡Ａから資材置場として賃借していた。Ｘ１と妻Ｘ２は、平成12年８月28日、亡Ａの相続人Ｙから本件土地を購入した。本件土地の盛土部分の法面には本件契約以前から所々にコンクリートの破片、木材等が見えており、Ｘ１も盛土部分には、残土以外の物が混入している可能性があることを認識していた。本件土地の地中には建築資材、ガラ、ビニール紐などの多量の廃棄物が埋設されていた。Ｘらは、瑕疵担保責任に基づく損害賠償請求したところ、Ｙは、Ｘらが本件土地を購入した際、本件廃棄物の存在を知っていたと主張した。

　裁判所は、「Ｃが昭和62年から本件土地を賃借し、資材置場として使用していた事実は認めることができるものの、本件土地を繰り返し掘り返していたというような事実を認める証拠はない。（略）本件廃棄物の存在している位置は、盛土部分を除去した後の地表面から表層部分のおおむね0.4mより下に存するものであることからすると、特段の事情が認められない限り、地表面から直ちに本件廃棄物の存在を知ることは困難であり、Ｘ１が代表者を務めるＣが本件土地を資材置場として使用していたとしても、そのことから、直ちにＸ１が本件廃棄物の存在を知っていたものと推認することはできない。なお、本件土地の盛土部分の法面には、本件当初契約以前から所々にコンクリートの破片、木材等が見えており、Ｘ１も、本件土地の盛土部分には、残土以外の物が混入している可能性を認識していたことが認められる。しかしながら、Ｘらが隠れた瑕疵として主張する本件廃棄物は、上記のとおり地表面からおおむね0.4mの表層部の更に下に存在していることからすれば、本件土地の盛土部分の法面に外部から異物の混入を認識することができたとしても、Ｘ１が、盛土部分を除去した後の地表面から更に地下に掘り込んだ部分に本件廃棄物が存在することまで知ることができるものと

認めることはできない」としてYの主張を排斥し、Xらの請求を一部認容した。損害は本書335頁。

　買主が瑕疵の存在を知っていた（悪意）か、瑕疵の存在の可能性を認識できる場合（有過失）は、隠れた瑕疵とはいえない（売主の抗弁）。買主の悪意または有過失を基礎づける事実は、売主または仲介業者が地中埋設物の存在を告知していたか、当事者の属性（特に宅建業者かどうか）、買主が従前の土地利用状況をどの程度認識していたか、現地案内または契約締結当時の地表（地盤面）の状態、多額な地中埋設物除去費用の負担を想定して売買代金額を交渉した経緯があるかなどを考慮して判断される。売買の目的物である土地上に旧建物が存在していたことを買主が知っていたとしても旧建物の廃材が常に地中に埋設されているとはいえない（後掲1、2、3）から、旧建物の存在を知っていたことは直ちに地中埋設物の存在について買主の悪意・有過失には当たらない。中古住宅の売買において、買主が売主から引渡しを受けるまで現地に立ち入らないよう求められたため土地の状況を把握できなかった事実は、買主が地中埋設物の存在に気付かなかったことについて過失があったとはいえない合理的な事情があるといえる（後掲4）。売主が買主に対し地中に旧建物の基礎部分等の一部が残存していることを説明したが旧建物の構造物などが残存していた場合、買主が旧建物の構造物の残存まで認識していなかったとした事案がある（後掲5）。

〔買主の有過失の主張を排斥した裁判例〕
1【東京地判平4・10・28判時1467号124頁】
　買主X（宅建業者）は、昭和62年5月11日、売主Y（法人）より本件土地建物を買い受け、Aに転売したところ、地中に大量のプラスチック等の産業廃棄物、旧建物の土間コンクリート、建物基礎などが埋設されていたことが判明し建物建築のために基礎工事ができない状況であった。Aから埋設物撤去工事用の支払を請求されたXは、Yに対し瑕疵担保責任に基づく損害賠償請求をした。Yは、瑕疵に当たらず、Xは地中埋設物の存在について悪意・重過失があり、検査・通知義務（商法526条）違反を主張した。
　裁判所は、土間コン・建物基礎が瑕疵に当たると認定した上で、Xがその瑕疵を認識しなかったことに過失があるか否かについて、「Xが不動産業者であるこ

第10章　売主の瑕疵担保責任（地中埋設物）

と、本件土地が以前鉄工所の敷地として利用されていたこと、Xがこのことを知っていたことは当事者間に争いがない。しかし、（略）甲が［Yに］売却したのは本件売買契約の約4年前の昭和58年のことと認められる上、鉄工所の敷地として利用されていたということだけから、通常その地中に土間コン等が埋設されている蓋然性が高いと判断すべきことにはならないから、右の点とXが不動産業者であることをあわせ考慮したとしても、Xが本件土地に土間コン等が埋設されていたことを認識しなかったことにつき過失があると認める根拠とすることはできない」。検査・通知義務違反については、「X、Yとも商人であること、Xが目的物を受け取ってから目的物を検査して、瑕疵を通知すべき期間が経過したことは当事者間に争いがない」とし、Yが通知期間経過前に瑕疵を認識したかどうかについて、「Yは土間コン及び建物基礎の存在を認識していたものと推認すべきである」とし、「本件売買契約当時、土間コン及び建物基礎は、本件土地の地中に一体的なものとして存在していたのであるから、その一部につき認識がある以上、全体について認識があった」と認定し「産業廃棄物の存在については、Yに認識があったと認めるに足る証拠はない」。産業廃棄物以外の土間コン及び建物基礎について撤去費用の範囲で請求を認容した。なお、Yは、Aから埋設物の撤去費用の請求を受けただけでは損害と言えないと主張したが、裁判所は、「売買の目的物の瑕疵を修補するために通常必要と認められる費用について、買主は、現実にこれを支出したか否かにかかわらず、売主に対し、瑕疵担保責任に基づく損害賠償として請求できる」としYの主張を排斥した。通知義務は本書302頁、損害は本書335頁。

②【東京地判平15・5・16判時1849号59頁】
　事案は本書321頁、346頁。裁判所は、買主Xが宅建業者であることから「Xが、本件売買契約締結前に、本件土地上に従前建物が存在し、これが解体撤去されたことを調査することは極めて容易なことであったということができるが、だからといって、地上建物の解体撤去に当たり、地中工作物が撤去されることなく放置されるとか、解体によって生じた産業廃棄物が地中に残置されるなどということは、社会通念上想定し難いことであるから、本件土地の地中に本件地中埋設物が存在するという瑕疵についてまで、Xにおいて通常の注意をもってしても発見できたものとは言い難いものである」とする。瑕疵は本書321頁、売主の悪意・重過失は本書343頁、売主の説明義務は本書346頁、損害は本書335〜337頁。

③【東京地判平20・3・27WL】
　本件土地上に鉄骨2階建て建物が存在し売主Yがゴルフ練習場として利用し経営していたが、その後解体し旧建物のコンクリート基礎を砕いて地中に埋設し、

その上に新たに購入したコンクリート砕石と砂利等を敷いて整地工事した。買主X（宅建業者）は共同住宅を建設分譲するため本件土地を購入した。Yは、ゴルフ練習場当時のネットフェンスのポールが埋設されていることは説明したが、コンクリート砕石が本件土地の北側付近一帯に埋設されている事実をXに告知しなかった。Yは、Xが地中埋設物の存在について悪意または有過失を主張した。

裁判所は、「Xは、本件土地上に共同住宅を建築し、第三者に分譲することを目的として本件土地を買い受けているのであるから、本件売買契約の目的物である本件土地中に地中障害あるいは汚染物質が存在した場合、関係各法規にしたがって、地中障害や汚染物質を除去する必要があり、そのために相応の費用を支出する必要があることを考慮して、本件売買契約締結に際し、Yとの間で瑕疵担保責任合意をしているのであるから、Xが、本件売買契約締結時に、多額の除去等費用を支出する必要が想定されるような地中障害たる本件埋設物が本件土地中に存在することを知っていたら、Yとの間で、前記費用相当額について売買代金額に反映させる等の交渉をしていて当然と思われるのに、本件全証拠によっても、ＸＹ間で前記交渉をした形跡がなく、Y自身、Xに対しコンクリートガラの存在を告知していないことを認めていること、Xとしては、Yから存在を告知された本件ポールについては、除去費用が多額に及ばないとの判断をして、Yとの間で瑕疵担保責任合意における地中障害が多額に及ばないとの判断をし、Yとの間で瑕疵担保責任合意における地中障害に該当しないとの合意をしたこと」を認定した上で、「本件売買契約締結当時、本件土地の表面には、主として細かく砕かれたコンクリート砕石や砂利が敷設された状態であり、X担当者は、本件売買契約締結までに数回、本件土地を訪れて、前記状態を認識していたことは前記認定のとおりであり、Xは共同住宅建設についての相当の実績を有していることは推認される。しかし、（略）前記事実をもって、直ちに、Xが本件売買契約締結当時、本件土地中に本件埋設物が存在することを知っていたとまでは推認するに足り（ない）」。Xの過失の有無について、「X担当者は、長年本件土地を所有しかつ利用していて、本件土地の性状や来歴を熟知しているYから、本件土地の性状等について事情聴取を行い、その結果、平成13年4月ころ、本件土地上に存在した本件建物を解体して本件土地を駐車場として利用していたこと、本件土地中に以前ゴルフ練習場用の本件ポールが存在するとの事実を告知されたのみであったこと、本件土地とその周辺付近について住宅地図などで調査をし、平成17年10月以前数年間には本件土地上に建築物が存在しないことを確認していたというのであるから、（略）直ちに、Xが、本件売買契約締結時に、本件土地中に900トンにも及ぶ産業廃棄物があり本件埋設物が存在することを当然に予測可能であったとまでは認め難いので、Xが本件売買契約締結当時、本件埋設物の存在を知らなかったことに過失があったとまでは認め難い」とし、Yの抗弁（買主Xの悪意・有過失）を排斥し、Xの請求を一部認容した。損害は本書335頁。

第10章　売主の瑕疵担保責任（地中埋設物）

4【東京地判平16・10・28判時1897号22頁】
　事案343頁。地中に隣地所有者との共有共用の配水管・浄化槽が埋設していた土地売買において、「買主Xは、売主Y及び仲介業者の担当者から引渡しを受けるまで現地に立ち入らないように要請され、Xは、外部からの目測測量等しか行えなかったこと、土地の周囲は最高で2mを超える塀が存在し外部から内部の状況を把握することは困難な状況にあったこと、本件排水管等は地中に埋設されており容易に発見できる状態にはなかったことなどから、Xに地中に本件排水管等が存在することに気付かなったことについて過失があったということはできない」とした。売主の悪意は本書343頁、損害は本書334頁、337～338頁。

5【東京地判平24・9・13ＷＬ】
　売主Yは、Aに旧建物の解体を依頼し、Aは、解体によって生じた鉄骨、鉄筋などの解体ガラなどを搬出せず、Yなどから解体ガラなどに土をかぶせるように依頼され、これを行った。買主Xは、住宅を建築するため仲介業者とともに現地を見に行ったが雑草が繁茂し旧建物の基礎部分が残存することを確認したものの、本件土地の状況をはっきりと確認できなかった。本件土地の測量にはAの代表者甲、Yの担当者乙などが立ち会い、甲は、Xらに対し、Aが旧建物を取り壊したこと、旧建物の基礎部分、浄化槽等の付随設備、解体ガラが地中に残っていること、本件土地上に建物を建てるのであれば旧建物の基礎部分等の搬出が必要であることを説明した。XとYは本件土地売買契約を締結し、契約書には、「売主が以前ホテル経営をしており、その後建物の上部部分は撤去したが基礎部分及びそれに付随する諸設備、またプール用地の一部が官有地に埋設されていることを売主及び買主双方は確認し引き渡しを行うこととする」と記載された。重要事項説明書の「敷地内残存物」欄には「旧建物基礎、浄化槽、プール基礎」と記載されていた。Bが旧建物の基礎部分の解体工事等を開始したところ、地中から、旧建物の1階層と思われる廊下、洗面室、浴室、トイレ、居室等の構造物、大量の解体ガラを発見した。XがYに対し瑕疵担保責任に基づき損害賠償請求したところ、Yは、Xが地中埋設物の存在について悪意・有過失によって隠れた瑕疵に当たらないと主張した。
　裁判所は、「本件売買に至る経緯について、Yの乙や甲らが、Xに対して本件埋設物の存在することを明確に説明し、その理解を得たことをうかがわせる事実は認められない。むしろ、Xが、本件土地を購入し、住宅の建築工事に着手した後に本件埋設物を発見し、これについてYや甲に連絡をした上で、甲に苦情を述べたり、Yに対して直ちに撤去費用の請求をしたり、また、Bにおいて本土地上の住宅建築工事を検討し直したりしていた事実からは、Xが本件埋設物の存在を予期しなかったことがうかがわれる。また、土地の所有者が旧建物のような相応に大規模な建築物を業者に依頼して取り壊したにもかかわらず、その建物の構造

物や解体ガラが全て当該土地中に埋設されているということは通常あり得ることとはいえず、これを第三者が認識することは困難である。加えて、(現地見分当時に撮影した)写真、試掘調査時の写真によれば、本件土地上に旧建物の基礎部分等、旧建物の解体ガラの一部のあることは認められるものの、旧建物の構造物などが埋設されていることをうかがわせるものではなく、本件土地の外観から本件埋設物の存在を知ることはできない。さらに本件土地の代金額を決定するに当たっても、X及びYが、本件埋設物の存在を認識した上で、その撤去費用を考慮し、本件土地の価額を低額に評価したような事実もない」。本件契約書の特約条項を併せみれば「本件売買契約の対象となる本件土地の性状については、旧建物の基礎部分の一部、浄化槽などの付属設備その他解体ガラの一部が存するものの、住宅建築目的に資するものであり、それ以上に本件埋設物の存在が予定されていたとはいえない。そうすると、住宅の建築に支障をきたす本件埋設物の存在は、本件土地の瑕疵に当たる」。本件売買契約の締結に際し、Xが上記瑕疵の存在を認識していなかったとし、「本件土地の外観上は本件埋設物の存在を認識し得ないのであり、Xがほかに本件埋設物の存在を疑って調査しなければならないような事情もない。そうであるとすれば、Xが本件埋設物の存在を認識できなかったことについて過失があるともいえない」とし、Yの主張を排斥した。損害として、本件埋設物の解体撤去工事費用を認容したが、Xにおいて旧建物の基礎部分や解体ガラの一部の存在を認識していたため、前記工事費用を超える部分については請求を棄却した。損害は本書334〜336頁。

〔買主の悪意を認めた例〕
【東京地判平19・8・28WL】
　売主Yは、買主Xとの土地売買の契約交渉に際して、Yの担当者は、Xの担当者から、本件土地の調査を実施したかを質問され、土壌調査は実施していないが簡易環境評価報告書を保有していると回答しこれを示して説明し、簡易土地環境評価速報を交付し契約締結までに簡易環境評価報告書を交付した。報告書及び評価速報には、①本件土地に起因する土壌汚染の可能性は小さいと考えられること、ただし、当該地の北東約10mに立地している甲商店が現地踏査において非鉄金属を取扱う企業であることが確認されており、揮発性有機化合物及び重金属等の取扱い・保管等が懸念されるため、当該地が土壌汚染の影響を受けている可能性は否定できないこと、②本件土地の利用履歴として昭和46年から小型建物、駐車場、ガレージとして利用されたり、空地になったりしてきたことが記載されている。Xは、土壌汚染及び地中障害物の埋設を理由に損害賠償請求した。Yは、「本物件の地中埋設物及び土壌瑕疵の担保責任は売主は負わない」旨の特約を主張した。隠れた瑕疵の存否、Yの悪意・重過失の存否が争点となった。
　裁判所は、「本件土壌汚染の問題については、Xは、その可能性を示唆する本

第10章　売主の瑕疵担保責任（地中埋設物）

件報告書をYから本件売買契約締結前に受領しており、その内容を了知していたのであるから、Xはその瑕疵の存在を知り得たと認められる」とし、隠れた瑕疵に当たらないと、Xの請求を棄却した。

〔確認すべき事項〕
　「隠れた」瑕疵かどうかは、下記事実を踏まえて総合的に判断する必要がある。
・買主は、仲介業者・売主から現地案内を受けたか、どのような説明を受けたか、引渡しまで現地への立ち入りを控えるように求められたことがあるか
・地表（現況地盤面）がどのような状況であったか、なぜ買主が地中に埋設物が存在することを気付かなかったか
・買主が売主・仲介業者に対し地中埋設物の存否を確かめたことがあるか、どのように応答、説明したか
・売主・仲介業者が事前に地中埋設物について告知したか
・重要事項説明書・売買契約書に地中埋設物の存在が記載されていたか
・売買契約締結当時の現況写真、地中埋設物が判明する前の地表の写真（グーグルマップ・ストリートビューに以前の土地の状況が写っていることがある）

3　契約解除と損害賠償請求権

(1)　契約解除の要件

契約目的の不達成

　瑕疵担保責任に基づく契約解除を主張する買主は、契約目的の不達成を基礎づける事実を主張立証する必要がある（本書300〜301頁参照）。瑕疵の存在によって売買契約の目的を達成することができないことを基礎づける事実としては、瑕疵が重大であり、瑕疵の除去が著しく困難であるとか、過大な除去費用を要し完全に瑕疵を除去できないなど経済的合理性を欠き、瑕疵の存在によって買主が購入目的や取得後の利用目的を果たすことができないこと、買主が事前に瑕疵の存在を知っていれば契約を締結しなかったことなどが挙げられる。買主の契約目的不達成を

3　契約解除と損害賠償請求権

認めた後掲①と契約目的不達成を認めなかった後掲②参照。

① 【東京地判平20・9・24WL】
　本件土地はY1、Y2、買主Xへ順次売買された。Y2とX間の本件土地売買契約書には「Y2は、Xが行う共同住宅の建設工事を阻害する地中埋設物及び土壌汚染の存在が判明した場合には、Xがこれを取り除くために要した費用をXに対して支払わなければならない。ただし、Y2が負担すべき当該費用の限度額は1000万円とする」と約定した。多量の廃棄物の埋設や石綿などによる土壌汚染が判明し土壌改良費用が約8億円と試算された。Xは、瑕疵担保責任に基づきY2との本件土地売買契約を解除し、Y2のY1に対する損害賠償請求等を代位行使し売買代金相当の金員の支払を求めた。①瑕疵に当たるか、②本件約定によりXが契約解除を許されないのかなどが争点となった。
　裁判所は、①について、「本件売買においては、本件土地の地中の廃棄物の存在それ自体については、社会通念上買主に期待される通常の注意を用いても発見することのできない目的物の瑕疵とまでは直ちにいえないものの、前記認定のような地中の特定有害物質による汚染及び石綿等の存在並びにこれに起因する廃棄物や土壌汚染の処理に要する費用の高額化については、これにより、本件売買の目的物である本件土地の実質的価値とその対価である売買代金との等価性を著しく損なうものであり、民法570条にいう隠れた瑕疵に当たる」。「本件土地に分譲マンションを建設するためには、地中の多量の廃棄物を適正に処理するとともに、建設のための掘削作業や廃棄物処理作業の実施に際して石綿の飛散を防止する必要があるため、本件売買代金額と対比して過分な高額の処理費用を要することが見込まれることからすれば、上記瑕疵の存在により、本件土地上での分譲マンションの建設というXの本件売買の目的を達することができない」。②について、「本件約定は、本件土地の地中障害物や土壌汚染等の隠れた瑕疵の存在が判明した場合に、それが契約の目的を達することができないほど重大なものではないときにおける売主の損害賠償責任の上限を画したものであるにとどまり、上記瑕疵が重大で契約の目的を達することができないときにおける買主の契約解除権を否定する趣旨のものとまでは解することができない」とし、XのY2に対する請求は認めたが、Y2の解約権の代位行使に関する主張を認めず、Y1に対する請求を棄却した。

② 【さいたま地判平22・7・23WL】
　Xらは、売主Y（宅建業者）から本件各土地を購入し建物建築工事請負契約を締結したが、地表から深さ約1〜3mにコンクリートガラなどの産業廃棄物が埋設され、現在も地中に埋設されている。Xらは、Yとの本件各契約の錯誤無効、

第10章　売主の瑕疵担保責任（地中埋設物）

瑕疵担保責任・説明義務違反に基づく契約解除などを主張し売買代金などの返還を求め、予備的に瑕疵担保責任などに基づく損害賠償を請求した。Xは、日々起居する家の下に大量の廃棄物が埋まっていることによって平穏な日常生活を送るという契約目的を達することができないと主張した。

　裁判所は、「Xらは居住目的で本件各契約を締結したものであるところ、本件各土地に埋設されている廃棄物がXらの健康に被害を与えたり本件各建物の安全性に影響を与えたりするものではなく、したがって、本件各土地及び本件各建物において日常生活を送る上で格別の支障があるとは認められないが、前記のような大量の廃棄物が広範囲にわたって埋設されているという嫌悪すべき事情があり、これに加えて、将来増改築する場合、本件各建物の建築の際のように、地盤改良工事あるいは廃棄物の撤去のために費用を要することも予想されることからすると、本件各土地は、通常有すべき性質を欠いているというべきであり、この意味において瑕疵がある」。契約解除の可否について「本件各土地の地中に産業廃棄物が埋設されているからといって、Xらが本件各土地及び本件各建物において日常生活を送ること自体に支障はなく、このことは心理的な嫌悪感にとどまるものであるし、将来の増改築の際にも地盤改良工事ないし廃棄物の撤去に費用を要することが予想されるという程度のものであることからすると、本件各土地に上記の瑕疵があるからといって、これにより本件各契約の目的を達することができないと認めることはできず、Xらは、民法570条、566条1項前段により本件各契約を解除することはできない」。損害の額について、「将来増改築される際には、地盤改良工事や廃棄物の撤去に費用を要することが予想され、このことも減価要因と認められること」などを勘案し、本件各土地の価額は、上記瑕疵の存在により当該瑕疵の存在しない場合と比較して50％減価するものと認めるのが相当であるとしXの請求を一部認容した。損害は本書336頁。

(2) 損害賠償請求権

信頼利益　瑕疵担保責任における損害賠償の範囲は、買主が目的物に瑕疵（地中埋設物）が存在しないと信じたことによって生じた損害（信頼利益）の範囲に限られる（東京地判平14・9・27本書303頁、東京地判平16・10・28本書343頁、330頁、東京地判平24・9・13本書330頁など）。瑕疵が存在しなかったならば買主が得たであろう利益（履行利益）、転売利益を請求できない。改正民法では債務不履行の損害賠償として履行利益を請求できる（改正民法564条、415条）。

　　ア　除去費用・廃棄処分費用
　　地中埋設物の存在により買主の契約目的に障害が生じこれを除去す

る必要がある場合、通常保有すべき品質や性能や契約当事者が予定していた品質や性能を回復させるために必要かつ合理的な方法として除去・廃棄に要した適正な工事費用が信頼利益に含まれ損害となる。認容例として、地中埋設物の除去費用・産業廃棄物処理費用（東京地判平4・10・28本書327頁、東京地判平9・3・19判タ961号204頁、東京地判平9・5・29本書341頁、東京地判平10・11・26本書322頁、東京地判平15・5・16本書321頁、東京地判平19・7・23本書326頁、東京地判平20・3・27本書328頁、東京地判平20・10・15本書321頁、東京地判平24・9・13本書330頁、大阪高判平25・7・12本書345頁）、コンクリート塊・オイルタンクの配管などの除去費用、汚染土壌の廃棄費用（東京地判平14・9・27本書303頁、東京地判平19・7・5本書353頁）がある。

　建設工事の着手後に地中廃棄物が発見されたが、その除去費用と工事期間に制限があることから建物の基礎部分の一部だけを除去するにとどめ、これ以外の土地及び基礎部分の残部の廃棄物はそのままにし、買主が実際の除去費用だけでなく残っている廃棄物の除去費用を含めて損害として請求した事案について、地中に廃棄物が存在しているため、買主が建物の増改築及び新築をするためにはその除去費用を負担しなければならないこと、土地売却をするにしても廃棄物の存在によって売却価格の低下は避けられないことから、除去工事後も土地に残っている廃棄物の除去費用も損害として認めた裁判例がある（名古屋地判平17・8・26本書326頁）。地中埋設物の存在を確認するために支払った地盤調査費用を損害として認めた東京地判平15・5・16本書321頁。

【除去・廃棄処理費用の立証方法】
　地中埋設物の除去・廃棄処理工事の方法や除去工事の期間と施工範囲、廃棄処分費用の当否、損害額の算定が争点となることが予想される。除去・廃棄処理費用は瑕疵の存在を基礎づける事実の一つであるとともに損害の額を基礎づける。地中埋設物の種類・内容・量をはじめ廃棄処理方法の要否、廃棄処理作業の内容、作業範囲の合理性、廃棄処理費用の当否などが合理的かつ適切なものであることを主張立証する必要がある。建築設計事務所、建設業者などの専門的知見に

第10章　売主の瑕疵担保責任（地中埋設物）

基づいて地中埋設物の状況を確認するほか、どのような除去・廃棄処理工事がどのような施工範囲で必要か、工事費用の積算方法や単価が合理的かつ適切かを検討する。除去・廃棄処理工事の内容と必要性、工事方法の適切性、廃棄処理工事費用の内訳を具体的に記載した工事方法概要書や見積書の作成を建設業者などに依頼する。

【売主への対応】
　土地を買受け後、地中埋設物の存在が判明した場合、買主は、①地中埋設物の種類・内容、除去の要否、除去工事費用を試算し損害賠償額を算定し、これを具体的に記載した書面をもって売主に対し通知するとともに、②売主及び売買に関与した仲介業者に対し連絡して現場で地中埋設物の存在や状況を確認することを求める。売主が地中埋設物を現認する機会を設けておかないと、建設業者が地中埋設物を撤去・除去工事をした後に買主が売主に対し費用請求しても、売主が地中埋設物の存在や範囲、除去工事の必要性と相当性を争う可能性があるため、このような争いを避けるためである。

イ　地盤補強工事費用など
　地中埋設物を除去した後、地盤を補強する必要が生じた場合は、地盤補強工事費用が損害となる（東京地判平20・6・23WL）。認容例として地盤改良工事費用（東京地判平15・5・16本書321頁）、地中埋設物の全容を知るための試掘調査、解体撤去作業中に土地の崩落を防止する山留作業の工事費用（東京地判平24・9・13本書330頁）参照。掘削工事では、通例、掘削した土を基礎埋戻し用の土に再利用することを予定して工事費用を見積もる。産業廃棄物が混じった掘削土は埋戻し用に利用できず廃棄処分せざるを得ないため、廃棄処分費用相当額とともに新たに良質土を購入する必要が生じた良質土購入費相当額が損害となる。地中埋設物の存在により基礎工事変更に伴う工事増額費用を損害として認めた裁判例がある（福岡地裁小倉支判平21・7・14本書323頁）。地中埋設物が存在するため地盤改良工事や廃棄物処分の費用を要することが減価要因と認められるなどの事情を勘案し、瑕疵の存在しない場合と比較して50％減価するとした裁判例がある（さいたま地判平22・7・23本書333頁）。
ウ　工事遅延による損害

3 契約解除と損害賠償請求権

建設工事中に地中埋設物が存在することが判明し分譲マンション建設工事を一時中断して除去・廃棄物処理工事をしたため当初の建物竣工時期が遅れたことによる土地取得代金の借入れ金利の増加分が、損害と認められることは難しい。排斥例として、①建設工事が遅れマンション購入者への引渡しが遅延し購入者からの残代金の受領が遅れたことによる残代金の運用益相当額と工事遅延による借入れ金利追加相当額（東京地判平9・3・19判タ961号204頁）、②分譲区画の購入者への引渡しの遅延による金利の追加支払相当額（東京地判平15・5・16本書321頁）、③賃貸マンション建築の目的で購入した土地の地中埋設物の存在で工事遅延が生じたことによる得べかりし利益相当額（福岡地裁小倉支判平21・7・14本書323頁）、④地中埋設物を除去するための突貫工事費用（東京地判平14・9・27本書303頁）がある。廃棄物撤去工事のため宅地造成工事を中断し、その間、重機の待機期間の追加費用、職員経費、工事事務所経費などを損害とした東京地判平22・8・30ＷＬ参照。

エ　転売利益、売却損

買主業者が分譲目的で購入した土地に地中埋設物が存在した事案において、当初分譲予定の販売価格と実際の販売予定額の差額分を損害として認めなかった（東京地判平16・10・28本書343頁）。買主Ｘが建物建築の目的で購入した土地に地中埋設物が存在していたことに加え、隣地マンションの建築時に対象敷地として建築確認がされていること（敷地の二重利用）が判明し、地中埋設物の除去、地盤調査などの作業に相当額の費用と期間が必要となり早期に自宅を建築することが困難であると考え、他へ売却した事案について、本件売買代金と他への売却価額の差額をもって損害としたを認定したものがある（東京地判平22・11・25ＷＬ）。

オ　解約手付金（手付倍返し）の交付による転売先との合意解除

宅建業者Ｘが分譲目的で購入した土地を顧客に転売する契約を締結し売主ＹもＸの購入目的を知っていたが、地中埋設物が存在していたため予定どおりに分譲できなくなったため、Ｘが手付倍返しにより顧客との売買契約を合意解除した事案について、Ｘが顧客に支払った解

第10章　売主の瑕疵担保責任（地中埋設物）

約手付金は地中埋設物があると知っていたならば被ることがなかったであろう損害（信頼利益）であり、民法416条2項にいう特別事情による損害であるとしたもの（東京地判平16・10・28本書343頁、福岡地裁小倉支判平21・7・14本書323頁）がある。

カ　弁護士費用請求の可否

瑕疵担保責任に基づく損害賠償の範囲は信頼利益の範囲に限られるため弁護士費用は含まれないとするもの（神戸地判平9・9・8判タ974号150頁）がある一方、瑕疵が存在したため弁護士に訴訟提起・追行を委任することを余儀なくされたとして、審理の経過、審理の内容及び難易度その他一切の事情を考慮して弁護士費用を認めたもの（東京地判平20・7・8判時2025号54頁、福岡地裁小倉支判平21・7・14本書323頁、東京地判平22・11・25ＷＬ）がある。

キ　その他

買主は本件不動産の引渡しを受けた後、速やかに地上建物を取り壊し土地造成を行うところ、地中埋設物が存在し建物を取り壊すことができないと判断して売買契約を解除し、本件建物について火災保険料を付して支払った保険料（東京地判平16・10・28本書343頁）。

4　瑕疵担保責任期間と免責特約

瑕疵担保責任期間

(1)　瑕疵担保責任期間

瑕疵担保責任に基づく契約解除または損害賠償請求は、買主が瑕疵の存在を知った時から1年以内にしなければならない（民法570条、566条3項）。地中埋設物に関する紛争は、事業者間の売買に多くみられるため、商人間の売買に関する商法526条の適用には注意を要する。いずれも任意規定であるため、取引物件の引渡し後の一定の期間内に限る旨の特約が設けられていることが多い。商法526条を排除する特約、宅建業法40条の規定と改正民法について「第9章　売主の瑕疵担保責任と民法・商法・宅地建物取引業法」306頁、312頁。

瑕疵担保責任期間に関する特約は、「取引物件の引渡しの日」を起算日として定めることから、取引物件がいつ、どのような形で引き渡されたのかを把握する。地中埋設物の存在が判明すれば、買主は、瑕疵担保

責任期間内に速やかに売主に対し瑕疵の存在、契約解除または損害賠償請求をする必要がある。瑕疵担保責任期間内に請求がなされたことを明らかにするため、配達記録付の内容証明郵便を用いる。買主が損害賠償請求をする場合、「民法570条による損害賠償請求権を保存するには、右期間内に裁判上の権利行使をする必要はないが、少なくとも売主に対し、具体的に瑕疵の内容とそれに基づく損害賠償請求をする旨を表明し、請求する損害額の算定の根拠を示すなどして、売主の担保責任を問う意思を明確に告げる必要がある」(最判平4・10・20民集46巻7号1129頁)。瑕疵担保責任期間の特約があり、その期間が迫っている場合や商人間の売買では一定期間内に瑕疵の存在と費用等を書面で請求しておかないと瑕疵担保責任を追及することができなくなるため、特に注意を要する。

【仲介業者に対する通知の当否】
　買主が仲介業者を通じて売主に対する損害賠償の交渉を依頼する事案が多い。買主が仲介業者を使者として瑕疵の存在を通知したと認定したもの(東京地判平14・9・27本書303頁)があるが、仲介業者は契約当事者の代理人ではなく、取引物件を引渡した時点で仲介業務はすべて終了している。買主が買主側の仲介業者(または売主側の仲介業者)に対し通知をしたことをもって売主に対する瑕疵担保責任に基づく意思表示をしたことにはならない。買主から売主に対し書面で瑕疵担保責任に基づく損害賠償請求などの意思表示をしておくことが望ましい。

(2) 免責特約

瑕疵担保責任に関して免除または制限する特約(いわゆる免責特約)を設けることが多い。中古住宅や事業用物件の売買契約書では、「現状有姿で売り渡す(または買受ける)」との文言が付されているものがあり、売主が、この文言を根拠にして瑕疵担保責任を負わない趣旨であると主張することが少なくない。しかし、現状有姿の特約は、不動産売買が特定物の引渡しであることから民法483条を売買契約書で再確認したものにすぎない。売主が買主に対し引渡し時における取引物件のあるがままの外形的又は物質的な状態(建物の経年劣化、汚損など)で売り渡し、買主がこれをそのままの状態で買受けるとの趣旨にとどまる。売主

免責特約

現状有姿の特約

は、売買の目的物を引渡し時の状態のまま引き渡す債務を負うにすぎず、この文言から、対象となる目的物に瑕疵が存在した場合にその責任を免れさせるという瑕疵担保責任を免除する趣旨を読み取ることはできない。外観から目視できない隠れた瑕疵が存在した場合、売買の目的物の客観的取引価格が減じられる結果、瑕疵が存在しないと信じて売買の目的物の対価を支払った買主において、「瑕疵の存在による減価分の損害」（内田　貴「民法Ⅱ」第3版138頁）が生じる。現状有姿で引き渡すとの曖昧な文言をもって、買主が売主に対し何ら異議を述べることもできず、売主の瑕疵担保責任を全部免除するという重大な結果または効果を生じさせる意思があるとは一般的には認め難い（不動産適正取引推進機構「続・不動産取引紛争事例集」146頁、明石三郎ほか「詳解宅建業法」405頁）。加えて、宅建業者が自ら売主である売買契約において瑕疵担保責任について特約をする場合、瑕疵担保責任期間を「目的物の引渡しの日から2年以上となる特約」を除き、「民法570条が準用する民法566条に規定するものより買主に不利となる特約」は無効となる（法40条1項、2項）ことから、宅建業者である売主が「現状有姿で売り渡す」との文言が、仮に瑕疵担保責任を免除する特約を定めたものであるとしても、宅建業法40条の規定に違反するものとなる。

　免責特約の成否が争われた場合、当事者の属性、売買契約締結に至る経緯、免責特約について説明の有無などを検討する（後掲①）。免責特約の趣旨が争われた場合、特約条項の文言、他の条項・特約との比較、契約締結時の売買目的物の現状、契約締結に至る経緯、誰が誰との間で協議、説明したか、購入意思を基礎づけた動機、動機の表示の有無、利用目的、代金額の変遷及び最終的な代金額などに照らして検討する（後掲②、③）。

〔免責特約の成否が争われた事例〕
①【東京地判平7・12・8判時1578号83頁】
　　買主Xは、公園事業用地として売主Y（東京都）に売却した土地の代替地としてYから本件土地を買い受けたが地中にレンガ等が埋設されていた。売買契約書には、隠れた瑕疵または瑕疵によって生じた損害については、Yは担保の責に任

4　瑕疵担保責任期間と免責特約

じない旨の特約（5条2項）が付されていた。Xは、Yに対し債務不履行または瑕疵担保に基づく損害賠償請求したが、Yは免責特約を主張し、Xは特約の無効などを主張した。

裁判所は、「東京都建設局用地部管理課移転係の甲は、昭和61年3月3日、東京都用地部内において、Xと本件土地の売買契約を締結するに際して、Xに対し、売買契約書の各条項を一条項ずつ説明し、特に右契約書の5条2項について、Yに分かる範囲の埋設物はすべて除去しているが、分からないものについては、責任を取れず買主の負担になる旨を説明したこと、Xは、その説明を受けた上で契約を締結したことが認められるから、XとYとの間で、瑕疵担保責任免除の合意をしたことが認められる」とし、免責特約を無効とする主張を排斥した。瑕疵は本書323頁。

〔現状有姿の売買を免責特約とした事例〕
②【東京地判平17・9・28WL】
売主Y（宅建業者）は築後約40年のテナントビルを1億2800万円で売り出したところ、買主Xが1億800万円で購入の申込みをし、建物が相当古いことを前提に値段交渉が行われ1億300万円で売買契約を締結した。給排水管の腐食があり漏水事故により、Xは補修工事や配管の取替えをし、Yに対し瑕疵担保責任に基づき配管取替費用など約660万円の損害賠償請求をした。

裁判所は、「中古建物が売買契約の目的物である場合、売買契約当時、経年変化などにより一定程度の損傷などが存在することは当然前提とされて値段が決められるのであるから、当該中古建物として通常有すべき品質・性能を基準として、これを超える程度の損傷などがある場合にこれを『瑕疵』というべきである。本件売買契約は、築後40年以上を経過した中古ビルをその敷地と共に現状有姿で譲渡するというものであり、本件建物代金も本件売買代金全体の3％ほどに過ぎないものである。したがって、本件建物の通常の経年劣化は売買代金に織り込み済みであり、売主はこの点に関する瑕疵担保は負わない」としXの請求を棄却した。

〔免責特約の範囲が争われた事例〕
③【東京地判平9・5・29判タ961号201頁】
買主X（宅建業者）は、10階建てマンション建設の目的で売主Yから本件土地を約4億円で購入し、YはXの購入目的を知っていた。「地中障害が発生した場合は、Yの責任と負担で解決する。ただし、後記建物［木造亜鉛メッキ鋼板葺平家建建物］基礎の部分については、Xの責任と負担で解決する」との特約が付されていた。地下掘削工事を始めたところ、地中に3つの建物コンクリート基礎と

第10章　売主の瑕疵担保責任（地中埋設物）

その下に基礎杭が打ち込まれていることが判明し撤去費用を要した。Xは、本件特約の趣旨は旧建物の布基礎を超える基礎が発見された場合の撤去費用はYの負担となるとの趣旨であると主張し、Yに対し瑕疵担保責任に基づく損害賠償請求をした。Yは免責特約を主張した。

裁判所は、本件特約が定められた経緯を詳細に認定した上で、「従前建物の基礎については、布基礎程度のものはXの費用で撤去し、予想外の大規模な基礎があった場合にはYが撤去費用を負担する旨の合意であったといえる。布基礎程度というのは、正確にはその内容が不明確であるが、本件で実際に発見された地下室を伴う基礎については、それを超えるものであった」とし、Xの撤去費用の請求を認容した。損害は本書335頁。

〔確認すべき事項〕
　免責特約の解釈を巡る争いが多いため、どのような取引経過で特約を定めたかについて事情聴取する。
・売買契約書では瑕疵担保責任の要件・効果についてどのような制限を設けているか
・民法570条、宅建業法40条、商法526条、住宅品質確保法95条の規定と異なる（軽減または加重する）特約か
・免責特約の文言、対象は何か、限定しているか
・免責特約が設けられた経過、売買価格に反映されているか
・買主・売主は、仲介業者から、免責特約について事前にどのような説明を受けたか、契約書案文をいつ頃見たのかなど

売主の悪意・重過失

(3)　売主の悪意・重過失

　売主の免責特約が設けられた場合であっても、売主が瑕疵の存在を知りながらこれを買主に告げなかったものについて、売主は、その責任を免れることはできない（民法572条、商法526条3項）。売主の悪意を認めた後掲①参照。瑕疵の存在を知らなかったことについて悪意と同視すべき重大な過失があった場合にも民法572条の類推適用がされ、売主は免責特約を主張することができない（後掲②）。買主は、売主の悪意や重大な過失があることを基礎づける具体的な事実を主張する必要がある（買主の再抗弁）。なお、売主の瑕疵担保責任について瑕疵修補に限定した特約が信義則上適用されないとして民法570条、566条に基づく損害

賠償請求を認めたものとして東京地判平21・2・5WLがある。

〔売主の悪意を認めた裁判例〕
①【東京地判平16・10・28判時1897号22頁】
　売主Yが亡父甲から相続した土地を買主X（宅建業者）に売却した。本件土地に中央部を横切る形でYと隣地所有者乙（亡父の相続人の一人）との共有共用の配水管が埋設され乙所有地にまたがる形で共有共用の浄化槽が埋設されていた。売買契約書には、「売主は、買主に本件不動産を現状有姿のまま引き渡すこと、売主は引渡し後2か月以内に発見された雨漏り、シロアリの害、建物構造上主要な部位の木部の腐蝕、給排水設備の故障の瑕疵についてのみ自己の責任と負担において修復しなければならないこと、買主は、売主に対して上記の瑕疵についての修復の請求以外の契約の無効、解除、損害賠償の請求をすることができないこと、売主は契約締結時に上記瑕疵の存在を知らなくとも責任を負わなければならないが買主が知っていた場合は責任を負わない」旨の特約が付されていた。XがYに対し瑕疵担保責任に基づく損害賠償請求をしたところ、Yは、瑕疵担保責任を免除した特約の存在を主張し、本件排水管等の存在を知らなかったと主張し、これに対し、Xは、Yが瑕疵の存在について悪意であることを主張した。
　裁判所は、「相続人の一人である隣地所有者の乙は本件排水管等が共有共用であることを知っていたこと及び少なくとも同人はYとの間で本件浄化槽等に関する費用の問題をかねてから懸案事項と位置付けていたこと、乙は本件売買契約締結以前からYに対し自分の承諾なくしては本件土地を売ることはできないと公言していたこと」などを認定し、「Yは、少なくとも本件浄化槽が乙との共有共用であった事実を知っていたものと推認でき、それを本件売買契約締結時にXに告げなかったもの」と認め、Yは本件特約によって瑕疵担保責任を免れることはできないとした。買主の悪意・有過失は本書330頁、損害は本書334頁、337～338頁。

〔売主の重過失を認めた裁判例〕
②【東京地判平15・5・16判時1849号59頁】
　買主X（宅建業者）は、分譲住宅用地として売主Yから本件土地を購入し、売買契約書には売主からの申し入れにより「買主の本物件の利用を阻害する地中障害の存在が判明した場合、これを取り除くための費用は買主の負担とする」との特約が定められた。地中に従前土地上に存在していた建築物のコンクリートがらなどが残存し、Xが地中埋設物の撤去及び地盤改良工事が必要となった。XはYに対し瑕疵担保責任または信義則上の説明義務違反（債務不履行）を理由に損害賠償請求した。

第10章 売主の瑕疵担保責任（地中埋設物）

裁判所は、「Y自身が従前建物解体業者に依頼して行った従前建物の解体・撤去の態様によれば、本件土地中に本件地中工作物が残置されている可能性があったことは明らかであるとともに（略）従前建物の撤去を自ら業者に依頼して行ったYにおいて、これを把握することもまた極めて容易であった」。Yは、「本件地中埋設物の存在を知らなかったが、（略）少なくとも本件地中埋設物の存在を知らなかったことについて悪意と同視すべき重大な過失があった」。「そもそも担保責任の規定は、特定物売買における対価的不均衡によって生じる不公平を是正するために、当事者の意思を問うことなく、法律が売買契約当事者間の利害を調整しようとするためのものであるから、当事者間の特約によっても、法定の担保責任を排除・軽減することができるのが原則である。ただし、当事者間の特約によって信義に反する行為を正当化することは許されないから、民法572条は信義則に反するとみられる二つの場合を類型化して、担保責任を排除軽減する特約の効力を否認しているものと解される。そして、本件においては、Yは、少なくとも本件地中埋設物の存在を知らなかったことについて悪意と同視すべき重大な過失があったものと認めるのが相当であるとともに、前記認定のとおり、本件売買契約時におけるXからの地中埋設物のないことについての問いかけに対し、Yは、地中埋設物の存在可能性について全く調査をしていなかったにもかかわらず、問題はない旨の事実と異なる全く根拠のない意見表明をしていたものであって、前記のような民法572条の趣旨からすれば、本件において、本件免責特約によって、Yの瑕疵担保責任を免除させることは、当事者間の公平に反し、信義則に反することは明らか」であるとし民法572条を類推適用して、Yが本件免責特約の効力を主張し得ず民法570条に基づく責任を負うことが「当事者間の公平に沿うゆえんである」とした。瑕疵は本書321頁、買主の悪意・有過失の有無は本書328頁、損害は本書335〜337頁。

〔確認すべき事項〕
・売主が売買契約締結時に地中埋設物の存在またはその可能性を告知しているか、どのような地中埋設物について特定しているかを確認する。
・重要事項説明書・売買契約書・物件状況等報告書などにおいて地中埋設物の存在について告知した特記条項があるか、取引経過、特に現地案内などでの説明の有無を点検する。「物件状況等報告書・設備表」は「第2章 不動産売買の取引の流れ」参照。
・買主は物件状況等報告書の交付を受けたか、いつ（時期）、どのような説明を受けたか

> ・重要事項説明書・売買契約書・物件状況等報告書には地中埋設物の存在が記載されていたか、どのような文言か
> ・物件状況等報告書について、売主は、いつ頃、仲介業者からどのような説明を受けて、どのような方法で作成したのか（仲介業者の担当者が作成していないかなど）

5 売主の説明義務

　売主が瑕疵の存在を認識していたにもかかわらず、買主に対し説明しなかった場合、法律構成として売主の信義則上の説明義務違反（不法行為または債務不履行）に基づく損害賠償請求が考えられる。土地売買は取引価格が高額であり、地中埋設物の存否は取得後の土地利用の可否、除去・廃棄処分工事費用の負担などに関わる。その結果、地中埋設物の存否は、買主にとって当該土地を購入するかどうか、どのような取引価格で購入するかという判断や意思決定に影響を及ぼす重要な事項である。売主は、取引物件に関する情報を把握し、また容易に把握できる立場にあるため、ⅰ）売主が瑕疵の存在を認識している場合（後掲①、③）、ⅱ）買主から地中埋設物の存否について問い合わせがなされた場合（後掲②）、売主は、誠実にこれを確認・説明すべき義務を負う。これを怠り、または買主に対し事実に反した内容を説明するなどして、買主をして瑕疵が存在しない土地であるとか過大な撤去費用を要しないなどと誤認させ、その結果、損害を与えた場合は、売主は買主に対し不法行為（説明義務違反）による損害賠償責任を負う。

> ①【大阪高判平25・7・12判時2200号70頁】
> 　売主YはAに本件土地を売却し、Xが新設分割によりAの買主の地位を包括的に承継し、Bに本件土地を売却したところ、本件産業廃棄物の存在が判明した。Xは、Bに対し損害賠償を行う旨の即決和解をし、Yに対し、瑕疵担保責任、債務不履行・不法行為（説明義務違反）に基づいて損害賠償を請求し、原審がXの請求を棄却したため控訴した。
> 　裁判所は、本件廃棄物の存在は、本件土地の瑕疵に当たり、「Yは、本件土地に自ら本件廃棄物を埋設した事実を知りながら、Aに対し、本件廃棄物の存在の点を何ら告知・説明することなく、本件廃棄物の存在を前提としない代金額で本

第10章　売主の瑕疵担保責任（地中埋設物）

件土地を売却し、そのためAないしXは後記の損害を被ったのであるから、Yとしては、Xに対し不法行為責任を負う」とした。損害は本書335頁。

② 【東京地判平15・5・16判時1849号59頁】
　事案は前記321頁。買主X（宅建業者）は、本件売買契約締結当日、本件免責条項に関し、地中埋設物の存在可能性について、地中埋設物がない旨の確認の問いかけをしたところ、売主Y担当者らは、地中埋設物の存否可能性について全く調査していなかったにもかかわらず、本件土地には地中埋設物は存在しないと思うという説明をし、本件免責条項については、念のため契約条項とする趣旨である旨説明した。地中からコンクリートガラなどが発見された。
　裁判所は、①Xが一般木造住宅の敷地として分譲販売することを前提に、本件土地の購入交渉が始まり、②Yの申出を受け瑕疵担保責任を免除する特約がなされ、③Yが自ら業者に依頼して従前建物を建築し、その敷地として自用し、従前建物の解体・撤去もY自身が業者に依頼して行っており、従前建物解体・撤去に伴う地中埋設物を残置しているか否かについて、第一次的に社会的責任を負うべき立場にあるとともに、これを容易に把握しうる立場にあったことを認定した上で、「本件免責特約を含む本件売買契約成立の経過及び本件地中埋設物に関してYが有していた地位に照らせば、Yは、Xとの間において、本件免責特約を含む本件売買契約を締結するに当たり、本件土地を相当対価で購入するXから地中埋設物の存否の可能性について問い合わせがあったときは、誠実にこれに関連する事実関係について説明すべき債務を負っていた」。Yは、「これを怠ってXからの地中埋設物がない旨の確認の問いかけに対し、地中埋設物の存在可能性について全く調査していなかったにもかかわらず、問題はない旨の事実と異なる意見表明をした」から、Yに説明義務違反の債務不履行があり、「Xは、Yの上記債務不履行の結果、本件土地内に地中埋設物が存在することを全く予想せずに、本件地中埋設物の撤去に伴う支出を余儀なくされることを前提としないで、本件売買契約を締結したのに、前記認定のとおり、本件地中埋設物の撤去に伴う支出を余儀なくされたものである」とし、Yは、Xに対し上記債務不履行による損害賠償責任を負うとした。瑕疵は本書321頁、買主の悪意・過失の有無は本書328頁、売主の重過失は本書343頁、損害は本書335〜337頁。

③ 【東京地判平23・1・20WL】
　Xは、平成20年2月8日、売主Yから建物建築目的で本件土地を購入し、契約締結に当たり、X代表者はYにその旨話をしており、YはXに対し、敷地内に建物の基礎や建築廃材等の残存物などはなく、土壌汚染に関する情報もないと説明し、その旨が記載された物件状況等報告書を交付した。景気が後退したため、X

は本件土地での建物建築を断念し、同年10月17日、Bに売却した。平成21年2月6日ころ、Aが本件土地をボーリング調査をしたところ、地表から深さ約4mまでの間、コンクリートガラなどが多く混入していることが判明した。昭和46年ころから昭和54年11月ころまでの間に本件土地を含む旧1125番1の土地に本件埋設物等が搬入されて埋められていた。Xは、Yに対し、不法行為に基づく損害賠償請求した。

裁判所は、Yは、本件土地を含む、旧1125番1の土地に本件埋設物などが埋められていることを認識していたことを認定した上で、不法行為の成否について、「Yは、本件土地をXに売却するにあたり、Xが住宅等の分譲業者で、本件土地についても建物の敷地として購入することを認識していたと認められる。(略) Yは、本件土地に本件埋設物が埋められていることを認識していたのであるから、本件埋設物が埋められたままでは、本件土地が建物等を建築する宅地に適さないことは十分予見できたというべきであり、本件土地を売却するにあたっては、本件土地の地中を調査した上、本件埋設物を撤去するか、少なくとも本件埋設物の存在をXに告知すべき注意義務があったというべきである。然るに、Yは、その注意義務に反して、Xに対し、本件埋設物の存在を告知しないまま、本件土地を売却し、その結果、本件土地について修復工事を行わなければならないという財産上の損害を被らせたと認められるから、本件埋設物の存在を告知しないまま本件土地をXに売却した行為は、不法行為を構成する」。Xは、Aとの間で本件土地に建物建築に適した正常な土を搬入する旨を合意し、修復工事費用相当額を全部認容した。

《参考文献》
・升田　純「自然災害・土壌汚染等と不動産取引」(大成出版社)
・渡辺　晋「不動産取引における瑕疵担保責任と説明義務」(改訂版　大成出版社)
・三輪拓也「瑕疵担保責任」伊藤滋夫編「民事要件事実講座第3巻」(青林書院)
・桃崎　剛「第570条」村田　渉編著「事実認定体系1」(第一法規)

第11章　売主の瑕疵担保責任（心理的瑕疵）

紛争事例

　所有者Ｙは約10年前におじから建物付土地の遺贈を受けたが一度も住むことなく空き家にしていた。敷地内へのゴミ投棄が目立ちゴミ屋敷と呼ばれ周辺住民から苦情が出たため、Ｙは、廃屋状態の建物の窓・戸などを外から板を打ち付けて敷地を板囲いした。数年後、Ｙは、仲介業者Ａの仲介により、本件土地を現状有姿のままで売買代金6000万円で買主Ｘ（建売業者）に売却し、Ｘは手付金を支払った。残金決済日までにＹの費用で建物を解体できる旨の特約が付されたため、Ｘが解体作業を始めたところ、建物内部に身元不明の白骨遺体が発見された。Ｙが板囲いをする以前に無断で空き家に立ち入り建物内で亡くなったようであるが、Ｙには心当たりなく警察も事件性がないと判断した。Ｘは、Ｙに対し売買契約の白紙解約と手付金の返還を求めたところ、Ｙはこれを拒否した。ＹはＸに対し残代金の支払を求めたが、Ｘが応じなかったため債務不履行を理由に契約を解除し違約金を請求した。ＸとＹは、残金決済日に仲介報酬を支払う旨の報酬支払約定書を締結していた。
　ＸはＹに対しどのような主張ができるか。Ｙからどのような反論が予想されるか。Ａは、Ｘ、Ｙに対し仲介報酬を請求できるか。

> 事案分析のポイント

《紛争》
・売主の買主に対する債務不履行（残代金支払義務違反）に基づく契約解除、違約金請求
・買主の売主に対する瑕疵担保責任に基づく契約解除、手付金返還請求、損害賠償請求または売主の不法行為（説明義務違反）に基づく損害賠償請求
・買主の仲介業者に対する債務不履行（調査義務違反）に基づく損害賠償請求
・仲介業者の売主・買主に対する報酬請求

《争点》
　隠れた瑕疵、契約解除の可否、売主の説明義務違反の有無、仲介業者の調査・説明義務違反の有無、損害の有無とその額、契約解除後の報酬請求の可否
　事故物件に関する仲介業者の説明義務は「第15章　仲介業者の説明義務」464頁以下。

> 理解しておくべき事項

1　心理的瑕疵

(1)　法律構成

　買主の売主に対する瑕疵担保責任に基づく契約解除または損害賠償請求、売主の不法行為（説明義務違反）に基づく損害賠償請求が考えられる。民法570条の要件・効果、商法526条・宅建業法40条の適用関係は「第9章　売主の瑕疵担保責任と民法・商法・宅地建物取引業法」298頁以下、「第10章　売主の瑕疵担保責任（地中埋設物）」317頁以下。

(2)　心理的瑕疵の意義

　瑕疵とは、取引通念上、売買の目的物が通常保有する品質、性能を欠いていることをいう。瑕疵には物理的欠陥だけでなく「売買の目的物にまつわる嫌悪すべき歴史的背景等に起因する心理的欠陥」も含まれる（自殺物件につき大阪高判昭37・6・21判時309号15頁、後掲②、東京

第11章　売主の瑕疵担保責任（心理的瑕疵）

地判平7・5・31判時1556号107頁など）。取引実務では過去に自殺、殺人などの事件・事故の現場となった土地建物を"事故物件"と呼ぶ。特段の事情のない限り、自然死（病死）は含まないものの、どのような死因や事件・事故内容を指すかは一義的ではない。売買物件が性風俗特殊営業に供されていたことが瑕疵に当たるとした後掲②がある。

①【横浜地判平元・9・7判時1352号126頁】
　売買の目的物であるマンションのベランダで売主Y（法人）の代表者の妻が過去に自殺したことが売買契約締結後に判明し、買主XがYに対し瑕疵担保責任に基づき契約解除と損害賠償請求し、瑕疵に当たるかどうかが争点となった。
　裁判所は、「売買の目的物に瑕疵があるというのは、その物が通常保有する性質を欠いているというのであって、右目的物が建物である場合、建物として通常有すべき設備を有しない等の物理的欠陥としての瑕疵のほか、建物は、継続的に生活する場であるから、建物にまつわる嫌悪すべき歴史的背景等に原因する心理的欠陥も瑕疵と解することができる」とした。契約解除の可否は本書359頁、違約金請求の可否は本書364頁。

②【福岡高判平23・3・8判時2126号70頁】
　買主Xが居住用マンションの1室（専有住戸）を購入したところ、売主Yが賃貸していたA（法人）が約7年間にわたり性風俗特殊営業に使用していたことが判明し、XがYに対し瑕疵担保責任に基づいて損害賠償請求した。
　裁判所は、「建物を買った者がこれを使用することにより通常人として耐え難い程度の心理的負担を負うべき事情があり、これがその建物の財産的価値（取引価格）を減少させるときも、当該建物の価値と代金額とが総体的均衡を欠いている」ことから瑕疵があるとし、XのYに対する瑕疵担保責任に基づく損害賠償請求を一部認容した。事故物件に関する仲介業者の説明義務は本書464頁以下。

心理的欠陥を基礎づける事実

(3) 心理的欠陥に当たるかどうかの考慮要素
　「売買の目的物にまつわる嫌悪すべき歴史的背景等に起因する心理的欠陥」に該当するかどうか否かの判断に当たっては、下記の考慮要素を中心に事情聴取する。
　ⅰ）売買の目的物が何か（土地または建物か）
　ⅱ）買主の購入目的が何か（居住用建物、賃貸物件など）
　ⅲ）売買の目的物にまつわる歴史的背景、履歴とは何か

ⅳ）事件事故の内容・態様、場所と経過年数
ⅴ）事故現場の現在の状況（事故現場である建物が現存するか、建物の取壊し・新築などによる現状変更があったか、その後の利用形態など）
ⅵ）事故物件であることを知って買主がどのような感情を抱いたか、通常一般人においても買主と同様の感情を抱くことに合理性があるか

　ア　売買の目的物

　　売買の目的物には、その特性や用途によって建物付土地、区分所有建物、建売住宅用地、収益物件（賃貸マンション）などがある。売買の目的物は、通常、売買契約書の記載によって特定される。契約締結当時に建物が存在したが、引渡し時までに売主が建物を解体し更地で引渡すとの取引条件の場合、売買の目的物が土地だけか、土地とともに建物も含まれるかは売買契約書・重要事項説明書の記載や当事者間のやり取りを確認する。

　イ　買主の属性

　　買主の属性とは、買主が個人か法人かというだけでなく、買主の年齢、職業、取引の知識・経験など様々な要素がある。

　ウ　購入目的

　　買主が自ら居住の用に供するために土地建物を購入したのか、第三者に賃貸するためか、転売目的で購入したのかなど多岐にわたる。とりわけ買主が自ら居住の用に供する目的で建物を購入した場合、買主は「継続的に生活する場」として利用し、居住の快適性、心地良さ、安らぎを期待しているといえる。

　エ　事件や事故の態様など

　　売買の目的物である建物内で自殺があった場合に限らず、建物内で自殺を図って病院に搬送されて死亡したとしても自殺を図った場所が瑕疵となりうるとした裁判例があるため個別的な検討が必要である。

【瑕疵の認定例】
　ⅰ）土地建物の売買において、前所有者が居宅の付属物置で服毒自殺を図り搬送された病院で4日後に死亡（東京地判平7・5・31判時1556号107頁）、居宅内

第11章　売主の瑕疵担保責任（心理的瑕疵）

　　　　での首吊り自殺（浦和地裁川越支判平 9・8・19本書367頁）
　　ⅱ）マンション（区分所有建物）の売買においてベランダ（共用部分）での縊首自殺（横浜地判平元・9・7本書350頁）、マンション室内で共有者Aの長男と父とが他殺を疑われる態様で死亡し同じ頃Aと母親が近隣のマンションから飛び降り自殺（大阪地判平21・11・26本書371頁）
　　ⅲ）収益物件（賃貸マンション）の売買において最上階に居住していた所有者の娘による飛び降り自殺（東京地判平20・4・28本書370頁）
　　ⅳ）建売住宅用地の売買において解体前の既存建物の焼失による焼死（東京地判平22・3・8本書355頁）

　オ　事故物件の解体と瑕疵

　裁判例をみると、土地建物の売買において自殺のあった建物がすでに解体された事案では瑕疵があるとはいえない（大阪高判昭37・6・21判時309号15頁、後掲①、②、③）とする一方、宅建業者が建物新築分譲の目的のために売主から土地を購入したところ地上の建物がすでに解体されていたが、約3年半前に起きた建物内の焼死事故が「売買の目的物である土地にまつわる心理的欠陥である」として土地について隠れた瑕疵があるとした後掲④もある。殺人事件の現場であった土地を区画割して宅地分譲した事案では、殺人事件が存在したことは、「買主にとって、本件土地が将来にわたって居住し続けるために通常保有すべき性質を欠いている隠れた瑕疵であった」とする（東京地裁八王子支判平12・8・31本書359頁。大阪高判平18・12・19判時1971号130頁）。したがって、売買の目的物が土地であり事件や事故のあった建物が解体されたとしても、当該土地に瑕疵が存在するといえるかどうかは、前記ⅰ）からⅴ）の裁判例に記載の考慮要素を総合勘案しながら個々の取引事案について判断するほかない。

〔瑕疵に当たらないとした裁判例〕
①【大阪地判平11・2・18判タ1003号218頁】
　建売業者Xは、建売住宅を建築、販売するため売主Yらから建物付土地を購入し引渡し前に地上建物を解体したところ、Yらの家族が約2年前に建物内で自殺したことが判明した。Xは、Yらに対し瑕疵担保責任に基づく契約解除と違約金等請求、債務不履行（説明義務）による契約解除と違約金などを請求した。

1　心理的瑕疵

　　裁判所は、Xが「本件建物にXが居住するのではなく、本件建物を取り壊した上、本件土地上に新たな建物を新築して、これを第三者に売却するためであり」残代金支払日までにXが建物を解体していることから、「Xの意思は主として本件土地を取得することにあった」。「かつてその上に存していた本件建物内で平成8年に首吊り自殺があったということであり、嫌悪すべき心理的欠陥の対象は具体的な建物の中の一部の空間という特定を離れ、もはや特定できない一空間内におけるものに変容していることや、土地にまつわる歴史的背景に原因する心理的な欠陥は少なくないことが想定されるのであるから、その嫌悪の度合いは（略）通常一般人が本件土地上に新たに建築された建物を居住の用に適さないと感じることが合理的であると判断される程度には至っておらず、このことからして、Xが本件土地の買主となった場合においてもおよそ転売が不能であると判断することについて合理性があるとはいえない」とし、隠れた瑕疵に当たらないとし、Yらに説明義務を認めることはできないとしてXの請求を棄却した。

② 【東京地判平19・7・5WL】
　　買主X（宅建業者）は建売住宅を建設販売するため、売主Yから、駐車場として使用されていた更地を購入した。同土地にあった共同住宅の1室で約8年7か月前に焼身自殺があり建物の一部が焼失し数か月後にYが解体して駐車場として使っていた。Xは、地中埋設物と焼死事件が瑕疵に当たるとして、Yに対し瑕疵担保責任に基づき損害賠償請求した。
　　裁判所は、「本件焼身自殺が行なわれたのは本件土地上の共同住宅の1室に過ぎず、本件土地全体からすれば、その割合は小さいものであること、本件焼身自殺後も本件土地上の共同住宅の他の部屋は住居としての使用が継続されていたこと、本件土地及び本件土地上の分譲住宅は完売していること並びに本件土地及びその分譲住宅の価格は本件焼身自殺が行なわれたか否かだけを基準に定まったものではないことが認められ、（略）本件焼身自殺がされてから8年以上が本件売買のときまでに経過しており、本件焼身自殺があった共同住宅は解体され、本件土地に本件焼身自殺の痕跡が一切残っていないことを総合すれば、本件焼身自殺は、本件土地が通常有しなければならない性状を欠くといえるほど心理的に嫌忌するような事情ということはできず、本件土地の瑕疵とは認められない」とし、焼死事件が瑕疵に当たるとの主張を排斥し、地中埋設物についてXの請求を一部認容した。地中埋設物は本書320頁。

③ 【東京地判平26・8・7WL】
　　買主Xは、宅建業者Y1から仲介業者Y2の仲介により本件土地を買い受けたところ、約17年前に本件土地に存在した共同住宅が火災で部分焼損し居住者1名

第11章　売主の瑕疵担保責任（心理的瑕疵）

が火災により死亡したことが判明した。Xは、Y1に対し瑕疵担保責任または説明義務違反に基づく損害賠償請求、Y2に対する説明義務違反に基づく損害賠償請求をした。

　裁判所は、「ある土地において、事件や事故によって人の死傷等の社会的に忌み避けられるような出来事が発生した場合、このような出来事発生から近接した一定の期間においては、当該土地を利用することにためらいを持つ者がいるなど、当該土地の利用等について避けられることがあり、ひいては、このような事情等から、当該土地の経済的価値も低下することとなる。もっとも、永続して存続する土地については、過去の歴史において幾多の出来事が発生しており、その中には、例えば戦乱による人の死傷等の社会的に忌み避けられるような出来事が発生したこともあり得るが、そのような出来事についての人々の記憶や感情も、時日の経過によって次第に風化され希釈化されていくものであり、その程度は、被害の態様、規模、被害者の数等によって影響を受けるものと考えられる。このような点に鑑みると、たとえ物理的に当該土地の利用について制限されるような事情がないとしても、ある土地において社会的に忌み避けられるような出来事が発生してから一定の期間においては、当該土地につき忌み避けられるべき心理的欠陥があるものとして当該土地に瑕疵があるということができる場合がある。また、社会的に忌み避けられるような出来事が発生した土地については、その利用等につき心理的欠陥が発生することがあり、また、経済的価値を低下するものであることに照らすと、当該土地の取引に関わる不動産業者は、信義則上、認識し、又は通常の取引過程において容易に認識し得た上記のような出来事の存在につき、取引の相手方に告知すべき義務があるということができる。もっとも、ある土地において社会的に忌み避けられるような出来事が発生することが必ずしも一般的なことでないことからすると、不動産業者が、当該取引に関わる土地について、積極的に過去においてそのような出来事が存在しなかったかまでをも調査する義務があるということができるものではない。（略）本件土地上に存在した建物において火災事故が発生し、同建物の居住者1名が死亡した本件火災事故は、Xが本件売買契約を締結した平成23年12月22日から既に17年以上が経過した過去の出来事であることに加え、本件火災事故が発生した本件土地上の建物は、本件火災事故後の平成6年4月1日頃には全て取り壊され、本件売買契約締結当時には本件土地は駐車場として使用されていたことが認められる。そうすると、本件土地上に存在した建物で本件火災事故が発生し死者が出たという事実は、本件売買契約締結当時においては、相当程度風化され希釈化されていたものであって、合理的にもはや一般人が忌避感を抱くであろうと考え得る程度のものではなかった」とし、本件売買契約締結当時、本件火災事故を原因とする瑕疵が本件土地にあったと認めることができないとした。Yらの調査・説明義務について、「本件土地上に存在した建物で本件火災事故が発生し死者が出たという事実は、

　　　　　　　　　　　　　　　　　　　　　　　　　1　心理的瑕疵

本件売買契約締結当時においては、相当程度風化され希釈化されていたものであって、合理的にもはや一般人が忌避感を抱くであろうと考え得る程度のものではなかったと認められるものである。これに加え、（略）Ｙらは、本件売買契約締結当時、本件土地上に平成６年３月当時に存在した建物において本件火災事故が発生したこと及び本件火災事故により死者が発生したことを知らなかったこと、本件土地上に存在した同建物で本件火災事故が発生したのは本件売買契約を締結した平成23年12月22日から既に17年以上も前の出来事であること、本件火災事故が発生した建物は本件火災事故の直後に取り壊され、本件売買契約締結当時において本件土地は駐車場として使用されていたこと、Ｙ１から本件土地を購入したＸ自身も平成25年７月頃まで本件火災事故の存在を知らなかったことが認められることからすると、本件売買契約当時において本件土地の売主であるＹ１及び仲介業者であるＹ２は、通常の取引過程において、本件火災事故の存在及び本件火災事故による死者が発生した事実を知り得たということはできず、また上記事実の存否について調査すべきであったともいえない」。Ｙらが、本件火災事故の発生及び本件火災事故により死者が発生した事実を説明すべき義務を負っていたとはいえず、Ｙらは上記事実を説明しなかったことをもって、Ｙらに説明義務違反があったとはいえず、Ｘの請求を棄却した。売主業者の説明義務につき本書368頁、仲介業者の説明義務につき本書464頁。

〔焼死者の事故を瑕疵に当たるとした裁判例〕
4 【東京地判平22・3・8ＷＬ】
　　買主（宅建業者）Ｘは、仲介業者Ｙ２の仲介により売主Ｙ１から新築分譲（５区画）のために本件土地を購入したが、分譲開始後、３、４年前にアパートの火災による死亡事故があったことが判明した。Ｘは、Ｙ１に対し瑕疵担保責任または債務不履行に基づく損害賠償請求、Ｙ２に対し債務不履行（説明義務違反）に基づく損害賠償請求をした。
　　裁判所は、「本件土地は、住宅や共同住宅が立ち並ぶ住宅地であるところ、本件火災事故は、出火建物のみならず、近接した他の建物の一部を焼損するという小火にとどまらないものであり、その後４年近くを経過しても、Ｘが分譲を開始するや火災による死者があったことの情報がもたらされるなど、近隣住民の記憶になおとどめられた状態にある一方、Ｙ１としても、本件火災事故の事実を認識し、平成17年２月までに、出火建物を取り壊したが、その後、その跡地を雑草の生えた更地としており、これを有効に利用してはいなかったとの状況があることになる。（略）本件売買契約の目的物は、土地であって、既に以前に取り壊された出火建物を含むものではなく、Ｘが行う分譲も分筆した本件土地及びその上の新築建物を目的とするものであるにしても、本件土地上にあった出火建物で焼死者が出たし、近隣住民には、このような事実の記憶がなお残っているのだから、

第11章 売主の瑕疵担保責任（心理的瑕疵）

これを買い受ける者が皆無であるとはいえないにしても、買受けに抵抗感を抱く者が相当数あるであろうことは容易に推測しうるところである。（略）売買の目的物に瑕疵があるというのは、その物が通常保有する性質を欠いていることをいうのであり、目的物に物理的欠陥がある場合だけではなく、目的物にまつわる嫌悪すべき歴史的背景に起因する心理的欠陥がある場合も含まれる」。「本件土地あるいはこの上に新たに建築される建物が居住の用に適さないと考えることや、それを原因として購入を避けようとする者の行動を不合理なものと断じることはできず、本件土地上にあった建物内において焼死者が発生したことも、本件売買契約の目的物である土地にまつわる心理的欠陥である」。「焼死などの不慮の事故死は、一般に病死や老衰などの自然死とは異なって理解されるから、生じたのが事故死であるからといって、瑕疵の程度問題の考慮要素にとどまるものであり、従前争われたケースの多くが自殺又は他殺の類型であることも、上記判断を左右しない。そうすると、本件売買契約の目的物である本件土地には、民法570条にいう『隠れた瑕疵』があると認められるし、これを認識していた売主には、信義則上、これを告知すべき義務があった」とし、Y1に対するXの請求を一部認容した。損害は本書362頁。Y2については、「本件売買契約当時、Y2において、本件火災事故を認識していたものと認めるに足りる証拠はないから、Y2に説明義務違反があるとはいえない。また、買主から仲介を依頼された仲介業者は、売主の提供する情報のみに頼ることなく、自ら通常の注意を尽くせば仲介物件の外観から認識することができる範囲で物件の瑕疵の有無を調査し、その情報を買主に提供すべき義務を負うが、それ以上に独自に調査して報告すべき注意義務までを負うものではないと解される。したがって、Y2が、本件土地の一部が雑草の生える更地となっていることを認識し、打ち合わせの中で、そこにはアパートがあったとの話をY1とから聞いたにしても、本件土地に火災の痕跡を示す事物が現存しないことなどについての主張立証がない以上、Y2に調査義務違反があるとは認められない」とし、Y2に対する請求を棄却した。事故物件に関する仲介業者の説明義務は本書464頁以下。

カ　事件事故の発生からの経過期間

　事件事故の発生時から売買契約締結時までの経過期間の長短は重要な考慮要素となる。経過期間が長くなると瑕疵の認定例は少なくなる一方、経過期間が短くても他の考慮要素を併せて瑕疵を否定するものもある。したがって、自殺の事実も6、7年経てば瑕疵に当たらないといった安易な判断はできない。

【経過期間と瑕疵に関する裁判例】
ⅰ）瑕疵に当たると認定した裁判例

約半年前の自殺（浦和地裁川越支判平9・8・19本書367頁、損害賠償請求）、約2年前の自殺（東京地判平21・6・26本書361頁、契約解除を認めず損害賠償請求を一部認容）、約6年3か月前の自殺（横浜地判平元・9・7本書350頁、解約解除を認める）、約6年11か月前の自殺（東京地判平7・5・31判時1556号107頁、契約解除を認める）、約8年前の「他殺と疑われる態様での死亡」（大阪地判平21・11・26本書371頁、契約解除を認める）、約2年前の自殺物件（東京地判平20・4・28本書370頁、不法行為責任、損害賠償請求）

ⅱ）瑕疵に当たらないとした裁判例

2年前の自殺（大阪地判平11・2・18本書352頁）、7年前の自殺（大阪高判昭37・6・21判時309号15頁、大阪高判平21・4・17：詳解不動産仲介契約608頁）、8年7か月前の自殺（東京地判平19・7・5本書353頁）、17年前の共同住宅の火災事故による居住者の死亡（東京地判平26・8・7本書353頁）。いずれも自殺や事故のあった建物が解体されている。

ⅲ）殺人事件が瑕疵に当たるとした裁判例

約8年前の殺人事件（大阪高判平18・12・19判時1971号130頁、損害賠償請求の一部認容）、約50年前の殺人事件（東京地裁八王子支判平12・8・31本書359頁、売主との契約解除を認める。）

キ　買主が抱く心理など

過去に殺人事件や自殺事故があったという歴史的事情や履歴は、居住用建物として購入した買主やその家族にとって過去の事件や事故を思い起こさせ「気持ちが悪い」とか「住みたくない」との嫌悪感や忌避感を抱かせる。居住用建物の買主は事前に事故物件であることを知っていれば買わなかったであろうし、通常一般人においても同様であろう。加えて、買主は、近隣からも事件や事故があった物件を購入したとして奇異の眼を向けられることもある。宅建業者が建売販売用地とか賃貸物件として購入した場合、買主自らが利用するものではないが、宅建業者が分譲販売や賃貸するに際して、事故物件であったことは告知せざるを得ず、転売や賃貸に支障が出ることは避けられない（詳解不動産仲介契約600頁参照）。

〔買主から事情聴取する場合〕
・売主と買主の属性（消費者、事業者、建売業者等）

第11章　売主の瑕疵担保責任（心理的瑕疵）

- どのような経緯で売買の目的物を知ったか、仲介業者・売主から現地案内を受けた時の状況（空き家かどうか）
- 売買契約書記載の目的物は何か
- 事故事件の態様（自殺、殺人、焼死、孤独死、交通事故死など）、時期、場所
- 買主の購入目的は何か、売主・仲介業者は買主の購入目的を知っていたか
- 事故物件は現存するか、建物の解体時期、解体後の利用形態、所有者の変遷状況
- 売主・仲介業者から事故や事件について事前に説明があったか
- 物件状況等報告書に自殺等の有無の記載はあったか（物件状況など報告書は売主が自ら作成したのか、仲介業者が代わって作成したのか）
- 買主は事故物件であることについて、いつ、どのような経過で、誰から、どのような内容を知ったか
- 近隣住民は事故事件をどの程度記憶しているか、新聞などの報道があったか
- 周辺の住環境、地域性
- 事故物件であることを知って買主（家族をも含めて）がどのような感情を抱いたか
- 売主は事故物件であることを売買契約時に知っていたのか、知らなかったのか
- 事故物件であることによって売買価格がどれだけ減価されるか、どのような方法で立証できるか（収益物件の場合、賃料などの収益にどの程度影響を及ぼしたか）

2　契約解除と損害賠償請求権

(1)　契約解除と契約目的不達成

契約目的不達成

　瑕疵の存在によって買主が「（売買）契約をした目的を達することができない」（民法570条、566条）ことが契約解除の要件となる。瑕疵が存在するとしても契約の目的を達成できないほどのものでない場合に

は、契約解除は認められない。

　契約の目的を達成できないほどの心理的瑕疵とは、単に当該買主が瑕疵の存する建物での居住を好まないだけでは足らず、「通常一般人において、買主の立場におかれた場合、右事由があれば、住み心地の良さを欠き、居住の用に適さないと感ずることに合理性があると判断される程度にいたったものであることを必要とする」（横浜地判平元・9・7本書350頁）。買主は、当該不動産を購入した目的（居住用建物、賃貸物件、転売物件等）のほか、契約締結前に事故物件であることを知っていれば買わなかったこと、損害賠償でまかなえるものではないこと、瑕疵の存在が契約目的を著しく阻害するなどを主張立証する必要がある。買主が居住するために購入した建物内で自殺があった事案では、通常一般人も買主の立場に置かれた場合、「住み心地の良さ」を欠く感情を抱き、自殺の事実を知っておれば購入しなかったであろうことを主張立証することは比較的容易であると思われる。契約解除を認めた認容例として、自殺について横浜地判平元・9・7、東京地判平7・5・31判時1556号107頁、殺人事件について後掲①。他方、収益物件として賃貸マンションを購入したところ、その一室で自殺があったとしても、事故態様や入居賃借人に対する影響がないことなどの事情があれば、賃貸マンション全体としては「極めて軽微な隠れた瑕疵である」とし契約解除を認めなかったものとして後掲②。改正民法の規律は本書312頁以下。

① 【東京地裁八王子支判平12・8・31判例集未登載：詳解不動産仲介契約621頁】　　殺人事件
　売主業者Y1は、建売販売用地として前所有者Aから本件現場土地を購入した。Y1は、Aから本件現場土地で50年ほど前に殺人事件があったことを聞いた。Y1は、本件現場土地を10区画に分割し、その1区画である本件土地の売買仲介を仲介業者Y2に依頼した際、本件現場土地で殺人事件（本件事件）があったことを説明した。Xらは建物を建てて家族で住むため、Y2に対し土地購入の仲介を依頼し、Y2の仲介によりXY1間で本件土地の売買契約を締結した。買主XらがY2の仲介によりY1から購入した土地が殺人事件のあった土地であることが判明し、XはY1との売買契約を解除した。売買契約書には「売主も買主も違約の損害賠償として売買代金の20％を支払うものとする」との約定がなされていた。Xは、Y1に対し、①主位的に瑕疵担保責任に基づき売買代金2380万円の返還請求と違約金請求、説明義務違反による契約解除に基づく売買代金返還請

第11章　売主の瑕疵担保責任（心理的瑕疵）

求と違約金請求、②予備的に不法行為に基く損害賠償請求（売買代金以外に仲介報酬など諸経費合計2602万6927円）、Ｙ２に対し不法行為、説明義務違反に基く損害賠償として2602万6927円を請求した。

裁判所は、「本件事件は、本件現場土地上の建物において、昭和23年という約50年前に発生したものであるから、場所的に本件土地と直接結びつくものではなく、また時間的に人々の記憶から薄れるほど遠い昔のことといえなくもない。しかしながら、本件事件が単なる殺人といったものではない特異な猟奇性を帯びた事件であったこと、また本件事件の発生した場所が東京都下の農村村地帯であったことに鑑みれば、本件事件は単にその事件が発生した建物においてのみならず、むしろその事件が発生した屋敷・地所とともにそれに関連して深く地元住民の記憶に残されたであろうと考えられること、そして現に、本件においては、事故発生の建物が取り壊された後も、四十数年にわたって、本件事件は放置された本件現場土地とともに地元住民の記憶の中に忘れられずに残っていたことからすれば、本件事件が本件土地と直接結びつくものではないとはいえず、むしろ、本件土地は、本件土地売買契約当時、本件事件の影響を色濃く残していたため未開発のままであった土地であるといわなければならない。そして、本件事件は昭和23年に発生したものであるが、本件売買契約当時においても、それが本件現場土地に色濃い影響を残し、不動産業者による買収の成否そのものをも否定的に左右していたものであったことは前認定のとおりである。右のような事情の下で、本件事件を知らされずに本件土地を購入したＸらが、本件土地上に新居を建築しそこに居住することに「住み心地の悪さ」、むしろ「住みたくない」と感じるのは、今後ともその事情を知った近隣住民との付き合いを続けていかなければならないＸらにとって自然の感情であろうと判断される。そして、前認定のとおり、本件売買代金額はいわゆる時価相場であったのであり、本件において、他にもＸらが右「住み心地の悪さ」、「住みたくない」という感情を受忍すべき特段の事情は認められない。そして、それは同時に、Ｘらのみに特有の心理的状態ではなく、Ｘらと同じ立場に立たされた一般人においても同様の感情を抱くであろうと判断されるところである。前認定のとおり、本件現場土地の他の区分区画に建物を建築し居住している人がいることが認められるが、その間の事情は明らかではなく、そのことをもってしても、Ｘらに即する限りにおいては、右判断が左右されるものではない。そうすると、本件売買契約において、本件現場土地にＸらが知らされなかった本件事件が存在したことは、Ｘらにとって、本件土地が将来にわたって居住し続けるために通常有すべき性質を欠いている隠れた瑕疵であった」とし、ＸらがＹ１との契約解除を認めた。損害として、「ＸらがＹ１に支払った売買代金はＸらが回復すべき信頼利益の損害である」と認めたが、違約金請求については、「瑕疵担保責任は法定責任であり、かつ本件売買契約の瑕疵は（略）買主らにとっての心理的瑕疵であったのであるから、本件においては、売主の契約

違反の場合の損害賠償額の予定である［前記約定］の適用はない」としXらの請求を認めなかった。Y2に対し、説明義務違反を認めたが、XらのY2に対する請求額のうち、XらがY1に対し支払った売買代金相当額を差し引いた残金222万6927円だけを認めた。事故物件に関する仲介業者の説明義務は本書464頁。

② 【東京地判平21・6・26WL】
　前所有者Aが賃貸マンション（8階建）を所有し7・8階（メゾネットタイプ）で居住し、1階から8階まで賃借人が使用していた。Aの家族が自殺を試みて搬送先の病院で2週間後に死亡し、その後Aの相続財産管理人がBに売却し、Bが宅建業者Y（法人）に売却し、買主X（法人）が賃貸収益物件として購入した。事故を知ったXが説明義務違反、瑕疵担保責任などに基づいて契約解除し、Yに対し違約金などを請求した。
　裁判所は、「目的物の通常の用法に従って利用することが心理的に妨げられるような主観的な欠陥をも含む」としつつ、自殺といっても縊死などではなく睡眠薬の服用によるもので、病院に搬送後約2週間程度は生存し建物内で直接死亡したものではないことから「首つりなどの縊死の場合や、殺人事件などの場合とは社会的な受け止め方が異なるものである。（略）Xが本件不動産を取得した時点ですでに約1年11ヶ月が経過し」「Yの前所有者やYへの売買契約を仲介した不動産業者等も何も知らず」「社会通念上、本件建物で本件自殺があったという事実を過大に評価するのは相当でない」。1階から8階まで賃借人がおり、その後も変化はなく、「自殺があったとされるときから2年4か月以上も影響はなかったのであるから、形の上では本件自殺は本件建物の賃貸を妨げたり、その交換価値を大きく下げる要因にはなっていない」。「本件では、過去に本件建物内で本件自殺があったという瑕疵が存在することによって、本件不動産を賃貸し賃料を取得して利益を上げるという本件売買契約の目的を達することができない、とまで認めるに足りる証拠はない」としてXの契約解除を認めなかった。瑕疵は「極めて軽微な隠れた瑕疵に該当する程度である」とし、不動産の減価による損害を売買代金額の1％に相当額であるとし、Xの請求を一部認容した。損害は本書362頁。

(2)　契約解除による原状回復請求権など
　買主が売主に対し契約解除による原状回復請求権として手付金などを求める訴訟では、ⅰ）売買契約締結後、引渡し前に解除する場合は、手付金・内金などの返還請求をし、ⅱ）契約の履行後に解除する場合は、売買代金全額の返還請求をし（前掲東京地裁八王子支判平12・8・31本

第11章　売主の瑕疵担保責任（心理的瑕疵）

書359頁）、ⅲ）加えて、損害賠償請求とこれに対する契約解除の日の翌日から支払済みまでの遅延損害金を請求する。買主が売買代金返還請求する場合、所有権移転登記手続と引換給付判決となる（東京地判平7・5・31判時1556号107頁、大阪地判平21・11・26本書371頁）。

【引換給付判決】
　　訴訟物は、買主（原告）の売主（被告）に対する瑕疵担保責任に基づく契約解除による原状回復請求権である。請求の趣旨は、「被告は、原告に対し、金0000万円及び平成00年0月0日から支払済みまで年○分の割合による金員を支払え」となるが、契約解除に伴う売主（被告）の代金返還義務と買主（原告）の所有権移転登記手続義務は同時履行の関係（民法571条、533条）にあるため、判決主文は、「被告は、原告に対し、被告が原告から別紙物件目録記載の不動産につき、平成00年0月0日契約解除を原因とする所有権移転登記手続を受けるのと引き換えに金0000万円及びこれに対する平成00年0月0日から支払済みまで年○分の割合による金員を支払え。原告のその余の請求を棄却する」となる。この判決に基づいて登記を申請するためには、代金の支払またはその提供があったことを証する文書を提出して執行文を付与されなければならない（民事執行法174条2項）。

(3)　損害賠償請求権
　ア　契約解除をせずに（契約解除が認められない場合も含む。）損害賠償だけを請求する場合、どの範囲の損害を主張立証するか。
　　ⅰ）心理的瑕疵の存在は売買価格の減価要因となり、買主が支払った売買価格と瑕疵の存在を前提として評価される適正価格もしくは客観的価格との差額が損害となる（浦和地裁川越支判平9・8・19本書367頁、大阪高判平18・12・19判時1971号130頁、東京地判平21・6・26本書361頁、東京地判平22・3・8本書355頁）。瑕疵の存在を前提とした売買契約当時の適正価格については不動産鑑定士作成に係る鑑定評価書をもって立証することが考えられる。
　　ⅱ）後掲浦和地裁川越支部平9・8・19本書367頁は、買主が契約を解除せず建物を解体して第三者に売却して損害賠償請求した事案である。裁判所は、「（建物に）瑕疵がないものと信頼したことにより被った損害」として契約時の代金額と瑕疵の存在を前提し

た適正価格との差額を損害と認めたが、転売に伴う諸費用を損害として認めなかった。改正民法では債務不履行による損害賠償として履行利益を請求できる（改正民法564条、415条）。

ⅲ）民事訴訟法248条を適用して相当な損害額を認定するものがある（前掲大阪高判平18・12・19、東京地判平20・4・28本書370頁、福岡高判平23・3・8本書350頁など）。留意すべきことは、同条が適用されるには、①損害が生じたことが認められる場合でなければならず、損害の発生については通常の証明が要求される。②単に損害の立証が困難であるというのではなく「損害の性質上」その額を立証することが極めて困難であることが必要であり、③口頭弁論の全趣旨と証拠調べの結果に基づいて裁判所が相当な損害を認定する。伊藤慈夫「民事訴訟法248条の定める『相当な損害額の認定』」判時1792号3頁、1793号3頁、1796号3頁、井上繁規「相当な損害の認定」新堂幸司監修「実務民事訴訟法講座第3期」第3巻385頁、加藤新太郎「民事事実認定論」261頁など参照。

イ　違約金請求の可否

　瑕疵担保責任に基づいて契約解除し手付金返還請求をするだけでなく違約金条項に基づいて違約金請求できるか。買主が売買の目的物の隠れた瑕疵を理由に売買契約を解除し違約金条項に基づいて手付金倍額を請求した事案において、瑕疵担保責任は「売買の目的物たる土地の瑕疵を理由に解除された場合には、債務不履行責任の解除とその性質において異なるものである」とし違約金請求は認められないとするのが裁判例の傾向といえる（行政上の用途制限が瑕疵に当たり契約解除された東京地判昭49・9・6判時770号61頁、村道が通じていないため建物建築が不可能となり契約解除された東京地判昭52・5・16判時872号93頁）。

　心理的瑕疵の存在を理由に売買契約が解除された東京地裁八王子支判平12・8・31本書359頁は、売主が宅建業者であり、瑕疵の内容が殺人であったにもかかわらず違約金請求を認めなかった。ところが、後掲横浜地判は、非宅建業者である売主に対する違約金請求

第11章　売主の瑕疵担保責任（心理的瑕疵）

を認め、後掲大阪地判平21・11・26本書371頁は、売主の説明義務違反を理由による債務不履行解除と違約金請求を認めた。後掲横浜地判の法律構成は、瑕疵担保責任に基づく契約解除であって売主の告知義務違反を理由に契約を解除したものではない。違約金条項は、「本契約に違背し」て契約を解除された当事者は違約金を支払う旨定めていることから債務不履行解除を想定したものであって瑕疵担保責任に基づく解除による違約金請求についてまで定めたものとは解し難い。裁判所は、売主が瑕疵の存在を認識していたにもかかわらず、これを告知しなかったこと（事実不告知）を「債務不履行と同様に履行利益の賠償である」と判示して違約金請求を認めたが、売主が買主に対し告知義務を負うとしても、契約締結前の告知義務違反をもって「債務不履行の場合と同様に」解除ができるかという根幹的な問題は残る。むしろ売主の不法行為（故意による告知義務違反）を理由に損害賠償請求すべきであって、債務不履行解除に適用される違約金条項に基づいて違約金を請求することは違約金条項に関する解釈を逸脱しているのではないかと思われる。

【横浜地判平元・9・7判時1352号126頁】
　買主Xらは、売主Y（法人、非宅建業者）から本件マンションの一室を購入した。売買契約書には「売主又は買主が本契約に違背したときは、各々その違背した相手方に対して催告の上本件契約を解除することができる。前項の場合、違背により本件契約を解除されたものはその相手方に対し違約金として売買代金の50％相当額を支払わなければならない」と定めていた。契約締結後引渡し前に、Yの代表者の妻が約6年前に自殺したことが判明し、Xが瑕疵担保責任に基づいて契約解除し手付金返還請求とともに違約金を請求した。
　裁判所は、瑕疵を理由に契約解除を認めた上で、「右文言からみると、契約当事者の債務不履行の場合、履行利益の賠償をすべきであるといわれているが、その損害額の立証が困難であったり、それによって紛争が拡大し、複雑化することを防止するため、予め損害賠償額を予定したものということができる。ところで、瑕疵担保責任においては、通常は、信頼利益の賠償で足りるといわれているが、本件の場合、前記瑕疵については、Yが、これを知りながらXらに告げていないのであるから、右の場合の瑕疵担保責任の賠償の範囲は、告知すべき事実を告げていないので、債務不履行の場合と同様に履行利益の賠償であるということ

ができる。右違約金条項の目的が前記のようなものであるから、本件のように履行利益を賠償すべき場合にも適用があると解すべきである。なお、前記違約金条項においては、『催告の上本件契約を解除することができる。』と規定されているが、催告の必要性は、通常の解除の場合を想定して表現されているにすぎず、前記判断に消長をきたすものではない」

(4) 売買契約締結後の事故と契約解除の可否

契約締結後の死亡事故

未完成物件の売買において、契約締結後に建設工事中の建設会社の従業員の死亡事故について売主業者の債務不履行の成否が争われた事案がある。

① 【東京地判平23・5・25WL】
　売主業者Y1とAが新築マンションを未完成物件の状態で共同分譲し、買主Xが専有住戸（本件建物）を購入した後、建設業者Y2の下請企業の従業員2名が作業中に共用部分であるエレベーターシャフト内で落下し死亡した。Xは、Y1に対し本件建物を最上級の安心感、高級感、くつろぎ等の性能・品質・価値等を有する建物をXが取得することに対して抱いている期待感を保護すべき義務の不履行を理由に本件売買契約を解除し、Yらに対し手付金及び慰謝料請求した。
　裁判所は、「一般に、債務が不完全履行であり、不完全な部分が追完不可能となったかどうかは、履行不能の場合と同様、この不完全な部分の追完が、物理的又は社会通念上、もはや追完不可能となったかにより判断されるものであり、マンションの区分所有部分の引渡債務においては、物理的には引渡が可能であるが、社会通念上、買主が当該部分を買い受けた目的を達せられないほどの瑕疵がある場合（例えば、居住を目的として当該部分を買い受けた場合において、当該部分で凄惨な殺人事件が起こったなど、社会通念上、忌むべき事情があり、一般人にとっても住み心地の良さに重大な影響を与えるような場合のように重大な心理的な瑕疵がある場合など。）も含むと解され、単に買主が主観的に不快感等を有するためにそのような目的が達せられないというものではこのような瑕疵があるとはいえない」。「確かに、本件建物の属する本件マンションの共用部分において死亡事故があったものであり、本件建物を買い受けるに当たって主観的にこれを忌避する感情をもつ者がいないとはいえないものの、本件事故は、人の死亡という結果は生じているものの、飽くまで建設工事中の事故であって、殺人事件などと同視できないものである上、Xの専有部分となるべき本件建物内で発生したものではなく、本件建物から相当離れたフロアの、共用部分で発生したものであること、本件事故の直後にはニュース等で報道され、現在でもインターネット上で本件事故の情報を取得することができることが推認されるが、全証拠及び弁論

第11章　売主の瑕疵担保責任（心理的瑕疵）

の全趣旨によっても、それ以上に本件事故に関し本件建物や本件マンションの住み心地の良さに重大な影響を与えるような情報やそれらの価値を貶めるような情報が流布しているなどといった事実も認められないことに照らせば、本件建物に、社会通念に照らし、上記のような瑕疵が存在すると認めるに足りない」。「売買契約の買主が目的物の引渡しを受けるまで有する期待感は、多分に買主の主観的な価値観に基づくものであり、その内容自体不明確なものである上、売主の給付義務に直接的な関係を有するものではないことからすれば、特段の事情のない限り、売買契約の売主は買主に対し、こうした期待感を保護すべき義務を負うものではない」。Ｙ１は、目的物を引き渡すまでＸの期待感を保護すべき付随義務を負うとは認められないとして、ＸのＹらに対する請求を棄却した。

②【東京地判平24・4・17ＷＬ】
　前掲裁判例と同じ事故である。買主Ｘらは、共同分譲業者であるＹ１及びＹ２に対し債務不履行、瑕疵担保責任などに基づいて契約を解除し手付金返還と違約金を請求した。Ｘは、事故物件でない物件を引き渡す債務が履行不能になったとか高品質、高資産価値の物を引き渡す債務の不能などを主張した。
　裁判所は、①債務不履行による解除の可否について「本件事故は、Ｘらが購入した本件マンションの部屋において発生したものではなく、共用部分たるエレベーターシャフト内で発生したものであること、本件事故の発生現場は地下１階ピットであり、Ｘらは購入した部屋とフロアを異にしていることなどの事実が認められるのであり、これらの事実にかんがみると、Ｘらが指摘する事情を考慮しても、本件事故によって、Ｙらの債務の履行が不能になったと解することはできない」。②瑕疵担保責任に基づく解除の可否について「本件事故は、本件各売買契約締結後に発生したことが明らかであり、本件各売買契約において、『売買の目的物に隠れた瑕疵があった』とはいうことはできない。また、確かに、本件事故によりＸらは不安感を抱くようになったことなどは否定できないものの、上記のとおり、本件事故が本件マンションのエレベーター設置前のエレベーターレール設置作業中に発生したものであること、本件事故はＸらが購入した本件マンションの部屋において発生したものではないこと、本件事故の発生場所はＸらが購入した部屋とフロアを異にしていることなどの事実が認められ、これらの事情を総合考慮すれば、本件各売買契約の目的を達することができる」としてＸのＹらに対する請求を棄却した。

免責特約　　**3　免責特約**

(1)　免責特約

　瑕疵担保責任に関する規定は任意規定であるため、要件・効果につい

て当事者間で自由に取り決めることができる。瑕疵担保責任を免除する特約を付した場合、買主は、売主に対し瑕疵担保責任を追及することはできず、瑕疵担保責任を制限する特約を付した場合は、制限された範囲でしか請求できない。ただし、宅建業者が自ら売主となる売買契約においては、瑕疵担保責任期間について目的物の「引渡しの日から2年以上」となる特約をする場合を除き、民法566条に規定するものより買主に不利な特約は無効となる（法40条1項、2項）。「第9章　売主の瑕疵担保責任と民法・商法・宅地建物取引業法」298頁以下、「第10章　売主の瑕疵担保責任（地中埋設物）」317頁以下。

(2)　売主の悪意・重過失

免責特約が付されていても、売主が瑕疵の存在を知っていた場合には、瑕疵担保責任を免れることはできない（民法572条）。売主の家族が自殺をした事案では、売主が自殺の事実を知っているため免責特約によって瑕疵担保責任を免れることはできない。

【浦和地裁川越支判平9・8・19判タ960号189頁】
　売主Yらは、本件建物内でAが自殺した事実を伏せたまま仲介業者に土地建物の売却を依頼した。Yらは、建物はいまだ十分使用に耐えるものであったが、古家ありと表示する程度の付随的なものとし本件土地を主眼として売却するよう依頼し、買主Xとの売買契約書には「本件建物の老朽化等のため、本件建物の隠れた瑕疵につき一切の担保責任を負わないものとする」との特約を付した。Xは、引渡しを受けた後、自殺した事実を知り、Yらに対し本件土地建物の引取り代金返還などを要求したが、Yらがこれに応じなかった。Xは、建物を解体して土地を第三者に売却し損害賠償請求した。Yは、本件不動産を土地だけの価格相当額で売却したから建物に瑕疵があっても契約解除できないと主張した。
　裁判所は、「Yらは、本件不動産売却に当たり、右出来事を考慮し本件建物の価格をほとんど考慮せずに売値をつけ、本件建物の隠れた瑕疵につき責任を負わない約束のもとに本件不動産をXに売却したのではあるが、本件売買契約締結に当たっては、本件土地及び建物が一体として売買目的物件とされ、その代金額も全体として取り決められ、本件建物に関し右出来事のあったことは交渉過程で隠されたまま契約が成立したのであって、右出来事の存在が明らかとなれば、価格の低下が予想されたのであり、本件建物が居住用で、しかも右出来事が比較的最近のことであったことを考慮すると、（略）民法570条にいう隠れた瑕疵に該当するというべきであり、かつ、そのような瑕疵は、右特約の予想しないものとし

第11章　売主の瑕疵担保責任（心理的瑕疵）

て、Yらの同法による担保責任を免れさせるものと解することはできない」とし、Xの請求を一部認容した。損害は本書362頁。

(3) 現状有姿の特約

現状有姿で売り渡すとの文言は、通常、免責特約にはならないことは「第10章　売主の瑕疵担保責任（地中埋設物）」339頁。

4　売主の説明義務
(1) 損害賠償請求権

説明義務
重要事項

売主は、売買契約を締結するに当たって、買主が契約を締結するか否かの判断または意思決定に影響を与える重要事項について信義則上説明すべき義務を負う。この義務違反により買主に損害を与えた場合は損害賠償責任を負う。売主が事故物件であることを知っていたが、これを告知しなかった事実があれば、売主の告知義務（説明義務）違反を理由に不法行為に基づく損害賠償請求をすることができる。売買の目的物の所有者が転々と移り、売主が売買の目的物について「事故の存在」（事故による死者が発生したことも含めて）を知らなかった場合は、買主または仲介業者から売買の目的物に関して過去の事件や事故についての質問がない限り、調査・説明すべき義務を負うものではない。売主業者と仲介業者の説明義務違反を認めなかった裁判例として東京地判平26・8・7本書353頁。

【神戸地判平28・7・29判時2319号104頁】
　　売主Yは、平成25年12月26日、その所有する本件不動産1及び2の各一部及び本件建物を買主X（宅建業者、担当者甲）に対し代金2275万円で売却した（本件売買契約1）。Yは、平成26年2月10日、本件不動産1及び2を合筆した上で分筆登記手続をし、7月29日、Xに対し分筆後の本件不動産3を代金3300万円で売却した（本件売買契約2）。平成18年8月31日、本件不動産上でYの母親が強盗殺人の被害者となる事件が発生し（本件事件）、犯人がいまだ検挙されていなかった。Xは、Yに対し、本件事件を告知しなかったことを理由に不法行為に基づき損害賠償請求した。
　　裁判所は、「売買対象の不動産について強盗殺人事件が発生しているか否かという情報は、社会通念上、売買価格に相当影響を与え、ひいては売買契約の成

否・内容を左右するものである。Yは、本件事件の被害者の子であるから、本件売買契約当時、本件事件の存在を十分承知していたと認められる。それゆえ、Yは、甲に対し、本件において、告知義務の存在を否定すべき事情を認めるに足りる証拠はない。したがって、Yが本件事件を告知しなかったことは、Xに対する不法行為に該当する」とし、本件不動産の市場価格との差額を損害と認めたが、転売利益は認めなかった。

　売主が宅建業者である場合、一般の売主とは異なり、重要事項に関する調査・説明義務を負う。宅建業者が競売手続によって買受けた競売物件（賃貸マンション）を転売する場合、転売先の買主に損害を被らせないために、現況調査報告書・評価書・物件明細書（いわゆる三点セット）を事前に閲覧して重要事項に該当するような事実がないかどうかを調査すべき義務を負うことを認めた後掲1、宅建業者が転売する収益物件（賃貸マンション）について宅建業者の従業員が事故物件であることを認識していたとして告知義務違反を認めた後掲2がある。

1【東京地判平18・7・27WL】
　　宅建業者Y1（代表取締役Y2）は、転売目的で競売物件（A所有の建物付土地）を608万円で競落した。執行官作成の現況調査報告書には「本件建物でAの妻が自殺した」との近隣居住者・債権者の担当者の陳述と「本件物件は事故（自殺）物件である」との執行官の意見が記載され、評価書にも同様の記載があり「事故物件等により市場性修正率として50％を控除した」旨記載されていた。Y2は、これらにざっと目を通したが前記記載に気付かず、仲介業者Y3（代表取締役Y4）の仲介により宅建業者Xに1050万円で売却した。Xは旧建物を解体し新築建物工事に着工し、新築建物の売却仲介を仲介業者Bに委託したところBから旧建物が事故物件であることを聞いた。Xは、Yらに対し不法行為に基づく損害賠償を請求した。
　　裁判所は、①売主の責任の有無について、「競売物件を競落し、これを転売することを業とする宅建業者たるY1としては、本件土地建物を転売目的で入札し、落札した以上、転売先の買受人に不測の損害を被らせないため、対象物件たる本件土地建物の物件明細書、現況調査報告書及び評価書に眼を通し、重要事項の把握に努めるべき注意義務があった」。「Y1及びY2は、これを怠り、現況調査報告を精査せず、現況調査報告書及び評価書に前記記載がされていることに気付かず、その結果、Xに対し、本件建物が事故物件であるとの重要事項を告げることができなかった」点につき過失による不法行為責任を負う。Y1は、Xが建

第11章　売主の瑕疵担保責任（心理的瑕疵）

物解体を前提に買受けたことから、建物内で自殺していたことは隠れた瑕疵に該当せず損害が発生しないと主張したが、裁判所は、「本件売買契約は、当該自殺の場所となった本件建物を取り壊すとの前提で締結された契約であるから、本件建物を取り壊すことなく、リフォームなどして利用するとの前提で売買される場合に比べれば、本件建物内での自殺という事実が売買価格の形成に与える影響は少なかったものといえる。しかしながら、本件建物内での自殺という事実が売買価格の形成に影響を与えなかったということはできない。Ｘが前記自殺の事実を知っていた場合においても、本件土地建物をＹ１から1050万円で購入していたとは考え難い。本件建物内で自殺があったことが認識されていた場合には、当該自殺がなかった場合の取引価格よりも低い価格で売買しようとするのが通常の取引態度であると考えられる」とし25％相当額を損害とした。②仲介業者の責任の有無について、Ｙ３は、「自ら競売物件を競落したことのない、不動産売買の仲介を専門とする業者であり、本件売買契約においても仲介業者として関与したにすぎないものと認められるから、Ｙ３が、売主であり、仲介の依頼者であるＹ１と同様の注意義務、すなわち、本件土地建物の物件明細書、現況調査報告書及び評価書に目を通し、重要事項の把握に務めるべきとの義務を負うと認め難い。この点、Ｙ３は、宅建業者であり、本件土地建物が競売物件であることは知っていたのであるが、かかる事実のみでは、仲介業者にすぎないＹ３に上記義務を負わせるには足り（ない）」としＸの請求を棄却した。事故物件に関する仲介業者の説明義務は本書464頁。

2　【東京地判平20・4・28判タ1275号329頁】
　宅建業者Ｙは、転売目的でＡ・Ｂ共有の本件不動産（8階建賃貸マンションのうち7～8階にあるメゾネットタイプ）を購入したときに交付を受けた重要事項説明書には「平成15年6月16日に売主Ａ・Ｂの長女が本物件北側道路に転落する死亡事故がありました。平成16年6月5日甲警察署において本件の調査を行いましたが、プライバシーの保護の観点から、事故の原因・種類等は解明できませんでした」との記載があった。Ｙは、買主Ｘに転売したときに交付した重要事項説明書には上記事故に関する記載をせずＸに告知しなかった。その後、Ｘは、本件事故を知った。Ｘは、Ｙに対し告知・説明義務違反を理由に損害賠償請求した。
　裁判所は、「飛び降り自殺があった物件であることは、価格にも一定の影響があることは明らかであるから、相手方がこれを購入するか否かを検討する際に告知、説明しておく必要のある事柄であることも明白である。したがって、Ｙには、本件売買契約の約2年前に本件建物から居住者が飛び降り自殺する本件死亡事故があったことを知っていた以上、不動産を取り扱う専門業者として、当該不動産を売り渡そうとする相手方であるＸに対し、当該事実を告知、説明すべき義務があった」。「一般に、飛び降り自殺があった物件であることは、これを購入し

ようとする者、賃借しようとする者に主観的な忌避感を生じさせるおそれがある事実であり、たとい買主が賃貸による収益を主目的とする物件であっても、買主にとって、賃借人を募集する関係上、飛び降り自殺があった物件であることは、客観的にも経済的不利益を生ずる可能性がある。したがって、不動産を販売する不動産業者としては、販売の相手方の購入意思決定に影響を及ぼすべき本件事故の事情を認識している以上、販売の相手方に対し、当該情報を提供する義務があるというべきであり、相手方が当該不動産を購入するか否かは、相手方が自らの意思によって決すべきものものであって、販売する側において当該情報の要否を勝手に判断することができないことは当然である」とし、民事訴訟法248条の趣旨に鑑み相当の損害額を認めた。民事訴訟法248条は本書363頁。

(2) 契約解除の可否

売主の説明義務違反が契約解除事由となるかどうかは議論のあるところである。詳しくは中川・後掲参考文献：判タ1396号72頁以下。後掲大阪地判平21・11・26は、売主の告知義務違反を理由に契約解除を認めた事案である。判決文を読む限り、売主は告知義務違反を理由に契約解除ができるかについて問題意識がなかったのか、これを争っていない。

説明義務違反と契約解除

【大阪地判平21・11・26判タ1348号166頁】
　売主Yは、前所有者から本件マンションの専有住戸を取得する際に交付を受けた重要事項説明書に当該住戸内の死亡事件が記載されていたが、買主Xに売却する際、これを手渡さなかった。X側の交渉に当たった甲は、売買契約書などを作成する際、Yらに対し「過去に何か問題はなかったか」と尋ねたが、Yらは「特に（過去に）問題がなかった」と答えた。
　裁判所は、Y側で交渉に当たっていた乙に対し、「乙は、本件契約締結時に本件死亡事件に関する事実を知っており、平成19年12月3日に本件契約を締結するまでの間に、甲から、本件不動産について過去に何か問題がなかったかと問われたにもかかわらず、Xに対し本件死亡事件があった事実を秘匿し告知しなかったのであり、乙の地位は、本件契約においてYと同視すべきであるから、このことは、売買契約に伴い信義則上売主としてYが負う告知義務に違反し、Yは債務不履行の責めを負う」とし、XのYとの売買契約の解除を認め、Xの売買代金請求と違約金請求を認容した。違約金請求の可否につき本書364頁。

《参考文献》
・栗田哲男「不動産取引と心理的瑕疵」判タ743号26頁

第11章　売主の瑕疵担保責任（心理的瑕疵）

- 中川博文「不動産売買における説明義務・情報提供義務について（1）（2・完）」判タ1395号36頁、1396号61頁
- 渡辺　晋「不動産取引における瑕疵担保責任と説明義務」（改訂版　大成出版社）
- 宮崎裕二「不動産取引における心理的な瑕疵」法律時報83号3号103頁
- 横山美夏「個人の尊厳と社会通念―事故物件に関する売主の瑕疵担保責任を素材として」法律時報85巻5号11頁
- 大阪府不動産鑑定士協会調査研究第一委員会第1小委員会「不動産取引における心理的瑕疵―自殺等で不動産の価値がどれだけ下がるのか―」
- 鎌野邦樹「瑕疵担保責任」新・裁判実務大系（7）「不動産競売訴訟法」229頁（青林書院）

第12章　不動産仲介契約の成否

> 紛争事例

Q1　仲介業者Xと買受希望者Yとの仲介契約の成否
　Yは、同窓会に出席し同級生Xと名刺を交わしたところ、Xが宅建業者であることを知って、「自宅を探しているが、手頃な不動産がみつからない」と不動産を話題にした。数日後、Xは、A所有の中古住宅（代金5000万円）を紹介し、Yは、Xと売主側の仲介業者Bから現地案内を受け物件資料を受け取った。数日後、Yは、Xから購入の意向を打診されたため、「もう少し安ければ買えるのだが…」と述べた。Xは、「掛け合ってみる」と言い、売主側と価格交渉するに当たってYに買付証明書の交付を求め、Yは、Xが用意した希望価額4700万円を記載した買付証明書に署名捺印した。Xは、売主側の仲介業者と交渉し4800万円に減額し、これを聞いて喜んだYは、同額で売買契約を締結した。XがYに報酬請求したところ、Yは、「正式に仲介を依頼していない、報酬の話も聞いていない」と言って仲介報酬の支払を拒んだ。XはYに対し報酬請求できるか。

Q2　仲介業者Xと取引の相手方Yとの仲介契約の成否
　所有者Aから中古住宅の売却仲介の委託を受けた仲介業者Xは、自社のホームページに売却物件（所有者A、売却価格5000万円）を掲載した。買受希望者Yが「現地を見たい」と連絡して来たため、Xは、

第12章　不動産仲介契約の成否

> Yを現地案内し物件資料を提供した。数日後、Yが「4700万円なら買う」と言ったため、XはAを説得し4800万円で売買契約を成立させた。XがYに報酬請求をしたところ、Yは、「Xは売主側の仲介業者でしょう？仲介を頼んだ覚えはない」と言って仲介報酬の支払を拒んだ。XはYに対し報酬請求できるか。

事案分析のポイント

≪紛争≫
・Q1：媒介契約書を締結していない場合の報酬請求
・Q2：取引の相手方（買主）に対する報酬請求

≪争点≫
　仲介契約の成否、報酬合意の要否、相当報酬の算定

理解しておくべき事項

1　不動産仲介契約

仲介　(1)　仲介の意義

　不動産仲介（媒介）契約は、委託者が仲介業者に対し不動産売買・賃貸借などの契約の成立（「成約」と呼ばれる。）に向けてあっせん尽力することを委託し、仲介業者が委託者のためにこれを引き受ける契約をいう。商法は他人間の商行為の媒介に関する仲立営業の規定を設けているが（商法543条以下）、民法には民事仲立または媒介（仲介）に関する規定は存しない。他人間の売買などの契約の成立に向けてあっせん尽力することは事実行為であって法律行為でない事務の処理の委託であることから、その性質は準委任であると解されている（民法656条、明石・後掲参考文献2頁、西野・後掲参考文献703頁、島田・後掲参考文献5頁、西原寛一「商行為法」281頁、江頭憲治郎「商取引法」第7版225頁、最判昭44・6・26民集23巻7号1264頁など）。媒介契約の型は「第2章　不動産売買の取引の流れ」68頁以下。

準委任

1　不動産仲介契約

【仲介と媒介】
　宅建業法では「媒介」（法2条2号）、「媒介契約」（法34条の2）、商法は仲立営業に関して「他人間の商行為の媒介」（商法543条）の用語が使用されているが、取引実務では「仲介」、「仲介契約」、「仲介業者」という用語が長年にわたって用いられており、「仲介」と「媒介」とは同じ意味で使われている。判例も「媒介」（最判昭38・2・12裁判集民64号405頁）とするものと「仲介」（最判昭45・10・22民集24巻11号1599頁）とがあり必ずしも統一されていない。

(2)　**仲介業者**　　　　　　　　　　　　　　　　　　　　　　　　業務規制
　仲介業者は、売買などの仲介（媒介）を業として営むことから、商人（商法4条1項）である。
　宅地建物の売買・交換の媒介（仲介）業を営む者は、宅地建物取引業の免許を受けなければならない（法3条1項）。宅地建物の売買などの媒介業については宅建業法が業務規制をしている。例えば未完成物件の売買の媒介に関する広告の開始時期の制限（法33条）、契約締結等の時期の制限（法36条）、取引態様の明示（法34条）、媒介契約の規制（法34条の2）、重要事項説明義務（法35条）、書面の交付義務（法37条）、報酬額の制限（法46条）、不当に高額の報酬要求の禁止（法47条2号）、重要な事項の不告知・不実告知の禁止（法47条1号）、信用の供与による契約締結の誘引の禁止（法47条3号）などがある。

(3)　**仲介取引の形態**
　仲介業者が売主または買主の一方だけから仲介を受託する"片手仲　　片手仲介と両介"、"片手"と、仲介業者が当事者双方から同時に仲介を受託する"両　　手仲介
手仲介"（双方仲介）、"両手"がある。片手仲介では当事者の一方から報酬を受領し（"片手数料"と呼ぶ。）、両手仲介では当事者双方から報酬を受領する（"両手数料"と呼ぶ。）。仲介業者は、成約によって当事者双方から仲介報酬を受領できる双方仲介を志向する傾向が強い（いわゆる"両手志向"）。双方仲介は、宅建業法で禁止されていないが、宅建業者は仲介契約の委託者に対し誠実義務もしくは忠実義務を負う（民法656条、644条、法31条1項）から、双方仲介は仲介の進め方や内容次第で利益相反の問題をはらんでいる。宅建業者の誠実義務は「第16章　仲介業者の誠実義務」482頁以下、詳解不動産仲介契約260頁。

375

第12章　不動産仲介契約の成否

<small>根付け・元付け・客付け</small>
　売主または買主から直接売買仲介を受託することを"根付け"、その仲介業者を"根付け業者"（"根付け"）、"元付け業者"（"元付け"）という。売主側を"売根付け（業者）"、買主側を"買根付け（業者）"と呼ぶこともある。売り物件の買主を見つける業者を"客付け業者"といい、元付け業者が自ら買主をみつけて客付け業者となる場合（この場合は"両手仲介"つまり双方仲介になる）と、他の業者が買主をみつけて客付け業者となる場合（この場合は"片手仲介"になる）がある。買受希望者から買受け仲介を受けて買主側に立って売主側と契約交渉する業者を"客付け業者"と呼ぶこともある（明石三郎「不動産仲介契約の研究」初版315頁、建設省建設経済局不動産業課監修・不動産適正取引推進機構編「不動産取引用語辞典」三訂版76頁、253頁、321頁、遠藤　浩＝田中啓一編「明解不動産用語辞典」68頁、349頁）。

(4)　仲介行為の存在

<small>媒介業務</small>
　仲介業者が売主と買主の間に立って不動産売買契約の成立に向けてあっせん尽力する行為を仲介行為（媒介行為）という。仲介業務、仲介活動とも呼ばれ、標準媒介契約書は「媒介に係る業務」と表現する。

　不動産売買の仲介行為としては、
　ⅰ）取引の相手方または取引物件の探索（物件情報の提供）
　ⅱ）取引物件に関する物件調査・権利調査・法令調査
　ⅲ）取引条件に関する契約交渉・調整
　ⅳ）重要事項説明書・不動産売買契約書の交付・説明
　ⅴ）売買契約締結の立会
　ⅵ）所有権移転登記・引渡し手続の補助がある。

<small>情報提供行為</small>
　物件情報を提供するだけで成約に向けたあっせん尽力をしない行為は、情報提供行為（いわゆる指示仲立）であって仲介行為とは区別される。仲介業者が売主のために取引の相手方（売却先、買主）を探したり、買主のために取引物件（売り物件）を探すことは仲介の端緒となるものの、仲介行為における不可欠な要素ではない。売主が取引の相手方を指示して売却交渉を委託したり、買主がある特定の希望物件（隣地など）を指示して、所有者の売却意思を打診し購入交渉を仲介業者に委託する場合は、取引物件や相手方の探索行為が存しない。売主と買主が契

約交渉を始めたが、取引条件などをめぐって交渉が難航し、円滑に契約交渉が進むよう当事者の一方が仲介業者に途中から契約交渉を委託することもある。

　仲介（媒介）行為の中核は、仲介業者が当事者双方の間に立って売買契約の成立（成約）に向けて取引条件の協議・調整に尽力し売買契約を成立させることにある。契約成立後に仲介業者が取引物件の引渡し・所有権移転登記手続、残代金決済手続に立ち会うなど、契約履行手続に関与することは、補助的業務にすぎない。ちなみに、標準媒介契約書は、「媒介に係る業務」欄に「登記、決済手続等の目的物件の引渡しに係る事務の補助」として位置づける。

　仲介業者が成約に向けてあっせん尽力した結果、当事者間に売買契約が成立すると仲介契約の目的は達成する。

⑸　共同仲介　　　　　　　　　　　　　　　　　　　　　　　　共同仲介
　一つの売買契約の成立に向けて複数の仲介業者が仲介業務に従事する場合、広い意味で共同仲介と呼ぶ。仲介業者が共同仲介に従事したことをもって契約当事者の一方または双方に対し当然に報酬請求できるものではないし、他の仲介業者に対し当然に報酬配分（分与）請求できるものではない。前記(3)のような仲介取引の形態によって、当該仲介業者が契約当事者のいずれから仲介を受託したかを判別する必要がある。例えば事業用物件の売買仲介において、売主Ａから売却仲介の委託を受けた仲介業者（根付け業者）Ｘが取引の相手方（買主）の探索を他の仲介業者Ｍ１に依頼したり、買主Ｂから直接マンション用地の購入仲介の委託を受けた仲介業者Ｙが取引物件（売却物件）の探索を他の仲介業者Ｍ２に依頼する場合がある。委託者から直接委託を受けたＸ、Ｙは根付け業者、根付け業者から再委託を受けたＭ１、Ｍ２は中間業者と呼ばれる　　中間業者
（明石・前掲書315頁）。中間業者は、契約当事者から直接受託するのではなく、それぞれの根付け業者から契約当事者の希望取引条件を示された上で取引の相手方や取引物件を探索し、取引の相手方または取引物件が特定され契約交渉に入ると、中間業者が取引条件を伝達したり取り次ぐこととなる。委託者である契約当事者と直接接触し協議調整するのは根付け業者であって、通例、中間業者は、根付け業者を通さずに契約当

事者と直接協議、報告、連絡をする立場にない。ただ、重要事項説明書と売買契約書には成約に関与した仲介業者として記名押印する。報酬は根付け業者と中間業者間で配分を協議する。中間業者が"売主側の仲介業者"か"買主側の仲介業者"かを線引きし（"わかれ"と呼ぶ。）、中間業者の成約への貢献度に応じて内部的に報酬を配分する。

　中間業者は仲介活動に従事するものの、契約当事者のみならず他の仲介業者との仲介受託関係が曖昧な立場に位置する。これが紛争として顕在化するのは売買契約が成立した後、中間業者が契約当事者に直接報酬請求したり、根付け業者に報酬配分請求したときである。一般に中間業者は、契約当事者と直接媒介契約書を締結することはなく、契約当事者も中間業者に対し直接売買仲介を委託した意思がないのが通常である。媒介契約が締結されたときには媒介契約書が作成、交付される取引実務が定着した今日、契約当事者が根付け業者と媒介契約書を締結しているにもかかわらず、中間業者が根付け業者を飛び越して直接契約当事者に対し報酬請求しようとしても、仲介契約の成立の立証が困難であり、現実には報酬請求することはできないといえる。なお、共同仲介における報酬請求事件に関する裁判例があるが、そのほとんどは宅建業法34条の2の規定が設けられた昭和55年5月以前のものであるため裁判例を参照する場合には慎重な検討を要する。

　共同仲介における報酬請求の可否については、
ⅰ）根付け業者と共同で契約当事者から直接仲介業務を受託した共同受託型か、つまり契約当事者との間で媒介契約が成立したか
ⅱ）根付け業者から仲介業務の一部について委託を受けた再受託型か、つまり根付け業者との間で再受託の媒介契約が成立したか
ⅲ）根付け業者の履行補助者または使者にすぎないか
を検討する必要がある。
　その場合、
①契約当事者と媒介契約書を締結した仲介業者は誰か
②どのような経緯で売買仲介に関与したか、いずれの契約当事者から受託した仲介業者から、いつ、どのような仲介業務を依頼されたか
③いずれの契約当事者または根付け業者のためにどのような仲介業務を

行ったか、成約にどのような貢献をしたか。
④報酬配分について、誰との間で、いつ、どのような協議・合意をしたか
などの諸事情に照らして個別的に判断することとなる。

仲介業務の再委託は詳解不動産仲介解約180頁以下、共同仲介と報酬請求権は前掲書968頁以下、中間業者の根付け業者に対する報酬分与請求に関する大阪高判平10・3・27詳解不動産仲介契約989頁参照。

2　仲介契約の成立時期

(1)　仲介契約の成否に関する議論

　不動産仲介は諾成・不要式の契約であるから口頭による意思表示の合致により成立する。従来、仲介契約の成立時期について、売却仲介・買受け仲介を問わず、委託者が仲介業者に対し売却または買受けの意思があることを伝えて仲介を依頼したときに仲介契約が成立するとの考え方があった（明石・後掲参考文献22頁）。これに対し、売却仲介は、通常、売却物件は特定されており、売主が仲介業者に対し当該物件の売却仲介を委託したときに売却仲介契約が成立するが、買受け仲介は、買受希望者が仲介業者に購入条件などを告げて探索を依頼した段階では仲介の対象となる購入物件が特定されていないため、たとえ買受希望者が仲介業者に買受け仲介を委託してもいまだ仲介契約は成立しておらず、購入希望物件が特定し買受け交渉などを依頼されたときに買受け仲介契約が成立するとの考え方があった（加藤一郎監修「不動産仲介業務の責任と範囲」100～101頁）。

　留意すべきことは、これは、媒介契約の規制（法34条の2）が導入される昭和55年5月の法改正以前の議論だということである。昭和57年5月に宅建業法34条の2の施行と標準媒介契約約款が策定され約三十数年経った今日、取引実務では媒介契約書の作成・交付が定着している。したがって、不動産仲介契約の成否が争点となった場合に宅建業法34条の2の施行と標準媒介契約約款の策定以後の事案の裁判例を検討する必要があり、法改正以前の裁判例を安易に引用すべきでない。

(2)　宅建業法34条の2

仲介契約の成立時期

第12章 不動産仲介契約の成否

ア 宅建業法34条の2は、仲介契約関係の曖昧さ、不透明さに起因する紛争を防止するため、宅建業者が委託者と宅地建物の売買または交換の媒介の契約を締結したときは、遅滞なく、所定事項を記載した書面を作成して記名押印し、委託者にこれを交付することを義務づけた。

宅建業者は、宅地建物の売買の媒介契約を締結するに際し、①媒介の目的物である宅地建物（いわゆる「受託物件」）を特定するために必要な表示、②「売買すべき価額」（媒介価額）、③専任媒介契約かどうか、④媒介契約の有効期間、解除に関する事項、⑤指定流通機構への登録に関する事項、⑥報酬に関する事項などを記載しなければならない（専任約款3条、専属約款3条、一般約款3条参照）。宅地はその所在、地番等で表示し、建物はその所在、種類、構造等で表示し特定する。通常、全部事項証明書（旧不動産登記簿謄本）の表題部登記を記載する。媒介の目的物が宅地の一部の場合は、「…番の一部地積約〇〇〇㎡」と記載し図面などで特定する。未登記建物の場合は固定資産税評価証明書などで特定する。媒介価額とは、売買媒介における「売買すべき価額」をいう。「売買すべき価額」は「売出し価格」とも呼ばれ、いわゆる「売り値」である。宅建業者が依頼者から売買の媒介を受託するに当たって、宅建業者が依頼者と協議し広告などで表示したり買主に提示したりする価格をいう。売買契約が成立したときの売買価額（いわゆる「成約価額」）とは異なる。価格査定は本書71頁。

　媒介価額

　成約価額

イ 受託物件の特定と仲介契約の成立時期

売主が仲介業者にその所有物件の売却仲介を委託した段階で売却仲介の目的物は特定しており、仲介契約の成立を認めることは当事者の合理的意思にかなう。売主からの売却仲介の委託とこれに対する受託の意思表示の合致があれば仲介契約が成立し、媒介契約の内容を記載した書面を作成、交付すべきこととなる。つまり標準媒介契約書を作成、交付すべきこととなる。買受け仲介では、委託者が仲介業者に対し、ある取引物件を指示して買受け仲介を委託する特別な場合は別として、通常、委託者は、購入したい物件についてのおおよその希望条

件は持っているかもしれないが、取引物件や交渉の対象となる物件はいまだ特定されていない。宅建業法34条の２に関するガイドラインは、物件購入の仲介契約では、「依頼者が取得を希望する物件が具体的に決まっていない場合には、物件の種類、価額、広さ、間取り、所在地、その他の希望条件を記載することとして差し支えない」とする。すなわち、購入物件がいまだ具体的に特定していなくとも、取引物件の所在○○方面、宅地○○㎡前後、購入希望価額○○○○万円など、委託者のおおよその希望条件を記載すれば足りるとする。宅建業法34条の２及び標準媒介契約書は、買受け仲介の委託については、取引物件について買受け希望条件がおおむね確定すれば、たとえ目的物が特定されなくても仲介契約の成立を認めるとの考えを採った（建設省計画局不動産課監修「不動産取引の標準媒介契約約款」28頁［末吉興一発言］）。仲介業者が買受け物件の探索をなし得ないほど買受け希望条件が具体的でなく漠然としている場合は、仲介契約は成立しているとはいえないが（明石三郎ほか「詳解宅建業法」139頁）、ガイドラインに記載されている程度の物件の概要が示されると仲介業者が取引物件の探索に着手できる状態となり、買受け仲介の委託・受託に関する意思表示の合致があれば、「遅滞なく」、媒介契約の内容を書面化すること、すなわち媒介契約書の交付が義務づけられることとなり、明石教授の考え方に近づいたものとなった。

(3) **仲介契約の主張立証**

ア　売却仲介

売却仲介契約の成立には、①委託者と仲介業者との間で、②委託者が所有する宅地建物（目的物件）について、③買主の探索、買主との取引条件の調整などして売買契約を成立させるためにあっせんを委託する意思表示と、仲介業者がこれを受託する意思表示の合致が必要である。

イ　買受け仲介

買受け仲介契約の成立には、①委託者と仲介業者との間で、②委託者が購入を希望する宅地建物（目的物件）の概略を示し、③買主の希望物件を探索し売主との取引条件の調整などして売買契約を成立させ

第12章　不動産仲介契約の成否

るためにあっせんを委託する意思表示と、仲介業者がこれを受託する意思表示の合致が必要である。

3　仲介契約の成否の認定手法
(1)　契約の成否の認定手法

　仲介業者と委託者との間で媒介契約書を締結した事実があれば、仲介業者は、委託者に対し仲介契約の成立を主張し、売買契約が成立すれば仲介契約に基づいて報酬請求することができる。宅建業法34条の2は、媒介契約書の要式行為性を定めたものではなく、媒介契約が締結されたときは、遅滞なく媒介契約内容を書面にして交付することを義務づけたにすぎない。したがって、仲介契約の合意がなされた後、遅滞なく媒介契約書が作成、交付されなかった場合、宅建業法違反に当たることは別として、当該媒介契約が私法上不成立もしくは無効となるものではない（東京地判平17・6・30WL、東京地判平22・1・27WL）。

> 黙示の仲介契約

　仲介報酬請求事件において、媒介契約書を締結した事実が存在しなければ、仲介契約の成否自体が争点となることが予想される。この場合、仲介業者は、委託者との間で黙示の仲介契約が成立したとの主張をせざるを得ない。黙示の仲介契約といえども、仲介業者と委託者との間で売買仲介の委託・受託に関する確定的な意思表示の合致が存在することが必要であるのはいうまでもない。特に委託者が仲介業者に対し売却仲介または買受け仲介を委託する意思表示が存在したか否かが争われるため、仲介業者が委託者であると主張する契約当事者の一方との間において媒介契約書を取り交わしていない事実は、委託者が仲介業者に対し売買仲介の委託の意思を表示していない事情（仲介契約の成立を妨げる事情）の一つとして評価されるであろう。仲介業者が媒介契約書を締結することができなかった特段の事情が存在することを仲介業者において積極的に主張立証する必要がある。

　ところで、民事訴訟では、契約書が存在しないときに当該契約の成否が争点となることは珍しくない。この場合、裁判所は、契約成立を認定するに当たって、一般的に、契約の成立を推認する基礎となる間接事実を、次のような時間軸の視点から拾い上げて契約の成立を認定する手法

が用いられる（村田・後掲参考文献62頁参照）。
a）事前の状況（契約成立前に存在した事実）
b）行為の状況（契約成立時に存在した事実）
c）事後の状況（契約成立後に存在した事実）

　仲介契約の成否の判断に当たってa）～c）の認定手法を踏まえて、委託者が仲介業者に対し売買仲介を委託する意思表示を基礎づける間接事実として下記①から⑥を検討する。
①仲介業者が売買に関与した時期とその後の経過
②仲介業者と契約当事者間で仲介委託や報酬の協議、内容と時期
③売買契約が成立するまでの取引経過と仲介業者の仲介活動の内容
④売買契約成立時とその前後の事情、別の仲介業者の関与の有無・内容
⑤売買契約の履行に至るまでの取引経過と仲介業者の仲介活動の内容
⑥仲介業者の仲介活動に対する当事者の承諾または容認の事実

　これらを検討する場合、仲介契約の成否が争点となった過去の裁判例の認定事実が参考となる。

(2)　黙示の仲介契約の成立を認定した判決

　仲介業者Xが買主Yのために仲介の労をとり売買契約が成立したと主張してYに対し報酬請求し、Yが仲介契約の成立を争った事案において、最判昭43・4・2は、原審の認定事実を踏まえて、ＸＹ間には「報酬額について定めのない黙示の媒介契約が遅くとも売買成立のときまでに」成立したと認定した（民集22巻4号803頁）。「黙示の媒介契約」が成立したとの判断をするに当たって基礎となった認定事実は売買契約が成立に至る仲介活動、売買契約成立時と成立後の仲介活動に分析できる。

黙示の仲介契約を基礎づける事実

第12章　不動産仲介契約の成否

黙示の仲介契約の成立を基礎づける事実
①買主においてXが仲介業者であることを認識していたこと ②売買契約が成立に至るまでの経過事実（現地案内、価格調整、買主の希望価格を下回る額での合意） ③売買契約成立時における仲介業者の関与内容（売買契約書の用意、媒介者として契約書への記名捺印、契約の立会） ④売買成立後の関与内容（取引物件の引渡し、代金の授受、登記申請書類の取り揃えなど）

　最高裁は、このような事実を踏まえ、
ⅰ）仲介業者が買主側に立って仲介活動をしていること
ⅱ）仲介業者が買主の利益のためになされたものであること
ⅲ）買主がⅰ）ⅱ）の事実を取引交渉の経過中に知ることができたこと（買主がこれを容認し、仲介業者を排除するような言動がなかったこと）

と評価し、遅くとも売買成立のときまでに仲介業者と買主との間に黙示の仲介契約が成立したことを認定した。

4　仲介契約の成否を巡る紛争類型

　報酬請求事件において、仲介契約の成否が争点となる裁判例は数多くあるが、事案を子細に検討すると、下記の３つの紛争類型に分けることができる。それぞれの紛争類型によって仲介契約の成否を基礎づける間接事実が異なるため、これに留意して仲介契約の成立に関して主張立証する必要がある（詳解不動産仲介契約117頁以下、宇仁・後掲参考文献242頁）。

〔紛争類型〕
Ⅰ　当事者の一方との間で仲介契約の成否が争点となった事案（片手仲介のケース）
Ⅱ　当事者の一方からすでに仲介を受託した仲介業者が取引の相手方との間で成約に向けて交渉した結果、売買契約が成立したとして、取引の相手方との間でも仲介契約が成立するかどうかが争点となった事案（両手仲介のケース）

Ⅲ　当事者の一方が仲介業者から取引の相手方や取引物件の紹介を受けた後、契約交渉している途中で、仲介業者を排除して当事者双方が直接交渉して売買契約を締結した事案（直接取引のケース）

　ⅠとⅡの類型では、仲介業者が売買契約成立まで仲介活動に従事し売買契約成立時に立ち会っているのに対し、Ⅲの類型では、仲介業者が仲介活動に従事している途中で排除されているため売買契約成立時に立ち会っていない。直接取引の事案では、裁判例は、仲介業者を排除した委託者の信義則違反行為や仲介業者が売買契約成立に貢献した仲介行為の内容を勘案して、売買契約成立に至るまでの取引経過事実、例えば仲介業者による情報提供、取引の相手方の紹介や取引交渉の事実をもって仲介契約の成立を認定しており、その認定は、ⅠとⅡの類型に比べて比較的緩やかである。したがって、直接取引に関する裁判例における仲介契約の成立を基礎づける事実をⅠやⅡの事案にそのまま等しく適用するのは適切ではない。詳細は「第14章　直接取引と報酬請求権」427頁以下。

　加えて、売却仲介と買受け仲介は、仲介契約の目的物が特定される時期、当事者が仲介を委託する時期と委託意思の強さが異なるため、事案に即して両者の相違を考慮しつつ仲介契約の成否を検討する必要がある。

5　当事者の一方との仲介契約の成否

(1)　**買受け仲介の委託を基礎づける事実**

　ア　買受けに向けての仲介行為としては、次のものが考えられる。
　　①買受け相談（資金計画など）
　　②取引物件の探索、物件情報・物件資料の提供、現地案内、取引物件の価格査定
　　③売主側（仲介業者）との価格などの取引条件について契約交渉、売渡承諾書の交付、売渡承諾書・買付証明書の授受
　　④取引物件の現況・権利関係・法令などの調査、境界確認
　　⑤融資手続のあっせん、助言など
　　⑥重要事項説明書・売買契約書の案文の検討
　　⑦重要事項説明書・売買契約書の交付・説明、宅建業者の記名押印

当事者の一方との仲介契約

（法35条1項、法37条）
⑧売買契約締結の立会（売主作成に係る「物件状況等報告書」の受領、売買契約書の交付）
⑨取引物件の引渡し・所有権移転登記手続、決済手続の立会
イ　Q1のように、Yが売却物件を探していることを知った仲介業者Xが、Yの希望する所在方面（エリア）、取引物件の規模・広さ、希望価格、予算などを聞き出し、その希望に沿った取引物件を探しYに紹介した段階では、特にYから買受け委託を受けたことをうかがわせるような事実はない。

　その後、XがYに紹介した取引物件についてYが興味を示し、Xから現地案内、取引物件の資料の提供を受け、さらに、Yが希望する買受け価格を記載した買付証明書を提出し、Xが売主側の仲介業者Bと価格交渉などを始め、これと並行して、Xは、Yに売主側との交渉経過を報告し、Yもその希望する取引条件をXに伝え、売主からも売渡承諾書が発行されるという経過を辿る。少なくともYがXを通じて売主に買付証明書を交付する段階に至ると、YにおいてXがYの意向を踏まえて売主側の仲介業者Bと取引交渉を進めることを認識することができることから、Yが特に拒否することもなく、買付証明書をXに交付したり買受け希望条件を提示することはXがYのために仲介活動していることを容認していると評価できる。

　次いで、Xまたは売主側の仲介業者Bが作成した重要事項説明書や不動産売買契約書の案文をYに提供し、Yがこれらの書面内容についてXから説明を受け、Xの助言や指導の下にYの希望内容やYに有利な契約条項などを盛り込む作業を行うと、XがYのために仲介活動に従事している事実があり、YがXの仲介活動を受け入れていると評価することができる。

　売買契約締結の当日、売主側の仲介業者BとXの立会の下に、売主と買主双方が仲介業者から重要事項説明書の交付・説明を受け売買契約書を締結するに至り、重要事項説明書や売買契約書にXと売主側の仲介業者Bが記名押印する。さらに履行期までにYが融資について助言を受けたり、履行に備えてXから買主として用意すべき

書類などの段取りの助言を受け、仲介業者の立会の下に残代金の支払、所有権移転登記手続に関する書類の作成、固定資産税等の精算などの事務が行われ、取引物件がYに引き渡される。

　このような取引経過に照らすと、Yにおいて売主側に仲介業者Bが存在している状況を認識した上で、XがもっぱらY側に立ってYのために仲介活動を行い、YにおいてもXの仲介活動を認識し、これを受け入れ利用し、Xに取引条件を指示している。これらの事実は、YのXに対する買受け仲介の委託の意思表示があると評価することができる（詳解不動産仲介契約123〜125頁）。

　片手仲介の場合、仲介業者の仲介活動はもっぱら契約当事者の一方の利益のために仲介行為をしているとの主張は比較的認定されやすい。

(2) 買受け仲介を認めた裁判例

買受け仲介を認めた裁判例

　買受け仲介の委託を認定したものとして、前掲最判昭和43・4・2のほか、下記裁判例がある。

①買主Yは、仲介業者Xに対し、買受け希望価格を記載して買付承諾書を交付し、同書面には売買契約成立時に仲介報酬を支払う旨の記載があったが、Yは特に異議を述べていないこと（神戸地判昭56・9・17判時1050号134頁）

②買主Yが仲介業者Xから売却情報を受け期限付の買付証明書を送付し買付期限が過ぎたが、Xから示された取引条件を記載して改めて買付証明書を発行したこと、Yの求めによりXが売渡承諾書を取り付けYにファックスで送ったこと、Xが売主宅を訪れる際にXに同行を求めたこと、Xが売買契約書・重要事項説明書の案文をYにファックスで送り同書面には仲介業者としてXらが記載されていたこと、重要事項説明書・売買契約書にXが仲介業者として記載されXが売買契約締結と決済に立ち会っていること、Yが一貫してXを仲介業者として認識していたことを総合して、Yは、Xに当初の買付証明書を送付して仲介契約を締結したが売買契約の成立に向けた交渉の進展を見ることなく買付期限の経過で失効し、Xから新たに示された取引条件に従いYが改めて買付証明書を発行した日にXY間で改めて仲介契約が締結さ

第12章　不動産仲介契約の成否

れたとする（名古屋高判平24・9・11判時2168号141頁）。
(3) **売却仲介の委託が争点となった裁判例**
　ア　仲介業者の売却仲介に向けての仲介行為としては下記のものがある。
　　①売主との間で取引物件の売却方法の検討
　　②物件調査—取引物件の現況・権利関係・法令上の制限などの調査、境界確認
　　③取引物件の価格査定—価格査定書の提出
　　④相手方（買主）の探索—ホームページ、広告などへの掲載、指定流通機構への登録による売却物件情報の提供
　　⑤相手方（または買主側の仲介業者）への物件情報・物件資料の提供、現地案内
　　⑥買主から買付証明書の提出、相手方と価格などの取引条件について契約交渉、売渡承諾書・買付証明書の授受
　　⑦重要事項説明書・売買契約書の交付・説明、仲介業者の重要事項説明書などへの記名押印（法35条1項、法37条）
　　⑧売買契約締結の立会（売主作成に係る「物件状況等報告書」の交付、売買契約書の交付）
　　⑨取引物件の引渡し・所有権移転登記手続、決済手続の立会
　イ　売却仲介契約の成否が争点となった場合、買受け仲介と異なり、取引物件は特定している。しかし、仲介業者に対し「売却したい」とか「売却の世話をしてほしい」との申し出があっても、いつ、どの程度の売却価格で売り出すかは売主にとって最も関心のある事項であることから、売却希望価格について具体的な指示などがなければ仲介契約が成立したとは言い難い。仲介業者が売主との間で売却希望価格（売出し価格）や販売方法などを協議し、仲介業者がホームページなどに販売広告を掲載し、指定流通機構への登録、他の仲介業者への物件情報を提供するなど売却仲介活動を委託者が同意または容認した時点で売却仲介契約が成立したといえる（不動産適正取引推進機構編「続・不動産取引紛争事例集」15頁、詳解不動産仲介契約121頁）。

〔認定例〕
①仲介業者が物件説明書を作成して買主を探し、買主側の仲介業者らと取引交渉し、売買契約書作成、契約立会、契約書への署名、売主の利益のために交渉し、売主が仲介業者の仲介活動に特に異議を述べず、仲介業者らが売主宅に集まって売買契約を締結したこと（東京地判昭55・5・20判タ419号150頁）
②仲介業者が売主（宅建業者）から買い手を探すよう依頼され、買受希望者を同行して売主（宅建業者）に紹介し買受けの意思表示をしたこと（東京地判平20・6・17ＷＬ）
③売主（宅建業者）が物件概要書を同業者に配布し、これを見た仲介業者が売主に買主を紹介し、売主が買主と売買契約交渉を開始し、仲介業者が重要事項説明書、売買契約書等を作成、用意し売買契約に立ち会っていること（東京地判平21・5・19ＷＬ）
④仲介業者が売主と面談し、売主が仲介報酬を支払うとの約束をし、仲介業者が重要事項説明書の作成、契約書に仲介人として記名押印したこと（東京地判平21・9・25ＷＬ）

〔排斥例〕
売主のために仲介業務を進めていた仲介業者に対し、売主が売主の委任なくして代理して行動できないことなどの書面で通告し、以後約9ヵ月以上仲介業者が取引交渉に関与せず途絶えていたこと（東京高判昭57・6・28判時1050号128頁）

6　取引の相手方との仲介契約の成否

(1)　「当事者の一方との仲介契約の成否」との相違点

「取引の相手方との仲介契約の成否」は、当事者の一方との間で仲介契約が成立したかどうかの問題と異なり、別の視点で検討する必要がある。

①仲介業者はすでに当事者の一方（例えば売主）から売却仲介の委託を受けている受託業者であること
②仲介業者が受託した売主のための仲介行為として取引の相手方（買主）を探したこと

③仲介業者が買主を現地案内し物件情報を提供したこと
④仲介業者が買主の買受けの意思、希望条件を聞き、これを売主に伝えたこと
⑤仲介業者が売主と買主との価格調整を重ねるなどして売主・買主間で契約交渉を行ったこと
⑥仲介業者が買主に対し重要事項説明書の交付・説明、売買契約書の交付、契約締結時の立会をした事実が存在する。

　売主から売却仲介を受託した仲介業者が取引の相手方（買主）を探すこと（②）は、売主側から受託した仲介業者として売主のために当然なすべき仲介行為である。

　仲介契約の成否が争われると、仲介業者は、③から⑥の各行為が「買主のための仲介行為」であると主張する。しかし、仲介業者が現地案内し売却物件に関する情報を提供し買受希望者の意向を打診することは、売主側から受託した仲介業者としてなすべき仲介行為である。③から⑥の各行為が買主側の仲介業者の仲介活動として単純に評価できないことに注意を要する。なぜなら、買受希望者が自己の希望する買受け条件を売主に提示するには、ⅰ）買受希望者が自ら売主側の仲介業者と買受け交渉する方法、ⅱ）売主側の仲介業者に対し買受希望者が自らのためにも仲介業務を行うことを依頼する方法、ⅲ）売主側の仲介業者以外の仲介業者に買受け仲介を委託し、その仲介業者を通じて売主側の仲介業者に対し買受け交渉を申し入れる方法とがある。いずれの方法によるかは買受希望者が自由に選択できる。買受希望者が不動産取引の知識や経験がないため仲介業者に買受け仲介を委託しようとする場合、必ず売主の仲介業者に買受け仲介を重ねて委託しなければ買受希望者の意思を提示できないわけではない。④は、売主から委託を受けた仲介業者が売主のためにする仲介活動の一環としての委託者である売主への報告である。⑤は、仲介業者が買主の買受け意思や希望する取引条件を売主に伝え、両者の間に立って取引条件を協議・調整したとしても、これは売買契約を成立させるために売主の仲介業者として当然なすべき仲介行為にすぎない。売却希望価格と買受希望価格に開きがあり、仲介業者が買受希望価格に近い形で売主を説得したとしても、これは売主が譲歩した結果で

あって、この事実をもって直ちに仲介業者が買受希望者の利益のために仲介行為をしたとはいえない。

⑥は、仲介業者は、取引物件に関する権利関係、法令上の制限などを調査し、重要事項説明書・売買契約書を作成、交付し、宅建業者が記名押印するが、これらは買主との仲介委託の存否にかかわらず、宅建業者として宅建業法35条、37条の規定によって義務づけられている業務であって、これをもって買主からの買受け仲介の委託を基礎づける事実と評価することはできない（後掲東京地判平21・7・14）。

そもそも仲介業務は契約当事者の間に立って契約成立に向けて尽力するものであるから、当事者の一方からすでに仲介を受託した仲介業者が他方当事者との間で仲介業務を進める過程において、他方当事者の「要望の実現にも意を用いたとしても、それは双方の利害の調整を本質とする仲介行為の性質上当然のことであり」、契約内容がほぼ固まった段階で売主＝委託者だけでなく取引の相手方からも契約書の文案の作成を任されたとして、「契約書の文案を作成することは宅地建物取引の仲介行為をなす以上一方の委託によるか双方の委託によるかに関係なく通常随伴する作業であると解されるから、これらの事実が存在したからといって直ちに」取引の相手方（買主）も売主側の仲介業者に対し買受け仲介を委託をしたとみることはできない（交換類似契約の仲介について東京高判昭60・12・25判時1179号125頁）。

加えて、宅建業法34条の2が施行され標準媒介契約約款が普及している今日においては、仲介業者が仲介活動を始めたにもかかわらず媒介契約書を締結していない事実についての特段の事情は、仲介業者において主張立証すべきである。仲介業者が売却仲介の受託に当たり、売主との間で早々媒介契約書を取り交わしているにもかかわらず、買受希望者との間でこれを取り交わしていない事情は、仲介業者と買受希望者との仲介契約の成立を妨げる事情の一つに評価される（後掲東京地判平21・7・14）。

【東京地判平21・7・14ＷＬ】
　Ａは、本件各不動産を所有し、その大部分をＹ（宅建業者）に賃貸していたと

ころ、経営状況が悪化し破産開始決定の申立てをし、仲介業者Xに本件各不動産の売却仲介を委託し、甲弁護士には売却交渉を含む債務整理を依頼した。Xは、Yに対し売却希望価格を告げ、Yが購入拒絶するのであればY以外の第三者に売却することを述べ、Yの担当者に対し、「おたくらに売る場合も手数料がかかりますよ」と告げたが、Yの担当者は、Xの告げた売却価格で購入することは到底不可能であると考え何らの返答もしなかった。その後、甲弁護士とYの弁護士乙とが交渉して、Xが、Yに対し重要事項説明書を交付・説明して売買契約が締結された。XはYに対し媒介契約の成立を主張して報酬請求した。

　裁判所は、明示並びに黙示の媒介契約の成立を認めずXの請求を棄却した。明示の媒介契約が成立しない理由として、「(ア)第1に、XとYは、本件媒介契約について契約書等の書面を一切交わしていない。宅建業法34条の2第1項は、宅建業者は、宅地建物の売買に関する媒介契約を締結したときは、遅滞なく、同項各号に定める事項（宅地建物を売買すべき価額又はその評価額、報酬に関する事項等）を記載した書面を依頼者に交付しなければならないとしているうえ、本件媒介契約は、その売買代金額からみて媒介報酬として1億5000万円を超える金銭の支払が予想されるのであるから、XとYが本件媒介契約について契約書等の書面を一切交わしていないというのは相当に不自然というべきである（なお、Yは、Aとの間の媒介契約については専属専任媒介契約書を作成している。）。(イ)第2に、Yは、本件各不動産を購入するにあたって媒介業者を用いる必要はなかった。すなわち、Yは、自らも不動産取引業者であるうえ、本件ビル及びその敷地の一部を自ら所有するとともに、本件各不動産の大部分をXから賃借していたのであるから、本件各不動産について既に十分な情報を有していたし、また、本件ビル建設等契約の条項上、Yは、Aが本件各不動産を売却する場合の優先買取権を有していたのであるから、本件各不動産を購入するにあたって媒介業者を用いる必要がほとんどなかったことは明らかである。(ウ)第3に、Yは、本件媒介契約が明示的に締結されたとXが主張する平成19年4月25日ころ、本件各不動産を購入する意思を有していなかった。すなわち、前記認定のとおり、Yは、同日、Xから、本件各不動産の売却希望価格が68億円である旨を告げられるとともに、同価格での購入を拒絶するのであればY以外の第三者に売却することとなるから本件各不動産の転貸借情報を早急に開示するよう求められ、これに対して、本件各不動産を68億円で購入することは到底不可能であると考え、何らの返答もせず、その直後である同年5月1日、Xに対し、本件各不動産を68億円で購入することはできない旨を通知したうえ、Yの100％子会社であるBが本件各不動産の競売を申し立てているのであり、その後に甲弁護士から売却代金額を51億円とする新たな提案がされるに至って、再び売買交渉を開始しているのである。これらの事情からすれば、その当時Yは本件各不動産を購入する意思を有しておらず、かつ、売買交渉を継続する状況にもなかったとみるのが自然かつ合理的である。し

たがって、その時期にYがXとの間で本件媒介契約を締結する理由はない」。黙示の媒介契約が成立しない理由として、「㋐第1に、前記ア(イ)のとおり、Yは、本件各不動産を購入するにあたって媒介業者を用いる必要がほとんどなかった。(イ)第2に、前記ア(ウ)のとおり、Yは、本件媒介契約が黙示的に締結されたとXが主張する平成19年4月25日ころ、本件各不動産を購入する意思を有していなかったとみるべきである。不動産売買に関する媒介契約は、当該不動産売買の意思を有する者との間で締結するものであるから、その当時Yが本件各不動産を購入する意思を有していなかった本件においては、XとYとの間で本件媒介契約が黙示的に締結されたものと認めることはできない。(ウ)第3に、Yは、Xから「おたくらに売る場合も手数料がかかりますよ。」と告げられたのに対して、何らの返答もしなかったというにすぎないのであり、一度も本件媒介契約の締結を前提とする積極的行動をとったことがない。本件媒介契約は、その媒介報酬として1億5000万円を超える金銭の支払が予想されるのであるから、単に何らの返答もしなかったというだけで、本件媒介契約の黙示の意思表示があったものと認めることは到底できない。(略) Xは、本件売買契約の締結にあたって、Yに対し、重要事項の説明をしたうえ同説明書を交付したところ、Yは、後日、同説明書に押印をしたうえ、これをXに返送しているが、宅建業者による重要事項の説明は、媒介契約の相手方でない者に対しても負担する義務であるから（宅建業法35条1項）、上記のYの行動をもって本件媒介契約の締結を前提とする積極的行動と認めることはできない。そうすると、XとYとの間で本件媒介契約が黙示的に締結されたものと認めることはできない。」とし、本件媒介契約の締結は明示的にも黙示的にもこれを認めることができないとした。

　したがって、Q2の事案では、所有者Aから売却仲介を委託された仲介業者Xが取引の相手方Yとの間で仲介契約が成立したこと（殊に買受け仲介の委託）を主張するには、取引の相手方も仲介業者に対し、買受け仲介の委託の意思表示をしたことを基礎づける特段の事由がない限り、現実には難しい。

【利益相反性】
　売主Aから売却仲介の委託を受けた仲介業者Xが取引の相手方Yに対し、XとYとの仲介契約の成立を推認する基礎となる事実の一つとして、XがYからの希望条件などをYのためにAに伝え、Yのために取引条件を調整し仲介活動をしたことを強く主張することがある。しかし、仲介業者は、委託者であるAとの仲介契約に基づきAに対して善管注意義務やAの利益を図るべき忠実義務を負う。委託者であるAの利益を図ってYとの「仲介の労」を取るべき仲介業者が、報酬請

第12章　不動産仲介契約の成否

求に当たって「仲介の労も主として買主の側に立って、その利益のためにした」ことを積極的に主張することは、委託者の利益よりも取引の相手方の利益を図ったという利益相反行為を自ら公言するものである。

(2)　取引の相手方との仲介契約の成立を基礎づける事実

　契約当事者の一方（売主）から売却仲介を受託した仲介業者が買主からも買受けの仲介を受託したといえるためには、買主が当該仲介業者に対し「自らも仲介を委託する意思」を表示したこと、つまり自己のために契約成立に向けてあっせん尽力することを委託したことが必要である。これを基礎づける事実としては、仲介業者の仲介により成約すれば、仲介業者に報酬を支払うことになると認識し、特に仲介報酬について仲介業者が取引の相手方に対しても請求する旨を具体的に告げ、取引の相手方がこれに異議を述べることなく仲介業者の仲介行為を受け入れていたか否かが仲介契約の成否を判断する上できわめて重要な要素となる。後掲東京地判平20・1・29は、売主から売却仲介を受託した仲介業者が売買契約成立後に買主に対し報酬請求し、買主との仲介契約の成否が争点となり、裁判所は、買主が仲介業者に対し不動産購入申込書を作成した時点で買受け仲介を委託したことを認定した。

【東京地判平20・1・29WL】
　売主Aは、平成18年6月24日、仲介業者Xに対し本件建物を3830万円で売却仲介する専任媒介契約を締結し、売却広告を見た甲（Yの甥、代理人）は、同月26日、Xの担当者乙から現地案内と資料提供を受けた。その帰途、Xの事務所に立ち寄り、乙は、甲に対し、販売価格が3830万円であり不動産購入申込書を作成する必要があること、購入はXを通じての取引となるので仲介手数料が必要であること、仲介手数料、登記費用等の諸費用概算書を交付した。甲は、同日、Yに対し、Yの代理人としての肩書を明記し不動産購入申込書（購入価格3700万円）をXに提出した。同申込書には「私は、貴社より紹介を受けております後記表示の不動産を下記条件にて購入することを申込みますので、貴社に交渉を依頼します。…成約の際には、成約本体価格の3％＋6万円の仲介手数料と消費税相当額を申し受けます」と記載があった。同月28日、Aと甲は、Xの事務所で本件売買契約を締結した（代金3700万円）。乙は、甲に対し専任媒介契約書に署名捺印を求めたが、甲は、「後で」と言って署名しなかった。Xは、Yに対し契約代金の3％に6万円を加算した金額とこれに対する消費税相当額を報酬として請求した

ところ、Yは、Xとの仲介契約の成立を争った。

裁判所は、「さきに認定した事実によれば、不動産購入申込書に署名押印して、Xに交付することにより、Xとの間で、仲介手数料を契約価格の3％に6万円を付加した金額及びこれに対する消費税相当額とする約定の本件売買契約を作成したと認めることができる。確かに、XとYないし甲との間で専任媒介契約書が取り交わされているとは認められないが、さきに認定した事実の経緯、とりわけ、①XはAと甲との間で売買価格の調整をしていること、②その調整にあたっては、Yの希望も聴き、その利益のためにも調整していること、③そのことはYないし甲も了知していたこと、④本件売買契約成立にあたっても、X担当者は本件売買契約書のひな型を用意し、かつ、⑤本件売買契約に立ち会い、契約書にも立会人として記名押印していること、⑥引渡し及び代金支払にも立ち会い、領収証や不動産引渡確認証を準備したり、司法書士の手配をしたりしており、全く関与しなかったというわけでないこと、はいずれも本件媒介契約の締結を裏付けるものであり、これらの事実もあわせ考えると、XとYとの間で本件媒介契約が締結された事実を認めることができる」としXの請求を全部認容した。

7　相当報酬の算定

相当報酬

仲介契約の成否が争点となる事案では、報酬合意の存在（報酬を支払う旨の合意だけでなく、具体的な報酬額を支払う旨の合意の存在）を主張立証することも難しい。しかし、黙示であれ仲介契約の成立が認められると商法512条に基づき相当の報酬請求することができる（明石・後掲参考文献48頁、西野・後掲参考文献707頁、三井・後掲参考文献194頁、後掲最判43・4・2、最判昭44・6・26民集23巻7号1264頁）。

【最判昭43・4・2民集22巻4号803頁】
　商法512条は、商人がその営業の範囲内の行為をすることを委託され、その行為をした場合において、その委託契約に報酬についての定めがないときは、商人は、委託者に対し相当の報酬を請求できる趣旨に解すべきである。

相当性を基礎づける「取引額、媒介の難易、期間、労力その他諸般の事情」を具体的に主張立証する。裁判例の中には、算定基準として「仲介業者の貢献度すなわち仲介の難易、仲介行為の内容、程度、期間、労力等と取引価額その他諸般の事情を考慮し、客観的に相当と認められる金額」（東京地判昭52・12・7判時902号104頁、神戸地判昭56・9・17

貢献度

本書387頁など）とするものもある。商法512条に基づく報酬請求権は本書401頁。

「取引額」とは、最終的に成約した取引価額である。当事者が合意した取引価額は、通例、仲介業者の仲介の労による成果を示すものであり、当事者が得られる経済的利益を評価する指標の一つであることから、斟酌すべき事情の一つとして挙げられている。「媒介の難易」とは、取引の相手方や取引物件を探すことが難しかったか（当事者が取引の相手方や取引物件を指定したか）、当事者が希望する価格などの取引条件の交渉や調整が難航したかなどを指す。成約させることが難度の高いものであれば仲介業者の成約に対する貢献度を基礎づける事情の一つに評価される。「（媒介の）期間」とは、成約に向けて要した時間、「労力」とは、成約に向けて、どのような仲介の労を取ったか（取引物件の情報提供、現地案内、物件調査、取引交渉、委託者からの要望に応じたこと、隣地境界越境などの解決交渉、重要事項説明書の交付・説明、売買契約書の交付、売買契約締結と決済の立会など）をいう。「その他諸般の事情」としては、契約交渉で仲介業者が適切に対応したか、仲介取引の過程で仲介業者が委託者に提示した報酬額、委託者が仲介業者に報酬を支払う旨述べた額、過去に仲介業者と売買仲介の取引があった場合の報酬額の割合、他の仲介業者との共同仲介で報酬配分する事情があるかなどがある。

なお、商法512条に基づく相当の報酬請求をする場合として、
ⅰ）仲介契約の成立は認められるが具体的な報酬額の合意が存在しない事案
ⅱ）売買契約が解除された場合に相当報酬の算定をする事案（「第13章　仲介報酬」416頁参照）
ⅲ）直接取引において相当報酬の算定をする事案（「第14章　直接取引と報酬請求権」435頁参照）

などの紛争類型がある。これらの諸事情が相当性の算定に反映されるため、当該事案の個別の事情を吟味する必要がある。

《参考文献》
- 明石三郎「不動産仲介契約の研究」(増補版　一粒社)
- 西野喜一「委任」倉田卓次監修「要件事実の証明責任〔契約法下巻〕」(西神田編集室)
- 三井哲夫「要件事実の再構成」(増補新版　信山社)
- 島田禮介「不動産取引業者の報酬請求権をめぐって」木村保男編「現代実務法の課題」(有信堂)
- 宇仁美咲「不動産媒介契約の成立と報酬」奥田隆文＝難波孝一編「民事事実認定重要判決50選」(立花書房)
- 不動産適正取引推進機構「不動産売買における媒介報酬の解説」(住宅新報社)
- 村田　渉「推認による事実認定例と問題点」判タ1213号62頁
- 岡本正治＝宇仁美咲「詳解不動産仲介契約」(全訂版　大成出版社)

第13章　仲介報酬

> **紛争事例**
>
> Q1　報酬合意の効力
> 　所有者Yは、仲介業者Xに土地の売却を依頼するに際し、3000万円で売って欲しい、3000万円を超えて売れたら、超えた額はXの報酬とするとの合意をした。Xの仲介の結果、3200万円で売却することができた。XがYに対し仲介報酬として200万円を請求することは、宅建業法上問題があるか。
>
> Q2　売買契約の解除と報酬請求
> 　仲介業者Xの仲介により、売主Y1と買主Y2間で売買契約が成立したが、Y2が約定期日に残代金を支払わなかったため、Y1は、Y2の債務不履行を理由に契約解除した。XはY1、Y2に対し報酬請求できるか。
>
> Q3　仲介業者の調査義務違反と報酬請求
> 　仲介業者Xの仲介により、売主Y1と買主Y2間で売買契約が成立したが、取引物件に処分禁止仮処分登記がなされていることが判明し履行期までにY1が抹消できなかったため合意解約した。Xは事前に調査・説明することを怠っていた。XがY1、Y2に対し報酬請求した場合、Y1、Y2はどのように反論できるか。

1　仲介報酬請求権の発生要件

事案分析のポイント

《紛争》
　Ｑ１：仲介業者の売主に対する報酬請求
　Ｑ２〜３：仲介業者の売主・買主に対する報酬請求
《争点》
　報酬合意の効力、契約解除後の報酬請求の可否、仲介行為の瑕疵と報酬請求の可否

理解しておくべき事項

1　仲介報酬請求権の発生要件

(1)　**仲介報酬（媒介報酬）**

　不動産仲介契約の意義、成立時期は「第12章　不動産仲介契約の成否」374頁、379頁。

　仲介業者が売主と買主との間に立って売買契約の成立（成約）に向けてあっせん尽力した結果、売買契約が成立すると、委託者に対する報酬請求権が発生する（いわゆる成功報酬主義。明石・後掲参考文献５頁、明石三郎ほか「詳解宅建業法」439頁）。仲介業者が委託者の希望にかなった取引物件や取引の相手方を探して紹介しても、委託者において紹介された物件を購入するか、紹介された相手方と売買契約を締結するかは自由であり応諾する義務はない。仲介報酬請求権の発生は、仲介業者の仲介による売買契約の成立という将来の不確実な事実にかかることから、報酬請求権は一種の停止条件付の権利であると法律構成されている（直接取引の事案について最判昭45・10・22民集24巻11号1599頁、東京地判昭52・12・７判時902号104頁など、明石・後掲参考文献５頁など）。

　仲介契約の性質は準委任であるが、受託した仲介事務の既履行部分の割合に応じて報酬が発生する履行割合型ではなく、受託した仲介事務が完成したときに、その成果に対して報酬が発生する成果完成型の契約類型である（民法改正要綱仮案第36委任２(1)、民法（債権法）改正検討委員会編「詳解債権法改正の基本方針」Ⅴ136頁、138頁）。

　不動産仲介契約における成果とは、他人間の売買契約の成立にほかな

仲介報酬請求権

成功報酬

らないから、報酬は成約の対価ということになる。たとえ仲介業者が売買契約の成立に向けて多大な時間と労力を費やしたとしても、当事者間で売買契約が成立しなければ報酬請求権は発生しない。したがって割合的報酬請求もできない。割合的報酬請求について「第5章 不動産売買契約の成立時期」187頁。

報酬請求権の発生要件

(2) **報酬請求権の発生要件**

報酬請求権の発生要件は、
①仲介業者と委託者との仲介契約の成立
②仲介業者による仲介行為の存在
③委託者と相手方との売買契約の成立
④仲介業者の仲介行為と売買契約成立との間の相当因果関係の存在
である（明石・後掲参考文献36頁以下、西野・後掲参考文献707頁、島田・後掲参考文献3頁、詳解不動産仲介契約835頁以下）。仲介行為は「第12章 不動産仲介契約の成否」376頁、売買契約の成否は「第5章 不動産売買契約の成立時期」163頁、183頁以下。

標準媒介契約約款は、上記要件を踏まえて、①宅建業者の媒介によって目的物件の売買契約が成立したときは、宅建業者は、委託者に対して報酬を請求することができること（専任約款7条1項、専属約款7条1項、一般約款9条1項）、②宅建業者は、いわゆる37条書面（売買契約成立後に宅建業法37条に基づいて交付すべき書面。取引実務では不動産売買契約書をもって37条書面に代えている。）を当事者に交付した後でなければ報酬を受領することはできないこと（専任約款8条1項、専属約款8条1項、一般約款10条1項）を定める。

他人物売買

【他人物売買と仲介報酬】

仲介業者の仲介により売主・買主間で第三者所有の不動産の売買契約が成立した場合、売主が所有権を有している通常の売買とは異なり、第三者の所有権が売主を経由して買主に移転されるかどうかは不確実である。他人物売買の仲介では、第三者から売主への契約履行またはこれと同視できるような状態に至ってはじめて報酬請求権が発生する（明石ほか「詳解宅建業法」453頁、詳解不動産仲介契約885頁）。ちなみに、仲介業者Yの仲介により、AX間で第三者の所有する不動産の売買契約が成立した事案について、裁判所は、「他人物売買である場合

には、売主が不動産の所有権を取得することができるか否かは甚だ不確実であるから、このような場合の媒介契約に基づく報酬請求権は、買主との関係では、売主が目的不動産の所有権を取得した時点ではじめて発生する。(略)一般媒介契約約款には、宅建業者の媒介によって目的物件の売買又は交換の契約が成立したときは、宅建業者は、依頼者に対して、報酬を請求することができる旨の条項(同約款9条)が存在しているが、この条項は、売主が目的物件の所有権を有する通常の売買契約の場合を想定したものと解されるから、本件において契約の合理的解釈として上記のとおり認定判断することの妨げとなるものとはいえない」とした(東京地判平23・8・8WL)。

(3) 報酬請求権の法律構成

法律構成

　仲介業者が委託者との間で標準媒介契約書(専属専任媒介契約書、専任媒介契約書、一般媒介契約書)もしくは報酬を支払う旨の約定書を取り交わしている場合、仲介業者は当該合意(報酬契約)に基づいて報酬請求する。訴訟物は報酬合意に基づく報酬請求権である。

　仲介業者が媒介契約書や報酬支払約定書を取り交わしていない場合、その先決事項として仲介契約の成否が争点となることが予想される。ただ、黙示の媒介契約または報酬合意に基づいて報酬請求する場合は、これを基礎づける具体的な事実の主張立証が必要となる。不動産仲介契約の成否は「第12章　不動産仲介契約の成否」379頁以下。

　委託者との間で仲介契約が成立することが認められる場合、報酬を支払うとの合意とか具体的な報酬額を定める合意がなくても、仲介業者は、不動産売買などの仲介(媒介)を業として営む者であり商人に当たり(商法4条1項、502条11号)、仲介行為は「商人がその営業の範囲内において他人のために行為したとき」に該当するため、仲介業者の仲介によって売買契約が成立すると、商法512条に基づき委託者に対し「相当の報酬」を請求することができる(明石・後掲参考文献48頁、西野・後掲参考文献707頁、三井・後掲参考文献194頁、最判昭43・4・2本書395頁、最判昭44・6・26民集23巻7号1264頁)。

　「相当の報酬」の算定に当たっては、個々の売買仲介における「取引額、媒介の難易、期間、労力その他諸般の事情」(最判昭43・8・20民集22巻8号1677頁)を斟酌する。相当報酬の算定は本書395頁。仲介契

約の成立が認められると、特段の事情がない限り、相当報酬額を支払う旨の黙示の合意が認められ、これに基づいて報酬請求することとなる（後掲名古屋高判平24・9・11）。

　仲介契約の成否自体が争点となる報酬請求事件では、仲介業者は、まず仲介契約の成立について主張立証することに力を注ぎ、これに対し、委託者は、仲介契約が成立していないことを反論・反証することに努めることになる。具体的な報酬額を支払う旨の合意の存在を立証することが難しい事案では、仲介業者は、報酬額の相当性を基礎づける事実について主張立証することが重要となり、委託者は、これを減殺することを基礎づける事実によって反論・反証する。

【名古屋高判平24・9・11判時2168号141頁】
　仲介業者Xが委託者Yに対し報酬請求したところ、Yは、Xとの仲介契約の成立を争った。報酬額の明示の取り決めがなかったが、原審は、Xの請求を一部認容し、控訴審はYの請求を棄却した。
　裁判所は、XY間の仲介契約の成立を認定した上で（本書388頁）、報酬額について、「Y〔委託者〕は本件媒介契約により宅建業者であるXに対し、その営業範囲内の行為を委託しているのであり、当該行為を無報酬とする旨の特約の存在を認めるべき証拠もないことからすれば、本件媒介契約においては、YがXに対し相当報酬額を支払う旨の黙示の合意が成立していたと認められる」とした。

〔確認すべき事項〕
・標準媒介契約書の成立が争われる事案もあるため、委託者本人が媒介契約書に署名捺印したか、高齢の売主が判断能力を欠く状態で媒介契約を締結したなどの理由で有効性を争われないかをも含めて、仲介契約成立までの経過事実を確認する。
・報酬を支払う旨の合意（具体的な報酬額についての合意を含めて）の存否、媒介契約書以外に報酬支払約定書があるか、報酬合意を基礎づける事実は何か。
・標準媒介契約書を取り交わしている場合でも報酬額の欄が空白の場合もある。委託者が仲介業者に提出した売却承諾書・買付証明書の用紙やチラシなどに「成約後に報酬として売買価格の3％＋

> 6万円に消費税を加算して支払う」旨の注記がなされている場合もあり、これが報酬合意を基礎づける重要な間接事実となりうるため、取引書類を点検する。

2 宅地建物取引業法による業務規制

(1) 国土交通大臣の定め

　宅建業者が宅地建物の売買の媒介に関して受けることのできる報酬の額は、国土交通大臣の定めるところによる（法46条1項）。国土交通大臣の定めは「宅地建物取引業者が宅地又は建物の売買等に関して受けることができる報酬の額」（昭和45年10月23日建設省告示第1552号、最終改正平成26年2月28日国土交通省告示第172号。以下「報酬告示」という。）である。

　宅建業者は、報酬告示を超えた額の報酬を受けてはならない（法46条2項）。法46条2項に違反して報酬を受領する行為は100万円以下の罰金に処せられる（法82条2号）。宅建業者が委託者に対し不当に高額の報酬を要求する行為は禁止されている（法47条2号）。「不当に高額の報酬」とは、報酬告示に定める額を相当上回る報酬であり、要求する行為があれば法47条2号に違反する。現実に報酬を受領することは要しない。これに違反すると業務停止処分の対象となり（法65条2項2号）、1年以下の懲役もしくは100万円以下の罰金に処し、またはこれを併科する（法80条）。

(2) 報酬告示の定め

　宅地建物の売買の仲介報酬の算定は、宅建業者が課税事業者（消費税法5条1項の規定により消費税を納める義務がある事業者）の場合、下記のとおりとなる。

第13章　仲介報酬

売買価格 （本体価格）	媒介報酬 （消費税を含む）	Q1の紛争事例において売買価格が3200万円の場合の媒介報酬（8％の消費税を含む）
200万円以下の金額	5.4%	200万円×5.4％＝10.8万円
200万円を超え400万円以下の金額	4.32%	200万円×4.32％＝8.64万円
400万円を超える金額	3.24%	2800万円×3.24％＝90.72万円
		合計額　110.16万円

＊売買価格が400万円を超える場合の速算式による報酬（消費税抜き）

　　　　　　　　　　　　　　　　3200万円×3％＋6万円＝102万円
＊消費税を加算した報酬　　　　　102万円×1.08＝110.16万円

　報酬告示第二では、宅建業者が売買の仲介報酬に関して委託者から受領できる額は、売買に係る代金の額を「（報酬告示が掲げる上記の表の左の欄）に掲げる金額に区分してそれぞれの金額に同表に掲げる割合を乗じて得た金額を合計した金額以内とする」とし、その上限を定める。取引実務では、仲介行為の難易等の内容にかかわらず報酬告示の最高限度額の報酬（売買の本体価格の3％に6万円を加算した額）を確定的なものとして当然の如く請求することがよく見受けられ、報酬請求訴訟において、仲介業者が「業者間の慣行」や慣習を根拠に「報酬として最高額が授受されることが通常である」と主張することが少なくない。しかし、報酬告示は、宅建業法46条1項に基づいて、「宅建業者が不当に高額の報酬を受領することを抑止する目的で、報酬の最高額を定めたもの」であり、当然に最高額を請求できるものではない。具体的な報酬額の約定がなければ、個々の売買仲介における「取引額、媒介の難易、期間、労力その他諸般の事情」を斟酌して定められる（最判昭43・8・20民集22巻8号1677頁）。宅建業法46条1項、2項は、仲介業者と委託者間の報酬合意のうち報酬告示所定の額を超える部分の実体的効力を否定し、報酬合意の実体上の効力を所定最高額の範囲に制限しており、同条項は強行法規で、所定最高額を超える報酬合意部分は無効である（最判昭45・2・26民集24巻2号104頁）。

Q1の紛争事例は、いわゆる仕切り売買、手取り額報酬と呼ばれるものである。3200万円で売却仲介した場合、宅建業者（課税事業者）が受けることができる報酬の最高限度額は110.16万円（消費税込み）となり、これを超えた額を報酬として受けることは報酬告示所定の最高限度額を超えるため、たとえＹの合意があったとしても宅建業法46条1項、2項の規定に違反する（逐条解説宅建業法651頁）。

仕切り売買

(3) 報酬の受領時期

報酬請求権の発生時期と報酬の受領時期とは異なる。報酬請求権は仲介業者の仲介により売買契約が成立したときに発生する。取引実務では、報酬の受領時期について売買契約成立時に報酬の半額、決済時に残額を受領する方法が定着しているが、これは、旧建設省が、売買契約締結後の登記、引渡し等の決済手続までの事務処理を仲介業者が誠実に行うように、契約成立時に半額、仲介の責任を完了した時に残額を受領するよう行政指導したことによる（昭和41年11月21日建計政発第117号回答。昭和27年6月26日建設省住発第298号通牒）。契約締結時に支払う報酬の半額が仲介業者の成約までの貢献に対する対価、決済時に支払う報酬の残額が成約後の決済までの貢献に対する対価に相当するという趣旨に基づくものではない。

報酬の発生時期と受領時期

「（仲介）報酬の残額を決済時に支払う」との報酬合意は、残代金の支払または売買契約の履行を条件として報酬請求権が発生するとか、残代金の支払を条件に報酬を支払うとの趣旨ではなく、当事者の一方の債務不履行によって売買契約が解除された場合には期限到来事由の不発生が確定し報酬の支払期限が到来したものと解される（東京地判平17・3・24ＷＬ、東京地判平21・1・16ＷＬ、東京地判平21・2・26本書413頁）。

3　売買契約の解除と報酬請求権

仲介業者の仲介によって売買契約が成立したが、目的物の引渡し・残代金決済時までに当事者の一方が売買契約を解除する場合がある。解除の原因としては、債務不履行解除のほかに、手付解除、合意解除、ローン解約、クーリング・オフ（法37条の2）などがあるが、報酬請求権と

契約解除

第13章　仲介報酬

の関係は個別に検討する必要がある。ローン解約と報酬請求は「第8章ローン解約」288頁以下。

クーリング・オフ

(1) **クーリング・オフ**

　宅建業者が自ら売主となる宅地建物の売買について、買受け申込者または買主は、一定期間に限り無条件かつ一方的に当該買受けの撤回または当該売買契約の解除をすることができる（法37条の2）。買主がクーリング・オフによって売買契約を解除する旨の意思表示は買主がその書面を発したときにその効力が生じる（2項）。クーリング・オフにより売買契約は遡及的に効力を失うため、仲介業者の報酬請求権は発生せず、仲介業者は、すでに受領した報酬を返還すべき義務を負う（名古屋高判平15・4・2裁判所ウェブ、逐条解説宅建業法567頁、574頁）。

解除条件付売買

(2) **解除条件付売買**

　解除条件付の売買契約については、契約締結後に解除条件の成就により売買契約が効力を失えば報酬請求権も効力を失い、仲介業者は、委託者に対し報酬請求することはできない。

【東京地判平22・7・20WL】

　Y1（代表取締役Y2）は、平成19年6月27日、Aとの間で土地売買契約を締結したが（別件売買）、土壌汚染物質が発見され土壌改良工事費用などでAとの間で折り合いがつかず代金の支払期日が順延されていた。Y1は、別件売買の代金で収益物件の購入を検討していた。Y1の担当者甲は、11月13日に仲介業者Xの担当者乙から本件不動産を案内され、同月20日、Xの仲介によってY1とY3（代表取締役Y4）間に本件不動産売買契約が成立した（本件売買）。本件売買契約締結に当たり、甲は乙に対し、別件売買で支払われる代金で本件不動産を購入することが前提となること、別件土地の土壌改良工事費用についてAとの協議ができず代金の支払期日が順延されていることなどを説明し、これを受けて、乙が起案した本件売買契約書には「買主は、本物件の購入については別途契約済みの土地売却代金をもって充当するため、万一、その売却が不可能となった場合は本物件の契約は白紙とします」との本件特約が付された。しかし、Xは、Y3に対し、土壌汚染の関係で別件売買の代金の支払期日が順延されている事情について伝えなかった。12月5日、Aから契約解除の申し出を受け、甲は、乙にその旨伝え、その後、Aが契約解除の意思が強固であることを伝えたが、乙は、本件売買の手続を進めるよう強く要請した。Y1は、同月14日、XとY3に対し特約に基づいて別途契約が白紙解約となった旨通知した。Y1とY3は、同月27日、本

3　売買契約の解除と報酬請求権

件売買が本件特約により失効したことを確認しＹ１が手付金を放棄し和解金を支払う旨合意した。Ｘは、Ｙらが報酬の支払を免れるため合意解約したと主張し、Ｙらに対し不法行為に基づき損害賠償請求し、予備的にＹ１とＹ３に対し報酬請求した。Ｙらは、本件特約により本件売買が失効し報酬請求権が消滅したこと、Ｘの仲介行為の瑕疵を主張した。

　裁判所は、「本件特約は、前記認定に係る同特約の設けられた趣旨やその文言に照らすと、Ｙ１が別件売買で支払を受ける代金をもって本件売買の代金を支払うことが前提となっていたため、別件売買の代金が客観的障害により支払われない場合には、本件売買が失効する旨の解除条件を定めたものと解するのが相当」とし、「本件売買の当時、別件土地の所在等が明らかにされていなかったとしても、その特約の内容自体は前記のとおり明確なものであるから、本件特約が無効なものということはできない」。「Ｘの担当者は、Ｙ１の担当者から、本件売買に当たり、別件売買について、別件買主との間で土壌汚染の問題をめぐり、代金の支払が延期されているとの説明を受けた上で、本件特約が定められているのであるから、土壌汚染が瑕疵に当たることを理由に別件買主から契約を解除されるなどして代金の支払を拒絶された場合にも、本件特約が適用されると想定されていたとみられる。（略）その後、実際にＹ１は、別件買主との間で、土壌改良工事をめぐって折り合いがつかないまま、本件特約の定める有効期限前である平成19年12月5日に、別件買主から、一方的に契約解除の申入れを受けた」。「Ｙ１が本件売買代金の原資たる別件売買の代金の支払を受けられなかったのは、別件買主からの一方的な解除の申入れという、Ｙ１にとって客観的な障害によるものであって、Ｘが疑うような、Ｙ１の恣意によるものでないことは明らかであるから、これにより、前記解除条件は成就したことになる」。「本件売買は、本件特約の定める解除条件の成就により、失効し（略）宅建業者の報酬請求権は、売買が有効に成立することを条件とするものであり、解除条件付売買において、解除条件の成就により売買が効力を失った場合には、報酬を請求することはできない」とし、Ｘの請求を棄却した。Ｘの仲介行為には瑕疵があったとしてＹ１らに対する報酬請求を認めなかった理由として、「(2)　Ｘは、本件売買の仲介に当たり、Ｙ１から、別件売買について別件買主との間で土壌汚染の問題をめぐり、代金の支払が延期されているとの説明を受けていたのであるが、同事実は、本件売買の実効性にかかわる重要な事項に当たるから、仲介契約上の義務として、Ｙ３に告知すべき義務があったというべきである。しかるに、Ｘは、かかる義務を怠り、Ｙ３に対して、何ら上記事実を告げることなく、本件売買を仲介したのである。(3)　また、前記のとおり、Ｘは、本件売買の契約締結直後、本件特約の有効期限前に、Ｙ１から、土壌汚染の問題をめぐって契約解除の申入れを受けた事実を知らされていたのであり、これは本件契約の定める解除条件の成就に当たるとみるべきものであったから、仲介契約上の義務として、速やかに同事実をＹ３に告知す

第13章　仲介報酬

べき義務があったというべきである。しかるに、Xは、かかる義務を怠り、Y3に対し、速やかに同事実を告げなかったばかりか、Yらの間で、同事実をめぐって紛争が生じてからも、別件売買は順調に進んでいると聞いていた旨不正確な事実を告げていたのである。(4)以上によれば、Xの本件売買の仲介行為には上記の点で仲介契約上の義務を怠る瑕疵があったというべきであり、その背景には、X担当者の乙において宅地建物取引主任者として売買当事者双方の重要な利害について顧慮することなく仲介報酬欲しさに既成事実を作ろうとした面があったことは否定できない。そして、Xにおいて、前記(2)の義務を尽くしていれば、そもそも別件売買の代金が支払われないおそれがある不安定な状態のままで、その代金の支払を前提とした本件売買が成立した可能性は低いとみられる。また、Xにおいて、前記(3)の義務を尽くしていれば、Y3において、本件売買の履行に向けてY1から要請されていた工事を進めるなどの損失の拡大は避けられたとみられ、Y1においても、Y3との間で紛争に発展し、その解決のために、手付金を放棄した上で和解金を支払わなければならない事態は避けられたとみられる」とし、Xにおいて、Yらに対し仲介報酬を請求することはできないとした。仲介行為の瑕疵は本書416頁。

手付解除

(3) 手付解除

売買契約が手付解除された場合に仲介業者が委託者に対し報酬請求できるか。従来、報酬請求権は仲介業者の仲介によって売買契約が成立すると発生し、当事者の一方が手付解除や債務不履行解除をしても契約締結後の事情は仲介業者の責めに帰すべき事由ではないことから報酬請求権の帰趨に影響を受けないと解されていた。

ところが、これとは異なる考え方や裁判例が見られる。

　ア　仲介報酬の半額にとどめる考え方

明石三郎教授は、手付の授受を伴った売買契約は、手付放棄・手付倍返しによる解除を予定ないし留保した契約であり、特に手付金相当額を出捐して手付解除した当事者に約定報酬を支払わせるのはいささか酷であるとし、売買契約時に支払われた約定報酬額の半額をもって満足すべきであろうとする（明石三郎ほか「詳解宅建業法」446頁）。もっとも、明石教授は、①手付解除の相手方（手付放棄を受けた売主、手付倍返しを受けた買主）への報酬請求の可否、②「残金支払時に報酬全額を支払う」との定めがある場合の報酬の一部請求の可否、

3　売買契約の解除と報酬請求権

③報酬額の合意が存在する場合の減額の可否について言及されておらず、仲介報酬請求権が成功報酬であるとの報酬請求権の発生時期との整合性についても触れていない。

イ　相当の報酬額を算定する裁判例

買主の手付放棄により売買契約が解除され、仲介業者が委託者である売主に対し約定報酬額を請求した事案において、福岡高裁那覇支判平15・12・25判時1859号73頁は、「仲介業者が委託者［売主］に対して媒介契約に基づく報酬請求ができるか否か、その際の金額についての特約は存在しない」とした上で、「一般に仲介による報酬金は、売買契約が成立し、その履行がされ、取引の目的が達成された場合について定められているものと解するのが相当である」（最判昭49・11・14裁判集民113号211頁）との判例を引用しつつ、商法512条に基づいて相当の報酬額を認定した。

ウ　福岡高裁判決の問題点

福岡高裁判決の認定事実によると、①仲介業者と委託者は専任媒介契約を締結し具体的な報酬額を支払う旨の合意が存在する事案である。専任約款7条1項は宅建業者の媒介によって目的物件の売買契約が成立したときは、委託者に対し報酬を請求することができると定める（専属約款7条1項、一般約款9条1項も同様）。福岡高裁判決は、同約款に基づいて約定報酬額が発生していることについて触れず、「仲介業者が委託者［売主］に対して媒介契約に基づく報酬請求ができるか否か、その際の金額についての特約は存在しない」と認定している。原告（控訴人）がどのように主張したかどうかは判然としないが、報酬請求権の発生時期を含む専任媒介契約の締結を認定していながら報酬額の合意がないとする理由は示されていない。

仲介報酬は、仲介業者の仲介によって売買契約が成立したという成果の対価であり、報酬請求権は売買契約成立時に発生している。仲介業者の「仲介の労」は契約成立時に完了し、所有権移転・売買代金支払は当事者が売買契約に基づいて履行すべき義務であり、仲介業者には当事者の履行を確保する義務はない。ちなみに、標準媒介契約書は、「媒介に係る業務」として「宅建業者は、依頼者に対し、登記、

決済手続等の目的物件の引渡しに係る事務の補助を行います」と定め、登記、決済手続などの目的物件の引渡しは「補助」と位置づける。媒介契約書を締結していない場合でも、所有権移転・売買代金支払が売買契約に基づく当事者の義務であることには変わりない。手付解除は、当事者の一方が理由の如何を問わず、仲介業者が仲介により成立した売買契約を解除できるのであり、手付解除に何らの帰責事由のない仲介業者の報酬を減額する合理的な根拠はない。加えて、媒介契約約款には手付解除の場合の報酬について特別の定めはない。だからといって、商法512条に基づく相当の報酬額を算定すると結論づけるにはいささか論理の飛躍があろう。専任約款7条1項は、売買契約成立によって発生した報酬請求権は契約解除によって何ら影響を受けるものではないとの仲介契約の特質と従来の裁判例・通説に沿って策定されたものである。手付解除は解除の理由を問うことなく契約当事者が手付放棄もしくは手付倍額の償還によって契約を解除できることから報酬請求権に影響を与えないことが当然であることによる。

　当事者が仲介業者に対し売買仲介を委託するに当たって売買契約が履行され取引の目的が達成されることを期待したとしても、契約が約定どおり履行されるかどうかは、ひとえに契約当事者間の問題である。前掲最判の事案は、宅建業法34条の2の施行や標準媒介契約約款が策定された以前のものであり、媒介契約書に基づき報酬請求した事案において前掲最判を引用することは妥当でない（後掲大阪高判平25・2・28参照）。前掲最判及び福岡高判は、報酬請求権はいつ発生するのか、報酬請求権の発生要件として「契約の履行がされ、その取引の目的が達成された」ことが必要であるかについて判示していないため、報酬請求権の発生要件や発生時期との整合性が乏しい。

債務不履行解除

(4) **債務不履行解除**

　　ア　従来の考え方

　　仲介業者の仲介によって売買契約が成立すると、仲介契約は目的を達成し報酬請求権が発生する。宅建業者の仲介業務は、特段の合意がない限り、売買契約の履行の確保にまで及ぶものではない。売買契約の成立によって、売主は買主に対し所有権移転登記義務・引渡し義務

を負い、買主は売主に対し残代金支払義務を負うが、これらの契約上の義務は当事者自らが履行すべきものであって契約成立後の取引経過は報酬請求権に影響を及ぼさない（明石・後掲参考文献43頁、旧版注釈民法(16)194頁、明石ほか「詳解宅建業法」445頁、宇野・後掲参考文献557頁、来栖三郎「契約法」569頁、建設省計画局不動産業課監修「不動産取引の標準媒介契約約款」64～65頁、110頁など。後掲東京地判平21・4・8など。裁判例は詳解不動産仲介契約999頁以下）。

【東京地判平21・4・8WL】
　仲介業者Xは、買主Yから買受け仲介を受け、Yとの間で締結した仲介手数料支払約定書本文には、「Yは、不動産手数料として貴社[X]に下記金額を2007年3月12日までに、一括して支払うことを約します」とし売買代金の3％（消費税別）に相当する報酬を支払う旨合意した。Xの仲介により、平成19年1月12日、売主AとYとの間で本件売買契約が成立し履行期日は3月12日としたが、Aは約定期日に履行できなかった。XがYに報酬請求したところ、Yは、Xの仲介業務は売買契約の履行の確保にまで及び、本件売買契約の履行を完結時に仲介報酬を支払う旨の停止条件付報酬契約が成立し、停止条件は成就していないと抗弁し、口頭弁論期日でXとの仲介契約を解除する旨の意思表示をした。
　裁判所は、「宅建業者は、仲立人として活動する場合であっても民事仲立人として活動する場合であっても、不動産の売買など他人間の法律行為の媒介をなすものであるから、特段の合意がない限り、売買契約等の履行の確保は仲介業務に含まれず、したがって、委託者に対する報酬請求権は、仲介行為により委託者とその相手方との間に売買契約等が成立することにより発生し、特段の合意がない限り、売買契約等が履行されたか否かによって影響を受けるものではないと解される（大判明治41年7月3日民録14輯820頁参照）」。仲介手数料支払約定書の本文の「文面に照らし、仲介手数料の支払を本件売買契約の履行に係らしめたものであるとは解し難く、その弁済期を定めたにすぎないと解するのが素直であって、他に同売買契約の履行の完結時に仲介手数料を請求し得る旨の合意がXY間に成立したことを認めるに足りる証拠はない」。「本件売買契約の履行の確保をも仲介業務に含める旨の合意がXY間に成立したことを認めるに足りる証拠はない」とし、Yの抗弁を排斥してXの請求を認容した。大判明41・7・3は、商事仲立について、仲立営業者の媒介した商行為につき商法546条に定める結約書の作成・交付手続が終われば報酬請求権が発生し媒介行為が後日実行せられたか否かを問わないと判示するものである。報酬の支払時期の到来は本書405頁。

第13章　仲介報酬

　イ　福岡高裁判決以降の裁判例

　前掲福岡高裁判決以降の裁判例をみると、債務不履行解除の事案については従来の考え方に拠ったもの（後掲1、2）と、福岡高裁判決に沿って一部減額するもの（後掲3、4）が見られる。後掲2は、報酬請求権の発生時期を踏まえて、最判昭49・11・14の事案が標準媒介契約約款を締結した事案とは異なること、契約成立後の「目的物の引渡しに係る事務」が仲介業者の業務としてはあくまでも「補助」として位置づけされていることを明確に判示する。

1【東京地判平21・5・19WL】
　仲介業者Xは、売主業者Yから売却仲介を受け（報酬合意は取引価格の3％）、Xと買主A側の仲介業者Bの仲介により、YA間の売買契約が成立した。Aの債務不履行により解除された後にXがYに対し約定報酬額を請求した。
　裁判所は、「媒介業者の媒介契約に基づく報酬請求権は、契約の成立を仲介するという媒介契約の性質に照らしても、後日の売買契約の解除が媒介業者の責任によるなどの特段の事情がある場合を除き、媒介契約に基づいて媒介業者による媒介行為がされ、それによって売買契約が成立したときに発生すると解されるから、本件売買契約が解除されたことによっては、Xの本件媒介契約に基づく媒介報酬請求権は何らの影響も受けないというべきである。Yが引用する最高裁昭和49年11月14日第一小法廷判決は、本件と事案を異にするものであって、先例として適切ではない」とし、Xの約定報酬額の請求を全額認容した。報酬の支払時期の到来は本書405頁。

2【大阪高判平25・2・28判例集未登載】
　仲介業者Xは、買主Yから本件土地売買の仲介委託を受け一般媒介契約を締結し、売主Aとの本件売買契約を成立させた。Aは、Yの債務不履行（残代金支払義務違反）を理由に契約解除した。Yは、本件売買契約が残代金決済に至らず最終的に取引の目的が達成されないため、約定報酬額を大幅に下回る額の相当な報酬額を請求しうるにとどまるものと主張した。原審は、Yの主張を排斥しXの請求を全部認容、控訴審はYの控訴を棄却した。
　裁判所は、「一般に、不動産売買取引の仲介報酬は、仲介業者が仲介行為によって売買契約を成立させたことへの対価であると解されるから、仲介報酬請求権は、仲介業者の仲介によって委託者と相手方との間で売買契約が成立したことによって発生し、売買契約に基づく義務の履行・不履行等、売買契約成立後の事情は、仲介報酬請求権に消長を来すものではないというべきである。Yが引用す

3 売買契約の解除と報酬請求権

る上記最高裁判決は、現在一般に使用され、本件においても用いられている国土交通省が定めた標準媒介契約約款を前提とするものではなく、本件とは事案が異なることは明らかである。そして、本件においては標準一般媒介契約約款に基づく契約書が作成されており、同契約書においては、Xの報酬請求権は、Xの媒介によって目的物件の売買の契約が成立したときに発生すること（一般約款9条1項）、約定報酬額は本体価額に3％を乗じて6万円を加えた額とそれに消費税額及び地方消費税を合計した額であること及び仲介業者の業務として、目的物件の引渡し係る事務の補助を行うこと（一般約款5条4号）などが定められており、上述のとおり、不動産売買取引の仲介報酬請求権は、仲介業者の仲介によって委託者と相手方との間で売買契約が成立したことによって発生することが契約書上も明らかにされている。そうすると、契約成立後の目的物の引渡しに係る事務等は、仲介業者の業務としてはあくまでも補助としての位置づけであって、同契約書によって定められた約定報酬額は、目的物件の売買契約の成立によって発生する報酬請求権の金額であることが明らかである。Ｙの主張は理由がない」とした。

③【東京地判平21・2・26ＷＬ】
売主Ａ側の仲介業者Ｂと買主Ｙ側の仲介業者Ｘの仲介により、ＡＹ間において本件売買契約が成立した。Ｙは、支払期日に代金を支払わず、Ａは本件売買契約を解除し、ＸがＹに約定報酬額を報酬請求した。

裁判所は、「不動産売買の仲介契約における仲介手数料（報酬）額は、通常、売買契約が成立し、かつ、その履行がなされ、取引の目的が達成された場合を想定してその金額が定められているものと解するのが相当であるから、売買契約が成立したものの、当該契約が、合意解約、債務不履行その他事由の如何を問わず、現にその履行がされず、契約の目的を達しなかった場合には、特段の事情のない限り、売買契約が成立したという一事をもって、定められた仲介手数料（報酬）の全額の請求をすることはできないというべきである（最高裁昭和49年11月14日判決・最高裁判所裁判集民事113号211頁参照）。本件仲介契約においても、本件売買契約が履行されなかった場合にまで、本件手数料全額を支払う旨の特約があるなど、その全額を請求可能とするだけの特段の事情があったとまで認めることはできないから、本件売買契約が最終的に履行されなかった以上、本件手数料全額の請求をすることはできず、その請求額が一定程度減殺の対象となるものであることは否めない。したがって、合意解約の成否にかかわらず、本件売買契約が履行されていないという事実を指摘するＹの主張は、本件手数料請求権を消滅させるものではないにしても、一定程度の減額事由となり得るという限度では、理由がある」。「本件売買契約が履行されずに終わった場合の仲介手数料（報酬）額についての定めはないから、その請求可能額は、商法512条に基づき、契

第13章　仲介報酬

　　　　約履行時における合意報酬額たる本件手数料の金額を上限として、本件売買契約
　　　　の取引額、仲介業務の難易、期間、労力、さらには売買契約が履行されずに終
　　　　わった事情など、その他の諸般の事情を斟酌して定めるべきである（最高裁昭和
　　　　43年8月20日判決・判例タイムズ226号76頁参照）」とし、仲介手数料の支払義務
　　　　の発生が売買契約の履行がなされることを停止条件とする旨の合意があったとす
　　　　るYの主張を排斥し、仲介手数料請求権が発生したとしても合意解除によって仲
　　　　介手数料請求権は当然に消滅したとする主張を排斥し、Xの請求を一部認容し
　　　　た。報酬の支払時期に関する約定は本書396頁、報酬の支払時期の到来は本書405
　　　　頁。

　　4【東京地判平23・1・20ＷＬ】
　　　　仲介業者Xの仲介により、売主Aと買主Y間で売買契約が成立し、Yは、Xに
　　　　対し、契約締結時と引渡し時に報酬として各50％（4134万3750円）を支払う旨合
　　　　意し、契約締結時に50％を支払った。Aは、Yの債務不履行を理由に売買契約を
　　　　解除し、Xは、Yに対し約定報酬の残額の支払または商法512条に基づく報酬の
　　　　支払を求め（本訴）、Yは、売買契約解除を理由に不当利得返還を求めた（反訴
　　　　請求）。
　　　　裁判所は、「仲介人が宅建業者であって、依頼者との間で、仲介によりいった
　　　　ん売買契約が成立したときは、その後依頼者の責めに帰すべき事由により契約が
　　　　履行されなかったときでも、一定額の報酬金を依頼者に請求し得る旨約定してい
　　　　た等の特段の事情がある場合は格別、一般に仲介による報酬金は、売買契約が成
　　　　立し、その履行がされ、取引の目的が達成された場合について定められているも
　　　　のと解するのが相当である（最判昭49・11・14裁判集民事113号211頁参照）。本
　　　　件では、依頼者の責めに帰すべき事由により契約が履行されなかったときでも一
　　　　定額の報酬金を依頼者に請求し得る旨の約定はされていない。そうすると、仲介
　　　　の目的である売買契約が解除によって終了した場合の定めがないことになり、そ
　　　　の請求可能額は、商法512条に基づき、契約履行時における合意報酬額たる金額
　　　　を上限として、本件売買契約の取引額、仲介業務の難易、期間、労力さらには売
　　　　買契約が履行されずに終わった事情など、その他諸般の事情を斟酌して定めるべ
　　　　きである（最判昭43・8・20民集22巻8号1677頁参照）」とし、すでに支払われ
　　　　た報酬に加え1000万円を報酬金額とするのが相当とした。

　ウ　報酬の支払期日の到来と遅延損害金の起算点
　　　「約定報酬は売買契約成立時に半額、残代金決済時に残額を支払
　　う」との約定が一般的である（本書405頁）。報酬請求権は仲介業者の
　　仲介により売買契約が成立時点で発生するから、上記約定は、仲介報

酬請求権の発生を売買契約の履行に係らしめたものではなく、報酬の支払時期を定めたものにすぎない。売買契約が債務不履行解除されると残代金が最終決済されないこと（所有権移転・引渡しがなされないこと）が確定した時点で報酬の支払期日が到来する（債務不履行解除について東京地判昭56・1・30判時1014号88頁、東京地判平21・1・16ＷＬ、東京地判平23・1・20本書414頁、合意解除について東京地判平6・9・1判時1533号60頁、東京地判平17・3・24ＷＬ）。その結果、契約当事者の一方による他方に対する契約解除の意思表示が到達した日に報酬の支払期日が到来し、仲介業者は、委託者に対し仲介報酬額（消費税を含む。）及びこれに対する支払期日の翌日から支払済みまで法定利率の割合による遅延損害金の支払を求める。契約解除と報酬の支払時期は詳解不動産仲介契約1040頁参照。改正民法は法定利率を改め（改正民法404条）、商法514条を削除した。

エ　委託者の抗弁

　委託者は、①売買契約が債務不履行解除されると、売買の目的不達成により報酬請求権は発生しないとか、②売買契約の履行を条件に仲介報酬を支払う旨の合意（停止条件付報酬契約）が成立し債務不履行解除または履行を完結させることができず条件不成就により報酬請求権が発生しないことが確定したと主張することが多い（東京地判昭56・1・30判時1014号88頁、浦和地判昭56・3・16判時1032号118頁、浦和地判昭58・12・23判タ525号147頁、東京地判平21・2・26本書413頁、東京地判平21・4・8本書411頁、東京地判平21・5・19本書412頁）。しかし、これを認めた裁判例はないようである。また、③「残金決済時に報酬全額を支払う」との約定の趣旨は、買主の残代金支払義務の履行完了を支払時期とするものである。売買契約が債務不履行解除により報酬支払義務の支払期限は到来しないとの主張がなされることもあるが（前掲東京地判平21・2・26）、報酬の支払期日を残代金決済時とした約定は、売買契約成立時に発生した報酬請求権（全額）の支払期日が残代金決済時とする趣旨であると解されている。

(5)　報酬額の算定　　　　　　　　　　　　　　　　　　　　　　　報酬額の算定

第13章　仲介報酬

　　手付解除または債務不履行解除の場合に相当報酬額を算定する際に特に留意すべきことは、ⅰ）手付解除または債務不履行解除に至る経緯、ⅱ）仲介行為の瑕疵の存否に加えて、ⅲ）報酬請求の相手方（手付解除した当事者か、債務不履行解除の意思表示をした当事者か、解除された当事者か）、ⅳ）契約締結時の約定報酬額の支払方法の合意の存否及び支払状況などの事情がある。仲介業者として果たすべき仲介業務は完了していることは"動かし難い事実"である。すなわち、仲介業者が契約締結時までになすべき仲介業務としては、①取引物件の探索、②取引条件の交渉、調整、物件調査（権利関係、法令調査を含む。）、③重要事項説明書・売買契約書の作成・交付・説明、④契約締結の立会など、契約締結に至るまでの仲介業務はすべて履行されている。売買契約成立後、仲介業者は「補助」として、売主の所有権移転・引渡し、買主の残代金の支払に向けて用意すべき書類・金員の連絡、決済日時・場所の設営・立会をする。これら一連の業務を行うことによって報酬額の算定の考慮要素としての売買契約成立に対する貢献度は満たしていることとなる。なお、約定報酬額の合意がある場合、減額を基礎づける事実の主張立証責任は委託者が負うべきである。

仲介行為の瑕疵

4　仲介行為の瑕疵と報酬請求権

(1)　法律構成

　仲介業者の仲介により売買契約が成立した場合に報酬請求権は発生するが、他方、仲介業者は、仲介契約の本旨に従い、善良なる管理者の注意をもって仲介事務を処理する義務を負い（民法656条、644条）、委託者の仲介委託の目的を達成することができるよう配慮して仲介事務を誠実かつ適切に処理すべき業務上の注意義務を負う（明石・後掲参考文献11頁、明石ほか「詳解宅建業法」147頁）。仲介行為に仲介業者の調査・説明義務などの業務上の注意義務違反がある場合を「仲介行為の瑕疵」という。仲介業者の注意義務違反は「第15章　仲介業者の説明義務」441頁以下。仲介行為の瑕疵が著しいとか重大であるため、仲介業者による適切な調査・説明義務が履行されていれば売買契約が成立しなかったとか、売買契約の成立（当事者の意思の合致）までには至らなかった

といった場合には報酬請求権の発生根拠たる売買契約の成立という要件を欠き報酬請求権は発生しないことがありうる（詳解不動産仲介契約844頁）。

> 〔確認すべき事項〕
> 　仲介業者から仲介報酬を請求された場合だけでなく、仲介業者が仲介報酬を請求する場合であっても仲介行為の瑕疵の有無について検討する。
> ・仲介業者が売買取引に関与した経過
> ・売買契約成立に至る取引経過（重要事項説明書、物件状況等報告書、告知書、売買契約書などの授受）
> ・当事者が売買契約を解除した理由、債務不履行の事実は何か
> ・買主の契約解除は仲介業者の善管注意義務違反（調査・説明義務違反など）が起因しているか
> ・仲介業者の仲介業務に宅建業法違反の事実がないか
> ・仲介行為の瑕疵（調査・説明義務違反など）に起因して契約解除された場合には、報酬請求権の発生自体が争われることから、解除原因と解除に至る経過事実の確認は重要である。当事者、仲介業者の言動、解除通知書などをみて、当事者がどのような解除原因事実を主張しているのか、法律的に認められる主張であるかなども検討する。

(2) 紛争類型

　次のような紛争類型が想定されるが、仲介行為の瑕疵（仲介業者の義務違反）の存否と程度によって法律構成が異なる。

　ア　仲介業者が売買契約の契約締結過程で取消し原因となる行為に加担したとか、説明義務違反の内容が重大であったため合意解除されたことを理由に報酬請求権が発生しないとした事案。前掲東京地判22・7・20本書406頁参照。

> 1【東京地判昭51・10・14判時856号63頁】
> 　売主Xは、売却土地の大部分が傾斜地であるため、仲介業者Yに対し、その旨説明したうえ売却仲介を委託したが、土地の案内にあたった甲らが、買主Aに対

第13章　仲介報酬

し周辺土地を含め大部分が平坦地であるかのように虚偽の事実を告げ、Aは、これを信じてXと売買契約を締結した。後日、この事実が発覚し、Aは、詐欺を理由にXとの売買契約を取消し、Yとの間で合意解除の形式で紛争を解決した。XはYに対し、支払った報酬について不当利得返還請求した。裁判所は、「契約締結の過程において、無効または取消しの原因となる行為をし、あるいはこれに加担した仲介者は、仲介報酬を取得しえないもの」とし、仲介報酬は「その実質は仲介の成功に対して支払われる対価であり、本契約が契約締結過程における仲介者の行為により瑕疵あるものとしてその効力を生ぜず、あるいは取り消された場合には、右瑕疵につき責任のある仲介者は仲介に成功したとはいえないからである」とし、Yが売買契約の解消の原因たる瑕疵につき責任があることを理由に仲介報酬債権を取得し得ないとし、XのYに対する報酬返還請求を認めた。

2【東京地判昭57・2・22判タ482号112頁】

　仲介業者Xは、買主Y2に対し、売主Y1所有の本件土地の建ぺい率が400％、容積率が100％であるが他に制限はなくY2が希望するどのような建物でも建築できる旨説明し、Xの仲介によってY1とY2間の土地売買契約が成立した。本件土地の道路側の擁壁に亀裂があるため擁壁を作り直すか、道路より45度の斜面の後方でなければ建物を建てることが許可されないことなどが判明し、擁壁工事に約2～3000万円の費用を要し、45度の斜面の後方では10坪程度の建物しか建築できなかった。Y2の希望した建物が建築できず、Y2は、Y1との売買契約を解消し、協議交渉の結果、Y1が費用の一部を負担し、当初の代金を減額して売買契約を締結し直した。XはYらに対し報酬請求したところ、YらはXの告知義務違反を主張した。

　裁判所は、仲介業者は、仲介契約の本旨に従い、善管注意をもって媒介をすべき義務を負い、「売主と買主との間を斡旋仲介するに当たっては、売買契約が支障なく履行され当事者双方がその契約所期の目的を達することができるよう配慮して、仲介事務を処理すべき業務上の注意義務があるところ、建物を建築しようとする目的で宅地を買い受けようとする者にとって、当該土地の建築の制限に関する事項は契約を締結するかどうかを決定するための重要な事項であるから、仲介業者としては当該土地についてどのような建築制限があるかを誠実に調査しこれを当事者に告知すべき義務のあることは当然である（宅建業法35条1項2号参照）」。「Y2は居宅建築のための用地として本件土地を購入しようとしていたものであるところ、本件土地には前記認定のようにY2が事前にこれを知っていれば契約を締結するに至らなかったものと認められる（通常人であっても容易に契約を締結しなかったものと考えられる。）重大な欠陥があったのであり、Xが仲介業者として当然尽くすべき義務の履行として調査をしていればこれを容易に知ることができたものと考えられるにもかかわらず調査を怠ったものと認められる

から、Xには仲介業者として尽くすべき義務の不履行があり、これに基づいてY1らは右欠陥に気付かないまま売買契約を締結し、その後右欠陥があることを理由にいったん契約が解除されるに至ったものというべきである」。「仲介業者の仲介報酬請求権は、いったんその仲介行為によって売買契約が成立した以上、その後の契約当事者の責に基づく債務不履行等によって契約が解除されるに至ったとしても、なんらの影響を受けるものではない。しかし、仲介業者に対する報酬は本来その仲介義務の履行行為とそれに基づく成果に対する対価というべきものなのであるから、仲介行為そのものに仲介業者としての義務を履行したといえない瑕疵があり、その瑕疵が原因となって、締結された契約に当初から内在する瑕疵を生じ、当該契約が無効となり取り消され、又は解除されたような場合には、仲介業者の報酬請求権は発生しない」とし、XのYらに対する報酬請求を棄却した。

イ　仲介業者の義務違反によって委託者が損害を被ったことを理由に仲介業者に対し不法行為または債務不履行に基づき損害賠償請求するとともに既払い報酬を損害として賠償請求する事案（東京地判昭33・5・21判時154号26頁、東京高判平6・7・18本書473頁、東京地判平8・8・30金判1025号30頁、東京地判平9・1・28判時1619号93頁、東京地判平10・5・13判時1666号85頁、東京地判平10・9・16判タ1038号226頁、東京地裁八王子支判平12・8・31本書466頁、東京高判平12・10・26本書454頁、千葉地判平12・11・30判時1749号96頁、奈良地裁葛城支判平14・9・20裁判所ウェブ、東京地判平16・4・23本書463頁など）

ウ　仲介業者の委託者に対する報酬請求権について、委託者が仲介業者に対する債務不履行または不法行為に基づく損害賠償請求権と相殺する事案。
　　仲介業者の報酬請求権の発生は認めつつ仲介業者の義務違反による損害賠償請求権との相殺を認めた大阪地判昭54・12・14判時965号91頁、仲介行為の瑕疵による損害賠償請求権との相殺の主張を排斥した東京地判平27・6・23本書460頁。

エ　仲介業者の義務違反が判明した時点では仲介契約が存続しているとして、委託者が仲介契約を解除し、すでに支払った報酬の返還を請求する事案

第13章　仲介報酬

　　買主Yが仲介業者Xの抵当権などの調査義務違反を理由に仲介契約を解除し、直接売主と売買契約を締結しXが報酬請求したところ、Xの責めに帰すべき事由によって仲介契約が解除されたとして、Xからの報酬請求を認めなかった東京地判昭38・8・15判タ154号70頁参照。

【東京地判平21・8・27WL】
　　仲介業者Yの仲介により、平成20年1月31日、売主Aと買主Xとの間で未完成物件の売買契約が成立した。Xは、Yと一般媒介契約書を締結し仲介報酬215万4784円のうち60万円を支払い残額を引渡し時に支払う旨約定した。仲介手数料支払約定書には「売買当事者による白紙解除（住宅ローン特約による解除を除く。）、手付解除及び違約解除により、売買契約の解除に至った場合は、下記の約定報酬額（消費税を含む。）を、契約解除時に現金もしくは銀行振込にて全額支払います」と記載した（本件特約）。Xが本件建物を内覧したところ、Xの希望物件（全室南向きの部屋）とは間取りが異なっていることが判明した。原因は、YがXに対して建物の完成図面を取り違えて交付し説明していたことによるものであった。Aは、Xに対し手付倍返しにより契約解除し、Xは、Yの説明義務違反を理由に仲介契約を解除し既払い報酬の返還請求したところ、YがXに報酬残額の支払を求めて反訴請求した。
　　裁判所は、「本件仲介契約17条2項には、Yが一般媒介契約に係る重要な事項について故意若しくは重過失により事実を告げず、又は不実のことを告げる行為をしたときは本件仲介契約を解除することができる旨定められているところ、（略）Yは、Xから全室南に面したマンションを紹介してほしいとの希望を具体的に聞いており、その希望に添った建物の間取図をXに示し、重要事項説明の際にも同様の図面を交付するなどしておきながら、対象物件の図面を取り違えていたために、Xとしては、希望に添わない建物である本件建物の売買契約を締結するに至ったものであって、以上によれば、本件仲介契約における目的の中心である売買契約の対象物件について、重要な事項についての事実を告げなかったことについてYには重過失があったというほかなく、上記17条2項に定める解除事由に該当する事情があった」。「本件においては、仲介契約の本旨に基づいた義務履行としての媒介行為が行われたとはいえないのであるから、Xがその対価として支払った報酬の一部について返還が認められないとすることは相当ではなく、Yの主張は採用できない。（略）本件仲介契約において、売買契約が手付解除されたとしても報酬全額が支払われる旨の特約があること、一般的にも、不動産の仲介契約においては、原則として売買契約の解除が仲介報酬に影響を与えないと解されることはY主張のとおりであるが、仲介業者に対する報酬は本来その仲介業務

の履行行為とそれに基づく成果に対する対価というべきものなのであるから、本件のように仲介行為そのものに瑕疵があり、それによって売買契約が締結され、解消されるに至ったような場合は、上記の場合に当たらない」とし、Xの請求を認めYの反訴請求を棄却した。

5 非委託者に対する報酬請求の可否

(1) 非委託者に対する報酬請求に関する議論

　昭和30年代から昭和50年代の仲介報酬請求権を巡る紛争では、契約当事者と仲介業者との間において明示または黙示の仲介契約が成立していない事案について、判例は、仲介業者が「非委託者のためにする意思をもって」仲介をしたとか、「客観的にみて、相手方当事者のためにする意思をもって仲介行為をした」との要件を満たせば、非委託者に対し商法512条に基づき報酬請求できるとした（最判昭44・6・26民集23巻7号1264頁、最判昭50・12・26民集29巻11号1890頁）。このような法律構成がなされた当時の背景には、仲介の委託・受託関係が曖昧なままに仲介業者が売買取引に関与し売買契約が成立した後、当事者に報酬請求をしたところ、当事者が仲介業者との仲介契約の成立を争い、仲介業者において仲介契約の成立自体を主張立証することが困難であるため、予備的に「非委託者のためにする意思」や「客観的にみて、相手方当事者のためにする意思」との主張がなされた。裁判所も、当事者が仲介業者の仲介行為を利用して売買契約の成立の利益を享受していることから、事案に鑑みて救済的な判決をしたことがうかがわれる。

　しかし、前掲最高裁判決は、宅建業法が宅建業者に対し取引態様の明示義務（旧14条の3、現34条）を定めた昭和42年8月改正前の取引事案である。その後、仲介委託関係の曖昧さによる紛争を防ぎ仲介委託・受託を明確にするため昭和55年5月の法改正で媒介契約の規制（法34条の2）の規定が新設され、標準媒介契約書も普及して約35年を経た今日、媒介契約書の締結が定着している。媒介契約の規制以前の前掲最高裁判決の法律構成によって非委託者に対する報酬請求を認めることは、仲介委託関係が存しない非委託者にとって不意打ち的に報酬請求することを容認するものであり、「他人のために」した行為に当たるかどうかと

非委託者に対する報酬請求

いった曖昧な基準をもって判断することは媒介契約の規制によって仲介委託・受託関係を明確にして仲介報酬を巡る紛争を防止しようとする立法目的を損なうものである。現行宅建業法の下では、仲介業者の報酬請求権は仲介契約の成立を前提に認めるべきであって非委託者に対する報酬請求を認めるべきでない。詳解不動産仲介契約1274頁以下参照。

(2) 宅建業法34条の2の規定の以前の裁判例

仲介報酬請求に関する紛争は、宅建業法34条の2が新設され標準媒介契約約款の普及とともに激減した。ところが、ここ数年の裁判例をみると、仲介契約の成否、直接取引の可否などを争点とする事件が見られる。特に売買契約が手付解除された場合の報酬請求の可否について前掲福岡高裁那覇支判が最判昭49・11・14を引用して以来、契約解除後の報酬請求事件が目立つようになった。報酬請求訴訟では、過去の裁判例を自己に有利に引用することが多いが、媒介契約の規制が施行される以前の判例を安易に引用することは適切ではない。施行以前の裁判例が、施行後の事案に参照できるものかどうかを検討し、標準媒介契約書を締結した媒介契約書・同約款を踏まえて法律構成と主張立証を検討すべきである。

《参考文献》
- 明石三郎「不動産仲介契約の研究」（増補版　一粒社）
- 西野喜一「委任」倉田卓次監修「要件事実の証明責任〔契約法下巻〕」（西神田編集室）705頁
- 島田禮介「不動産取引業者の報酬請求権をめぐって」木村保男編「現代実務法の課題」（有信堂）
- 宇野栄一郎「宅地建物取引業者の報酬請求権」中川善之助ほか監修「不動産法大系Ⅰ売買」（青林書院新社）557頁
- 三井哲夫「要件事実の再構成」（増補新版　信山社）
- 不動産適正取引推進機構「不動産売買における媒介報酬の解説」（住宅新報社）
- 建設省計画局不動産業課監修、宅地建物取引業法令研究会編著「不動産取引の標準媒介契約約款」（住宅新報社）
- 岡本正治＝宇仁美咲「詳解不動産仲介契約」（全訂版　大成出版社）

第14章　直接取引と報酬請求権

紛争事例

　仲介業者Y１は、自社のホームページに売却物件としてA所有の甲土地を売却価格１億円で掲載していた。これを見た仲介業者Xは、客付けをさせてほしいとY１に頼み甲土地の物件資料を入手して数社に物件情報を流した。宅建業者Y２からXに、甲土地を見たいとの連絡があり、XはY２を現地案内した。数日後、Y２は、7000万円であれば金融機関から融資を受けることができる、それ以上は無理だが値交渉をしてほしいと言った。Xは、Y１と数回にわたって値交渉したが、Aは１億円を下回る値段では売らないと強い姿勢であった。XとY１との交渉は進まず途絶えた。Y２は、別の仲介業者Y３に売却物件の探索を依頼したところ、Y３から甲土地を紹介された。Y２は、Y３を通じてY１と交渉し直したところ売買代金9000万円で売買契約が成立した。Xは、後日、Y３の仲介によりAとY２間で売買契約の成立を知った。
　Xは、直接取引（"抜き取引"）を理由にY２に対し報酬請求ができるか。Y１、Y３に対し損害賠償請求ができるか。

事案分析のポイント

《紛争》

第14章　直接取引と報酬請求権

・仲介業者の委託者に対する報酬請求
・仲介業者の他の仲介業者に対する損害賠償請求
《争点》
　直接取引における報酬請求の可否、仲介契約の成否、相当報酬の算定、直接取引に介入した仲介業者に対する損害賠償請求の可否

> 理解しておくべき事項

1　紛争類型

　直接取引とは、仲介業者が当事者の一方または双方から売買仲介の委託を受け、取引の相手方（または取引物件）を紹介し成約に向けて尽力していたところ、委託者が仲介業者を排除して相手方と直接交渉し（または他の仲介業者の関与のもとに）売買契約を成立させた場合をいう。"抜き取引"とも呼ばれる。

　不動産仲介は、仲介業者が委託者のために、ⅰ）取引の相手方または取引物件の探索（物件情報の提供）、ⅱ）取引物件に関する物件調査・権利調査・法令調査、ⅲ）取引条件に関する契約交渉等、ⅳ）重要事項説明書・売買契約書の交付・説明、ⅴ）売買契約の立会が主な業務内容である。

　直接取引は、仲介業者から提供された物件情報を利用して委託者が相手方と直接契約交渉したり、仲介業者が相手方と交渉している段階で委託者が仲介業者を介さずに相手方と直接契約交渉するなどして、仲介業者が成約に向けてあっせん尽力する機会を妨げるものである。

直接取引における報酬請求の可否

2　直接取引における報酬請求の可否

(1)　争点

　直接取引の紛争案件では標準媒介契約書を締結していないことが多いため、次のような争点が予想される。
①仲介契約が成立したか、報酬を支払う約束（報酬支払の合意）があったか
②仲介契約が成立したが、その後、途中で解除されたか
③委託者が仲介業者を排除したか、委託者の排除行為が信義則違反に当

たるか

④仲介業者は売買契約の成立に寄与したか、その寄与割合の有無・程度

(2) **標準媒介契約書を締結している場合**

標準媒介契約書は、「媒介契約の有効期間又は有効期間の満了後2年以内に、甲（委託者）が乙（宅建業者）の紹介によって知った相手方と乙を排除して目的物件の売買又は交換の契約を締結したときは、乙は、甲に対して、契約の成立に寄与した割合に応じた相当額の報酬を請求することができます」と定める（専任約款10条、専属約款10条、一般約款12条）。

標準媒介契約約款に基づく報酬請求権の要件事実は次のとおりとなる（東京地判平13・6・29判タ1104号201頁）。

①宅建業者と委託者との間において標準媒介契約書による媒介契約が成立していること

②媒介契約の有効期間または有効期間満了後2年以内に、委託者が宅建業者の紹介によって知った相手方と売買契約を締結したこと

③委託者が売買契約の締結に当たり宅建業者を排除したこと

④宅建業者が売買契約の成立に寄与したこと及びその寄与割合

標準媒介契約約款は、委託者が媒介契約を解除しないで直接取引した場合だけでなく、媒介契約を解除した後、「媒介契約の有効期間の満了後2年以内」であれば報酬請求ができることを定める。

(3) **標準媒介契約書を締結していない場合**

標準媒介契約書を締結していない事案における法律構成としては、民法130条または同条の規定の趣旨、信義則違反などが考えられる。学説・裁判例の中には、①委託者が仲介業者との仲介契約を解除しないまま直接取引した場合と②委託者が仲介契約を解除した後に直接取引した場合に分け、その根拠条文を異にしているものも多く、直接取引における報酬請求に関する法律構成は相当錯綜している（明石・後掲参考文献110頁以下、詳解不動産仲介契約1075～1076頁）。

直接取引の態様をみると、委託者が報酬の支払を免れる意図で仲介業者を排除する事案、委託者が仲介業者の仲介行為に不信を抱き仲介業者を介さずに取引の相手方と直接交渉した事案、委託者と相手方との取引

標準媒介契約書

第14章　直接取引と報酬請求権

条件に開きがあり契約交渉が打ち切られた後に当事者のいずれかが直接交渉を申し入れ成約に至った事案など多種多様で個別性が強い。仲介業者が排除された時期とその理由、当事者が直接交渉を始めたきっかけと成約に至る経過、仲介業者の仲介行為の売買契約の成立への寄与度が重要な事実であるため、個々の紛争事案に応じて柔軟に法律構成を検討すればよい。

民法130条説

〔民法130条説〕

民法130条の規定に基づき報酬請求する場合、要件事実は次のとおりとなる（西野・後掲参考文献707頁、三井・後掲参考文献194頁）。

①仲介業者と委託者との間において仲介契約が成立していること
②仲介業者による仲介行為が存在すること
③委託者が仲介業者の紹介によって知った相手方と売買契約を締結したこと
④委託者が売買契約の締結に当たり仲介業者を排除したこと
⑤仲介業者が委託者に対し、③の売買契約の締結をもって条件成就とみなす意思表示をしたこと
⑥仲介業者が売買契約の成立に寄与したこと及びその寄与割合

相当因果関係説

〔相当因果関係説〕

相当因果関係説は有力に主張されている。この説によれば、仲介業者の仲介活動と仲介契約解除後の売買契約成立との間に相当因果関係があるときは報酬特約または商法512条に基づいて報酬請求権を有することとなる（島田・後掲参考文献3頁、山下・後掲参考文献54頁、東京高判昭34・6・23下民集10巻6号1324頁、東京地判昭45・11・25判時629号87頁、東京高判昭47・10・27判タ289号331頁、高知地判昭57・2・22判タ474号188頁、東京高判昭61・12・24判時1225号63頁、福岡高判平10・7・21判時1695号94頁など）。

これによると、要件事実は下記のとおりである。
①仲介業者と委託者との間において仲介契約が成立していること
②仲介業者による仲介行為が存在すること
③委託者が仲介業者の紹介によって知った相手方と売買契約を締結したこと

④仲介業者の仲介行為と③の売買契約との間に相当因果関係が認められること
⑤仲介業者が売買契約の成立に寄与したこと及びその寄与割合

(4) **仲介契約の成否**

　直接取引では、仲介業者が委託者から排除され、委託者と相手方間の売買契約成立時に立ち会っておらず、標準媒介契約書を締結していないことも多いため、仲介契約の成否が争点となる。これまでの裁判例では、直接取引による報酬請求事件における仲介契約の成立について比較的緩やかに認定している。これは、仲介業者が委託者のために成約に向けて仲介業務を進めている途中で、委託者が仲介業者を排除したことが信義則に違反し、仲介業者の報酬請求を認容すべき具体的妥当性の考慮が働いていることによる。「第12章　不動産仲介契約の成否」384頁以下。

　ア　売主（所有者）との売却仲介契約の成立を基礎づける事実として、次のものがある。
①売主が仲介業者に対し取引物件の土地測量図などの資料を提供したこと
②売主が仲介業者と売却希望価格などの売却条件を打ち合わせ提示したこと
③仲介業者が自社のホームページや販売広告に売却物件として掲載することに売主が同意したこと
④仲介業者が買受希望者との契約交渉に関与することについて、売主が特に異議を述べず、交渉内容の報告を受けたり意見を述べたりして容認していたこと
⑤売主が仲介業者に不動産取纏め委任状、売却依頼状、売渡承諾書を仲介業者に提出したこと（詳解不動産仲介契約1081頁以下）。

　売主との売却仲介契約の成立を基礎づけるに至らなかった事実としては、売主が別の仲介業者に委託していること、売主が仲介業者の介入を拒否していること、仲介業者に対し報酬の支払わない旨表明していたことなどがある。

　イ　買主との買受け仲介契約の成立を基礎づける事実としては、次の

ものがある。

①買主が仲介業者に希望する取引物件の探索を依頼したこと
②仲介業者から買主が現地案内、物件資料の提供を受けたこと
③買主が仲介業者から紹介を受けた取引物件について買受け希望条件を提示したこと
④買主が仲介業者に対し価格などの買受け交渉を依頼したこと
⑤買主が買付証明書を仲介業者に提出したこと
⑥買主が仲介業者の売買取引への関与や仲介業務の提供を特に異議を述べず受け入れたこと
⑦買主が仲介業者に対し報酬の支払いを提示し、買主が特に異議を述べていないことなど

　買主との買受け仲介契約の成立を基礎づけるに至らなかった事実としては、仲介業者が取引物件を紹介したが、買受希望者が仲介業者に買受け交渉を依頼しないと断わったこと、仲介業者が売主側の受託業者であるため買受希望者のために仲介業務をしたものではないこと、買受け仲介に関与することを断られたことなどがある。

仲介業者の紹介によって知った相手方

(5) **仲介業者の紹介によって知った相手方**

　委託者が仲介業者から告げられるまで、当該取引物件が売却予定であったとか、所有者が売却意思を有しているとか、買受希望者が買受けの意思を有していた者であることを知らなかったことをいう。例えば隣人や旧知の仲で面識はあっても、仲介業者から物件情報の提供を受けることによって取引の相手方となることをはじめて知ったのであれば、仲介業者の「紹介によって知った」相手方に当たる。

　仲介業者Xが買受希望者Yに数か所の売却物件を現地案内し、Xが本件土地建物を紹介したところ、Yが「この土地は他に頼んであるから、見る必要はない」といって断った後、Yが本件不動産を購入した場合、「当時既に本件土地建物については別個のルートを通じてYと所有者との間に売買の交渉が進行中であったので、YはXにこのことを告げてその斡旋を断ったのであるから」Yの仲介の対象から除外されており、Yが本件土地建物を購入したとしてもXの「紹介によって知った相手方」には当たらない（東京地判昭34・11・16下民集10巻11号2431頁）。

2 直接取引における報酬請求の可否

(6) 仲介業者の排除の有無

ア　直接取引では委託者が仲介業者を「排除」したといえるかどうかが、もっとも主要な争点となる。排除とは、仲介業者と委託者との間で仲介契約が成立した後、仲介業者が委託者に物件情報を提供したり取引交渉に入るなど、成約に向けて仲介活動をしている過程で、委託者が仲介業者を介さないで相手方と直接契約交渉し、仲介業者の仲介行為による成約の機会を妨げたり喪失させ、これが信義則に違反することをいう。

イ　委託者が仲介業者を故意に排除する意思を有すること

ⅰ）仲介業者が仲介業務に関与した最終的な時期とその後当事者間で締結した売買契約の時期とが近接していること

ⅱ）当事者間で成立した売買価額が仲介業者のあっせん調整していた額に近接している事実

をもって故意を基礎づけることができる（最判昭45・10・22民集24巻11号1599頁）。

　委託者（売主）が仲介業者に対し、「（仲介業者の紹介した）買主に売らない、知人に売る」と述べたり、委託者（買主）が「購入資金の都合がつかない」などと言って仲介契約を解除しながら、後日、仲介業者から紹介を受けた相手方と直接取引した場合には仲介業者を故意に「排除」したと認められる（詳解不動産仲介契約1145頁）。

ウ　委託者の故意性の要否

　直接取引が認められるためには、委託者において仲介業者を排除する意思もしくは認識を要しない。裁判例をみると、前記ⅰ）、ⅱ）の事実が存在しなくても「排除」を認めている。特に相当因果関係説は、仲介業者を排除するに至った事情は相当因果関係の有無の判断要素の一つにすぎず、仲介業者の仲介行為が売買契約の成立に寄与している事実を重視する。標準媒介契約約款にいう「排除」は仲介業者を排除する故意の存在を要件とするものではない。

　後掲東京地判平24・11・16は、媒介契約の有効期間の満了後2年以内と長期に定めていることからすれば、委託者Yが媒介業者Xを「意図的に排除する目的の有無にかかわらず、媒介者の行った労力に対し、その

仲介業者の排除

第14章　直接取引と報酬請求権

効果が残存していると認められる相当な期間について、媒介者の寄与に応じて仲介手数料の支払義務を認める趣旨があるものと解するのが合理的であること、Yは、Xに対し、本件物件の売買交渉をXに関与させることなく継続することを告げてその了解を得た事実は認められないこと」をもって約款に基づく相当額報酬請求権の発生を認めた。

【東京地判平24・11・16WL】
　買主Y1は、平成22年7月14日、仲介業者XからA所有の本件物件の紹介を受け、Xが買付交渉を経て、9月6日、本件売買契約（代金2億4000万円、手付金2000万円）を締結した。Xは、同月3日ころ、Aの仲介業者Bから本件物件に通行権の負担があることが判明し、契約当日にA側の弁護士から説明がある旨の連絡を受け通行権の負担が記載された和解調書を入手したが、Yには連絡しなかった。同月6日、Xは、Y1との間で一般媒介契約を締結し約定報酬額630万円を定めた。本件売買契約の締結時にAの債権者C側の弁護士Dから和解調書の内容について説明を受けたが、Y1代表者から特別の異議はなかった。翌日、Y1は、Xに対し、契約当日まで和解調書の内容を知らされなかったことに納得がいかないとして2億円に減額する折衝をするよう申し入れたが、Aはこれに応じなかった。Y1は、甲銀行に和解調書を示して説明したところ、甲銀行から融資条件の変更に当たるから9月10日までに融資を行うことは到底無理であるとの回答を得たため、Y1は、同月9日、本件売買契約をローン解約した。Y1は、Aと再交渉し、同月10日、本件売買契約2（代金2億2850万円）を締結した。手付金はAからY1に返還されることなく本件売買契約2の売買代金と相殺処理された。Y2は、11月10日、Y1から分割により設立された。Xは、Yらに対し、①本件約定報酬請求、②約款に基づく相当額報酬を請求した。
　裁判所は、本件売買契約と本件売買契約2とは別個の契約と解するのが合理的であるとした上で、①について、「仲介契約が、代金についての融資の不成立を解除条件として締結された後、融資の不成立が確定し、これを理由として契約が解除された時には、買主は、仲介業者に対して、仲介手数料の支払義務がないと解するのが合理的であり、本件売買契約は、上記のとおり、融資特約条項に基づく仲介手数料の支払義務を負わない」。②について、「Y1は、一般媒介契約の有効期間内である平成22年9月10日に、Xの紹介によって知ったAとの間で、Xを排除して本件物件につき売買契約2を締結したものであるから、本件約款に基づき、売買契約2の成立に寄与した割合に応じた本件相当報酬請求権を有するというべきである。そして、㈎本件物件は、Xが平成22年7月14日Y1に紹介し、本件売買契約締結日である同年9月6日までの間、仲介業務を行い、同日、締結に至っているものであること、㈏売買契約2は、本件売買契約解除の翌日に締結さ

430

2 直接取引における報酬請求の可否

れていること、(ウ)本件売買契約及び売買契約2の融資銀行はいずれも甲銀行であり、売買契約2が速やかに締結・実行されたのは、本件売買契約において提出されていた資料等が売買契約2の融資に利用されたものと推認されること、(エ)本件売買契約において手付金としてAに支払われていた2000万円が売買契約2の売買代金の一部と相殺処理されていること、(オ)本件売買契約解除後、Y1は、Xに対し、売買契約2の交渉を継続していることを一切告げていないこと、他方、(6)本件売買契約は、Xの提案により融資特約条項に基づいて解除されたものであること、(7)本件売買契約が解除されたのは、本件和解調書が、本件売買契約当日までY1に呈示されなかったことが主たる原因となったものと認められることからすれば、Y1がXではなくYら代理人に売買契約2の交渉を依頼したことにも相応の理由があると認められること、(8)売買契約2は、Yら代理人による交渉がなければ締結に至らなかったことが推認されるなど、本件証拠に顕れた事情を総合勘案すれば、Xが、売買契約2の成立に寄与した割合は5割と認めるのが相当」とし、Yらに対する請求のうち売買契約2の代金の5割の2.5%に6万円と消費税を加算した額の5割相当額を認容した。

エ 委託者による排除が信義則違反となることを基礎づける事実

仲介契約の存続期間中に委託者が仲介業者を介さずに相手方と直接交渉して売買契約を成立させる行為は、委託者が仲介業者を「排除」したことを基礎づける事実の一つになりうるが、これだけでは仲介業者の「排除」を決定づけることにはならない。下記事実を総合的に斟酌する必要がある。

ⅰ）委託者が仲介業者を排除した時点において、
・仲介業者が委託者に対し提供した物件情報の内容、資料など
・仲介業者が成約に向けてどの程度の尽力をしていたか、特に取引条件の調整、合意の事実
・取引経過の状況、売買契約の成熟度
ⅱ）委託者が仲介業者を排除した以降、相手方と交渉した時期と交渉内容
ⅲ）委託者が相手方と直接交渉した時期と売買契約が成立した時期とが近接しているかどうか
ⅳ）仲介業者を通じて交渉していた取引条件と直接取引により当事者間で成立した売買契約の取引条件とがどの程度近接しているか

ⅴ）委託者が仲介業者を介さずに相手方と直接交渉する合理的または正当な理由が存したか、仲介業者において仲介契約上の義務違反があるか

仲介契約の解除

(7) **仲介契約の解除と直接取引**

　ア　仲介契約は準委任であることから、委託者はいつでも仲介契約を将来に向かって解除することができる（民法651条1項）。

　仲介契約の解除のケースとしては、①委託者または仲介業者が明示的に仲介契約を解除した場合のほか、②委託者である売主が取引物件の売却を断念したとか、委託者である買主が取引物件の購入を見合わせる旨仲介業者に申し入れ合意解約されたとみるべき場合もある。③相手方との契約交渉が進まず、委託者も成約に向けた交渉意欲を失い、媒介期間として定めた3ヶ月を超えてお互いに連絡しなくなれば、仲介契約が期間満了をもって終了したとか黙示的に合意解約されたと解されることもありうる。

　委託者が仲介契約を解除した後、仲介業者から紹介された取引の相手方と直接売買契約を締結したからといって、この事実のみで信義則にもとる直接取引というわけではない。仲介業者の責めに帰すべき事由を原因として委託者が仲介契約を解除し、その後、相手方と直接交渉して売買契約を成立させる場合もある。そこで、仲介契約が存続しているか、委託者がなぜ仲介契約を解除したかについては個々の取引経過を検討する必要がある。

　イ　標準媒介契約約款は、直接取引の場合の報酬請求について「媒介契約の有効期間または有効期間の満了後2年以内に、甲（委託者）が乙（宅建業者）の紹介によって知った相手方と乙を排除して」目的物件の売買契約を締結したときと定める（専任約款10条、専属約款10条、一般約款12条）ことから、委託者が媒介契約を解除した後、2年以内に仲介業者の紹介によって知った相手方と売買契約を締結し、これが「乙を排除」したことに該当するときは直接取引として報酬請求ができる。委託者が仲介業者から提供を受けた物件情報（取引の相手方、取引物件）や仲介業者の取引交渉の成果などを利用して相手方と直接交渉して売買契約を締結することが信義則に違反する場合には

「排除」に当たる。委託者が仲介業者を排除した事案であっても、前記(6)エ記載の事実に加えて下記事実を併せ検討する必要がある。
① 仲介契約が解除された経緯、前後の事情
② 委託者が仲介契約を解除した時の説明が事実に反したもの（虚偽）であったか
③ 仲介契約が解除された時期と売買契約が成立した時期が近接していること
④ 仲介契約が解除された時期の取引条件と委託者と相手方との間で成立した売買契約の取引条件とが近似していること

(8) **委託者からの抗弁**

委託者からの抗弁

直接取引において仲介業者の報酬請求権を認めるのは、委託者が売買仲介を委託した仲介業者から物件情報の提供を受けたり、仲介業者が取引条件の交渉などの仲介行為をしているにもかかわらず、途中から、直接取引の相手方と交渉して売買契約を成立させることは、仲介業者の報酬請求権を取得できる期待権を侵害するものであり信義にもとる行為であるからである。言い換えれば、委託者が取引の相手方と直接取引をしたとしても、仲介業者の責めに帰すべき事由が存するなど正当な理由があるとか信義則に反しない場合には、不当に仲介業者を排除したことにはならない。

委託者が売買仲介を委託した仲介業者が仲介行為をしている最中に、委託者が取引の相手方と交渉し売買契約を成立させることは、特段の事情がない限り、信義則に反するものと推認されるから、仲介業者は、委託者が仲介業者を介しないで直接取引によって売買契約を成立させたことを主張立証すればよい。そこで、委託者は、仲介業者を介しないで直接取引をした行為が信義則に反しないこととか正当な理由があることなどを主張立証することとなる。具体的には仲介業者の誠実義務違反、説明義務等の注意義務違反、信頼関係の破壊などを基礎づける事実を主張立証する（西野・後掲参考文献713頁、大渕・後掲参考文献698頁、詳解不動産仲介契約1070頁）。

〔確認すべき事項〕
ⅰ) 仲介契約が解除されていない場合
・仲介業者が委託者に対し、取引物件に関する情報をどの程度提供していたか
・委託者は仲介業者に対し、契約交渉についてどのような希望条件を示していたか
・仲介業者が相手方（または仲介業者）との間で、どのような契約交渉をし、委託者に対し仲介活動に関する報告、連絡、相談などをどのようにしていたか
・仲介業者が排除された前後の経過、委託者や相手方の態度
・相手方との契約交渉の進捗状況、特に売買代金などの取引条件をどの程度協議し検討したか、どのような取引条件についてどの程度の開きがあったのか
・売渡承諾書、買付証明書の授受はあったか
・売買契約の成立間際だったか（重要事項説明書や売買契約書の案文の提供・検討の有無）
・仲介業者が委託者へ連絡した最後はいつ頃か、委託者が仲介業者に連絡してきたのはいつ頃か
・委託者が直接取引をした前後の状況
・仲介業者が直接取引を知ったきっかけ、委託者が相手方と直接取引したことを否定したか、どのような説明をしたか

ⅱ) 仲介契約が解除された場合
・仲介業者との仲介契約が解除された当時の契約交渉の進捗状況
・仲介業者との仲介契約を解除したとき、委託者が仲介業者にどのような説明をしたか（虚偽の説明があったか）
・委託者が仲介契約を解除する正当な理由や合理的な理由があったか
・仲介契約が解除された後、委託者が相手方との取引交渉を始めた経過やきっかけは何か
・委託者と相手方が取引交渉を再開した時期は、仲介契約が解除された時期とどの程度近接しているか
・委託者が相手方と直接売買契約を成立した取引条件（価格な

> ど）は、仲介業者が交渉していた取引条件とどの程度開きが
> あったか
> ・仲介業者がなすべき調査・説明義務違反（仲介行為の瑕疵）の
> 有無

3 報酬額の算定

(1) 直接取引と報酬

　排除された仲介業者との間で標準媒介契約を締結し報酬を支払う旨の合意（報酬合意）が成立していたとしても、直接取引がなされた場合は標準媒介契約約款では「契約の成立に寄与した割合に応じた相当額の報酬」を請求することができると定める。これは、仲介業者が契約締結に至るまでに排除されたため、その後の協議交渉や重要事項説明書の交付・説明、売買契約書の交付、契約締結といった売買契約の節目となる場面に立ち会っていないことによる。委託者が故意に仲介業者を排除した場合は、主位的に民法130条に基づいて約定報酬を請求し、予備的に標準媒介契約約款に基づいて相当額の報酬請求をする。

　標準媒介契約書を締結していない場合、まず仲介契約の成立そのものが争点となり、次に直接取引に該当するかどうかが争われ、さらに相当の報酬額の算定が争点となる。仲介業者は商人に該当することから（商法502条11号、4条1項）、報酬合意がなくとも商法512条に基づき報酬請求権を有する。報酬告示は、仲介業者が委託者に対し請求できる報酬の最高限度額を定めたにすぎず、当然に報酬告示の最高限度額を請求できるものではない（最判昭43・8・20民集22巻8号1677頁など）。「第13章　仲介報酬」404頁。

(2) 報酬額の算定

　委託者と仲介業者間で具体的な報酬額を支払う旨の報酬合意があり、かつ委託者の故意により仲介業者を排除した場合であれば、民法130条に基づいて条件成就とみなし約定報酬額の請求を全部認容する裁判例もある（大阪高判平4・11・10：詳解不動産仲介契約1213頁、東京地判平5・7・26金判964号42頁など）。

第14章　直接取引と報酬請求権

　前掲最判昭和43・8・20が示した「取引額、媒介の難易、期間、労力その他諸般の事情を斟酌して定められる性質のもの」を踏まえて、売買契約の成立に至る寄与度を斟酌して報酬額が割合的に認定している。ちなみに、標準媒介契約約款が「契約の成立に寄与した割合に応じた相当額の報酬」を請求することができると定めるのは、従来の判例を踏まえたものである。

寄与度

(3) **寄与度を基礎づける事実**

　直接取引では、売却仲介では仲介業者が売主に買主（取引の相手方）の存在を知らせ、買受け仲介では仲介業者が買主に売却物件の存在を紹介し、仲介業者が物件情報を提供することは売買契約を成立に至る機縁、端緒として重要な価値を有するものとして評価される。同旨の裁判例として東京地判昭35・3・29判タ106号51頁、東京地判昭37・10・22判時328号28頁、大阪地判昭44・11・19判時599号60頁、東京地判昭47・11・15判時698号75頁、東京地判昭56・6・29判時1022号74頁、東京高判昭61・12・24判時1225号63頁。

　仲介業者が相手方と契約交渉している途中の段階で、委託者が仲介業者を排除し相手方と直接交渉して売買契約を成立させた場合、仲介業者を排除したものの、委託者（または別の仲介業者）が従前仲介業者が成約に向けて尽力していた仲介行為（仲介活動）を白紙にして一からやり直すことはなく、むしろ、従前仲介業者が積み重ねてきた交渉内容を基に交渉を再開して歩み寄り成約していることから、仲介業者の先行した仲介活動が売買契約の成立に寄与したことを評価すべきこととなる。

　直接取引における報酬額の算定は、仲介業者が委託者によって排除された時点までに売買契約の成立に向けて尽力した仲介行為（仲介活動）が、その後、契約成立に至るためにどのように寄与、貢献したか（寄与度、貢献度）によって判断される。したがって、仲介業者が成約に向けて尽力したものの価格交渉が難航し、その後、委託者または別の仲介業者の尽力によって、当初の委託者の希望に沿った取引条件で売買契約が成立した場合は、別の仲介業者の交渉能力や条件調整能力を評価せざるを得ない事情もあるため、委託者が仲介業者を排除した事情は勘案するとしても、排除された仲介業者の成約に対する寄与度が減じられる事情

になる。そこで、仲介業者としては売買契約成立に寄与したことを積極的に主張立証する。
① 仲介業者が委託者によって排除されるまでに、どのような仲介行為（物件情報の提供、価格調整など）をしたか
② 仲介業者が売買取引に関与した期間、労力、支出した費用、仲介の難易
③ 価格などの取引条件が難航したか、どのように価格交渉を重ねたか
④ 委託者が仲介業者を排除した時期は、どのような取引段階であったか
⑤ 委託者が仲介業者を排除した事情、信義則違反の有無・程度など

　直接取引では、ａ）仲介業者が売買契約締結に立ち会っていないこと、ｂ）重要事項説明書の交付・説明、売買契約書の交付がなされていないことを勘案して相当報酬額の算定に当たって減じる要素とする裁判例が少なからずある。しかし、ａ）、ｂ）は委託者が仲介業者を排除した結果であって、ａ）、ｂ）が存しないことについて仲介業者に帰責事由はない。ａ）、ｂ）の事情を考慮することは公平性を欠き慎重にすべきである。むしろ、減じる要素は信義則違反の程度に照らして検討すべきであろう。

(4) **報酬の支払期日と遅延損害金の起算点**

　仲介業者が委託者に対し条件成就とみなす旨の意思表示をし、報酬請求した日から遅滞に陥る。報酬請求した書面または訴状送達の日の翌日から支払済みまでの年6分の割合による遅延損害金（商法514条）を求める（東京地判昭60・8・6判時1196号126頁、東京高判昭61・12・24判時1225号63頁、東京地判平7・4・20判時1552号67頁）。民法改正により商法514条は削除され改正民法404条による。

4　相手方に対する損害賠償請求の可否

(1) **直接取引に関与した別の仲介業者に対する損害賠償請求**

　仲介業者Ｘが委託者Ｙ２から排除された後に、別の仲介業者Ｙ３がＹ２と売主Ａとの売買取引に関与して売買契約を成立させた場合、ＸがＹ３に対し損害賠償請求できるかは個々の事案による。

　一般に、宅建業者は仲介により売買契約が成立すれば委託者に対し報

第14章　直接取引と報酬請求権

酬請求できること、仲介業者が委託者に物件情報の提供、契約交渉などの仲介行為をしている途中で委託者が仲介業者を排除して相手方と直接交渉することがいわゆる"抜き取引"に当たり信義則に反する行為であることは知悉している。別の仲介業者Ｙ３が、Ｙ２から売主（または売主側の仲介業者Ｙ１）との売買取引の仲介を受託する際にこれまでの取引交渉内容を聴取することによって、
①Ｙ２が仲介業者Ｘからすでに物件情報の提供を受けていたこと
②Ｙ２から委託を受けたＸが、Ｙ２のために売主またはその仲介業者Ｙ１との間で買受け交渉をしていたこと
③Ｘの仲介行為による現時点での取引交渉内容、当事者間の取引条件の合意状況
④Ｙ２が契約交渉の途中で、Ｙ３に買受け交渉を委託したこと
は十分認識できる。

　Ｙ３は、売主Ａとの売買取引の契約交渉の再開、成約に向けた尽力の依頼を受けた場合、仲介業者として他の仲介業者Ｘの報酬請求権を不当に侵害しないように配慮すべき注意義務を負う（認容例として横浜地判平18・2・1判タ1230号197頁）。そこで、Ｙ３がＸの仲介による売買取引へ関与することが不当なものかどうかは、従前の仲介業者の仲介行為の内容、従前の仲介業者を排除することについての正当な理由があるかなどについてどの程度委託者から確認していたかに係わってくる。

(2)　売主または売主側の仲介業者に対する損害賠償請求

　一般に売主Ａが売却仲介を仲介業者Ｙ１に委託し、Ｙ１がＡのために仲介業務に従事していても、買主であるＹ２が誰に仲介を委託するかは自由に決めることができる。Ｙ２がＹ１ではなく、Ｘ及びＹ１以外の仲介業者Ｙ３に購入仲介を委託することもできる。このとき、ＸのＡまたは売主側の仲介業者Ｙ１に対する損害賠償請求が認められるためには、①ＡやＹ１が、Ｙ２に対し、Ｘを排除して直接ＡまたはＹ１との交渉を働きかけたり、②Ｙ２がＡやＹ１に対し直接交渉を求めたようなＸのＹ２に対する報酬請求権を不法に侵害する行為に該当することが必要である。詳解不動産仲介契約1251頁以下。

4　相手方に対する損害賠償請求の可否

《参考文献》
・西野喜一「委任」倉田卓次監修「要件事実の証明責任〔契約法下巻〕」（西神田編集室）705頁
・三井哲夫「要件事実の再構成」（増補新版　信山社）
・島田禮介「不動産取引業者の報酬請求権」木村保男編「現代実務法の課題」（有信堂）
・山下郁夫「不動産仲介業者の報酬請求権」判タ436号54頁
・大渕武男「報酬請求権」小川英明ほか編「現代民事裁判の課題①不動産取引」（新日本法規）681頁
・明石三郎「不動産仲介契約の研究」（増補版　一粒社）
・岡本正治＝宇仁美咲「詳解不動産仲介契約」（全訂版　大成出版社）

第15章　仲介業者の説明義務

> **紛争事例**

　買主は、仲介業者に対し、どのような法律構成により損害賠償請求ができるか。
Q1　権利関係の調査・説明義務
　買主Xは、売主A側の仲介業者Y1とX側の仲介業者Y2の仲介により、A所有の不動産の売買契約を締結しAに手付金を交付した。その後、Aの債権者が契約締結の1か月前に不動産仮差押えをしていたことが判明した。Y1は2か月前に売却仲介の委託を受けた際にAが持参した全部事項証明書をもとに重要事項説明書を作成し、契約締結前に全部事項証明書を取得せず仮差押えの事実は知らなかった。裁判所から不動産仮差押命令の送達を受けたAはY1に知らせず契約締結時にも黙っていた。Aと仮差押債権者との紛争が早期に解決する見込みもないため、Xは、Aとの売買契約を債務不履行解除したが、Aは手付金を費消し返還に応じない。
Q2　法令上の制限に関する調査・説明義務
　家電製品の販売業者である買主Xは、新しい営業店舗を探していたところ、売主Aが所有する倉庫（鉄筋コンクリート造陸屋根造3階建、建築後10年）が売りに出たことを知り、仲介業者Yに買受け仲介を委託した。YがAと契約交渉した結果、代金額2億円で購入するこ

とができた。Xは、建物内部を営業店舗に改装しようとして建設業者に依頼したところ、倉庫として建築確認を受けた建物を営業店舗として使用するには建築基準法に適合するよう用途変更手続が必要であること、避難階段の設置などの用途変更工事費用として約3000万円を要することが判明した。

Q3 瑕疵に関する調査・説明義務

 仲介業者Yは、売主Aと買主Xとの中古住宅の売買を仲介した。Yは、契約締結後、引渡し直前に、Aの前所有者の家族が建物内で自殺したことを知ったが、Xに黙っていた。数か月後、Xは、隣人から購入物件が自殺物件であることを教えられた。

事案分析のポイント

《紛争》

買主の仲介業者に対する債務不履行(調査・説明義務違反)または不法行為に基く損害賠償請求

《争点》

仲介業者の債務不履行または不法行為(調査・説明義務違反など)、損害とその額

理解しておくべき事項

1 仲介業者の業務上の注意義務

(1) 法律構成

仲介業者の注意義務

不動産売買において、契約当事者、特に買主がⅰ)売主に対し契約解除、手付金等返還請求、損害賠償請求のほか、ⅱ)仲介業者に対し業務上の注意義務違反を理由に損害賠償請求する法律構成は、事案に応じていくつか考えられる。仲介契約の存在が明確である場合には債務不履行構成または不法行為構成が考えられるが、債務不履行構成が一般的である。仲介委託契約関係にない仲介業者に対しては不法行為に基づいて損害賠償請求をすることになる。いずれの場合でも、仲介業者の注意義務の内容と違反の事実と損害の額が争点となる。個々の仲介事務処理に当

第15章　仲介業者の説明義務

たって、仲介業者として具体的にどのような注意義務を負うかを特定し、違反行為を主張立証する必要がある。

　思考の順序としては、ⅰ）委託者または取引の相手方が損害を被った事実を確認した上で、ⅱ）損害が発生した原因が仲介業者の注意義務違反によるものと主張できるかを検討する。具体的には、当該売買取引において、仲介業者が宅建業法の義務規定や禁止規定に違反していないか、特に仲介業者が業務上の注意義務を負うべき事情があるか、過去の裁判例に照らして仲介業者の注意義務として捉えられるかを検討していくことになる。

　仲介業者の調査・説明義務の内容は過去の裁判例の集積によって固まってきている。ⅰ）一般的に仲介業者として調査・説明義務を負う事案のほか、ⅱ）一般的に仲介業者として調査・説明義務を負うが、当該事案において注意義務を負わない事情があるとか、ⅲ）一般的に仲介業者として調査・説明義務を負わないが、当該事案において注意義務を負う事情があるなどの限界事例が増えているため、何がどのような意味で争点となるかを見極める必要がある。

(2)　仲介業者の業務上の注意義務

委託者に対する注意義務

　ア　委託者に対する注意義務

　　仲介業者と委託者との仲介契約は準委任と解されている（最判昭44・6・26民集23巻7号1264頁、明石三郎「不動産仲介契約の研究」2頁など。本書374頁）。仲介業者は、委託者に対し、仲介委託の本旨に従い、善良なる管理者の注意をもって仲介事務を処理する義務を負う（民法656条、644条）。仲介委託の本旨とは委託者が仲介業者に仲介を委託した趣旨・目的に適合することである。例えば買主が仲介業者に対し不動産の買受け仲介を委託すると、仲介業者は、買受け仲介の委託の本旨に従って、信義則上、委託者がその買受け目的を達成できるよう配慮して仲介事務を誠実かつ適正に処理すべき業務上の注意義務を負う。仲介業者が注意を怠って委託者に損害を与えた場合、委託者は、仲介業者に対し仲介契約上の債務不履行に基づき損害賠償請求することができる。

非委託者に対する注意義務

　イ　非委託者に対する注意義務

紛争事例Q1では、仲介業者Y1は売主Aから売却仲介を受託した宅建業者であるが、買主Xから買受け仲介を受託していないため、XとY1には仲介委託契約関係は存しない。しかし、判例によれば、宅建業者は、直接の委託関係はなくとも、不動産取引に関する専門的な知識経験を有する宅建業者の介入を信頼して取引をなすに至った第三者に対して、信義誠実を旨とし、取引上の過誤による不測の損害を生じせしめないよう配慮すべき業務上の一般的注意義務を負い、当該注意義務違反について不法行為責任を負う（最判昭36・5・26民集15巻5号1440頁、東京地判平22・12・1WL、大阪地判平20・5・20本書463頁、東京地判平28・3・10本書457頁など）。仲介業者が調査・説明義務違反により取引の相手方（非委託者）に対し損害を与えた場合、取引の相手方は仲介業者に対し不法行為に基づく損害賠償請求をすることができる。

2　宅地建物取引業法による業務規制

業務規制

　宅建業法第5章は、宅地建物取引業務に関し様々な禁止規定、制限規定などを設け宅建業者に対し業務規制している。宅建業者がこれらの規定に違反した場合、行政処分の対象となるだけでなく罰則を科されることもある。仲介業者の説明義務に関係する規定として業務処理の原則（法31条1項）、重要事項説明義務（法35条）、重要な事項の不告知・不実告知の禁止（法47条1号）がある。

(1)　業務処理の原則

業務処理の原則

　宅建業法は、業務処理の原則として、宅建業者が取引の関係者に対し信義を旨とし誠実に業務を行うべきことを規定する（法31条1項）。「取引の関係者」とは、売主、買主、委託者のように宅建業者と売買・仲介の契約関係にある者は当然に含まれるが、これに限らない。宅地建物を取得しようとする買受希望者（または買受予定者）や取引の相手方など、宅建業者との間で売買などの契約締結に向けて交渉に入り緊密な関係に至った場合は、いまだ契約関係にはないが、「取引の関係者」に含まれ、宅建業者は、これら「取引の関係者」に対し信義則上の義務を負う（東京地判平5・1・26本書207頁）。仲介業者との間では直接の委託

第15章　仲介業者の説明義務

関係はないが、取引の相手方（非委託者）のように仲介業者が取引に関与することを信頼して取引をなすに至った第三者も「取引の関係者」に含まれる。

立法担当者は旧13条（現31条1項）は宅地建物取引業の根本の精神を現わす精神規定もしくは宅建業者の業務上の心構えを宣言した訓示規定である（鬼丸勝之監修「宅地建物取引業法の話」64頁）と解説していたが、昭和46年の法改正では現宅建業法31条1項の規定に違反する行為を指示の処分要件の一つとして定めており（法65条1項、3項）、訓示規定とはいえない。

重要事項説明義務

(2) 重要事項説明義務

一般の買主は不動産に関する専門的知識や取引経験もなく自ら調査する能力も持ち合わせていない。そこで、宅建業法35条は、宅建業者（売主業者、代理業者、仲介業者）が、買主に対し、その者が取得しようとしている宅地建物に関し、その売買契約が成立するまでの間に、宅地建物取引士（旧宅地建物取引主任者）をして、少なくとも同条1項1号から14号に掲げる事項を記載した書面（これを「重要事項説明書」と呼ぶ。）を交付して説明させなければならないと定める。説明すべき事項は、買主にとって当該契約を締結するか否かの判断または意思決定のために重大な影響を及ぼすものであり、重要事項と呼ばれる。

法定重説事項

宅建業法35条1項各号に掲げられた事項は、買主にとって重要な事項を定型化したものであり、「法定重説事項」と呼ばれることがある（周藤利一ほか「わかりやすい宅地建物取引業法」193頁）。これらの事項は宅建業者が、買主から特に質問や調査の要求がなされたか否かに関わりなく、重要事項説明書に記載しなければならない事項であり、宅建業者以外の買主に対しては等しく説明しなければならない事項である。宅建業法35条1項各号は、「少なくとも次に掲げる事項」と規定する文言及び規制の趣旨に照らせば、宅建業者が説明すべき事項を限定列挙したものではなく例示列挙である（大阪高判昭50・7・15本書454頁、東京高判平13・12・26本書462頁、東京地判平27・6・23本書460頁、後掲①、②）。「第3章　不動産売買と宅地建物取引業法」92頁。

2　宅地建物取引業法による業務規制

① 【津地判平26・3・6判時2229号50頁】
　事案は本書452頁。「宅建業法35条1項は、宅建業者が重要事項として説明すべき事項を限定して列挙しているものではなく、同項各号に列挙した事項について『少なくとも』これを説明しなければならないと定めていることや、宅建業法が宅建業者に対し重要事項の説明義務を課しているのは、宅地建物取引についての知識経験が乏しい一般の購入者等が、取引物件に関する正確な情報を十分知り得ないままに土地を買い入れることにより、契約の目的を達成することができず損害を被ることを防止するところにあると解されることからすれば、宅建業者は、同項各号に列挙された事項についてのみ説明すれば足りるというものではなく、ここに掲げられていない事項であっても、購入者の判断や意思決定に影響を与える事項についてはこれを説明すべき義務を負う」

② 【東京地判平26・3・26判時2243号56頁】
　買主Ｘは、売主Ｙ（宅建業者）から給油所とその敷地（本件土地）を購入し8年以上給油所として賃貸するなどしていたが、Ｙが給油所建設に際し建築承認に付されていた条件を遵守せず、建築基準法7条1項に基づく完了検査の手続を行っておらず給油所が建築基準法・都市計画法に違反した状態になっていることなどが判明し、Ｘは、Ｙに対し説明義務違反を理由とする損害賠償請求などをした。
　裁判所は、説明義務違反の不法行為の成否について、「宅建業者は、自ら不動産売買の当事者となる場合や売買契約の媒介を行う場合には、宅建業法35条に基づく説明義務を負い、当該説明義務を果たす前提としての調査義務も負う」。「宅建業法35条はその文言から、宅建業者が調査説明すべき事項を限定列挙したものとは解されないから、宅建業者がある事項が売買当事者にとって売買契約を締結するか否かを決定するために重要な事項であることを認識し、かつ当該事実の有無を知った場合には、信義則上、相手方当事者に対し、その事実の有無について調査説明義務を負う場合がある」とし、Ｙは、宅建業者であるから上記調査説明義務を負うとした。本書454頁。

　注意すべきことは、宅建業法35条1項は、仲介業者が買主から売買仲介の委託を受けているかどうかにかかわらず重要事項の説明を義務づけていることである。売主から売却仲介を受託した仲介業者及び買主から買受け仲介を受託した仲介業者は、それぞれ買主に対し重要事項説明義務を負う。複数の宅建業者（売主業者も含めて）が売買に関与したときの重要事項説明義務については本書96頁、474頁参照。取引実務では、

第15章　仲介業者の説明義務

買主だけでなく売主に対しても重要事項説明書の交付・説明がなされている。

　重要事項説明の対象となる買主には宅建業者も含まれている。平成28年の宅建業法改正により、宅建業者である買主に対する重要事項説明書の交付はこれまでどおり義務づけられているが、説明は省略できるようになった（改正法35条6項。平成29年4月1日施行）。賃貸人が宅地建物を賃貸する行為は、宅建業法2条2号にいう宅地建物取引業に該当しない。宅建業者が自ら賃貸人として賃貸業を営んでも賃貸業は宅建業法による業務規制の対象ではないため、賃借人に対し重要事項説明書の交付・説明義務、37条書面の交付義務を負わない。

事実不告知・不実告知

(3)　故意による重要な事実の不告知・不実告知の禁止

　宅建業法47条1号は、宅建業者が、業務に関し、故意に重要な事項を告げず、不実の事項を告げることを禁止し、違反したときは業務停止処分の対象にとどまらず、3年以下の懲役もしくは300万円以下の罰金に処せられ、またはこれを併科される（法65条2項2号、79条の2）。

　重要事項説明義務とは異なり、ⅰ）宅建業法47条1号の対象は、「宅建業者の相手方等」であって売主、賃貸人を含み同法35条の対象よりも広い。ⅱ）加えて、同法35条は、売買契約を締結するまでに事前に重要事項を説明すべき義務を定めるが、同法47条1号は、契約締結前に限らず、下記②③のように契約締結後に宅建業者が知った重要な事実の不告知・不実告知をも禁止する。

①「（売買など）契約の締結について勧誘するに際して」
②「（売買などの）契約の申込みの撤回もしくは解除」を妨げるため
③「宅地建物取引業に関する取引により生じた債権の行使を妨げるため」

　事実不告知・不実告知の禁止対象は、1号イからニに掲げられており、特にニに定める「宅地若しくは建物の所在、規模、形質、現在若しくは将来の利用の制限、環境、交通等の利便、代金、借賃等の対価の額若しくは支払方法その他の取引条件又は当該宅建業者若しくは取引の関係者の資力若しくは信用に関する事項であって、宅建業者の相手方等の判断に重要な影響を及ぼすこととなるもの」は相当広い範囲に及ぶ。

「第3章　不動産売買と宅地建物取引業法」92頁。

3　重要事項説明義務違反と私法上の効果

宅建業法は、宅地建物の取引の公正を確保するため、宅建業者の業務を規制対象とする事業者規制法であって、宅建業者とその取引の相手方（買主、委託者など）との売買契約や仲介契約について直接規律するものではない。しかし、宅建業者は、宅建業法の義務規定や禁止規定を遵守して適正に宅地建物取引業を行うべきである。

裁判例をみると、買主が売主業者の重要事項説明義務違反を理由に契約を解除した事案において、「宅建業者が取引の当事者である場合に、重要事項の説明義務は、本件土地売買に付随する売主として当然の義務であってその義務を尽くすべき時期も本来契約成立前でなければならない」（東京高判昭52・3・31判時858号69頁）。そうすると、売主業者の買主に対する業務上の注意義務、仲介業者の委託者に対する説明義務などの善管注意義務、仲介業者の第三者に対する業務上の注意義務の内容を検討する際には、宅建業法31条、35条、47条1号などが定める義務や禁止事項を判定基準の一つとし（明石三郎ほか「詳解宅建業法」329頁、河田・後掲参考文献427頁、栗田・後掲参考文献62頁）、宅建業者が業務に当ってこれらの規定に違反したことは宅建業者の民事上の注意義務違反を根拠づける指標となる。

特に宅建業法31条1項、35条、47条1号の規定に照らすと、宅建業者は、不動産売買において、契約当事者にとって契約を締結するか否かの判断や意思決定に大きな影響を及ぼす重要な事項について調査・説明すべき義務を負う（明石三郎ほか「詳解宅建業法」323頁、周藤利一ほか「わかりやすい宅地建物取引業法」192～193頁、不動産適正取引推進機構編著「望ましい重要事項説明のポイント」48～49頁、詳解不動産仲介契約275頁、逐条解説宅建業法356～359頁など）。

仲介業者が説明すべき事項や説明の程度は、個々の売買、仲介取引において、
ⅰ）宅建業法の規定に違反した事実、規定の趣旨に違反した事実
ⅱ）契約目的（居住用・事業用建物に供するか、転売目的か）

第15章　仲介業者の説明義務

ⅲ）売買の目的物（居宅、事務所、商業施設、賃貸物件など）
ⅳ）仲介委託の趣旨（売却仲介、買受け仲介）
ⅴ）当事者の属性（消費者・事業者・宅建業者か、取引経験の有無、取引の知識）
ⅵ）契約締結や取引価格の決定に影響を与えたか
ⅶ）現地案内、現地での説明内容、提供をした資料
ⅷ）売買契約書における免責特約、現状引渡しの特約の有無・趣旨
などに照らして判断すべきものである。

後掲東京地判平21・4・13は、業務規制法である宅建業法と民事上の注意義務に関して触れている。

【東京地判平21・4・13WL】
　買主Ｘらは、工房兼居宅（約100㎡）を新築するため、仲介業者Ｙ２の仲介により売主業者Ｙ１から本件土地を購入した。重要事項説明書の「法令に基づく制限の概要」欄に「第２種高度地区」と記載されていたが同規制の内容を具体的に説明した書類は含まれていなかった。本件土地の周辺は第２種高度地区に指定され建築物の高さが制限され、建ぺい率80％であるため１フロア当たり床面積は最大で24.416㎡しか確保できず、延べ床面積100㎡程度の建物を建築するには４階建とするほかなく３階部分の一部が斜線制限の影響を受け延べ床面積100㎡程度の建物を建築することは法的に不可能であった。Ｘらは、Ｙらに対し説明義務違反を理由に損害賠償請求した。
　裁判所は、①仲介業者の説明義務違反について、「宅建業法は、媒介に係る売買等の当事者に対し、都市計画法、建築基準法その他の法令に基づく制限に関する事項の概要等の重要事項を説明する義務を負う（宅建業法35条１項）。また、不動産媒介契約は、民事仲立であり民法上の準委任契約に該当するところ、媒介業者は、媒介契約に基づき、委任者に対し、契約の本旨に従い、善良なる管理者の注意義務を負う（民法656条、644条）。宅建業法は、取締規定であり、宅建業者とＸらとの間の契約を直接規制するものではないが、同法が、業務に対する規制によって宅地建物の取引の公正の確保を達成するだけでなく、購入者などの利益の保護を目的としていること（同法１条）、宅建業者は、取引の関係者に対し、信義を旨とし、誠実にその業務を行なわなければならないと規定していること（同法31条）を考えあわせると、宅建業法上の重要事項説明義務は、媒介契約における善良なる管理者の注意義務の内実をなすというべきである。Ｙ２は、ＸらとＹ１との間の本件各不動産の売買契約を媒介するに当たり、宅建業者として、本件売買契約に基づき、本件土地に関する法的規制を説明する義務を負う。そし

て、Ｙ１がＸらから本件土地の延べ床面積100㎡程度の建物を新築する予定であると告げられていたという具体的事情の下においては、上記債務の内容には、単に存在する法的規制の種類、名称等を告げるのみでなく、本件土地に課せられた法的規制の具体的内容の説明を通じて、Ｘらの希望に沿う建物が建築できないことをも説明することが含まれる」としてＹ２の債務不履行を認定した。②売主業者の説明義務違反について、「宅建業者は、宅地建物の売買の売主となる場合、買主となろうとする者に対し、宅建業法35条１項各号に規定された重要事項について説明義務を負い、同義務は、当該売買を宅建業者が媒介した場合でも、免除されないと解される（同法35条１項本文参照）」、「Ｙ１は、売買契約の売主として、信義に従い誠実に同契約上の債務を行わなければならないところ（民法１条２項）、前記のとおり、宅建業法は、宅建業者が取引の関係者に対し、信義を旨とし、誠実にその業務を行わなければならないと規定しているから（宅建業法31条）、宅建業法上の重要事項説明義務は、売買契約上の付随義務の内実をなす」とし、Ｙ１が、本件売買契約に付随する説明義務に違反した債務不履行を認め、Ｘの請求を一部認容した。

4　説明義務の類型

　仲介業者は、委託者や取引の関係者が不測の損害を被らないように十分配慮して業務を処理すべき注意義務を負う。最も基本的なものとして、次のような調査義務・説明義務（告知義務）がある（明石三郎ほか「詳解宅建業法」168頁以下）。

ⅰ）取引物件の所有者（取引当事者の同一性）、代理権限、売買・賃貸借などの処分権限を有するかなど権原に関する事項
ⅱ）取引物件の同一性に関する事項
ⅲ）取引物件に設定された抵当権などの有無に関する事項
ⅳ）取引物件の法令上の制限に関する事項

　仲介業者の調査・説明義務の範囲は、宅建業法35条１項が掲げる各号に定める事項であるが、これに限らず、買主などが契約を締結するかどうかを判断するに際して重要な事項か、契約締結に関する判断に影響を及ぼす事項かは個々の取引の事案に即して検討せざるを得ない。

〔確認すべき事項〕
　・売買取引の経過事実、売買契約書・重要事項説明書、物件資料等に照らし、買主がどのような目的で不動産を買受けたか（購入目

第15章　仲介業者の説明義務

>　的）
>・仲介業者が買主の購入目的、購入後の利用形態などを認識していたか
>・買主は、いつ、どのようなきっかけで取引物件を知ったのか
>・買主は、誰から、どのような物件資料を受け取ったか
>・現場案内した仲介業者の担当者は誰か、宅地建物取引士か
>・重要事項説明書はいつ受け取ったのか、同説明書に補足資料として全部事項証明書が添付されていたか
>・重要事項説明をした宅地建物取引士と現地案内した営業担当者とは同じか
>・取引物件の現況は居住用建物か事業用物件か
>・事業用物件の場合、その建物は何に利用されていたか

取引物件・権利関係

(1)　取引物件・権利関係に関する説明義務

　売買は、売主から買主に対し売買の目的物の所有権を移転し、買主が所有者として自由に使用収益処分する権能を保有できる状態に置くことを目的とする。売主が売買の目的物の所有権を有しているか、買主が所有権を行使するについて制約するような第三者の権利や負担が存しないかは、買主が契約を締結するか否かの判断や意思決定に影響を及ぼす重要な事項である。したがって、仲介業者は、売主の売却処分権限の有無（所有者かどうか、代理権限の有無など）、売買目的物の同一性（所在地が一致しているか）、売買の目的物に関する権利関係や負担の有無を調査し、その内容を説明すべき義務を負う。

　宅建業法は、仲介業者が買主に説明すべき重要事項として、売買の目的物である「当該宅地又は建物の上に存する登記された権利の種類及び内容並びに登記名義人又は登記簿の表題部に記録された所有者の氏名（法人にあっては、その名称）」（1号）を定める。「登記された権利の種類」とは所有権、抵当権などのほか仮登記、仮処分、差押などを指し、「権利の内容」とは、登記目的、登記受付年月日、登記原因などである。調査方法として、仲介業者は、登記所で全部事項証明書（建物登記簿謄本等）を入手するなどして、「甲区」欄に誰が所有者として登記されているか、差押・仮処分・仮差押などの登記がなされていないか、「乙区」

450

欄に抵当権などの登記が設定されていないかを事前に調査し、その結果を重要事項説明書の「登記記録に記録された事項」欄の「所有権に係る権利に関する事項」、「所有権以外の権利に関する事項」に記載し買主に説明する。不動産の権利関係は時々刻々と変動しうるものであることから、重要事項説明書を作成するに当たっては、最新の全部事項証明書を入手するなどして取引物件の権利関係を調査しなければならない。これを怠り権利関係の変動を看過すると仲介業者の調査義務違反となる。

【東京地判昭59・2・24判時1131号115頁】
　仲介業者Y2は、本件店舗の所有者Aの夫Y1から賃貸仲介を依頼され同人から建物登記簿謄本・登記済証などの提示を受けるなどして本件店舗の権利関係を確認したが、賃借人Xとの賃貸借契約締結に当たって、Y2は、自ら登記簿謄本を取り寄せるなどして本件店舗の権利関係を調査することなく物件説明書（現在の重要事項説明書）を作成しXに交付した。Xは、賃貸借契約を締結して引渡しを受けたが、契約締結の8日前に本件店舗が第三者Bに譲渡されていたため、その後、所有者であるBから明渡請求を受け明け渡しを余儀なくされ、XはYらに対し不法行為に基づく損害賠償を求めた。
　裁判所は、宅建業法35条によれば、宅建業者は、賃貸仲介に際して、買主に対し、賃貸借契約が成立するまでの間、特に重要な権利関係等について記載した書面を交付することが義務づけられている。「不動産の権利関係が1か月の間に変動することがしばしばあり、しかも容易に登記簿で権利関係を調査することができるにもかかわらず、Y2は、Xに対する物件説明書を作成する際、1か月前にY1から受領した本件店舗の登記簿謄本を過信し、本件店舗の権利関係の再調査をせず、そのため、本件店舗の真の所有者がBであることに気付かず、Y1が本件店舗の権利者であることを前提として物件説明書を作成し、これを信頼したXに本件賃貸借契約等を仲介したもの」である。Y2の本件仲介行為に過失があるとし、Xの請求を一部認容した。

(2) 法令上の制限に関する説明義務　　　　　　　　　　　　　　　　法令上の制限

ア　法令上の制限

　不動産は多様な用途に供することができることから、既存の不動産を現状のままで利用するほか、旧建物を増改築したり、解体して新築するなどして別の用途に利用することは日常的にみられる。とりわけ事業用物件は様々な用途に利用される。わが国では不動産に対し都市

第15章　仲介業者の説明義務

計画法・建築基準法などによる建築制限、土地利用制限等の公法上の制限（法令上の制限）が数多く存在し、用途によって制限の内容や程度が異なる。一般に買主は、法令上の制限に関する事項について専門的知識がないため、法令上の制限の内容によっては、買主は不動産を買受けた目的を達成することができず不測の損害を被ることとなる。

　宅建業法35条1項2号は、宅建業者（売主業者、代理業者、仲介業者）が「都市計画法、建築基準法その他の法令に基づく制限で…政令で定めるものに関する事項の概要」、政令である施行令3条1項各号に掲げる都市計画法、建築基準法等の法令上の制限について調査し、その結果を買主に対し説明すべき義務を定める。宅建業法35条1項2号に掲げる事項及び施行令3条1項各号に掲げた法律の規定は例示であって限定列挙ではない。宅建業者は、買主の購入目的に支障があるとか利用目的を達成できないような建築制限、土地利用制限等の法令上の制限がないかどうかを調査し、その結果を買主に適切に説明しなければならない。調査の対象は、①法律だけでなく政令（例えば建築基準法施行令）、②建築基準法40条に基づく条例（例えばがけ条例のような委任条例）、③宅地開発行政の分野における開発指導要綱等の行政指導をも含む（不動産適正取引推進機構編・後掲参考文献49頁）。

【津地判平26・3・6判時2229号50頁】
　宅地分譲業者Y1（宅建業者）は、Y2の市長からランド開発区域の宅地造成事業につき開発行為の許可を受け、Xに対し、造成後の本件土地を売却し、ZがXとの請負契約に基づき建物を建築した。その後、本件土地の西側道路を中心に最大深度約3mの陥没が発生し建物が傾きXは転居を余儀なくされた。Xは、Y2に対し国家賠償請求、Y1に対し債務不履行（説明義務違反）に基づく損害賠償請求をした。原審はYらに対する請求を一部認容し、Yらが控訴した。控訴審はY2に対する敗訴部分を取消しXの請求を棄却した（名古屋高判平27・11・27WL）。
　裁判所は、「宅建業者は、宅地又は建物の売買に当たり、その相手方等に対し、取引主任者をして、少なくとも宅建業法35条1項各号に掲げる重要事項について、これらの事項を記載した書面を交付して説明をさせなければならず、都市計画法29条1項及び2項に基づく制限はこの重要事項に含まれている（宅建業法35条1項2号、同法施行令3条1項1号）。したがって、宅建業者は、宅地の売買

の相手方等に対し、当該宅地について開発行為をしようとする場合に開発許可を受ける必要がある場合に該当するか否かについて書面をもって説明するとともに、既に開発許可を受けている場合は、その開発許可の内容についても同様に説明すべき義務がある」。本件開発許可には「都市計画法32条の規定により協議された事項について遅滞なく行うこと、すなわちランド開発区域が磨き砂の採掘跡地であり、地盤に問題がありうるため、Ｙ１が責任を持って空洞調査及び安全対策を実施するなどを定めた許可条件が付されていた。かかる開発許可の条件は、開発許可の内容を構成するものであるから、宅建業法35条１項２号に定める重要事項に該当する」。Ｙ１は、Ｘに対して、本件土地に関する重要事項の説明に際し、本件開発許可条件が付されていることを説明せず、重要事項説明書において本件開発許可の存在を明らかにしその許可書を説明資料として添付していたが許可条件の示された許可書の別紙を示していなかった。したがって、「Ｙ１は、宅建業者として、Ｘに対し、取引主任者をして、都市計画法29条１項に基づく制限として、本件開発許可に付された許可条件の内容について書面をもって説明させるべき義務に反して、取引主任者をして許可条件について何らの説明もさせず、書面も示さなかったものと認められ、説明義務に違反した」とし、ＸのＹ１に対する請求を一部認容した。重要事項説明義務は本書444頁。

　都市計画法・建築基準法などによる建築制限や利用制限などの法令上の制限がないか否か、買主の予定している利用形態が可能かなどについて、法令上の制限に関する事項の調査は、宅建業者が関係法令に関する事務を所掌する市役所、都道府県、土木事務所などに出向いて問い合せ、照会することによって法令上の制限やその制限内容に関する情報を容易に入手することができる。

イ　法令上の制限に関する裁判例

　宅建業法施行令３条１項各号に掲げられていない法律の規定について、宅建業者が調査・説明義務を負うとした裁判例として、次のものがある。

【宅建業者の調査・説明義務を認めた裁判例】
　①都市計画区域の指定の可能性（都市計画法５条）
　　施行令３条１項１号には都市計画法５条が掲げられていないが、東京地判昭54・10・30判時946号78頁は、仲介業者は、土地付近の地域に対する都市計画区域の指定の可能性及び本件土地の市街化区域もしくは市街化調整区域のいずれに

含まれるかについて調査、告知義務があるとする。

②開発許可手続（都市計画法36条1項）

　都市計画法36条1項（工事完了検査済証の交付）は施行令3条1項1号に掲げられていないが、大阪高判昭58・7・19本書474頁は、買主が建物を建てる計画で土地を購入することを売主業者及び仲介業者が知悉していた事案において、重要事項説明書で開発許可を取得することを説明しただけでは足りず、建物を建築するには都市計画法に基づき開発行為について開発許可を受けたうえ開発許可を受けた者が開発行為に関する工事を完了し検査済証の交付を受けることが必要であるとの建築規制が存在することについて説明義務を尽くさなかったことは宅建業法35条1項に違反し違法であるとした。

③建築確認（建築基準法6条）

　施行令3条1項2号には建築基準法6条（建築物の建築等に関する申請及び確認）が掲げられていないが、大阪高判昭50・7・15判時815号119頁は、宅建業法違反等被告事件において、買主が既存建物を買い受ける場合、建築確認を受けた建物かどうかは、「購入者の利益に関する重要な事項であることが明らかである」とし、宅建業法35条各号、施行令3条は宅建業者として契約締結までに説明すべき最少限度の事項を列挙したものであることは、同条1項に『…少なくとも次の各号に掲げる事項について説明しなければならない』とあることからも明らかである」とする。横浜地判平9・5・26判タ958号189頁は、買受け仲介業者は、耐火建築物違反の増築部分が存在すること（違法建築であること）について説明義務があるとし、大阪高判平11・9・30判時1724号60頁は、売主業者及び仲介業者は、土地付建物（未完成物件）が適法な建築確認を受けていないことについて説明義務があるとする。

④建築基準法40条に基づくがけ条例

　東京高判平12・10・26判時1739号53頁は、施行令3条1項2号に建築基準法19条4項、40条に基づくがけ条例、行政指導が掲げられていないが、仲介業者は、買主が土地上に建物を新築する場合、同法19条4項、神奈川県建築基準条例、がけ付近に建築する建築物の指導指針による規制があることについて告知義務があるとする。がけ条例に関する裁判例はRETIO94号40頁以下に詳しい。東京地判昭59・12・26判時1152号148頁は、施行令3条1項2号に建築基準法42条及び開発指導要綱が掲げられていないが、仲介業者は、建築基準法42条の道路及び開発行為に関する指導要綱（行政指導）の説明義務があるとする。

⑤建築基準法7条、指導要綱

　買主Xが売主Y（宅建業者）から給油所を購入したが建築基準法・都市計画法に違反した状態になっていることなどが判明した事案において、東京地判平26・3・26本書445頁は、「宅建業者である売主は、売買当時における売買目的不動産についての法令に基づく制限について説明義務を負うことからすれば、Yは、都

4 説明義務の類型

市計画法及び本件要綱［甲町宅地開発指導要綱］により、本件売買契約締結当時に必要となる排水施設の内容について調査説明すべき義務があったというべきである。そして、Yがこの調査義務を履行すれば、本件給排水図との対比により本件不動産における排水施設の現況が法令の制限に反していることがYには容易に認識できたことになる。本件不動産への排水施設の設置は相当額の費用を要するものであることからすれば、上記事実は売買契約を締結するか否かを決定するために重要な事項に該当するというべきである。したがって、Yは、本件不動産において必要な排水施設に関する法令の制限について調査義務を負っていたというべきであるが、Yは同義務を履行せず、Xに対する説明を行っていない」。Yには、宅建業者としての調査説明義務を懈怠したことによる不法行為が成立するとし、Xの請求を一部認容した。

ウ　用途変更手続の要否に関する説明義務　　　　　　　　　　　用途変更手続

　事業者が事業用物件を買受ける場合、前所有者の利用とは異なった事業目的で利用することはごく一般的に見られる。買主が建物の利用形態を変更することが建築基準法上用途変更に該当すると建築規制を受け、用途変更手続と用途変更工事が必要となり多額な工事費用を要することとなる。例えば「延べ床面積が100㎡を超える構造の鉄筋コンクリート造3階建て」の建築物で、前所有者が「事務所・倉庫」として建築確認を受け、その用途に利用していた建築物を、買主が買受け後に「家電製品の店舗営業」のような不特定多数の客が出入する店舗に利用目的を変えることは、「物品販売を営む店舗に供する建築物」（建築基準法施行令115条の3第3号）への用途変更に該当する。買主が用途変更する場合、営業店舗への用途変更の建築確認申請を建築主事に提出し、建築基準関係規定に適合した用途変更工事を行って建築主事の確認を受け、確認済証の交付を受けなければならない（建築基準法87条1項、6条1項1号、別表第一(い)欄、同法施行令115条の3第3号）。このような建築規制を受けることについて、仲介業者から事前に説明を受けていれば、買主は、当該不動産の購入を断念したか、売買価格の減額を求めるであろうから、用途変更に関する建築規制の存在やその内容は、買主が売買契約を締結するか否かの判断や意思決定に影響を及ぼす重要事項に当たる。

用途変更手続に関する建築基準法87条1項（6条1項準用）は、宅建業法施行令3条1項2号には掲げられていない。しかし、宅建業法35条は例示列挙と解され、その結果、同法施行令に掲げられている事項もまた例示列挙にすぎず、宅建業法35条1項2号、施行令3条1項2号が建築基準法87条1項、6条1項の規定を説明すべき事項から殊更除外するものではないことからも、用途変更手続に関する規定は、宅建業者が買主に対し説明すべき「法令に基づく制限」に含まれると解される。

　買主の買受け目的に照らすと、買受け後の利用形態が用途変更に当たり、仲介業者において用途変更手続が必要であることを調査し、これを重要事項として説明すべき義務がある。仲介業者がこれに気付かなかったことは仲介業者として尽くすべき業務上の注意義務に違反するものとして過失がある。

　仲介業者は、買主が従前「事務所・倉庫」として利用されていた建物を店舗に利用する目的で買受けることを認識しているときは市役所の建築指導課等の所轄機関に問い合わせて、①用途変更に当たるかどうか、②用途変更手続が必要かどうかを確認し、③用途変更手続のためには用途変更工事が必要になることについて、買主に適切に説明すべきである。ただし、仲介業者は宅地建物取引の専門家ではあっても建築に関する専門家ではないことから、買主に対しどの程度の規模、内容の用途変更工事が必要となるか、どの程度の費用を要するかについて具体的に説明することまでは必要はない。「用途変更手続に伴う工事」については、買主が建設業者や建築士等に相談して、不動産を買受けるかどうかの判断を検討するように促すなどの助言をすべきである。このような助言があれば、買主は、建設業者、建築士などに相談して、どの程度の規模の店舗に用途変更するのか、どのような規模の用途変更工事が必要となるのか、その費用はどの位かについて具体的に検討を行う機会を得ることができる。買主は、検討の結果、用途変更手続の要否、用途変更工事の内容、規模、費用などを考慮して、本件建物の購入を断念するという判断も可能となる。

　不動産賃貸の仲介において、仲介業者が賃借人の利用目的を認識

4 説明義務の類型

し、その目的を達成するには建築基準法上の用途変更の確認申請が必要であるにもかかわらず、これを買主に説明することを怠った仲介業者について説明義務違反による損害賠償責任を認めた後掲東京地判平28・3・10がある。

【東京地判平28・3・10WL】
　Xは、介護施設として利用する目的で仲介業者Y2、Y3の仲介により賃貸人Y1と本件建物の1階部分367.49㎡（本件賃貸部分）の賃貸借契約を締結して借り受けた。重要事項説明書の用途制限には「介護施設」と記載されていた。本件建物は1階が物品販売業を営む店舗、2階以上が共同住宅として利用され、1階部分を介護施設として利用するためには、建築基準法上、原則として用途変更の確認申請が必要となり（同法6条）、申請手続には本件建物の確認済証と検査済証が必要であったが、Y1は建築時において完了検査を（同法7条）を受けておらず、検査済証の交付を受けていなかった（本件事情）。Y1側の仲介業者Y2の従業員甲は、複数の業者から、本件賃貸部分を介護施設として利用したいとの照会を受けた際、本件建物には検査済証がない旨告知すると業者らは全て諦め、問い合わせてきたY3の担当者乙に対しても、本件建物には検査済証がなく介護施設として利用したいと照会してきた業者がいずれも諦めたとの事情を告知したが、乙は、X代表者にその旨伝えなかった。Y1との賃貸借契約締結後、Xは、本件賃貸部分の内装工事を完了したが、介護施設として利用するには用途変更の確認申請が必要になること、当該建物が適法であることなどが指摘され、Xは、調査報告制度（同法12条5項）を用いることにより用途変更の確認申請が可能となるためY1に対応の回答を求めたが、Y1はこれを拒否した。Xは、Y1との賃貸借契約を解除し建物を明渡し、①Y1に対し介護施設として使用収益させる義務違反（債務不履行）に基づき、②Y2に対し説明義務違反（不法行為）に基づき、③Y3に対し調査義務違反（債務不履行）に基づき、Yらに対し連帯して損害賠償請求し認容された。
　裁判所は、不動産賃貸借を仲介する宅建業者は、「当該契約の目的不動産について、賃借人になろうとする者の使用目的を知り、かつ、当該不動産がその使用目的では使用できないこと又は使用するに当たり法律上・事実上の障害があることを容易に知り得るときは、それが重要事項説明書の記載事項（宅建業法35条1項各号）に該当するかどうかにかかわらず、賃借人になろうとする者に対してその旨を告知説明すべき義務がある」。③について、「介護施設としての利用に適する物件の探索を依頼して、X・Y3仲介契約が成立していたのであるから、Y3は、当然、賃貸借契約の対象となる不動産の使用目的が、介護施設としての使用であることを認識し」、「Y3は、Xの本件賃貸部分の使用目的を知り、かつ、本

第15章　仲介業者の説明義務

件建物には検査済証がないという事情を知っていたことになる。(略)仲介業者であれば、仲介する賃貸借契約上の目的建物の使用目的によっては、当該建物について建築基準法6条1項の定める用途変更確認が必要となること、その場合、当該建物の確認済証と検査済証が必要となることは、身に付けておくべき基本的知識といえるから、上記の事情を認識した段階で、Ｘが本件賃貸部分を介護施設として使用するためには用途変更確認が必要であるのに、その確認申請に必要な検査済証がなく、そのままではＸの目的達成に支障が生じることを容易に認識し得たといえる。また、その時点では用途変更に関する知識を欠いていたとしても、甲［Ｙ２の担当者］から告知された情報を前提とすれば、Ｙ３としては、本件賃貸部分を介護施設として使用することに疑問を持ち、その原因を調査する義務を負うというべきであり、かかる調査を尽くしていれば、上記の認識に到達することは容易であったといえる。したがって、Ｙ３には、Ｘ・Ｙ３仲介契約に係る信義則上の義務として、甲から本件建物には検査済証がないことを聞いた段階で、必要な調査をした上で速やかに本件事情をＸに告知説明する義務が発生しており、それを怠ったことにより生じた損害について、債務不履行に基づく賠償責任を免れない」。②について、Ｙ２の担当者甲は、「本件建物に検査済証がないことを従前から知っており、かつ、乙とのやりとりにおいて、Ｘの本件賃貸部分の使用目的を知ったのであるから、Ｙ２は、遅くとも本件賃貸借契約締結時に、Ｘに本件事情を告知説明すべき義務を負っていたというべきであり、これを怠ったことによりＸに生じた損害について、不法行為に基づく賠償責任を免れない」。甲がＹ２に対し、本件建物に検査済証がないことなどを伝えていたが、「Ｘ以外の業者は、いずれも検査済証がないと知った段階で諦めていたというのであるから、そのことを聞いたはずのＸがあえて契約締結を希望することに対して疑問を持つのが通常であり、少なくとも本件賃貸借契約締結の際には、Ｘに直接その旨を伝えて意思を確認する機会があったのであるから、事前に仲介業者であるＹ３に伝えていたというだけでは、宅建業者としての注意義務を履行したことにはならない」とし、Ｙ２の説明義務違反を認めた。裁判所は、ＸのＹ１に対する主張を排斥し、Ｘの過失を3割、Ｙ２とＹ３の過失を7割とし、損害は、Ｙ２とＹ３がそれぞれの立場で仲介した本件賃貸借契約を巡り、いずれもＸに本件事情を告知説明しなかったという共通の注意義務違反に基づいて発生したものであり、その責任の法的根拠において、債務不履行と不法行為という違いがあるにすぎないから、Ｙ２とＹ３の支払義務は、不真正連帯債務の関係にあるとした。複数の宅建業者の損害賠償責任は本書474頁。

瑕疵と説明義務　(3)　**瑕疵に関する説明義務**

　　　ア　瑕疵の存在についての説明義務の有無

売買の目的物に瑕疵が存在することを買主が事前に知っていれば購入を断念するか、または売買代金の減価要因になるため、瑕疵の存在は、買主にとって当該売買契約を締結するか否かの判断や意思決定に影響を与える事項に当たる。仲介業者は建築士・不動産鑑定士と異なり、取引物件の物的状態の調査、検査能力や鑑定能力を備えているわけではない（明石・後掲参考文献210〜211頁、河田・後掲参考文献434頁、大阪地判平20・5・20本書463頁）。したがって、仲介業者は、売買の目的物について現地見分するに当たって、通常の注意をもって現状を目視により観察し、その範囲で買主に説明すれば足り、これを超えて瑕疵の存否や内容についてまで調査・説明すべき義務を負わない（千葉地裁松戸支判平6・8・25判時1543号149頁、大阪高判平7・11・21判タ915号118頁など）。

　もっとも、仲介業者が取引物件における瑕疵の存在を認識したり、瑕疵の存在の可能性を推認できるような事実を認識していれば、買主にとって契約締結に影響を与える重要な事実に該当するため、瑕疵の存在またはその可能性について説明する義務を負う。仲介業者が瑕疵の存在を認識しながら、これを買主に告げなかった場合、宅建業法47条1号ニの「故意に事実を告げず」に該当する。買主から具体的に瑕疵の存否について質問や問い合わせがあった事項については、仲介業者は速やかに売主に照会などし、その結果を買主に報告、説明すべき義務を負う。このとき、仮に売主が事実に反した内容を回答したとしても、仲介業者において特に疑念を抱くものでない限り、買主にそのまま報告すれば足りる。

イ　物件状況等報告書

　宅建業法35条は、瑕疵の存否について重要事項説明義務の対象事項としていない。しかし、瑕疵に関する紛争に鑑み、取引実務では、売主が「物件状況等報告書」を売買契約時に買主に交付する。物件状況等報告書には、売買の目的物の瑕疵やその近隣での自殺・殺傷事件などの心理的影響があると思われる事実を記載すべき欄がある。売主が事実に反した内容を記載し買主に提出した場合、特段の事情がない限り、仲介業者はこれを再調査、再確認すべき義務を負うものではな

物件状況等報告書

第15章　仲介業者の説明義務

い。仲介業者が買主から事故物件ではないかどうかとの質問や照会を受けた場合、仲介業者は、売主に対し、買主の質問を伝達し、売主の回答をそのまま買主に報告すべき義務を負う。物件状況等報告書は本書58頁、71頁、124～128頁、インスペクションは本書58頁、93～96頁。
　ウ　電気設備・消防用設備に関する調査・説明義務
　宅建業法35条1項は、飲用水、電気及びガスの供給並びに給水施設の整備状況を説明すべき事項とする（4号）。事業用建物の売買仲介において、電気設備・消防用設備に関する仲介業者の調査・説明義務の有無が争点となった事案がある。

【東京地判平27・6・23判タ1424号300頁】
　売主A側の仲介業者Bと買主Y側の仲介業者XとC（代表者はYと同じ）との仲介により、Yは、本件不動産を購入した。Yが約定仲介報酬を支払わなかったため、XはYに対し報酬請求した。Yは、本件不動産の電気設備・消防用設備に補修すべき瑕疵があり、Xの債務不履行を理由に報酬支払義務を負わず、補修費用と相殺する旨主張した。
　裁判所は、(1)　電気設備について、宅建業法35条1項4号の規定の「趣旨は、宅建業者が購入者等に対し取引物件、取引条件等に関する正確な情報を積極的に提供して適切に説明し、購入者等がこれを十分理解した上で契約締結の意思決定ができるようにするための、宅建業者の仲介業務における重要事項の説明義務について規定したものであると解されるところ、かかる趣旨からすれば、宅建業者が調査した上で説明すべき程度及び内容は、個々の取引における動機、目的、媒介の委託目的、説明を受ける者の職業、取引の知識、経験の有無・程度といった属性等を勘案して、買主等が当該契約を締結するか否かについて的確に判断、意思決定することのできるものであることを要すると解すべきである」。電気設備の整備の状況については、「生活や事業を営む上で必要不可欠の設備であり、その制限いかんによっては買主が契約の目的を達することができない場合もあることから説明すべき事項とされたものと解されることからすれば、一般的には、施設の内容はどういうものか、普通の状態で普通の使い方で継続的に使えるものかどうか、その施設が直ちに使えるものかどうか等について調査・説明が行われる必要があると解される」。(2)　消防設備について、「上記の宅建業者の調査・説明義務の重要性からすれば、法35条1項各号の列挙事由は少なくともこれだけは説明しなければならない事由を規定したものと考えられ、列挙事由以外の事項についても直ちに調査・説明が不要と解するのは妥当ではなく、個々の取引における個別的な事情に照らして、個別具体的に検討する必要があると考えられる。この

点、消防設備は建物の種類、性状等によってはその設置や維持、点検等が求められるものである（消防法17条以下）ことからすれば、売買の目的物が消防設備の設置が求められる建物でありながら、そもそも設置されていない場合や、設置はされているものの全く維持されていない場合などは、通常は買主の意思決定に重要な事項と考えられるから、買主の属性や経験、取引目的、契約条項等の事情によっては、仲介業者に調査・説明義務が生ずると考えられる」。(3) ア　本件調査・説明義務の程度等について検討するに、電気設備については、「本件建物はテナントが多数入居する商業ビルであるから、電気設備がそもそも設置されているか否かは当然調査・説明義務の対象となると解される。のみならず、この電気設備が通常の使用に耐えうるものであるか否か、直ちに修繕を要する事項があるか否かについても、基本的には調査・説明義務の対象とすべきと考えられる。ただし、本件売買契約においては、特約条項において、物件状況確認書の作成・交付を行わず、引渡し時の状態のまま引き渡すものとされ（2条）、付帯設備について設備表の作成・交付を行わず、引渡し［時］の状態のまま引き渡すものとされ、各設備について売主が一切の修復義務を負わないとされている（3条）点に鑑みれば、当事者はかかるリスクを考慮の上価格を決定したものと考えられるから、価格決定に影響を及ぼすような修繕事項がある等の場合は別として、通常のメンテナンスの範囲内の修繕・交換等を要する事項がある程度の事項についてまで、調査・説明義務を負うものではない」。消防設備については、「本件建物が特定防災対象建築物に該当することからすれば、消防設備が設置してあることはもちろん、これが維持されていることについては基本的には調査・説明義務の対象となると考えられるが、上記の特約に照らせば、電気設備と同様、価格決定に影響を及ぼすような修繕事項がある等の場合は別として、通常のメンテナンスの範囲内の修繕・交換等を要する事項がある程度の事項についてまで、調査・説明義務を負うものではないと考えられる」。イ　本件売買契約の仲介業者は売主側がB、買主(Y)側がXとCであり、「まず第一に、売主側に仲介業者がいるのであれば、売主側の仲介業者は（買主側に比して）調査が容易である、当該売買契約における売主の瑕疵担保責任等に配慮を要する立場にある等の観点からすれば、上記アのような調査・説明義務を負うのは一時的には売主側の仲介業者であり、買主側の仲介業者は、主として売主側の仲介業者を通じて説明に必要な情報を得るのが通常と考えられる」。「第二に、買主側の仲介業者が2名というのは、通常とは言い難い（略）、CはYと代表者が同一であり、（略）CがXのおよそ倍もの仲介手数料を得ているのは、Xへの本件媒介報酬の額を減額する目的であったと認められる。とすると、当事者間の合理的意思解釈ないし信義則の観点からすれば、Cへの仲介業者としての責任を差し置いて、Xの責任を加重する方向で考慮すべきでない。」Xは、「電気設備及び消防設備については、基本的には売主側仲介業者であるBから得た情報を基礎として説明すればよいものであり、これに加

第15章　仲介業者の説明義務

えて宅建業者として通常の注意を払えば知り得る情報や、特に買主から依頼があり、これを受諾した事項についても、調査能力の範囲内であって、過大な費用ないし労力の負担なく調査できる範囲において、調査・説明を行えば足りる」とし、Xにおいて債務不履行はなくXの報酬請求を全部認容した。仲介契約の瑕疵と報酬は本書416頁、419頁。

エ　瑕疵に関する裁判例

これまでの裁判例をみると、瑕疵について調査・説明義務違反を認めた事案では、仲介業者が瑕疵の存在を認識している場合、これを買主に説明すべき義務を負う。また仲介業者が通常の注意を払えば認識できる場合にこれを怠った場合は調査・説明義務違反に当たる。

〔地盤沈下、軟弱地盤〕

①【東京高判平13・12・26判タ1115号185頁】

買主Xらは建売業者Aから建売住宅を仲介業者Y（担当者甲）の仲介により購入したが、軟弱地盤のため地盤が沈下し建物に床の高低差の発生など著しい不具合が生じた。XらはA、Yに対し説明義務違反を理由に損害賠償請求した。

裁判所は、「不動産の仲介業務を依頼された者が、買主に対して負うべき説明、告知義務の内容及び本件において甲［Yの担当者］が本件各土地が軟弱地盤であることについて説明、告知義務を負う」ことは原判決のとおりである。「なお、付言すれば、宅建業者は、宅建業法上、土地建物の購入者等の利益の保護のために（同法1条）、取引の関係者に対し信義誠実を旨とし業務を行う責務を負っているものであり（31条）、同法35条は、重要事項の説明義務を規定している。そして同条が、『少なくとも』同条に掲げられた事項について、宅地建物取引主任者に説明させるべきものとしていることに照らせば、同条に規定された重要事項は、買主保護のために最低限の事項を定めたものに過ぎないと解される。そうすると、宅建業者は、信義則上、同条に規定された事項は勿論、買主が売買契約を締結するかどうかを決定付けるような重要な事項について知り得た事実については、これを買主に説明、告知する義務を負い、この義務に反して当該事実を告知せず、又は不実のことを告げたような場合には、これによって損害を受けた買主に対して、損害賠償の責めに任ずるものと解するのが相当である」。Yにおいて本件各土地が「軟弱地盤であることを認識していたというためには、報告書に記載されたような地質についての詳細な分布までを正確に認識していなければならないと解すべきものではなく、水分が多くて軟弱であり、沈下を起こしやすい地盤というほどの意味を認識していれば足りる」とし、Yの説明義務違反を認め、Yの控訴を棄却した。

4 　説明義務の類型

〔火災による焼損〕
② 【東京地判平16・4・23判時1866号65頁】
　仲介業者Y2の仲介による売主Y1と買主Xらとの中古住宅の売買において、建物の台所の一部が火災に遭い焼損（建物本体の一部の炭化）として残存している事情は「買い手の側の購買意欲を減退させ、その結果、本件建物の客観的交換価値を低下させ」は瑕疵に当たる。売主・買主双方から仲介の依頼を受けた仲介業者Y2は、「売主の提供する情報のみに頼ることなく、自ら通常の注意を尽くせば仲介物件の外観（建物内部を含む。）から認識することができる範囲で、物件の瑕疵の有無を調査して、その情報を買主に提供すべき契約上の義務を負う」。「本件焼損等は、Y2がこれを認識している場合には、信義則上買主に告知すべき事項であるところ、Y2は、本件焼損等をY1から知らされていなかったが、注意して見分すれば本件建物の外観から本件焼損の存在を認識することができたということができ、その上でY1に問いただせば、本件火災や消防車出動の事実も知り得たと認められる」。Y2が「本件焼損等を確認した上で、買主Xらに情報提供すべきであったのに、これを怠った」としY2の債務不履行責任を認め、Y2に支払った報酬相当額の損害賠償請求を認めた。仲介行為の瑕疵と報酬は本書419頁。

〔物理的瑕疵〕
③ 【大阪地判平20・5・20判タ1291号279頁】
　買主Xは、「本件建物に居住する目的で本件［売買］契約を締結することとしたのであるから、その前提として、本件建物が居住に適した性状、機能を備えているか否かを判断する必要があるところ、［仲介業者である］Y代表者も、Xの上記目的を認識していたのであるから、本件建物の物理的瑕疵によってその目的が実現できない可能性を示唆する情報を認識している場合には、Xに対し、積極的にその旨を告知すべき業務上の一般的注意義務を負う（なお、そのような認識に欠ける場合には、宅建業者が建物の物理的瑕疵の存否を調査する専門家ではない以上、そうした点について調査義務まで負うわけではない。）」。「Y代表者は、本件建物の見学において、雨漏り箇所が複数あると認識し、白アリらしき虫の死骸を発見し、白アリ被害について多少懸念を抱いており、1階和室以外に、玄関左右の端、浴槽、収納部分の角にも腐食があると認識していた上、柱にガムテープが貼られるなどしていることも認識していたというのであるから、白アリ被害や柱の腐食等の存在により、本件建物が居住に適した性状、機能を十分に備えていないのではないかと疑いを抱く契機が十分に存在したと認められる。さらに、本件建物にはA［所有者］の妹が居住しており、A自身は、平成7年1月以降、本件建物に全く行っていなかったというのであり、Y代表者もそのことを知っていたと推認されるから、Aによる本件建物の状況説明が現状を正確に反映してい

463

ないことを疑う余地も存在した。以上の諸事情を考慮すると、Y代表者は、Xに対し、白アリらしき虫の死骸を発見したこと、1階和室以外にも腐食部分があること、雨漏りの個所が複数あることなどを説明し、Xに更なる調査を尽くすよう促す業務上の一般的注意義務を負っていたというべきであるが、実際には、そのような注意義務を尽くさなかった」とし、Xの請求を一部認容した。

〔漏水事故〕
④【東京地判平21・2・5WL】
　仲介業者の担当者は、売主から、建物地階1階でたびたび漏水のあったことや黒カビが発生したことなどの説明を受けていた事案において、「雨漏りを疑わせる重要な事実でもあるので、宅建業者としては、上記のような事実を売主から説明された以上、買主に対して、過去に度々漏水のあった事実を明らかにして、買主が、雨漏りの有無を調査確認したり、売買価格の相当性、契約条項の相当性を検討する機会を与える信義則上の義務があった」。仲介業者の担当者が建物地下1階に漏水のあった事実を何ら説明していないことは、信義則上の説明義務違反がある。同種の案件として東京地判平8・3・27判時1592号86頁。

(4) 事故物件に関する説明義務

　売買の目的物が自殺・殺人などの事件・事故の現場となった履歴があることは、一般に嫌悪すべき歴史的背景などに起因する心理的欠陥に当たると解されているため、買主が売買の目的物を買受ける契約を締結するかどうかの判断や意思決定に影響を及ぼす重要事項に当たる。仲介業者は、売主から自殺の事実を告げられたり、物件調査に際して当該物件の周辺に居住する者から自殺の事実を知ったときは、売主にこれを確認して買主に説明すべき義務を負う。事故物件、心理的瑕疵は「第11章　売主の瑕疵担保責任（心理的瑕疵）」348頁以下。

　なお、後掲④について、「マイホーム建築目的の依頼者は、予算の都合等から事故物件でも構わない旨を明示しているような例外的な場合を除いて、事故物件であることを甘受して購入することは通常ないのであるから、売買契約には、宅建業者は事故物件性のない物件の契約成立に尽力するという合意が前提として含まれているといえるからである。そのため、宅建業者には受託者としての善管注意義務（民法644条）から導かれる義務として、事故物件性が疑われる事情の有無を問わず、一定

程度の調査義務が存在すると解すべきである」（三宅　新・ジュリ1490号136頁）との評釈がある。「一定程度の調査義務が存在する」とは具体的にどのような方法でどの程度まで調査すべき義務があるとするのか判然としないが、心理的瑕疵は目視で把握できるものではない。加えて、「事故物件性」といっても物質的瑕疵と異なり、多種多様であり、主観的な要素も強く、時の経過や所有者の変転を経て「事故物件性」が薄れていくという特殊性がある。さらに仲介業者は、取引物件の瑕疵の存否を調査する能力も調査のための法的な手段も確保されておらず、心理的瑕疵は過去に発生した事件や事故に関する事項であることから当該物件の現地確認では瑕疵の存否がわからないものがほとんどであり、「事故物件性が疑われる事情の有無を問わず」調査義務を課す根拠はない。したがって、一般的に仲介契約について「事故物件性のない物件の契約成立に尽力する合意が前提として含まれている」とまではいえないであろう。仲介業者が売主に対し事件や事故の有無を照会するとしても、売主が取得した以前の所有者まで遡って仲介業者に調査義務を負わせるのは調査の困難性やプライバシーに関わることだけに酷に過ぎ、仲介業者の調査・説明義務は仲介業者が瑕疵の存在を認識し、または認識できる場合に限定すべきである。

　心理的瑕疵に関する仲介業者の調査・説明義務違反が争点となった事案は少なくないが、仲介業者の説明義務違反を認めた裁判例として、後掲②、③、④がある。いずれも仲介業者が事故物件であることを認識していた事案、または認識することができた事案である。排斥例として東京地判平18・7・27本書369頁、東京地判平22・3・8本書355頁、東京地判平26・8・7本書353頁、後掲①などがある。

　売買の目的物の現況が更地（青空駐車場など）であった場合、仲介業者は以前に解体された建物が事故物件かどうかまで調査する義務は負わない（後掲①）。売買契約締結後、残代金支払義務の履行期までに契約締結の効力を解除等によって争うか否かの判断に重要な影響を及ぼす事実を認識した場合、履行期までに買主などにこれを説明すべき義務を負う（後掲④）。

第15章　仲介業者の説明義務

〔仲介業者の告知義務違反を認めなかった裁判例〕

①【東京地判平24・8・29ＷＬ】

本件土地１及び２には昭和49年２月建築の木造２階建共同住宅が建っており、Ａが昭和52年11月にこれを購入した。本件土地３及び地上の共同建物（旧建物）はＢが所有していたところ、平成15年10月、旧建物の一室で変死体が発見され同居人が殺人容疑で逮捕され、当時の新聞に報じられた。Ｃは、アパートを建築するため妻が代表者の宅建業者Ｙ１の名義で平成17年11月に本件土地１及び２並びに共同住宅を購入し平成18年２月に本件土地３及び旧建物を購入した。Ｃが本件土地３及び旧建物を購入する際、重要事項説明書には本件殺人事件に関する記載はなかった。Ｃはアパート新築のために旧建物を取り壊したが、妻からアパート経営に反対され、仲介業者Ｙ２の仲介により平成19年９月、本件各土地をＸに売り渡した。Ｘは、建物を新築したが、平成22年８月、担保不動産競売開始決定により第三者が落札し所有権を失った。Ｘが仲介業者に本件土地の任意売却を依頼したところ、旧建物で本件殺人事件があったことを知った。ＸはＹらに対し不法行為を理由に損害賠償請求した。

裁判所は、Ｙらについて、旧建物において本件殺人事件が起きたことを知っていたということはできないとした上で、Ｙ２について、「一般に、土地売買の仲介業者が、売買契約締結当時、その約１年前に建物が取り壊されて更地になっている場合には、特段の事情がない限り、取り壊された共同住宅において、過去数年間に何らかの事故が発生していたか否かについてまで調査すべきであるとはいえず、本件媒介契約ないし本件売買契約において、仲介業者であるＹ２がこのような調査義務を負うべき特段の事情があったことを窺わせる事情は見当たらない」とし、Ｘの請求を棄却した。

〔認容例〕

②【東京地裁八王子支判平12・8・31判例集未登載：詳解不動産仲介契約621頁】

事案は359頁。仲介業者Ｙ２の説明義務違反の成否について、「Ｙ２は、一方、Ｘ［買主］らから、建物を建てて家族で住むためのものであるから、いわく付の土地を購入することはできない旨明確に伝えられており、他方、Ｙ１［売主業者］からは、本件事件の存在を伝えられ、購入者には本件事件を伝えるよう指示されていたにもかかわらず、本件売買契約に際して、Ｘらに対し何ら本件事件の存在を告知しなかったのであるから、Ｙ２には、Ｘらが本件売買契約の締結を決意するにあたって決定的に重要な事項について一切説明を欠いた説明義務違反があった」とし、Ｘらが本件売買契約締結に伴い支払った売買代金、固定資産税、仲介報酬、ローン事務費用、司法書士登記手続費用等からＹ１に払った売買代金を差し引いた額を損害とした。仲介行為の瑕疵は本書416頁以下。

4 説明義務の類型

③【福岡地判平22・9・6判例集未登載（福岡高判平23・3・8判時2126号70頁：本書350頁の原審判決）】
　仲介業者の売主側担当者は、売主から、売買の目的物である居室が前入居者により風俗営業に使われていたとの噂があり、管理組合が前入居者に明渡等訴訟を起したこと自体、居室にまつわる特別な事情であり、居住目的で購入する一般人のうちには、あえてそのような物件を好んで購入しようとはしない者が少なからず存在するものと考えられ、宅建業者が既に買主の購入の意思決定に影響を及ぼしかねない特別な事情を認識している場合には、善管注意義務に基づき、これを自己に対する委任者である買主に対して説明あるいは告知する義務がある。仲介業者の担当者がこの点について相当程度の情報を認識していたのであるから、過失によりこれを告知あるいは説明することを怠ったものとして債務不履行責任を負うとし、買主の仲介業者に対する損害賠償請求を一部認容した。瑕疵は本書349頁。

④【高松高判平26・6・19判時2236号101頁】
　Ｘ２は、仲介業者Ｙの仲介により、売主Ａ（個人）から居住用建物を建築する目的で本件土地を購入する契約を締結し、Ｘ１とＸ２に所有権移転登記した。契約締結後、Ｙの担当者甲は残代金決済の数日前に同業者と本件土地について話す中で本件土地が"訳あり物件"であるかもしれないと認識し、甲及び乙において確認したところ、20年以上前に本件土地上の建物で自殺事故があったことを知った。甲は、20年以上前の出来事であり建物が取り壊され、その後土地売却が繰り返されていることなどから、Ｘらに説明しなかった。契約書では売主の瑕疵担保責任は排除されていた。Ｘは、Ｙに対し不法行為（説明義務違反）を理由に損害賠償請求した。第１審はＸらの請求を一部認容し、Ｘらが控訴、Ｙが附帯控訴したが、控訴審はいずれも棄却した。
　裁判所は、調査義務違反の有無について、「宅建業者は、売買の仲介にあたり、売買当事者の判断に重要な影響を及ぼす事実について説明義務を負う（宅建業法47条１号ニ）。したがって、説明義務を果たす前提として、一定の範囲内で調査義務を負う」。「対象物件が事故物件か否か、より具体的には、過去に自殺等の事故があった物件か否かは、その性質上、対象物件の外形からは認識し得ない事柄である。また、このような自殺等の事故は、通常の物件においてよく見受けられるというようなものではない。対象物件上で自殺があったというのは、極めて稀な事態でもある。したがって、売買の仲介にあたる宅建業者としては、対象物件の隠れた事故物件性については、その存在を疑うべき事情があれば、独自に調査してその調査結果を説明すべき義務を負うが、そうでない場合には、独自に調査をすべき義務までは負うものではない」。説明義務違反の有無について、「本件土地上で過去に自殺があったとの事実は、本件売買契約を締結するか否かの判断に

第15章　仲介業者の説明義務

影響を及ぼす事実であるとともに、締結してしまった売買契約につき、その効力を解除等によって争うか否かの判断に重要な影響を及ぼす事実でもあるといえる。したがって、宅建業者として本件売買を仲介したYとしては、本件売買契約締結後であっても、このような重要な事実を認識するに至った以上、代金決済や引渡手続が完了してしまう前に、これを売買当事者であるＸ１に説明すべき義務があったといえる（宅建業法47条1号ニ）」。「Y担当者である甲及び乙は、自殺の事実が20年以上前の出来事であることや、自殺があったとされる建物が取り壊されており、本件土地が相当以前から更地となっていたことなどから、本件土地上で過去に自殺事故があったらしいとの事実をＸ１に説明しなければならない理由はないと考え、これをしなかった。したがって、Yは、Xらに対し、この説明義務違反（不法行為）と相当因果関係のある損害を賠償すべき責任を負う」。Xらは「マイホーム建築目的で土地の取得を希望する者が、本件建物内での自殺の事実が近隣住民の記憶に残っている状況下において、他の物件があるにもかかわらずあえて本件土地を選択して取得を希望することは考えにくい以上、Yが本件土地上で過去に自殺があったとの事実を認識していた場合には、これをXらに説明する義務を負う」。Yが売買契約締結に先立ち事故物件の調査義務を負うかについて「本件売買契約が小さな子供を含む家族のマイホームを建築する目的であったとしても、対象物件が自殺等の事故物件であることは極めて稀な事態であることからすれば、事故物件性の存在を疑うべき事情がない場合にまで、売買の仲介に当たる宅建業者に事故物件であるかを調査すべき義務があると認めることはできない。なお、Xらは隣人に確認すれば容易に事故物件であることを確認できたことを指摘するが、この点は調査義務の有無を左右する事情には当たらない」とした。

〔仲介業者から事情聴取する場合〕
・どのような経緯で仲介取引に関与したか
・売主・仲介業者から現地案内を受けたか、その時の様子（空き家かどうか）、売主・仲介業者からどのような説明を受けたか
・買主はどのような目的で購入しようとしたのか
・事前に売主または仲介業者に事故や事件の有無を質問したか、これに対する売主の反応や回答（どのように説明したか、言わなかったか等）
・売主に物件状況等報告書の作成を依頼したか、自殺等の有無の記載は誰がどのような表現で記載したか（売主が自ら作成したのか、仲介業者が代わって作成したのであればなぜか）、売買契約

> 締結時に記載内容を売主に直接確認したか
> ・いつ、どのような経過で、誰から事故や事件があったことを知らされたのか
> ・仲介業者が売主や売主側の仲介業者に事故物件であるかを問い合わせた時に売主は事故や事件があったことを知っていたのか
> ・事故物件であることが判明した後、売主と仲介業者は事前に事故事件があることを告げなかった理由をどのように説明したか

　宅建業者は、正当な理由がある場合でなければ、その業務上取扱ったことについて知り得た秘密を他に漏らしてはならない（法45条）として秘密保持義務が課されている。心理的瑕疵に関する事項は、家族の自殺や殺人事件など売主が他に知られたくない事項である場合も多く、秘密保持義務と宅建業者の説明義務・事実不告知等（法35条、法47条1号）との関係が問題になることは多い。しかし、自殺や殺人事件があった事実が目的物の心理的瑕疵に当たることは裁判例でほぼ確定している。仲介業者が売主からこのような事実を打ち明けられた場合には、当該事実を伏せたまま売買することは、仮に瑕疵担保免責条項が設けられていたとしても「知りながら告げなかった事実」（民法572条）として、免責されないことを売主に説明し、事故物件であることを開示したうえで売却することを助言すべきである。売主がこのような事実を人に知られたくないと望んでいるからといって、仲介業者が買主にこれを告げずに売買契約を締結させることは、後日、買主が売主に対し瑕疵担保責任に基づく損害賠償や解除を主張し、却って依頼者である売主の利益を損なうことになる。また、売主と仲介業者は、買主に対し説明義務違反という共通の義務違反に基づいて損害を与えることから、売主と仲介業者が不真正連帯債務の関係に立つとともに、仲介業者の行為は、宅建業法47条1号に定める「故意に事実を告げず」に該当する。

(5) 助言義務

ア　助言義務

　一般に売主・買主は不動産売買の専門的知識や取引経験が乏しく、売買契約に関してどのような特約を設けるべきか、当該特約が自己に

第15章　仲介業者の説明義務

とって有利か不利かに関して判断する能力を持ち合わせていない。そこで、仲介業者は、売主または買主から売却または購入仲介を受けた場合、仲介契約の本旨に従い、善良な管理者としての注意義務を負い、委託者が不測の損害を被らないよう取引に関して適切な助言、指導をすべき義務を負う。特に買主が売買契約を締結するかどうかの判断や意思決定に影響を及ぼす事項（いわゆる重要事項）に関する情報を的確に調査し、その結果を買主に提供し、これを説明するだけでなく、時には助言、指導すべき義務を負う。これらの義務に違反して委託者に損害を与えた場合には、仲介業者は委託者に対し債務不履行責任または不法行為責任として損害賠償義務を負う。ローン特約に関する助言義務は「第8章　ローン解約」290頁。

買換え　　イ　買換えに関する助言義務

　Xが新築物件を購入するに当たって、自宅マンション（手持ち物件）の売却代金をもって購入代金の一部に充てるという取引方法がしばしば取られる（いわゆる買換え。本書66頁）。手持ち物件の売却代金を確実に受領した上で転居先などの物件の売買契約を締結することが望ましいが、実際には、両方の売買契約を同時並行して締結し代金支払・引渡し時期を同日にすることが多い。後掲東京地判平24・10・12の仲介業者Y1のように、Xから新築物件の購入仲介の委託を受けながら、他方で自宅の売却仲介を受託することも珍しくない。

　買換え物件の売買では、一方の契約が履行されることを前提に他方の契約を締結しているため、手付解除されたり債務不履行によって一方の契約が履行されないと、他方の契約も履行できなくなり、債務不履行を理由に解除され違約金請求される事態に陥る。往々にして、仲介業者は、成約に関心はあっても取引上のリスクに対する意識が薄く、契約当事者は取引経験がないため取引上のリスクを想定していない。

　Xが買換えによって新規物件を購入する契約を締結する場合、購入仲介と売却仲介を同時に受託する仲介業者Y1は、Xの新規物件の購入目的、購入代金の調達方法と自宅の売却目的、売却代金に加え、それぞれの契約の進捗状況を十分把握できる。このような立場にある仲介業者Y1は、Xが自宅を他に売却できるかどうか確実でない状況に

4　説明義務の類型

おいては、Xに対し、取引上のリスクを回避できる条項を設けるよう助言しておく必要がある。例えばXが自宅を売却できなかったり、手付解除などにより、売却代金を取得できない場合には、Xが新規物件の売買契約を無条件で解除できる旨の特約を付すなどしてリスクヘッジしておく必要がある。依頼者が損害を被るおそれが大きい取引であることが不動産取引の専門家である仲介業者にとって容易に判断できる場合に、仲介業者が取引上のリスクを説明したり助言や指導を怠ると、仲介業者Ｙ１の助言義務違反としてＸが被った損害を賠償すべき責任を負うこともある。

【東京地判平24・10・12ＷＬ】
　　Ｘは、仲介業者Ｙ１（担当者甲）に対し、平成21年７月12日、Ｘ所有の自宅（土地建物）の売却仲介を委託する（専属専任媒介契約、媒介価額5850万円）一方で、Ｙ１に対し、母親の介護に適した建物を建築するために自宅の売却代金を新たな宅地の購入代金に充てたいとの話をして購入物件の紹介を依頼した（一般媒介価額、媒介価額5850万円）。Ｙ１は、ＸにＹ２所有の本件土地を紹介し、10月22日、本件土地の買受け仲介を受託し（代金4980万円）、自宅売却の媒介価額を5980万円に変更した。ＸとＹ２は、12月10日、本件売買契約を締結し（代金4750万円）、Ｘは、Ｙ２に手付金を交付し、Ｙ１に仲介報酬を支払った。Ｘが残代金を支払わなかったため、Ｙ２は、契約解除し手付を没収した。売買契約書には、自宅が残代金の決済日までに売却されることを停止条件とする旨、あるいは自宅が残代金の決済日までに売却されないことを解除条件とする旨の特約（本件特約）の記載がなされていない。Ｘは、Ｙ１に対し債務不履行または不法行為（注意義務違反）に基づく損害賠償請求、Ｙ２に対し錯誤無効を理由に不当利得返還請求、Ｙ２は、Ｘに対し不当訴訟を理由に損害賠償請求をした。
　　裁判所は、本件売買契約締結当時、Ｘは、Ｙ１に対し、「自宅についての売買契約が成立することを条件に、本件土地売買の仲介依頼をしていた」ことを認定し、Ｙ１は、「仲介業者として、顧客であるＸの上記依頼内容に反する売買契約を成立させないよう注意すべき義務があるのに、その義務を怠ってＸの上記依頼内容に反する内容で本件売買契約を成立させ、もってＸに損害を与えた」とし、Ｙ１のＸに対する債務不履行責任を認めた。甲は、Ｙ１の従業員として、上記義務に違反して本件売買契約を成立させ、もってＸに損害を与えているとし、Ｙ１のＸに対する使用者責任に基づく損害賠償責任を認めた。ＸがＹ１に交付した仲介報酬、Ｙ２に交付した手付金を損害として認め、Ｙ２に対する錯誤無効の主張を排斥しＸの請求を棄却し、Ｙ２のＸに対する請求を棄却した。

471

5　損害賠償請求の相手方

　仲介業者に対する損害賠償請求は、事案によっては、被用者に対し不法行為に基づく損害賠償請求、使用者である仲介業者に対する使用者責任に基づく損害賠償請求、法人であれば会社法に基づく取締役に対する損害賠償請求の法律構成を検討する。訴訟形態としては、売主業者、売主側の仲介業者と買主側の仲介業者及びそれぞれの被用者たる担当者（従業員）を共同被告とすることが考えられる。

使用者責任　(1)　**使用者責任**

　宅建業者の従業員が、その事業の執行につき第三者に違法に損害を与えた場合、その使用者または代理監督者は損害賠償責任を負う（民法715条）。被用者が「事業の執行につき」損害を与えたかどうかは、外形的に判断して被用者の不法行為が使用者の事業の範囲内で行われ、かつ、事業上の業務の執行に関連すると認められることが必要である（最判昭32・7・16民集11巻7号1254頁。詳解不動産仲介契約790頁以下参照）。宅建業者が自己の免許を他人に名義貸しをした場合、名義貸与者の営業活動であるかのような外観を有し、名義貸与者は、これを容認していることから、取引関係者との紛争を防止するよう指揮監督すべき義務を負う。

取締役の第三者に対する責任　(2)　**取締役の第三者に対する責任**

　株式会社の取締役は、株式会社に対して善管注意義務を負うとともに法令等を遵守し、株式会社のため忠実にその職務を行わなければならない（忠実義務、会社法355条、330条、民法644条）。取締役など（会社法423条1項参照）がその職務を行うについて悪意または重大な過失があったときは、取締役などの任務懈怠行為と第三者に生じた損害との間に相当因果関係がある限り、その損害について宅建業者と連帯して第三者に対し損害賠償義務を負う（会社法429条1項、旧商法266条の3第1項、旧有限会社法30条の3）。

　宅建業者は、売買契約の締結に当たって、買主が契約を締結するかどうかの判断に影響を与えるような重要な事項について調査・確認し、これを買主に説明しなければならない業務上の注意義務を負う。宅建業者の取締役は、宅建業法などの関係法令を遵守し、取引の相手方などが取

引上の過誤のないように適正に取引を進めるように監督すべき職務上の注意義務を負う。わが国における宅建業者は株式会社組織をとるものの小規模な個人業者が多く代表取締役が自ら専任の宅地建物取引士の地位にあって（法31条の3第2項）、宅地建物取引業に従事し、また代表取締役として業務全般を統括しており、従業員や宅地建物取引士を具体的に選任監督することが容易な立場にある。もし代表取締役がこれを怠り買主に損害を与えた場合、代表取締役としてその職務の遂行に当たって故意または重大な過失があるというべきであって、その結果、第三者に対する損害賠償責任を負う。

宅建業者の説明義務違反を理由に損害賠償請求する場合、代表取締役の第三者に対する責任を追及し共同被告として訴えることがある。取締役の第三者に対する損害賠償責任を認めたものとして、東京高判昭52・3・31判時858号69頁、東京地判昭60・9・25判タ599号43頁、東京地判平6・9・21判時1538号198頁、大阪高判平7・5・30判タ889号253頁、東京地判平10・1・23判タ991号206頁、東京地判平10・5・13判時1666号85頁、東京地判平10・7・13判時1678号99頁など参照。

【東京高判平6・7・18判時1518号19頁】
　買主Ｘは、仲介業者である有限会社Ｙ1（代表取締役Ｙ2）の仲介により売主と土地建物売買契約を締結した。Ｘは、建物を改築して3階建ての建物を建築することを希望していた。本件土地は、第一種住居専用地域、建ぺい率50％、容積率80％の建築制限のため延床面積103.37㎡の建物しか建築できなかったにもかかわらず、Ｙ2は、新聞折込みに住居地域、建ぺい率60％、容積率200％と表示し、重要事項説明書にその旨記載し宅地建物取引主任者の資格のない従業員甲がこれを説明した。Ｘは、Ｙ1に対し不法行為による損害賠償請求、Ｙ2に対し旧有限会社法30条の3の規定に基づき損害賠償した。
　裁判所は、Ｙ1について使用者責任を認めたほか、Ｙ2の責任について、「Ｙ1の代表者としてその業務全般を統括する立場にあり、従業員6名という規模の会社であったから、従業員甲、取引主任者乙の業務を具体的に監督すべき義務があるところ、甲が調査不十分のまま誤った内容の折り込み広告を作成頒布するのを見逃し、取引主任者の責任において作成すべき重要事項説明書を資格がない甲が勝手に作成するのに任せ、乙が作成に関与していないことを知りながら、本件売買契約についての誤った内容の重要事項説明書に社判と代表者印とを押捺し、

第15章　仲介業者の説明義務

これをXに交付して誤った内容の説明をさせて、誤信したXに本件売買契約を締結させたものである。このような職務の遂行については、Y2の代表取締役としての重大な過失がある」。Y2は、旧有限会社法30条の3により、これによって生じたXの損害賠償義務があるとし、Y1に対する仲介手数料、登記手続費用、火災保険料について損害を認めた。

複数の宅建業者

(3) 複数の宅建業者の損害賠償責任

　一つの売買について複数の宅建業者が関与する場合がある。例えば売主業者Y1と買主Xとの売買契約について、Y1から売却仲介の委託を受けた仲介業者Y2とXから購入仲介の委託を受けた仲介業者Y3が共同して売買仲介する場合、取引物件の権利関係について売主業者Y1、仲介業者Y2、Y3はいずれも宅建業者として重要事項説明書を交付して説明をしなければならない（法35条1項、「第3章　不動産売買と宅地建物取引業法」96頁）。取引物件の権利関係は買主にとって契約締結の判断や意思決定に重大な影響を及ぼす事項であり、Y1、Y2、Y3はいずれも宅建業者としてXに対し説明義務を負う。法律構成は、売主業者Y1に対しては売主の債務不履行（説明義務違反）に基づく損害賠償責任、Xが委託をしていない売主側の仲介業者Y2に対しては不法行為に基づく損害賠償責任、Xが委託した買主側の仲介業者Y3に対しては債務不履行（説明義務違反）に基づく損害賠償責任を求めることとなる（本書442〜443頁）。Yらは、買主に対し説明義務違反という共通の

不真正連帯債務

義務違反に基づいて同一の損害が発生することから不真正連帯債務の関係にある（後掲大阪高判昭58・7・19、東京地判平28・3・10本書457頁）。

【大阪高判昭58・7・19判時1099号59頁】
　買主Xは、建物建築の目的で売主業者Y1から仲介業者Y2の仲介により本件土地を買い受けた。重要事項説明書の「都市計画法等に基づく制限の概要」欄に本件土地が都市計画法等による制限を受ける旨の定型的記載がなされていたが、具体的な制限内容を記載する欄は空白であった。Xは、Y2から、建物建築には開発工事の完了と検査済証の取得が必要である旨説明を受けないまま本件売買契約を締結した。XはY1との売買契約を債務不履行解除し、Yらに対し手付金相当額の損害賠償を請求した。原審はY1に対する請求を認容しY2に対する請求

を棄却した。双方控訴により、控訴審は、Ｙ１からの控訴棄却、Ｙ２に対する請求を全部認容した。

　裁判所は、本件売買契約の締結の際に売主業者Ｙ１及び仲介業者Ｙ２が本件土地にかかる建築規制の存在について説明義務を尽くさなかったことを認定し、「Ｙ１の右説明義務の不履行を理由としてＸがなした本件売買契約の解除の意思表示は有効である」。Ｙ１について、宅建業者が「売主として取引の当事者となっている場合には、本件建築規制の如き事項の説明義務は本件土地売買に附随する売主としての当然の義務というべきであるが、Ｙ１は本件売買契約の締結に際してかかる説明義務を尽くさなかった」とし、Ｘの債務不履行解除を認めＸのＹ１に対する請求を認容した。Ｙ２について「Ｙ２はＸが本件土地を購入のうえ右土地上に家を建てる計画であることを知悉していたものであるにもかかわらず(略)本件売買契約成立当時本件土地に家を建てるには堺市宅地開発指導要綱に基づく開発許可を取得したのみでは足りず、本件建築規制すなわち開発行為についての開発許可を取得したうえ開発許可を受けた者による右許可に従った開発工事を完了させ、その工事完了検査証の交付を受けることが必要であり、このような建築規制を受ける土地であることを取引主任者である甲をしてＸに説明させなかった」。「Ｙ２がその媒介にかかる売買により土地を取得しようとする者に対してその売買契約が成立するまでの間に取引主任者をしてこれらの重要な事項の説明義務を尽くさなかったこと」は宅建業法35条１項に違反するとし、「宅建業法が宅建業者にこのような重要事項の説明等の義務を課しているのは、宅建業者の関与する宅地建物の取引における購入者の利益の保護を図ることを配慮したものであって、このことは同法の１条、31条の規定からみても明白であり」、Ｙ２が重要事項説明義務を尽くさなかったことが違法であるとした。Ｙ２はＸに対して取引主任者たる甲をして本件建築規制についてなんら説明をさせなかったものであるから、Ｙ２には少なくとも過失が存するものと認められるほか、「Ｘは本件土地に家を立てるには開発許可で足りるとの認識のもとに本件売買契約をなしたものであり、開発許可後の開発工事の完了とその検査証の取得が必要であるとの本件建築規制を知っていたならば、本件土地を買い受けることをしなかったものと認められるから、Ｙ２が本件建築規制の説明義務を尽くさなかった不作為とこれによりＸが被った損害との間に因果関係が存」し、Ｙ２はＸが被った損害を賠償すべき不法行為責任を負う。「Ｙ２がＸに対して負うべき不法行為に基づく損害賠償義務と、Ｙ１が売主としてＸに対し負うべき債務不履行に基づく損害賠償義務とは、Ｙらがそれぞれの立場においてＸが被った損害を填補すべきいわゆる不真正連帯債務の関係にある」とし、ＸがＹ１に交付した手付金相当額を損害として認めた。法令上の制限に関する説明義務につき本書451頁。

第15章　仲介業者の説明義務

損害

6　損害

(1)　損害

　仲介業者の調査・説明義務違反によって相当因果関係にある損害が発生することが必要である。

　　ア　手付金・売買代金

　　Q1では買主が仮差押え物件など第三者の権利が設定された物件ではないと信頼して売買契約を締結し手付金を売主に支払った場合、仲介業者の調査義務違反の結果、買主の契約目的を達成できず、しかも売主に支払った手付金が返還されなかったのであるから、手付金相当額が仲介業者の調査義務によって相当因果関係にある損害といえる。さらに買主が売主に支払った売買代金、買主が金融機関から売買代金を借入れることにより支払った利息は仲介業者の調査・説明義務違反によって生じた損害である（大阪高判昭58・7・19本書474頁、東京地判平14・6・24本書478頁）。このように、買主が売主に対し錯誤無効を主張して売買代金の返還を求めることができる一方、売買の目的物を占有権原なく利用していたことにより、買主は、当該目的物を使用収益したことによる利益を売主に対して返還すべきであるとして、売買代金と買主の使用収益による利益との対当額の相殺を認めた事案がある（東京地判平14・6・24本書478頁）。

　　イ　用途変更工事費用相当額

　　Q2では、建物の用途変更確認申請手続に伴い、①避難階段の設置（建築基準法施行令121条1項）、②排煙設備の設置（同法施行令126条の2第1項）、③遮煙性能のある構造を有する防火設備の設置（防火扉等）（同法施行令112条14項）が必要となる。損害額の算定に当たっては建築士に依頼して、必要な用途変更工事について具体的な根拠を示した意見書と見積書を作成する。

　　ウ　仲介報酬

　　仲介業者の仲介行為の瑕疵（調査・説明義務違反）によって買主にとって取引目的を達成することができない場合、買主は仲介業者に支払う必要のない仲介報酬を支払ったことから、これは損害に当たる（東京地判平14・6・24本書478頁）。仲介行為の瑕疵と仲介報酬請求

の可否は「第13章　仲介報酬」416頁以下。
　エ　慰謝料請求の可否
　　仲介業者の説明義務違反によって買主が購入予定の不動産を取得することができなかったため生活の不自由などを被ったとして仲介業者に対し慰謝料を請求することがある。しかし、不動産売買取引による財産上の損害に対する賠償をすれば、通常その被害が回復されるため、特段の事情がない限り、慰謝料請求はできない。裁判例は詳解不動産仲介契約806頁以下参照。
　オ　弁護士費用請求の可否
　　一般に、不法行為に基づく損害賠償請求訴訟について、「弁護士費用は、事案の難易、請求額、認容された額その他諸般の事情を斟酌して相当と認められる額の範囲内のものに限り」右不法行為と相当因果関係に立つ損害であるとする（最判昭44・2・27民集23巻2号441頁）。仲介業者に対する債務不履行に基づく損害賠償請求訴訟の場合でも取引的不法行為に当たる場合には当該事案の内容、審理経過、認容額等を斟酌して判断されるから、弁護士費用を損害として請求すべきであろう。裁判例は詳解不動産仲介契約805頁以下。
　カ　民事訴訟法248条については「第11章　売主の瑕疵担保責任（心理的瑕疵）」363頁。

(2)　**過失相殺**　　　　　　　　　　　　　　　　　　　　　　　　過失相殺

　買主・賃借人などが宅建業者（売主業者、仲介業者など）の調査・説明義務違反によって損害を被ったことを理由に損害賠償請求したとき、宅建業者が買主などの過失相殺を主張することがある。過失相殺は、その損害の発生や拡大につき被害者（債権者）にも過失がある場合をいう（民法418条、722条2項。改正民法418条、722条2項）。
　不動産仲介を例にとると、委託者は消費者、事業者など宅地建物取引業の免許を有していない者であることが多く、不動産売買・賃貸取引に当たって仲介業者に仲介を委託するのは専門的な知識や取引経験がなく、取引物件に関して権利関係や法令上の制限についての調査能力や情報収集能力、さらに契約交渉能力がないことによる。そのため、仲介業者への依頼は、売買契約や賃貸借契約の成立に向けて取引物件や相手方

の探索、契約締結に尽きるものではなく、仲介業者が有する専門的な知識と取引経験を信頼し、仲介報酬を支払って委託し過誤なく適正な取引が進められることを期待する。したがって、賃借人や買主の取引知識や経験の不足が直ちに過失に当たるということはできない。

過失相殺を主張する場合、被害者側の過失を基礎づける具体的事実について主張立証する必要がある（司法研修所編「増補民事訴訟における要件事実第1巻」16頁、30頁）。過失相殺にあたっては、買主などの属性、過失内容、仲介業者の過失に買主の過失が加わって被害が拡大したかなどを考慮すべきである。詳細は不動産仲介契約809頁以下参照。

消滅時効

(3) **重要事項説明義務と消滅時効の起算点**

仲介業者に対する債務不履行（説明義務違反）に基づく損害賠償請求権の消滅時効の起算点について、当事者間で残金決済・引渡しが履行されると仲介業者の仲介業務が終わるとし、買主が売買の目的物の引渡しを受けた時とするもの（後掲1）、仲介業者が買主に対する説明義務を履行すべき時は「その売買…の契約が成立するまでの間」（法35条1項）であり、売買契約締結時とするもの（後掲2）がある。株式会社などの商人が仲介業者に仲介を委託する場合、仲介は「仲立ちに関する行為」（商法502条11号）に当たり、仲介契約上の債務不履行に基づく損害賠償請求権は「商行為によって生じた債権」であるため消滅時効は5年である（商法522条）。改正民法は、債権の消滅時効についてⅰ）権利を行使できることを知った時から5年、ⅱ）権利を行使できる時から10年とし（改正民法166条1項）、商法522条を削除した。

> 1【東京地判平14・6・24ＷＬ】
> 買主Ｘ（個人）は、昭和61年9月29日、買主側の仲介業者Ｙ2、売主Ｙ1側の仲介業者Ｙ3の仲介によりＹ1（法人）から本件土地を購入し、10月29日に引渡しを受けた。Ｘは、Ｙ2、Ｙ3から本件道路が私道である旨説明を受けていたが、昭和58年12月5日に非常用道路に指定されていたことが判明し、Ｘは、平成10年11月21日にＹ1との売買契約を解除し、Ｙ1に対し瑕疵担保責任、不法行為に基づく損害賠償請求、Ｙ2に対し債務不履行及び不法行為に基づく損害賠償請求、Ｙ3に対し不法行為に基づく損害賠償請求をした。Ｙらは瑕疵担保責任、債務不履行に基づく損害賠償請求権について時効を援用した。

裁判所は、「本件道路は非常用通路であって建築基準法上の道路とはみなされないため、少なくとも非常用通路であることが解除されない限り、本件土地上に建物を再建築することが許されない事実が認められ(略)本件土地上に建物を再建築することが許されないとの事実」は隠れた瑕疵に当たるとし、「瑕疵担保による損害賠償請求権の消滅時効は、買主が売買の目的物の引渡しを受けた時から進行する」。①Xは昭和61年10月29日に本件不動産の引渡を受けたことから、仮に時効期間を10年としても平成8年10月29日の経過により時効により消滅した。②XのY2に対する債務不履行に基づく損害賠償請求について、「土地上に建物の再建築をすることが許されるか否かは、その不動産を買うか否かの意思決定に重大な影響を与える事実であるから、仲介業者であるY2は、仲介契約上、Xに対し本件土地上に建物の再建築をすることが許されない事実を説明すべき義務があったというべきである。しかるに、Y2は、Xに対しその旨の説明をせず、Xに本件不動産を買受させたものであるから、Y2には、Xに対し仲介契約上の説明義務違反によって生じた損害を賠償すべき義務がある。最高裁平成13年11月27日第三小法廷判決の趣旨に照らせば、仲介人が、仲介の対象となる物件に法律上の瑕疵が付着していることを当該物件の買主に対し説明しなかったことにより、その買主が損害を被った場合、買主の仲介人に対する債務不履行に基づく損害賠償請求権の消滅時効は、買主が売買の目的物の引渡しを受けた時から進行する」とし、Xが昭和61年10月29日に本件不動産の引渡しを受け、Y2は、それより後の［Xが本件建物を増改築した］同年12月27日を消滅時効の起算点として主張するから、この時点を起算点として考えると、平成8年12月27日の経過により時効により消滅した。③Yらに対する不法行為に基づく損害賠償請求については、「土地上に建物の再建築をすることが許されるか否かは、その不動産を買うか否かの意思決定に重大な影響を与える事実であるから、売買契約の売主であるY1や売買契約の仲介業者であるY2及びY3には、売主ないし仲介業者として、本件土地上の建物の再建築をすることができるかどうかを調査し、これが許されない場合にはその旨を買主であるXに説明すべき注意義務があった」とし、「Yらは、Xに対し、本件土地上に建物の再建築をすることが許されない事実を説明せずに、Xに本件不動産を買い受けさせたものであるから、Yらは、Xに対し、上記注意義務違反によってXに生じた損害を賠償すべき不法行為責任がある」とし、Xの請求を一部認容した。

２【大阪高判平27・9・4判例集未登載】
　買主X（有限会社）が仲介業者Y（株式会社）の仲介により本件土地1及び建物を買受ける際、Yが、売買の目的物である本件土地1の形状や範囲などについて十分な説明しなかったことを理由に債務不履行（説明義務違反）に基づき損害賠償を請求した。Yは、説明義務違反を争ったほか、債務不履行に基づく損害賠

第15章　仲介業者の説明義務

償請求権が契約締結時または引渡し時から5年を経過したことを理由に消滅時効を援用した。原審は、Yの説明義務違反の事実を認めずXの請求を棄却し、消滅時効の起算点について、「遅くともYが本件仲介契約の目的が達成された本件売買契約の目的物である本件土地1の引渡し時又は所有権移転登記を経由した時から進行する」と判示した。

控訴審は、Xの控訴を棄却したが、消滅時効の起算点について、「X及びYはいずれも会社であり商人であることから、本件売買契約に係るXとYとの仲介契約に係る債権は、『商行為によって生じた債権』に当たることは明らかであり、X請求の仲介契約の債務不履行に基づく損害賠償請求権も、その価値変形物にすぎないのであるから、やはり『商行為によって生じた債権』といえる。そして、契約に基づく債務の不履行に基づく損害賠償請求権は、契約に基づく債務の履行請求権と同一性を有することから、その消滅時効の起算点は本来の契約に基づく債務について、その権利を行使することができる時（民法166条1項）と解するべきであり、本件仲介契約では、仲介する売買契約についての説明を求めることができる時期、すなわち、遅くともYが本件買契約を締結した時から進行する」とした。

《参考文献》
- 明石三郎「不動産仲介契約の研究」（一粒社）
- 河田　貢「不動産仲介業者の責任」塩崎　勤編『裁判実務大系（11）不動産訴訟法』（新日本法規）
- 不動産適正取引推進機構編「望ましい重要事項説明のポイント」（3訂版　住宅新報社）
- 中田裕康ほか「説明義務・情報提供義務をめぐる判例と理論」判タ1178号
- 根田正樹編「説明義務の理論と実際」（新日本法規）
- 松田典浩「説明義務（宅地建物）」加藤新太郎編「裁判官が説く民事裁判実務の重要論点［契約編］」（第一法規）
- 栗田哲男「土地に対する建築規制と宅建業者の責任」判タ529号145頁、「現代民法研究(2)」（信山社）

1　宅建業者の誠実義務

第16章　仲介業者の誠実義務

紛争事例

　土地所有者Xは、貸金業者から借入金2000万円の返済を迫られ、宅建業者Y１に、土地の売却を急ぐ事情を説明した上で、一日でも早く売却先を探してほしい、2000万円位で売れればよいと頼み込んだ。Y１は、宅建業者Y２に物件情報を流したところ、数日後、3000万円で購入を希望するAを見つけた。Y１は、Xに対し、Y１が直接2100万円で買い取るがそれでよいかと念押ししたところ、Xは、喜んで了解した。Y１は、Y２の事務所で、Y２の仲介によりXから2100万円で購入する契約を締結し、同日、Y２の仲介でY１からAに3000万円で売却する契約を締結し、Y１とY２は転売差益を取得し両者で分配した。数ヶ月後、Xは、Y１がAに3000万円で売却し、Y１とY２が差益900万円を取得したことを知った。

事案分析のポイント

《紛争》
　売主の仲介業者に対する仲介契約の債務不履行・不法行為に基づく損害賠償請求
《争点》
　仲介業者の誠実義務

第16章　仲介業者の誠実義務

> 理解しておくべき事項

誠実義務　　1　宅建業者の誠実義務
　　　　　(1)　善管注意義務
　　　不動産仲介契約は準委任と解され、受託者は委託者に対し、仲介委託の本旨に従い、善良な管理者としての注意をもって仲介事務を処理する義務を負う（民法656条、644条）。委託者は、不動産取引に関する専門的な知識と経験を有する仲介業者が売買仲介を受託することによって売買取引が支障なく行われるとともに委託者の利益を最大限に図る取引を仲介してくれることを信頼して売買仲介を委託する。仲介業者は、委託者の信頼を裏切らないよう誠実かつ適正に仲介事務を処理する義務を負う。加えて、仲介業者は、委託者の利益を最大限に実現すべく取引の相手方を探し売買契約の成立に向けて尽力すべき義務を負い、委託者から受託した地位や権限を濫用して自己または第三者の利益を図ったり、仲介業者としての職責に背き委託者に損害を与えるような行為をしてはならない（誠実義務または忠実義務）。例えば仲介業者は、売主に対しては売主の希望価格よりも高い取引価格で買受ける買主が存在することを知っているのであれば、その旨を報告すべき義務を負い、買主に対しては買主の希望にかなう物件で、ほかに買主が希望する取引価格よりも低い売却物件があれば、その旨を報告すべき義務を負う。仲介業者がこれを伏せて仲介行為を行うと、委託者にとって有利な取引ができる機会を奪うこととなる。仲介業者の報告義務違反の結果、委託者に対し損害を与えた場合には、仲介契約における債務不履行に基づく損害賠償責任を負う。

忠実義務

業務規制　　(2)　宅建業法による業務規制
業務処理の原則　　ア　業務処理の原則
　　　宅建業者は、取引の関係者に対し、信義を旨とし、誠実にその業務を行わなければならない（法31条1項）。「取引の関係者」には、ⅰ）売買では、宅建業者と直接売買契約を締結した相手方のほか、売買契約締結に向けた交渉過程において協議・調整している相手方も含まれる。ⅱ）売買仲介では、仲介業者と仲介契約を締結した委託者のほ

482

か、仲介契約締結に向けて協議・交渉している相手方（委託予定者）や非委託者としての当事者も含まれる。

　ちなみに、判例は、仲介業者は、「直接の委託関係はなくても、仲介業者の介入に信頼して宅地建物取引をなすに至った第三者一般」に対しても業務上の一般的注意義務を負うとした（最判昭36・5・26民集15巻5号1440頁など参照）。仲介業者は、宅地建物取引業に関して免許を受け、その業を営むものであり、専門的知識や取引経験を有し取引が支障なく行われることが期待されており、仲介業務を遂行するに当っては、委託者・非委託者を問わず、信頼を裏切らないように誠意をもって行動する義務を負う。

　旧宅建業法13条（現31条1項）は、宅建業者の業務の心構えを宣言した訓示規定であると立法担当者は解説し（鬼丸勝之監修「宅地建物取引業法の解説」64頁）、同規定から当然かつ直接的に私法上の効果が生じることは考えられず、同規定をもって宅建業者の第三者に対する特別の業務上の注意義務を根拠づけることはできないと解するもの（倉田卓次・最高裁判所判例解説民事編昭和36年度209頁）もある。しかし、昭和46年6月改正により宅建業法が「購入者等の利益保護」つまり消費者の利益保護を目的規定に追加し、宅建業法31条1項違反にも必要な指示をすることができるようになった（法65条1項）ことに照らせば、同項の規定は、単なる訓示的な規定という性質にとどまらない。同条同項は、第5章の冒頭に掲げられている業務処理の原則に位置づけられており、誠実義務は、委託者や取引関係者に対する宅建業者としての業務上の注意義務の一つと捉えられる。

イ　報告義務

報告義務

　仲介契約は準委任であることから、受託者である仲介業者は委託者に対して報告義務を負うが（民法645条）、民法645条は「委任者の請求があるときは、いつでも委任事務の処理」を報告する義務があると規定するにとどまる。平成28年の法改正により、宅建業法34条の2第8項として、仲介業者は、「当該媒介契約の目的物である宅地又は建物の売買又は交換の申込みがあつたときは、遅滞なく、その旨を依頼者に報告しなければならない」とする規定が設けられた。これは、物

第16章　仲介業者の誠実義務

件の売買または交換の申込みがあったときは、委託者の請求がなくても遅滞なく報告することを義務づけた。標準媒介契約書では、「1　成約に向けての義務」として「乙は、目的物件の売買又は交換の申込みがあったときは、甲に対し、遅滞なく、その旨を報告します。」との条項が明記された。

事実不告知・不実告知の禁止

ウ　重要事項説明義務と事実不告知・不実告知の禁止

　仲介業者は、委託者に対し、売買契約の締結の判断や意思決定に影響を及ぼすような重要な事項について説明する義務を負い（法35条1項）、故意に重要な事実を告げず、または不実の事実を告げる行為をしてはならない（法47条1号）。

取引態様の明示

エ　取引態様の明示

　宅建業者は、ⅰ）宅地建物の売買・交換・貸借に関する広告をするとき、ⅱ）注文を受けたときは、当該宅建業者が自ら当事者として売買・交換の契約を成立させるのか、代理業者または媒介業者として売買・交換・貸借の契約を成立させるのかの別（これを「取引態様の別」という。）を明示しなければならない（法34条）。宅建業者は、顧客から取引物件の売却、購入などについて依頼されたときは、遅滞なく、その顧客に対し、取引の態様の別の明示をしなければならない。宅建業者が宅地建物取引に関与する方法は様々であり、売買契約の一方当事者としての立場か、代理業者、仲介業者としての立場かによって、当該宅建業者との契約関係が異なり、仲介報酬の要否、額なども変わってくる。

報酬規制

オ　報酬規制

　宅建業者が、宅地建物の売買などの代理または媒介（仲介）に関して受けることができる報酬の額は国土交通大臣の定めるところによる（法46条1項）。これは報酬告示に定められ、この額を超えて報酬を受領する行為を禁止している（2項）。判例は、宅建業法46条1項、2項は強行法規であり報酬告示の所定最高額を超える部分は無効であるとする（最判昭45・2・26民集24巻2号104頁）。広告料、企画料、コンサルテイング料などの名目で報酬を受領する行為は法46条2項の規定に違反する。同規定に違反すると、行政処分の対象となり（法65

条1項、2項2号)、100万円以下の罰金に処せられる(法82条2号)。さらに宅建業者が不当に高額の報酬を要求する行為は禁止される(法47条2号)。「不当に高額の報酬」とは、報酬告示に定める額を相当上回る額を指し、報酬告示に定める額を超えている程度、宅建業者が媒介業務に要した時間や手続、交渉等、宅建業者の成約に対する貢献度に照らし社会通念上妥当性を欠くほどに超えていることをいう(逐条解説宅建業法668頁)。法47条2号に違反した場合、行政処分の対象となる(法65条1項、2項2号)ほか、罰則として1年以下の懲役もしくは100万円以下の罰金に処せられ、または併科される(法80条)。

2　転売差益の不正取得

(1)　介入行為の禁止

介入行為

　宅建業法31条1項及び34条の規定が設けられている理由は、宅建業者による転売差益の不正取得(いわゆる介入行為またはサヤ抜き)を禁止することにある。

　介入行為の典型例としては、宅建業者Yが不動産の所有者Xから売却仲介を受託し、Xの売却希望価格よりも高い額で購入希望価格を提示した買受希望者Zを見つけたにもかかわらず、Yは、Xに対し、①Xにとって有利な、Zの購入希望価格を報告・告知せず、②Yの知り合い甲を買主と称してXに紹介しXの売却希望価格で甲に売却させ、③Zに対し、甲を売主として紹介しZの購入希望価格で購入させる。Yは、Xと甲間の売買、甲とZ間の売買に仲介業者として介在する(後掲③)。甲は、契約書上はXとの売買契約の買主、Zとの売買契約の売主であるが、"わら人形"(ダミー)にすぎない。また、Yが直接Xの売却希望価格で買い取り、これをZの希望購入価格で転売する形態もある(後掲④)。時には、仲介業者が所有者に対し、希望価格による売却が困難であると詐欺的な言辞を述べて減額して売却させる場合もある。

　YがXとZとの売買仲介により取得する仲介報酬は、売買価格の3％に6万円を加算し消費税を付した額が上限である。ところが、介入行為によれば、Yは、Xの売却価格とZの購入価格の差益を獲得できる(転売差益を"抜く")。改正宅建業法は、宅建業者に対して報告義務を課す

485

第16章　仲介業者の誠実義務

ことから、このような介入行為は、買受けの申込みがあることを遅滞なく報告しなかったものとして、民事上の義務違反とは別に報告義務違反（法34条の2第8項）として宅建業法違反となる。

誠実義務　(2)　**誠実義務違反**

　所有者（売主）Xから売却仲介を受託した仲介業者Yは、委託者であるXの利益を最大限実現すべき義務を負う。委託者の希望する売却価格よりも高額な価格で買受ける買主がいることを知ったならば、速やかにその旨を売主に報告し、売主にとって有利な取引条件による売買契約の成立に向けて尽力すべき義務を負う。買受希望者が購入希望を述べただけでいまだ「売買の申込み」に至る意思表示をしていない段階は、形式的には報告義務（法34条の2第8項）の対象とまではいえなくても、仲介業者が売主の希望売却価格よりも高い買受希望者が現れたことを告知せず、ダミーの買主を紹介して買い取らせるとか、仲介業者自ら買主として、売主の希望売却価格でいったん購入する方法を介在させ、転売差益を取得する行為は、売主にとって有利な価格で売却できる取引の機会を奪うものであり、仲介業者が委託者である売主の利益を犠牲にして自己の利益を図る行為として誠実義務・忠実義務違反となる。仲介業者は、転売差益を取得するために、実質的な契約当事者を伏せて契約全体のからくりを売主・買主双方に伏せて取引を進めることも多い。しかし、売買契約を締結する場合、取引の相手方が誰であるかは契約の責任主体を明確にするためにもきわめて重要な事項である。前記(1)の典型例のように、仲介業者Yが、所有者Xに対し真実の買主が誰であるかを告げず、買主Zに対しても真実の売主が誰であるかを告げず、XやZに対し、あたかも甲が契約当事者（取引の相手方）であるかの如く紹介して、"わら人形"である甲と契約を締結させることは、X、Zが契約の相手方に対し履行請求や契約責任を追及する際に困難を来たし紛争をもたらすこととなる。紛争事例についても、契約全体のからくりを知れば、Xは、Zに対して3000万円で売却する契約を選択し、Y1との間で2100万円で売却する契約を締結しなかったことは明らかである。不動産業界では、仲介業者が"土地の転がし"で転売差益を稼ぐことは取引形態として許され格別非難されるものではないとの認識がいまだに残って

いる。しかし取引価格が高額な財産取引であり、また取引態様の明示、報酬等も厳しく規制されている宅地建物取引業については取引の適正と契約締結に至る過程の透明化が強く求められる。仲介業者がその業務を行うに際し当事者双方の取引動機・事情（売り急ぎ・買い急ぎなど）を知りうる地位を利用して、当事者を犠牲にして自己や第三者の利益を図るため転売差益を取得することは取引の公正を著しく欠くものである。また、売買契約において、誰が売主・買主であるか、売主が提示している売却価格、買主が提示している買受価格は、契約当事者が契約を締結するか否かを判断するに当たって仲介業者が説明すべき基本的な事項である。売却仲介においては、さらに高い価格での買受希望者はいないのか、仲介業者が提示している価格はどのような経緯及び根拠で提示されているのか、買受仲介においては、土地所有者が誰なのか、土地所有者と売買契約の相手方とが一致するのかといった事項は、契約当事者にとって当該売買契約を締結するか否かの判断に重大な影響を及ぼす事項に当たる。仲介業者は、委託者に対し、これらの情報を正確に提供すべきであって、これを提供せず、自ら売買契約を締結するか、形式的に第三者に見えるいわゆるダミー（わら人形）を使って売買契約を締結することは、契約当事者が適正な売買価格で売買契約する機会を奪うことになる。

　仲介業者のこれらの行為は、宅建業法が規定する誠実義務（法31条1項）、取引態様の明示（法34条）、報告義務（法34条の2第8項）、重要事項説明義務（法35条）、重要な事項の不告知・不実告知の禁止（法47条1号ニ）などの規定に違反する行為に当たる。

3　紛争類型

　不動産の転売差益を不正に取得した紛争類型としては、次のものがある。

(1)　損害賠償請求

　買主から買受け仲介を受託した仲介業者は、売主からの報酬が確保されているから、仕切り売買（本書405頁）などの特約がない限り、売主の定めた売却価格で買主に対し売却仲介すべき義務を負い、売却価格に

第16章　仲介業者の誠実義務

自らの取得分を上乗せして買主に対し売却することは認められないとし、仲介業者の買主に対する債務不履行に基づく損害賠償請求権を認めた（後掲①）。後掲②の事案は、仲介業者が売主から買受けた時点では高額な価格の転売先が見つかっていないため仲介業者の誠実義務もしくは忠実義務違反には当たらない。なお、判決理由の中で、「自己より高額に買取る者があることを知りながらこれを告げ」なかった行為は不法行為に当たらないとするが、仲介業者は、委託者に対し、善管注意義務を負い（民法644条）、信義に従い誠実に業務を行う義務を負うから、受託物件について買受希望者が存在し、しかも高額な希望価格での買受けが見込まれることを売主に対し報告すべき義務を負う。これは売主にとって売却するかどうかの判断に重要な影響を及ぼす事項を故意に告げない行為に当たり（法47条1号ニ参照）、仲介契約の債務不履行または不法行為に当たる。この種の事案は、往々にして売主が債務整理のために売り急ぎするような事情がある。後掲③は、Yらは、売主Xが借入れ返済のために売却を急ぎ1000万円から1100万円で売却するという指値をし、Y1が本件売買契約1により1000万円で買い取ったことから違法な点がない旨主張したが、裁判所は、売主が契約「以前に不動産取引の経験はなく、本件土地周辺の不動産価格について十分な知識を有していたと認めるに足りる証拠がない」とし、「本件土地売却の目的が借入金の清算であったために、Xが当座必要な金額として1100万円と売却額の希望を述べていたとしても、これをもって売却価格について指値をしていたとは認められない」とし、Yらの主張を排斥した。

①【東京高判昭52・12・21判時879号78頁】
　　Xは、Aに対し農地の買付斡旋を依頼し、報酬として売買価格の3％を支払う旨約定した。Xが地主から直接の買受けを希望したにもかかわらず、Aは、Bが真実の地主であるかのように装わせ、Bをして地主の名前で記名押印させるなどして売買契約書を偽造し、所有者の売却価格を上乗せして売買契約を成立させてXに売買代金を支払わせ、Aが上乗せ差額分の大半を取得した。Aの相続人YがXに対し仮執行宣言付判決に基づいて給付した金銭の返還と損害賠償の支払を求めたのに対し、Xは、Aの債務不履行を理由に上記差額相当の損害賠償請求権との相殺を主張した。Aは、売主の売り値で仲介すべき義務を負うかが争点となっ

た。

　裁判所は、「物件の買付けの斡旋の依頼を受けた者は、受任者として、委任者のために、目的物件の買付けの仲介につき誠実に事務を処理すべきことはもちろんであるが、その場合において、委任者と受任者間において仲介手数料の支払の約定が成立しているときには、仲介、斡旋の点について、受任者の利益は確保されているのであるから、当事者間で特約が成立している等特段の事情のない限り、受任者は受任義務の履行としてできる限り委任者の利益を図るべきであるから、売主の売値が確定的に示されて、売買が成立すべき事情のもとでは、示された売主の売値のほかに、自らの利益を図り、特にその分を上乗せなどすることなく、そのままの売値で仲介、斡旋すべき義務を負っていると解するのが相当である（不動産の取引仲介において、約定の仲介手数料以外に、仲介人が自己の利益を図る目的で取引値段に、仲介人の取得分を一部上乗せして売買等の契約の成立を図ることは、ままあるようであるが、当事者間に特約が存するなど特段の事情がない限り、このようなことは、当然には法的に正当とされるものではない。）」。YとAとの間に仲介手数料を支払うべき旨の約定の成立した本件においては、「Aが別の個人の利益を加えた値段で売買を斡旋、仲介すべきことをYにおいて許容するような特段の事情は、証拠上何一つ認められないから、Aは、受任者として、委任者たるYに対し、売主自身の定めた売値そのままで、売買を斡旋、仲介すべき義務を負っていた」とし、「Aが、受任者として誠実に斡旋仲介義務を履行しなかったならば、Yは、多額の金員を出捐することを要しなかったはずであり、したがって、Yは、Aの前記債務不履行により損害を被り、Aは損害賠償義務があるとし、Yの相殺の主張を認めた。

② 【横浜地判昭57・11・18判タ494号106頁】
　売主Xは、仲介業者Yに対し、本件土地の売却仲介を委託したが、Yは、他に買い手がいないなどと言って自らこれを買い取る旨申し出た。XがYに売り渡した後、本件土地を高額で買い取ることを希望するAがいたことが判明し、Yは直ちにAに高価で転売した。Xは、Yに対し不法行為を理由に損害賠償請求した。
　裁判所は、「不動産仲介の委任を受けた者は、不動産の仲介行為をする以上は信義誠実に仲介行為を行う義務があり、故意に重要な事項について事実を告げなかったり、不実のことを告げなかったりしてはならない。しかし、仲介行為の受任者は、仲介行為の委任者に対し仲介行為による契約を成立させる義務、いわゆる奔走義務は負わない（略）から、本件土地につき買い手がいるのにそのことを告げず、買い手はいないといって本件土地の仲介行為に着手しなかったとしても、そのこと自体は仲介契約の債務不履行とはならない」。XとYとの間の委任契約は遅くとも旧契約の成立した昭和49年11月25日に終了したのであるから、その後約半年も経過した昭和50年5月28日、Yがかつて委任を受けていた地位を不当に

利用して本件契約を締結したとしても、それが不法行為になるか否かは格別、委任契約上の債務不履行には当たらない。一般に不動産の取引において、売り手が不当に売買に際しての自由な意思決定を妨げられるような状況にない限り、買い手において売り手に対し、他に自己より高額に買取る意思のある者があることを知りながらこれを告げず、あるいは、単に高価に転売する予定があるのにその事実を告げず、自己の希望する価額で売買するよう勧誘し、その結果、その価額で売買契約が成立したとしても、直ちに不法行為とはならない」とし、Xの請求を棄却した。

③【大阪高判平14・8・28判例集未登載：詳解不動産仲介契約271頁】
　本件土地の所有者Xは、1000万円以上の借入れの返済に充てるため土地売却の仲介をY1（非宅建業者）に依頼し、Y1は、Y3（宅建業者）の従業員Y2に本件土地の売却につき相談を持ち掛け、Y2は1800万円で購入する買い手Aを見つけた。Y1とY2は、これを伏せて、XとY1間で売買契約を締結し（第1の売買、代金1000万円）、同日、Y1とA間の売買契約を締結した（第2の売買、代金1800万円）。Xは、Yらに対し差額である800万円を損害として賠償請求した。原審はXの請求を棄却したが、控訴審は原判決を取消しXの請求を認容した。
　裁判所は、Y1の責任について、「Y1は、不動産取引の仲介を業とする者ではないが、不動産業者への口利きを行っていたところ、Xから本件土地売却についての仲介を依頼され、契約成立後には手数料として35万円を受け取ったのであるから、Xに対しては、仲介を依頼された不動産について購入希望者があることを知った場合には、同希望者とXのために誠実に交渉し、売買契約の成立に向けて努力すべき義務を負っていたと解されるところ、同人はそのような努力をしなかっただけでなく、本件土地につき1000万円での購入希望者がいることを知りながら、自らXから本件土地を1800万円で買い取り、直ちに1800万円で売却することによって800万円を利得し、もって、XとAとの代金1800万円とする売買契約の成立を妨げたのであるから、Xがこれによって被った損害800万円を賠償すべき責任がある」。Y2の責任について、「Y2は、Y1がXから本件土地売却についての仲介を依頼されていることを知り、本件土地をAが1800万円で購入する意思があることをY1が知った場合には、仲介を依頼された者として、AとXとの売買契約を成立させるよう努力すべきであることを認識しながら、Y1と共謀して、一旦1000万円でY1がXから本件土地を買い取ることにより、本来Xが取得すべき差額の800万円を、Y1が利得することを企て、自ら契約書や領収書を用意しただけではなく、Xに対する手付金418万円を一時肩代わりするなどして、その不法行為に積極的に加担したのであるから、Y1との共同不法行為として、Xに対して800万円の支払義務を負う」。Y3の責任については、「Y1と共同し

て本件売買契約1及び同2を成立させることによって、本来Xが取得すべ800万円を不法に利得したものであるところ、その加担の態様は、Y2が不動産業者の従業員であることから、いずれの売買契約においても、契約締結の場所を設定して、関係書類を用意し、契約締結に立ち会っていたのであるから、その行為の外形からみて、使用者であるY3の事業の範囲に属するものと認められる」とし、Y3の使用者責任を認めた。

4 【福岡高判平24・3・13判タ1383号234頁】
　Aは、その所有する不動産の売却を宅建業者Y1の従業員Y2に相談、検討した結果、Y1が1500万円で買い受け（本件売買契約）、Y1は、同日、これを隣人であるBに2100万円で転売した（本件転売契約。本件売買契約と併せて「本件取引」）。Aの相続人XがYらに対し、主位的に不法行為に基づき損害賠償請求、予備的に債務不履行または不当利得に基づき600万円を請求した。Yらは、本件売買契約の利点として、①スピード（契約成立、決済までの期間が短縮できる）、②確実性（側近一括払いで、各種停止条件、解約等のリスクが低い）、③安心感（商品化するまでのコスト、労力などがなく、瑕疵担保責任等の売却後の紛争発生のリスクが低い）を挙げ、本件売買契約には合理性がある旨主張した。
　裁判所は、「宅建業法46条が宅建業者による代理又は媒介において報酬について規制しているところ、これは一般大衆を保護する趣旨をも含んでおり、これを超える契約部分は無効であること（最高裁昭和45年2月26日第一小法廷判決・民集24巻2号104頁参照）及びYらは宅建業法31条1項により信義誠実義務を負うこと（なお、その趣旨及び目的に鑑み、同項の「取引の関係者」には、宅建業者との契約当事者のみならず、本件のように将来宅建業者との契約締結を予定する者も含まれると解するのが相当である。）からすれば、宅建業者が、その顧客と媒介契約によらずに売買契約により不動産取引を行うためには、当該売買契約についての宅建業者とその顧客との合意のみならず、媒介契約によらず売買契約によるべき合理的な根拠を具備する必要があり、これを具備しない場合には、宅建業者は、売買契約による取引ではなく、媒介契約による取引に止めるべき義務がある」。「Aにおいて、本件物件の売却について、Y1との媒介契約ではなく売買契約により行い、かつY1において、本件取引により、本件売買契約における代金額である1500万円の4割にも及び600万円もの差益を得たことについて、その合理性を説明することはできないから、本件売買契約により本件物件を売却したことについて合理的根拠を具備していたものと認めることはできない。すると、Yらには、少なくとも上記合理的根拠が具備されていないにもかかわらず売買契約である本件取引により本件物件の取引を行った過失が認められるから、Xに対し、共同不法行為として連帯して損害賠償をする義務を負う」。損害について、Y2は、「媒介契約におけるのと同様に、本件物件の売却先を確保し、売買契約

第16章　仲介業者の誠実義務

を締結するのに必要な行為を行ったことが認められ、これにより本件取引が成立したものと認められる」とし、2100万円で売却された場合の報酬の上限額72万4500円を控除した527万5500円を認定した。

(2)　**仲介報酬請求**

　仲介業者の誠実義務違反を理由に仲介報酬の支払を拒否した事例がある。

【浦和地判昭58・9・30判時1110号113頁】
　仲介業者Xは、本件土地の所有者Aから売却仲介の委託を受けた。Xは、同業者Bに形式的に転売して転売利益と顧客からの仲介報酬を取得しようとして、Yには、売主がBであると説明して本件土地を紹介して、AにはBが買主であると説明し、AB間で売買契約を締結し（代金3093万2000円、第一の売買）、Xの仲介にBY間で売買契約を締結した（代金3270万0087円、第二の売買）。Xは、Aから仲介報酬57万7960円を取得し、Bからは10万円の報酬を受領した。Xは、Yに対し、第二の売買の仲介報酬として93万円を請求した。
　裁判所は、「Xは、宅建業者として、本件土地の買入れの仲介を依頼したYに対し、第一の売主であるAとの間に立って、双方の利益になるよう誠実に仲介すべきであり、いやしくも、その間に同業者を介在させるべきではない」。「しかるに、Xは、同業者に本件土地を転売した上でYに本件土地を購入させたことにより、Yに対し、第一の売買と第二の売買差額176万8000円を負担させたものである」。「BがYから取得した転売利益176万8000円は、Yの本件土地の買入れの依頼を契機とし、Xが仲介人たる立場を利用して、同業者に得させた利得であるから、右金員を出捐したYの立場からみるときには、右転売利益金は、Xが仲介によって得た利益と同視するのが相当である」とし、XのYに対する報酬請求は、信義則違反、権利濫用とし許されないとしたほか、宅建業法46条1項、2項の規定の趣旨が没却され、本件請求は右法条を潜脱し許されないとした。

(3)　**売買契約の解除**

　宅建業者が不当に介入行為をしたことを理由に、売主が宅建業者との売買契約を解除した事案がある。

【東京地判平13・6・22判例集未登載：詳解不動産仲介契約269頁】
　売主Yは、その所有するマンションの価格査定を仲介業者Xに依頼したところ、1500万円と査定され、Xの担当者甲から「今売れば高く売れる」と言われ、

492

専任媒介契約を締結した（媒介価額1650万円）。Yは、甲から「同じマンション内の物件が最低入札価格980万円で競売に出されているので1000万円以上で売るのは難しい、Xが1200万円で買ってもよい」との申し入れを受け、Xに1200万円で売り渡し手付金を受け取った。その後、Yは、同じマンション内の同じ間取の住戸が1650万円で売れたことを知り、Xの詐欺を理由に売買契約を取り消し引渡しを拒んだ。Xは、Yとの売買契約を債務不履行解除し違約金を請求した。Yは、Xに対する手付金返還債務と、YのXに対する損害賠償請求権とを相殺する旨主張した。

裁判所は、Yの詐欺による売買契約の取消しを認めた。「Xは専任媒介契約に基づき受任者として依頼者の利益のために善良なる管理者の注意をもって委任事務を処理する義務があった（民法644条）。また、専任媒介契約では、依頼を受けた不動産業者であるXは、その業務について信義を旨とし誠実に遂行する義務があるとしている（専任約款16条）。したがって、普通の業者であれば、3カ月間は依頼者の希望する条件に沿って売却が実現するように誠実に任務をつとめなければならない。ところが、本件では、Xは、委任者であるYの利益を守ることと反対に、あろうことか仲介業者Bから紹介を受けたのに『契約予定』と返答して契約成立を妨げ、競売物件が出たから1000万円以上では売れない等とおよそ不合理なことを並べ立ててYをして1200万円以下という時価以下の低価格でXに売却を余儀なくさせたものであり、Xの行為は委任の本旨にもとることはもとより、低価格での自社物件仕入れの名の下400万円以上の不法な利得を図った巧妙な詐欺というべきであって、その態様からXのこのような詐欺の被害にかかったものはYに止まらないことが予想され、業界に比較的名の通った不動産業者であるXにおいてこのような悪質というべき詐欺を組織的、計画的に行ったとすれば遺憾であり寒心に堪えない」とし、YのXに対する損害賠償請求権とXに対する手付金返還債務との相殺を認めた。

【確認すべき事実】
・売買契約締結に至る経緯
・売主の売却希望価格などの取引条件
・仲介業者が買主の存在、取引価格などについてどのような説明を受けたか
・売買契約締結時に買主と対面したか
・所有権移転登記はどのように行われたか
・どのようなきっかけで仲介業者は差益を抜いたことを知ったか
・転売について仲介業者はどのような説明をしたか

第16章　仲介業者の誠実義務

《参考文献》
・岡本正治＝宇仁美咲「詳解不動産仲介契約」（全訂版　大成出版社）
・同「逐条解説宅地建物取引業法」（改訂版　大成出版社）

第17章　営業保証金・弁済業務保証金の還付請求

紛争事例

買主Xは、宅建業者Aから建売住宅を購入し手付金を支払った。Aが履行期日に所有権移転登記手続をしなかったため、Xは、Aの債務不履行を理由に売買契約を解除し、Aに対し手付金返還と違約金（売買代金の10％相当額）の支払を求めた。Aが応じないため、営業保証金または弁済業務保証金の還付請求をする場合、どのような点に注意すべきか。

事案分析のポイント

買主の宅建業者に対する債権が宅建業者との「取引により生じた債権」（法27条1項、64条の8第1項）に当たるか

理解しておくべき事項

1　営業保証金と弁済業務保証金

(1)　営業保証金制度

営業保証金

宅建業者は、営業を開始するに当たって、営業保証金を主たる事務所のもよりの供託所に供託し、その旨を、免許を受けた国土交通大臣または都道府県知事（免許権者と呼ばれる。）に届け出なければならない（法25条1項、4項）。届出は、営業保証金供託済届出書により行う

(施行規則15条の5、様式7号の6)。届出をした後でなければ、その事業を開始してはならない（法25条5項）。宅建業者が届出をしないで事業を開始した場合、業務停止処分の対象となり（法65条2項2号）、6月以下の懲役もしくは100万円以下の罰金に処せられ、または併科される（法81条1号）。免許権者は、免許をした日から3月以内に宅建業者が供託した旨の届出をしないときは、その届出をすべき旨の催告をしなければならない（法25条6項）。免許権者は、催告が到達した日から1月以内に宅建業者が届出をしないときは、その免許を取り消すことができる（7項）。

　宅建業者が供託すべき営業保証金の額は主たる事務所（本店）につき1000万円、その他の事務所（支店・営業所など）につき事務所ごとに500万円の割合による金額の合計額である（施行令2条の4）。例えば宅建業者が東京都内に本店を有し宅地建物取引業を営むのであれば東京法務局に営業保証金1000万円を供託すれば足りる。本店以外に支店が3か所あり、そのうち宅地建物取引業を営む支店が2か所であれば合計2000万円（＝1000万円＋500万円×2ヶ所）を供託しなければならない。本店では建設業を営み、支店3か所のうち2か所において宅地建物取引業を営む場合、本店は、宅地建物取引業務について何らかの中枢管理的な統括機能を果たしているはずであるから宅建業法にいう主たる事務所とみなされる（逐条解説宅建業法90頁）。宅建業法にいう事務所の意義は施行令1条の2、逐条解説宅建業法89頁、「第3章　不動産売買と宅地建物取引業法」83頁。

　宅建業者と宅地建物取引業に関し取引をした者は、その取引により生じた債権に関し、当該宅建業者が供託した営業保証金について、その債権の弁済を受ける権利を有する（法27条1項）。営業保証金制度と呼ばれる。宅建業者に供託所への営業保証金の供託を義務づけることによって、宅建業者との間で宅地建物取引業に関する取引によって不測の経済的損害を被った者に、営業保証金から損害の補填を受けさせて、宅建業者と取引する相手方の利益を保護するとともに宅建業者の社会的信用を確保し、もって宅地建物取引の円滑化を図る（最判昭37・10・24民集16巻10号2143頁参照）。

1 営業保証金と弁済業務保証金

(2) 弁済業務保証金制度と宅地建物取引業保証協会

弁済業務保証金

営業保証金は高額であり中小規模の宅建業者にとってかなりの経済的負担となるため、多くの宅建業者は、営業保証金の供託に代えて弁済業務保証金分担金（以下「分担金」という。）を納付して宅地建物取引業保証協会（以下「保証協会」という。）に加入している（法64条の9第1項）。現在、保証協会として、宅地建物取引業協会（略称：宅建協会）に所属する宅建業者などが加入する公益社団法人全国宅地建物取引業保証協会と全日本不動産協会（略称：全日）に所属する宅建業者などが加入する公益社団法人不動産保証協会がある。保証協会に加入しない宅建業者は営業保証金を供託している。

分担金の額は主たる事務所につき60万円、その他の事務所につき事務所ごとに30万円の割合による金額の合計額である（法64条の9第1項、施行令7条）。例えば宅建業者が東京都内に本店のほか、宅地建物取引業を営む支店2か所を有する場合、宅建業者は、分担金120万円（＝60万円＋30万円×2）を保証協会に納付する。保証協会は、分担金の納付を受けたときは、その日から1週間以内に、その納付を受けた額に相当する額の弁済業務保証金を東京法務局に供託する（法64条の7第1項、2項、昭和48年5月7日法務大臣・建設大臣告示第1号）。宅建業者が保証協会に加入し社員となると営業保証金の供託は要しない（法64条の13）。

保証協会に加入する社員（宅建業者）と宅地建物取引業に関し取引をした者は、その取引により生じた債権に関し、当該宅建業者が保証協会の社員でないとしたならばその者が供託所に供託すべき営業保証金の額に相当する額の範囲内において、当該保証協会が供託した弁済業務保証金について、弁済を受ける権利を有する（法64条の8第1項）。弁済業務保証金制度と呼ばれる。本店以外に支店2か所を有する宅建業者であれば、主たる事務所につき1000万円と支店2か所の各500万円の合計額2000万円の範囲内で弁済を受ける権利を有することとなる。

保証協会は、①保証協会に加入する社員（宅建業者）が取り扱った宅地建物取引業に係る取引に関する苦情の解決（苦情解決業務）、②宅地建物取引士その他宅地建物取引業の業務に従事し、または従事しようと

第17章　営業保証金・弁済業務保証金の還付請求

弁済業務

する者に対する研修（研修業務）、③保証協会の社員（宅建業者）と宅地建物取引業に関し取引をした者に対するその取引により生じた債権に関し弁済をする業務（弁済業務）などを実施する（法64条の3第1項1～3号、法64条の5第1項、法64条の6、法64条の8）。苦情解決業務について駒場隆司「社団法人東京都宅地建物取引業協会不動産相談所（運営担当苦情処理相談委員会））」判タ728号284頁参照。

　宅建業者が廃業を届け出ていた場合（法11条1項）や、保証協会を除名された後、営業保証金を供託せず免許権者から免許を取り消された場合には（法64条の15、66条1項9号前段）、6月を下らない一定期間内に還付請求または認証の申し出るべき旨を公告し、その期間内にその申出がなかった場合でなければ、宅建業者は営業保証金や分担金の取戻しができない（法30条2項、64条の11第4項）。還付請求時点で、すでにこの期間を経過し宅建業者が営業保証金を取り戻していたり、保証協会から分担金を取り戻していた場合は還付請求できない。弁護士は相談を受けた段階で当該宅建業者の廃業や保証協会の退会の有無、年月日などを確認する必要がある。

〔確認すべき事項〕
・宅建業者が営業保証金を供託所に供託している"供託業者"か、保証協会に加入している"会員業者"か―宅建業者の名刺、広告、ホームページなどに宅建業者が加入している業界団体、保証協会の名称が表示されているか
・宅建業者のホームページなどには「国土交通大臣免許(3)○○号」「東京都知事免許(2)××号」といった免許番号が記載されている。知事免許業者であれば該当する都道府県宅建業法所管課が備える免許申請書（法4条1項）、宅地建物取引業者名簿（法8条）を閲覧すれば、供託業者か、保証協会の加入業者か、加入している保証協会がわかる。
・重要事項説明書の「供託所等に関する説明」欄には、営業保証金を供託しているか（営業保証金を供託した供託所及びその所在地）、保証協会に加入しているか（保証協会の名称及び住所、保証協会の事務所の所在地、弁済業務保証金の供託所及びその所在

地）が記載されている（法35条の2）。

2 営業保証金・弁済業務保証金の還付請求
(1) 還付請求権の要件   対象債権

　営業保証金と弁済業務保証金の還付請求の対象債権はいずれも、宅建業者と宅地建物取引業に関し取引をし、「その取引により生じた債権」である（最判平10・6・11判時1649号110頁）。紛争事例では、買主Ｘが宅建業者Ａの債務不履行（所有権移転登記義務違反）を理由に売買契約を解除すると、Ｘは、Ａに対し手付金返還請求権と違約金条項に基づく違約金支払請求権を取得する。両請求権は宅建業者との取引により生じた債権に該当し還付請求権の対象債権となる。

　営業保証金と弁済業務保証金は、還付請求の方法が異なるが、還付請求権に該当するかどうかの要件は同じである。

	営業保証金	弁済業務保証金
還付請求権の要件	①Ａが宅建業者であること ②ＸがＡと宅地建物取引業に関し取引をした者であること ③ＸのＡに対し「その取引により生じた債権」を取得したこと（法27条1項）	①Ａが宅建業者であること ②ＸがＡと宅地建物取引業に関し取引をした者であること ③ＸのＡに対し「その取引により生じた債権」を取得したこと（法64条の8第1項）
権利の実行	供託規則及び宅地建物取引業者営業保証金規則に基づき供託官に対する供託物払渡請求（供託規則22条）	弁済対象債権について保証協会による認証が必要（法64条の8第2項）

(2) 営業保証金の還付請求

　営業保証金を還付請求するには供託物払渡請求書を提出し、「還付を受ける権利を有することを証する書面」を添付する（供託規則22条、24条1項1号）。例えば確定判決、調停調書または和解調書などである。紛争事例では、ＸがＡを被告として手付金返還等請求訴訟を提起し、Ｘ

第17章　営業保証金・弁済業務保証金の還付請求

の請求を認容する確定判決正本や裁判上の和解調書正本を提出する。

【注意事項】
　　営業保証金制度には様々なものがあり権利実行が配当手続によるものがある。宅建業法の定める営業保証金の権利実行は、還付請求権者が確定判決などの自己の権利を証明する書類を添付して供託官に対し直接供託金の払渡請求を行う。宅建業者が倒産し複数の顧客（被害者）が還付請求したときは、取引年月日や債権発生時期の先後に関係なく営業保証金の払渡請求書の提出の順序によって支払の優先順位が決まるため「早い者勝ち」となる。弁済業務保証金についても同様である。供託官は、供託物払渡請求の審査につき形式的な審査権限を有するにとどまり払渡請求者の権利の存否について実質的審査をする権限を有しない（東京高判昭41・10・7判時467号33頁）。「還付を受ける権利を有することを証する書面」として確定判決を提出する場合、判決理由の中で、「宅地建物取引業に関し取引をした者」（供託物払渡請求者、原告）が宅建業者（供託者、被告）に対し「その取引により生じた債権」を有していることが認定されていることが必要となる。宅建業者との売買の目的物は宅地予定地であるが地目が山林である場合、訴状・請求原因には売買の目的物は地目が山林であるが建物の敷地に供することができる土地として買受けたこと、すなわち宅建業法2条1号にいう宅地の売買に該当することを明確に主張立証しておく。売買の目的物（訴状添付物件目録）を「地目　山林」と記載しただけの請求原因について被告（宅建業者）が争わないままに弁論が終結されると、裁判所は山林売買として認定し、判決を審査する供託官は、宅建業法2条1号にいう宅地の売買に当たらず「その取引により生じた債権」に該当しないため還付請求権がないと判断し却下するおそれがある。裁判上の和解をする場合にも、和解調書には「紛争解決金として○○○万円を支払う」という条項でなく、「宅地建物取引により生じた債権」（例えば損害賠償請求権など）を基礎づける具体的な事実を記載し、営業保証金の還付請求権の存在が認定できるよう注意する。

(3)　弁済業務保証金の還付請求

認証　　　　ア　認証手続
　　営業保証金の還付請求とは異なり、弁済業務保証金の還付請求をするには、宅建業者が加入している保証協会の認証を受けなければならない（法64条の8第2項、施行規則26条の6）。認証とは、弁済業務保証金について弁済を受ける権利（弁済業務保証金還付請求権）の存在及びその額を確認し証明することをいう（逐条解説宅建業法789頁、

500

2　営業保証金・弁済業務保証金の還付請求

東京地判昭63・2・1判時1288号105頁、東京高判平12・12・7判時1741号84頁など)。弁済を受ける権利を弁済対象債権または対象債権と呼ぶ。認証手続では、保証協会は、認証の申出が適式有効に行われたかどうかについて手続的要件を審査するとともに、認証の申出人が弁済業務保証金から弁済を受ける権利を有するかどうか、還付請求権の存否及びその額という実体的要件を審査する。

弁済対象債権

イ　認証の申出

認証の申出は、宅建業者が加入する保証協会に認証申出書を3通提出し下記書類を添付する（施行規則26条の5、様式21号）。当該宅建業者の主たる事務所がある都道府県の保証協会地方本部（以下「保証協会」という。）が受付と概括的審査をすることとなる。

①債権発生の原因である事実、取引が成立した時期、債権の額及び認証を申し出るに至った経緯を記載した書面
②法64条の8第1項の権利を有することを証する書面
③認証の申出人が法人である場合、代表者の資格を証する書面（例えば履歴事項全部証明書）
④代理人による認証の申出には、代理人の権限を証する書面（認証の申出に関する代理委任状）

ウ　認証事務の処理

保証協会は、認証申出書の受理の順序に従って認証に係る事務を処理しなければならない（施行規則26条の7第1項）。認証の申出が競合すると、認証の申出書の受理の日時の先後による。いわば"早い者勝ち"となるため、保証協会地方本部に認証申出書を持参して提出し、認証申出書に受理年月日と時刻が記録されたことを確認する。

なお、保証協会では、認証の申出があっても直ちに認証審査手続に入らず苦情解決の申出として受理し宅建業者との自主的解決を図る運用がなされている。その場合、認証申出書の受理の順序は苦情解決申出書の受理の順序による取扱いがなされている。後記3⑹511頁参照。後掲東京地判平28・4・4は認証の申出がなされたか否かが争われた事案である。

第17章　営業保証金・弁済業務保証金の還付請求

【東京地判平28・4・4判時2320号55頁】
「［宅建業］法は、認証を受ける手続について格別の規定を設けず、認証の申出の方式を定める規則も、認証の申出の方式の不備につき認証の申出の拒否事由とは明示的に定めていないことに加え、弁済業務保証金の仕組み上、苦情解決業務の積極的な活用を図るため、実務上、苦情解決申出をもって認証の申出とする扱いをしていることに鑑みると、保証協会に苦情解決申出があった場合には、その苦情解決申出の時点で、申出者に弁済［業務］保証金について弁済を受ける権利を行使しようとする意思があると認められる限り、法の解釈としては、認証の申出があったとみるのが相当である。（略）Xの求めた認証の申出について、Y［保証協会］埼玉県本部の指導を受けて、苦情解決の申出の扱いとされたところ、この時点でのXの相談内容からすれば、Yの社員との間での宅地建物取引に関する紛争による損害について、その支払を受けることを求めていたと推認することができる。そうすると、Xには、本件苦情解決申出の時点で、弁済［業務］保証金について弁済を受ける権利を行使しようとする意思があるとみられる」。認証の申出には「規則により法定認証申出書3通の提出が要求される。しかし、これは、手続上の便宜のためであり、実務上にも、申出書の補正等の柔軟な運用もされていることがうかがえる。そうすると、法定認証申出書の提出については、認証の申出の時点で不備があっても、保証協会による認証に関する判断がされるまでに補正がされれば、その要請を満たすと解される」。本件苦情解決申出をもって認証の申出とみることができるとし、Yによる認証に関する判断がされるまでには本件認証申出書の提出がされているとした。

エ　弁済業務保証金の額

弁済業務保証金の額は、宅建業者が保証協会の社員でないとしたならばその者が供託所に供託すべき営業保証金の額に相当する額である。ただし、当該宅建業者について、保証協会がすでに認証した額があるときはその額を控除し、法64条の10第2項の規定により納付を受けた還付充当金があるときはその額を加えた額の範囲内である（法64条の8第1項）。

3　弁済対象債権の要件該当性の検討

(1) 弁済対象債権

宅建業者と宅地建物取引業に関し取引をし、「その取引により生じた債権」（弁済対象債権、対象債権）に該当することが要件となる（法64条の8第1項）。認証の申出をする場合、宅建業者との宅地建物取引により生じた債権に該当するかという観点から事実関係の把握と法律構成の可否を検討する必要がある。

弁済対象債権の要件

(2) 「宅地建物取引業に関し取引をした者」の意義

認証の申出にあたっては申出人が「宅地建物取引業に関し取引をした者」に該当する必要がある。

宅地建物取引業に関する取引とは、宅建業法2条2号に定める宅地建物取引である。

「宅地建物取引業に関し取引をした者」としては次のⅰ）からⅳ）がある。

ⅰ）宅建業者と売買契約を締結した者（売主または買主）
ⅱ）宅建業者と売買契約締結に至っていないが、契約締結に向けて宅建業者と協議・交渉していた者（売却予定者、購入予定者）
ⅲ）売買・貸借の仲介・代理における委託者または委託予定者
ⅳ）「直接の委託関係はなくても、仲介業者の介入に信頼して宅地建物取引をなすに至った第三者」（非委託者、最判昭36・5・26民集15巻5号1440頁、本書443頁）

宅地建物取引業に関し取引をした者

「宅地建物取引業に関し取引をした者」の文言と弁済業務保証金制度の趣旨に照らせば、宅地建物取引業に関して当該宅建業者と直接に取引をした者をいい、宅建業者と直接の取引の相手方以外の者にまで拡大することはできない（東京高判平19・11・29判例集未登載：逐条解説宅建業法772頁）。売主業者Aと宅地建物の売買契約を締結した相手方（買主、非宅建業者）Bから宅地建物を購入した転得者Cは、Aと「宅地建物取引業に関して取引をした者」に該当しない。「宅地建物取引業に関し取引した者」の属性は、消費者、事業者を問わないが、平成28年の宅建業法改正により宅建業者は除かれることとなった（法64条の3第1項3号、64条の8第1項、平成29年4月1日施行）

第17章　営業保証金・弁済業務保証金の還付請求

取引により生じた債権

(3)　「その取引により生じた債権」の意義

「その取引により生じた債権」とは、宅建業者との宅地建物取引業に関する取引を原因として発生した債権であり、弁済業務保証金制度の目的に照らして弁済に値すると法的に評価できるような当該取引と相当因果関係を有する債権である（明石三郎ほか・詳解宅建業法506頁、逐条解説宅建業法777頁。同旨：東京高判平8・10・17判時1588号100頁、東京地判平9・7・24判タ966号274頁、京都地判平10・1・30判タ969号267頁、最判平10・6・11判時1649号110頁、後掲東京地判平27・8・31）。

【東京地判平27・8・31判時2288号60頁】
　　仲介業者Aは、Bとの間で本件不動産の売却仲介について専属専任媒介契約を締結した。Xは、本件不動産の購入を希望しAに買付証明書を提出し取引交渉したところ、Aの代表者は、Xに対し、他に競合相手（買受希望者）がいるので取引を確実に成立させるためと称して300万円の交付を持ち掛けた。XはAとの間で、Aが平成24年1月17日までの間は他の買付者が入ったとしても買付の第一順位はXとなることを確約し、XがAに保証金300万円を支払い、保証金は売買契約締結日にXに差し戻す旨の本件覚書1を締結した。Xは、300万円をAに預け入れたが、BはXに売却しなかった。Aは預け金を費消しXに返還しなかった。Xは、300万円が申込証拠金であると主張し、預け入れた保証金の返還請求権について保証協会Yに認証の申し出をしたところ拒否され、Yに対し認証請求訴訟を提起した。
　　裁判所は、「弁済業務保証金制度の趣旨・目的からすれば、『その取引により生じた債権』とは、宅地建物取引業に関する取引を原因として発生した債権を意味すると考えられる。ただし、例えば売主側の媒介業者と買受希望者が通謀して、他の買受希望者を排除して売買契約を進めることを合意し、その謝礼ないし工作資金として当該買受希望者が当該媒介業者に金員を交付するなど、宅建業者が不正な行為を行ったような場合、当該媒介業者の行為はおよそ売主側の媒介業者さらには宅建業者としての正当な業務の範囲内のものとはいえないし、当該金員について当該買受希望者に当該媒介業者に対する返還請求権が成立することがあるとしても、それを保護することが弁済業務保証金制度の目的である宅建業者に対する信頼の維持に資するものでもない。このような点に鑑みれば、『その取引により生じた債権』とは、（略）宅建業者との間で行った宅地建物取引業に関する取引を原因として発生した債権であり、弁済業務保証金制度の目的に照らして弁済に値すると法的に評価できるような、当該取引と相当因果関係を有する債権をい

う」。「本件覚書1は、売主側の専属専任媒介業者が、特定の買受希望者と、事実上他の買受希望者を排除して当該買受希望者が契約を締結するのを確約するというものである。そのため、代金額その他の条件を考慮して他に売主にとって有利な買受希望者が現れればこれを売主に報告すべき専属専任媒介業者であるAが、売主の諒解もなく本件覚書1を作成してXと係る合意を行うのは、売主に対する忠実義務に反するといえ、通常の業務を著しく逸脱する」。「本件預け金は、Bに対する申込証拠金とは認められず、他の買受希望者がいるにもかかわらず、AがBへの忠実義務に反してXへの売却を実現せんがための工作資金」であり、Xにおいてもこれを認識して交付したと認定し、「本件覚書1の作成及びこれに基づく本件預け金の交付は、売主側の媒介業者であるAにおいて、宅建業者としての通常の業務の範囲内の行為とは到底いえないから、本件債権は、宅建業者との間で行った宅地建物取引業に関する取引を原因として発生した債権であるとは評価することができない。まして、宅地建物取引に関する事故につき取引の相手方を保護し、もって宅建業者に対する信頼を維持するという、弁済業務保証金制度の目的に照らして弁済に値すると法的に評価できるような、当該取引と相当因果関係を有する債権とは到底評価することもできない」とし、Xの請求を棄却した。

(4) 宅地、売買の代理、貸借の代理

ア 宅地

農地、原野、山林をその利用目的で売買することは、宅建業法2条1号にいう「宅地」には当たらないが、現況が農地であっても建物の敷地に供する目的で取引対象とされる土地は宅地予定地や宅地見込地として「宅地」に当たる。「建物の敷地に供せられる土地」であるかどうかは、これを基礎づける事実について主張する必要である。宅地の意義は本書80頁。

宅地予定地

【東京地判平16・11・10WL】

買主Xは、宅建業者Aから山林（甲土地）を転売目的で購入するよう勧められ、甲土地を購入した後、転売で得た代金で新たに別の山林（乙土地）の購入を勧められたため、現地確認をしないまま代金1900万円で乙土地を購入した。乙土地は奥山の急傾斜地で使用価値・利用価値が全くなく評価額は約6万円にすぎなかった。Xは、詐欺を理由にAとの売買契約を取消し代金返還請求訴訟を提起して認容判決を受け、保証協会Yに認証の申出をした。Yは宅地の売買取引とは認められないとして認証を拒否した。

裁判所は、「『宅地』とは、『建物の敷地に供せられる土地』（宅建業法2条1

号）と定められているところ、現に建物の敷地に供せられている土地に限られず、不動産登記法上の地目や現況が田、畑や山林等であっても、広く建物の敷地に供する目的で取引の対象とされる土地（いわゆる宅地予定地や宅地見込地）は同号にいう宅地に該当する。建物の敷地に供せられる土地であるか否かは、上記のような取引当事者の主観的な目的のほか、宅地としての区画割りの有無、電気・ガス・上下水道の施設の有無、分譲価格等から総合的、客観的に判断されるべきものである」。Xが本件売買契約を締結するに当たり、Aの宅地建物取引主任者の記名押印のある重要事項説明書の交付を受け、同説明書には飲用水・電気及びガスの供給並びに排水施設の整備状況につき「ただちに利用可能な施設」として、「飲用水　私営、施設の整備の特別負担有　40万円」、「電気　東京電力」、「ガス　プロパン」、「排水　浄化槽設置」との記載があること、Xが乙土地に先立ち転売目的で購入した甲土地は平坦で草も刈られているなど建物建築が可能であることが明らかな土地であったこと、甲土地と乙土地は同一の分譲区画内に存在しており、Xは、乙土地も甲土地と同じ平坦地であると理解して乙土地の購入を決めたことを認定し、「XとAは、本件売買当時、総合的、客観的にみて、建物の敷地に供せられる土地として乙土地の売買契約を締結したものであるから、その取消しによって発生した本件売買代金返還請求権は、宅地の取引により生じた債権」として、「取引により生じた債権」に該当するとし、Xの請求を認容した。

イ　売買の代理

競売手続の代行

「競売手続の代行」は宅建業法2条2号にいう「売買の代理」に当たる（後掲東京地判平17・3・30）。建物の賃貸管理業や建設請負業は「宅地建物取引業」に当たらない。「第3章　不動産売買と宅地建物取引業法」79〜82頁、逐条解説宅建業法50頁以下。

【東京地判平17・3・30ＷＬ】
　　買主Xは、宅建業者Aに対し競売物件を買受けるため競売手続の代行を委任し競売入札金（本件交付金）を交付した。Aが競売手続に入札せず行方不明となったため、Xは保証協会Yに対し認証の申出をしたところ、Yは、宅建業法2条2号にいう売買には競売手続は含まないとの理由で認証を拒否した。
　　裁判所は、「宅建業法2条2号の『売買』を民法上の売買契約と全く同義に解する必然性はなく、むしろ、法の趣旨及び宅地建物を巡る取引の実態にしたがって、その意味を合理的に解釈するべきである。(略)近時、宅建業者による競売手続の代行は広く行われていることが認められ、宅建業者を通じて競売物件を取得しようとする消費者からみれば、競売手続による宅地建物の取得は、代価を支

払って不動産を取得する点で民法上の売買契約と実際上の効果に変わりはなく、このような取引によって生じた債権が弁済業務保証金制度の対象となり得ないとすれば、購入者等の利益が図れず、ひいては宅建業者に対する信用が低下することになり、上記のような趣旨にもとる結果となるというべきである。そして、競売手続が民法上の売買契約と異なることは前記のとおりであるが、両者は、売却及び買受け、代金の支払と所有権の移転等が観念できる点でその基本的性質において共通しているということができる」。競売手続による宅地建物の取得は、宅建業法2条2号の「売買」に当たり、「競売手続の代行は、その法的効果が直接に依頼者に帰属することからすれば、代理行為を含むものとみることができる」ので、本件交付金に係るXとAの取引は同号の「売買の代理」に該当し「取引」に当たるとし、Xの請求を認めた。

ウ 貸借の代理

「貸借の代理」は、賃貸人または賃借人の代理人となって賃貸借契約を締結する行為を指すが、賃貸借契約締結後の継続的な賃料の集金等は賃貸管理行為であって「宅地建物取引業」に当たらない。仲介業者が賃貸借契約締結時に賃貸人に代わって賃借人から第1回目の賃料と敷金を受領する行為は、その後の継続的な契約関係が円滑に推移するよう賃借人の履行を確認する意味をも有するものとして仲介業務に含まれるため、仲介業者が受領した金員を不正に費消する行為は、仲介契約の債務不履行または不法行為に基づく損賠賠償請求権として、「その取引により生じた債権」に該当する。しかし、賃貸管理業務として預った敷金や集金した賃料を費消する行為は宅地建物取引業に該当しないため、弁済対象債権に該当しない。

貸借代理と賃貸管理

【東京地判平14・10・15WL】
　賃貸人Xを代理して宅建業者Aは賃貸マンションの賃借人との賃貸借契約を締結し、その後賃料・駐車場料金を継続して受領し、賃借人退去に備えて敷金のうち1ヶ月分相当額を留保していた。Xは、Aに対し委託契約を解除したがAが賃料等を返還しなかった。Xは、保証協会Yに認証請求したが、Yはこれを拒否した。
　裁判所は、「『建物の貸借の代理』には、［賃貸借］契約の締結（賃貸借関係の設定）そのものについての代理行為のみを指す」。「賃貸借契約の締結（賃貸借関係の設定）行為の代理は、まさに建物の流通の円滑化を図るためのものであると

いえるが、いったん契約関係が設定された後の賃料等の授受をはじめとする継続的な債権債務の履行に関する代理行為は、建物賃貸借の管理を円滑に行うためのもので、宅建業法が目的とする『建物の流通の円滑化』を図るという範ちゅうのものとはいえないから、これらの行為の代理について、宅建業法2条2号に定める『建物の貸借の代理』には含まれない」。「宅建業者が本人を代理して賃借人との間で賃貸借契約を締結（賃貸借関係の設定）したことを原因として発生した債権は、宅建業法64条の8第1項の『その取引により生じた債権』にあたるものと解されるが、（略）賃料等の授受をはじめとする継続的な債権債務の履行に関する代理行為を原因として発生した債権についてはこれに該当しない」。XがAの代理人として賃貸借契約締結と同時に代理受領した1回目の賃料・駐車場代について弁済対象債権であると認定したが、その余はこれに該当しないとしてXの請求を棄却した。

(5) 「その取引により生じた債権」の類型

ア　類型

「その取引により生じた債権」とは、宅地建物取引業に関する取引を原因としこれと因果関係を有する債権を意味し、宅地建物取引に関する売買などの契約、その解消及びこれらの不履行、取引の際の不法行為などにより生じた債権を指す（東京地判平27・3・24本書510頁、本書504頁、詳解宅建業法761頁以下）。

ⅰ）宅建業者との売買契約に関し「取引により生じた債権」
・買主が売主業者の債務不履行を理由に売買契約を解除し、買主の売主業者に対する手付金・売買代金返還請求権
・売主の買主業者に対する債務不履行または不法行為に基づく損害賠償請求権、損害賠償額の予定または違約金に関する定めに基づく債権（最判平10・6・11本書509頁）
・買主が売主業者の詐欺を理由に売買契約を取消し、買主の売主業者に対する売買代金返還請求権
・買主の売主業者に対する瑕疵担保責任に基づく損害賠償請求権
・売主の買主業者に対する売買契約に基づく売買代金支払請求権
・売買契約の錯誤無効を理由とした買主の売主業者に対する手付金・売買代金相当額の不当利得返還請求権

ⅱ）仲介業者との仲介契約に関し「取引により生じた債権」

3 弁済対象債権の要件該当性の検討

・仲介業者の債務不履行または不法行為（調査・説明義務違反など）に基づく委託者の仲介業者に対する損害賠償請求権。「第15章　仲介業者の説明義務」本書440頁以下。
・仲介業者に預けた手付金などを流用され損害を被った買主の仲介業者に対する債務不履行または不法行為に基づく損害賠償請求権

ⅲ）委託関係のない仲介業者の仲介業務に関し「取引により生じた債権」

・仲介業者の非委託者に対する損害賠償請求権（最判昭36・5・26本書443頁）

　宅地建物取引に該当するかどうか、授受された金員が売買代金・手付金、敷金・権利金などの性質を有するかどうかは実質的に判断する。契約書・領収書のただし書欄に「売買契約として」とか「売買代金・手付金として」などと記載されていても、取引経過に照らすと実質的に宅建業者との金銭消費貸借契約に基づく貸金債権や共同事業の資金に当たるのであれば「取引により生じた債権」には該当しない。

イ　違約金

　売主業者Aが所有権移転登記手続を履行しなかったため、買主XがAとの売買契約を債務不履行解除した場合、XのAに対する手付金・内金などの返還請求権と違約金条項に基づく違約金請求権が弁済対象債権となる。

　以前、保証協会は、実損主義という理由で、Xが実際にAに支払った手付金相当額の返還だけを弁済対象債権とする内部規約を設けていた。このような運用処理は批判がなされていたところ（明石三郎ほか「詳解宅建業法」510頁）、最判平10・6・11判時1649号110頁は、「保証協会の社員と宅地建物取引業に関し取引した者が、その取引に係る契約における損害賠償額の予定又は違約金に関する定めに基づき取得した損害賠償債権又は違約金債権は、特段の事情がない限り、弁済業務保証金による弁済の対象である宅建業法64条の8第1項所定の『その取引により生じた債権』に当たる」とし、保証協会が、その内部規約において損害賠償債権または違約金債権の内容及び範囲に制限を加えて認証を拒否することは許されないと判示したため、保証協会は内

第17章 営業保証金・弁済業務保証金の還付請求

部規約を改めるに至った。

ウ　複数の宅建業者に対する還付請求

売主業者と仲介業者の説明義務違反により買主が損害を被った場合、買主は、売主業者と仲介業者に対して債務不履行または不法行為に基づき損害賠償請求することができる。両者は不真正連帯債務関係にあることから（本書474頁）、買主は、売主業者と仲介業者それぞれについて認証の申出をすることができる。宅建業者の数に応じて認証額の枠が拡大する。宅建業者が異なる保証協会に加入している場合は、それぞれの保証協会に認証の申出をする。

エ　保証協会による消滅時効の援用の可否

弁済業務保証金制度では保証協会がその社員である宅建業者に代わって、その取引の相手方に対し弁済業務保証金をもって取引により生じた債務の履行を担保する保証人的な地位に立つ。たとえ主たる債務者が時効利益を放棄したとしても時効利益の放棄には相対的効力しかなく、保証人は主たる債務の時効消滅を援用できること（中田裕康「債権総論」第3版494頁、奥田昌道「債権総論」増補版396頁など）から、「取引により生じた債権」（損害賠償請求権など）について消滅時効が成立している場合、保証協会は、宅建業者とは別個独立の立場から消滅時効を援用して弁済業務保証金による弁済義務の消滅を主張することができる（逐条解説宅建業法783頁、東京地判平13・12・19判時1787号128頁、後掲東京地判平27・3・24）。

【東京地判平27・3・24ＷＬ】

買主Xは、平成3年1月18日ころ、仲介業者Aの仲介により本件不動産を購入したが、平成25年6月、Aの説明義務違反により損害を受けたとして簡易裁判所に民事調停を申し立てた。Aは、9月11日、調停期日において、Xの請求について時効の利益を放棄すると述べ、簡易裁判所は、同日、民事調停法17条に基づきAがXに対し損害賠償金410万円の支払義務があることを認める旨の調停に代わる決定をした。Xは、11月18日、保証協会Yに対し、平成3年1月18日に成立した取引についてAに対する前記債権が平成23年5月26日に発生したとして認証の申出をした。Yは、債権が取引的不法行為の時点から20年の除斥期間が経過し消滅していることを理由に認証を拒否したため、XはYに対し認証請求訴訟を提起

した。

　裁判所は、AはXに対する不法行為に基づく損害賠償債権は「宅地建物取引業に関する取引により生じた債権」に当たるが、「宅建業者が取引の相手方に対して取引により生じた債務を負っている場合に、保証協会は、その供託した弁済業務保証金をもって、当該債務の履行を担保しているという関係にあるから、当該宅建業者と保証協会とは、主たる債務者とその物上保証人との関係に類する関係にあるということができ、取引により生じた債務が時効で消滅した場合、保証協会は、仮に主たる債務者である宅建業者が時効の利益を放棄した場合であっても、自らに対する関係で時効を援用して、弁済業務保証金による弁済義務の消滅を主張することができる」とし、Xの請求を棄却した。

(6)　苦情解決の先行   　苦情解決

ア　弁済業務の前段階である苦情解決の先行

　保証協会は、認証の申出があっても直ちに認証審査手続に入らず、苦情解決（法64条の3第1項1号）の申出として受理し、会員である宅建業者と認証の申出人を呼び出し双方から事情聴取し宅建業者との自主的解決を図っている。そのため認証の申出をすると、「苦情解決申出書」の提出を求められ、苦情解決が困難であれば認証審査手続に移行する運用がなされている。保証協会は、認証の申出人に保証協会地方本部へ苦情解決申出書を提出させ、その受付年月日時分をもって認証申出書の受理の順序とする。

イ　苦情解決申出書の用紙

　全国宅地建物取引業保証協会の場合、認証の申出人は、保証協会が備える苦情解決申出書（用紙、3枚綴りノーカーボン用紙）に提出書類を添えて提出し、申出書の控え1通を受け取る。保証協会の受付窓口では苦情解決の申出を受付けた段階で受付順位の番号を記載している。

ウ　受付年月日と時刻

　同じ宅建業者に対し複数の申出人から認証の申出がなされた場合、その先後は、保証協会が苦情解決申出書を受け付けた年月日と時刻が基準となる。苦情解決申出書の受付に際して正確な年月日と時刻が記載されたかどうかを確認する。弁済業務保証金の全部または一部がす

でに還付されているとか、他の認証の申出人による認証の申出がなされたり、苦情解決または認証審査手続中であったりする事案もあるため、苦情解決申出書の提出時に先順位の苦情解決の申出人または認証の申出人の有無や数などを確認する。

エ 「苦情申出の内容」欄

弁済対象債権である「その取引により生じた債権」を根拠づける事実については、要件事実に即して具体的かつ簡潔に記載し、宅建業法64条の8第1項に基づき弁済を受ける権利を有することを証する取引書類と併せて提出する。欄内に書ききれない場合は「別紙」として添付する。

【記載例】

「申出人は、会員A（取引の相手方）から、平成〇〇年4月5日、別紙不動産（以下「本件不動産」という。）を代金5000万円で買受ける契約を締結し（以下「本契約」という。）、同日、手付金300万円をAに支払った。本契約では、①Aは5月31日に申出人の残代金の支払と引き換えに本件不動産の所有権移転登記手続をすること、②Aが本契約に定めた債務を履行せず、申出人が相当の期間を設けて催告したにもかかわらずAがこれに応じなかった場合、申出人は本契約を解除することができること、③Aの債務不履行により本契約が解除された場合に、Aは申出人からすでに受領した手付金などの金員と違約金として代金の1割相当額を申出人に支払うことを合意した。申出人は、約定期日に残代金支払の履行を提供したが、Aが所有権移転登記手続と引渡しを履行しなかった。申出人は、Aに対し6月5日到達の書面で同月15日までに履行するよう催告したが、Aがこれに応じなかったため、申出人は、同月20日到達の書面で本契約を解除し、Aに対し手付金300万円の返還と違約金500万円の支払を求めたが、Aがこれに応じない」

オ 「申出債権額」欄

認証の申出人が請求する債権額及び遅延損害金を記載する。上記の例であれば、800万円と売買契約が解除された日の翌日から苦情解決申出時まで遅延損害金（宅建業者は商人であるため商事法定利率年6分。商法514条）の合計額となる。なお、弁済業務保証金の額を超える場合は、その限度で債権を申し出る。

3 弁済対象債権の要件該当性の検討

【提出書類】
①認証の申出人からの委任状
　保証協会が使用する委任状の様式を事前に確認する。宛名は「公益社団法人○○○○保証協会」、委任事項は「貴保証協会所属会員である○○不動産株式会社に対する手付金返還請求及び違約金請求に関する苦情解決及び認証申出に関する一切の権限」を記載する。
②認証の申出人の資格証明書など
　申出人が法人の場合は資格証明書または履歴事項全部証明書（旧商業登記簿謄本）を提出する。契約当事者の相続人である場合は戸籍謄本・除籍謄本・住民票・除票などによって相続関係を証し相続関係図を添付する。
③「苦情申出の内容」を根拠づける書類
　「苦情申出の内容」を証する書類は、重要事項説明書及び添付資料、売買契約書、領収書、取引物件の全部事項証明書（旧不動産登記簿謄本）、公図、媒介契約書、宅建業者に宛てた内容証明郵便（催告書・解除通知書と郵便物など配達証明書）など。事案によっては、チラシなどの広告類、物件概要書、売渡証明書・買付証明書、地積測量図などを提出する。認証の申出人が宅建業者に対し手付金など返還請求訴訟を提起し、係属中の事案ではその旨記載する。保証協会から裁判所に提出した訴状・答弁書・準備書面・書証・証人調書などの提出が求められることがある。民事訴訟が終了した事案であれば、判決正本、判決確定証明書または和解調書の写しを提出する。判決正本などは保証協会の受付担当者が原本と照合するため必ず持参する。
④時系列の取引経過一覧表
　取引の発端から紛争に至るまでの経過事実を年月日に沿ってまとめ取引書類を引用し取引経過が一覧できる表を整理して提出する。

(7) 認証申出になじむ事案かどうかの検討

　営業保証金の還付請求では、宅建業者に対する民事訴訟を提起して確定判決を取得する必要があるが（本書499頁）、保証協会の苦情解決を利用する場合、保証協会が宅建業者に対し自主的に解決するよう説得するなどして早期解決を図ることができる。取引経過や関係書類に照らし、申出人が主張する債権が宅建業者との「取引により生じた債権」に該当することが明確であれば、宅建業者も自主的解決に応じる可能性があり、民事訴訟を提起し確定判決を得るまでの時間とコストが節約され、早期に損害の補填が図られるため保証協会の苦情解決を利用するメリットがある。しかし、宅建業者と主張がことごとく対立している事案、宅

建業者の損害賠償責任を根拠づける証拠が乏しい事案、事実関係には争いがないものの法的評価や損害額に争いがある事案、仲介業者として調査・説明義務を負うかについて争いがある事案のように事実認定や法的判断が著しく困難な場合は、確定判決を提出しない限り、保証協会が弁済対象債権に該当するとの判断をすることは難しい。もっとも、確定判決がなされても欠席判決のような事案では、却って事実関係の真偽がはっきりせず、「債権発生の原因である事実」を認定されないこともあるため、確定判決の提出をもって保証協会が認証するとは限らない。保証協会における苦情解決業務や弁済業務を利用して早期に損害の補填を図ることができるかどうかは事案の事実関係や法律上の問題を宅建業者がどの程度認め、何について争うかにかかっている。

　弁護士は、依頼者から事情聴取して事実関係、主張立証方法、法律構成などを検討し、宅建業者が事実関係や法律上の問題などに関して争うことが予想される事案については、保証協会に苦情解決の申出をして認証申出の受理の順序を確保するとともに、ただちに民事訴訟を提起し確定判決を得て、これを保証協会へ提出することが早期解決に結びつく。なお、保証協会は、認証の申出人と宅建業者との間で民事訴訟が係属中の間、認証審査手続を保留する取り扱いをしている。

認証請求訴訟　**4　認証請求訴訟**

(1)　**認証請求訴訟と争点**

　保証協会が認証の申出を拒否した場合、認証の申出人は保証協会を被告とする認証請求訴訟を提起する。管轄は、保証協会の主たる所在地を管轄する東京地方裁判所であり、保証協会地方本部の所在地を管轄する地方裁判所ではない（民訴法4条4項、名古屋地決昭58・6・27判時1109号119頁、山形地決昭58・9・12判時1109号119頁）。なお、宅建業者の債務不履行または不法行為に基づく損害賠償請求権について保証協会に認証の申出をしたが、これを拒否された事案について、宅建業者の本店所在地などを管轄する地方裁判所に損害賠償請求訴訟を提起し、併せて保証協会に対する認証請求訴訟を提起した事案として大阪高判平12・5・19本書291頁参照。

4 認証請求訴訟

認証請求訴訟では、原告の主張する債権が宅建業法64条の8第1項にいう「その取引により生じた債権」に該当するかが争点となるため、認証の申出について相談を受けた段階で、認証の申出を拒否された場合に認証請求訴訟において「その取引により生じた債権」に該当する事実を主張立証できるかどうかをあらかじめ検討しておく。

【東京地判平16・4・15WL】
> Xは、宅建業者Y1と土地建物の売買契約を締結したが、土地造成及び建物建築工事が未完成であることを理由に契約を解除し売買代金返還及び損害賠償請求するとともに保証協会Y2に対し認証請求訴訟を提起した。Y2は、Xから認証の申出がなく拒否していないため訴えは不適法であり却下されるべきであると主張した。裁判所は、弁済業務保証金の還付請求権を行使しようとする者は、「まず、Y2に対し、認証を求める必要がある。したがって、同条項[法64条の8第1項]の権利を行使しようとする者は、特段の事情のない限り、まずY2に対して認証の申出をして認証を求める必要があり、Y2が認証するかしないかの判断を経ていない段階においては、訴えにより認証請求をすることは許されない」とし、XのY2に対する訴えを却下した。

(2) 請求の趣旨と請求原因

請求の趣旨として、「被告は、原告に対し、宅地建物取引業法64条の8第2項に基づく平成〇〇年〇月〇日付けの認証申出について係る債権について、債権額〇〇〇万円について認証せよ」と記載する。

請求原因事実は、①被告が宅建業法64条の2に基づいて設立された公益社団法人であること、②原告が取引した宅建業者が被告の社員であること、③原告が当該宅建業者と宅地建物取引業に関し取引をしたこと、④原告が当該宅建業者に対し、当該取引により生じた債権を有すること（弁済対象債権の存在を基礎づける具体的な事実）、⑤保証協会が原告の認証の申出を拒否したことであり、これを基礎づける具体的な事実を主張する。

《参考文献》
・明石三郎＝岡本正治「弁済業務保証金制度（宅地建物取引業法第64条の8第1項）を巡る法律上の問題」法学論集49巻2・3合併号1頁以下

第17章　営業保証金・弁済業務保証金の還付請求

・升田　純「弁済業務保証金の裁判実務（上）（下）」判時1495号16頁、1496号13頁
・明石三郎ほか「詳解宅地建物取引業法」（改訂版　大成出版社）119頁以下、481頁以下
・周藤利一＝河井睦朗「わかりやすい宅地建物取引業法」（大成出版社）111頁以下、331頁以下
・岡本正治＝宇仁美咲「逐条解説宅建業法」（改訂版　大成出版社）227頁以下、748頁以下

あとがき

専門分野を目指す若手弁護士へ

専門分野を持つ

　弁護士が一般的な民事事件を幅広く取り扱えることは大事なことであり、様々な案件を手掛けることも興味のあるところかもしれない。しかし、いろいろな案件を取り扱うだけでは"浅く広く"案件を処理することに終わりかねない。

　相談案件や紛争案件は、以前にも増して多様化し複雑で込み入った様相を呈している。個人・企業を問わず、弁護士に対し迅速かつ的確な助言や意見を求め、手際よく解決処理することへの期待と要求は強い。加えて民事訴訟では弁論準備手続における争点整理と集中証拠調べが導入され事案の争点に絞った迅速な訴訟活動が必要となっている。

　弁護士の仕事は同じ分野の案件を数多く扱えば扱うほど、その分野に関するより深い専門的な知識を身に付けることができる。一つの案件から得た知識や経験が次の案件に活かされ、次第に一つの分野に特化したノウハウが培われ、相当複雑な相談案件や紛争案件であっても早い段階で事案分析し、争点や主張立証の方法を見定め、着眼点がさほどずれることなく対応方針を依頼者に示すことができる。専門分野は得意分野でもあるから相当熾烈な訴訟案件であってもひるむことなく粘り強く取り組むことができる。

　弁護士が増えると競争原理が働くことは避けられない。他の弁護士・法律事務所との差別化を図るには何か専門分野や得意分野を持つことが必要であろう。取扱い分野を特化して専門性を高めることは、依頼者に対する質の高いリーガル・サービスの提供につながり依頼者から信頼を獲得する有効な手段となる。

何を専門分野とするか

　今後、どのような分野を専門にすればよいかとか、将来何が有望かと

真顔で質問する司法修習生や若手弁護士が少なからずいる。しかし、どのような分野を取り扱うかは自ら見つけるものであろう。

　では、専門分野をどのようにして見つけるのか。

　現在流行っている分野を追いかけたところで経済情勢の変化の激しい現代社会において、そのニーズが今後も長く続くという保証はない。専門分野の第一人者と目されているような先輩弁護士に尋ねると、弁護士になりたての頃は特に興味もなかったが、たまたま取り扱った案件をきっかけにその分野に興味を持ち始めたとか、他の弁護士があまり手掛けなかった分野であったが地道に取り組んでいると徐々に同じような案件を依頼されるようになり、いつの間にか、その分野に"強い"弁護士として評価されるようになったという話を聞くことが多い。偶然といえなくもないが、弁護士登録して3、4年は選り好みせずに幅広く案件を扱い、まずは弁護士としての仕事の基本を習熟することに専念し、日頃から弁護士業務のあり方について問題意識を持って仕事に取り組む姿勢が専門分野を見つけるきっかけになることを教えている。

どのようにして専門性を高めるか

〈仕事の基本〉

　経験年数を重ねたからといって、当然に弁護士の"力"がつくものではない。登録2〜3年目と20〜30年目の弁護士を比較しても、経験年数と実務能力の高さや質は正比例するものではない。むしろ7、8年過ぎると、一応仕事のやり方もわかるようになり、同時に"慣れ"が生じる。ややもすると登録直後に誰もが抱いた仕事に対する緊張感が徐々に薄れ、ルーティン・ワークとしての事件処理に陥りかねない。

　弁護士の仕事の基本は事案の分析にある。そのためには案件を扱う中で依頼者や取引関係者からポイントを押さえて事情聴取する力、証拠を集めて手堅く事実関係を把握する力、主張立証の方法を考え法律構成を組み立てる力、紛争解決に向けて和解交渉や訴訟方針を戦略的に考える力、法律文書を起案する力を磨くことが必要である。弁護士は、裁判官と異なり、紛争当事者の一方から相談を受けた段階で、限られた時間と資料をもとに的確な判断と見通しが求められる。当然、不透明な事情や不確実な部分が相当な割合を占める。このような状況にあっても、事案

の中核（コア）となる事実を押さえた上で、ある程度幅のある見通しを付け、事件処理を通じて培った"勘"を働かせて"事件の筋"を読まなければならない。事件は"生き物"である。状況の変化によって当初の"見立て"が変わることがある。このような状況の変化に応じて事件処理の方針に幅を持たせると同時に、事件の進み具合によって柔軟に対応することができるように一歩引いた視野の広い姿勢で臨むことも必要である。

〈文献資料の調査〉

　実務経験を重ねると、過去の類似案件を思い浮べながら目前の案件を処理しがちである。時間と事件処理に追われ文献資料の調査を怠るようになる。しかし、受験当時の"陳腐化した"知識のままで漫然と事件処理をしていると思わぬミスをする。

　案件を取り扱うときには、必ず法律上の問題を点検し判例（裁判例をも含む。）や関係文献を調べる。収集した文献はテーマごとにファイリングしておくと、以後、同種・関連の案件を取り扱うときに改めて資料集めをする手間が省ける。案件を扱うたびに新たな文献を加え、一度読んだ文献も繰り返し読む。考えながら読み、読んでも考える"読後の思考"が必要である。実務経験を重ね改めて読み直すことは読解力の質を高める。判例や文献等は、事案分析、法律構成や主張立証方法を考える糸口となる。

　最新の判例・裁判例の動きを知る上で判例時報や判例タイムズなどの法律雑誌を購読することが望まれる。特に裁判官が執筆した論説、訴訟手続運営をテーマとする座談会記事は必読である。解説付きで判例を掲載する法律雑誌にはそれぞれ特徴がある。例えば金融法務事情、金融・商事判例、商事法務などは金融取引・商事法関係を専門的に扱っており、取り扱う案件を考慮しながら法律雑誌を選択し判例調査する。取り扱う分野や興味ある分野の体系書・専門書は、日頃から惜しみなく買い揃えておく。事務所の書架からいつでも文献資料を取り出せることは、弁護士にとって貴重な時間の節約になる。

〈研修、研究会、講演、執筆〉

　弁護士会では数多くの研修が実施されているが、内容は総花的なもの

にとどまり、2時間程度でその分野の専門的な知識を修得できるものではない。研修をきっかけに関心を持ち自ら勉強する。勉強意欲のある弁護士が集って勉強会を開いたり、大学の研究者を交えた勉強会に参加する。

　講演や研修会の講師を依頼されたら引き受けてみる。人前で話すには自分自身が講演テーマを十分理解していないと、わかりやすく話をすることは難しい。限られた時間で要点を絞り、わかりやすく話をする訓練になるだけでなく頭の中を整理することにつながり理解を深める機会となる。弁護士会などで開催される研修は、講師のレジュメの作り方、話し方、テーマの取り上げ方など、講演の巧拙は参考となる。論説や本を執筆できる機会があれば臆せずやってみる。そのためには小さな案件であっても日頃から問題意識を持って取り扱い文献資料を集積しておく。

他人から学ぶ

〈弁護士から学ぶ〉

　弁護士は、事務所に所属する弁護士から教えられることはある。しかし、これに限らず先輩弁護士・同期・後輩弁護士などから学ぶことは多い。弁護士会での委員会活動などで知り合った先輩弁護士からオフレコで聞く経験談や失敗談は非常に有益である。しかし、弁護士が日頃から問題意識を持っていないと貴重な助言を受け止めることはできない。他の法律事務所の弁護士と一緒に仕事をしたり、相被告の代理人弁護士の仕事ぶりからも大いに学ぶことができる。事情聴取や打ち合わせの仕方、主張書面の書き方、立証準備など訴訟の進め方、和解方法、依頼者との接し方などは弁護士の出身事務所や経験年数によって百人百様である。事件の相手方となる弁護士からも学ぶべきことがある。示談交渉のやり方、通知書等の内容証明・訴状・答弁書・準備書面の書き方、訴訟活動、証拠調べでの主尋問・反対尋問のやり方は参考になる。弁護士が実務を身に付ける"on-the-job training"では、仕事を通じて"教えてもらう"のではなく、仕事に立ち会って自らの力で"学び取る"という意識が必要である。

　もっとも弁護士の中には訴訟物、法律構成や主張を十分詰めないままに訴訟提起したり、ラフな準備書面などを提出し、裁判所から求釈明さ

れてもこれに答えようとせず、書面の提出期限を遵守しない者もいる。民事訴訟法を無視した訴訟活動を目にすることもある。これらは見習ってはいけない"悪しきお手本"である。

〈裁判官から学ぶ〉

　民事裁判の実務修習はわずか2ヶ月程度と短く、司法修習時代は問題意識が乏しいこともあって裁判官からの指導を十分吸収できないまま修習を終え、弁護士になってはたと実務修習での勉強不足に気付くものである。しかし、民事訴訟は弁論準備手続で争点整理が進められるため、訴訟代理人の立場で担当裁判官から民事訴訟のやり方を学ぶことができる。

　"できる裁判官"が担当する訴訟の進め方、弁論準備手続における釈明の仕方、争点の絞り込み、要証事実の捉え方、主張整理の仕方、証拠調べでの補充尋問、和解の進め方、和解条項案の作成作業は学ぶべき事柄が多い。判決は、弁護士の訴訟活動の巧拙に対する評価でもある。弁論準備手続の進め方や裁判官の釈明、補充尋問などを思い起しながら、判決を子細に読み直すと裁判官の視点からの争点や主張の捉え方、事実認定や証拠評価、特に裁判官がどのような間接事実を拾いながら事実認定をしたのかを教えられ訴訟事件を通じて民事実務能力を磨くことにつながる。

　依頼者や弁護士は担当裁判官を選ぶことができない。"できる裁判官"かどうかは裁判官の任官年数とは必ずしも結びつかない。地裁の単独事件を担当する裁判官の中には、さほど複雑ではない案件であるにもかかわらず主張整理を十分検討しないまま期日を繰り返したり、双方の主張書面を十分読まずに思い付きでいろいろと発言し、これに反応した訴訟代理人が主張書面を提出し争点がずれて迷走させるとか、主張整理を詰めないままに証拠調べをし弁論終結したものの判決言渡期日直前に弁論を再開して複数回にわたって期日を重ねるなど、"決断できない裁判官"、"漂流する裁判官"がいる。和解方針を持たないまま当事者双方に場当たり的な和解を強く働きかける裁判官、代理人が和解の進め方や内容について意見を述べると、意に沿わない意見に苛立ちを隠さず、和解が調わないと当事者本人や代理人を前に感情をあらわにする裁判官もい

る。他方、任官後10年前後であっても複雑かつ大部な訴訟事件の記録を丁寧に読み込み、主張整理案を作成・提示することをいとわず、また手堅い判決を書く裁判官、難件であるにもかかわらず当事者双方に主張立証の強弱を踏まえて心証を開示しながら諄々と説いて手際よく和解をまとめ上げる裁判官がいる。

　旧民事訴訟法の下では、裁判官の"顔"は法廷か和解室でしか見えなかった。しかし、現行民事訴訟法の下では、弁論準備手続で争点整理を経て集中証拠調べが実施されるため、裁判官と当事者双方の訴訟代理人の三者が争点整理や審理の進め方について議論する機会が増え、訴訟代理人の"力量"の差もさることながら、これまで均質と思われていた裁判官の"力量"の差が目立つようになった。

　最近、弁論準備手続が形骸化していることが指摘されている。訴訟運営の一方の担い手である弁護士が大いに自省する必要がある。弁護士は、担当裁判官が捉えている争点と当事者双方の主張や争点とがずれていないか、担当裁判官が事案に関する専門的な知見を有しているか、適正・迅速な審理の進め方をしているかを注視し、裁判官の能力を見ながら弁論準備手続が"漂流"しないよう訴訟活動をする必要がある。

　わが国は三審制を採用するが、事実審は第1審（地方裁判所）と控訴審（高等裁判所）だけであり、控訴審は事後審的運営がなされ、審理の対象は実質的に第1審判決の当否である。控訴審は、原判決によほどの事実誤認がない限り第1回口頭弁論期日で終結される。第1審での敗訴判決を控訴審で覆すことは至難であることを肝に銘じておく。第1審における訴訟活動、とりわけ弁論準備手続がきわめて大切である。争点整理手続では当事者双方が主張と証拠を提出し裁判所・当事者間で口頭議論をするが、裁判官は、通常の民事事件では争点整理手続の終結段階で概ね心証形成し人証取調べによって結論が左右されることがあまりないと指摘している。弁護士は、これに留意し、事件受任の段階から早急に争点を把握し主張立証活動に取り組む必要がある。

〈依頼者から学ぶ〉

　弁護士が仕事を通じて接する依頼者や企業は多岐にわたる。多くの弁護士は企業に勤めた経験がない。弁護士の法律知識は依頼者に優るかも

しれないが、社会人としては未熟であることを自覚し、依頼者や関係者に謙虚に接することは大事である。依頼者や企業経営者からは多様な経験に基づいたモノの見方を学ぶ機会がある。

依頼者層の構築

〈依頼者との"車間距離"〉

　弁護士は仕事の依頼があって成り立つ職業である。加えて、依頼者との間で信頼関係を構築することが必要である。依頼者との"車間距離"をどの程度とるかは結構難しい。弁護士が正当な利益を実現するために依頼者のために尽力すべきことは当然であるが、同時に専門家として依頼者から独立した立場で適切な意見を述べ助言することが求められる。訴訟の進め方や解決方針について依頼者と考えを異にする場合には、依頼者に率直かつ明確に意見を述べることが必要である。昨今、依頼者に"寄り添う"という表現がしばしば用いられる。しかし、弁護士が依頼者の立場を心情的に理解する必要があるとしても、依頼者の言い分や方針に"おもねる"とか"言いなりになる"ことを意味しない。依頼者の機嫌を損ねることを慮って言うべき時に言うべきことを言わないとか、事件受任を期待して"甘い見通し"を伝えることは避けなければならない。

　個人・企業を問わず、依頼者が弁護士の意見を踏まえて、自分の意見や方針を述べ、時には弁護士からの"耳の痛い意見"にも耳を傾けるようになると、弁護士と依頼者とが解決に向けた方針を率直に協議できるようになり、依頼者との信頼関係が構築され、弁護士は厄介な案件でも真正面から取り組むことができ、その結果、スムーズに解決処理できるものである。しかし、中には、相手に対する非難に終始し、自分の考えにこだわり、対応方針について決断できない依頼者や、訴訟の途中で先行きに不安を感じて"ぶれる"依頼者もいる。自分の考えや方針を持たず周辺の意見に影響される依頼者もいる。訴訟や和解の進め方について依頼者と方針が合わなければ、弁護士は、依頼者に理解を求めるために多大な時間と余計なエネルギーを費やすことにもなる。

　依頼者にどう対応すべきかは個々の事案により様々で一概には言えないが、弁護士は、実務経験を積み重ねながら"事件と依頼者を見る眼"

を養うことが必要である。特に複雑な事件や勝敗が微妙な事件の受任に際しては、事件処理や訴訟の進め方、訴訟方針、訴訟リスクなどについて弁護士の意見と方針を丁寧に説明し、依頼者がどの程度理解できるか、共通認識を持てるかを慎重に見定めることが大切である。

依頼者や相談者の中には、自力救済への"お墨付き"や法を潜脱する"知恵"を求める者もいる。毅然と断る弁護士には、以後、相談を持ちかけてこないものである。この種の対応に不慣れな若手弁護士が、顧客を逃したくないという思惑から面と向って断れず、半ば容認するような意見を述べたり、脇の甘さを見せると徐々に取り込まれ、最悪の場合には違法行為に加担することとなる。

弁護士は、眼前の"依頼者を失う"ことよりも"弁護士としての信用を失う"ことに懼れを持つこと、この種の依頼を"断る勇気"を持つことが肝要である。

〈弁護士に対する不満〉

弁護士は依頼者を選ぶことができるが、依頼者も弁護士を選ぶことができる。弁護士は信頼関係を構築できる良き依頼者層を開拓することに心掛ける。

依頼者がこれまでの弁護士や法律事務所に対しどのような不満を抱いているかを認識し、自らの仕事の取り組み方を工夫してみることは大事なことである。

弁護士に対する不満や苦情として"報告がない"、"仕事が遅い"ことが挙げられる。事件処理の内容や経過は依頼者に速やかに報告し、対応方針について協議しながら進めることは、弁護士業務に限らず仕事の基本である。これを怠ることは依頼者に不安と不満を抱かせ信頼関係を損なう原因ともなる。

企業はもちろん、一般の依頼者も、弁護士がスピーディに仕事を進めることを強く求める。"仕事が遅い"のは段取りが悪いことにあるが、むしろ、弁護士が案件に不慣れで手際よく処理できないとか、事案の内容を十分把握せず対応方針もしっかり検討しないまま事件を受任し、事件処理の過程で局面が変わり立ち往生することに原因がある。

かねてから企業は、弁護士が"何を専門分野としているかがわからな

い"との不満が根強い。企業は、自社の事業分野について専門的な法律知識や豊富な実務経験を持つ弁護士を求める。その分野に精通した弁護士に相談すれば迅速かつ的確に助言や指導を受け、手際よい解決処理が期待できるからである。弁護士会は、ずいぶん以前から、弁護士の職域拡大の一環として弁護士が専門分野を持つ重要性と必要性を繰り返し指摘してきた。ところが、肝心の弁護士・法律事務所側は、どのようにして専門性を高めるかという方策に関心が乏しく、企業がどの程度のレベルにまで高められた専門性を弁護士に求めているかというリーガルサービスの質に対する意識も薄く、企業からのニーズに十分応えているとは言い難い。企業担当者は、弁護士がどの程度専門的な知識や実務経験があるかについて"品定め"する力を持っており、弁護士を見る眼は弁護士が自覚している以上に厳しい。企業が社内で方針を決定するために弁護士から意見を聞こうとしても、企業が取るべき方策を弁護士が具体的に提案せず、当たり障りのない意見しか述べないといった姿勢にも批判的である。

　弁護士は、依頼者側が既成の弁護士や法律事務所に対し抱いている不満、批判などを踏まえて仕事に取り組む必要がある。

　弁護士がはじめて取り扱った案件が解決した後、引き続き依頼者が新たな案件を依頼してくるか、他の依頼者を紹介するか、さらに弁護士と顧問契約を結ぶようになるかは、結局、"最初の仕事ぶり"にかかっている。弁護士が"誠実に"仕事に取り組むべきことは当然であるが、"てきぱき"処理し"いい成果"を出したかどうかが弁護士に対する評価となる。依頼者が過去に依頼した弁護士や法律事務所に不満を抱き、他の弁護士・法律事務所に依頼をすることも珍しくない。法務部門（法務部・法務室）を擁する規模の企業ともなれば、法務スタッフは、自社の事業分野や取引に関係する専門的な法律知識を有し、紛争案件に数多く対応した経験を有している。込み入った案件については複数の弁護士に相談し意見内容を比較検討することもある。法務スタッフは弁護士の意見や案件処理の仕方の一端を見て弁護士の専門的知見や実務経験の程度を評価する力を備えている。企業から弁護士に持ち込まれる相談案件は、法務スタッフが社内で時間をかけて検討・議論した結果、その判断

が難しいため弁護士に見解を求めるものが多い。難易度と緊急度が高い案件であるだけに弁護士が悠長な対応をすることは許されず、速やかに検討し的確な意見、具体的な対案や解決方針を明確に示すことが求められる。

　"どの分野に強い"か、仕事を迅速かつ的確に処理するかを基準に企業が弁護士を選別する傾向は強まっている。たとえ登録年数が10年前後の若手弁護士であっても、一つの専門分野を持ち、仕事の質を高めていくと、他の弁護士や法律事務所と競り勝つ余地はあり顧問弁護士として参入できる機会が十分ある。そのためにも弁護士は日頃から専門分野や得意分野を深める研鑽が必要である。

弁護士を見る眼
〈依頼者からの眼〉
　依頼者（個人・企業も含めて）は、弁護士が考えている以上に弁護士を見ている。殊に訴訟案件は、依頼した弁護士と相手方が依頼した弁護士、相被告側の弁護士の訴訟活動が比較される場である。些細なことに思われがちであるが、弁護士が裁判所に時間通りに来るか（しばしば遅刻するか）、訴訟準備を真面目にしているか、相手方から提出された準備書面に対し迅速に対応しているかなどは、一般の依頼者や企業担当者にとって彼我の仕事ぶりを比較しやすい。訴訟の勝敗にもっとも敏感な依頼者が弁護士の仕事ぶりについて一挙手一投足を見ていることを忘れてはならない。

〈相手方弁護士との協働〉
　訴訟代理人である弁護士は依頼者の利益を実現する責務を有し、依頼者のために相手方と交渉し訴訟活動をしなければならない。しかし、他方で、民事訴訟は、裁判官と当事者とが役割分担をして紛争を適正迅速に解決するよう制度設計されている。弁護士は、その役割をわきまえ、協働的訴訟運営を担う一員としての自覚をもって公正かつ誠実に相手方弁護士に接するよう努めなければならない。非難の応酬や意地の張り合いは紛争解決からは遠い。相手方弁護士との距離を保ちつつ、慎重に事件処理を進める。特に和解交渉は、一つ一つ段階を踏んで歩み寄れるかを検討しながら進める。そして、弁護士として信用を失うことのないよ

う注意する。
〈裁判所からの眼〉
　裁判官、書記官は、一般の弁護士が考えている以上に弁護士を見ている。これは、裁判官がしばしば指摘するところである。例えば準備書面の提出期限を守らないとか何度も釈明を求めてもこれに応じないなど、訴訟代理人としてなすべき基本をおろそかにしていると、裁判所からの信用や評価が損なわれていく。訴訟活動で裁判所の信用を獲得することは、裁判所との協働のもと、適切かつ合理的な紛争解決につながり、ひいては依頼者の利益に叶うことはもっと自覚されてよい。

文章力を磨く
　弁護士は他の職業に比べると文章を書く機会が多い。相手方に送付する通知書・回答書、裁判所に提出する訴状・答弁書・準備書面などの法律文書や依頼者への報告書を日常的に作成する。文章表現力を磨くことは仕事の土台でもある。
　弁護士にとっての"上手い文章"というのは小説家の文章とは異なる。法律文書に求められるのは"読み手"に分かりやすく説得力のある書面である。"分かりやすく説得力のある書面"は正確な文章によって紡ぎだされ、"正確な文章"は緻密で分析的な思考から生まれる。"読み手"は裁判所であり、相手方であり、依頼者である。特に訴状・答弁書・準備書面の起案に当たっては、事案に即して論理を展開した過不足のない正確な文章を書くことを目標に起案能力を鍛える。
　先鋭的に対立した案件や錯綜した案件になればなるほど、証拠を正確に分析し、これに裏づけられた事実とこれに拠って立つ法律構成や主張を書くよう努める。事実と評価を区別しながら冷静に論理を組み立てて書かれた文章には説得力がある。これに反し、依頼者の感情的な言い分や相手をひたすら非難中傷する主張書面は、依頼者にとっては溜飲を下げ、依頼した弁護士を頼もしく思うかもしれない。しかし、事実と評価をないまぜにした書面は、裁判所に対する説得力が弱くなる。相手方が提出した書面を読むときは、事実と評価を区別しながら表現しているか、証拠に裏づけのある主張か、論理に飛躍がないか、相手方のレトリックを検討しながら読む。

依頼者から紛争に至る経過について事情聴取する際には、頭の中で法律構成、主張立証のポイントを考える作業をする。複雑な案件では、頭の中で考えていることを一度起案し整理してみる。起案は自分が組み立てた考え方や法律構成を文章で表現する作業である。特に法律文書の起案は法律構成・主張の整理につながる。頭の中で漠然と考えていても、いざ起案しようとするとなかなかうまく表現できないものである。どのような事実を拾い上げ、何を、どのような順序で書くかを考える。パソコンの画面ではなくプリントアウトしたもので読み直し、果たして依頼者の言い分を的確に表現できているか、自ら起案した文章を批判的に検討する。いったん書いてみた上で、少し日数を置いて冷静な眼で読み返し、表現や論理の進め方を練り直す。起案した通知書や準備書面を声に出して読み上げると、文章の運びのまずさや構文の不適切な個所に気付く。法律実務家にとっては主張書面を起案することで論理の適否を自己点検できるし、更なる思索を深めることにつながる。まさに、"書くこと"は"考えること"である。
　起案の難しさはいうまでもない。"分かりやすく説得力ある書面"を起案するためには日頃から"ことば"や表現、助詞や接続詞の用い方、構文に関心を持ちながら、新聞・雑誌に掲載された論説、エッセイなど、法律文書以外のジャンルをできるだけ幅広く読む。

仕事のストレスと失敗

〈健康の維持〉
　弁護士は、日常的に数多くの紛争案件を並行して扱いながら、いずれの案件についても進捗状況に目配り、心配りをしつつ、他方で個々の案件について集中的に取り組むことが求められる。複雑な案件ともなれば訴訟の勝敗や解決結果が依頼者にとって重大な影響を及ぼすこともあって、難しい局面に立つと、時には精神的な重圧がかかるものである。事件処理が思うようにはかどらないと精神的に焦ったり、体調がすぐれないとじっくり仕事に取り組む持続力や集中力が衰え、ひいては事件の見通しや判断の誤りを招きかねない。弁護士は、日頃から精神面と体調面に注意し、心身ともに良好な状態を維持できるよう努める。
　要は、仕事のストレスを抱え込まない。頭の切り替えと同時に前向き

に考えられるように自己の気質のコントロールに心掛ける。先鋭的に対立する訴訟案件ほど、解決までに相当時間を要し、その過程において優勢と劣勢の"山"と"谷"がある。たとえ窮地に陥るような局面を迎えても真正面から事件に取り組み、背を向けない。

　弁護士は仕事のやりがいと面白さを見つけ、これを持続力の源泉とすることが大事である。

〈ミスや失敗への対応〉

　どのような職業であれ、仕事においてはミスや失敗がある。弁護士といえども完全無欠ではない。若いうちは仕事に不慣れなこともあって慎重にするものである。しかし、経験年数を重ね仕事に慣れるにつれて慎重さを欠くようになる。仕事が忙しくなると、一つ一つの事件に対する細心さや注意深さ、緊張感が薄れがちとなる。弁護士にとって事件と時間に追われることは注意散漫の一因にもなりミスや失敗につながりかねない。

　仕事でのミスや失敗は依頼者に損害を与えるだけでなく、弁護士にとってもっとも大切な信用を損なう。これがきっかけで弁護士が精神的に落ち込みストレスを溜め、日常の事件処理に集中できなくなったり、仕事のやりがいを見失うことにもなりかねない。おざなりな仕事で済ませるようになると、さらなるミスや失敗を重ねる。

　弁護士は、その職責の重さを自覚し、慎重かつ細心の注意をもって仕事に取り組むべきことはいうまでもない。加えて、日頃から余裕をもった日程管理に努め事件と時間に追われないようにする。

　弁護士が仕事のミスや失敗に気付いたときには直ぐに対処することが賢明である。遅かれ早かれ依頼者の知るところになるため、弁護士から依頼者に速やかに報告し善処の仕方を説明する。依頼者への報告が遅れたり、依頼者からの問い合わせに取り繕っているうちに弁護士のミスが表面化し依頼者との信頼関係はもはや修復できなくなり、時には依頼者との紛争に発展しかねない。弁護士は他人の揉め事は扱えても、自己の揉め事は冷静に扱えないものである。対処の仕方も含めて、できるだけ早く信頼できる同期や先輩弁護士に相談することが望ましい。相談を受けた弁護士も第三者の立場から適切なアドバイスができ、話を聞いても

らうだけでも心が落ち着き冷静さを取り戻すことができる。
最後に
　弁護士にとって民法・民事訴訟法などの法律知識は司法試験に合格した時期がピークである。以前にもまして主要な法律の改正がなされ重要な判例が相次いで出され、その動きが速い。日頃から新しい法律の制定・改正や判例について関心を持ってフォローしていないと法律知識は退行する。このことは自戒しておきたい。実務に就けば、教科書に書かれていない紛争案件を取り扱うことになる。複雑な経過を聴取し事案分析し、法律上の問題点を抽出する一方で判例などを調査し、方針を立て案件を解決処理する能力が求められる。"生きた事件"を通じて考え、真摯に取り組み、学ぶ姿勢を堅持することが法律実務家の真価である。これを怠ると、年齢や経験年数に関係なく急速に力が衰えていく。
　昨今、弁護士が増えて仕事が少ないというネガティヴな論調が多い。しかし、司法試験の合格は法律実務家へのスタートラインに立ったにすぎない。決して将来を約束したり保証するものではない。まだまだ弁護士が手掛けていない分野があり、知恵を働かせ工夫して他の弁護士・法律事務所との差別化を図る余地がある。弁護士の仕事は、先へ、また先へと一生にわたって歩みを進めることのできる得難い仕事である。いろいろな方面で活躍できる可能性が高く、ずいぶん恵まれた職業といえるのである。
　今後、弁護士業務はますます競争原理が働くであろう。しかし、弁護士として技量を磨き仕事の工夫をすれば、たとえ若手弁護士であっても依頼者や企業から評価を受ける機会があり、弁護士の増加を一概に悲観的なものとして捉えるべきではない。
　弁護士の仕事は様々な依頼者や関係者と接する仕事である。また社会を反映した紛争を扱う。それだけに視野狭窄に陥らず、日頃から社会経済の動きや変化にも関心を持つようにしたい。
　繰り返しになるが、若手の弁護士は、焦らず、登録当初の3、4年間は、幅広く案件に取り組み、弁護士として仕事の基本を身につけることに主眼を置く。たとえ手間のかかる、採算の合わない小さな案件であってもいとわず、一つ一つ丁寧に真正面から取り組くんでいくことが大切

である。地道に勉強を続け、更なる飛躍への基礎固めをすることが先決である。

　弁護士は、仕事に就くと日々の事件処理に追われ、あっという間に10年、20年が過ぎてゆく。それだけに1年、3年、5年後の目標なり課題を自ら設定し、到達度を自己点検しながら着実に進むことが望ましい。若手弁護士は、10年後、20年後、「この分野では自信がある、他の弁護士には負けない」という弁護士に飛躍できるよう、自己研鑽に努められたい。

　弁護士にとって1年、3年、5年という階段は景色を見ながらゆっくり上がるいとまがない。駆け上がるしかないのである。やっとの思いで駆け上がってみれば、その先にはまた次の階段が待っている。しかし、時々巡ってくる階段の踊り場に立って来し方と行く末の両方を眺めるとき、是非とも文化の匂いを嗅ぐ努力もしてほしい。美術でも音楽でも文学でも古典芸能でも構わない。いずれも一人の人間のたゆまぬ努力なしには形にならないものばかりであり、これらに感動する柔らかな心が次の階段を駆け上る原動力になる。そうして英気を養って、またわき目もふらずに仕事に戻っていく。

　高い専門性を誇る弁護士は、多かれ少なかれこのような道を辿ってきたことに思いを馳せ、今日の小さな努力を惜しまずに仕事をすることが大切である。

判例索引

【大審院】

大判明41・7・3民録14輯820頁・・・・・・・・・・・・・・・・・・・・・・・・・・・411
大判大2・10・25民録19輯857頁・・・・・・・・・・・・・・・・・・・・・・・・・121
大判大4・9・21民録21輯1486頁・・・・・・・・・・・・・・・・・・・・・・・・・152
大判大4・12・21民録21輯2144頁・・・・・・・・・・・・・・・・・・・・・・・・301
大判大5・5・10民録22輯936頁・・・・・・・・・・・・・・・・・・・・・・・・・306
大判大7・11・1民録24輯2103頁・・・・・・・・・・・・・・・・・・・・・・・・・124
大判大11・4・1民集1巻155頁・・・・・・・・・・・・・・・・・・・・・・・・・・303
大判昭13・9・30民集17巻1775頁・・・・・・・・・・・・・・・・・・・・・・・・138

【昭和24～29年】

最判昭24・10・4民集3巻10号437頁・・・・・・・・・・・・・・・・・・・・・・・137
最判昭26・11・15民集5巻12号735頁・・・・・・・・・・・・・・・・・・・・・・253
最判昭29・1・21民集8巻1号64頁・・・・・・・・・・・・・・・・・・・・・・・・113
最判昭29・1・22民集8巻1号198頁・・・・・・・・・・・・・・・・・・・・・・・302
東京高判昭29・11・29高刑特報1巻12号572頁・・・・・・・・・・・・・・・・・・80

【昭和30～39年】

最判昭30・12・26民集9巻14号2140頁・・・・・・・・・・・・・・・・・・・・・257
最判昭32・7・16民集11巻7号1254頁・・・・・・・・・・・・・・・・・・・・・・472
東京地判昭33・5・21判時154号26頁・・・・・・・・・・・・・・・・・・・・・・419
最判昭33・6・5民集12巻9号1359頁・・・・・・・・・・・・・・・・・・253, 255
最判昭33・6・20民集12巻10号1585頁・・・・・・・・・・・・・・・・・・・・・121
東京高判昭34・6・23下民集10巻6号1324頁・・・・・・・・・・・・・・・・・・426
東京地判昭34・11・16下民集10巻11号2431頁・・・・・・・・・・・・・・・・・428
東京地判昭35・3・29判夕106号51頁・・・・・・・・・・・・・・・・・・・・・・436
名古屋地判昭35・7・29判時249号28頁・・・・・・・・・・・・・・・・・・・・・238
最判昭36・5・26民集15巻5号1440頁・・・・・・・・・・・・443, 483, 503, 509
最判昭36・11・21民集15巻10号2507頁・・・・・・・・・・・・・・・・・・・・138
大阪高判昭37・6・21判時309号15頁・・・・・・・・・・・・・・・・349, 352, 357
東京地判昭37・10・22判時328号28頁・・・・・・・・・・・・・・・・・・・・・436
最判昭37・10・24民集16巻10号2143頁・・・・・・・・・・・・・・・・・・・・496

最判昭38・2・12裁判集民64号405頁・・・・・・・・・・・・・・・・・・・・・・・・・・・375
最判昭38・5・31民集17巻4号588頁・・・・・・・・・・・・・・・・・・・・・・・・・121
東京地判昭38・8・15判タ154号70頁・・・・・・・・・・・・・・・・・・・・・・・・420
最判昭38・9・5民集17巻8号932頁・・・・・・・・・・・・・・・・・・・・・・・・・143
最判昭39・1・23裁判集民71号271頁・・・・・・・・・・・・・・・・・・・・・・・・・44
最判昭39・4・17民集18巻4号529頁・・・・・・・・・・・・・・・・・・・・・・・・・129

【昭和40～49年】

最判昭40.11.24民集19巻8号2019頁・・・・・・・・・・・132, 231, 241, 248, 262
最判昭41・1・21民集20巻1号65頁・・・・・・・・・・・・・・・・・・・・・・241, 256
最判昭41・4・14民集20巻4号649頁・・・・・・・・・・・・・・・・・・・・・・・・・150
東京高判昭41・10・7判時467号33頁・・・・・・・・・・・・・・・・・・・・・・・・・500
最判昭43・2・23民集22巻2号281頁・・・・・・・・・・・・・・・・・・・・・・・・・139
最判昭43・3・8民集22巻3号540頁・・・・・・・・・・・・・・・・・・・・・・・・・123
最判昭43・4・2民集22巻4号803頁・・・・・・・・・・・・383, 387, 395, 401
最判昭43・6・21民集22巻6号1311頁・・・・・・・・・・・・・・・・・・・・・・・・258
最判昭43・8・20民集22巻8号1677頁・・・・・・・・・・・401, 404, 414, 435, 436
最判昭43・8・20民集22巻8号1692頁・・・・・・・・・・・・・・・・・・・・・・・・121
最判昭44・2・27民集23巻2号441頁・・・・・・・・・・・・・・・・・・・・・・・・・477
大阪地判昭44・3・28判タ238号238頁・・・・・・・・・・・・・・・・・・・・・・・・238
最判昭44・6・26民集23巻7号1264頁・・・・・・・・・・・374, 395, 401, 421, 442
大阪地判昭44・11・19判時599号60頁・・・・・・・・・・・・・・・・・・・・・・・・436
最判昭45・2・26民集24巻2号104頁・・・・・・・・・・・・・77, 91, 404, 484, 491
大阪高決昭45・8・26判時613号62頁・・・・・・・・・・・・・・・・・・・・・・・・・154
最判昭45・10・22民集24巻11号1583頁・・・・・・・・・・・・・・・・・・・・・・・・43
最判昭45・10・22民集24巻11号1599頁・・・・・・・・・・・・183, 375, 399, 429
東京地判昭45・11・25判時629号87頁・・・・・・・・・・・・・・・・・・・・・・・・426
東京高判昭46・12・15判タ276号269頁・・・・・・・・・・・・・・・・・・・・・・・・80
東京地判昭47・9・12判時694号72頁・・・・・・・・・・・・・・・・・・・・・・・・・86
東京高判昭47・10・27判タ289号331頁・・・・・・・・・・・・・・・・・・・・・・・426
東京地判昭47・11・15判時698号75頁・・・・・・・・・・・・・・・・・・・・・・・・436
東京地判昭49・9・6判時770号61頁・・・・・・・・・・・・・・・・・・・・・・・・・363
最判昭49・11・14裁判集民113号211頁・・・・・・・・・・・409, 412, 413, 414, 422
最決昭49・12・16刑集28巻10号833頁・・・・・・・・・・・・・・・・・・・・・・・・・80

533

判例索引

【昭和50～59年】

東京地判昭50・2・20下民集26巻1～4号183頁・・・・・・・・・・・・・・・・・184, 189
横浜地判昭50・3・25判タ326号253頁・・・・・・・・・・・・・・・・・・・・・・・・・・86
東京高判昭50・6・30判時790号63頁・・・・・・・・・・・・・・・・・・・・・・167, 188
大阪高判昭50・7・15判時815号119頁・・・・・・・・・・・・・・・・・・・・・444, 454
最判昭50・12・26民集29巻11号1890頁・・・・・・・・・・・・・・・・・・・・・・・・421
東京地判昭51・10・14判時856号63頁・・・・・・・・・・・・・・・・・・・・・・・・・417
最判昭51・12・20判時843号46頁・・・・・・・・・・・・・・・・・・・・・・・・・・・・254
東京高判昭52・3・31判時858号69頁・・・・・・・・・・・・・・・・・・・・・447, 473
東京地判昭52・5・16判時872号93頁・・・・・・・・・・・・・・・・・・・・・・・・・363
東京地判昭52・12・7判時902号104頁・・・・・・・・・・・・・・・・・・・・395, 399
東京高判昭52・12・21判時879号78頁・・・・・・・・・・・・・・・・・・・・・・・・・488
東京地裁八王子支判昭54・7・26判時947号74頁・・・・・・・・・・・・・・・・・・78
最判昭54・9・6判時944号49頁・・・・・・・・・・・・・・・・・・・・・・・・・・・・142
東京地判昭54・10・30判時946号78頁・・・・・・・・・・・・・・・・・・・・・・・・・453
東京高判昭54・11・7判時951号50頁
　（上告審：最判昭58・4・19判時1082号47頁）・・・・・180, 198, 199, 217, 227
大阪地判昭54・12・14判時965号91頁・・・・・・・・・・・・・・・・・・・・・・・・・419
東京地判昭55・5・20判タ419号150頁・・・・・・・・・・・・・・・・・・・・・・・・・389
東京地判昭56・1・30判時1014号88頁・・・・・・・・・・・・・・・・・・・・・・・・・415
浦和地判昭56・3・16判時1032号118頁・・・・・・・・・・・・・・・・・・・・・・・・415
東京地判昭56・6・29判時1022号74頁・・・・・・・・・・・・・・・・・・・・・・・・・436
神戸地判昭56・9・17判時1050号134頁・・・・・・・・・・・・・・・・・・・・387, 395
東京地判昭57・1・21判時1061号55頁・・・・・・・・・・・・・・・・・・・・・・・・・320
東京地判昭57・2・17判時1049号55頁・・・・・・・・・・・・163, 173, 212, 224
高知地判昭57・2・22判タ474号188頁・・・・・・・・・・・・・・・・・・・・・・・・・426
東京地判昭57・2・22判タ482号112頁・・・・・・・・・・・・・・・・・・・・・・・・・418
東京高判昭57・4・28判タ476号98頁・・・・・・・・・・・・・・・・・・・・・・・・・・78
最判昭57・6・17判時1058号57頁・・・・・・・・・・・・・・・・・・・・・・・・・・・254
東京高判昭57・6・28判時1050号128頁・・・・・・・・・・・・・・・・・・・・・・・・389
東京高判昭57・9・28判時1058号70頁・・・・・・・・・・・・・・・・・・・・・・・・・・91
横浜地判昭57・11・18判タ494号106頁・・・・・・・・・・・・・・・・・・・・・・・・489
名古屋地決昭58・6・27判時1109号119頁・・・・・・・・・・・・・・・・・・・・・・・514
大阪地判昭58・7・14判タ509号185頁・・・・・・・・・・・・・・・・・177, 184, 190

大阪高判昭58・7・19判時1099号59頁················78, 454, 474, 476
山形地決昭58・9・12判時1109号119頁·······························514
浦和地判昭58・9・30判時1110号113頁·······························492
大阪高判昭58・11・30判タ516号121頁······························239
浦和地判昭58・12・23判タ525号147頁······························415
東京地判昭59・2・24判時1131号115頁······························451
最判昭59・9・18裁判集民142号311頁·································222
東京地判昭59・12・12判タ548号159頁··············162, 168, 182, 193
東京高判昭59・12・26判時1140号86頁······························155
東京地判昭59・12・26判時1152号148頁·····························454

【昭和60～63年】

東京地判昭60・8・6判時1196号126頁·······························437
東京地判昭60・9・25判タ599号43頁·······························473
東京高判昭60・12・25判時1179号125頁·····························391
奈良地裁葛城支判昭60・12・26判タ599号35頁············162, 168, 194
京都地判昭61・2・20金判742号25頁·················175, 182, 207, 227
東京高判昭61・12・24判時1225号63頁················426, 436, 437
仙台地判昭62・6・30判タ651号128頁·······························187
東京地判昭63・2・1判時1288号105頁······························501
東京地判昭63・2・29判タ675号174頁···············162, 163, 168, 177
東京地判昭63・6・30判時1306号51頁··························142, 281

【平成元～9年】

京都地判平元・1・26判時1320号125頁······························167
東京地判平元・7・28判時1354号111頁·························182, 186
横浜地判平元・9・7判時1352号126頁··········350, 352, 357, 359, 364
最判平元・11・24民集43巻10号1169頁·····························79, 101
東京高判平2・1・25金判845号19頁··································78
大阪高判平2・4・26判タ725号162頁·····················165, 168, 169
最判平2・7・5裁判集民160号187頁·······························222
東京地判平2・12・26金判888号22頁····················168, 170, 204
東京地判平4・9・16判タ828号252頁·······························301
最判平4・10・20民集46巻7号1129頁·······························339

535

判例索引

東京地判平 4 . 10. 28判時1467号124頁・・・・・・・・・・・302, 320, 325, **327**, 335
名古屋地判平 4・10・28金判918号35頁・・・・・・・・・・・・・・・・167, 184, **185**
大阪高判平 4・11・10判例集未登載・・・・・・・・・・・・・・・・・・・・・・・・・・・・・・**435**
福岡高判平 4・12・21判夕826号234頁・・・・・・・・・・・・・・148, **269**, 280, 294
東京地判平 5・1・26判時1478号142頁・・175, 198, 199, **207**, 220, 226, 443
最判平 5・3・16民集47巻 4 号3005頁・・・・・・・・・・・・・・・・・・・242, 255, **256**
東京地判平 5・3・29判夕873号189頁・・・・・・・・・・・・・・・・・・・・・・**234**, 259
福岡高判平 5・6・30判時1483号52頁・・・・・・・・・・・・162, 181, 199, **218**, 227
東京地判平 5・7・26金判964号42頁・・・・・・・・・・・・・・・・・・・・・・・・・・・**435**
東京地判平 5・12・24判夕855号217頁・・・・・・・・・・・・・・・・・・・・・・・・・・**179**
東京地判平 6・1・24判時1517号66頁・・・・・・・・175, 182, 208, 220, 226, **228**
東京高判平 6・2・23判時1492号92頁・・・・・・・・・・・・・・・・・・・・・・・172, **181**
最判平 6・3・22民集48巻 3 号859頁・・・・・・・・・・・・・・・・・・・・・・・・235, **236**
東京高判平 6・3・24判夕876号265頁・・・・・・・・・・・・・・・・・・・・・・・・・・・**155**
東京高判平 6・7・18判時1518号19頁・・・・・・・・・・・・・・・・・・・・・・・419, **473**
千葉地裁松戸支判平 6・8・25判時1543号149頁・・・・・・・・・・・・・・・・・・・**459**
東京地判平 6・9・1 判時1533号60頁・・・・・・・・・・・・・・・・・・・・・・・・・・・**415**
東京地判平 6・9・21判時1538号198頁・・・・・・・・・・・・・・・・・・・・・・・・・**473**
水戸地判平 7・3・14判夕879号215頁・・・・・・・・・・・・267, 269, **289**, 294
東京地判平 7・4・20判時1552号67頁・・・・・・・・・・・・・・・・・・・・・・・・・・**437**
東京高判平 7・4・25金法1439号93頁・・・・・・・・・・・・・・・・・・・・・・・280, **282**
大阪高判平 7・5・30判夕889号253頁・・・・・・・・・・・・・・・・・・・・・・・・・・**473**
東京地判平 7・5・31判時1556号107頁・・・・・・・・・・・349, 351, 357, 359, **362**
福岡高判平 7・6・29判時1558号35頁・・・・・・・・・・・・・・・・・・・・199, 213, **227**
大阪高判平 7・11・21判夕915号118頁・・・・・・・・・・・・・・・・・・・・・・・・・・**459**
東京地判平 7・12・8 判時1578号83頁・・・・・・・・・・・・・・・・・・・・・・・323, **340**
東京地判平 8・3・18判時1582号60頁・・・・・・・・・・・・・・199, 209, 220, **226**
東京地判平 8・3・27判時1592号86頁・・・・・・・・・・・・・・・・・・・・・・・・・・・**464**
東京地判平 8・8・23判時1604号115頁・・・・・・・・・・・・・・・・・・・・・・・273, **294**
東京地判平 8・8・30金判1025号30頁・・・・・・・・・・・・・・・・・・・・・・・・・・**419**
東京高判平 8・10・17判時1588号100頁・・・・・・・・・・・・・・・・・・・・・・・・・**504**
東京地判平 8・12・26判時1617号99頁・・・・・・・・・・・・175, 198, 199, **221**, 227
東京地判平 9・1・28判時1619号93頁・・・・・・・・・・・・・・・・・・・・・・・・・・**419**
最判平 9・2・25判時1599号66頁・・・・・・・・・・・・・・・・・・・・・・・・・・・・・・・**143**

536

東京地判平9・3・19判タ961号204頁・・・・・・・・・・・・・・・・・・・・・・・・・・335, 337
横浜地判平9・5・26判タ958号189頁・・・・・・・・・・・・・・・・・・・・・・・・・・・・・・454
東京地判平9・5・29判タ961号201頁・・・・・・・・・・・・・・・・・・・・・・・・・・335, 341
大阪地判平9・6・30判例集未登載・・・・・・・・・・・・・・・・・・・・・・・・・・・・289, 294
東京地判平9・7・24判タ966号274頁・・・・・・・・・・・・・・・・・・・・・・・・・・・・・・504
浦和地裁川越支判平9・8・19判タ960号189頁・・・・・・・・・352, 357, 362, 367
神戸地判平9・9・8判タ974号150頁・・・・・・・・・・・・・・・・・・・・・・・・・・301, 338
東京地判平9・9・18判時1647号122頁・・・・・・・・・・・・・・・・・・148, 267, 286

【平成10〜19年】

東京地判平10・1・23判タ991号206頁・・・・・・・・・・・・・・・・・・・・・・・・・・・・・473
京都地判平10・1・30判タ969号267頁・・・・・・・・・・・・・・・・・・・・・・・・・・・・・504
大阪高判平10・3・24判例集未登載・・・・・・・・・・・・・・・・・・・・・・・・・・・・・・・・65
大阪高判平10・3・27判例集未登載・・・・・・・・・・・・・・・・・・・・・・・・・・・・・・・379
東京地判平10・5・13判時1666号85頁・・・・・・・・・・・・・・・・・・・・・・・・419, 473
東京地判平10・5・28判タ988号198頁・・・・・・・・・・・・・・・・・・・・・・・・・・・・・284
最判平10・6・11判時1649号110頁・・・・・・・・・・・・・・499, 504, 508, 509
東京地判平10・7・13判時1678号99頁・・・・・・・・・・・・・・・・・・・・・・・・・・・・・473
福岡高判平10・7・21判時1695号94頁・・・・・・・・・・・・・・・・・・・・・・・・・・・・・426
東京地判平10・9・16判タ1038号226頁・・・・・・・・・・・・・・・・・・・・・・・・・・・・419
東京地判平10・10・5判タ1044号133頁・・・・・・・・・・・・・・・・・・・・・・・・・・・320
東京地判平10・10・26判時1680号93頁・・・・・・・・・・・・・・・・・・162, 175, 221
東京地判平10・11・26判時1682号60頁・・・・・・・・・・・・・・・・・・302, 322, 335
大阪地判平11・2・18判タ1003号218頁・・・・・・・・・・・・・・・・・・・・・・・352, 357
福岡高裁那覇支判平11・8・31判時1723号60頁・・・・・・・・・・・・・・・267, 278
大阪高判平11・9・30判時1724号60頁・・・・・・・・・・・・・・・・・・・・・・・・・・・・・454
大阪高判平12・5・19WL・・・・・・・・・・・・・・・・・・・・・・・・・・・・・・・・・291, 514
東京地判平12・5・19WL・・・・・・・・・・・・・175, 199, 210, 222, 226, 227, 228
東京地裁八王子支判平12・8・31判例集未登載
・・・・・・・・・・・・・・・・・・・・・・・・・352, 357, 359, 361, 363, 419, 466
東京高判平12・10・26判時1739号53頁・・・・・・・・・・・・・・・・・・・・・・・419, 454
千葉地判平12・11・30判時1749号96頁・・・・・・・・・・・・・・・・・・・・・・・・・・・419
東京地判平12・12・4WL・・・・・・・・・・・・・・・・・・・・168, 205, 221, 226, 228
東京高判平12・12・7判時1741号84頁・・・・・・・・・・・・・・・・・・・・・・・・・・・・・501

判例索引

最決平13・1・30民集55巻1号30頁・・・・・・・・・・・・・・・・・・・・・・・・・・・・・44
名古屋高判平13・3・29判時1767号48頁・・・・・・・・・・・・・・・・・・・・・・260
東京地判平13・6・22判例集未登載・・・・・・・・・・・・・・・・・・・・・・・・・・492
東京地判平13・6・29判タ1104号201頁・・・・・・・・・・・・・・・・・・・・・・425
最判平13・11・27民集55巻6号1311頁・・・・・・・・・・・・・・・・・・150, 301
最判平13・11・27民集55巻6号1380頁・・・・・・・・・・・・・・・・・・・・・・121
東京地判平13・12・19判時1787号128頁・・・・・・・・・・・・・・・・・・・・・510
東京高判平13・12・26判タ1115号185頁・・・・・・・・・・・・・・・・444, 462
最判平14・1・22判時1776号67頁・・・・・・・・・・・・・・・・・・43, 47, 51
東京地判平14・6・24WL・・・・・・・・・・・・・・・・・・・・・・・・・・・・・476, 478
大阪高判平14・8・28判例集未登載・・・・・・・・・・・・・・・・・・・・・・・・・490
奈良地裁葛城支判平14・9・20裁判所ウェブ・・・・・・・・・・・・・・・・419
東京地判平14・9・27裁判所ウェブ・・・・・・・303, 320, 334, 335, 337, 339
東京地判平14・10・15WL・・・・・・・・・・・・・・・・・・・・・・・・・・・・・・・・507
名古屋高判平15・4・2裁判所ウェブ・・・・・・・・・・・・・・・・・・・・・・・406
東京地判平15・5・16判時1849頁59頁・・・321, 325, 328, 335~337, 343, 346
東京地判平15・6・4 WL・・・・・・・・・・・・・・・・・・・・・・・・・・・・・198, 214
福岡高裁那覇支判平15・12・25判時1859号73頁・・・・・・・・・・・・・・・409
東京地判平16・4・15WL・・・・・・・・・・・・・・・・・・・・・・・・・・・・・・・・515
東京地判平16・4・23判時1866号65頁・・・・・・・・・・・・・・・・・419, 463
東京地判平16・7・29WL・・・・・・・・・・・・・・・・・・・・・・・・・・・・・・・・272
東京地判平16・7・30判時1887号55頁・・・・・・・・・267, 272, 287, 288, 294
東京地判平16・8・12WL・・・・・・・・・・・・・・・・・・・・・267, 285, 289, 294
大阪高判平16・9・16判例集未登載・・・・・・・・・・・・・・・・・・・・・・・・・150
東京地判平16・10・28判時1897号22頁・・・・・・・・・330, 334, 337~338, 343
東京地判平16・11・10WL・・・・・・・・・・・・・・・・・・・・・・・・・・・・・・・505
東京地判平17・1・27WL・・・・・・・・・・・・・・・・・・・・・・・・・・・・・・・・247
東京地判平17・3・24WL・・・・・・・・・・・・・・・・・・・・・・・・・・・405, 415
東京地判平17・3・30WL・・・・・・・・・・・・・・・・・・・・・・・・・・・・・・・・506
札幌地判平17・4・22判タ1203号189頁・・・・・・・・・・・・・・・・・・・・・320
東京地判平17・6・30WL・・・・・・・・・・・・・・・・・・・・・・・・・・・・・・・・382
名古屋地判平17・8・26判時1928号98頁・・・・・・・・・・・・・・・・326, 335
東京地判平17・9・28WL・・・・・・・・・・・・・・・・・・・・・・・・・・・・・・・・341
東京地判平17・10・26WL・・・・・・・・・・・・・・・・・・・・・・・・・・・・・・・279

横浜地判平18・2・1判タ1230号197頁・・・・・・・・・・・・・・・・・・・・・・・・・・・・・・・・438
　東京地判平18・7・27WL・・・・・・・・・・・・・・・・・・・・・・・・・・・・・・・・・・・・・369，465
　東京地判平18・8・31WL・・・・・・・・・・・・・・・・・・・・・・・・・・・・・・198，201，224
　大阪高判平18・12・19判時1971号130頁・・・・・・・・・・・・・352，357，362，363
　東京地判平19・3・28WL・・・・・・・・・・・・・・・・・・・・・・・・・・・・・・274，277，294
　東京地判平19・7・5 WL・・・・・・・・・・・・・・・・・・・・・・・・・・320，335，353，357
　東京地判平19・7・23判時1995号91頁・・・・・・・・・・・・・・・・・・・・・・・326，335
　東京地判平19・8・28WL・・331
　東京地判平19・9・14WL・・・・・・・・・・・・・・・・・・・・・・・・・・・・・・・・・・198，204
　東京地判平19・10・11WL・・・・・・・・・・・・・・・・・・・・・・・・・・・・・・・・・・・・・・・179
　東京地判平19・10・19WL・・・・・・・・・・・・・・・・・・・・166，167，198，203
　東京高判平19・11・29判例集未登載・・・・・・・・・・・・・・・・・・・・・・・・・・・・・・503

【平成20〜29年】

　東京地判平20・1・29WL・・・・・・・・・・・・・・・・・・・・・・・・・・・・・・・・・・・・・・・394
　さいたま地判平20・3・19判例地方自治321号85頁・・・・・・・・・・・・・・・・248
　東京地判平20・3・27WL・・・・・・・・・・・・・・・・・・・・・・・・・・・・・・・・・328，335
　福岡高判平20・3・28判時2024号32頁・・・・・・・・・・・・・・・・・・・・・・・・・・・114
　東京地判平20・4・28判タ1275号329頁・・・・・・・・・・352，357，363，370
　大阪地判平20・5・20判タ1291号279頁・・・・・・・・・・・・・・・・443，459，463
　東京地判平20・5・29WL・・・・・・・・・・・・・・・・・・・・・・・・・・・・・・・・・・・・・・・320
　東京地判平20・6・17WL・・・・・・・・・・・・・・・・・・・・・・・・・・・・・・・・・・・・・・・389
　東京地判平20・6・20WL・・・・・・・・・・・・・・・・・・・・・・・・・・・・・・・・・・・・・・・249
　東京地判平20・6・23WL・・・・・・・・・・・・・・・・・・・・・・・・・・・・・・・・・・・・・・・336
　東京地判平20・7・8判時2025号54頁・・・・・・・・・・・・・・・・・・・・・・・・・・・338
　東京地判平20・9・24WL・・・・・・・・・・・・・・・・・・・・・・・・・・・・・・・・・・・・・・・333
　東京高判平20・9・25判例集未登載・・・・・・・・・・・・・・・・・・・・・・・・・・・・・・249
　東京地判平20・10・15WL・・・・・・・・・・・・・・・・・・・・・・・・・・・・・・・・321，335
　東京地判平20・11・10判時2055号79頁・・・・・・・・・・・178，199，216，221，227
　東京地判平21・1・16WL・・・・・・・・・・・・・・・・・・・・・・・・・・・・・・・・・405，415
　東京地判平21・2・5 WL・・・・・・・・・・・・・・・・・・・・・・・・・・・・・・・・・・・・・・・343
　東京地判平21・2・5 WL・・・・・・・・・・・・・・・・・・・・・・・・・・・・・・・・・・・・・・・464
　東京地判平21・2・6判タ1312号274頁・・・・・・・・・・・・・・・・・・・・・・・・・・・320
　東京地判平21・2・19WL・・・・・・・・・・・・・・・・・・・・・・・・・・・・・・・・・・・・・・・216

東京地判平21・2・26WL ……………………………………405, 413, 415
東京地判平21・3・6 WL ……………………………………302, 307, 308
東京地判平21・4・8 WL ……………………………………411, 415
東京地判平21・4・13WL ……………………………………78, 448
東京地判平21・4・14WL ……………………………………304
大阪高判平21・4・17判例集未登載 …………………………357
東京地判平21・5・19WL ……………………………………389
東京地判平21・5・19WL ……………………………………412, 415
東京地判平21・6・26WL ……………………………………357, 361, 362
東京地判平21・7・10WL ……………………………………241, 250
東京地判平21・7・14WL ……………………………………391
福岡地裁小倉支判平21・7・14判タ1322号188頁 ……………323, 336〜338
東京地判平21・8・27WL ……………………………………420
東京地判平21・9・25WL ……………………………………251
東京地判平21・9・25WL ……………………………………389
東京地判平21・10・16判タ1350号199頁 ……………………246, 263
東京地判平21・11・12WL ……………………………………142, 241, 245
大阪地判平21・11・26判タ1348号166頁 ………………352, 357, 362, 364, 371
東京地判平22・1・15WL ……………………………163, 182, 183, 184, 191
東京地判平22・1・27WL ……………………………………382
東京地判平22・3・8 WL ……………………………………352, 355, 362, 465
東京地判平22・3・16WL ……………………………………276
最判平22・6・1民集64巻4号953頁 …………………………150, 300
東京地判平22・6・29WL ……………………………………311
東京地判平22・7・20WL ……………………………………406, 417
さいたま地判平22・7・23WL ………………………………333, 336
東京高決平22・7・27金法1924号103頁 ……………………154
東京地判平22・8・30WL ……………………………………337
福岡地判平22・9・6判例集未登載 …………………………467
東京地判平22・11・25WL ……………………………………337, 338
東京地判平22・12・1 WL ……………………………………443
東京地判平23・1・20判時2111号48頁 ………………………305
東京地判平23・1・20WL ……………………………………346, 414, 415
福岡高判平23・3・8判時2126号70頁 ………………………350, 363, 467

東京地判平23・5・25WL ································· 365
東京地判平23・8・8・WL ································· 401
福岡高判平24・3・13判タ1383号234頁 ················ 491
東京地判平24・4・17WL ································· 366
東京地判平24・4・27WL ································· 280
東京地判平24・8・29WL ································· 466
名古屋高判平24・9・11判時2168号141頁 ··········· 388, 402
東京地判平24・9・13WL ···················· 330, 334〜336
東京地判平24・10・12WL ································ 471
東京地判平24・11・7 WL ································· 293
東京地判平24・11・16WL ·························· 429, 430
東京地判平25・1・16判時2192号63頁 ················· 135
大阪高判平25・2・28判例集未登載 ······················ 412
東京地判平25・4・18WL ···························· 243, 263
東京地判平25・4・19WL ···························· 234, 251
東京地判平25・6・18判時2206号91頁 ················· 139
東京地判平25・6・26WL ··································· 91
大阪高判平25・7・12判時2200号70頁 ········ 320, 335, 345
東京地判平25・7・30WL ··································· 66
東京地判平25・9・4 WL ···························· 243, 263
東京地判平25・11・21WL ································ 304
津地判平26・3・6 判時2229号50頁 ················ 445, 452
東京地判平26・3・26判時2243号56頁 ········ 306, 445, 454
東京地判平26・4・18WL ···························· 285, 294
東京地判平26・5・14WL ································ 138
高松高判平26・6・19判時2236号101頁 ················ 467
東京地判平26・8・7 WL ···············353, 357, 368, 465
大阪地判平26・11・17判例集未登載 ····················· 309
東京地判平26・12・9 WL ································ 127
東京地判平26・12・18WL ·················· 172, 198, 225
東京地判平27・3・24WL ···························· 508, 510
東京地判平27・6・23判タ1424号300頁 ······ 419, 444, 460
東京地判平27・8・31判時2288号60頁 ················· 504
大阪高判平27・9・4 判例集未登載 ······················ 479

名古屋高判平27・11・27WL··452
東京地判平28・3・10WL···443, **457**, 474
東京地判平28・4・4判時2320号55頁···501, **502**
名古屋高決平28・8・2判タ1431号105頁···154
神戸地判平28・7・29判時2319号104頁··368

事項索引

【あ行】
青田売り・・・・・・・・・・・・・・・56
アフターサービス・・・・・・・・・・150
委託者に対する注意義務・・・・・・・442
一般媒介契約・・・・・・・・・・・・69
違約金・・・・・・・・・・・・・・・137
違約手付・・・・・・・・・・・113, 137
違約罰・・・・・・・・・・・・・・・137
インスペクション・・・・・・・・58, 93
内金・・・・・・・・・・・・・・・・112
売出し価格・・・・・・・・・・・・・380
売主業者・・・・・・・・・・・・・・54
売渡承諾書・・・・・・・60, 163, 164, 203
営業保証金・・・・・・・・・・・・・495
オープンハウス・・・・・・・・・・・59
覚書・・・・・・・・・・・・・・・・181

【か行】
買換え・・・・・・・・・・・・・66, 470
解除条件付売買・・・・・・・・・・・406
買付証明書・・・・・・・・60, 164, 203
介入行為・・・・・・・・・・・・・・485
解約手付・・・・・・・・・113, 132, 231
価格査定報告書・・・・・・・・・・・71
確定測量・・・・・・・・・・・・・・117
隠れた瑕疵・・・・・・・・・・149, 325
瑕疵・・・・・・・・・・・・・148, 300
瑕疵担保責任・・・・・・・・・148, 300
瑕疵担保責任期間・・・・・・・301, 338
瑕疵と説明義務・・・・・・・・・・・458
瑕疵の判定・・・・・・・・・・・・・319
片手・・・・・・・・・・・・・・55, 375
片手仲介・・・・・・・・・・・・55, 375

仮契約書・・・・・・・・・・・172, 211
管轄合意・・・・・・・・・・・・・・153
完成物件・・・・・・・・・・・・・・56
監督・・・・・・・・・・・・・・・・98
監督処分基準・・・・・・・・・・・・101
還付請求権・・・・・・・・・・・・・499
管理業・・・・・・・・・・・・・・・81
危険負担・・・・・・・・・・・・・・134
既存住宅・・・・・・・・・・・・・・93
既存建物・・・・・・・・・・・・・・56
客付け業者・・・・・・・・・・・・・376
境界の明示・・・・・・・・・・・・・115
強行規定・・・・・・・・・・・・・・299
協定書・・・・・・・・・・・・174, 206
共同仲介・・・・・・・・・・・・・・377
業として行う・・・・・・・・・・・・80
業務停止・・・・・・・・・・・・・・100
業務処理の原則・・・・・・・・443, 482
業務処理報告・・・・・・・・・・・・69
クーリングオフ・・・・・・・・・・・406
苦情解決・・・・・・・・・・・・・・511
競売手続の代行・・・・・・・・・・・506
契約準備段階における責任・・・・・・198
契約締結上の過失(信義則上の義
　務違反)・・・・・・・・・・・・・・198
契約締結等の時期の制限・・・・・・・89
契約不適合・・・・・・・・・・・・・312
契約不適合責任・・・・・・・・・・・312
現況測量図・・・・・・・・・・・・・117
検査・通知義務・・・・・・・・・・・302
現状有姿の特約・・・・・・・・・・・339
建設業・・・・・・・・・・・・・・・81

建築条件付土地売買・・・・・・・・・・・・・・・64
合意管轄・・・・・・・・・・・・・・・・・・・・・・・・152
広告開始時期の制限・・・・・・・・・・・・・・・89
公租公課・・・・・・・・・・・・・・・・・・・・・・・・130
公簿売買・・・・・・・・・・・・・・・・・・・・・・・・120
告知義務・・・・・・・・・・・・・・・・・・・・・・・・449

【さ行】
債務不履行解除・・・・・・・・・・・・・136, 410
37条書面・・・・・・・・・・・・・・・・・・・61, 103
仕切り売買・・・・・・・・・・・・・・・・・・・・・405
自己発見取引・・・・・・・・・・・・・・・・・・・・68
自己発見取引の禁止・・・・・・・・・・・・・・69
事故物件・・・・・・・・・・・・・・・・・・・・・・・・464
指示・・・・・・・・・・・・・・・・・・・・・・・・・・・・100
事実不告知・・・・・・・・・・・・・・・・・・・・・446
事実不告知・不実告知の禁止・・・92, 446
指示仲立・・・・・・・・・・・・・・・・・・・・・・・・・81
下取り・・・・・・・・・・・・・・・・・・・・・・・・・・・66
実測取引・・・・・・・・・・・・・・・・・・・・・・・・120
実測売買・・・・・・・・・・・・・・・・・・・・・・・・120
指定流通機構・・・・・・・・・・・・・・・・・・・・59
事務所・・・・・・・・・・・・・・・・・・・・・・・・・・・83
使命・・・・・・・・・・・・・・・・・・・・・・・・・・・・・87
住宅品質確保法・・・・・・・・・・・・・・・・・311
住宅ローン・・・・・・・・・・・・・・・・・・・・・267
重要事項・・・・・・・・・・・・・・・・・・・・92, 444
重要事項説明義務・・・・・・・・・・・92, 444
重要事項説明書・・・・・・・・・・・・・・60, 71
重要な事実の不告知・不実告知
・・・・・・・・・・・・・・・・・・・・・・・・・・92, 446
準委任・・・・・・・・・・・・・・・・・374, 442, 482
使用者責任・・・・・・・・・・・・・・・・・・・・・472
商人間の売買・・・・・・・・・・・・・・・・・・・302
消費者契約法・・・・・・・・・・・・・・・・・・・310

情報提供行為・・・・・・・・・・・・・・・81, 376
商法526条・・・・・・・・・・・・・・・・・・・・・・312
証約手付・・・・・・・・・・・・・・・・・・・・・・・・113
助言義務・・・・・・・・・・・・・・・・・・・・・・・・469
処分・・・・・・・・・・・・・・・・・・・・・・・・・・・・100
署名・・・・・・・・・・・・・・・・・・・・・・・・・・・・158
所有権界・・・・・・・・・・・・・・・・・・・・・・・・116
新築住宅・・・・・・・・・・・・・・・・・・・・56, 311
新築物件・・・・・・・・・・・・・・・・・・・・・・・・・56
心理的瑕疵・・・・・・・・・・・・・・・・・・・・・349
数量指示売買・・・・・・・・・・・・・・・・・・・120
成功報酬・・・・・・・・・・・・・・・・・・・183, 399
誠実義務・・・・・・・・・・・・・・・・・・・・・・・・482
誠実協議条項・・・・・・・・・・・・・・・・・・・156
成約・・・・・・・・・・・・・・・・・・・・・・・・61, 183
成約価額・・・・・・・・・・・・・・・・・・・・・・・・380
成約努力義務・・・・・・・・・・・・・・・・・・・・69
政令使用人・・・・・・・・・・・・・・・・・・83, 86
説明義務・・・・・・・・・・・・・・・・・・・・・・・・449
善管注意義務・・・・・・・・・・・・・・・・・・・482
専属専任媒介契約・・・・・・・・・・・・・・・・68
専任の宅地建物取引士・・・・・・・・・・・・86
専任媒介契約・・・・・・・・・・・・・・・・・・・・68
相当因果関係説・・・・・・・・・・・・・・・・・426
相当報酬の算定・・・・・・・・・・・・・・・・・395
双方仲介・・・・・・・・・・・・・・・・・・・・・・・・375
訴訟告知・・・・・・・・・・・・・・・・・・・・・・・・・41
損害賠償額の予定・・・・・・・・・・・・・・・113

【た行】
貸借の代理・・・・・・・・・・・・・・・・・・・・・507
対象債権・・・・・・・・・・・・・・・499, 501, 503
大臣免許・・・・・・・・・・・・・・・・・・・・・・・・・82
代理・・・・・・・・・・・・・・・・・・・・・・・・・・・・・55
代理業者・・・・・・・・・・・・・・・・・・・・・・・・・55

事項索引

宅地･････････････････80, 505	中古物件････････････････････56
宅地建物取引業･･････････････80	忠実義務･･･････････････････482
宅地建物取引業者名簿････････84	直接取引･･･････････････････424
宅地建物取引業に関し取引をした	賃貸管理･････････････････81, 506
者･･･････････････････････503	賃貸業･････････････････････81
宅地建物取引業保証協会･･････497	手付････････････････････112, 231
宅地建物取引士･･････60, 86, 87	手付解除･･････････131, 232, 408
宅地建物取引士証････････････60	手付解除の期限に関する特約･････258
宅地見込地････････････････505	手付金････････････････････112
宅地予定地･････････････80, 505	手付金等･･････････････････114
立会人････････････････････160	手付金等の保全措置･･････90, 114
立入検査･･････････････････100	手付貸与の禁止･･････････････97
宅建業者･･････････････････54	手付分割････････････････97, 237
宅建業者相互間の取引･･･98, 310	登記費用･･････････････････123
宅建業者が自ら売主･････････97	同時決済･･････････････････128
宅建業法の仕組み･･･････････75	当事者の属性････････････53, 298
宅建業法40条･･････････････306	独立当事者参加･･････････････50
建売業者･･････････････････64	取締役の第三者に対する責任･････472
建売販売･･････････････････64	取引により生じた債権･････504, 508
建物状況調査･･････････････71, 93	取引態様の明示･････････････484
他人物売買････････････････400	【な行】
知事免許･･････････････････82	認証請求訴訟･･･････････････514
地中埋設物････････････････320	認証手続･･････････････････500
仲介･･･････････････････55, 374	抜き取引･･････････････････424
仲介業者･････････････････375	根付業者（根付け）････････････376
仲介業者の注意義務････････441	【は行】
仲介業者の排除･････････････429	媒介････････････････････55, 81
仲介契約の成否････････････427	媒介価額･････････････58, 62, 380
仲介契約の成立時期･････････379	媒介業務･･････････････････376
仲介行為･････････････････376	媒介契約書････････････････68
仲介行為の瑕疵････････････416	媒介報酬･･････････････････399
仲介報酬･････････････････399	媒介報酬に対する規制･････････90
中間業者･････････････････377	売買契約･･････････････････103, 163
中間省略登記････････････････123	売買契約書･････････････73, 103

545

事項索引

売買契約書案 · 177	【ま行】
売買契約の成立 · · · · · · · · · · · · · · · · · · 163	未完成物件 · · · · · · · · · · · · · · · · · · 56, 63
売買すべき価額 · · · · · · · · · · · · · 58, 380	未完成物件の売買 · · · · · · · · · · · · · · · 89
売買の代理 · 506	民法130条説 · 426
売買予約 · 182	無免許業者 · 85
反社会的勢力の排除 · · · · · · · · · · · · · · 144	免許 · 82
販売代理業者 · 55	免許の基準 · 84
非委託者に対する注意義務 · · · · · · · 442	免許の区分 · 82
非委託者に対する報酬請求 · · · · · · · 421	免許の取消し · · · · · · · · · · · · · · · · · · · 100
筆界 · 116	免責特約 · · · · · · · · · · · · · · · · · 339, 366
標準媒介契約書 · · · · · · · · · · · · · · · · · · · 68	申込証拠金 · · · · · · · · · · · · · · · · · 63, 112
不実告知 · · · · · · · · · · · · · · · · · · · 92, 446	黙示の仲介契約 · · · · · · · · · · · · · · · · · 382
不真正連帯債務 · · · · · · · · · · · · · · · · · · · 474	元付け業者（元付け）· · · · · · · · · · · · 378
付帯設備 · 126	【や行】
物件状況等報告書 · · · · · · · · · · · · 61, 459	役割 · 87
物件状況等報告書・設備表 · · · · · · · 125	用途変更手続 · · · · · · · · · · · · · · · · · · · 455
不動産業 · 54	【ら行】
不動産業者 · 54	利益相反性 · 393
不動産取纏め依頼書 · · · · · · · · · · · · · 172	履行の着手 · 240
不動産売買契約書 · · · · · · · · · · · · · · · · 103	履行の提供 · 140
弁済業務 · 498	両手 · 375
弁済業務保証金 · · · · · · · · · · · · · · · · · · · 497	両手仲介 · · · · · · · · · · · · · · · · · · · 55, 375
弁済対象債権 · · · · · · · · · · · · · · · 501, 503	レインズ · 59
報告 · 100	ローン解約 · · · · · · · · · · · · · · · · 146, 266
報告義務 · 483	ローン特約 · · · · · · · · · · · · · · · · 146, 266
報酬 · 399	【わ行】
報酬告示 · 90, 403	割合的報酬請求 · · · · · · · · · · · · · · · · · 187
報酬請求権 · 183	
報酬請求額の発生要件 · · · · · · · · · · · 400	
報酬の受領時期 · · · · · · · · · · · · · · · · · · 405	
法令上の制限 · 451	
保証協会 · 497	
補助参加 · 38	

〔著者紹介〕

岡本正治（おかもとまさはる）

関西大学法学部卒業、同大学大学院法学研究科修士課程修了　弁護士（大阪弁護士会所属）、元立命館大学大学院法務研究科教授（平成16年4月から平成20年3月、民事法等）

〔委員等〕
・法務省関係　　　新司法試験考査委員（平成19年度から平成21年度、民法）
・国土交通省関係　紛争事例調査検討委員会、弁済業務保証金制度等に関する研究会、不動産流通業務のあり方研究会、媒介業務の円滑化に関する研究会、不動産取引における消費者への情報提供のあり方に関する調査検討委員会各座長等
・大阪府関係　　　元大阪府建設工事紛争審査会特別委員、賃貸住宅の退去時における原状回復トラブルの防止方策研究会座長等

〔主著〕　　「詳解宅地建物取引業法」（共著、大成出版社）、「建物鑑定評価資料」（共著、建設物価調査会）、「会社訴訟をめぐる理論と実務」（編著、中央経済社）等

宇仁美咲（うにみさき）

関西学院大学法学部卒業　弁護士（大阪弁護士会所属）、元関西学院大学大学院司法研究科非常勤講師（平成16年4月から平成20年3月、法情報調査・法文書作成、建築紛争法）

〔委員等〕
・国土交通省関係　不動産賃貸業、賃貸不動産管理業等のあり方に関する研究会委員、民法改正に対応した不動産取引に係る契約書等に関する検討会委員、社会資本整備審議会産業分科会不動産部会臨時委員等

〔主著〕　　「マンション管理用語事典」（共著、住宅新報社）等

〔岡本・宇仁共著〕　　「マンション管理適正化法の解説」、「詳解不動産仲介契約」、「逐条解説宅地建物取引業法」、「不動産事業者のための障害者差別解消法ハンドブック」（いずれも大成出版社）

不動産売買の紛争類型と事案分析の手法

2017年12月7日　第1版第1刷発行

著　　岡本　正治
　　　宇仁　美咲

発行者　箕浦　文夫
発行所　株式会社大成出版社

〒156-0042
東京都世田谷区羽根木1－7－11　TEL 03（3321）4131㈹
http://www.taisei-shuppan.co.jp/

©2017　岡本正治・宇仁美咲　　　　印刷　信教印刷
　　　落丁・乱丁はおとりかえいたします。

ISBN978-4-8028-3293-9